KB180443

한국 근대 신어(新語)의 유형과 특성

한국 근대 신어(新語)의 유형과 특성

초판 인쇄 2016년 6월 27일
초판 발행 2016년 7월 5일

저 자 송찬섭 외
펴낸이 이대현
편 집 오정대
마케팅 박태훈 안현진
펴낸곳 도서출판 역락
　　　 서울 서초구 동광로 46길 6-6 문창빌딩 2층
　　　 전화 02-3409-2058(영업부), 2060(편집부)
　　　 팩시밀리 02-3409-2059
　　　 이메일 youkrack@hanmail.net
　　　 등록 1999년 4월 19일 제303-2002-000014호

ISBN 979-11-5686-303-8 93710
정 가 35,000원

이 도서의 국립중앙도서관 출판예정도서목록(CIP)은 서지정보유통지원시스템 홈페이지(http://seoji.nl.go.kr)와 국가자료공동목록시스템(http://www.nl.go.kr/kolisnet)에서 이용하실 수 있습니다.(CIP제어번호 : 2016014819)

이 저서는 2012년 대한민국 교육부와 한국학중앙연구원(한국학진흥사업단)의 한국학분야 토대연구지원사업의 지원을 받아 수행된 연구임(AKS-2012-EAZ-3101).

한국 근대 신어(新語)의 유형과 특성

송찬섭 외

역락

책머리에 부쳐

1876년 개항을 전후하여 서구 근대 문물이 한국 사회에 전해지면서 많은 새로운 말 즉 '신어(新語)'가 수용되고 또 만들어졌다. 근대화 과정에서 근대 문물에 못지않게 이를 담는 신어는 매우 중요하다. 신어 한 단어마다 한 시기의 역사와 사회의 편린이 들어 있다. 이를테면 민주, 자유, 권리, 정치, 경제, 사회, 문화 등 우리가 흔히 사용하는 중요한 개념을 담고 있는 용어뿐 아니라 시간, 취미, 연애, 청년, 백화점, 신여성 등 일상과 관련하여 다양한 용어가 이때 만들어지고 수용됐기 때문이다. 이 같은 신어는 우리 사회 속에서 적응, 경쟁 과정을 거쳐 어떤 단어는 정착하고 널리 보급되었고 어떤 단어는 이후 탈락했다. 이를테면 오늘날 흔히 사용하는 '권리(right)'는 '통의(通義)'와 같은 또 다른 번역어를 물리치고 정착했다. 수용경로, 번역자 등에 따라 다양하게 만들어졌던 용어가 정착·보급되는 과정을 통해 그 역사성을 이해할 수 있다.

어디 그뿐인가. 근대 신어는 전통사회의 어휘와 문화를 이해하는 데에도 큰 도움이 된다. 보기를 들어보자. '청년', '소년'은 모두 오늘날 흔히 쓰는 용어지만 '청년'이 근대에 새로 생겨난 '신어'인 반면 전통시대에는 '소년'이라는 용어는 청년의 의미까지 포괄했다. 조선시대에 '소년급제'에서 '소년'은 실상 오늘로 치면 20대 청년을 뜻했다. '자유'는 'liberty'의 번역어로서 오늘날 민주사회의 상징이지만 전통시대에는 그저 '제멋대로 한다'는 뜻에 지나지 않았다. 그래서 우리가 조선시대 사람과 직접 대화를 한다면 상당히 소통하기 어려울 것이다.

조선시대에도 정약용은 『雅言覺非』라는 책을 써서 그 시기 사용했던 중요한 용어의 역사성을 짚었으니 하물며 오늘날에야 다시 말해 무엇하랴. 우리가 흔히 쓰는 중요한 용어의 생성과 쓰임새를 역사적으로 접근한다면, 시대와 사상의 변천을 한 눈에 알아볼 수 있다. 그 가운데 어느 하나의 용어만으로도 논문 주제가 되고, 강의 주제가 될 수도 있다.

어느 시기에도 새롭게 만들어지는 말이 있으므로 고려시대에도, 조선시대 신어는 있었다. 당시에도 외래문화가 있었고 새로운 용어 산출도 있었던 것이다. 그런데 우리가 다룬 것은 근대사회로 접어드는 길목에서 서구세계와의 만남의 산물로서의 근대 신어이다. 앞으로 숱한 역사가 흘러가고 이 시기에 대한 규정이 바뀌더라도 서구세계와의 만남으로 인해 등장한 이른바 '근대 신어'는 하나의 역사이고 다른 어느 시기의 신어와도 구분될 것이다. 그리고 실제 이때만큼 한꺼번에 많은 신어가 등장한 시기는 앞으로도 없을 것이다. 이처럼 근대 신어는 시대상을 보여주며 그 용어 하나하나에 역사, 문화가 집약되어 있다. 따라서 하나의 용어 속에 시대를 보고, 삶을 보고, 살아가는 사람을 그려낼 수 있다.

이 저서는 한국학중앙연구원(한국학진흥사업단)이 시행한 2012년도 토대연구지원사업의 지원을 받아 한국방송통신대 근대신어연구팀이 수행한 <한국 근대 신어의 성립과 변천에 대한 정보의 체계적 구축> 연구의 결과물 중 하나이다. 이 사업을 통해 3년에 걸쳐 20여 명의 연구자들이 한국 근대(1876년~1945년)에 생성된 신어를 저서, 역서, 사전, 신문, 잡지, 연구서 등에서 추출하고 관련 정보를 축적했다. 그 결과, 신어 68,200여 건(중복 포함)에 대한 정보가 57개 항목의 데이터베이스로 구축되었다. 이 작업을 토대로 근대 신어의 유형과 특성을 분석한 것이 바로 이 결과물이다.

이 저서는 정치·경제, 사회·생활, 과학·지식, 예술·감각 분야의 신어를 계통별로 분석해 국가, 법, 경제현상, 복장, 교통, 성, 인문학, 역사적 사건, 자연지리, 문학, 오감, 몸 등 57개 항목으로 나누어 서술한 것이다. 각 항목의 주요 내용은 신어 등장의 사회·역사적 맥락, 어휘의 유형과 특징, 용례의 실제적 쓰임, 다양한 표기 사례, 한·중·일 어휘 비교 등으로 구성되어 있다. 이 저서가 근대 신어의 모든 것을 설명해주는 것은 불가능하겠지만, 근대에 산출된 신어의 실제에 접근해 그 전체상을 파악하고 근대 한국학 연구의 확장을 도모하는 데에는 적지 않은 도움을 줄 수 있다고 확신한다.

이 연구는 한국학중앙연구원에서 '근대 신어의 성립과 변천'의 중요성을 인식하고 지정과제로 내면서 시작되었다. 이와 관련된 여러 분야의 연구자들이 팀을 조직하였고, 방송통신대를 연구 근거지로 하면서 이 곳에 몸담고 있는 내가 능력은 부족하지만 연구책임자를 맡았다. 다행히 우리 팀이 과제를 맡게 되어 작업이 시작되었다. 그 결과 개항기부터 일제강점기까지 '근대 신어'의 표제어, 현대어, 어의 설명, 용례, 출전, 관련 자료 등 방대한 양의 데이터베이스를 본래 예측했던 것보다 훨씬 초과하여 구축할 수 있었다.

신어, 이른바 번역어, 외래어, 유행어에 대한 기초자료 조사는 개념사, 일상사, 사상사 연구의 토대가 된다. 나아가 '신어'사전 편찬을 위한 기초자료가 된다는 점에서도 이 사업의 의의는 자못 크다. 또한 이 사업은 여러 분야의 연구자들과 함께 참여할 수 있는 좋은 기회를 주었다. 한국사 연구자로서 평소 '신어'에 관심을 가지기는 했지만, 이에 대한 본격적인 연구작업을 한다는 것은 또 별개의 일이었다. 이제 학제 간 연계를 통해서 '신어'에 체계적으로 접근하고 성실하게 기초자료를 축적해야 한다는 무거운 책임감을 느낀다.

2014년 6월 "근대신어의 성립과 유형비교"라는 주제로 우리 팀뿐 아니라, 국어문학, 일어문학, 중어문학, 역사학 등 학계의 다양한 분야의 연구자들이 모여 한 차례 학술대회를 열었던 것도 매우 기억에 남는다. 이때 한말과 일제강점기에 소설이나 신문에서 신어가 수용된 양상, 특히 전통사회에 없었던 새로운 개념이 정착되는 과정과 우리에게 영향을 끼친 중국, 일본을 포함한 동아시아 삼국에서의 신어 문제를 다루었다. 이 학술대회를 통해 한국의 근대 신어뿐 아니라 한·중·일 삼국 간 문화의 상호성에 대한 이해를 심화시킬 수 있었다.

지난 몇 년 간 근대 신어와 맺은 추억의 울림은 컸다. 사실 공식적인 작업기간은 3년이었지만 연구 과제를 준비하고 신청과 채택이 되는 시간적 과정이 있었으며, 마지막 정리기간도 짧지 않았다. 그 과정도 녹록치 않았다. 사업이 시작되고 자료수집 작업을 포함하여 연구 공간을 확보하고 자리 잡는 과정도 꽤 지난했으며, 다양한 연구자들이 팀워크를 맞추고 숱한 회의를 통해 일을 진척해 나가는 과정도 쉽지 않았다. 신어에 대한 파악과 분류는 매우 힘들고 어려울 뿐 아니라 한정된 시간과 인력으로 작업하는 일도 부담이 컸다. 그럼에도 불구하고 이 기간 동안 수행한 작업량은 상당히 많았다고 자부하며 이제 그 작업을 마치고 마지막 정리에 임하고 있다.

이러한 어려움들이 신어를 발굴하고 갈고 닦아야 하는 우리 팀에게 큰 도전이 되었지만 또 다른 한편으로는 신어 연구의 중요성을 깨닫고 새로운 성과의 즐거움을 누릴 수 있는 기회가 되기도 했다. 그 결과로 이 같은 저작을 간행할 수 있었음을 크나큰 다행으로 여긴다.

다만 이렇게 만들어나간 소중한 작업이 앞으로 더 진척이 되지 못할까 두렵다. 앞서 언급한 학술대회와 같은, 근대 신어를 둘러싼 학계의 연구가 활발하게 진행될 수 있는 기회가 또 다시 마련될 수 있을까? 이 연구의 중요성을 고려한다면, 이 같은 과제가 연속적으로 이어져 우리가 다룬 시기, 자료뿐 아니라 그 이후에 계속 이어지는 시기, 또한 더 넓은 영역에서 후속 작업을 진행하고 나아가 사전 발간까지 이루어지기를 바라는 마음을 갖게 된다. 또한 이 방면의 연구가 더욱 풍부해져 근대 신어를 연구하는 연구소, 연구회 등이 만들어질 수 있으면 좋겠다고 생각한다. 여하튼 앞으로 이런 연구 작업이 다시 모색될 수 있는 기회가 있기를 바라며, 이번 작업의 성과가 학계에서 나름의 역할을 할 수 있기를 기대한다.

마지막으로, 이 작업과 관련하여 고마움을 표할 곳이 있다. 우선, 앞서 언급했듯이 이 과제를 받아들인 한국학중앙연구원 한국학진흥사업단과 연구를 지원한 한국방송통신대, 특히 통합인문학연구소에 감사드린다. 무엇보다 여러 가지 어려움 속에서도 최선의 노력을 다했던 근대 신어팀 연구자 일동에게 깊이 감사드린다. 마지막으로 출판시장의 불황 가운데에서도 이 책 발간에 힘써 준 도서출판 역락에도 깊은 감사의 마음을 전하고 싶다.

2016년 6월
송찬섭

차례

제4장 예술 · 감각 _ 393

표 차례

제1장 정치 · 경제

제2장 사회 · 생활

제3장 과학·지식

제4장 예술·감각

제1장 정치 · 경제

19세기 말 전 세계적으로 국가 간 경쟁이 치열해지는 가운데 한국에도 서구 근대국가 및 자본주의 관념들이 수용되기 시작했다. 국가 관계를 독립·평등의 관계로 보는 관념은 전통적인 중화질서 틀에 변화를 일으켰으며, 국가 간 경쟁질서는, 국가구성원을 국가 발전에 동원하는 지식·사상·제도들을 서구적인 것으로 대체하도록 했다. 근대적 국가주권의 내용을 갖춘 '국가'와, 경쟁질서 속에서 국가를 유지하는 물적 토대인 '경제'에 대한 관념이 새롭게 형성되어 가는 과정 속에서, 이들의 내용을 구성하는 다양한 어휘들이 새롭게 유입되고 유통되기 시작했다.

근대 국가의 내용을 구성하는 어휘에 대한 기존 연구는 주로 서구사상 수용사에서 다루어져왔다. 문명론, 사회진화론, 국가-정치사상, 헌법학 등의 수용과정을 다룬 연구들은 문명, 개화, 주권, 민권, 법 등의 개념어를 서구의 그것과 비교 고찰했고, 한국근대의 특성을 발견하고자 노력했다. 그리고 이 과정에서 유교의 지적 토대들이 어떻게 작용했는지를 고찰함으로써 한국적 근대의 특수성을 구명하는 데 많은 기여를 했다. 이러한 연구는 서구의 개념 또는 사상을 보편성으로, 한국에서 재구성된 그것을 특수성으로 간주함으로써 서구적 발전경로를 당위적인 것으로 그대로 승인하거나, 반대로 특수성을 부각시킴으로서 한국적인 것에 독자적인 권위를 부여하기도 했다. 수용사적 관점의 연구는 근대 질서의 형성 과정과 관념을 토대로 이루어진 사회적 인정체계의 구성과 변화 과정을 분석하는 데는 일정한 한계를 갖는 것이었다.

근대 언어와 사유의 관계에 대한 철학과 언어학 연구들을 수용하면서 서양사상의 수용사는 개념, 어휘, 담론 연구로 심화되기 시작했다. 『근대 계몽기 근대 개념의 수용과 변용』(이화여자대학교 한국문화연구원, 2004, 소명), 『동아시아 근대 '네이션'개념의 수용과 변용 : 한중일 3국의 비교연구』(송규진 외, 2005, 고구려연구재단), 『근대 한국의 사회과학 개념 형성사』(하영선 외, 2009, 창비), 그리고 만국공법, 국가·주권, 헌법, 국민·인민·시민, 민족·민족주의, 문명, 문학, 노동, 제국, 보수 등의 개념을 고찰한 한국개념사총서(총 10 권, 2008~2015, 소화) 등은, 근대 국가의 형성 과정에서 이들 개념이 구성원의 기대지평으로 기능하면서 국가의 동원기제로 작용했던 과정을 분석하는 데 기여하고 있다. 그러나 이러한 연구 역시 근대성에 대한 비판적 연구로까지 확장하는 데는 아직 충분하다고 할 수 없다.

근대적 언어의 내포와 의미작용에 대한 탐색은 근대성에 대한 반성을 전제로 한다. 정치·사회적으로 다의성을 갖는 언어가 근대사회의 질서를 유지하는 것으로 기능하는 한, 언어에 의해 규정되는 사유는 언어의 다의성 속에서 끊임없이 순환할 뿐이며 그것을 극복할 수 없다. 정치적인 개념인 독립, 주권, 민족, 인권, 민주 등의 근대적 질서관념과 그렇지 못한 현실의 간극에 기초하여 성립, 유지되고 있는 근대를 비판적으로 성찰하기 위해서는, 그렇지 못한 현실 못지않게 근대 질서관념을 문제시해야 하며 이를 위해 어휘의 내포뿐만 아니라 그 어휘의 의미장과 사회담론을 비판적으로 분석할 필요가 있다. 따라서 최근까지 권력정치에 동원되는 개념에 대한 연구가 진행되어 왔다면, 앞으로는 정치적 개념의 의미장에서 발견되는 무수한 어휘에 주목할 필요가 있다.

정치적인 것과 연관된 어휘군을 보면 근대 초기 국가형태와 관련하여 주권, 민권, 정치체제 등과 같은 어휘가 등장했다가 1910년 이후에는 정치주체 및 국가운영과 관련된 어휘가 대거 등장했다. 정치주체와 관련한 어휘에는 민족, 당, 분파, 단체 등 활동주체와 그들이 벌이는 개혁, 국민대회, 협상, 혁신 운동 등 정치운동과 관련된 것들이 있다. 국가운영과 관련해서는 외교, 조세, 행정, 법과 관련한 어휘군이 있다. 이번 연구를 통해 발굴된 정치적인 것과 관련한 어휘들은, 시기별 출현 양상, 어휘의 내포 변화, 어휘군의 구성변화 등에 대한 분석을 통해 근대 질서관념의 형성 과정을 고찰하는데 매우 유의미한 것이라고 할 수 있다.

일찍부터 진행된 서구사상의 수용사 연구는 정치적 개념과 어휘에 대한 것이 주를 이루고 있으며, 경제적인 것과 관련한 어휘는 이제까지 거의 관심을 받지 못했다. 또한 한국 근대 경제사상에 대한 연구는 주로 경제학자의 사상 또는 경제정책과 관련한 연구에 집중되어 왔기 때문에 경제적인 것에 대한 한국인의 관념 형성에 대해서는 거의 주목하지 않았다.

경제와 관련된 어휘에 대한 관심은 20세기 초 수용된 경제학 교과서를 분석한 『한말서국경제학도입사연구』(이기준, 1985, 일조각)에서 엿보인다. 이 연구를 통해, 일본이 수용한 서구경제학 교과서가 번역되는 과정에서 일본의 경제학 용어가 거의 그대로 받아들여졌고, 영국의 고전경제학, 독일의 역사주의경제학, 마르크스 경제학 등이 소개되고 있었음이 밝혀졌다. 이후 경제학이라는 근대 학문의 수용사란 관점에서 이와 유사한 몇 편의 논문이 제시되었을 뿐, 경제적 개념 또는 어휘에 관한 관심은 거의 없었다고 할 수 있다.

최근 경제 개념과 어휘의 형성 과정에 대해 고찰한 「경제 · 경제학」(이헌창, 2015, 소화)은 서구의 'political economy'가 중국, 일본에서 번역된 과정과 그것을 수용했던 한국의 지적토대를 분석함으로써 경제적 개념과 어휘에 대한 연구를 본격적으로 시도했다.

근대 국가체제에서 경제는 국가의 통치와 관련하여 일견 문제적인 지점에 위치하고 있다. 경제의 흐름은 국가의 외부와 연계된 시장에 의해 좌우되는 경향이 강한 반면, 시장을 매개로 한 일상생활의 조건은 국가의 통치 공간 내부에 자리하고 있기 때문이다. 또한, 경제적인 것 — 규모의 경제를 위한 재화의 효율적 배치, 교환과 분배 흐름, 개인 살림살이 — 이 국가의 통치와 정치, 사법적 질서, 공론장, 개인의 행위 등과 맺는 관계성은 19세기 말부터 지금까지 매우 다양하고 복잡한 층위로 재구성되어 오면서 한국인의 경제에 대한 질서관념을 형성해 왔다.

개인의 경제활동이 종교적 또는 도덕적 가치와 주로 관계를 맺었던 것이 전근대였다면, 근대사회에서는 국가의 발전, 사회의 공익, 개인의 출세, 권력 등과 관계를 맺으면서 시대별로 그 의미가 변화되었다. 그리고 이것은 담론, 정책 등에 영향을 미치며 한국인의 경제적인 것에 대한 질서관념 또는 도덕적 태도로서 에토스를 형성해왔다. 따라서 현재 한국인이 생각하는 경제적 질서 관념은 시장, 성장, 분배, 경쟁, 노동 등에 대한 개념을 구성하는 어휘의 관계망을 통해 분석 가능하다.

본 연구는 경제와 노동에 관한 어휘를 발굴했는데 구분하면 크게 5개 분야 즉 경제현상, 산업, 소비, 직업, 노농문제로 분류된다. 이 어휘군은 1876년에서 1945년 사이 새롭게 등장한 경제현장을 반영하고 있으며 동시에 그것을 해석하고 바라보는 관념이 투영된 어휘들이다. 특히 한국인이 최초로 산업화와 자본주의 경제위기를 경험했던 시기가 일제강점기였기 때문에 경제적인 것을 설명하는 어휘는 영어, 일본어, 그리고 일본어 한자가 대부분이다. 그리고 이 시기 출현한 어휘들은 현재 우리가 사용하는 경제적인 것의 개념과 용어들이다. 따라서 경제적 개념과 어휘의 시기적 차이, 새로운 어휘가 집중적으로 출현하는 분야, 경제현상을 반영하고 있는 직업, 소비, 노동과 관련한 어휘들은 근대 한국인의 경제적인 것에 대한 질서관념을 분석하는 데 매우 유용한 대상들이다. ■ 김윤희

1. 정치 · 외교

19세기 개항이후 한국의 지상과제는, 안으로는 봉건국가체제 해체와 근대국가 수립, 밖으로는 제국주의 침략에 대응한 자주독립과 국권회복이었다. 이에 근대화를 위한 서구문물 탐색이 이루어졌고, 약육강식의 국제사회에서 생존전략이 모색되었다. 그 과정에서 각종 근대제도와 사조(思潮)들이 빠르게 한국에 유입되었는데, 이는 정치, 외교 등과 관련된 새로운 어휘 즉 신어의 등장을 함께 수반하는 것이었다.

정치 · 외교 분야의 신어는 주제에 따라 크게 국가, 정치활동, 정치주체, 국제, 민족문제, 군사 등 6개의 범주로 분류된다.[1] 먼저, 국가범주는 국가

---

1) 관련 주제에 대한 이후의 설명은 다음의 문헌을 참고한 것이다. 조남호, 「한국어의 외

유형, 정치체제, 국민, 영토 · 국경, 주권, 의회, 정부, 국가정책, 국가상징, 국난과 국가문제, 국명 등과 관련된 어휘들로 구성된다. 정치 · 외교 분야에서 가장 많은 신어가 속해 있는 범주이기도 하다. 공화국, 군주국, 공화정체, 입헌군주정체, 군민동치, 국민성, 영해, 주권, 공권력, 의회, 국회의원, 정부관리, 국유화, 내란, 테러, 러시아[2] 등과 같은 어휘들이 속해 있다. 이들 어휘 중에는 현재 더 이상 쓰이지 않아 용어 설명을 하지 않으면 정확하게 그 의미를 파악할 수 없는 것들도 있다. '정치계절', '욕정자류', '테크노크라시걸' 등이 그 대표적인 예이다. 이외 국가, 공화정치, 의회, 제3제국 등과 같은 어휘들은 그 출처의 성격에 따라 의미가 다양하게 제시되고 있다.

둘째, 정치활동 범주는 정치목적, 집회 · 대회, 선언 · 강령, 권리, 선거 · 투표, 의사결정과정, 혁명, 운동 · 캠페인, 투쟁 · 운동방식, 정치영역, 비밀활동, 기타 정치행위 등과 관련된 어휘들로 구성된다. 여기에는 강령, 개화, 개혁, 계급, 국민대회, 대의, 독립, 동의, 반전운동, 민주주의혁명, 시위, 자연권, 정치투쟁, 집회, 참여권, 코뮤니케, 투표, 혁명, 협상, 혁신운동 등의 어휘들이 속해 있다. 개화, 계급 등과 같은 어휘들은 전근대에도 형태와 음이 같은 동음어가 있었으나, 근대에 와서는 의미가 확장되는 등의 변화가 생기게 되었다.

셋째, 정치주체를 주제로 한 어휘군에는 정치주체 및 정치력, 민(民), 정치수장, 활동가, 당(黨), 분파, 단체, 인터내셔널 등과 관련된 용어들이 중심이 된다. 이 중 당(黨)과 관련한 어휘들이 다수를 점하고 있다. 이 범주의 어휘로는 지도자, 시민, 차르, 대통령, 총통, 혁명가, 정책, 로비스트, 자유당, 노동당, 과격파, 반동파, 정치결사, 코민테른 등이 있다. 대중, 당, 사회

래어 수용과 대응」, 『인문과학연구논총』 제35권 3호, 2014 ; 崔種庫, 「韓國開化期의 國際法用語 受容」, 『서울대학교 法學』, 제30권 3 · 4호, 1989 ; 션꿰웨이, 이한섭 외 역, 『근대중일어휘교류사』, 2012, 고려대학교 출판부.
2) 이 신어들은 현대적 표기로 쓴 것이다. 이하 이 저서의 본문에 등장하는 다른 신어들 역시 주로 현대적 표기로 썼음을 이 자리에서 밝힌다.

당, 공산당, 과격파 등의 어휘들은 당시 정치세력들의 입장에 따라 그 의미가 다양하게 풀이되고 있다.

넷째, 국제 범주는 외교 및 국제정치, 국제법, 국제조약 및 협약, 외교기관 및 국제기구 등과 관련된 어휘들로 구성된다. 여기에는 강대국, 강화조약, 거중조정, 국외중립, 국제공법, 국제관계, 국제교섭, 독트린, 신임장, 외교권, 자주외교, 통상조약, 전권공사, 전권변리공사, 특명전권공사, 호혜조약 등과 같은 어휘들이 있다. 현대의 외교관련 용어들도 다수 보인다. 한편, *Neutrality, International law* 등 서양어휘는 중국·일본 번역어 형태로 한국에 들어오는 경우가 많았다. 예를 들면, 국외, 중립, 만국공법 등은 중국에서, 국제법 등은 일본을 통해 유입된 것이다. 독트린, 아그레망, 옵서버 등의 외래어는 일본을 통해 들어왔다.

다섯째, 민족문제 범주 관련 어휘들은 주로 민족운동, 제국주의 등과 연관된 용어들이다. 기미운동, 내셔널리즘, 독립성, 독립운동, 민족주의, 스와데시, 약소민족, 인디펜던스, 피압박민족해방운동, 속방, 식민성, 식민지, 자위이민, 재패노매니아, 재패노포비아, 제국, 제국주의, 총독 등의 어휘들이 속해 있다. 민족주의, 제국주의 등과 같은 어휘들은 개념어들로 이에 대한 다양한 논의와 해석들은 어휘설명과 용례들을 통해 확인할 수 있다.

여섯째, 군사와 관련된 어휘군으로 국방정책과 행정, 전투, 군 조직, 군사시설 및 장비, 군사교육 및 훈련 등과 관련된 어휘들로 구성된다. 정치·외교 분야 중 두 번째로 많은 어휘가 속해 있는 범주이다. 광의국방, 징병령, 레이더폭격, 유격전술, 소위, 장교, 기관병, 보초병, 후비병, 레밍턴, 캐넌, 크루프, 다이너마이트, 방어진지, 기동연습, 보병학교 등과 같은 어휘들이 있다. 근대 서구에서 신무기로 유명했던 레밍턴, 리볼버, 마티니, 모제르 크루프 등과 같은 어휘들도 다수 보인다. 장교, 대대, 대위 등 군 조직 관련 어휘의 경우, 전근대에 동음어가 있으나 근대에 신식군사제도가 도입되면서 그 의미도 변하게 되었다. ■ 홍준화

(1) 국가

국가 관련 어휘군은 13가지로 나누어 볼 수 있다. 1) 국가, 스테이트, 조국, 왕국 등의 국가 자체를 의미하는 어휘, 2) 강대국, 선진국, 문명국, 공화국, 군주국 등 국가유형과 관련된 어휘, 3) 공화정체, 입헌군주정체, 금권정체, 혼합정체, 왕정, 민주제 등 정체(政體)를 의미하는 어휘, 4) 민주정치, 군민동치, 의회정치, 관료정치, 지방정치 등 정치유형을 나타내는 어휘, 5) 국민, 국적, 국민성, 국민교육, 고려인, 유대인 등 국민 관련 어휘, 6) 영토, 국경, 변경, 영해 등 영토・국경 관련 어휘, 7) 주권, 공권력, 인민주권, 통상권, 긴급명령권 등 주권・권력 관련 어휘, 8) 의회, 국회, 국회의원, 팔리아먼트, 상하의원, 민회 등 의회・민회 관련 어휘, 9) 정부, 정부관리, 정당내각, 경찰국, 기술관료 등 정부 관련 어휘, 10) 경제정책, 농업정책, 국유화, 국토개발, 검열 등 국가정책 관련 어휘, 11) 태극기, 성조기, 하겐크포이츠, 애국가, 관병식, 레종 도뇌르 등 국가상징 관련 어휘, 12) 내란, 반란, 쿠데타, 테러, 박해, 탄압 등 국난・국가문제 관련 어휘, 13) 한국, 그리스, 러시아, 미국, 불가리아 등 국명 등이 그것이다.

국가 관련 어휘에는 國家, 祖國, 萬國 등의 동양 어휘보다 코먼웰스, 마더컨트리, 스테이트, 킹덤 등 외국어가 많았다. 특히 모국을 의미하는 마더컨트리에 대한 다양한 표기가 등장했다. 그 외에 국가를 의미하는 덤, 라이히 등의 용어와 국내적인 것을 의미하는 도메스틱도 보인다.

국가유형 관련 어휘에는 문명 정도를 나타내는 용어가 많았다. 예를 들면 개명국, 개화국, 문명국, 야만국, 진보국, 하등국, 선진국, 후진국, 제1등국, 제2등국 등 개화의 정도에 따라 新開國, 古開國, 未開國, 半開國 등으로 분류되기도 했다. 그 외에 주권국가인지 속국인지, 공화국인지 전제국인지 구분하는 어휘가 많았다.

정체 즉 정치체제 관련 어휘에는 공화정체, 입헌정체, 민주정체, 군주정체에 대한 용어가 많았다. 특히 군주정체는 입헌군주정체, 군민공치정체,

군주공동제, 도시군주정체, 군주전제정체, 종교군주정체 등 다양한 유형이 소개되고 있다. 전제정체는 군주가 주권 전권을 소유하는 정체로, 자립제도는 스스로를 왕위에 올리는 제도로, 종교군주정체는 유대정체와 같은 것으로 설명되고 있다. 군주제의 다양한 유형 소개는 당시 군주제를 어떻게 개혁할 것인지에 관한 고민을 보여주는 부분이라 하겠다. 또한 자유의 정도에 따라 자유정체, 반자유정체, 부자유정체로 나누기도 했으며 통치자 수에 따라 일인정체, 소수정체, 다수정체로 나누기도 했다.

정체 관련 어휘가 일국의 정치체제의 전반적 특징을 다루는 것이라면, 정치유형 관련 어휘는 정체뿐 아니라 정당정치, 여론정치, 지방정치 등 특정 영역의 정치도 포함하는 어휘군이다. 정치유형의 어휘 역시 정체와 유사하게 공화, 민주, 입헌, 군주에 대한 내용이 많았으나, 의회정치, 관료정치 등 국가의 특정 부분이 주도하는 정치를 표현하는 어휘도 많았다. 합중정치란 용어도 보이는데 이는 공화정치와 유사한 의미로 주로 미국을 지칭할 때 많이 쓰인다. 압제정치, 데스포티즘과, 요정정치를 의미하는 대합정치 등 부정적 의미를 담고 있는 어휘도 등장한다.

국민은 영토, 주권과 더불어 국가의 주요 구성요소이다. 국민 관련 어휘에는 국민성과, 국민성을 뜻하는 외국어인 내셔널리티에 대한 다양한 표기가 등장한다. 그 외에 국민교육, 국민학교, 국민여론 등 국민 관련 복합어가 많이 나타나며 고려인, 시나진(중국인), 러스키(러시아인), 아메리칸(미국인), 존 불(영국인), 마르안느(프랑스인) 유대인 등 다양한 국민 관련 표현이 등장한다.

영토·국경 관련 어휘에는 영토, 영토구역, 랜드, 영해 등의 영토 관련 어휘와 국경, 계선, 변경, 국경지방, 영해선 등 국경 관련 용어들이 있다.

주권 관련 어휘는 대내주권과 대외주권, 군주주권과 인민주권으로 구분되기도 한다. 권력과 관련해서는 중앙권력, 중앙집권, 중앙통제권, 센트럴라이제이션 등 권력의 중앙집중과 관련된 어휘, 군주권리, 군주대권, 군주주권, 왕권, 황제권 등 왕권과 관련된 어휘가 많았다. 또한 하원이 갖는 권리를 의미하는 선의권과 삼권분립 등 근대정치의 특징을 나타내는 어휘가 있다.

의회를 가리키는 어휘에는 의회, 국회, 의회원, 의원, 대의원, 대의사원, 입법원, 민회, 촌정회, 대합체 등 매우 다양한 용어가 있다. 또한 상·하 양 의원을 지칭하는 어휘도 매우 많다. 독특한 표현으로 '정치계절'이 있는데 이는 의회회기를 뜻한다. '연방참의원'에 대해서는, 여기서 반대할 경우 헌법 변경 부결로 인정된다고 설명되고 있다. 그 밖에 독일의회를 가리키는 라이히스탁, 스페인·포르투갈 의회인 코르테스, 공산당총회를 의미하는 플레눔 등이 있다. 근대뿐 아니라 고대에도 의회의 역할을 한 기관이 있다. 예를 들면 고대 로마 시민총회인 코미티아가 있으며, 아테네 솔론시기의 제도인 공민의회령, 국회의사제도가 소개되고 있다.

정부 관련 어휘에는 우선 개명정부, 민주정부, 자립정부, 전제정부, 압제 정부, 연방정부, 지방정부 등 다양한 정부형태가 있다. 또한 정치조직이란 용어가 정부란 의미로 쓰였으며, 정부기관, 정부조직, 정부관리, 정부대신 등 정부와 관련된 다양한 복합어가 있다. 정당내각이 있는가 하면 특정 정당에 기반 하지 않은 내각이란 의미의 중간내각, 초연내각이 있다. '자치 단체'의 경우 그 용례를 보면 '도로는 국가 혹은 자치단체 소유'라고 한 점을 볼 때 이는 지자체일 가능성이 크다. 특이한 용어로는, 기술관료인 테크노크라트와 여성기술관료인 테크노크라시걸이란 용어가 있다. 그 밖에 영국정부를 의미하는 다우닝 스트리트, 러시아인민위원회인 나르콤, 공산당 정치국인 폴리트 뷰로, 공산국가 상임간부회인 프리시디엄이 소개되고 있다.

국가정책 관련 어휘에는 경제정책, 군비정책, 전제정책, 과분정책, 농업 정책, 보전정책, 보호정책, 철혈정책 등 다양한 정책이 등장한다. 국유화와 관련된 어휘가 다소 있는데 독특하게는 러시아가 1차 대전 당시 여성들을 국유화하여 결혼을 강제했다고 하는 '여자국유'란 말이 소개되고 있다. 그러나 용례에 나타나듯이 『동아일보』는 그것이 사실이 아니라고 전하고 있다. 복지, 안보란 개념도 이때 보이는데 이 시기 의미는 오늘날과 다소 다르다. 복지는 본래 단순히 '복'을 의미하는 용어였다.[3] 이 시기에 쓰이는 복지 개념도 그것과 유사하게, '국가에 의한 재분배'라는 현대적 의미 보다는 '일반적인 이익과 행복'을 뜻한다. 이 시기 등장하는 외국어로는, 사회정책을 의미하는 소셜폴리틱스, 개방정책을 의미하는 오픈도어폴리시, 허용목록을 뜻하는 화이트 리스트, 미국국가산업부흥안인 니라 등이 등장한다. 이 시기 정책관련 어휘에는 시찰, 검열 관련 용어가 많다. 임검이란 용어는 현장조사를 의미한다.

국가 상징 관련 어휘에는 국기, 국가(國歌), 예식, 훈장 등이 있다. 국기에는 태극기, 성조기, 유니언잭을 뜻하는 어휘가 많이 등장하며 중국 국민당기인 청천백일기도 소개되고 있다. 나치스 표시인 하겐크로이츠와 스바스티카도 있다. 국가로는 애국가와 프랑스 국가인 마르세예즈가 소개되고 있다. 훈장에는 태극장과 레종 도뇌르가 있다.

국난, 국가문제 관련 어휘에는 내란, 반란, 리벨리온, 리볼트, 쿠데타 등의 국난 관련 어휘와, 국사범, 매국자, 데마고그, 테러, 스툴피전(간첩) 등의 국가에 위해적인 존재, 박해, 탄압, 언론억압, 분열정책 등 국가가 행하는 부정적 행위 등이 포함되어 있다. 자기이익만 도모하는 정치가란 의미의 욕정자류, 뇌물로 관직을 주는 뇌관주의, 부패정치를 뜻하는 태머니라는 어휘도 소개되고 있다.

마지막으로 국명은 가장 많은 어휘를 보여주고 있는 분야이다. 약 170개국을 표시하는 어휘가 등장한다. 한국과 관련해서는 대조선, 대한, 대한제국, 대한민국, 구한국, 한국, 코리아 등이 있다. 그리스 관련 어휘는 그리스 외에 희랍, 헬라스가 있으며 네덜란드에는 홀란드, 올란드, 독일에는 게르만, 도이취, 미국은 합중국, 아미리카, 엉클샘, 에티오피아에는 아비시니아, 영국에는 브리튼, 이스라엘에는 유대, 히브리, 일본에는 재팬, 중국에는 차이나와 신흥국 중국을 의미하는 영차이나 등이 있다. 비슷한 국명은 혼동을 일으키기도 했다. 스웨덴과 스위스가 서로 바뀌어 쓰이기도 했으

---

3) 『中宗實錄』 17년 6월 20일.

며4) 오스트레일리아가 오스트리아와 혼동되어 쓰이기도 했다.

국가 관련 어휘 중 다양한 표기를 보이는 용어에는, 의회 관련 어휘, 데모크라시, 쿠데타, 데마고그 등의 외래어, 독일, 러시아, 미국, 영국, 프랑스 등 유럽 강대국들이 있다. 독특한 것은 성조기를 나타내는 어휘가 많았다는 것이다. 그 사례를 보면 아래와 같다.

- 데모크라시 : 데모구라스, 데모구라시, 테모크라시, 데모크라시-, 데모크라씨, 데모그라시, 떼모크라시, 쪠모크라씨, 떼모크래시, 테모크라시
- 의회, 국회 : 議會, 의회, 의회원, 國會, 국회, 議院, 의원, 大議院, 代議院, 代議士院, 立法院, 民會, 村丁會, 大合議体
- 성조기 : 星象旗, 星章國旗, 星條旗, 米國國旗, 스타・앤・스트라이프, 스타・앤드・스트라이프, 스타・앤・스트라이프쓰, 스타・앤드・스트라이프쓰, 스타・스팽글드, 스타・스팽글드・뺀너
- 쿠데타 : 구데다, 구-데타, 구-데・타, 구테타, 꾸데따, 꾸-떼-따, 쿠데타, 쿠-데타, 쿠-테타, 쿠・테-타, 쿠우쩨타, 쑤데타, 쑤-테타, クーデタ─
- 데마, 데마고그 : 데마, 데마고-구, 데마고구-, 데마고-그, 데마쏘쑤, 쩨마고그, 떼마고-그, 떼마고그, 떼마고-그, 떼마고-크, 떼마곡, 떼메꼭, 데마쏘씨, 떼마코기-, 떼마고기-, 떼마고기, 데마고기-
- 독일 : 德國, 德國聯邦, 德逸, 德帝國, 德帝國聯邦, 덕국, 獨國, 獨乙, 獨日, 獨逸, 져만, 쩌루만, 獨逸聯邦, 獨逸帝國, 德意志, 德有志, 쩌취, 쩌이취, 쩌이취, 쩌잇취, 쩌이췬, 日耳曼, 日耳蔓, 日爾曼, 日耳曼國, 日耳曼聯邦, 日耳曼列邦, 日耳曼合衆國, 일이만, 게르마니아, 겔마니아, 쪠르만, 是耳曼, 셰야만
- 러시아, 소련 : 魯國, 露國, 魯西亞, 露西亞, 俄羅斯, 俄羅斯國, 俄國, 俄, 아라스, 아라사, 아라샤, 노시야, 루시아, 로서아, 로시야, 로시아, 으로시아, 롸시야, 러시아, 쏘벹・러시아, 쏘벹트・러시아, 쏘비엩트・러시아, 쏘비엘・러시아, 싸베-트・러시아, 싸베-트・로시아, 에스・에스・에스・엘, 쎄・쎄・쎄・르, 유・에스・에스・알
  - 미국 : 米國, 美國, 米, 美, 米國聯邦, 美利堅, 花旗國, 花旂國, 大亞美理駕

---

4) 유길준의 『서유견문』의 경우가 그러하다.

合衆國, 亞米利加, 亞美利加, 亞美利加合衆國, 미리견, 미국, U.S.A, 北米
合衆國, 北美合衆國, 合衆國, 북미합중국, 합중국, 합중국, 北阿美利加洲
合衆, 花族國, 米洲聯邦, 엉클・쌤, 유나이뎃되스데도, 유나이뎃도스되
도, 유나이텟드 스텟즈, 유나이텟드스텟즈
  - 영국 : 英吉利, 英吉利國, 英國, 英, 大英國, 不列顚, 不列顚帝國, 大貌利顚,
大貌列顚, 大貌顚利, 大不列顚, 大不列敦島, 大弗列顚, 大貌利及愛爾蘭合
衆王國, 인쓰리스, 인그리스, 영길리, 영국, 뿌릿탠, 쓰리탠, 쓰리태니, 쓰
리테니, 쓰리톤, 하얏브리탠, 쓰뤳트브뤠텐, 뿌리타니카・컴먼웰스
  - 프랑스 : 佛蘭西, 佛蘭西國, 佛國, 佛, 法國, 法, 大法國, 法蘭西, 法蘭西共
和國, 法名西, 夫冷士, 법국, 법란셔, 불란셔, 불랸셔, 흐란스, 프라쓰, 프
란쓰, 프랑쓰, 푸랑쓰

국가 관련 어휘는 주로 『(鮮和兩引)모던朝鮮外來語辭典』(1936), 『新語辭典』(1946),
『現代新語釋義』(1922) 등의 사전, 『한성순보』, 『한성주보』, 『대한매일신보』, 『독
립신문』, 『조선일보』, 『공립신보』(1908), 『신한민보』 등의 신문, 『소년』, 『청
춘』, 『朝鮮之光』, 『農民』 등의 잡지, 안국선의 『政治原論』(1906), 유치형의 『憲
法』(1907)과 『經濟學』, 유성준의 『法學通論』(1905), 석진형의 『平時國際公法』,
羅瑨・김상연의 『國家學』(1906), 정인호의 『國家思想學』(1908), 유길준의 『西遊
見聞』(1895), 이채우의 『十九世紀歐洲文明進化論』(1908), 장지연의 『萬國事物紀
原歷史』(1909), 학부편집국이 펴낸 『國民小學讀本』(1895), 『萬國略史』(1895), 김
우식이 1906년에 펴낸 『國民須知』, 현채의 『越南亡國史』(1906), 『幼年必讀』
(1906), 『幼年必讀釋義』(1907), 최남선의 『自助論』(1918), 박은식의 『瑞士建國誌』
(1907), 변영만의 『世界三怪物』(1908), 구연학의 『설중매』(1908), 육정수의 『송뢰
금』(1908), 이해조의 『철세계』(1908), 최병헌의 『명산명경』(1912) 등에 나타나
고 있다.

어휘는 자료에 따라 그 해석이 다양하다. 예를 들어 '국가'의 경우, 『憲
法』에서는 "국가는 일정한 토지와 일정한 인민을 기초하고 그 위에 일정
한 주권으로써 통치하는 단체"라고 했으며 『農民』의 "術語解說"에서도 "토

지와 인민을 기초로 하고 독립의 주권으로서 통치하는 정치단체"라고 하고 있다. 따라서 국가의 기본요소라 할 수 있는 국민, 영토, 주권을 통해 국가를 설명하고 있다. 또한 국가는 국민의 이익을 위해 존재하는 것임이 강조되고 있다. 『國家學』에서는 "국가는 즉 국민 전체로 이에 속한 각 개인의 생활 발달을 위하여 필요한 사업으로 개인의 독력(獨力)과 또 사회적 결합력에 의(依)하여 경영, 존립하는 하나의 대공동체다"라고 했으며 『憲法』은 "국가는 그 현재 인민 다수의 최대이익이 있는 일을 이루기 위하여 존재하는 것"이라고 하고 있다. 세 번째로, 국가는 국민들에 의한 것임이 강조되고 있다. 『國民須知』에서는 국가를 "국민 모든 사람들의 공동체"라고 규정하고 있으며 『政治原論』에서 국가는 "국민의 계약으로 반드시 이루어"진다고 보았다. 한편, 국가는 권력집단임이 강조되기도 한다. 『憲法』에서는 "국가는 권력단체다. 권력단체라 함은 일정한 권력이 있어 그 구성원을 통할하는 단체"라고 했다. 더 나아가 『新人間』은 국가에 대해 "지배계급이 경제적 착취를 확보하기 위한 권력에 지나지 못한다. 따라서 착취가 없는 곳에는 국가가 있을 수 없다"고 하여 맑시스트적 해석을 내리고 있다.

'공화정치'에 대해서도 『新語辭典』에서는 "부르주아지의 대표적 정치형태. 즉 인민이 선거할 대통령이 집권하는 의회정치인데 입헌민주정치의 대표적인 것"이라고 설명하고 있다. 한편, 『新人間』은 공화정치를 "인민에 의해서 선거된 대통령으로써 주권자를 삼는 정치"라고 했으며 『朝鮮之光』도 "인민에 의하여 선거된 대통령을 주권자로 하는 정치"라고 규정했다. 『漢城周報』에서는 "공화정치라 하는 것은 나라에서 정한 임금이 없고 백성이 한 사람을 가려 대통령을 삼고 때때로 통령을 바꾸며 나라 정사도 또한 백성이 의논하여 정함이라"고 설명하여 군주제와의 차이를 강조하고 있다. 정치유형 중 '관료정치'에 대한 설명도 있다. 『農民』은 관료정치를 "관권만능정치"라 했으며 『現代新語釋義』에서는 "관료는 관리의 무리이니 관료가 행하는 정치라 하면 원래 별로 악한 의도가 없으나 민의를 존중치 아니하고 관료가 독단의 정치를 행하는 것이 즉, 관료정치다"라고 하여 부정적 의미를 표현하고 있다.

입법기관인 의회에 대해 보면, 『黨聲』의 "社會常識術語"에서는 "인민 또
는 특수한 층으로부터 선출한 대의사들이 모여 그 국가의 중요한 정책을
논의하며 법률을 제정하는 회의"라고 하고 있다. 『法學通論』는 국회에 대
해 "국회는 신민 전체를 대표하여 일정한 의사를 세워서 국가통치권의 집
행에 참가하는 기관"이라고 하고 있다. 한편 『憲法』에서는 "정치가가 혹은
말하되 의회는 군주의 전행을 제한하기 위하여 설치한 것이라"고 하여 군
주 견제의 중요성을 강조하기도 한다. 정부에 대해서는 『國家學』에서 '행
정부'라고 했으며, 『法學通論』에서는 "정부라 함은 국가의 정무를 장리(掌
理)하는 부(府)"라고 하고 있다. 한편, 『憲法』에서는 "정부는 황제의 대권을
행사하는 기관이라"하기도 한다.

이렇듯 어휘에 대해 일반적 규정과 특수한 사례가 같이 설명되기도 한
다. 예를 들면 '쿠데타'에 대해 『(鮮和兩引)모던朝鮮外來語辭典』은 "비상수
단, 대정변, 무력단행, 과단정치, 고압수단"이라고 한 반면, 『新語辭典』은
"무력에 의하여 불의에 반대당을 압박하여 굴복시키고 정권을 잡는 것. 중
국 국민혁명 때 장개석이 공산당에 대하여 취한 것 같은 수단"이라고 설
명하기도 한다.

이 시기 다양한 정의가 내려지고 있는 개념 중에 '제3제국'이 있다. 『半島の光』
(1941)에서는 제3제국을 '나치스 국가'라고 한 반면, 『新女性』(1925)과 『新東亞』,
『開闢』은 '영육일치가 된 나라'로 규정한다. 이를 종합하여 『人文評論』(1939)
의 "모던文藝辭典"에서는 "정경상의 용어로서는 오늘날 히틀러가 통솔하
고 있는 나치스 독일의 이상과 신조를 집약적으로 표현하는 말이다. 현재
에는 나치스 국가의 일종의 대용어로서 보급하였다 한다. 다음으로 문예
상의 용어로서는 그리스적인 육의 세계와 기독교적인 영의 세계를 종합
지양한 영육일치의 세계로 제3제국이라 말한다"고 설명하고 있다. 『新語辭
典』(1946)의 경우 "인간의 생활을 영, 육의 두 방면에서 관찰하여 육의 제국
은 제1제국, 영의 제국은 제2제국이라 하고, 다음으로 영육일치의 제국은

제3제국이라 하는 설인데, 이를 문명적으로 보면 제1은 고대, 제2는 중세, 제3은 근대국가관에 상당함"이라고 하여 제3제국을 근대국가로 설명하기도 한다. 이 시기 일본 문헌에서도 제3제국이 소개되고 있다.[5]

　전통적으로 국가는 '邦家'라는 용어로 표현되었다. 『太祖實錄』(7년 9월 12일)을 보면 "恭惟上王, 應天順人, 肇造邦家, 立經陳紀"(상왕(上王)께서 천리(天理)와 인심(人心)에 순응하여 비로소 국가를 세우고 강기(綱紀)를 베풀어)라고 되어 있다. 한·중·일간에 '國家'는 공통으로 쓰였다.[6]

　국가를 표현하는 어휘 중 '祖國'은 한국과 일본에서 쓰였다.[7] 모국(母國)의 경우 유사한 전통어휘로 '부모국(父母國)'이 있다. 『仁祖實錄』(5년 5월 21일)에 "孔子之修春秋, 以魯父母國之故, 諱惡而不書(공자(孔子)는 춘추(春秋)를 지을 적에 노(魯)나라가 부모의 나라이기 때문에 악을 숨기고 쓰지 않았는데)"라는 표현이 있다. 또한 모국은 마더컨트리(마-더칸트리, 머여-、컨트리, 머여-컨튜리, 머더-컨트리)로 표기되기도 했는데 일본에서는 'マザー・カントリー'로 표기되었다.[8] 만국의 경우 일본에서는 '万國',[9] 또는 '萬國'으로 쓰이기도 했다.[10]

　국가 유형 중 '合衆國'도 다른 어휘들과 마찬가지로 한·중·일 공히 같은 표기로 쓰였다.[11] 반면, '半獨立國'의 경우 중국에서는 半主之國[12]으로 표기되기도 했다. 야만국의 경우 전통적으로는 '夷國'으로 표현되었다. 정약용은 "세상에 이국(夷國)도 없고 적국(狄國)도 없는데 어찌 유독 맥국(貊國)이

5) 小林花眠, 『新しき用語の泉』, 帝國實業學會, 1922, 824면.
6) 小林花眠, 『新しき用語の泉』, 464면 ; 馮天瑜, 『新語探源 : 中西日文化互動與近代漢字術語生成』, 中華書局, 2004, 359면 ; 李運博, 「流入到近代中國的日語借詞」, 『天津外國語大學學報』 10-4, 2003, 39면.
7) 小林花眠, 『新しき用語の泉』, 804면.
8) 小林花眠, 『新しき用語の泉』, 1210면.
9) 김창렬, 「한국 개화기 교과서의 일본식 한자어 연구를 위한 자료조사-민간인 편찬 교과서와 사전을 중심으로」, 『일본어교육』 45, 2008, 34면, 35면.
10) 塩澤和子, 「演說の語彙」, 『講座日本語の語彙6 : 近代の語彙』, 1982, 156면.
11) 小林花眠, 『新しき用語の泉』, 215면 ; 鈴木英夫, 「仮名花垣の語彙」, 『講座日本語の語彙6 : 近代の語彙』, 1982, 93면 ; 馮天瑜, 『新語探源 : 中西日文化互動與近代漢字術語生成』, 335면, 338면.
12) 馮天瑜, 『新語探源 : 中西日文化互動與近代漢字術語生成』, 273면.

있겠는가"[13]라고 쓰고 있다. 중국의 경우 野人之國이라 표기하고 있다.[14]

정체 중 立憲政體와 憲政은 한·중·일에서 동일한 표기로 쓰였다.[15]

영토는 전통적으로는 '邦土'로 표기되었다. 예를 들면 『東文選』(120권 碑銘)에 "躬朝帝庭 保我邦土(몸소 황제의 조정에 가 조견하시어 우리 국토를 보전하였네)"라고 쓰여있다. 領土 관련 중국 어휘는 馮天瑜의 『新語探源』[16]과 선꿔웨이의 『근대중일어휘교류사』[17]에 설명되어 있다.

주권 관련 어휘 중 자주권(自主權)은 일본에서도 '自主權',[18] 또는 '自主ノ權'으로 쓰였다.[19] 自衛權의 경우 한·중·일이 동일하다.[20]

의회 관련 용어 중 '하원'의 경우, 한·중·일이 동일하게 '下院'으로 사용했으나,[21] 중국에서는 '下堂'으로 표기하기도 했다.[22]

정부는 한·중·일이 동일하게 '政府'로 썼다.[23] 정당내각에 관한 일본 신어는 小林花眠의 『新しき用語の泉』에 설명되어 있다.[24]

국가 상징 중 프랑스 국가(國歌)인 마르세예즈는 한국에서는 '말세에즈', '말세이에즈'로 일본에서는 'マルセイユ'로 표기했으며,[25] '훈장'의 경우 동일하게 '勳章'으로 썼다.[26]

---

13) 丁若鏞, 『茶山詩文集』 22권 「雜評」
14) 馮天瑜, 『新語探源 : 中西日文化互動與近代漢字術語生成』, 274면.
15) 小林花眠, 『新しき用語の泉』, 396면, 1305면 ; 馮天瑜, 『新語探源 : 中西日文化互動與近代漢字術語生成』, 301면, 507면 ; 페데리코 마시니, 『근대 중국의 언어와 역사』, 소명출판, 2005, 312면.
16) 馮天瑜, 『新語探源 : 中西日文化互動與近代漢字術語生成』, 401면, 484면, 492면, 498면.
17) 선꿔웨이, 『근대중일어휘교류사』, 고려대학교출판부, 2008, 443면, 452면.
18) 朱京偉, 『近代日中新語の創出と交流』, 白帝社, 2003, 45면, 54면.
19) 森岡健二, 「開花期翻譯書の語彙」, 『講座日本語の語彙6 : 近代の語彙』, 1982, 69면.
20) 小林花眠, 『新しき用語の泉』, 536면 ; 馮天瑜, 『新語探源 : 中西日文化互動與近代漢字術語生成』, 391면.
21) 小林花眠, 『新しき用語の泉』, 195면 ; 馮天瑜, 『新語探源 : 中西日文化互動與近代漢字術語生成』, 274면.
22) 페데리코 마시니, 『근대 중국의 언어와 역사』, 소명출판, 2005, 309-311면.
23) 馮天瑜, 『新語探源 : 中西日文化互動與近代漢字術語生成, 中華書局』, 343면, 485면, 497면 ; 선꿔웨이, 『근대중일어휘교류사』, 450면 ; 페데리코 마시니, 『근대 중국의 언어와 역사』, 299면 ; 塩澤和子, 「演說の語彙」, 156면.
24) 小林花眠, 『新しき用語の泉』, 739면.
25) 小林花眠, 『新しき用語の泉』, 1213면.

국명 중 코리아는 일본에서는 '그リーア'로 표기되었다.27) 영국은 전통적
으로는 '暎咭唎'로 썼다. 예를 들면『正祖實錄』(17년 10월 26일)에 "雜樣印畫圖
像, 係紅毛暎咭唎國王全家人像(갖가지 인쇄한 그림과 도상(圖像), 네덜란드와 영국 국왕의
온 가족 인물상이다)"라고 쓰여 있다. '일본'은 이전에는 '倭國'으로 썼였다.『太
宗實錄』(9년 11월 14일)에 "士勵兵强, 威加隣敵, 琉球, 暹羅, 倭國之人, 莫不來附(선
비는 힘쓰고 군사는 강하여 그 위엄(威嚴)이 인적(隣敵)에게 가해져서, 유구(琉球)·섬라(暹羅)·왜
국(倭國)의 사람이 내부(來附)하지 않음이 없으니)"라고 쓰여 있다. '재팬'은 일본에서는
'ジャパニーズ'28) 또는 'ジャパン'29)로 썼였다. 또한 일본은 '敷島'로 쓰이
기도 했다.30) 日本이란 어휘에 대해서는 塩澤和子의『演說の語彙』31)에 설명
되어 있다. 몽고는 이 시기 莫臥兒, 모끄르, 몽고리야, 몽골로 쓰였지만 전
통적으로는 '蒙古'로 썼다.『太祖實錄』에 "度祖諱椿, 小字善來, 蒙古諱孛顔
帖木兒(도조(度祖)의 휘(諱)는 이춘(李椿)인데, 어렸을 적의 이름은 선래(善來)요,
몽고(蒙古) 이름은 발안첩목아(孛顔帖木兒)이다)"라고 기록되어 있다. 쿠바는 중
국에서는 '古巴'로 썼였다.32) 미국을 나타내는 엉클샘은 일본에서는 'アンク
ル·サム'으로 썼다.33) 영국인을 나타내는 존 불은 'ジョン·ブル'34) 또는
'チョンブル'35)로 썼다. ■ 이나미·곽금선·김하나

26) 小林花眠,『新しき用語の泉』, 347면.
27) 棚橋一郎·鈴木誠一,『日用 舶來語便覽』, 光玉館, 1912, 67면.
28) 小林花眠,『新しき用語の泉』, 682면.
29) 棚橋一郎·鈴木誠一,『日用 舶來語便覽』, 79면.
30) 蒲生芳郎,「森鷗外の語彙」,『講座日本語の語彙6 : 近代の語彙』, 1982.
31) 塩澤和子,「演說の語彙」, 156면.
32) 馮天瑜,『新語探源 : 中西日文化互動與近代漢字術語生成』, 274면.
33) 小林花眠,『新しき用語の泉』, 52면.
34) 小林花眠,『新しき用語の泉』, 685면.
35) 棚橋一郎·鈴木誠一,『日用 舶來語便覽』, 107면.

〈표 1〉 국가 관련 신어

유형	관련 신어
국가	국가(國家), 코먼웰스(콤먼웰스), 스테이트(스테-트, 스테트) / 조국(祖國), 뼈-열랜드, 母國, 마-더칸트리, 머여-·컨트리, 머여-컨튜리, 머더-컨트리) / 자국(自國) / 만국(萬國, 만국) / 왕국(킹덤, 킹돔) / 국체(國體), 공공체(公共体) 주권국체(主權國體) / 만리타국(만리타국) / 건국(成國) / 국가적(國家的) / 도메스틱(떠메스틱, 또메스틱) / 덤, ~국(돔) / 라이히, 나라(라이히)
국가 유형	강대국(强大國, 大强國), 약소국(弱小國) / 선진국(先進國), 후진국(後進國) / 개명국(開明國), 개화국(기화국), 신개국(新開國), 고개국(古開國), 미개국(未開國), 반개국(半開國) / 문명국(文明國, 문명국), 문명국들(明諸邦國, 文明列國), 야만국(野蠻國, 야만국) / 진보국(進步國), 하등국(하등국), 제1등국(第一等國), 제2등국(第二等國) / 근대국가(近代國家), 근세문명국가(近世文明邦國), 근세문명국가들(近世文明諸邦), 근세국가(近世國家) / 신국(新國), 신국가(新國家), 신생국(新立國) / 공화국(共和國, 공화국), 리퍼블릭(으리퍼불릭, 뤼퍼부릭, 리퍼불립), 공화정체(共和政體), 공화정치국(共和政治國), 대공화국(大共和國) / 민주국(民主國, 민쥬국, 民主政治國, 民政國, 民政之邦, 民政主義國, 民主主義國, 민쥬공치국) / 헌법국(憲法國), 입헌국(立憲國), 입헌공화국(立憲共和國), 입헌군주국(立憲君主國), 법치국(法治國), 의회국가(議會國家) / 군주국(군쥬국, 君主國), 군합국(君合國), 세습국(世襲國), 전제국(專制國), 전제군주국(專制君主國) / 제국(엠파야, 엠파여, 엠파이어, 엠파이아), 제국의(임페라알), 대제국(大帝國), 제왕국(帝王國) / 대공국(大公國) / 구교국(舊敎國), 耶蘇舊敎國), 신교국(新敎國), 기독교국(耶蘇敎國, 基督敎國), 타교국(他敎國), 신국(神國) / 자유국(自由國), 독립국(獨立國, 독립국, 독닙국), 독립국가(獨立國家), 독립주권국(獨立主權國), 자주국(自主國), 자주독립국(自主獨立國, 자주 독립국), 주권국(主權國) / 반독립국(半獨立國), 반주권국(半主權國) / 종주국(宗主國) / 부용국(附庸國), 보호국(保護國, 보호국, 保護邦), 부속국(附屬國), 속방(屬邦) / 국외중립국(局外中立國), 영세중립국(永世中立國), 무조약국(無條約國), 완충국(緩衝國) / 통일국(統一國), 분립국(分立國) / 단독국(單獨國), 단일국가(單一國家), 복잡국(複雜國) / 연방, 연방국(聯邦, 聯邦國, 聯邦布國, 聯邦制度國, 연방, 런방국, 예데레이쉰), 집합국(集合國), 결합국(結合國), 정합국(政合國) / 농립국(農立國), 농업국(農業國), 목축국(牧畜國), 상업국(商業國), 공업국(工業國) / 해상강국(해력국), 국방국가(國防國家), 병영국(尙武國), 경찰국가(警察國家) / 반란국(版亂國), 분쟁국(分爭國), 패전국(戰敗國), 경쟁국(競爭國) 채권국(債權國) / 내륙국(內陸國), 반도국(半島國, 반도국) / 동양고대국가(東洋古國), 서양국(西國), 대서양국(大西洋國) / 열대국가(熱國), 흑인국(흑인국) / 본국(本國), 본적국(本籍國), 거류국(居留國) / 겸임국(兼任國) / 균시국가(均是國家)
정체	정체(政體, 政體, 政体) / 공화국체(共和國體), 공화정체(共和政體, 共和政体, 共和政體, 政體之共和), 공화제(共和制) / 입헌정체(立憲政體, 立憲政體, 立憲政体), 입헌제(立憲制), 입헌제도(立憲制度) / 입헌군주정체(立憲君主政體, 君主立憲政體, 立憲君主制, 립헌군주제), 입헌왕정(立憲王政), 군민공치정체(君民共治政體) / 대의제(代議制), 대의제도(代議制度) / 자유정체(自由政體, 自由政体), 반자유정체(半自由政体), 부자유정체(不自由政体) / 민주정체(民主政體, 民主政體, 民主政体), 민주공화제(民主共和制), 민주

유형	관련 신어
	제(民主制) / 군주국체(君主國体, 君主國體), 군주정체(君主政軆, 君主政体, 君主政體), 군주제(君主之制, 君主制, 군주제), 왕정(王政), 제정(帝政), 모나키(모나키, 모나-키-), 군주공동제(君主共同制), 도시군주정체(都府君主政體) / 군주독재정체(君主獨裁政体), 군주전제정체(君主專制政體), 군주전정(君主專政), 전제군주정체(專制君主政體) 전제정체(專制政軆, 專制政體, 壓制政體), 동양전제군주정체(東洋專制君主政體) / 자립제도(自立制度) / 종교군주정체(宗敎君主政體), 신권정체(神權政體) / 귀족정체(貴族政体, 貴族政體, 애리스토크라시), 귀족제(貴族制), 귀족제도(貴族制度) / 일인정체(一人政体), 독재정체(獨裁政軆) / 과인정체(寡人政軆, 寡人政體, 寡人政体), 소수정체(少數政体), 소수공화정체(少數共和政體), 수인정체(數人政體) / 다수정체(多數政体) / 동류다수정체(同類多數政體), 동류소수정체(同類少數政體), 이류다수정체(異類多數政體), 이류소수정체(異類少數政體) / 금권정체(金力政治, 富族政體, 富族政治), 플루타크러시(풀루토크라시), 상인정체(商人政體) / 단순정체(單純政體) / 혼합정체(混合政體) / 진화정체(進化政體), 완진정체(緩進政體), 부진정체(不進政體) / 독립정(獨立政) / 자치체(自治軆, 自治體)
정치 유형	공화(共和), 합중공화(合衆共和), 합중정치(合衆政治), 공화정치(共和政治, 공화덩치, 공화정치, Republic), 민주공화(民主共和), 로마공화(羅馬共和), 민주공화정치(民主共和政治), 민주정치(民主政治), 데모크라시(데모구라스, 데모구라시, 데모크라시, 데모크라시-, 데모크라씨, 데모그라시, 떼모크라시, 쩨모크라씨, 떼모크래시, 테모크라시), 평민정치(平民政治), 민정(民政) / 입헌정치(立憲政治, 립헌정치), 헌정(憲政) / 군민동치(君民同治) / 대의정치(더의정티, 代議政治), 의회정치(國會政治) / 정당정치(政黨政治) / 자유정치(自由政治) / 군주정치(君主政治), 군주전제(君主專制), 군주전제정치(君主專治), 군부정치(君父政治), 군주독재(君主獨裁, 立君獨裁) / 독재(獨裁, 독재), 일인독재(一人獨裁), 독재정치(獨裁政治), 독재전제(독직전제), 전제(專制, 전데), 전제정치(專制政治, 전데정치, 전졔정치, 전졔정티), 오토크라시(오-토크라시), 차리즘(쓰아리즘, 쯔아리즘, 차아리즘, 츠아리즘) / 압제정치(壓制政治), 데스포티즘(떼스포테이즘, 떼스포테즘, 떼스포티즘) / 귀족정치(貴族政治, 귀족정치), 귀족정치의(애리스토크래틱) / 과두정치(寡頭政治), 금융과두정치(金融寡頭政治, 금늉과두정치) / 관료정치(官僚政治, 뷰로크라시), 테크노크라시(택크라시, 텍노크라시, 텍노크레시, 테크노크라시, 텍너크라시) / 대합정치(待合政治, 대합정치) / 속국정치(屬國政治) / 여론정치(輿論政治) / 시민자치(시민즈치) / 지방정치(地方政治), 지방자치(地方自治, 디방자티) / 가장정치(家長政治) / 군벌정치(軍閥政治, 군벌정치) / 프롤레타리아독재(푸로레타리아獨裁) / 내정(內政, 內交, 닉정), 내치(內治) / 친정(親政)
국민	국민(국민, 國民, 호루구), 일반국민(一般國民, 一般民庶, 一般人民), 만국민(萬國民), 비국민(비국민) / 네이션(네-숀, 네슌, 내슌), 국민성(國民性), 내셔널리티(나소나리디-, 내쇼날리티, 내슌내리틱, 내슈낼느틱, 내슈낼틱), 내셔널 캐릭터, 국민성(내쇼날·캐락터-), 내셔널(내슌알, 내슌앨, 네슈낼, 乃西勞, 내쇼날) / 국민여론(國民輿論) / 국민교육(國民敎育), 국민학교(국민학교, 國民學校), 국민학교제(國民學校制) / 공동집단(共同團體, 共同團体) / 국적(國籍), 국적변경(世俗死) / 개명국인(開明國

유형	관련 신어
	人) / 고려인, 한국인(高麗人, 코레안) / 중국인(시나진) / 러시아인(루스끼, 러스키, 로시아人, 俄人, 魯西亞人) / 아메리칸(아메리칸, 메리칸) / 존 불(쫀·뿔, 쫀·뿔, 쫀·부루, 전·뿔, 짠·뿔) / 영국식(쫀·뿔리즘) / 마리안느(마리안느) / 투르크(티유크, 도르고) / 유대인(쥬-) / 멕시칸(믹스칸) / 슬라보니아인(슬라보니엔) / 헝가리인(헝거리안)
영토, 국경	영토(領土, 령토), 영토구역(領土區域), 랜드, 국토(랜드) / 국경, 계선(界線), 변경, 국경지방(그렌스게비드) / 러시아령(아령) / 영해(領海, 영히), 영해선(領海線) / 할양(割讓), 할양지(割讓地) / 세력권(勢力圈)
주권, 권력	주권(主權, 쥬권), 내용주권(內用主權), 대내주권(對內主權), 대외주권(對外主權), 단독주권자(單獨主權者), 독립주권(獨立主權), 독립권(獨立權, 독립권) / 권력(權力, 권력), 중앙권력(中央權力) / 중앙집권(中央集權), 센트럴리제이션(쎈트랄리제이슌), 중앙통제권(中央統制權) / 통치권(統治權), 국가통치권(國家統治權), 통치대권(統治大權), 통수권(統帥權) / 국권(국권, 國權) / 정권(政權, 정권), 정치권(政治權) / 공권력(公權力, 公共權力, Public Power) / 도미네이슌(도미네이션), 도미니온(도미니언) / 실권(實權, 실권) / 대권(大權, 대권) / 관직대권(官職大權) / 입헌권력(立憲權力) / 자위권(自衛權, 自護之權), 국가자위권(國家自衛權) / 전권(戰權) / 군정권(軍政權, 군정권) / 딕테이터쉽, 집정권(띅테-터쉽) / 직권(職權, 직권) / 군주권리(君主權利), 군주대권(君主大權), 군주주권(君主主權), 왕권(王權, 君權, 調和權), 황제권(帝權) / 인민주권(人民主權) / 영토권(領土權), 해상권(海上權) / 종주권(宗主權, 쉬스린틔) / 상장권(上長權) / 속세권(俗世權) / 항해권(航海權) / 재정권(財政權) / 통상권(通商權) / 특별사면권(特赦權), 자유특사(自由特赦), 유한특사(有限特赦) / 긴급명령권(緊急命令權) / 독립명령권(獨立命令權) / 대표권(代表權) / 특허권(特許權), 특허전권(特許專權) / 지방자치권(디방자티권), 지방재산권(地方財權) / 삼권(三權), 삼권분립(三權分立, 삼권분립, 三權鼎立) / 선의권(先議權) / 헤게모니(헤게머니-, 헤케모니, 헤게모니, 헤게모니-, 헤게모니)
의회, 민회	의회, 국회(議會, 의회, 의회원, 國會, 국회, 議院, 의원, 大議院, 代議院, 代議士院, 立法院, 民會, 村丁會, 大合議体), 국회제도(國會制度), 국민의회(國民議會, Assemblee Nationale), 어셈블리(아셈불리), 팔리어먼트(巴力門, 巴律門, 팔라멘트, 팔이맨트), 라이히스탁(라이히쓰타-), 코르테스(콜테스) / 군주국회(君主國會) / 제국의회(帝國議會) / 국민회(국민회) / 의원회(議院會) / 의원(議員), 대의원(代議員, 더의원, 代撰者), 국회의원(國會議員, 국회의원, 代議士), 국민의원(國民議員), 라이히스라트, (독일)제국 참의원(라이히쓰라-트), 의장(議長, 의장), 국회의장(國會議場) / 단원제(一院制), 이원제(二院制) / 상하양원(上下兩院, 상하의원, 상하의원, 上下議院), 양원협의회(兩院協議會), 양원의원(兩院議員), 양원위원(兩院委員) / 상원(上院, 上議院, 샹의원, 貴族院, 貴族議, 院第二議院), 세닛(쎄네-트), 원로원, 소합의체(元老院, 小合議体), 상원의원(上院議員, 上院議官, 상원의원), 상급의원(上級議員), 세너터(쎄네터), 상원의장(上院議長) / 하원(下院, 下議院, 하의원, 庶民院, 民選院, 衆議院), 중의원, 第一議院, 대합의체(大合議体), 하원의원(下院議員, 하원위원, 民選議員) / 부현회(府縣會) / 시의회(市會, 시회, 府會), 시회의원(市會議員), 시참사회장(市叅事會長), 시회당

유형	관련 신어
	(市會堂) / 주의회 의원(道會議員) / 도회(都會) / 향회(鄕會) / 동회(洞會) / 촌회의장(村會議長) / 연방참의원(聯邦叅議院, 連邦參議院) / 참사회(參事會) / 민회(民會), 민회의원(民會議員) / 만민협의회(萬民協議會, General State) / 공의원(公議院) / 국민대의원(國民代議院) / 공선의원(公選議員) / 회의원(會議員) / 평의원(評議員, 평의원) / 코미티아(코미티아) / 트리부스 인민회(캄미시아 트리부타) / 플레눔(푸레넘, 푸레남) / 특회(특회) / 비밀회(비밀회) / 독회(讀會, 독회) / 국민대표(국민디표, 國民代表者), 다수대표(多數代表), 의선인(議選人) / 의사당(議事堂, 의사당, 회의원, House of Parliament), 국회의사당(國會議事堂, 국회의사당), 민회의당(民會議堂), 의사당의원(議事堂議員) / 의회내각(議會內閣) / 의사기관(議事機關) / 의정(議政) 의정국(議政局) / 비례대표제(比例代表制) / 국회의사제(國會議士制) / 공민의회령(公民議會令) / 헌법기초위원(憲法起草委員), 헌법위원(憲法委員), 헌정위원(憲政委員) / 개기(開期) / 의회회기, 정치계절(政治季節) / 개의(開議, 기의) / 제의(提議) / 개정(改正, 기정, 기정), 개정안(改正案) / 의안(議案), 국회의안(國會議案) / 의결(議決) / 결의서(결의서), 결의안(決議案) / 탄핵(彈劾, 탄힉), 탄핵위원(彈劾委員) / 폐회(閉會)
정부	정부(政府, 졍부, 정부, 政治組織), 개명정부(開明政府), 민주정부(民主政府), 자립정부(自立政府), 전제정부(專制政府), 압제정부(壓制政府), 연방정부(聯邦政府), 지방정부(디방정부) / 정치기관(政治機關), 통치기관(統治機關), 정부기관(政府機關), 정부조직(政府組織, 정부죠직) / 정부관리(政府官吏, 정官, 정부관리), 정부대신(政府大臣) / 조각(組閣), 정당내각(政黨內閣), 정당내각제도(政黨內閣制度), 중간내각(中間內閣, 超然內閣, 초연내각) / 참사원(參事院) / 경찰국(警察局), 중앙경찰(中央警察) / 근위국(近衛局) / 특허국(特許局) / 자치단체(自治團體) / 정무관(政務官) / 기술관료(테크노크랕, 텍너크랱트), 여성기술관료(텍노크라시·껄) / 보민관(보민관, 트리뷴) / 보호통감(保護統監) / 복장순사(복장순사) / 국새상서, 전장국새(典掌國璽) / 대한민국임시정부(大韓民國臨時政府, 대한민국림시정부) / 다우닝 스트리트(따우닝·스트리트) / 나르콤(나루콤, 날콤) / 폴리트 뷰로(폴리트·쀼로) / 프리시디엄(푸레시디움, 푸레지디움)
국가 정책	정책(政策, 정칙, 졍책), 폴리시(폴리시, 포리씨) / 경제정책(經濟政策), 군비정책(軍備政策), 전제정책(專制政策), 과분정책(瓜分政策), 농업정책(農業政策), 보전정책(保全政策), 보호정책(保護政策), 사회정책(쏘―시알·폴리틱쓰) / 철혈정책(鐵血政策), 철혈정략(鐵血政略) / 평화정략(平和政略), 평화대책(平和大策) / 개방책(開放策), 오픈도어폴리시(오-픈·또어·폴리시) / 구국책(救國策) / 내정개혁(內政改革) / 정교분리(政敎分離) / 국유(官有), 국유지(국유디), 국유화(國有化), 여자국유(女子國有) / 역산몰수(逆産沒收) / 국토개발(國土開發), 국토계획(國土計劃), 녹지계획(綠地計劃) / 인구조사, 국세조사(國勢調査) / 현장검사(臨檢, 臨檢搜索) / 민생(民生) / 복지(福祉) / 안보(안보) / 공안(公安) / 계엄(戒嚴, 계엄), 계엄령(계엄령, 戒嚴令) / 검열(檢閱), 검열수색(檢閱搜索) / 프로히비션, 금지(푸로히비슌) / 문화시찰(文化視察), 민정시찰(民情視察) / 특사(특샤) / 특허(特許, 특허) / 긴급명령(緊急命令), 긴급칙령(緊急勅슝) / 화이트리스트(화일·리스트) / 네프(넵, 넾푸, 네프), 5개년계획(五個年計劃, 오게년괴획), 뉴딜(뉴-·띨), 니라(니라)

유형	관련 신어
국가 상징	국기(國旗, 국긔, 旗章), 국휘(國徽), 애국기(愛國旗), 태극기(太極旗, 太極徽章, 태극국긔, 태극긔), 만국기(만국긔), 성조기(星象旗, 星章國旗, 星條旗, 米國國旗, 스타·앤·스트라이프, 스타·앤드·스트라이프, 스타·앤·스트라이프쓰, 스타·앤드·스트라이프쓰, 스타·스팽글드, 스타·스팽글드·뺀너), 유니언잭(유늬·잭, 유니온·쨀, 유니온·잭, 유니온짝크), 일장기(日章旗), 중성기(衆星旗), 청천백일기(靑天白日旗) / 하겐크로이츠(하켄·크로이츠, 히-겐·크로이츠), 스바스티카(스와스티카), 임페리얼 이글(임페리앨 이글) / 국가(國歌), 애국가(이국가), 마르세예즈(말세에즈, 말세이에즈) / 대관례(戴冠禮), 대관식(디관식), 관병식(觀兵式, 관병식), 예회(례회) / 예포(禮砲, 례포) / 백악관(화일·하우스, 화일트·하우스, 화일하우스, 화일 하우스, 화잇트하우스) / 훈장(勳章, 훈장, 훈장), 태극장(太極章), 레종 도뇌르(레죤쓰노, 레지올쓰노르, 레죤 쓰노, 레지올 쓰 노르, 리존·오프·오너勳章)
국난, 국가 문제	내란(內亂, 니란), 반란(叛亂), 리벨리온(리벨리온), 리볼트(리볼트), 쿠데타(구데다-, 구-데타, 구-데·타-, 구테타, 꾸데따, 꾸-떼-따, 쿠-데타, 쿠-데타-, 쿠-테타, 쿠-·테-타, 쿠우쪠타, 꾸데타, 무-테타-, クーデター) / 무정부(無政府) / 불령(不逞), 국사범(국ᄉ범, 국사범, 國事犯), 국사범죄(國事犯罪) / 데마, 데마고그(데마, 데마고-구, 데마고구-, 데마고-그, 데마쓰쑤, 쩨마고그, 떼마고-그, 떼마고그, 떼마고-크, 떼마곡, 떼메쯕, 데마쓰끼, 떼마코기-, 떼마고기-, 떼마고기, 데마고기-) / 테러(테로루, 테라, 테라-, 테러, 테로, 테로-), 테러리스트(데로리스트, 테로이스트, 테로리스트), 매스테러리즘(매쓰·테로리즘), 백색테러(白色테로) / 매국자(賣國者, 漢奸), 매국적(매국적, 매국격), 역적(叛徒), 스툴피전, 간첩(스툴·피존), 프락치(뚜락취치, 푸라크치, 뿌럭지, 푸랙취, 프락치), 변절자(變節者), 반입법자(反立法者), 욕정자류(慾政者流) / 박해(迫害), 탄압(彈壓), 언론억압(言論抑壓) / 블랙메일(뿔랙메일) / 분열정책(分裂定策, 분렬정책), 회유정책(懷柔政策) / 레임덕(레임·덕) / 뇌관주의(賂官主義), 태머니(템머니-, 태마니派, 태마니派俱樂部, 타마니홀, 타마니·홀, 태매니·홀, 태머니·홀) / 멸국신법(滅國新法)

〈표 2〉 국명 관련 신어

유형	관련 신어
한국	대조선(大朝鮮), 대한국, 대한제국(大韓帝國), 대한민국(大韓民國, 대한민국), 대한(大韓), 구한국(구한국), 한국(韓國, 한국), 코리아(커우리야, 코레아, 코리야, 코리아)
가나	가나(金濱, 加羅)
과테말라	과테말라(峨他馬拉, 爪多馬拉, 歲多麻拉, 瓜太馬拉, 爪太馬羅, 瓜他馬拉, 歐亞德瑪羅, 좌테말나, 瓜多磨羅, 귀테멜라, 귀테멜나)
그리스	그리스(씨리이기, 그리스, 쓰레시아, 씨리샤, 스데쓰, 그리시아, 쓰뤼쓰, 그리시아, 哥利士, 斯拉喬斯, 희랍(希臘, 希臘國, 搖而裏司, 희랍), 헬라스(헬네쓰)
그린란드	그린란드(그린랜드)

유형	관련 신어
기니	기니(機內亞, 쥐야나, 貴尼)
나이지리아	나이지리아(利巴, 나이쎄리아, 나이베뤼야, 羅伊比賴亞, 나이베뤼야)
남아프리카 공화국	남아프리카공화국(南亞共和國)
네덜란드	네덜란드(荷蘭, 和蘭, 賀蘭, 花旗, 荷國, 尼達蘭, 和國, 和蘭國, 新荷蘭, 하린, 홀란듸, 호르란쓰, 할린드, 홀랜드, 할난드, 오란다, 올란드, 올란다, 올난드, 올낸드, 니델란쏘, 네덜낸드, 네사란드王國), 네덜란드의(떨춰)
네팔	네팔(尼婆羅, 尼波路, 醴八, 네팔, 네펄)
노르웨이	노르웨이(挪威始, 諾威, 諾威國, 瑙威, 瑙威國, 那威, 那威國, 那耳回, 挐威, 腦威, 나위, 라위국, 노르게, 노-위이, 노웨, 노오웨이, 노르웨, 노어웨)
뉴질랜드	뉴질랜드(新西蘭, 紐齋倫, 樓質蘭, 紐西侖, 늬유씰낸드, 늬우실랜드)
니카라과	니카라과(尼可拉加, 尼可羅果, 尼加羅加, 尼加拉加, 尼哥拉瓜, 禮哥羅哥, 禮哥尼果, 늬코록가, 늬카라롸, 니카라가, 니가라國)
다와랍국	다와랍국(多瓦拉國)
다호메	다호메(達痾美)
단바	단바(淡巴國)
덴마크	덴마크(丹國, 丹馬, 丹抹, 丹尼, 丹麥, 丹麥國, 嗹國, 嗹馬, 旬瑪爾珂, 丁抹, 丁抹國, 정말, 쪤막크, 덴말그우, 덴막이, 덴마륵, 덴막, 덴막국)
도미니카	도미니카(쏘미늬카)
독일	독일(德國, 德國聯邦, 德逸, 德帝國, 德帝國聯邦, 덕국, 獨國, 獨乙, 獨日, 獨逸, 獨逸聯邦, 獨逸帝國, 德意志, 德有志), 저먼(져만, 쩌루만), 도이치(쩌춰, 쩌이춰, 쩌이쒀, 쩌잇춰, 쩌잇쒀), 게르만(日耳曼, 日耳蔓, 日爾曼, 日耳曼國, 日耳曼聯邦, 日耳曼列邦, 日耳曼合衆國, 일이만, 게르마니아, 겔마니아, 쩨르만, 是耳曼, 셰야만), 북독일연방(北獨逸聯邦), 제3제국(第三帝國, 제삼제국), 작센(薩遜, 薩索尼, 薩克索尼, 索遜, 索素尼, 昔詢尼, 삭센), 작센 마이닝겐(삭센 마이닝겐), 작센 바이마르(薩克威密, 삭센 와이마르), 작센 알텐부르크(薩克亞敦堡, 삭센 알렌쑤르흐), 작센 코부르크 고타(삭센 코부르흐쪼다)
라오스	라오스(那老蘇, 老撾, 라우, 라오)
라이베리아	라이베리아(羅伊比賴亞, 리쩨리야, 리베리야, 나이베뤼야, 리메리아共和國)
라틴국	라틴국(羅甸國)
러시아	러시아(魯國, 露國, 魯西亞, 露西亞, 俄羅斯, 俄羅斯國, 俄國, 俄, 아라스, 아라사, 아라샤, 노시야, 루시아, 로서아, 로시아, 로시야, 으로시아, 롸시야, 러시아), 소비에트러시아(쏘벹·러시아, 쏘볜트·러시아, 소비엩트·러시아, 쏘비엘·러시아, 싸베-트·러시아, 싸베-트·로시아), 소련(에스·에스·에스·엘, 쎄·쎄·쎄·르, 유·에스·에스·알)

유형	관련 신어
로디지아	로디지아(盧志阿那)
로마	로마(羅馬, 羅馬國, 羅馬帝國, 라마, 로-마, 로오마, 로마니아, 로마), 고대로마(古羅馬), 동로마(東羅馬, 東로오마), 서로마(西羅馬), 로마교황국(羅馬法王國)
루마니아	루마니아(羅馬尼, 羅馬尼亞, 羅媽里, 老瞞亞, 汝美亞, 樓爾尼亞, 르마니야, 르메리, 르메니야, 르우메니야, 르우메니야, 루메니아, 루메니야, 루우마늬아, 루마늬, 로마니아, 루마니아, 루마니아國), 루마니안(누메니안, 누미니인, 누미디안)
룩셈부르크	룩셈부르크(盧森堡, 陸仙堡, 婁其生堡, 魯生卜, 룩셴썌르히, 룩셴썌르히, 류삼썌르, 류삼썌르흐, 루기셈썩룽크國, 룩셈부룽그, 룩셴불룽, 놈불옹)
리디아	리디아(里地亞, 리데아)
리비아	리비아(里地亞, 努比亞, 느쎄야, 리비아)
리투아니아	리투아니아(維爾亞那, 列丹尼亞)
리히텐슈타인	리히텐슈타인(理非然丁, 리히스타인, 리희던스다잉)
마가다	마가다(摩伽陀)
마다가스카르	마다가스카르(馬島, 馬達加斯加, 馬哥塞, 馬哥基, 馬可塞. 마짜가스갈, 미다기스가, 미다가스가, 마다싸스카, 마다싸쓰카, 마당아스갈, 마당가스갈, 미당가스갈, 과당아스갈)
마셜	마셜(馬爾沙, 마루살)
마케도니아	마케도니아(馬基頓, 馬兒因, 마제돈, 마기돈, 마계도니아, 마게도니아, 마케쏘니아, 마케쏘늬아, 마케쏜, 마케도니아)
말레이시아	말레이시아(羅盤, 南掌, 넹구리셈비란)
머시아	머시아(墨爾削)
메디아	메디아(메지아, 메디아)
메클렌부르크 슈베린	메클렌부르크 슈베린(메졸렌 쑤르흐 슈웨린)
멕시코	멕시코(墨西哥, 墨西其, 墨斯哥, 墨斯古, 墨士古, 麥時古, 墨其斯哥, 墨喜西古, 米其西哥, 墨國, 묵서, 묵셔, 묵서가, 묵셔가, 믁셔가, 먹스코, 믹시코, 멕시코)
모나코	모나코(摩那哥, 마나코, 모나고國, 모나코왕국, 모나코)
모로코	모로코(麻洛哥, 摩洛哥, 摩洛哥國, 摩落哥, 莫臥兒, 武祿古, 美里哥, 모록고, 모롯고, 모록코, 모로코)
모리타니	모리타니(膺些厘十)
모잠비크	모잠비크(莫三鼻, 莫三比, 磨三碧, 冒潜伯, 模潜伯, 毛森璧歐, 모삼쎄그)
몬테네그로	몬테네그로(蒙的尼, 門的內哥, 만테늬그로, 몬데늬그로, 몬데네그로, 몬데네글오國, 몬테네그로)

유형	관련 신어
몰도바	몰도바(沒多虞野, 몰타비아, 몰타비, 모르다뷔야, 몰다비아)
몽골	몽골(莫臥兒, 모꼬르, 몽고리야, 몽골), 타타르(達丹. 타타르)
무어왕국	무어왕국(무아國)
미국	미국(米國, 美國, 米, 美, 米國聯邦, 美利堅, 花旗國, 花旂國, 大亞美理駕合衆國, 亞米利加, 亞美利加, 亞美利加合衆國, 미리견, 미국, U.S.A, 北米合衆國, 北美合衆國, 合衆國, 북미합중국, 합중국, 합중국, 北阿美利加洲合衆, 花族國, 米洲聯邦), 엉클샘(엉클 · 쌤), 유나이티드 스테이트(유나이뎃되스데도, 유나이뎃도스되도, 유나이텃드 스텟즈, 유나이텃드스텟즈)
바빌로니아	바빌로니아(巴比倫, 巴比倫國, 巴比倫尼亞, 빠비로니아, 바빌노니아, 바비로니아, 바비로니아王國, 밥바런이아)
바이에른	바이에른(巴威里, 巴威里亞, 巴威耳, 播威國, 勃維而利也, 빠빠리아, 빠이에른, 빠이예른, 바바리아, 빠이엘, 바비알)
바티칸	바티칸(얘치칸, 얘치캉, 얘티칸)
박트리아	박트리아(박트리아)
방글라데시	방글라데시(벤그림)
버마	버마(緬甸, 緬甸國, 面甸, 比利莫, 면전, 쎌마, 쎄르마, 뻘마, 비루막, 버마)
베네수엘라	베네수엘라(彬崖朱越那, 委內瑞拉, 委內瑞拉合衆國, 威那練國思, 比伊諾哀來國, 변이주엘아, 베네수엘나, 벤에주엘나, 벤에쥬멜나)
베냉	베냉(北寧)
베트남	베트남(安南, 安南國, 越南, 아남)
벨기에	벨기에(比利時, 比利時國, 比利耳, 比耳義, 比耳時, 比智翁, 比路支, 比國, 白耳, 白耳義, 北利士, 비리시, 쎄르츠무, 비루기, 베르쯔앰, 별지음, 벨지암, 벨지엄, 벨기움, 벨기, 벨기國)
벨라루스	벨라루스(白露)
보스니아	보스니아(寶妠尼亞, 巴斯于, 波斯尼, 蒲賽, 꾜쓰니아, 보스니아)
보헤미아	보헤미아(쬬헤미아)
볼리비아	볼리비아(拔利比亞, 玻里非, 玻里, 玻利非, 波非尼, 波利未國, 썔늬비아, 쏄늬비아, 불니비야, 볼니비야)
부하라	부하라(布哈爾)
불가리아	불가리아(勃而忌亞, 勃而忌利亞, 敎而忌里亞國, 渤而忌里亞國, 孛利忌里, 波加厘亞, 蒲加零, 布加亞, 布加利亞, 伯布里, 伯爾加里, 쌔와리, 벌괄이아, 벌게리아, 쑤루짜리야, 썰가아, 썰가리아, 부룬가리아國)
브라운슈바이크	브라운슈바이크(쓰란슈나이치)

유형	관련 신어
브라질	브라질(巴西, 巴西國, 巴西合衆國, 伯西爾, 伯剌西爾, 武例志婁, 樸爾齊爾, 부라실, 쌕라씰, 쓰라씰, 쑤라실, 쓰라질國, 쎄레질, 브라질)
비잔틴	비잔틴(비잔티)
베지르트	비제르트(非三, 볘빤)
사라센	사라센(伽勒底, 술아센, 술아센國, 씨라센, 사라켄, 사라켄, 사라센, 사라센, 사라센國)
사르데냐	사르데냐(撒土哇, 撒氏利亞, 싸르듸늬아, 사르더니아, 사르대니야)
사보나	사보나(沙甫阿國)
산마리노	산마리노(森馬林, 桑馬里, 山馬利路, 싼마리노, 산마리노)
샤르만 뉴제국	샤르만뉴제국(살녜만帝國)
세네갈	세네갈(塞內, 塞內岡比, 先厓傑, 세네짜르, 셰녜쌈쎄야)
세르비아	세르비아(塞爾維, 塞爾維亞, 塞爾比, 塞爾非亞, 塞耳維, 塞耳比, 塞而維阿, 塞比亞國, 西比亞, 쇠르비아, 쇠르비아國, 쇠르비아, 셰르의, 셰르의야, 셰르외야, 셔비아, 셔비야, 써븨아, 쎄르비아, 세르비아)
소말리아	소말리아(索謀利, 索馬理, 撒馬里, 蘇靡利西, 소마리)
소말릴란드	소말릴란드(쏘말닐낸드)
수단	수단(蘇丹, 蘇哥, 수싼, 수단)
수리남	수리남(스리남)
스웨덴	스웨덴(瑞典, 瑞典國, 嗜文, 셔젼, 스이텐, 스위든, 스위덴)
스위스	스위스(瑞西, 瑞西國, 瑞西聯邦, 瑞士, 瑞士國, 瑞, 蘇彛士, 蘇伊士, 訊益謝, 셔서, 셔샤, 스위쓰, 스어츠르란쓰, 스윗절난드, 스와썰낸드, 스위쓸랜드)
스키타이	스키타이(시지아)
스파르타	스파르타(斯巴達, 秀巴陀, 스파라, 스파타, 스파르타)
스페인	스페인(西班牙, 西班牙國, 日斯巴尼亞, 夏灣拿, 希斯潘亞, 셔반아, 스베인, 스퍼인, 스펴인, 스페인, 이쓰파니아, 이스파니아, 에쓰 파니아)
시리아	시리아(叙利亞, 敘利亞, 世累野, 수리아, 세뤼야, 세뤼야, 시리아)
시에라리온	시에라리온(暨例仁恩 獅山, 里恩, 蘇拉蘭, 시라라레오온, 씨에라레온)
신성 로마제국	신성로마제국(神聖羅馬帝國)
싱가포르	싱가포르(新加坡, 新加坡留, 新嘉坡, 星架坡, 星架波, 叨中, 신가파)
싱할리	싱할리(狼牙修)
아르메니아	아르메니아(阿美尼亞)

유형	관련 신어
아르헨티나	아르헨티나(亞然丁, 亞然丁合衆國, 亞丁合衆國, 盎低埒, 尼亞金加西臘, 아젠련, 아젠턴, 아젠틔나, 아르헨틔늬, 아르젠진共和國, 알젠틴)
에티오피아	에티오피아(亞比西尼亞, 亞比利亞, 亞比時利亞, 亞卑先尼亞, 亞巴仙尼亞, 阿排時尼亞, 阿比西尼, 阿皮西呢亞國, 荷阿羅, 西北尼西亞, 이비신니야, 이베시니야, 아쎄사니야, 아비사니야, 아비시니야, 아비시늬아, 아비시니아, 에디오피아)
아산티	아산티(亞山的)
아시리아	아시리아(亞西利亞, 亞西尼亞, 亞西里亞國, 亞時利亞, 이씨리아, 아씨라, 앗실이아, 앗시리아, 앗시리아王國)
아이슬란드	아이슬란드(氷洲, 泳洲, 氷島, 詡荷紉蘭島, 義斯蘭)
아이티	아이티(海地, 許太伊, 히다, 허티이, 헤라이, 하이틔)
아프가니스탄	아프가니스탄(阿富汗, 阿富汗國, 阿富汗斯坦, 亞富汗, 阿非干, 愛烏罕, 亞弗肝, 亞業加斯坦, 亞葉加尼斯坦, 이흐기니스탄, 아브짜니스단, 아쓰까니스단, 입흐기니스탄, 압가니스탄, 아푸깐이스탄)
알바니아	알바니아(而美尼亞, 而美尼亞國)
알제리	알제리(亞爾及, 亞尒及, 阿爾低, 阿路嘉理, 阿而建連阿, 謁支累亞, 아르뻬리야, 알뻬리야, 알지뤼야)
앙골라	앙골라(安各羅, 안쬬라)
에콰도르	에콰도르(厄瓜多, 尼爪多, 愛誇多, 이퀘더, 에콰도르, 규아돌, 귀아돌國)
엘살바도르	엘살바도르(三薩瓦多, 撒嘔禮突, 聖撒排多, 샐베도)
영국	영국(英吉利, 英吉利國, 英國, 英, 大英國, 不列顚, 不列顚帝國, 大貌利顚, 大貌列顚, 大貌顚利, 大不列顚, 大不列敦島, 大弗列顚, 大貌利及愛爾蘭合衆王國, 인쯔리스, 인그리스, 영길리, 영국, 브리티쉬(쓰리티쉬, 쓰리틱쉬, 쑤리틱쉬), 브리튼(쑤릿텐, 쓰리탠, 쓰리태니, 쓰리테니, 쓰리톤, 햐얏브리탠), 그레이트 브리튼(쓰렛브레텐), 영연방(뿌리타니카·컴먼웰스), 아일랜드(愛蘭, 愛爾蘭, 阿而倫, 阿爾蘭, 의란, 아닐낸드, 아이알린드, 아일린드, 아일낸드, 아일랜드), 잉글랜드(英倫, 英蘭, 英, 잉글린드, 잉글린드, 잉글낸드, 잉글낸도, 잉글늬쉬, 잉글랜드), 스코틀랜드(蘇, 蘇格蘭王國)
오렌지	오렌지(橘河, 오렌지)
오스트레일리아	오스트레일리아(澳太利, 澳大利亞, 澳大里亞, 澳斯厘亞, 澳, 奧大利亞, 濠太利, 濠太利亞, 濠斯太刺利, 橘河, 濠洲, 오스드르렐리, 오스드르렐리아, 오스츌올니아, 오오쓰랠늬아, 어스트렐늬아)
오스트리아	오스트리아(墺地利, 奧地利, 墺太利, 奧大利國, 墺國, 奧國, 奧, 奧地利亞, 澳大利, 奧斯馬加國, 鳥暹國, 오지리, 오스다라리야, 오우스도리야, 오슈트리아, 오슈튜리아, 오스튜리아, 오스트리아, 오쓰트리아, 오쓰트리, 어스트뤼야)
오이라트	오이라트(葫盧國)

유형	관련 신어
온두라스	온두라스(関都拉斯, 混斗羅斯, 婚祇旒羅施, 한두라스, 혼듀라스, 혼두라쓰)
올덴부르크	올덴부르크(威耳敦堡, 올덴쑤르흐)
요르단	요르단(요단, 요르단)
우간다	우간다(勿加打士加, 勿打士加, 우싼다)
우루과이	우루과이(猶羅貴, 烏拉乘, 烏拉乖國, 우라콰이, 유라궤, 유릉게, 유릉게共和國)
우크라이나	우크라이나(우크라이나, 우크라인)
위르템부르크	위르템부르크(우르텐쩨르)
이스라엘	이스라엘(衣色, 衣斯拉以兒, 衣時拉逸耳, 이스리엘, 이스라엘), 유대(猶太, 猶太國, 支維多, 馬太王國, 유디, 유태, 유태국, 쟈데아, 쟈데아國), 히브리(希伯流, 헵류國, 협류, 히부리)
이란	이란(伊蘭)
이오니아제도합중국	이오니아제도합중국(아이오니아合衆國)
이집트	이집트(埃及, 埃及國, 瞿樂果, 익급, 예시브, 예지브도, 예지브, 예쌉보도, 에집트, 이집트)
이탈리아	이탈리아(伊國, 伊太利, 伊太利亞, 伊太利國, 義大利, 意大利, 意大利國, 意大利亞國, 意達里, 意大里, 意國, 以太利, 以太利國, 이더리야, 이다리, 이다리야, 이달늬, 이달리, 이터리, 이틸네, 이틸네, 이탈니, 이탈리, 이태라, 이탈늬아, 이태리), 나폴리(那不兒, 那卜列司, 那弗勒, 拿破里, 나쌔리, 나폴늬, 나폴리, 機捌, 藍拔)
인도	인도(身毒, 印度, 印度帝國, 印度大帝國, 인듸아), 무굴제국(莫臥爾國)
일본	일본(日本), 재팬(잡판, 지팬, 제팬, 쩨펀, 쨰팬, Japan)
자메이카	자메이카(쨔마이카)
중국	중국(차이나, 차이나, 창이나, 촤이나) 영차이나(영·촤이나)
체코	체코(췌크)
칠레	칠레(智利, 智利國, 智里, 知利, 支厘, 칠리, 칠늬, 칠레)
카렐리아	카렐리아(카렐늬아)
카르타고	카르타고(加爾達ſ, 加婁他古山, 가세지, 가셰지, 카데지, 카이데이지, 카아데이지, 카타기, 카르다고)
카메룬	카메룬(巨馬崙, 카메룬)
카슈가르	카슈가르(喀什噶爾, 喀爾喀)
카파도키아	카파도키아(客巴土斯, 카바도기아)
칼데아	칼데아(갈데아王國)
캄보디아	캄보디아(甘保杜亞, 甘保杜野, 柬蒲塞, 柬埔塞, 金邊國, 眞臘, 가보차, 간보쎠야, 감

유형	관련 신어
	보차, 캄보차, 캄보듸아)
캐나다	캐나다(加拿他, 加拿太, 加拿大, 加拿多, 加奈陀, 加那特, 加那太, 加那達, 加拿達, 卡拿達, 嘎那達, 佳那多 英屬亞米利加, 가나다, 카나다, 캐나다)
케냐	케냐(牙蘭, 雞尼亞, 鷄尼亞, 쌀르라스)
코린트	코린트(可里斯安, 코린쓰, 고린스, 코린트)
코모로	코모로(古潞慕島, 古魯毛, 고로모)
코스타리카	코스타리카(高施茶利哥, 高斯太樓哥, 哥修都里加, 哥斯達伊耶, 哥斯德利加, 코스다카라, 코쓰타리카, 코스타뤼가)
콜롬비아	콜롬비아(哥倫比, 哥倫比合衆國, 可比倫亞, 古倫比合衆國, 콜놈비아, 칼남비야, 코롬비아共和國)
콩고	콩고(公額, 公額國, 공고, 공오, 콩고국, 콩고國, 공고自由國)
쿠바	쿠바(규바)
키르기스스탄	키르기스스탄(가라기단)
타이	시암(暹羅, 暹阿摩, 叨, 整賣, 섬라, 섬라국, 샤무, 샤모, 샤므, 싸모, 사이암, 시암)
터키	터키(土耳其, 土耳其國, 土耳基, 土耳基國, 土耳機, 土耳古, 土國, 터계, 도르고, 도르기, 토이긔, 턱키, 턱크, 터어키)
테베	테베(데베, 데베쓰)
토스카나	토스카나(투쓰카나)
투르키스탄	투르키스탄(土耳其斯坦, 土基斯坦, 들기스단), 동투르키스탄(東土耳其斯坦, 동도르기스단)
튀니지	튀니지(杜尼斯, 吐逆斯, 突尼斯, 즈니스, 주--니스, 루니스)
트란스발	트란스발(杜國, 드란스발國)
티무르	티무르(타메를난)
티베트	티베트(基發, 西藏, 틔벳트, 팁볫트)
파라과이	파라과이(玻拉乖, 玻拉圭, 波拉該, 巴拉圭, 帕拉該, 把羅貴, 파라궤, 파라콰이)
파키스탄	파키스탄(皮路直斯坦, 繁累釋斯坦, 빌누치스탄, 벨누치스탄, 별류기스단, 별루기스단, 뺄치스단, 쩨르치스단)
파푸아뉴기니	파푸아뉴기니(波布亞, 奴苟尼之)
페니키아	페니키아(物撈齊國, 非尼西亞, 比尼西, 희니시아, 픠니시야, 포에늬시아, 보니시아, 페니기아, 페니키아)
페루	페루(秘魯, 秘魯國, 孛露, 白露, 比路國, 巴秘魯, 페루, 페루, 피루, 쎄류國, 쎠류國)

유형	관련 신어
페르시아	페르시아(波斯, 波斯國, 派斯, 比路芝, 法爾斯, 腓尼西亞, 比耳西亞, 非尼西亞國, 베르샤, 파사, 퍼시아, 쩌루샤, 페르시아, 페르시아)
포르투갈	포르투갈(葡萄牙, 葡萄牙國, 葡國, 포도아, 포도와, 포아, 브르츠쌀, 보르즈쌀, 보르츠쌀, 포츄갈, 포르토쌀, 포르토갈, 포르투쌀, 포르트쌀, 포루튜갈, 포쥬걸)
포투스	포투스(포투스)
폴란드	폴란드(波蘭, 保蘭, 홀란듸, 뽀란드, 포란드, 폴란드)
푸에토리코	푸에토리코(葡土利古, 波里多里, 葡婁都利古, 보르도리고)
프랑스	프랑스(佛蘭西, 佛蘭西國, 佛國, 佛, 法國, 法, 大法國, 法蘭西, 法蘭西共和國, 法名西, 夫冷土, 법국, 법란셔, 불란서, 불란셔, 호란스, 프라쓰, 프란쓰, 프랑쓰, 푸랑쓰), 프랑스의(뿌렌치, 프렌티), 프랑크(法蘭克, 후란구, 프랑크), 나폴레옹제국(那破翁帝國, 拿破崙帝國)
프러시아	프러시아(普魯士, 普魯士王國, 普國, 普, 布國, 普魯西, 普魯西國, 普漏西, 보니시아, 부루시아, 보로시아, 푸루시아, 포로시아, 푸루시아, 프루시아, 프로이센), 프러시아의(보니시안)
프리티아	프리티아(후리찌아)
핀란드	핀란드(芬蘭, 懸蘭, 핀랜드, 핀란드)
필리핀	필리핀(比律賓, 非律賓, 菲律賓, 菲島, 菲國, 菲, 蓽立彬, 大呂宋, 小呂宋, 非利比尼, 비율빈, 비률빈, 필늬핀, 필닙핀, 필립핀, 필리핀)
하노버	하노버(하노바國)
헝가리	헝가리(匈牙利, 凶牙利, 恒加里國, 헝가뤠, 항가뤠, 홍가리, 홍가리, 헝가리)
헤르체고비나	헤르체고비나(吼斯古維能, 허르제고빈, 헤르제꼬비니)
호라즘	호라즘(허라듬)

(2) 정치활동

정치활동 어휘군은 다음과 같이 12가지 유형으로 나눠볼 수 있다. 1) 개혁, 독립, 정치자유 등 정치목적 관련 어휘, 2) 집회, 국민대회, 당회, 발회, 인민회의, 평의회 등 집회·대회 관련 어휘, 3) 선언, 매니페스토, 강령, 메시지, 스테이트먼트, 코뮤니케 등 선언·강령 관련 어휘, 4) 자연권, 자유권, 참여권, 투표권 등 권리 관련 어휘, 5) 대의, 대표, 투표, 선거, 당선, 투표구, 다수결 등 선거·투표 관련 어휘, 6) 의사발표, 동의, 합의, 협상 등 의사결정과정 관련 어휘, 7) 혁명, 레볼루션, 민주주의혁명, 부르주아혁명 등 혁명 관련 어휘, 8) 정치운동, 혁신운동, 반전운동, 여성운동, 캄파티아 등 운동·캠페인 관련 어휘, 9) 정치투쟁, 문단투쟁, 삐라, 시위 등 투쟁·운동방식 관련 어휘, 10) 정계, 정치사회, 커뮤니티 등 정치영역 관련 어휘, 11) 비밀결사, 비밀회의, 블랙리스트, 아지트 등 비밀활동 관련 어휘, 12) 국정참여, 정략, 정견, 정치교육, 청원, 숙청, 저항 등 기타 정치행위 관련 어휘가 그 것이다.

정치목적 관련 어휘에는, 근대의 과제를 반영하듯 개혁, 개화, 정치적 자유, 권리동등, 참정 등의 개혁을 지향하는 어휘와 또한 동시에 반혁명, 반동과 같은 반개혁을 지칭하는 어휘도 등장한다. 당시 한국의 처지를 나타내는 광복, 독립 등의 어휘도 나타나며 이탈리아의 경우를 소개하는 통일사업이라는 어휘도 소개된다.

집회 관련 어휘에는 집회, 집회결사를 비롯하여 국민대회, 국민총회 등 대규모 집회부터 황족회의 등 소규모 회의를 지칭하는 어휘도 있다. 또한 합중정치를 성립시켜 대통령을 선출하는 회의를 지칭하는 사민회의(士民會議), 폼페이의 시민공회를 의미하는 시빌포름, 전몽고인민대표대회 호랄다안을 의미하는 후랄단, 일진회에서 개최한 평의회, 평화회의를 조롱하는 의미의 피스오브파이프(담배통 평화) 등이 소개되고 있다.

선언·강령 관련 어휘에서는 외국어를 포함하여 다양한 표현들이 등장한다. 특히 매니페스토, 테제, 스테이트먼트, 코뮤니케를 지칭하는 많은 표기가 나타난다. 구체적 사례로는 공산당선언, 고타강령과 에르푸르트강령 등 역사적으로 조명 받은 선언과 강령이 소개되고 있다.

권리를 나타내는 어휘로는 권리, 자연권, 자유권, 참여권, 국민권, 공민권 등 근대적 권리가 있으며 특히 투표권을 의미하는 다양한 어휘, 즉 투표선거권, 특별투표권, 보이스, 서프리지 등이 등장한다. 회수권은 침해를 받으면 다시 회복할 권리를 의미한다. 그 밖에 권리의무를 동시에 나타내는 어휘들이 있다.

선거·투표를 나타내는 어휘에는 대의, 대표, 델리게이션, 맨데이트 등과 함께 일반투표, 공개투표, 보통선거, 직접선거, 대통령 선거 등 각종 투표 및 선거의 종류가 등장하고 있다. 외래어로서는 레퍼렌덤, 레커멘데이션, 캐스팅보트에 관한 다양한 표기가 보이고 있다. 그 밖에 선거대승리를 의미하는 랜드슬라이드, 귀족과 평민이 모여 군주를 선립하는 선립제도, 도편추방제 등의 어휘도 등장한다.

의사결정과정과 관련된 어휘에는 의사발표, 의사표시, 동의, 합의, 타협 등의 어휘와 민주적 중앙집권, 원탁회의, 발안제도에 관한 표기도 등장한다. 특히 보이콧을 의미하는 다양한 표기가 나타나며 로마교황과 국왕과의 협약을 의미하는 콩코르다도 소개되고 있다.

혁명을 나타내는 어휘에는, 혁명, 대혁명 등이 있으며 레볼루션의 다양한 표기가 있다. 혁명의 구체적 사례로, 민주주의혁명, 부르주아혁명, 프롤레타리아혁명 등이 제시되고 있으며 중국 국민당 주도로 일어난 국민혁명도 소개되고 있다.

운동, 캠페인 관련 어휘에는 정치운동, 혁신운동, 무산운동, 반전운동 등 근대적 운동과 여성운동을 의미하는 부인운동, 부인참정권운동도 등장하고 있다. 그 밖에 비협력운동을 지칭하는 불합작운동, 반대자를 배제하는 청당운동도 나타나며 캠페인, 캄파니아를 지칭하는 다양한 표기가 등장하고 있다.

투쟁을 나타내는 어휘에는, 정치투쟁을 비롯하여, 계급투쟁을 의미하는 클래스 스트러글, 문단투쟁과 프레스 캠페인, 일상의 이익을 위한 투쟁이란 의미의 일상투쟁 등이 있다. 운동방식에는 시위, 데모, 성토, 삐라, 선동 등이 있으며 특히 애지테이션, 프로파간다, 데마고그를 지칭하는 다양한 외래어 표기가 보이고 있다.

정치활동이 이루어지는 영역인 정치영역과 관련된 어휘에는, 정계, 정치계, 정치사회, 정당사회, 커뮤니티, 포럼 등이 있다. 정치권체라는 어휘가 있는데 이는 국가와 구분되는 사회란 의미에 가깝게 사용되고 있다.

비밀활동과 관련된 어휘에는 비밀결사, 비밀회의, 아지트 등이 있으며 이태리비밀결사를 의미하는 카르보나리가 '카분나리'라는 표기로 소개되고 있다. 또한 블랙리스트에 대한 다양한 표기가 나타난다.

기타 정치행위 관련 어휘에는 결당, 국정참여, 정략, 정견, 청원, 망명, 주모 등이 있다. 식민지공동통치를 의미하는 콘도미니엄, 정치국면을 새롭게 타개한다는 의미의 정국타문, 연회석상에서의 연설을 의미하는 테이블 스피치, 숙청을 의미하는 치스카, 저항을 뜻하는 레지스턴스가 소개되고 있으며 폴리 컬트, 프로·폴리·컬트(프롤레타리안 폴리티컬 컬트) 등 정치교육에 대한 어휘가 등장하고 있다.

정치활동 관련 어휘 중 다양한 표기를 보이는 어휘는 다음과 같이 주로 외국어이다.

- 레볼루션 : 리볼류-슌, 레뽈류-숀, 레볼루치온
- 캄파니아 : 캄빠, 캄파, 컴페니아, 캄파니아, 캄파-니아, 캄파니어, 캄쎄-니아
- 매니패스토 : 마니후에스트, 마니페스토, 마니페스트, 매니페스토, 매니페스트
- 테제 : 데-제, 데-재, 데제, 테이제, 테에제, 테-제, 테제
- 스테이트먼트 : 스테이트멘트, 스텟트멘트, 스테-트멘트, 스테트먼트
- 코뮤니케 : 곰뮤니게, 컴뮤니케, 콤니케, 콤미유니케, 콤무니케, 콤뮤니케, 콤뮴니케, 꼼뮤니쩨
- 레퍼렌덤 : 리푸렌덤, 러퍼렌덤, 리퍼렌덤, 레퍼렌담, 레뼤렌담, 레뼤렌덤, 여퍼레덤
- 캐스팅보트 : 카스칭·보-트, 카스팅보트, 캬스팅·볼, 캬스팅·포트, 캬스팅·보-트, 캬스팅얘-트, 캐스팅·볼, 캐스팅·얘-트
- 보이콧 : 뽀이꼽, 뽀이콜, 뽀이꼽트, 뽀이칼트, 뽀이캄, 뽀이켑, 뽀이컬트, 쏘이콧트, 쏘이코트, 쏘이곳트, 쏘이쪼트, 보이콜, 보이코트
- 애지테이션 : 아지, 아지테쉰, 아지테-손, 아지테-숀, 아지테이순, 아지테이슌, 아지테-슌
- 포럼 : 얘름, 얘럼, 얘람, 얘룸
- 블랙리스트 : 뿔레크·리스트, 뿔렉·리스트, 뿔랙·리스트, 뿔랙 리스트,

뽈랙, 리스트, 뽈랙리스트, 뿔래클리스트, 쌜랙리스트, 부랙
리스트

　정치활동 관련 어휘는 주로『(鮮和兩引)모던朝鮮外來語辭典』(1936),『新語辭
典』(1946),『現代新語釋義』(1922) 등의 사전,『한성순보』,『한성주보』,『대한매일
신보』,『독립신문』,『동아일보』,『조선일보』,『황성신문』,『관보』,『공립신보』
(1908) 등의 신문,『新人間』,『소년』,『청춘』,『朝鮮之光』,『新東亞』,『半島の光』
(1941),『天道敎會月報』,『개벽』,『共濟』(1920),『黨聲』(1932),『全線』(1933),『批判』,
『朝光』(1941),『農民』,『大衆公論』(1930),『思想運動』,『가톨릭靑年』(1933),『別乾坤』,
『總動員』(1940),『學燈』(1934) 등의 잡지, 안국선의『政治原論』(1906), 유치형의
『憲法』(1907)과『經濟學』, 유성준의『法學通論』(1905), 석진형의『平時國際公法』,
羅瑨·김상연의『國家學』(1906), 정인호의『國家思想學』(1908), 유길준의『西遊
見聞』(1895), 이채우의『十九世紀歐洲文明進化論』(1908), 장지연의『萬國事物紀
原歷史』(1909), 학부편집국이 펴낸『萬國略史』(1895), 현채의『越南亡國史』(1906)
와『幼年必讀釋義』(1907), 최남선의『自助論』(1918), 박은식의『瑞士建國誌』(1907)
변영만의『世界三怪物』(1908), 박승희의『最新經濟學』(1908), 구연학의『설중매』
(1908) 등에 나타나고 있다.
　어휘설명을 보면 근대적 어휘를 소개할 경우 과거와는 어떤 점이 다른
가 하는 것으로 설명되는 경우가 있다. 예를 들면『國家思想學』을 보면 '대
표'에 대해 "두령과 유사하나 좀 다르되, 대개 사람들의 일치된 뜻을 그 사
람에게 맡겨 펴게 하는"것으로 설명된다. 한 가지 어휘가, 설명 방식에 따
라 미묘한 차이를 갖기도 한다. 예를 들어 '공민권'에 대해『我等』은 "공민
이 자격에 의해서 가지고 있는 권리"로,『天道敎會月報』는 "공민은 부협 및
시정촌 의원의 선거권 및 피선거권과 또는 부현 및 시정촌의 명예직에 참
여할 권리가 있으니 이 권리를 공민권이라 한다"고 하고 있는 한편,『法學
通論』에서는 "어느 나라를 막론하고 외국인에 대하여는 정권을 주지 않음
이 통례요, 이것을 공민권이라 칭하여 자국의 공민되는 자에만 한하여 가

지게 하는 것이라"고 설명하고 있다. '아지테이션'의 경우도 마찬가지로
차이를 보인다. 『新語辭典』(1934)은 "선동·대중의 불평불만을 추출하여 곧
바로 판단 해설하여 과감한 행동을 일으키는 것"이라고 간단히 설명했으
나, 『朝鮮日報』(1931)의 "新用術語解說"에서는 "어의는 보통 선동이라는 뜻이
나, 사회문제상 용어로는 단순한 선동 이상의 의의를 갖게 된다. 일정한
사상을 대중에게 주입하는 것을 의미함이다"라고 하여 보다 의미를 두어
설명하고 있다. 『東方評論』(1932) "社會科學用語問答"도 마찬가지로 "흔히 선
동이라고 번역하는 것이나 사회운동 방면에서는 중요한 의의를 가지게 된
것이니 일정한 주의와 사상을 평이한 방법으로 대중에게 전달하여 그 공
명을 구하는 것이다"라고 설명하고 있다.

또한 한 가지 어휘에 대해 일반적인 설명을 달거나 또는 구체적 역사적
사건으로 해설하기도 했다. 淸黨運動에 대해 『黨聲』의 "社會常識術語"에서
는, "어떠한 정당이든지 성장하여 나아가는 도중에 반드시 견해를 달리하
는 분자가 생기게 된다. 이렇게 될 때에 그 당의 정통 분자들이 당을 충실
히 키워 나아가기 위하여 불분순자를 전부 탈당시킨다. 이러한 운동을 청
당운동이라고 한다"고 하고 있는 반면, 『朝鮮日報』 "新用術語解說"에서는
"1919년 여름 러시아 전국에 걸쳐 행한 청당 치스트카운동에서 번역된 말
인데 러시아의 것과는 반대로 중국 국민당 내의 코뮤니스트와 좌익분자를
배제하는 것을 청당운동이라고 한다"고 설명하고 있다. 고타강령과 같은
구체적 사례와 같은 경우에도 『조선지광』에서는 "1875년 독일의 사회민주
노동당이 '라쌀레'파와 합동한 합동대회에서 채용된 강령을 말하는 것이
다"라고 한 반면, 『(鮮和兩引)모던朝鮮外來語辭典』에서는 "1875년 독일사회주
의노동당이 채용한 강령(남여참정권, 노동입법 등을 주장함)"이라 하여 약간의 차이
를 보이고 있다.

신어를 전통어휘와 비교해 보면 '개화'의 경우 과거에는 전혀 다른 의미
로 사용되었다는 것을 알 수 있다. 『모던文藝辭典』(1940)에서 개화는 "신문
명을 수입하여 구시대의 어둠을 밝힌다는 의미로 적확히 말하면 근대화란

뜻이다"라고 되어 있는 반면, 그 이전에는 "교화를 펴다"의 의미로 쓰였다.[36] '독립'의 경우 전통적으로는 "홀로 서있다"의 문자 그대로의 의미로 사용되었다.[37] '계급'은 과거에는 '품계'를 의미했다.[38] 반면 신어와 음은 다르나 유사한 의미를 가진 전통어휘도 있다. 예를 들면 비밀결사의 경우 과거에는 '密結'[39]이란 어휘가, 비밀회의의 경우 '密會'[40]라는 어휘가 사용되었다.

한 어휘에 대한 동아시아 삼국의 차이도 나타난다. '혁명'과 같은 한자어의 경우 한·중·일이 동일하게 '革命'으로 표기했으나 '보이코트'와 같은 외래어의 경우 한국에서는 '쏘이콧트' 등 다양한 옛한글 표기로 나타났고 반면 일본에서는 'ボイイコット'로 표기되었다.[41] 프로파간다의 경우도, 일본에서는 'プロパガンダ'로 표기되었으며,[42] 블랙리스트는 'ブラック・リスト'로 표기되었다.[43] ■ 이나미

〈표 3〉 정치활동 관련 신어

유형	관련 신어
정치 목적	개혁(改革, 기혁, 개혁), 개혁사업(改革事業), 정치개혁(정치개혁, 정치기혁) / 개화(開化, 개화) / 광복(光復), 독립(獨立, 독립) / 정치자유(政治自由), 정치적 자유(Political Liberty) / 권리동등(權利同等) / 참정(參政) / 통일사업(統一事業) / 반혁명(反革命) / 반동(反動, 반동)
집회, 대회	집회(集會, 집회) / 집회결사(集會結社) / 대의집회(代議集會) / 국민대회(國民大會) / 국민총회(國民總會) / 만민협의회(萬民協議會) / 당회(당회) / 발회(發會) / 발회식(발회식) / 인민회의(人民會議) / 사민회의(士民會議) / 황족회의(皇族會議) / 시빌포름, 시민공회(시빌포름) / 평의회(評議會, 평의회) / 만민공동회(萬民共同會) / 태평회(太平會) / 피스오브파이프(피-스·엎·파잎) / 호랄다안, 전몽고인민대표대회(후랄단)
선언,	선언(宣言), 선언서(宣言書, 선언서), 데클러레이션(떼클라레이쉰), 매니페스토(마니후

36)『東文選』22권 참조.
37)『定宗實錄』2년 8월 21일.
38)『承政院日記』, 仁祖 3년 7월 13일.
39)『睿宗實錄』1년 1월 29일.
40)『中宗實錄』32년 11월 3일.
41) 棚橋一郎·鈴木誠一,『日用 舶來語便覽』, 155면.
42) 小林花眠,『新しき用語の泉』, 1153면.
43) 小林花眠,『新しき用語の泉』, 1147면.

유형	관련 신어
강령	에스트, 마니페스토, 마니페스트, 매니페스토, 매니페스트) / 권리선언(權利布告) / 공동선언(共同宣言) / 공산당선언(共産黨宣言) / 테제, 강령(데-제, 데-재, 데제, 테이제, 테에제, 테-제, 테제), 강령, 슬로건(スローガン) / 고타강령(쏘-타綱領, 고-타綱) / 에르푸르트강령(에르풀트綱領) / 성명(聲明), 성명서(성명서, 셩명셔), 메시지(메쎄지), 스테이트먼트(스테이트멘트, 스텟트멘트, 스테-트멘트, 스테트멘트, ステ一トメント) / 코뮤니케, 성명서(콤뮤니케, 컴뮤니케, 코니케, 콤미유니케, 콤무니케, 콤뮤니케, 꼼뮤니쩨) / 권리청원(權利請求書) / 아미앵헌장(아미안憲章)
권리	권리(權利) / 자연권(自然權, Natural-Right) / 자유권(自由權, ㅈ유권, 自由權利, 自由權限) / 참여권(參與權) / 자주권(自主權, 自主의權), 자주권리(自主權利) / 자존권(自存權) / 국민권(국민권) / 공민권(公民權, 공민권) / 청원권리(請願權利) / 투표권(投票權, 투표권), 투표선거권(投票選擧權), 선거권(選擧權, 선거권), 보이스(쌘이스), 서프리지(써프레-지), 특별투표권(特別投票權), 참정권(參政權) / 피선거권(被選擧權) / 우선권(優先權) / 회수권(회수권) / 권리의무(權利義務), 권리의무관계(權利義務關係), 권리의무법칙(權利義務法則)
선거, 투표	대의(代議), 대표(代表, 대표, 더표), 델리게이션(뗄리게숀, 떌리게이숀), 맨데이트(만따-트, 맨데이트) / 투표(投票, 투표), 일반투표(一般投票), 인민투표(人民投票, 인민투표), 공개투표(明示投票), 대표투표(代表投票), 신임투표(信任投票), 속기투표(速記投票), 개표(開票) / 선거(選擧, Selection), 국민선거(國民選擧), 보통선거(普通選擧, 普選), 직접선거(直接撰擧), 제한선거(制限撰擧), 대통령선거(大統領選擧) / 민선(民選) / 공선(公選) / 재선(再選) / 선출(選出), 직접선출(直接選出) / 레퍼렌덤(리푸렌덤, 러퍼렌덤, 리퍼렌덤, 레퍼렌담, 레예렌담, 레예렌덤, 여퍼레덤) / 레커멘데이션, 추천(리콤멘세--원, 리컴멘데이숀) / 공천(公薦, 공천) / 당선(當選) / 피선(被選), 피선거인(被選人, 被選者) / 랜드슬라이드(랜드슬라이드) / 캐스팅보트(카스칭·보-트, 카스팅보트, 캬스팅·볼, 캬스팅·포트, 캬스팅·보-트, 캬스팅얜-트, 캐스팅·볼, 캐스팅·얜-트) / 다수결(多數決, 多數議決, 多數議決) / 기권(棄權) / 후보자(候補者), 캔디데이트(캔디데트, 캔디데이트, 칸디다-트, 깐듸-다-트) / 투표구(投票區) / 대선거구(大選擧區) / 투표장(投票場) / 투표함(投票箱) / 선립제도(撰立制度) / 도편추방제(貝殼彈劾法)
의사 결정 과정	의사발표(意思發表) / 의사표시(意思表示) / 동의(動議, 동의) / 합의(合議, 打合) / 합의조정(合意條定) / 타협안(妥協案) / 협상(協商, 협상) / 협정(協定, 협정) / 협약(協約, 협약) / 민주적 중앙집권(民主的中央集權) / 보이콧(쁘이꼳, 쁘이콜, 쁘이꼳트, 쁘이칼트, 쁘이칼, 쁘이컬, 쁘이컬트, 쏘이콧트, 쏘이코트, 쏘이곳트, 쏘이쏘트, 보이콜, 보이코트) / 합의제(合議制) / 합의체(合議體, 合議体) / 원탁회의(圓卓會議), 라운드 테이블 컨퍼런스(라운드·테이블·콘퍼렌쓰) / 이니셔티브, 발안제도(이니시치프, 이니치아티-브) / 콩코르다(콩코-다)
혁명	혁명(革命, 혁명, 革命亂), 대혁명(大革命, 大革令), 레볼루션(리볼류-숀, 레뽈류-숀, 레볼루치온) / 민주주의혁명(民政主義革命) / 부르주아혁명(뿌루쪼아革命, 뿌르조아革命) / 프롤레타리아혁명(푸로레타리아革命) / 국민혁명(國民革命) / 유신혁명(維新革命)
운동,	정치운동(政治運動) / 혁신운동(革新運動) / 무산운동(무산운동) / 반전운동(反戰運動) /

유형	관련 신어
캠페인	복벽운동(復辟運動) / 여성운동(婦人運動, 婦人解放) / 여성참정권운동(婦人參政權運動) / 불합작운동, 비협력운동(不合作運動) / 신국민운동(新國民運動) / 시위운동(示威運動, 시위 운동) / 청당운동(淸黨運動) / 캄파니아, 캠페인(캄빠, 캄파, 컴페니아, 캄파니아, 캄파-니아, 캄파니어, 캄쌔-니아)
투쟁 · 운동 방식	정치투쟁(政治鬪爭, 政治的鬪爭) / 클래스 스트러글, 계급투쟁(클라스 · 스트러글) / 문단투쟁(文壇鬪爭), 프레스캠페인(푸레스 · 캠페인) / 일상투쟁(日常鬪爭) / 시위(시위, 데모) / 성토(성토) / 삐라(삐라) / 선전삐라(아지 · 삐라) / 애지테이션, 선동(아지, 아지테쉰, 아지테-숀, 아지테이슌, 아지테이슌, 아지테-슌) / 아지프로(아지 · 푸로, 아지푸로, 아지 · 푸로, 아지 · 프로), 프로파간다(푸로, プロパガンダ, 푸로파간다)
정치 영역	정계(政界, 뎡계, 정계) / 정치계(政治界) / 정치권체, 사회(政治權體), 정치사회(政治社會) / 정당사회(정당사회) / 커뮤니티(콤뮤니티) / 포럼(뽀름, 또럼, 또람, 또룸)
비밀 활동	비밀결사(秘密結社) / 비밀회의(비밀회의) / 카르보나리(카분나리) / 블랙리스트(뿔레크 · 리스트, 뿔렉 · 리스트, 뿔락 · 리스트, 뿔락 리스트, 뿔랙, 리스트, 뿔랙리스트, 뿔래클리스트, 쌜랙리스트, 부래리스트) / 아지트(아지트)
기타 정치 행위	콘도미니엄, 식민지공동통치(콘도미니엄) / 결당(結黨) / 국정참여(國政參與, 國政參涉) / 정략(政略, 정략) / 정국타문, 정국타개(政局打聞) / 정담(政談, 정치담) / 정견(政見) / 정론(政論) / 테이블 스피치(테이블스피취, 테불 · 스피취, 테불 · 스피치) / 정치교육(政治敎育), 폴리컬트, 정치교육(폴리 컬트, 폴리컬트), 프롤레타리안 폴리티컬 컬트, 무산자정치교육(푸로 · 폴리 · 컬트) / 청원(請願, 청원) / 치스트카, 숙청(치스카) / 레지스턴스, 저항(레지스턴스) / 망명(亡命, 망명) / 주모(唱謀) / 정치적(政治的, 정치덕) / 정치상(政治上, 정치샹, 정치상)

(3) 정치주체

정치주체 어휘군은 크게 다음과 같이 열 가지로 나눠볼 수 있다. 1) 통치주체, 정치주체, 정치가, 대표자, 지도자, 리더십 등 정치주체 및 정치력 관련 어휘, 2) 백성, 국민, 시민, 대중 등 민(民) 관련 어휘, 3) 국왕, 군주, 차르, 다이너스티, 파라오, 술탄 등 군주 관련 어휘, 4) 대통령, 부통령, 총통 등 정치수장 관련 어휘, 5) 개혁가, 혁명가, 지사, 정객, 로비스트 등 활동가 관련 어휘, 6) 로마제정, 메이지 정부, 소비에트, 제3제국 등 정권 관련 어휘, 7) 당, 정당, 자유당, 진보당, 노동당, 공산당 등 당 관련 어휘, 8) 프랙션,

과격파, 반동파, 서산파, 멘셰비키, 볼셰비키 등 분파 관련 어휘, 9) 정치단체, 지방단체, 서클, 정치결사, 협회 등 단체 관련 어휘, 10) 제1인터내셔널, 코민테른, 프로핀테른 등 인터내셔널 관련 어휘 등이 그것이다.

정치주체 및 정치력 관련 어휘에는 統治者, 主治者, 統御者 등 통치자를 의미하는 다양한 용어가 있으며 특히 루라, 룰러 등 통치자를 의미하는 외국어도 포함되어 있다. 주권자와 함께 이를 의미하는 외국어인 소브린이라는 용어도 소개되고 있다. 정치가, 폴리티션, 스테이츠먼 등 정치가를 의미하는 다양한 용어가 등장했으며 대표자와 델리게이트, 지도자와 리더 등도 나타나고 있다. 두목을 의미하는 외국어인 링리더란 용어도 보이고 있다. 리더십, 스테이츠맨십 등 정치력을 의미하는 외국어도 소개되고 있다.

민 관련 어휘에는 국민, 피플, 일반국민, 일반민서, 일반인민 등 일반국민을 나타내는 용어가 많이 있다. 또한 시민, 시티즌 등도 등장하며 자유민, 자유인, 자주민 등 근대적 민을 의미하는 용어가 자주 사용되었다. 그밖에 대중, 대중집합체, 미조직 대중 등 일반대중을 의미하는 용어와 선거인, 유권자 등의 투표권을 갖는 민을 가리키는 용어도 등장했다. 백성을 의미하는 온남이라는 새로운 용어도 보인다.

전통적 정치주체라 할 수 있는 군주에 대한 어휘도 다양하게 등장한다. 전제군주, 세습군주, 입헌군주, 피선군주 등 다양한 군주 형태에 대한 어휘가 나타나며 킹, 퀸, 엠퍼러 등 외국어도 소개되고 있다. 부정적 의미의 군주인 전제가, 폭군, 압제자, 타이런트, 데스포트도 있다. 다양한 표기를 보이는 어휘로는 차르와 로열티가 있다. 역사 속의 특정 왕 또는 왕조로서는 파라오, 동로마황제, 무굴왕조, 라자, 술탄, 부르봉 왕조, 로마노프 왕조, 플랜태저넷 왕조 등이 있다.

왕 외에 일인 정치수장을 나타내는 어휘에는, 대통령을 의미하는 대통영, 통령, 수통령, 총통, 프레지던트 등이 있고 그 밖에 총서기를 의미하는 제너럴 세크리터리, 독일총통을 의미하는 라이히스퓨러, 파샤, 총독 등이 있다. 다양한 표기를 보이는 어휘에는 대통령, 프레지던트, 부통령이 있다.

활동가를 나타내는 어휘에는 개혁가, 직업적 혁명가, 지사, 정객, 지방논객, 원로 등이 있는데 그 외에는 외국어가 많다. 참정권확장론자를 의미하는 서프레지스트, 세계주의자를 뜻하는 코즈코폴리턴, 급진주의자를 의미하는 래디컬, 선동가인 애지테이터, 동조자인 심퍼사이저 등이 그것이다. 다양한 표기를 보이는 어휘로는 코즈모폴리턴, 심퍼사이저, 다크호스 등이 있다.

특정 정권을 나타내는 어휘에는 로마제정, 가마쿠라 막부, 메이지 정부, 소비에트 등이 있으며 모택동, 주덕, 주은래가 세운 연안정부도 등장한다. 그 밖에 구체제를 의미하는 앙시앙, 나치정권을 의미하는 제3제국도 소개되고 있다. 다양한 표기를 보이는 어휘는 소비에트이다.

정치주체와 관련하여 가장 많은 어휘는 당과 관련된 용어이다. 당은 공식적으로 수립된 정당이란 의미 외에 단순히 '단체', '사람들의 무리'를 뜻하기도 한다. 당, 파티, 정당 등 정당을 지칭하는 용어를 비롯하여 여당, 야당을 표현하는 다양한 어휘들, 민주당, 자유당, 공화당, 사회당, 공산당 등의 정당 등이 등장한다. 헌법을 제정하기 위해 결성된 단체를 의미하는 헌법당, 자유방임을 주장하는 자유무역당, 관세부과를 반대하는 자유통상당, 대중의 이해를 중심으로 하는 대중정당, 여당과 야당의 중간을 의미하는 제3당, 계급을 초월하는 원빅파티, 화폐를 지폐로 전용하자는 녹배당, 금은을 유일한 재화로 하자는 주전당, 청교도를 의미하는 항거당과 청정당, 파시스트로 변한 사회민주주의자를 의미하는 사회파시스트 등이 있다. 각 국별로 보면, 로마의 승려당, 중국의 국민당, 러시아의 카데트, 허무당, S.R, R.K.P, 일본의 헌정당, 자유당, 농민노동당, 동양사회당, 영국·아일랜드의 I.L.P, 토리당, 아일랜드당, 아일랜드변란당, 자치당, 피아나페일당, 신페인당, 프랑스의 혁신당, 자코뱅당, 지롱드당, 미국의 금주당, 독일의 나치스, 이탈리아의 파시스트 등이 있다. 신페인당과 파시스트는 다양한 표기를 보여주고 있다.

분파를 나타내는 어휘에는 프랙션, 마이너리타, 반동파, 과격파, 절충파 등이 있다. 그 밖에 중국국민당 우파를 의미하는 서산파, 합법정당을 주장하는 사민주의파인 해당파, 영국의 여성참정권론자들을 지칭하는 청담파, 인도의 국민회의파 등이 있다. 가장 많이 언급되고 있는 분파로는 멘셰비키와 볼셰비키로 표기 역시 매우 다양하다. 프랙션도 다양한 표기를 보여주고 있다.

단체를 나타내는 어휘에는 정치단체, 권력단체, 위원단체 등과 블록, 서클, 어소시에이션, 결사, 협회 등이 있다. 그 외에 두뇌집단을 의미하는 브레이트러스트, 인권옹호를 위해 결성된 변호사단체인 자유법조단도 있다. 각국별로 보면 중국의 구국회, 만주의 협화회, 러시아의 콤소몰, 피오네르, 일본의 국수회, 정우회, JAP, 영국의 자민회, 프랑스의 코르들리에, 프랑스의 독일인들이 결성한 의인동맹, 독일의 스파르타쿠스, 혁신단, 미국의 난파르티잔리그, KKK 등이 있다.

인터내셔널과 관련된 어휘는 주로 국제공산조직을 의미하는 용어이다. 제1인터내셔널, 제2.5인터내셔널, 제3인터내셔널, 제4인터내셔널 등이 그것으로 특히 제3인터내셔널인 코민테른이 자주 등장한다. 또한 국제공산청년동맹을 의미하는 Y.C.I, K.I.M, 적색노동조합인터내셔널인 프로핀테른 등이 있다.

어휘 중에 술탄과 같은 용어는 한문, 한글, 일본어가 다양하게 쓰이고 있었고 대통령의 경우 외국어 프레시던트를 포함하여 首統領, 總統 등의 표기도 사용되었다. 다양한 표기를 보이는 어휘 중에는 소비에트, 볼셰비키, 코민테른 등 사회주의 관련 용어들이 다수를 차지했다. 이 당시 사회적 관심사를 알 수 있는 부분이다. 그것을 포함하여, 다양한 표기를 보이는 어휘에는 다음과 같은 것이 있다.

- 델리게이트 : 데리케-드, 떼레께이트, 뗄리게잇, 뗄리게일, 뗄레게일
- 차르 : 쓰아, 쓰알, 싸, 자–, 잘, 쯔아, 쌀, 찰, 츠아, 츠아, 쩌르
- 술탄 : 支丹, 蘇爾丹, サルタン, 썰탄, 살탄
- 로열티 : 로이일티, 로이알리티, 로이얄티, 로얄티, 로얄리티, 로열티
- 대통령 : 大統領, 大統領, 디통령, 디통녕, 대통령, 대통영, 統領, 통녕,

首統領, 總統, 伯理璽天德, 大伯理璽天德, 푸레지덴트, 푸레시
덴트

- 부통령 : 副統領, 副大統領, 부통령, 부대통영, 부대통령
- 코스모폴리탄 : 고스모포리탄, 고스모쁘리탄, 코스모포리탄, 코스모포
리탠, 코스모폴이단, 코스모폴리탄
- 심퍼사이저 : 심빠, 신빠사이자, 심빠사이자, 심퍼다이자, 심퍼싸이더,
심파사이지, 심파사이저, 신파사이지, 신파사이저
- 소비에트 : 싸, 싸뷔에트, 싸베-트, 싸베트, 싸벨, 싸비엘, 싸비엘트, 싸
벳트, 쌔베-지, 소위트, 소베트, 소벼트, 쏘붸트, 쏘뷔에트,
쏘베트, 쏘벨, 쏘비엘, 쏘비에트, 쏘비여트, 쏘비엘트
- 파시스트 : 파스시트, 파시트, 파씨스트, 파씨스토, 패스스토, 패씨스트,
쟉씨스트, 피아시스트, 파씨스치, 파씨스티
- 프랙션 : 쑤락티온, 쑤락크숀, 쑤락숀, 쑤락손, 쑤랙숀, 쑤렉숀, 쑤렉숸,
후랙숀, 후라구손, 뿌락숀, 푸랙숀, 으랙숀, 프랙숀
- 멘셰비키 : 멘쉬얘-키, 멘쉬엑-키, 멘쉬엑크, 멘쉐얘키, 멘쉐얘-키, 멘
쉐엑-키, 멘스얘키, 멘세얘키, 멘세얘기, 멘세엑, 멘쉬얙, 멘
쉐엑, 멘세얘스트, 멘쉐얘스트, 멘쉬얘스트, 멘스비기, 맨세
비키, 멘셰뷔끼, 멘쇄비크, 멘쉐비크, 멘쉐비키, 멘쉐빅, 멘
쉐비스트
- 볼셰비키 : 볼쇠-비키, 볼쉬비끼, 볼쉐엑, 볼쉐얘크, 볼쉐얘키, 볼쉐쮀
키, 볼쉐뷔크, 볼쉐비키, 폴스비키, 볼스비키, 볼스비기, 볼
세비키, 볼세뷔키-, 볼세엑, 볼세얘끼, 볼세얘키, 볼세뷔키,
뿔, 뿔쉬븨키, 뿔쉬뷔키, 뿔스, 뿔쉐엑, 뿔쉐얘키, 뿔쉐비키,
뿔씨쮀키, 뿔쇠얘키, 뿔쇄얘키, 뿔쉐얘스트
- 단체 : 團體, 團軆, 團体, 단테, 단톄, 단체
- 블록 : 뿌록, 뿌로크, 뿔라크, 뿔러크, 뿔로크, 뿔락, 뿔럭, 뿔럭, 뿔록, 뿔
낙, 푸록, 푸록크, 불로크
- 피오네르 : 피오닐, 피오니르, 피오니-르, 피오니-르, 피오니루, 피오넬,
피오넬-, 삐오넬, 삐오닐, 삐요넬
- 스파르타쿠스 : 스팔타카스, 스팔타커스, 스팔타카스團, 스팔타커스團,
스팔타까스단, 스팔타까스團
- 인터내셔널 : 인터-내슈날, 인터내수날-, 인터내순낼, 인터-나쇼날,

인터-네스날, 인터네슨날
- 코민테른 : 곰뮨이슴, 곰인테른, 컴뮨테른, 컴뮨테룬, 컴민텔, 컴민턴, 컴
민테른, 컴민테룬, 코뮨테른, 콤문텔, 콤뮨텔, 콤문테른, 코민
텐, 코민텔, 코민테룬, 코민테른, 콤민텔, 콤민텐, 콤민턴, 콤
민태룬, 콤민테룬, 콤민테른, 콜인턴, 콤이테른, 콤이테룬

정치주체 관련 어휘는 주로 『(鮮和兩引)모던朝鮮外來語辞典』(1936), 『新語辭典』
(1934), 『新語辭典』(1946), 『現代新語釋義』(1922) 등의 사전, 『한성순보』, 『한성주
보』, 『대한매일신보』, 『독립신문』, 『신한민보』, 『조선일보』, 『관보』, 『공립신
보』(1908) 등의 신문, 『소년』, 『청춘』, 등의 잡지, 안국선의 『政治原論』(1906),
유치형의 『憲法』(1907), 유성준의 『法學通論』(1905), 석진형의 『平時國際公法』,
羅瑨·김상연의 『國家學』(1906), 정인호의 『國家思想學』(1908), 유길준의 『西遊
見聞』(1895), 이채우의 『十九世紀歐洲文明進化論』(1908), 장지연의 『萬國事物紀
原歷史』(1909), 학부편집국이 펴낸 『國民小學讀本』(1895)과 『萬國略史』(1895), 김
우식이 1906년에 펴낸 『國民須知』, 현채의 『越南亡國史』(1906), 최남선의 『自
助論』(1918), 박은식의 『瑞士建國誌』(1907) 변영만의 『世界三怪物』(1908) 등에 나
타나고 있다.

어휘설명을 보면 한 어휘에 대해 다양한 해석이 가해지고 있다. 예를 들
면 '대중'에 대해 『新語辭典』은 "피지배계급의 칭호, 피지도집단의 칭호"라
고 한 반면, 『朝鮮之光』의 '新語解釋'에서는 1) 전위에 대해서는 그 본대, 2)
노동단체에서 간부에 대하여 일반조합원, 3) 일반으로 다수한 집군이란 의미
로 세분화하고 있다. 이를 보면 『조선지광』이 대중에 대해 좀 더 계급적인
해석을 내리고 있음을 알 수 있다. '당'에 대해서도 마찬가지이다. 『조선지
광』은 당을 "계급의 일부분"이지만 "계급의 머리"라고 했으며 정당은 "계
급의 투쟁조직"이라고 설명하고 있다. 특정당에 대해서도 다양한 해석이
내려지고 있다. '사회당'에 대해 『共濟』는 "사회주의를 준봉하는 의원의
당"으로, 『現代新語釋義』 역시 "사회주의를 받드는 당파"로 설명하고 있는

반면, 『經濟學』에서는 "세민의 빈궁을 구호하기 위하여 국가의 권능을 차
득(借得)하고 부민의 자산을 할취(割取)하여 이를 세민에게 분여코자 하는"
것으로 제시하여 부의 재분배적인 측면을 강조하고 있다. 공산당에 대해
서는 『신인간』의 경우, "무산계급의 지도적 정당"으로 설명하고 있으며 『신
어사전』은 "러시아 혁명 뒤, 레닌 일파가 사회민주당을 공산당으로 개칭한
것에서 시작하여 공산주의를 지도정신으로 한 프롤레타리아트의 전위인
결성체, 그리고 그 모든 이론과 실천의 지도자는 레닌이었는데 레닌이 죽
은 뒤 스탈린이다. 현재 소연방을 중심으로 제3인터내셔널을 통하여 각국
에 조직되고 있다"고 하여 자세한 설명을 가하고 있다. 활동가의 경우도
마찬가지이다. '코즈모폴리턴'에 대해서는 세계주의자라는 측면과 방랑자
라는 측면, 두 가지가 부각되고 있다. 『모던朝鮮』에서는 "사해동포, 국경을
무시하는 방랑자"로, 『批判』은 "인종을 초월한 세계주의자"로 설명하고 있
으며 『新東亞』는 "세계주의자. 일시동인하는 사람. 국적, 국경을 무시하고
방랑을 하는 사람이니 어제는 동, 오늘은 서에 유랑하는 나그네라 함과 같
은 것이다"라고 하여 두 가지 측면을 다 제시하고 있다.

이 시기에 다소 복잡한 의미로 쓰인 어휘에 '과격파'가 있다. 과격파에
대해, 『朝鮮農民』은 "급격히 일각을 유예치 않고 자기의 주장을 단행하여
옛 제도조직을 개혁코자 하는 파"로, 『共濟』에서는 "러시아의 혁명 이래로
적용되는 말로 급격히 일각을 유예치 않고 자기(自己) 등의 고안(考案)에 위
배되는 제도, 조직을 개혁코자 하는 일파"로 설명하고 있어 오늘날과 유사
한 의미로 사용되었음을 알 수 있다. 『現代新語釋義』는 "급격히 잠시도 유
예를 두지 않고 자기의 주의에 반하는 제도와 조직을 파괴 개혁하고자 하
는 당파이니, 즉 극적인 혁명사상을 품은 사회주의자의 일파"라고 하고 있
다. 또한 덧붙여서 "이러한 의미 외에 하나의 고유명사처럼 사용하여 레닌
일파에 따르는 자 전부를 가리키기에 이르렀으니, 이 파는 1917년에 러시
아에 대혁명이 발발한 이래 그 세력을 신장하여 케렌스키가 몰락한 이후
로 전성의 상태로 되어 즉시 휴전, 토지공유, 자본몰수, 노동독재정치 등을

감행한 것"으로 설명하고 있다. 즉『新語辭典』에서 과격파를 "볼셰비키의 별명"으로 풀이한 것과 그 맥락을 같이 한다. 그러나 한편,『朝鮮之光』은 과격파가 "볼셰비키의 번역어인데 비훼적으로 역선전하기 위하여 이와 같이 번역한 듯하다. 볼셰비키의 원래의 의미는 다수당"이라고 하여 볼셰비키를 과격파라는 의미에서 구제하고자 하였다.『開闢』의 경우 여기서 한발 더 나아가, 볼셰비즘이 본래 다수파라는 의미를 가졌으나 "과격파 사상의 특징은 노동자의 지배, 직접행동, 국제주의, 비국가주의"이며 "자본가는 박멸시켜버리고 오직 완전히 노동자의 천하를 만들자는 것이니 그들의 계급투쟁은 수단이 아니고 곧 목적이다. 그런고로 과격파라고 번역하였다"고 하여 과격파가 볼셰비키와 동의어가 된 이유를 설명하고 있다.

어휘 표기의 국가별 차이를 보면 리더의 경우 일본에서는 リーダー로,[44] 술탄은 サルタン로,[45] 파샤는 バザー로[46] 쓰였다. 대통령의 경우, 중국에서도 '大統領'으로 쓰였으나[47] 다른 한편 統領으로 쓰이기도 했다.[48] 또는 프레지던트를 의미하는 伯理璽天德[49]으로도 쓰였다. 정당을 의미하는 파티의 경우 한국에서는 팥-틔 등의 용어로, 일본에서는 パテー로[50] 쓰였다. 보수당의 경우 일본에서는 한국과 마찬가지로 保守黨,[51] 또는 保守党[52]으로 쓰였다. 국민을 의미하는 호루구, 피푸루의 경우는 일본식 발음을 한글로 표기한 것이라고 할 수 있다. ▪ 이나미

44) 小林花眠,『新しき用語の泉』, 1319면.
45) 棚橋一郎・鈴木誠一,『日用 舶來語便覽』, 74면 ; 小林花眠,『新しき用語の泉』, 530면.
46) 小林花眠,『新しき用語の泉』, 1088면.
47) 馮天瑜,『新語探源 : 中西日文化互動與近代漢字術語生成』, 236면 ; 李運博,「流入到近代中國的日語借詞」, 39면 ; 션궈웨이,『근대중일어휘교류사』, 459면.
48) 馮天瑜,『新語探源 : 中西日文化互動與近代漢字術語生成』, 226면, 246면.
49) 馮天瑜,『新語探源 : 中西日文化互動與近代漢字術語生成』, 235면, 236면.
50) 棚橋一郎・鈴木誠一,『日用 舶來語便覽』, 126면.
51) 小林花眠,『新しき用語の泉』, 1182면.
52) 朱京偉,『近代日中新語の創出と交流』, 白帝社, 2003, 44면, 59면.

〈표 4〉 정치주체 관련 신어

유형	관련 신어
정치 주체, 정치력	통치주체(統治主體), 통치자(統治者, 主治者, 統御者), 룰러(루라, 룰러) / 주권자(主權者, 쥬권자), 소브린(소프링, 쏘얙린, 소브링) / 권력주체(權力主體) / 권리주체(權利主体) / 정치가(政治家, 정치가, 정치가), 폴리티션(폴리티시안), 스테이츠맨(스테이쓰맨, 스테일쓰먼), 전문정치가(專門政治家), 정사가(政事家) / 대표자(代表者, 디표쟈), 델리게이트(데리케-드, 떼레께이트, 멜리게잇, 멜리게일, 멜레게일) / 지도자(指導者, 지도자), 리더(리-다, 리-더, 리드-) / 링리더, 두목(링·리-더) / 리더십(리-더쉽), 스테이츠맨십, 정치력(스테이쓰맨쉽)
민	온남, 백성(온남) / 국민(국민, 國民, 호루구), 피플(쎄-쑤루), 일반국민(一般國民, 一般民庶, 一般人民), 전국민(全國民) / 공민(公民) / 시민(市民, 시민, 씨티즌, 시틔슨) / 자유민(自由民, 自由人民), 자유인(自由人) / 자주민(自主民) / 자치인민(自治人民) / 시빌리언, 민간인(씨뷔어원) / 피치자(被治者) / 공중(公衆) / 대중(大衆, 衆庶), 대중집합체(多衆集合體), 미조직 대중(未組織大衆), 크라우드, 군중(크로드) / 선거인(選擧人, 投簽選擧人), 유권자(有權者, 유권쟈), 서프러지스트(써프레지스트) / 서포터, 지지자(서포터, 써폴터) / 랭크앤파일, 일반구성원(랭크·앤·쐐일)
군주	대군주(大君主), 전제군주(專制君主), 독재군주(獨裁君主), 세습군주(世襲君主), 입헌군주(立憲君主), 피선군주(被選君主) / 킹(킹크, 킹, 킹구, 킹그), 퀸(꾸잉, 쿠인, 퀸, 큐) / 엠퍼러, 황제(엠퍼러), 시저(시-싸루), 임페라토르(因彼拉土兒, 임페라롤), 차르(쓰아, 쓰알, 싸, 자-, 잘, 쯔아, 쌀, 찰, 츠아, 츠아-, 쩌르), 제왕(마지의스다스), 여황제(女皇), 여제(女帝) / 전제가(專制家), 폭군(暴君), 압제자(壓制者), 타이런트(타이랜트, 타이렌트, 타이란트, Tyrant), 데스포트(떼스포트) / 다이너스티, 왕가(다이너스티) / 만세일계(萬世一系) / 대한제국황제, 한황(韓皇) / 파라오(博蘭哇, 쐐라오) / 동로마황제(東羅馬帝, 東帝) / 무굴왕조(莫臥爾帝朝), 라자, 인도국왕(라쟈, 摩詞羅闍, 마하라쟈) / 술탄(支月, 蘇爾丹, サルタン, 썰탄, 살탄), 칼리프, 회교주(回教主) / 부르봉 왕조(쑤르쏜王朝) / 로마노프 왕조(로마노프朝) / 플랜태저넷 왕조(北藍大日奈朝) / 하노버왕실(阿老保王室, 河老堡王室) / 로열티, 왕위(로이얼티, 로이알리티, 로이얄티, 로얄티, 로얄리티, 로열티), 로열, 왕의(로야르, 로이알, 로이야르, 로얄) / 영주(主侯) / 왕자(쉬읠), 황태자(皇太子, 황태즈)
정치 수장	대통령(大統領, 大緫領, 디통령, 디통녕, 대통령, 대통영, 統領, 통녕, 首統領, 總統), 프레지던트(伯理璽天德, 大伯理璽天德, 푸레지덴트, 푸레시덴트), 정부통령(정부통령), 공화대통령(共和大統領) / 대통령당선자(大統領被選者), 프레지던트일렉트(프레씨덴트에렉트) / 부통령(副統領, 副大統領, 부통령, 부대통영, 부대통령) / 제너럴 세크리터리, 총서기(제네랄·쎄크레터리) / 라이히스퓨러, (독일)총통(라이히쓰퓨라) / 파샤(파사, 파샤, 파시아) / 홍콩총독(港督) / 관석총독(闍淅總督) / 보호총독(保護摠督) / 딕테이터, 독재관(딕테이터, 띡테-터) / 총리대신(總理大臣) / 후총재(候總裁)
활동가	개혁가(改革家, 改進者, 社會改革家) / 직업적 혁명가(職業的 革命家) / 지사(志士) / 정객(政客) / 지방논객(村中政治家) / 원로(원로, 耆舊老成) / 서프레지스트, 참정권확장론자(써프레지스트) / 유토피안(유-토피안, 유토피안) / 코즈모폴리턴, 세계주의자

유형	관련 신어
	(고스모포리탄, 고스모뽀리탄, 코스모포리탄, 코스모포리탠, 코스모폴이단, 코스모폴리탄) / 래디컬, 급진주의자(라디칼), 래디컬 맨(라디칼·맨), 래디컬 보이(라듸칼·뽀이) / 애지테이터, 선동가(아지테이터) / 심퍼사이저, 동조자(심빠, 신빠사이자, 심빠사이자, 심퍼다이자, 심퍼싸이더, 심파사이지, 심파사이저, 신파사이지, 신파사이저) / 핵심(케른) / 로비스트(로비스트) / 망명객(亡命客, 亡命者) / 다크호스(짜크 호-스, 딱·호스, 딱·호스) / 대변인(スポークスマン) / 정치광(政治狂)
정권	로마제정(羅馬帝政) / 광무(光武) / 가마쿠라 막부(가마쿠라바쑤후니, 가마 쑤라바 쑤후니) / 다이쇼, 대정(大正) / 메이지(明治), 메이지정부(明治政府) / 구체제, 앙시앙(阿尼陽) / 소비에트(싸, 싸뷔에트, 싸베-트, 싸볘트, 싸볠, 싸비엘, 싸비엘트, 싸볫트, 쎄베-지, 소위트, 소볘트, 소뷔트, 쏘볘트, 쏘뷔에트, 쏘베트, 쏘볠, 쏘비엘, 쏘비에트, 쏘비여트, 쏘비엘트) / 제3제국(第三帝國, 제삼제국) / 연안정부(延安政府)
당	당(黨), 파티(파티, 파-티, 파-틔), 정당(政黨, 정당, 졍당), 정체당(政體黨), 정치당(뎡치당), 당파(黨派, 당파), 당원(黨員, 政黨員, 黨人) / 개국당(開國黨), 애국당(愛國黨), 호국당(護國黨) / 헌법당(憲法黨), 헌정당(憲政黨) / 자유당(自由黨, ㅈ유당), 자유무역당(自由貿易黨), 자유통상당(自由通商黨) / 민주당(民主黨), 민당(民黨), 민정당(民政黨) / 공화당(共和黨) / 개진당(改進黨), 진보당(進步黨), 급진당(급진당), 혁명당(革命黨, 變亂黨), 에스 알, S.R., 러시아사회혁명당(에스·엘), 혁신당(革新黨) / 레이버 파티, 노동당(레-버·피-틔), 농민노동당(農民勞働黨) / 아이 엘 피, I.L.P., 영국독립노동당(아이·엘·피) / 사회당(社會黨) / 공산당(共産黨), K.P. 공산당(가·페), 시피, C.P.(씨-·피-), R.K.P, 러시아공산당(엘·카·페), 엠엘(엠·엘), 맑스레닌주의(당), 제3차공산당(엠·엘, 엠·엘黨), 콤소몰카, 여성청년공산당원(꼼소말가) 야체이카, 세포(야체-카, 야체카, 야체이카, 야체, 야치에카) / 카데트(카델, 카델트) / 어드밴스 가드, 전위(아드반스·까드), 전위당(前衛黨, 階級黨, 게급당) / 대중정당(大衆政黨) / 기성정당(既成政黨, 긔성정당), 여당, 정부당(政府黨, 정부당), 인스(인스) / 야당(野黨, 非政府黨, 反對黨), 아웃츠(아울쓰) / 제3당(第三黨), 중립당(中立黨) / 원빅파티, 일대정당(원·뻑·파티) / 승려당(僧侶黨) / 국민당(國民黨, 코민탄, 콤인탄, 中國國民黨) / 국민동맹당(國民同盟黨) / 동양사회당(東洋社會黨) / 항거당, 프로테스탄트(抗拒黨), 청교도(清淨黨) / 허무당(呢希利士黨, 虛無黨) / 무정부당(無政府黨) / 자코뱅당(짜코빈黨), 지롱드당(平野黨, Girondists) / 메테르니히당(摩路波黨) / 흑기당(黑旗黨) / 토리당(토-리黨) / 아일랜드당(愛蘭黨), 아일랜드변란당(愛爾蘭變亂黨), 자치당(自治黨), 피아나페일당, 아일랜드공화당(피아니페일黨), 신페인당(신·펜, 씬옌, 씽·펜黨, 씬·핀黨, 심·페인黨, 씬·페인黨) / 파쇼(파시오, 파소, 팟소, 파쇼, 팟쇼), 파시스트(파스시트, 파시트, 파씨스트, 파쑤스토, 패스스토, 패씨스트, 뽜씨스트, 피아시스트, 파씨스치, 파씨스타), 흑셔츠당(黑샤쓰黨), 파시스트갱(파쇼·깽), 사회파시스트(社會파시스트) / 나치스(나티스, 나지스, 나치스) / 인종주의 정당(種族黨) / 지역주의 정당(地方黨) / 보수당(保守黨), 수구당(守舊黨) / 왕실당(王室黨), 제실당(帝室黨), 입헌왕정당(立憲王政黨, Feuillants) / 산악당(山岳黨, Mountains) / 시정당(施政黨) / 프로히비션 파티, 금주당(푸로히비슌·파티) / 녹배당(綠背黨), 주전당(主錢黨) / 보호방책당(保護方策黨) / 회의당(會議黨)

유형	관련 신어
분파	프랙션, 분파(뚜락티온, 뚜락크쑌, 뚜락숀, 뚜락숀, 뚜렉쑌, 뚜렉쉰, 후랙숀, 후라구숀, 뿌락숀, 푸랙슌, 으랙슌, 프랙슌) / 마이너리티, 소수파(미노리티) / 반동파(反動派) / 과격파(過激派, 과격파) / 절충파(折衷派) / 독립파(인데펜덴트) / 관료파(官僚派) / 서산파(西山派) / 멘셰비키(멘쉬예-키, 멘쉬옠-키, 멘쉬옠크, 멘쉐예키, 멘쉐예-키, 멘쉐옠-키, 멘스예키, 멘세예키, 멘세예기, 멘세옠, 멘쉬옠, 멘쉐옠, 멘세예스트, 멘쉐예스트, 멘쉬예스트, 멘스비기, 맨세비키, 멘셰뷔키, 멘쇄비크, 멘쉐비크, 멘쉐비키, 멘쉐뷕, 멘쉐비스트) / 볼셰비키(볼쇠-비키, 볼쉬비끼, 볼쉐옠, 볼쉐예크, 볼쉐예키, 볼쉐예키, 볼쉐뷔크, 볼쉐비키, 폴스비키, 볼스비키, 볼스비기, 볼세비키, 볼세뷔키-, 볼세옠, 볼세예끼, 볼셰예키, 볼세뷔키, 뽈, 뽈쉬브키, 뽈쉬뷔키, 뽈스, 뽈쉐옠, 뽈쉐예키, 뽈쉐비키, 뽈씨뷔키, 뽈쇠예키, 뽈쇄예키, 뽈쉐예스트) / 해당파(解黨派) / 백과전서파(엔사이클로페디스트) / 청답파(靑踏派) / 국민회의파(國民會議派)
단체	단체(團體, 團體, 団体, 단테, 단테, 단체), 정치단체(政治團體, 政會), 권력단체(權力團體), 위원단체(委員團體), 지방단체(地方團體), 반란단체(叛亂團體) 전제단체(專制團体) / 블록(뿌록, 뿌로크, 뿔라크, 뿔러크, 뿔로크, 뿔락, 뿔럭, 뿔럭, 뿔록, 뿔낙, 푸록, 푸록크, 불로크) / 서클(사-쿨) / 어소시에이션, 결사(아쏘세순, 아쏘시에이슌), 정치결사(政治結社) / 협회(協會, 협회), 독립협회(獨立協會) / 브레인트러스트, 두뇌집단(뿌레인·트러스트) / 콤소몰, 러시아공산청년단(콤소몰, 콤소모-루, 콤소모르카, 콤소몰카) / 피오네르, 적색소년단(피오닐, 피오니르, 피오니-르, 피오니-르, 피오니루, 피오넬, 피오넬-, 삐오넬, 삐오닐, 삐요넬) / 스파르타쿠스(스팔타카스, 스팔타커스, 스팔타카스團, 스팔타커스團, 스팔타까스단, 스팔타까스團), 혁신단(革新團) / 케이케이케이, KKK(케·케·케) / 의인동맹(義人同盟) / 건국동맹(建國同盟) / 게르만동맹(日耳曼同盟) / 자민회(自民會) / 공동회(공동회) / 구국회(救國會) / 국수회(國粹會) / 정우회(政友會) / 난파르티잔리그, 비당파동맹(논·파티산·리-그) / 야프, JAP, 일본프롤레타리아미술가동맹(얍프) / 자유법조단(自由法曹團) / 조선독립동맹(朝鮮獨立同盟) / 한국애국부인회(韓國愛國婦人會) / 협화회(協和會) / 코르들리에, 프랑스대중정치클럽(코르렐)
인터내셔널	인터내셔널(인터-내슈날, 인터내수날-, 인터내순낼, 인터-나쇼날, 인터-네스날, 인터네슨날) / 제1인터내셔널(第一인터(네슈낼) / 제2.5인터내셔널(第二半인터내슈낼) / 제3인터내셔널(第三인터내슈낼), 카페, K.P. (카-페-), 코뮤니스트인터내셔널(컴뮤니스트·인터내쇼날, 콤뮤니스트·인터내쇼날), 코민테른(곰뮨이슴, 곰인테른, 컴뮨테른, 컴뮨테룬, 컴민텔, 컴민턴, 컴민테른, 컴민테룬, 코뮨테른, 콤뮨텔, 콤뮨텔, 콤뮨테른, 코민텐, 코민텔, 코민테룬, 코민테른, 콤민텔, 콤민텐, 콤민턴, 콤민테룬, 콤민테룬, 콤민테른, 콜인턴, 콤이테른, 콤이테룬) / 제4인터내셔널(第四인터내슈낼), 아나르코 생디칼리슴 인터내셔널(아날코·쌴디칼리스트·인터내쇼날) / 와이시아이, YCI, 국제공산청년동맹(와이·씨·아이), 킴, KIM(킴) / 프로핀테른, 적색노동조합인터내셔널(뿌로옌테른, 프로핀테른, 푸로옌턴, 푸로옌텔)

(4) 국제

국제 분야는 주제별로 크게 외교 및 국제정치, 국제법, 국제조약 및 협약, 외교기관 및 국제기구 등 4개의 유형으로 분류된다. 먼저, 외교 및 국제정치 유형은 외교정책, 외교제도, 외교관계, 국제정치 등과 관련된 어휘들로 구성된다. 외교정책 관련 어휘로는 대외경(對外硬), 대외연(對外軟), 먼로독트린, 오픈도어폴리시, 위임통치, 자주외교, 현상유지 등이 있고, 외교제도와 관련해서는 신임장, 메모랜덤, 아그레망 등의 어휘가 있다. 또한 외교관계 관련 어휘로는 국교, 개항장, 공동조계, 국제관계, 수교동맹 등이, 국제정치와 관련해서는 강대국, 국외정치학, 세력균형, 완충국, 열강, 월드파워, 외교권, 제3국 등과 같은 어휘들이 있다.

두 번째 유형은 국제법과 관련된 것이다. 여기에는 법률용어, 조약·협약, 재판소, 학회 등과 관련된 어휘들이 속해 있다. 먼저, 법률용어로는 가해국, 간섭국, 개전권, 교전국, 국제중재재판, 무국적인민, 무장적평화, 영사재판권, 영세국외중립국, 전시공법, 치외법권, 피간섭국, 피보호국, 피해국 등이 있다. 조약·협약 관련 어휘로는 간명조약, 경계조약, 국경조약, 대등조약, 부전조약, 수교조약, 수호통상조약, 심리조약, 쌍무조약, 영사직무조약, 통상조약, 통상화약, 특별조약, 편무조약, 평화조약, 할양조약, 항복조약, 항상조약, 호혜조약, 휴전조약 등이 보인다. 이외 런던조약, 로카르노조약, 만하임조약, 베르사유조약, 베를린조약, 얄타협정, 오타와협정, 위트레흐트 통상조약, 켈로그부전조약 등 역사상 유명한 조약·협약들도 포함되어 있다. 한편, 재판소·학회 관련 어휘로는 국제재판소, 국제최고재판소, 최고국제재판소, 국제법만국협회, 국제법학회, 국제법협회 등이 있다.

세 번째 유형으로는 외교기관 및 국제기구와 관련된 어휘이다. 근대 이후 한국에 외국의 외교제도 등이 수용되면서 관련 신어들이 등장하였다. 외교기관과 관련된 어휘로는 공사관, 대사관 등이 있으며, 외교직제와 관련해서는 대리공사, 대사, 명예영사, 부영사, 서리공사, 영사, 외교가, 외교관, 외부대신, 임시대리공사, 전권공사, 전권변리공사, 총영사, 총영사관, 특명전권공사 등의 어휘들이 있다. 이외 국제기구 관련 어휘로는 국제적 색구원회, 만국우편연합 등이 있다.

근대 신어는 통일된 표기법이 없어 다양한 표기 형태를 띠고 있었다. 그 예들을 보면 다음과 같다.

- 국제법 : 國際法, 인터네슨날로우, 인터네스날、로-, 쥬스、씨빌히
- 도스안 : 쏘스案, 또-스案, 또스案, 또-즈案
- 독트린 : 독트린,딱추린,똑토린,딱트린,똑토린,똑트린
- 디플러맷 : 띠풀로맡, 띠풀로멜, 띠풀로마시
- 로카르노조약 : 로카루노條約, 로카루노條約
- 먼로주의 : 몬로-主義, 몬으로主義, 門羅主義
- 메모램덤 : 메모랜듬, 메모란덤, 메모란담, 메모란듬, 메모랜담
- 로 오브 네이션 : 로-、오푸、네슨, 로우오프내-슨
- 베르사유조약 : 베르싸이유條約, 뻬어싸이유條約, 뻬어싸이條約, 뻴사
       유條約, 뻬르싸이어條約, 뻬르싸이유條約, 뵈르사유條
       約, 뷜시유의條約
- 옵서버 : 오브저버, 옵설버
- 아그레망 : 아그레만, 아그레망, 아그리망,
- 코스모폴리터니즘 : 코스모폴리타니즘, 코스모포리타니즘, 코스모폴
       리탠이슴, 코스모폴리타니즘
- 징고이즘 : 신고이즘, 진고이슴, 징고이즘

한편, 국제관련 어휘 중에는 한국의 지정학적 위치로 인해 신문·저역서 등에 자주 언급되는 신어들이 있었다. 예를 들면 국제법, 균세, 국외, 국외중립, 국외중립국, 만국공법, 영구국외중립국, 세력균형, 영세국외중립국, 영세국외 중립지, 완충국, 완충지대, 중립, 중립국 등이다. 이 중 '국제법'은 국제공법, 만 국공법, 유럽공법 등 다양한 명칭으로 불리고 있었는데, 그 어휘설명을 보면, 『國家學』(1906, 103면)에서는 "마치 헌법이 국가 내(內)에 대한 주권을 제한함과

같이, (국가)외(外)에 대한 주권을 제한하는 것"이라 하였고, 『法學通論』(1905, 372면)에서는 "국가와 국가의 권리, 의무를 규정한 법률"로 설명하였다. 『平時國際公法』(1907, 26면)에서는 "문명국 단체에 속한 국가와 국가가 호항의 관계를 각자 용인하야 각국이 준행하는 행위의 규칙"이라고 하여 국제법의 주체를 당시 소위 문명국을 자처하고 있었던 유럽으로 한정지었다. 이러한 국제법의 성격은 국제법의 또 다른 이름인 '유럽공법'을 통해서도 엿볼 수 있다. 한편, 『政治原論』(1906, 2면)에서는 "국제법이 비록 일종의 법률이나 이 법률을 실행하는 정부가 없어 그 힘이 능히 상하의 명분을 바르게 하지 못하다."라고 하여 국제 사회 전체를 지배하는 권력기구가 존재치 않아 국제법이 실효적 강제력을 결여하고 있음을 적시하였다. 한편, 'Neutrality'의 중국 번역어에서 유래한 '국외'는 『漢城旬報』(1884.8.1, 34호)에 "나라끼리 전쟁을 할 때 관계하지 않는 것을 국외라 하는데 국외에는 권리와 책임이 있어 이것은 근세 공법 중 중요한 문제로 되어 있다."라고 하여 당시 국외문제가 국제법을 요할 만큼 국제사회에서 주요 쟁점이었음을 짐작케 한다. 또한 '영세국외중립국'에 대한 어휘설명 즉 "타국의 공격을 방어하는 이외에는 외국과 전쟁을 개시함이 불능하며 비록 평시라도 단순한 국방목적 이외에는 타국과 전단을 개시하는 교섭에 참여치 못하는 조건으로써 제강국간의 조약에 의하여 그 독립 및 안전을 보증한 국가"[53)]는 영세국외중립국 지위의 국제적 복잡성을 드러내 준다.

한편, 신어 중에는 전통어휘와 음이 같지만 의미가 전혀 다른 것들이 있다. 국적(國籍), 국교(國敎), 영사(領事), 외무(外務) 등과 같은 어휘들이 이에 해당된다. 국적은 전근대에 '국가의 재산'을 의미하는 것으로, 이는 용례 "別宮卽小公主第, 其後還屬國籍(별궁은 소공주의 집이었는데 그 뒤에 국적(國籍)으로 환속되었다)."[54)]을 통해 확인할 수 있다. 그러나 근대에 와서는 "나같이 국적이 없는 놈이 여행권은 해서 무얼하나,"[55)] "선박과 장재물의 국적을 확실히 알

---

53) 석진형, 『平時國際公法』, 1907, 86면.
54) 『宣祖實錄』 28년, 2월 11일.
55) 송철의, 이현희, 이용, 『일제식민지 시기의 어휘』, 서울대학교출판부, 2007, 308면.

기 위하여"56) 등에서 볼 수 있듯이 "한나라의 구성원이 되는 자격", "배나 비행기 따위가 소속되어 있는 나라"57)라는 의미로 쓰이게 되었다. 국교(國 敎)의 경우는 용례 "其間容或有不如國敎者。予 亦不能——知之(그 사이에 간혹 나 라에서 시킨 것과 같지 아니한 자가 있는 지는 또한 일일이 그것을 알 수는 없습니다)"58)에서 볼 수 있듯이 '국가의 명령'이라는 의미가 있다. 그러나 근대에 와서는 "영국 의 국교로 인하여"59)와 같이 국가가 법으로 공인한 종교라는 의미를 지닌 다. 한편, 영사(領事)는 조선시대에 주요관서의 정1품 관직이었으나, 근대에 는 해외에서 주재하며 통상·외교업무를 보는 관리를 지칭하게 되었다. 즉『法學通論』(1905, 406면)에서 영사(領事)는 "외국에 파견하여 기타의 당면한 본국 상업상 이익을 보호하며 증진케 하고 병행하여 본국 인민의 개인적 편익을 도모하는 것"으로 설명된다. 또한 전통어휘 외무(外務)는 "今以外務, 遞朴民獻, 恐無輕重也(지금 외무(外務) 때문에 박민헌을 체임하였는데, 아마도 경중(輕重)을 잃은 듯합니다)"60)라고 하여 집 밖에서 보는 사무를 의미하였으나,『漢城旬報』 (1884년 1월 3일)에는 "外務專掌外國交涉事(오로지 외국과의 교섭을 관장하며)"라고 하여 외교에 관한 사무로 그 의미가 확장되었다. 한편, 신어 '체맹(締盟)', '열방(列 邦)'과 의미가 유사한 전통어휘로는 '결맹(結盟)', '제국(諸國)'이 있다. ■ 홍준화

〈표 5〉 국제 관련 신어

유형	관련 신어
외교 및 국제 관계	강대국(强大國,大强國) / 개명국(開明國) / 개항장(開港場) / 공동조계(共同租界) / 국민적외교(國民的外交) / 구미열방(歐美列邦) / 국제(國際) / 국제관계(國際關係) / 국제교섭(국제교섭) / 국제문제(國際問題) / 국제사건(국제사건) / 국제사회(國際社會) / 국제상(국제상, 국제상) / 국제적(國際的) / 국제평화 / 국경지대(그렌스게비드) / 대외경(對外硬) / 대외연(對外軟) / 도스안(다우즈案, 또즈案, 또오스案) / 독트린(독트린, 딱추린, 똑토린) / 공수동맹(攻守同盟) / 대외정책(對外政策) / 대한정책(對韓政策) /

56) 유성준,『法學通論』, 1905, 441면.
57)『표준국어대사전』.
58)『東文選』 61권 書.
59) 박영섭,『개화기 국어 어휘자료집 4』, 박이정, 1997, 111면.
60)『明宗實錄』 10년, 11월 11일.

유형	관련 신어
	동맹국(同盟國) / 디플러맷(띠풀로맡, 띠풀로멜, 띠풀로마시) / 디플로머시(띠풀로마시) / 라이바호회의(레북크會議) / 리그 오브 네이션즈(리구오브네-슌스) / 만국(萬國) / 만국회의 / 만국기(만국긔) / 먼로주의(몬로-主義, 몬으로主義, 門羅主義) / 먼로독트린(먼로-·딱트린, 몬로·닥트린, 몬로·독트린) / 메모랜덤(메모랜듬, 메모란덤) / 밸런스 오브 파워(빨란스·어쁘·파워) / 베로나회의(쎄로나會議) / 사대주의(事大主義) / 수교동맹(修交同盟) / 샌프란시스코회의(桑港會議) / 스팀슨주의(스팀손主義) / 신임장(信任狀) / 신탁통치(信託統治) / 아그레망(아그레만, 아그리망) / 아시아먼로주의(아세아몬로-主義) / 오픈도어폴리시(오-픈·또어·폴리시) / 완충국(緩衝國) / 열강(列强) / 열방(列邦) / 우의국(友誼國) / 외교(外交) / 위임통치(委任統治) / 월드파워(월드·파워) / 외교권(外交權) / 자주외교(自主外交) / 제3국(第三國) / 조계(租界) / 조차지(租借地) / 주차국(駐箚國) / 중립국(中立國) / 체맹국(締盟國) / 침략주의(侵略主義) / 카이로선언(카이로宣言) / 텔나고아만사건(텔나고아灣事件) / 파리선언(巴里宣言) / 패전주의(敗戰主義) / 페더레이션(쎄데레이쉰) / 평화담판(平和談判) / 평화회의(平和會義) / 포츠담선언(포쓰탐宣言) / 폴리쉬코리도르(폴리쉬·코리도-르) / 프랑크푸르트회의(佛蘭克佛會議) / 하등국(하등국) / 할양지(割讓地) / 합병(合倂) / 합병국(合倂國) / 헤이그평화회의(海牙平和會議) / 현상유지(現狀維持) / 후버리즘(후-버리즘) / 후버모라토리엄(후-버·모리토리욱, 후-버·모리) / 후진국(後進國)
국제법	가해국(加害國) / 간섭국(干涉國) / 강박수단(强迫手段) / 강제적할양(强制的割讓) / 공해어업자유권(公海漁業自由權) / 개전권(開戰權) / 거중조정(居中調停,居中調整) / 교전국(交戰國) / 국경문제(國境問題) / 국외(局外) / 국외중립(局外中立) / 국적법(國籍法) / 국제관례(國際慣例) / 국제공법(國際公法) / 국제공법단체(國際公法團體) / 국제공법사회(國際公法社會) / 국제공법상(國際公法上) / 국제법(인터네슌날로우, 인터네스날, 로-, 國際法, 쥬스, 씨빌히) / 국제법규(國際法規) / 국제법만국협회(國際法萬國協會) / 국제법비법률론(國際法非法律論) / 국제법상(국데법상, 國際法上) / 국제법전(國際法典) / 국제법학가(國際法學家) / 국제법학회(國際法學會, 잉스쎄쒸되, 쓰라잉, 쩌르나시오날) / 국제법협회(國際法協會) / 국제분쟁(國制紛議) / 국제사법(國際私法) / 국제재판(國際裁判) / 국제쟁의(國際爭議) / 국제중재재판(國際仲裁裁判) / 국제중재재판소(萬國仲裁裁判所) / 국제최고재판소(國際最高裁判所) / 국제판권(國際版權) / 단독국(單獨國) / 대외주권(對外主權) / 대적지위(對敵地位) / 로 오브 네이션(로-、오푸、네슨, 로우오프내-슨) / 만국공법(萬國公法) / 무국적인민(無國籍人民) / 무장적평화(武裝的平和) / 뷜게-테히트(국제법) / 승인국(承認國) / 영구국외중립국(永久局外中立國) / 영사재판(領事裁判) / 영사재판권(領事裁判權) / 영세국외중립국(永世局外中立國) / 옥스포드만국국제법협회(옥스포르드萬國國際法協會) / 외공법(外公法) / 유럽공법(歐洲公法) / 일부주권국(一部主權國) / 조약국(條約國) / 전시공법(戰時公法) / 전시국제공법(전시국제공법,戰時國際公法) / 제네바중재재판(제네브仲裁裁判) / 중립법규(中立法規) / 체결국(締結國) / 체약국(締約國) / 최고국제재판소(最高國際裁判所) / 최혜국조관(最惠國條款) / 치외법권(治外法權) / 파리국제법회의(巴里國際法會議) / 파리중재재판(巴里仲裁裁判) / 피간섭국(被干涉國) / 피보호국(被保護國) / 피승인국(被承認國) / 피해국(被害國) /

유형	관련 신어
국제 협약 및 조약	21개조(二十一個條) / 강화조약(媾和條約) / 간명조약(簡明條約) / 간행이정약조(間行里程約條) / 경계조약(境界條約) / 공수동맹조약(攻守同盟條約) / 구개국조약(九個國條約) / 국경조약(國境條約) / 국제노동규약(國際勞働規約) / 국제조약(國際條約) / 대등조약(對等條約) / 대서양헌장(大西洋憲章) / 동맹조약(同盟條約) / 런던의정서(倫敦議定書) / 런던조약(倫敦條約) / 로카르노조약(로카루노條約) / 만하임조약(만헤임條約) / 베르사유조약(베르싸이유條約) / 베를린조약(伯林條約) / 부전조약(不戰條約) / 브뤼셀회의(쑤럭쉴會議) / 삼국동맹(三國同盟) / 쇼몽조약(소몬條約) / 수교조약(修交條約) / 수호입약(修好立約) / 수호조규(修好條規) / 수호조약(修好條約) / 수호통상조약(修好通商條約) / 스무트-홀리관세법(홀리스무트法, 호-레-스무-트關稅法) / 시모노세키조약(馬關條約) / 심리조약(審理條約) / 쌍무조약(雙務條約) / 엑스라사펠 조약(에스라샤삣媾和條約) / 영사직무조약(領事職務條約) / 얄타협정(얄타協定) / 오타와협정(올다와協定, 옽다와協定) / 위트레흐트통상조약(유트러크通商條約) / 을사조약(을사조약) / 조약(條約) / 조약서(條約書) / 조약장정(條約章程) / 중일조약(中日條約) / 켈로그부전조약(켈럭不戰條約, 켈록不戰條約) / 클레이턴불워조약(그레돈쑤루와條約) / 토리노조약(튀린네條約, 뒤린네條約) / 통상조약(통상죠약, 通商條約) / 통상화약(通商和約) / 특별조약(特別條約) / 편무조약(片務條約) / 평화조약(平和條約) / 한법약조(漢法約條) / 할양조약(割讓條約) / 항복조약(降服條約) / 항상조약(恒常條約) / 협약(協約) / 협약서(협약셔) / 협정(協定) / 호혜조약(互惠條約) / 휴전약정(休戰約定) / 휴전조약(휴던됴약, 休戰條約)
외교 기관 및 국제 기구	19국위원회(十九國委員會) / 공관(公館) / 공사관(公使館, 공ㅅ관) / 교제관(交際官) / 국무경(國務卿) / 국무대신(國務大臣) / 국제단체(國際團體) / 국제연맹(國際聯盟) / 국제우편국(國際郵便局) / 국제적색구원회(國際赤色救援會) / 대리공사(더리공스, 代理公使) / 대사(대스, 大使) / 대사관(대ㅅ관) / 리게이션(리게-슌) / 만국우편연합(萬國交通郵政) / 만국유동공진회(萬國幼童共進會) / 명예영사(名譽領事) / 부영사(副領事) / 서리공사(署理公使) / 영사(領事, 영ㅅ, 령ㅅ) / 영사관(領事館, 령ㅅ관) / 외교가(外交家) / 외무경(外務卿) / 외교관(外交官) / 외무위원(외무위원) / 외부대신(外部大臣) / 임시대리공사(臨時代理公使) / 전권공사(젼권공스, 全權公使) / 전권대사(全權大使) / 전권대신(全權大臣) / 전권변리공사(全權辨理大臣) / 총영사(總領事) / 총영사관(總領事館) / 콘술(콘설) / 특명전권공사(特命全權公使)

(5) 민족문제

민족문제와 관련된 어휘는 크게 2가지 즉 민족운동과 제국주의로 구성된다. 첫째, 민족운동과 관련된 어휘로는 내셔널리즘, 독립성, 독립운동, 반제국주의운동, 반제동맹, 인디펜던스, 해방 등이 있다. 또한 국내외에 일어났던 각종 민족운동 즉 광주학생운동, 기미운동, 소콜운동, 스와데시, 스와라지, 신민회, 5·4운동, 의화단사건 등과 같은 어휘들도 포함된다.

둘째, 제국주의와 관련된 어휘들은 제국과 식민지 관련 어휘들로 구성된다. 제국 관련 어휘로는 동인도회사, 모국정부, 식민대신, 식민협회, 제국, 제국주의, 척식은행, 척식회사 등이 있고, 식민지와 관련해서는 속방, 속지, 식민성, 식민지, 약소민족, 위임통치 등의 어휘가 있다.

민족문제와 관련된 신어의 다양한 표기 사례를 살펴보면 다음과 같다.

- 내셔널리즘 : 나슈날리즘, 내슌내리슴, 나쇼나리씀, 내쇼날리즘, 내슈낼
  리슴, 내슈낼이슴
- 내셔널리티 : 내슌내리틱, 내슈낼느틔
- 내지 : 내디, 너디
- 독립국 : 독닙국, 獨立國
- 스와라지 : 스와라지, 스와라즈
- 제국주의 : 데국주의, 帝國主義
- 임피리얼리즘 : 임피리알리즘, 임페리알리즘, 임페리알이즘
- 콜로니 : 칼러니, 콜로니-

한편, 내셔널리즘, 민족주의는 국가주의, 애국주의, 국가사회주의, 민족독립주의 등으로 다양하게 해석되었다. 『모던朝鮮外來語事典』(1936, 30면)의 경우 "민족주의는 영어로 내셔널리즘, 즉 국가주의에 해당 한다"고 하여 내셔널리즘을 국가주의로 해석하였다. 『新女性』(1925, 3권 2호, 70면)에서도 이를 "국가주의니 국가에 의한 의무를 완전하게 이행하는 것을 최고 이상으로 여기는 주의"로 보았으며, 『朝鮮之光』(1930, 89호, 83면), 『學燈』(1934, 6호, 66면) 등에서도 내셔널리즘을 국가주의로 소개하였다. 반면, 『新語辭典』(1946, 40면)에서는 민족주의를 "인류가 종족에 따라 체질, 언어, 습관, 종교들을 달리하는 것을 아주 고정불변한 것, 영구한 것으로 보고 한 민족을 단위로 모든 정치, 경제, 학예를 배타적으로 해나가자는 주장"으로 설명하였다. 또한 『國家思想學』(1908, 18면)에서는 "세계에 가장 광명하고 정대하고 공

평한 주의"이며, "타민족으로 하여금 우리의 자유를 불침케 하고 우리도
또한 타민족의 자유를 침범하지 않아 본국에 있어서는 사람의 독립이요
세계에 있어서는 국가의 독립이라"고 하여 민족단위 독립국가 형성을 위
한 이데올로기로서의 민족주의 성격을 언급하였다. 한편, 내셔널리티의 경
우, 『新女性』(1920, 3권2호, 70면)에서는 '국민성'으로, 『소년』(1910, 19호, A22)에서
는 '국수(國粹)'로 해석하였다.

'제국주의'에 대해서는 정치, 경제 등 다양한 측면에서 설명하고 있다.
먼저, 『新女性』(1925, 3권 3호, 73면)에서는 제국주의를 "약국강식의 패자가 되
려는 이기주의가 국가정치상에 일어나는 주의"로서 '국가중심주의'로 보
았고, 『現代新語釋義』(1922, 17면)에서는 "국력이 허용하는 대로 가급적 그 나
라의 영토를 확장하거나 혹은 그 나라의 권력범위를 확장하고자 하는 목
적"으로 설명하였다. 경제적 측면에서 접근한 것은 『黨聲』, 『朝鮮之光』이
다. 먼저, 『黨聲』(1932, 1권, 6면)에서는 "자본주의 사회가 자유방임주의 시대
를 지나서 대자본이 소자본을 합병하여 가지고 모든 것을 독점하게 되어
모든 방면에 금융자본의 지배층이 형성하고 대자본국의 돈이 소자본국에
수출되어 몇몇 대자본국이 세계를 지배하게 되며 따라서 전 세계가 몇 대
자본국의 세상이 되고 만다. 이렇게 되면 다시 대자본국 사이에 경쟁이 일
어난다. 그래서 서로 대립 충돌을 하게 되며 어떠한 구실로든지 다른 나라
의 세력 범위를 침해하게 되어 전쟁의 위기에까지 발전된다. 이와 같이 발
전된 자본주의를 제국주의라고 한다."고 설명하였다. 『朝鮮之光』(1927, 69호,
77면)의 경우는 "제국주의는 독점 및 금융자본이 지배적 세력을 획득하고
자본의 진출이 비상한 주요성을 띄어 국제적 트러스트가 벌써 세계의 분
할을 개시하여 그래서 최대의 자본주의 제국가가 벌써 전지표의 분할을
완료한 그 발전단계에 있는 자본주의이다."라고 하여 레닌의 이론을 언급
하였다. 한편, 반제국주의운동에 대해서는 『新語辭典』(1934, 46면)에서 '식민
지 약소국의 해방운동, 제국주의의 침략정책과 침략전쟁에 반대하는 운동
등 제국주의국가에 반대하는 무산계급운동, 약소민족운동으로 병칭'됨을

설명하고 있다.

'해방'은 일제강점기에 많이 쓰인 어휘로, 『開闢』<最近朝鮮에 유행하는 新術語>(1925, 57호, 70면)에서는 "문자 뜻과 같이 풀어놓는다는 말이니 구수(拘囚)와 속박에서 자유로 선방(鮮放)된다는 말이다"라는 설명과 더불어 "부녀해방, 식민지해방, 노예해방… 등 모든 약소민족에 많이 부르짖는 말인데 행인지 불행인지 우리 조선 민간에 많이 쓰게 된 말이다."라고 소개하였다. 『現代新語釋義』(1922, 62면)에서도 '해방'을 유행하는 어휘로 언급하였는데, 즉 "속박 또는 감금 상태에서 풀어준다는 뜻이다. 즉 현대의 자유를 속박한 것, 즉 노예적인 속박을 풀어 자유를 얻게 하는 일. 또 최근에는 주로 전설, 역사, 습관에 구애받는 것을 해방하여 종교해방, 부인해방, 사상해방, 감각해방 등의 말이 유행한다."는 것이었다. 한편, '약소민족'의 경우, 현대 『표준국어대사전』에서는 "정치적·군사적·경제적으로 힘이 약하여 다른 나라의 지배를 받는 민족"으로 설명하고 있으나, 1934년에 출간된 『新語辭典』에서는 당시 역사적 상황이 반영되어 "제국주의열강에 정치적, 경제적, 군사상으로 지배되는 식민지 또는 반식민지의 본래의 민족을 말한다."라고 설명한다.

한편, '내지', '독립' 등을 전통어휘와 비교해 보면, 먼저, '내지'는 『太宗實錄』(4년 12월 14일)의 용례 "或從內地, 或進土物者, 接踵於道(혹 내지로 옮기고, 혹 토산물을 진상하는 자가 길에 연이었다)"에서와 같이 본래 '안쪽의 땅'이라는 의미를 지닌다. 그런데 근대에 와서는 식민지 등에서 본국을 지칭하는 어휘로도 사용하게 되었다. '독립(獨立)'의 경우, 『定宗實錄』(2년 8월 21일)"太上王聯句云, 明月滿簾吾獨立(태상왕이 '밝은 달은 발에 가득한데 나 홀로 서 있네'라고 연구(聯句)를 지었다)"에서는 '홀로 서 있다'라는 의미를 가진다. 그러나 『憲法』(1907, 5면)에서는 "독립이라 함은 다른 권력 하에 서지 않는다는 뜻"이라고 하여 남의 속박·지배를 받지 않는, 혹은 한 나라가 정치적으로 완전한 주권을 행사한다는 의미가 추가되었다.

한편, '점령'과 비슷한 전근대 어휘로는 '점거'가 있다. 점령은 "그 영토

영해를 소유한 국가가 점령할 것이요"[61]라고 하여 타국의 영역을 자기의
권력 하에 혹은 군사적 지배하에 둔다는 의미이다. 전근대 유의어 '점거'
는 용례 "諸種野人, 四散占據(여러 종류의 야인들이 사방에 흩어져 점거하여)"[62]를 통해
그 쓰임이 확인된다. ■ 홍준화

〈표 6〉 민족문제 관련 신어

유형	관련 신어
민족 운동	건국동맹(건국동맹) / 계몽운동(啓蒙運動) / 광주학생운동(光州學生運動) / 구국책(救國策) / 기미운동(己未運動) / 내셔널리즘(나쇼나리씀, 나슈날리즘, 내슈낼이슴, 내슌앨이즘, 내쇼날리즘) / 내셔널 스피리트(내슈늘·스피릳) / 대한민국임시정부(大韓民國臨時政府) / 독립(獨立) / 독립가(독립가) / 독립국(獨立國) / 독립국가(獨立國家) / 독립군(獨立軍) / 독립권(獨立權) / 독립선언서(獨立宣言書) / 독립성(獨立性) / 독립신문(獨立新聞) / 독립운동(獨立運動) / 독립협회(獨立協會) / 민족운동(民族運動) / 민족자결주의(民族自決主義) / 민족정신(民族情神) / 민족주의(民族主義) / 반제국주의운동(反帝國主義運動) / 반제동맹(反帝同盟) / 배화운동(排貨運動) / 사티아그라하(싸티아·끄라하) / 3·1운동(三一運動) / 소콜운동(쏘콜運動) / 스와데시(스와데시) / 스와라지(스와라즈) / 스와라지스트(스와라지스트) / 신민회(新民會) / 약소민족(弱小民族) / 5.4운동(五四運動) / 위임통치(委任統治) / 의화단사건(義和團事件) / 인디펜던스(인데펜덴스) / 조선어학회(朝鮮語學會) / 피압박민족해방운동(被壓迫民族解放運動) / 해방(解放)
제국 주의	내지(너디) / 동인도공사(東印度公司) / 동인도회사(東印度會社) / 망국조약(亡國條約) / 모국정부(母國政府) / 속도(屬島) / 속방(屬邦) / 속지(屬地) / 식민(植民) / 식민대신(植民大臣) / 식민론(植民論) / 식민무역(植民貿易) / 식민성(植民省) / 식민인(植民人) / 식민자(植民者) / 식민정책(植民政策) / 식민지(植民地, 콜로니, 콜로니-) / 식민지사무경(殖民地事務卿) / 식민지사무대신(植民地事務大臣) / 식민협회(植民協會) / 신탁관리(信託管理) / 신탁통치(信託統治) / 일선융화(日鮮融和) / 임피리얼리즘(임피리알리즘) / 자위이민(自衛移民) / 자치권(自治權) / 재패노매니아(째패노마니아) / 재패노포비아(째패노쏘비아) / 점령국(占領國) / 제국(데국, 帝國) / 제국주의(데국주의, 帝國主義) / 척식은행(拓植銀行) / 척식회사(척식회샤) / 총독(總督) / 캐리비언정책(카리비안政策) / 탁치(託治)

---

(6) 군사

군사관련 어휘는 '국방정책·행정', '전투', '군 조직', '군사시설 및 장비', '군사교육 및 훈련' 등 5개의 유형으로 분류하였다. 먼저, 첫째 유형의 국방정책과 관련해서는 광의국방, 국민역, 군축, 동원, 병역의무, 징병령, 포로교환 등의 어휘가, 군사행정기구와 관련해서는 군기국, 군무국, 군무사, 군무성, 군부, 군사령부, 참모본부 등의 어휘들이 있다.

두 번째 유형은 군사전술 및 전략, 방공 등 전투와 관련된 어휘들이다. 간접사격, 강행정찰, 게릴라전, 고고도폭격, 공격전쟁, 급강하폭격, 레이더폭격, 백병전, 속사포, 수평폭격, 스트레티지, 요새전, 운상추측폭격, 위력정찰, 유격전술, 유탄투격전, 임전준비, 지속전, 직로침입, 진지공격, 초멸비행, 위장 등의 어휘들이 이에 속한다. 여기에서 '고고도폭격'은 8천 미터 이상의 상공에서 하는 폭격이며, '운상추측폭격'은 구름 위로부터 전파병기 등에 의해 지상의 목표를 알아내어 폭탄을 던지는 것을 말한다.

세 번째 유형은 군 직위, 편대, 보직 등 군 조직과 관련된 어휘이다. 군 직위 어휘로는 군사령관, 대위, 소위, 장료, 중대장, 중위, 중장 등이 있고, 군대편성 어휘로는 군악대, 근위대, 공병대, 기갑부대, 방공부대, 소대, 중대, 탐색대, 항공대, 헌병대 등이 있다. 보직 관련 어휘로는 감시병, 공병, 기관병, 보병, 보초병, 보충병, 이발병, 측량병, 치중병, 후비병 등이 있다.

네 번째 유형은 군사시설 및 장비와 관련된 어휘로, 권총, 포, 전함 등의 병기 어휘가 다수를 차지한다. 총(銃)과 관련해서는 단총, 레밍턴(Remington gun), 리불버(rovolver), 마티니(馬甸尼), 모제르(Mauser rifle), 브라우닝(Browning), 라이플, 스나이더(Snider rifle), 스미스(Smith), 아스트라(astra) 등이, 포(砲)와 관련해서는 강철대포, 개틀링(Gatling gun), 암스트롱(Armstrong-gun), 지뢰포, 캐넌(cannon), 크루프(Krupp gun) 등의 어휘가 있다. 이외 병기 어휘로는 갑철함, 다이너마이트, 더굴라스폭격기, 덤덤탄, 드레드노트(dreadnought), 멜리나이트(화약), 잠수함, 원자폭탄, 전기수뢰포, 포켓전함, 화액포 등이 있고, 군사시설 관련 어휘로는 군기제조창, 군항, 무기고, 병영, 방어진지, 조병창 등이 있다.

다섯째 유형은 군사교육 및 훈련과 관련된 어휘들로, 군관학교, 군사교
련, 기동연습, 무관학교, 무비학당, 무학원, 보병학교 등이 있다.

군사관련 어휘의 다양한 표기 사례는 다음과 같다.

- 다이너마이트 : 따이너마이트, 따이나마일, 따이나마일트, 싸이나마이
   트, 따이나마이드, 代納買德, 다이나마이도
- 라이플 : 라이후루, 라이쫄, 來福槍, 旋條銃
- 레밍턴 : 利名登, 廉明頓, 레밍톤
- 마티니 : 馬甸尼, 麥的尼, 馬梯尼, 馬戱
- 모제르 : 毛實, 모-젤式, 모젤式, 모-젤, 모슬총, 毛瑟槍
- 무라타총 : 村田銃, 巫刺打槍
- 브라우닝 : 뿌론잉, 뿌로닝, 뿌로린크拳銃
- 블루재킷 : 뿔류-·째켈트, 뿔류-·째켈
- 서브머린 : 써브마린, 석탄션
- 세일러 : 세-라, 쎄일러, 쎄일라
- 암스트롱포 : 脫郞大炮, 阿姆斯脫郞大砲, 阿某司脫郞砲, 암스트롱砲, 암쓰
   트롱砲
- 철갑선 : 鐵甲船, 쳘갑션, 텰갑션
- 카무플라주 : 카므풀라즈, 감프라쥬, 캐무후라-즈, 캄푸라-쥬, 캄푸라-
   지, 카모풀라지, 캄풀라쥐, 카무풀라쥬
- 카자크 : 카삭크, 코자크, 코삭크, 가슬극, 코삭, 코오삭
- 캐넌 : 갸논, 가농, 가논, 캐논, 캐넌
- 캐너펄트 : 카타펄트, 가다팔트, 카터필라, 카터필러
- 캡틴 : 카피탄, 꺕테인, 꺕틴, 꺕텐, 캬틴
- 크루프 : 克虜伯, 克廬的, 克虜卜, 克虜泊
- 택틱스 : 택틱, 택틱쓰, 태크틱, 태크틱쓰
- 탱크 : 당크, 당구, 탕구, 탕크
- 패러슈트 : 파라슐, 파라츌, 파라슈트, 파라슐, 파라슈-트
- 피스톨 : 피스돌, 피스톨, 피스토-르

한편, 장교(將校), 대대(大隊), 대위(大尉) 등의 어휘는 전근대에도 사용되었지만, 신식군대제도가 도입된 근대와는 그 의미가 달랐다. 가령 장교는 대개 위관급(尉官級) 이상의 계급에 속하는 간부를 총칭하지만, 조선시대에는 각 군영에 속해 있는 군관을 일컫는 것이었다. 전통어휘로서의 대대(大隊), 대위(大尉)의 쓰임은 "50명이 대대(大隊)가 되고, 대대에는 교(校)가 있습니다",63) "강론(講論)을 하다가 송나라 임금이 그 대위(大尉) 심경지(沈慶之)를 죽인 대목에 이르자"64) 등을 통해 확인된다.

탄약(彈藥), 개선가(凱旋歌), 관병(觀兵) 등에 대한 전근대 유의어를 살펴보면, 탄약의 경우, 전근대에서는 약환(藥丸)이라는 어휘를 사용하였다. 『仁祖實錄』을 보면, "이제 비로소 와서 모였는데 다 탄환(藥丸)이 없으며 빈손으로 현재 있습니다(今始來集, 而皆無藥丸, 空手現點)"65)라는 기사가 있다. 그러나 현재 '약환'은 작고 둥근 약이라는 의미만 있고 무기로서의 의미는 사라졌다. 한편, 개선가, 관병의 전근대 유의어로는 각기 '개가(凱歌)', '열병(閱兵)' 등이 있다.

덤덤탄은 영어 *dumdum*(bullet)을 음역한 것으로 덤덤彈, 담담彈이라고 불리었다. 유비탄(柔鼻彈)의 일종인 덤덤탄은 발끝을 평평하게 깎은 소총탄으로, 체내에 박히면 끝이 터져 상처를 크게 내서 헤이그 평화회의에서 사용을 금지당하기도 하였다.66) 일본에서는 이를 *ダムダム*彈이라고 하였는데,67) 담담彈은 이 일본어 발음의 영향을 받은 것으로 보인다.

군사관련 어휘는 주로 『漢城旬報』, 『漢城週報』, 『大韓每日申報』, 『每日申(新)報』, 『모던朝鮮外來語辭典』 등의 자료에서 자주 발견된다. 19세기 말 조선의 경우, 국가차원에서 '강병'에 대한 관심이 많았고, 계몽차원에서 열강의 군비(軍備) 상황을 꾸준히 신문에 게재하여 근대의 각종 무기, 군사조직

---

63) 『世宗實錄』, 3년, 7월 9일.
64) 『成宗實錄』, 6년, 7월 27일.
65) 『仁祖實錄』, 5년, 1월 21일.
66) 『모던朝鮮外來語辭典』, 1936, 48면.
67) 『日用 舶來語便覽』, 1912

등과 관련된 어휘들이 『한성순보』, 『한성주보』 등에 자주 등장하게 되었다. 일제강점기에 발간된 『每日申(新)報』에서는 전쟁용어, 군사기밀용어, 방공용어 등을 빈번히 볼 수 있다. 이들 용어들은 주로 1차 세계대전 전후 시기에 등장했다가 1930년대 말 전시체제기에 다시 나타났다. 한편, 일제 강점기에 일반적으로 사용된 외래어를 수집한 『모던朝鮮外來語辭典』에서는 까스・마스크(gas-mask), 껄・가이드(girl guides), 게릴라전(guerilla war), 디펜스(defence), 랭크・앤・빠일(rank and file), 로켙트(rocket), 빠리케-드(barricade), 써브마린(submarine) 등과 같은 어휘들을 볼 수 있다. ■홍준화

〈표 7〉 군사 관련 신어

유형	관련 신어
국방 정책 ・ 국방 행정	개전(開戰) / 광의국방(廣義國防) / 굉침(轟沈) / 교전국(交戰國) / 국민역(國民役) / 국방(國防) / 국방국가(國防國家) / 국법회의(軍法會議) / 군가(軍歌) / 군기국(軍器局) / 군무(軍務) / 군무국(軍務局) / 군무사(軍務司) / 군무성(軍務省) / 군부(군부,軍部) / 군사령부(軍司令部) / 군사상(軍事上) / 군장국(軍裝局) / 군정권(軍政權) / 군정청(軍政廳) / 군축(軍縮) / 군축회의(軍縮會議) / 군표(軍票) / 기기국(機器局) / 동원(動員) / 모빌리제이션(모빌리제이슌) / 병역의무(兵役義務) / 빅퍼레이드(빽・파레드) / 상무제도(尚武制度) / 예포(禮砲) / 월드 디스아머먼트(월드・디쓰아-마멘트) / 위수(衛戍) / 정전(停戰) / 징병령(징병령) / 참모본부(參謀本部) / 포로교환(捕虜交換) / 혈전지(血戰地) / 후방동무(後方動務)
전투	간접사격(間接射擊) / 강행정찰(強行偵察) / 게릴라전(게릴라戰) / 경계근무(警戒勤務) / 경계망(警戒網) / 고고도폭격(高高度爆擊) / 고지전(高地戰) / 공격전쟁(攻擊戰爭) / 공전(空戰) / 급강하폭격(急降下爆擊) / 급사격(急射擊) / 기상요사(機上搖射) / 단동진(단종진) / 레이더 폭격('레-다'爆擊) / 백병전(白兵戰) / 선전(宣戰) / 선행정찰(先行偵察) / 속사법(速射法) / 속사포(속샤포) / 수전(슈전) / 수평폭격(水平爆擊) / 스트레테지(스트라테기) / 습격(촤-지, 챠-쥐) / 신성전술법(神聖戰術法) / 요새전(要塞戰) / 운상추측폭격(雲上推測爆擊) / 위력정찰(威力偵察) / 위장(카모풀라즈, 캐무후라-즈, 카모풀라쥬) / 유격전술(遊擊戰術) / 유탄투격전(榴彈投擊戰) / 임전준비(臨戰準備) / 입체전(立體戰) / 전격작전(電擊作戰) / 전투(戰鬪) / 전투품(戰鬪品) / 정찰(偵察) / 지속전(持續戰) / 직로침입(直路侵入) / 진지공격(陣地攻擊) / 초멸비행(哨滅非行) / 총격(銃擊) / 파상공격(波狀攻擊) / 포격(砲擊) / 포성(포성) / 포위공격(包圍攻擊) / 폭음청취(爆音聽取) / 포족(捕足) / 합전준비(合戰準備) / 혁명전쟁(革命戰爭) / 휴전(休戰)
군조직	19로군(十九路軍) / 간수병(看守兵) / 감시병(監視兵) / 경기대(輕騎隊) / 경기병(輕騎兵) / 경포대(輕砲隊) / 고용병(고용병) / 공병(工兵) / 공병대(공병디,工兵隊) / 국경경비병(변비병) / 국민군(國民軍) / 국민병(國民兵) / 군단(軍團) / 군대(군디,軍隊) / 군벌(軍閥)

유형	관련 신어
	/ 군사(軍使) / 군사령관(軍司令官) / 군사주계관(軍事主計官) / 군사참의관(軍事參議官) / 군속(군속) / 군악대(군악더, 軍樂隊) / 군악장(軍樂長) / 군정(軍丁) / 근위군(近衛軍) / 근위기병대(近衛騎兵隊) / 기갑부대(機甲部隊) / 기관병(機關兵) / 기병대(騎兵隊) / 낙하산부대원(파라슈터) / 낭자군(娘子軍) / 대대(大隊,대더) / 대대장(대더장) / 대위(大尉) / 대좌(大佐) / 독립군(獨立軍) / 돌격대(突擊隊) / 동맹군(同盟軍) / 동초(動哨) / 리인포스먼트(리인포스멘트) / 민병(민병) / 발포군(發砲軍) / 방공부대(防空部隊) / 벽력군(霹靂軍) / 병상병(병상병) / 보급관(衣糧官) / 보병(步兵) / 보초병(보초병) / 보충병(보충병) / 분대장(분대쟝, 분디쟝) / 블루재킷(뿔류-·제퀠트, 뿔류-·제퀠) / 빨치산(발티쟌, 빨지산, 파르티잔) / 사관(士官) / 사관후보생(士官候補生) / 사단(ㅅ단,師團) / 사단장(師團長) / 사령관(司令官, ㅅ령관) / 산병(散兵) / 산포병(山砲兵) / 상등병(上等兵) / 상비군(常備軍) / 선졸(羨卒) / 소년군(少年軍) / 소대(소디, 쇼더) / 소대장(소더쟝, 쇼대쟝, 小隊長) / 소위(少尉, 쇼위) / 소장(쇼쟝, 少將) / 수군(슈군) / 수비대(슈비더) / 수색병(搜索兵) / 스카우트(스카우쓰, 스카울) / 스파이(스파이) / 십자군(十字軍) / 아미(아-미) / 애드미럴(애드미랄) / 연대(레지멘트) / 연대장(聯隊長) / 연대조직(레지멘테이슌) / 연합군(聯合軍) / 예비사관(豫備士官) / 예비역(預備役) / 우편대(郵便隊) / 원정군(遠征軍) / 육군대신(陸軍大臣) / 육군무관(陸軍武官) / 의용군(義勇軍) / 의용병(義勇兵) / 의장병(儀仗兵) / 이동경찰대(이동경찰대) / 이발병(리발병) / 일본무사(사무라이) / 일반사병들(랭크·앤·빠일) / 입대(入隊) / 자원병(自願兵) / 잠수군(潛水軍) / 장교(將校) / 적위군(赤衛軍) / 전령군(傳令軍) / 전투분자(밀리탄트) / 전투원(戰鬪員) / 정선군(精選軍) / 제5부대(第五部隊) / 제8로군(第八路軍) / 제독(提督) / 중대(中隊,중더) / 중대장(中隊長,중더쟝) / 중위(中尉) / 중장(중쟝) / 지원병(志願兵) / 참모부사관(參謀部士官) / 측량병(測量兵) / 치중병(輜重兵) / 친위대(親衛隊, 친위더) / 카자크(코삭크, 코오삭) / 전투원(콤바탄트) / 캡틴(캪테인, 캪텐) / 탐색대(探索隊) / 탐험대(探險隊) / 통상기병대(通常騎兵隊) / 통상보병대(通常步兵隊) / 편대(編隊(群)) / 포군(砲軍) / 포병대(砲兵隊) / 포슈(포슈,砲手) / 하사관(하ㅅ관) / 항공대(航空隊) / 해군(네-예, 세-라, 쎄일러, 海軍) / 해군사관(海軍士官) / 해군제독(海軍提督) / 향토군(鄕勇) / 헌병(憲兵) / 헌병대(憲兵隊, 헌병더) / 혁명군(革命軍) / 현역(現役) / 현역병(現役兵) / 호국군(護國軍) / 호위병(護衛兵) / 후비군(後備軍) / 후비병(後備兵) / 흑기병(黑旗兵)
군사 시설 및 장비	E보트(Eボート) / Q보트(Qボート) / S보트(Sボート) / U보트(Uボート, 우-·뽀-트, 유우(U)뽀이트) / 가스 마스크(까스·마스크) / 갑철함(甲鐵艦) / 강철대포(鋼鐵大砲) / 강피선(綱皮船) / 개틀링포(까트링砲) / 개화탄(開花彈) / 갤리선(까레-船) / 경포(輕砲) / 계심탄(鷄心彈) / 계초환(戒礁丸) / 고로박 / 공기총(空氣銃) / 공탄동포(空彈銅炮) / 과산포(過山砲) / 광학병기(光學兵器) / 구생선(救生船) / 구조선(救助船) / 구조정(救助艇) / 구축함(驅逐艦) / 구포(臼砲) / 군기고(軍器庫) / 군기제조창(軍器製造廠) / 군용비행기(軍用飛行機) / 군용비행선(軍用飛行船) / 군용철도(軍用鐵道) / 군용품(軍用品) / 군의(軍醫) / 군의대(軍醫隊) / 군함(軍艦) / 군항(軍港) / 권총(拳銃) / 그린포(格臨砲) / 금계선(金鷄船) / 기계수뢰(機械水雷) / 기관총(機關銃) / 기관포(機關砲) / 기기창(機器廠) / 기뢰(機雷) / 기뢰원(機雷原) / 기함(旗艦) / 낙하산(파라슡,파라춀) / 나항함(邏航艦) / 다이너마이트(따이너마이트, 따이나마잍) / 단식라이플총(單門來褔槍) / 단외선(單桅船) / 단총(短

유형	관련 신어
	銃) / 대포알(대포알) / 더글라스폭격기(떠글러스爆擊機) / 덤덤탄(덤덤彈, 담담彈) / 도탄(跳彈) / 드레드노트(뜨레드노-트) / 라이플(라이후루, 라이뿔) / 레밍턴(林明敦, 레밍톤) / 로켓(로켈, 로켙트) / 리볼버(리볼쁘) / 마티니(馬甸尼, 麥的尼) / 머스터드가스(머스타드·가스) / 머신건(마신·껀) / 멜리나이트(메레넷트) / 면화화약(綿火化藥) / 모제르총(모슬총) / 모틀리식(모트레-式) / 목포(木炮) / 무기(武器) / 무기고(武器庫) / 무기제조소(무긔졔죠쇼) / 무라타총(村田銃, 巫剌打槍) / 무적함대(無敵艦隊) / 병영(빠락) / 바리케이트(빠리케-드) / 방뢰기(放雷機) / 방비선(방비션) / 방어진지(防禦陣地) / 보루(쏸츠에, 샌츠에) / 버라이너티포(皮爾愛赤砲) / 병륜선(兵輪船) / 병참(兵站) / 병참부(兵站部) / 불발탄(不發彈) / 브라우닝권총(뿌로린크拳銃) / 사륜포(스륜포) / 사투진(蛇鬪陣) / 삼엽비행기(트리플레인, 트라이풀레인) / 석탄선(셕탄션, 石炭船) / 소총(小銃) / 수뢰(水雷) / 수뢰모함(水雷母艦) / 수뢰선(水雷船, 수뢰션) / 수복함(修復艦) / 숙철포(熟鍊砲) / 순라포함(巡邏炮艦) / 순양함(巡洋艦, 슌양함) / 스나이더(스나이덜, 士乃得) / 스미스권총(스미트拳銃) / 시미터(시미타-) / 시아노겐(시안, 산) / 실로이딘(씨로딘, 씨로이딘) / 아르마다(아마다) / 아스트라(아스트라) / 안식포(安式砲) / 암스트롱대포(阿姆斯脱郎大砲) / 어뢰선(魚雷船) / 어승함(御乘艦) / 연발권총(連發拳銃) / 연약탄(連藥彈) / 엽총(렵총, 獵銃) / 예비함(預備艦) / 요해지(要害地) / 원자폭탄(原子爆彈) / 위험계(危險界) / 유산탄(榴霰彈) / 육군순양함(陸上巡洋艦) / 육혈포(륙혈포, 六穴砲) / 잠수정(潛水艇) / 잠수함(써브마린, 섬마린) / 잠항정(潛航艇) / 잠행군함(잠힝군함) / 장갑해방함(裝甲海防艦) / 전기단정(電氣短艇) / 전기수뢰포(電氣水雷砲) / 전외선(戰桅船) / 전투함(戰鬪艦) / 전함(戰艦) / 조명탄(照明彈) / 조병창(造兵廠) / 조총(조총) / 중포(重砲) / 증기총(蒸銃) / 지뢰포(디뢰포) / 진타탄(振打彈) / 차량화포(車輛火砲) / 천수포선(淺水砲船) / 철갑선(鐵甲船) / 철제회전포(鐵製回轉砲) / 총개머리(총기머리) / 총포(銃砲) / 캐넌(가논, 캐논) / 캐터펄트(카타펄트, 가다팔트) / 크루프(克虜伯,克魯卜) / 탄약(彈藥) / 탐색선(探索船) / 탐정선(탐정선) / 탑데크(돕푸·데키, 톱·떼키) / 탱크(댕크, 당구, 탕크) / 포탄(砲彈) / 포켓전함(포켙트戰艦) / 포함(砲艦) / 폭렬탄(爆裂彈) / 폭발약(爆發藥) / 폭탄(뽐브, 봄, 爆彈) / 풍총(風銃) / 피스톨(피스토-ㄹ) / 함대(艦隊, 함디) / 항공모함(航空母艦) / 항해연습함(航海練習艦) / 해안연습함(海岸練習艦) / 호치키스(호취키스) / 화기(火器) / 화승총(火繩銃) / 화액포(火液砲) / 화약고(火藥庫) / 화학병기(化學兵器) / 후장총(腸膣槍)
군사교육 및 훈련	강행군(强行軍) / 거포사격학교(巨砲射擊學校) / 관병(觀兵) / 국관학교(軍官學校) / 군사교련(軍事敎鍊) / 군사교육(軍事敎育) / 군사훈련(軍事訓練) / 기동연습(機動演習) / 네이블 리뷰(네-발·레뷰-) / 기동연습(마누-빠) / 무관학교(무관학교) / 무비학당(武備學堂) / 무학원(武學院) / 보병학교(步兵學校)

2. 법·행정

조선은 1876년 일본과의 조약 체결을 시작으로 이후 1880년대 초반 서구 제국주의 국가들과 일련의 조약을 체결했다. 새로운 국제관계 속에서 국가의 이익을 획득하고 국권을 보전하기 위해 조선의 위정자와 지식인들은 새로운 국제질서를 파악하는 것을 급선무로 여겼다. 또한 부국강병, 문명개화를 내세우며 서구와 같은 근대국민국가를 건설하기 위해 개혁을 추진하기 시작했다. 이러한 시대적 과제를 위해 대한제국의 위정자들과 지식인들은 서구의 정치이념 및 제도를 수용하기 시작하였다. 따라서 근대적 법·행정 관련 신어가 본격적으로 등장하는 시기는 1876년 개항 전후를 시작으로 1910년까지라고 할 수 있으며, 이후 일제 식민지기를 거치면서 일본식 한자어들이 더해져 어휘군이 확대되었다. 개항 직후부터 1910년 이전까지 근대적 법·행정 관련 어휘들이 소개되고 사용된 인쇄매체는 『한성순보』, 『한성주보』, 『대한매일신보』, 『독립신문』, 『황성신문』, 『제국신문』, 『신한민보』, 『관보』, 『공립신보』 등의 신문 등이다.

1905년 을사늑약 체결 이후 국권 상실의 위기가 심화되어 가는 속에서 국가 주권을 회복하고 국민국가를 건설하기 위해 지식인들은 한국을 둘러싼 국제관계를 명확히 파악하려고 노력하는 한편 정치개혁도 함께 추진하고자 했다. 이러한 목적을 위해 법학, 정치학 등의 지식을 전달하려는 저서들이 저술·편찬되었다. 유길준의 『西遊見聞』(1895), 유치형의 『憲法』(1907)과 『經濟學』, 유성준의 『法學通論』(1905), 석진형의 『平時國際公法』, 羅瑨·김상연 공저의 『國家學』(1906), 안국선의 『政治原論』(1906), 정인호의 『國家思想學』(1908), 이채우의 『十九世紀歐洲文明進化論』(1908), 장지연의 『萬國事物紀原歷史』(1909) 등은 모두 국제법, 국제관계, 헌법, 정치학 등을 다루고 있다. 또한 독본, 수신, 역사교과서에도 같은 주제가 포함되어 관련된 어휘가 등장한다. 학부편집국이 펴낸 『萬國略史』(1895), 현채의 『越南亡國史』(1906)와 『幼年必讀釋義』(1907), 박은식의 『瑞士建國誌』(1907) 변영만의 『世界三怪物』(1908), 박승희의 『最

新經濟學』(1908) 등이 있다.

이들 저서들은, 중국이나 일본, 특히 1900년대에 들어서면서부터는 대부분 일본에서 번역된 책들을 저본으로 삼아 한국지식인들이 이를 중역(重譯), 편찬한 것이다. 따라서 일본 저본에 있는 법·행정 관련 한자어들을 그대로 사용하였기 때문에 한·일간 어휘의 차이는 거의 없다. 또한 1910년 강제병합 이후 일본의 식민지가 된 조선에서 사용된 법·행정 관련 어휘는 일본 용어를 그대로 사용하게 되었다.

이상의 사실을 염두에 두면서 인쇄매체들에 나타난 법·행정 관련 어휘군을 분석한 결과는 다음과 같다.

첫째, 법 관련 어휘군은 크게 국제법과 국내법, 그리고 법 이론과 법사상으로 나누어 볼 수 있다. 국제법 관련 어휘는 조약에 관련된 어휘, 국제통상 관련 어휘, 국제법 일반과 이론·사상 관련 어휘 등으로 다시 나누어볼 수 있다. 국내법 관련 어휘로는 주권 및 헌법 관련 어휘, 국민의 의무와 권리·자유에 관한 어휘, 행정법 관련 어휘, 형법, 법률기관, 법제도 관련 어휘가 있다. 마지막으로 법 일반이나 법이론, 법사상 등과 관련된 어휘가 있다.

국제법이나 국제관계에 관련된 어휘가 일본에 의한 식민화 이후 많이 보이지 않게 되었던 반면 국내법 관련 어휘들은 여러 매체에 광범위하게 등장한다.『조선일보』,『동아일보』와 같은 신문,『新人間』,『청춘』,『朝鮮之光』,『新東亞』,『半島の光』,『天道教會月報』,『개벽』,『共濟』,『黨聲』,『全線』,『批判』,『朝光』,『農民』,『大衆公論』,『思想運動』,『가톨릭青年』,『別乾坤』,『總動員』,『學燈』 등의 잡지와 최남선의『자조론』(1918)에서도 이들 어휘를 찾아볼 수 있다.

둘째, 행정 관련 어휘군은 크게 정부, 행정 관료와 관직, 행정 기관과 기구, 행정사무, 경찰, 지방행정에 관한 어휘 등으로 나누어 볼 수 있다. 조선정부는 1881년 개화정책을 추진하기 위해 새로운 정부기구로 통리기무아문을 설치했다. 이후 1894년 갑오개혁으로 정부 관제가 대대적으로 개편되면서 다시 새롭게 정부기구 및 기관, 관료, 관리의 명칭이 도입되었다.

각료, 각의, 고등관, 관료, 공무와 같은 일반명칭을 비롯해, 궁내대신, 농부대신, 농상대신, 문부대신, 법부대신, 학부대신, 상무대신, 탁지대신, 학무국장 등, 그리고 조세·재정 관련 관료인 세무관, 세무사서, 재무관, 어세관 등의 명칭이 등장했다. 또한 궁정사무와 정부사무를 분리하는 전례 없는 관제개편이 시행되어 정무를 담당하는 내각이 설치되자 내각과 관련된 많은 어휘가 등장한 것이 주목된다. 내각대신, 내각고문, 내각의원, 내각의회, 내각총리대신 등이 그것이다.

하나의 행정 기관 및 기구 명칭이 시기에 따라 혹은 호칭 주체에 따라 다양한 어휘로 표현되기도 했다. 예를 들어 현재의 우정사업본부 및 우체국 업무를 담당하던 기구의 명칭은 당시 우정아문 및 우정총국, 통신국 또는 전신국, 통신원, 우편국, 체신국, 체신서 등으로 불렸다. 그 외에 대장경, 대장대신, 대통령비서관, 수상, 해군대신, 해군대장과 같이 조선, 대한제국 관제가 아닌 외국, 또는 식민지 시기 일본의 관제에서 비롯된 어휘들도 찾아볼 수 있다.

셋째, 조세 관련 어휘군은 크게 관세, 직접세, 간접세, 지방세 등 세금의 종류와 관련된 어휘, 그리고 세금 부과와 수취 등 조세일반에 관한 어휘로 나눠볼 수 있다. 조세 종류는 다시 직접세의 경우 소득세, 상속세, 증여세, 재산세 등이 있다. 간접세에는 소비세, 유통세, 인지세 등이 있다. 지방세는 지방자치단체가 부과·징수하여 당해 지방자치단체의 재정수요에 충당하는 조세이다.

조세 분야에서 주목되는 것은 관세 관련 어휘이다. 조선은 1876년 2월 26일 일본과 조일수호조약(朝日修好條約)을 체결함으로써 근대적 국제조약질서에 편입되었다. 수호조약에 이어 같은 해 8월 24일 조인된 조일수호조규 부록과 통상장정, 왕복문서를 모두 포함하여 강화도조약으로 불리기도 하는 이 조약은 최초의 근대적 조약이자 동시에 '불평등조약'이라는 특징을 갖고 있다. '불평등조약'으로 규정되었던 이유 중 하나는 바로 통상관계에서 불평등, 즉 관세자주권 침해와 무관세조항 때문이었다. 이후 조선과 일본의 무역거래량이 급속도로 증가하면서 조선정부는 뒤늦게 관세자주권의 포기와 무관세의 폐해가 막대하다는 것을 깨달았다. 이러한 문제점을 시정하기 위해 조선정부는 일본과 관세문제에 대해 재협상을 시도하는 한편 해관을 설치하고 관세자주권을 회복하고자 노력하였다. 그리하여 이 시기부터 관세 관련 어휘를 수용, 사용하기 시작했다.

이상에서 살펴본 법, 행정 어휘군의 공통된 특징은 외국지명이나 국명이 들어간 용어의 경우 지명과 국명을 표기하는 방식이 통일되지 않아 다양한 형태로 표현되었다는 것이다. 예를 들어 베르사유조약의 경우 예어싸이條約, 예어싸이條約, 옐사유條約, 베르싸이유條約, 예르싸이어條約, 예르싸이유條約, 뵈르사유條約, 빌시유의條約, 벨사이유강화조약 등 여러 가지 형태로 표기되었다. 또한 영어발음 그대로 표기한 용어가 상당히 많이 등장했는데, 당시 영어음의 한글 표기 역시 통일되지 않아 하나의 개념용어가 다양한 형태로 나타났다. 예를 들어 내각을 뜻하는 영어 cabinet의 경우 카비네트, 캬비넬, 가비네트, 가비네 등 표기방식이 통일되지 않아 다양한 형태로 나타났다. 또 관광국, 관광청을 지칭하는 어휘로 타워리스트 · 뷰로, 토워리스트 · 뷰로, 즈-리스트 · 뷰-로-, 투-리스트 · 뿌로, 튜리스트 · 뿌로, 추리스트뷰로, 추리스트 · 뷰로, 투-리스트뿌-로 등 다양하게 사용되었다.

개항 이후부터 1945년까지 조선, 대한제국, 식민지조선에서 사용된 법, 행정 관련 어휘의 또 하나의 공통점은 이들 어휘의 대부분이 일본에서 서구의 법 · 행정 용어를 한자어로 번역한 것이 그대로 수용된 것이라는 점이다. 1876년 개항을 전후한 시기에는 일본뿐만 아니라 중국에서 신조된 용어들이 수용되기도 했으나 점차 일본의 영향력이 우세해졌다. 1894년 갑오개혁에서의 일본의 영향, 그리고 갑오개혁 시기부터 일본에서 유학하기 시작했던 유학생들이 귀국하여 정치, 경제, 법 관련 저서를 저술하고 각급학교에서 활동함으로써 일본에서 신조된 어휘들이 조선, 대한제국에 그대로 수용되었다. 한국의 근대 신어 형성에서 일본의 영향은 1910년 강

제병합 이후 일본의 식민지배하에서 더욱 확대되어 갔다. ▪김소영

(1) 법

법 관련 어휘군은 크게 국제법과 국내법, 그리고 법이론과 법사상으로 나누어 볼 수 있다.

먼저 국제법 관련 어휘를 살펴보면 이는 다시 조약에 관련된 어휘, 국제통상 관련 어휘, 국제법 일반과 이론, 사상 관련 어휘 등으로 나누어 볼 수 있다.

첫째, 조약 관련 어휘로는 먼저 다음과 같이 조약 체결 당사국이나 체결 장소 등의 명칭을 붙인 조약들을 찾아볼 수 있다. 외국 지명이나 국명을 붙인 조약을 표기하는 경우 20세기 초까지도 외국 지명 표기 방식이 통일되지 않아 아래와 같이 하나의 조약이 다양한 명칭으로 쓰이는 경우가 많다.

- 베르사유(강화)조약 : 예어싸이條約, 예어싸이條約, 뻴사유條約, 베르싸
  이유條約, 예르싸이어條約, 예르싸이유條約, 뵈르
  사유條約, 뷜시유의條約, 벨사이유강화조약
- 베를린조약 : 伯林條約, 百林條約
- 토리노조약 : 튀린네條約, 뒤린네條約
- 비엔나(평화)조약 : 維也納條約, 維也納平和條約

그 외에 중일조약, 콘스탄티노플조약(곤스단디노블條約), 콩고조약(공오條約), 파리조약, 베스트팔렌조약과 같은 조약 명칭이 등장했다.

다음으로 조약의 성격, 종류를 나타내는 어휘 역시 나타났다. 강화조약, 공수동맹조약, 경계조약, 대등조약, 범죄인인도조약, 보호조약, 불가침조약, 불침략조약, 불평등조약, 비밀조약, 부속조약, 수호조약, 쌍무조약, 의정서, 중립국조약, 중립법규, 중립조약, 평화조약, 항해조약, 휴전조약, 휴전약정 등의 어휘를 볼 수 있다. 이러한 어휘들은 1876년 조일수호조약 체

결 이후 조선과 기타 열강이 조약을 체결하거나 또는 조선을 둘러싼 열강 간의 조약 체결을 전하는 신문보도, 잡지 기사 등에서 자주 등장했다.

마지막으로 조약 내용, 즉 세부 조항에서 사용되는 용어를 볼 수 있다. 고빙, 비준권, 비준방법, 엄정중립, 영사재판, 영사재판권, 조약, 조약국, 조약서, 조약안, 조약장정, 조약체결국, 조약체결권, 최혜국조관, 최혜국조약, 치외법권 등을 들 수 있다.

이와 같이 조약 관련 어휘가 다른 국제법 어휘보다도 많은 비중을 차지하는 이유는 전근대 조공체제, 중화질서에 규정되었던 조선의 외교 관계가 조약 질서라는 새로운 국제질서 속으로 편입되었기 때문이었다. 조선은 1876년 일본과 근대적 조약을 체결하고 이후 1880년대 초반 서구 제국주의 국가들과 일련의 조약을 체결했다. 새로운 국제관계 속에서 국가의 이익을 획득하고 국권을 보전하기 위해 당시 조선인들에게는 새로운 국제관계, 국제질서를 파악하는 것이 급선무였다. 이를 위해 근대적 조약 체제를 중심으로 한 국제법, 외교에 관한 이론, 개념 등을 소개한 서적을 수입하고 번역하기 시작했다. 이러한 서적들을 번역하며 사용한 국제법 관련 개념과 어휘들은 대부분 중국 또는 일본에서 번역된 것으로 조선에 재수용되었다. 특히 조약 체결을 통한 외교관계라는 새로운 형태의 국제관계를 이해하고 실질적으로 이를 적용하기 위해 조약 관련 개념과 어휘들이 대거 수용, 사용되기 시작했다.

따라서 국제법 관련 어휘가 대량으로 또한 다양하게 등장하는 시기는 1876년 개항 전후부터 1910년까지라고 할 수 있다. 1910년 이전까지 『한성순보』, 『한성주보』, 『대한매일신보』, 『독립신문』, 『황성신문』, 『제국신문』, 『신한민보』, 『관보』, 『공립신보』 등의 신문에서는 조선과 서구 열강들 간에 체결된 조약이나 또는 조선을 둘러싼 열강 간의 조약 체결 소식이 기사로 다루지면서 많은 국제법 관련 어휘가 등장했다. 또 국권 상실의 위기 속에서 국제관계를 정확히 파악하고 대처해야 할 필요성이 대두되면서 국제법과 정치학 지식을 전달할 수 있는 저서가 저술·편찬되었다. 유길준의 『西遊見聞』(1895), 유치형의 『憲法』(1907)과 『經濟學』, 유성준의 『法學通論』(1905), 석진형의 『平時國際公法』, 羅瑨, 김상연 공저의 『國家學』(1906), 안국선의 『政治原論』(1906), 정인호의 『國家思想學』(1908), 이채우의 『十九世紀歐洲文明進化論』(1908), 장지연의 『萬國事物紀原歷史』(1909)에서 국제법과 국제관계 등을 다루었다. 또한 독본, 수신, 역사교과서에서도 국제관계와 국제법에 대한 내용이 포함되어 관련 어휘가 등장했다. 학부편집국이 펴낸 『萬國略史』(1895), 현채의 『越南亡國史』(1906)와 『幼年必讀釋義』(1907), 박은식의 『瑞士建國誌』(1907), 변영만의 『世界三怪物』(1908), 박승희의 『最新經濟學』(1908) 등이 그것이다.

이들 국제법 그리고 이후 살펴볼 국내법을 다룬 저서들은 중국이나 일본, 특히 1900년대에 들어서면서부터는 대부분 일본에서 번역된 책들을 다시 한국지식인들이 중역(重譯)·편찬한 것이었다. 예를 들어 안국선의 『정치원론』의 경우 저본은 일본인 이치지마 캔키치(市島謙吉)가 1889년 저술한 『정치원론』(富山房西店)이다. 안국선의 책은 저본을 축약, 번역한 것으로 저본에서 사용한 정치 관련 한자어들을 그대로 사용하여 한·일간의 법, 정치 관련 어휘는 거의 차이가 없었다.

1910년 이후 일본의 강제병합으로 한국은 국권을 상실하고 식민지로 전락하여 외교권을 행사할 수 없었고 국제관계 역시 과거와 같은 의미를 가질 수 없게 되었다. 따라서 국제관계, 국제법과 관련된 어휘는 1910년 이전 시기에 비해 현저하게 줄어들었다. 다만 『現代新語釋義』(1922), 『(鮮和兩引)모던朝鮮外來語辭典』(1936) 등의 사전에 국제관계, 국제법 일반과 관련된 용어 해설이 보이며, 일제가 만주침략, 중일전쟁, 태평양전쟁 등 침략전쟁을 일으키면서 신문보도, 잡지기사에 국제정황, 국제관계와 관련된 어휘가 다시 등장했으나, 식민지 이전 시기에 비하면 그 수는 매우 적은 편이다.

둘째, 국제통상 관련 어휘들이 많이 등장하는데 그 이유는 근대적 조약 체결에서 당사국 간에 중요한 조약 형태 또는 조약 내용은 경제적 관계, 통상을 규정하는 조약 또는 조항이기 때문이다. 통상조약, 통상조항과 관런하여 간행이정, 관세규칙, 관세율, 관세법, 공해어업자유권, 국제노동규약, 무역규칙, 무역장정, 수호통상조규, 스무트관세법, 스무트-홀리관세법, 어업권, 어업조규, 철도부설권, 통상조약, 통상장정, 통상화약, 통항권, 통행권, 하해통항권, 등의 어휘가 등장했다.

셋째, 국제법 일반과 이론, 사상에 관한 어휘들이 나타나는데, 공법, 공법상, 공법학, 공법학자, 공해, 국가주권, 국제공법, 국제법, 국제규약, 국제법상, 국제법전, 국제법학회, 국제재판, 국제중재재판, 국제중재재판소, 만국공법, 영토권, 영토주권, 외교대권, 일반국제법, 파리국제법회의 등의 어휘들이 그것이다. 이들 용어 가운데 '만국공법'은 국제법을 말하는 것으로 이는 중국에서 활동했던 미국 선교사 마틴(W.A.P Martin)이 국제법에 관한 휘튼(H. Wheaton)의 저서를 번역하여 1864년 『만국공법(萬國公法)』이라는 제목으로 책을 펴낸 것에서 유래한다. 이 책은 중국에서 출판된 직후 조선, 일본에도 전해졌다. 한·중·일의 정치가와 지식인들은 이 책을 통해 만국공법, 즉 서구의 국제법에 관한 지식을 획득할 수 있었으며, 책에서 번역된 국제법 관련 용어들 역시 수용되어 널리 사용되기 시작했다.

국제법을 뜻하는 어휘에는 국제법, 만국공법 외에 '국제공법', '인터네슌날로우', '인터네스날, 로-', '로-, 오푸, 네슌', '로우오프내-슌' 등이 있다. 이와 같이 국제법에는 현재와 같이 국제법, 당시 보편적으로 사용되었던 만국공법, 그리고 international law, 또는 law of nation을 영어발음 그대로 한글로 표기한 것 등이 있다. 만국공법은 "마치 헌법이 국가 내(內)에 대한 주권을 제한함과 같이, (국가)외(外)에 대한 주권을 제한하는 것"으로 설명되었다. 또한 국제공법은 "문명국 단체에 속한 국가와 국가가 호항의 관계를 각자 용인하야 각국이 준행하는 행위의 규칙"이라고 정의되었다.

다음으로 국내법 관련 어휘를 보면, 첫째, 주권 및 헌법에 관한 어휘, 둘째, 국민의 의무·권리·자유에 관한 법률 어휘, 셋째, 행정법, 넷째, 법률기관 및 법제도와 형법에 관한 어휘, 마지막으로 법 일반, 법이론, 법사상 관련 어휘가 있다.

이러한 어휘들 역시 조선의 개항 이후 중국, 일본을 통해 수용되어 앞서 언급했던 신문, 잡지, 저서들에서 빈번하게 사용되었다. 또한 국제법이나 국제관계에 관련된 어휘가 일본에 의한 식민지화 이후 많이 보이지 않게 되었던 반면 국내법 관련 어휘들은 여러 매체에 광범위하게 등장한다. 『조선일보』, 『동아일보』와 같은 신문, 『新人間』, 『청춘』, 『朝鮮之光』, 『新東亞』, 『半島の光』, 『天道敎會月報』, 『개벽』, 『共濟』, 『黨聲』, 『全線』, 『批判』, 『朝光』, 『農民』, 『大衆公論』, 『思想運動』, 『가톨릭靑年』, 『別乾坤』, 『總動員』, 『學燈』 등의 잡지와 최남선의 『자조론』(1918)에서도 이들 어휘를 찾아볼 수 있다.

국내법 관련 어휘로는 첫째, 주권 및 헌법 관련 어휘가 있다. 근대 국제법이 소개되기 시작함과 동시에 국내법의 개념과 어휘 역시 수용되기 시작했다. 그중 특히 헌법, 입헌에 관한 관심이 높아지면서 신문, 잡지, 교과서, 법학 저서 등에서 관련 이론과 서구에서 실시되고 있는 입헌정체가 소개되었다. 이러한 관심은 조선, 대한제국에서 입헌정체를 실시하고자 하는 정치적 지향에서 비롯된 것이었다. 관련 신어로, 공개투표, 관습헌법, 국약헌법, 국적법, 국회제도, 국회조례, 군법, 군주법, 귀족원령, 귀화, 민주정체, 민주적 헌법, 민주제, 보통법, 보통선거법, 북미합중국헌법, 미국헌법, 오권헌법, 위헌, 입헌, 입헌국, 입헌공화국, 입헌군주, 입헌군주국, 입헌군주정체, 입헌정체, 입헌정치, 입헌제, 입헌제도, 자주권, 자주권리, 자주독립, 정체, 제정헌법, 헌법, 헌법국, 헌법학 등이 있다.

헌법은 현재와 같이 한자어인 憲法이 가장 많이 사용되었지만 constitution을 발음 그대로 표기하는 경우도 있었다. 다만 영어발음 표기가 통일되지 않아 콩스큐숑, 콘스티튜숀 등 다양하게 표기되었다. 또한 서구의 헌법을 소개할 때 지명 표기가 통일되지 않아 다양한 방식으로 표기되었다. 예를 들면 바이마르헌법은 봐이마르憲法, 뺘이말憲法, 와이머憲法, 와이마르憲法, 와이말憲法, 와이마憲法 등으로 표기되었다.

둘째, 국민의 의무와 권리, 자유에 관한 어휘도 다수 등장한다. 공공의무, 공민권, 교육권, 교육의무, 권리, 권리관계, 권리의무, 권리자유, 권원, 권한,

권한쟁의, 기본권, 남녀동등권리, 남녀평등, 납세의무, 동등권, 민권, 미성년
자, 민회, 병역의무, 생명권, 생존권, 사상자유, 선거권, 선거법, 선거인명부,
시민적자유, 시빌리버티(civil liberty), 신체권, 신체자유, 의무, 의무법, 자유권,
자유권능, 자유권리, 자유권한, 자유민권, 재산권, 재산권리, 재산상속법, 집
회자유, 천부권리, 천부인권, 천부인권론, 평등권 등이 그것이다.

　이와 같은 국민의 자유와 권리에 관한 어휘 중에는 개인의 재산권에 관
한 법률, 즉 민법과 관련된 어휘가 많이 등장했다. 공유, 공유물, 공유자,
공유재산, 공증인, 계약, 계약서, 계약자, 고유재산, 고유권, 금치산, 금치산
자, 담보, 담보물, 담보자, 담보품, 대등권, 대리법, 대리인, 대물, 대물변상,
동산, 동산담보, 등기, 라이선스, 레지스터, 리퀴데이트, 리퀴데이터, 매도
증서, 매매문서, 면허, 면허료, 면허장, 명예회손, 민사, 민사소송, 민사소송
법, 무주지, 민유지, 사유지, 밀수입, 법인, 사권, 사권관계, 사권력, 사단법
인, 사용권, 사유재산, 사유재산제, 사인소유권, 사적소유, 상금, 배상금, 상
법, 상속권, 상속법, 상속인, 상법, 상업면허, 서약서, 소유권, 소유권리, 소
유자, 소유재산, 소유지, 소유주, 손해배상, 영수증, 위임, 위임서, 위임장,
유산상속, 저작권, 전매권, 전매특허, 차입, 차터, 친권, 친족권, 토지소유권,
파산, 파산선고 등이 그것이다.

　셋째, 행정법에 관련된 어휘에는 계엄령, 공민권, 공안질서, 검정, 경찰
권, 경찰규칙, 경찰명령, 공권력, 공권, 공시, 공익명령, 공포, 교통권, 교환
준비제도, 군민조례안, 긴급명령, 긴급명령권, 긴급칙령, 순사, 신문지법,
위생법, 지방경찰, 질서, 집행명령, 집회조례, 치안경찰법, 행정권, 행정법,
행정내규, 행정법규, 행정소송, 행정처분, 행정명령 등이 있다.

　넷째, 형법, 법률기관, 법제도에 관련된 어휘가 등장했다. 고발, 고소, 공
소권, 공소인, 공소원, 공판, 공판정, 구두변론, 구두청원, 국사범, 검찰, 검
찰관, 과격법안, 과실범, 구두심리, 구두심문, 구두청원, 국사범, 국사범죄,
군사범, 기소, 무기도형, 무기유형, 미결수, 미결감, 벌금, 과태료, 불법행위,
블랙리스트, 비합법, 비합법적, 비행, 연좌법, 절도죄, 정당방위, 정당방위

권, 종신징역, 징역, 취조, 행정처분, 현행범, 형법, 형사소송, 형사소송법, 고등재판소, 고등법원, 재판소, 공개재판, 교도소, 교번소, 국사법원, 단두기, 단두대, 대법관, 대법원, 대심원, 대법원, 독립명령, 면회, 면회소, 명령, 명령권, 민사재판소, 배상금, 배상법, 배심관, 배심원, 배심제도, 법률학교, 법부, 법소, 법안, 법원, 재판소, 법장, 법정, 변호사, 사법, 사법경, 사법경찰, 사법경찰관, 사법권, 사법관할, 사법대신, 사법부, 사법제도, 상급재판소, 선고, 선고문, 소송, 소송법, 소송사건, 속인주의, 속지주의, 순회재판, 순회재판소, 심판, 심판관, 심판자, 육군법원, 입법, 입법관, 입법권, 입법부, 입법의회, 입법자, 재판, 재판관, 재판권, 재판법, 재판소, 재판장, 재판정, 재판제도, 중재재판, 중재재판소, 증거물, 지방재판소, 캉그러스, 판검사, 판결례, 판사, 판사장, 팔러먼트, 평리원, 하원의원, 하의원, 행정재판, 행정재판소 등이 그것이다.

마지막으로 법 일반이나 법이론, 법사상 등과 관련된 어휘가 있다. 관습법, 게르만법(例루만法) 결의안, 공법, 사법, 관습법, 구두도덕, 국법학, 규례, 규범, 규정, 규율, 규칙, 근세법, 나폴레옹법전, 내국법, 내국법권, 대헌장, 마그나카르타, 로마법, 룰, 리걸, 민법, 바이마르헌법, 법률가, 법률규정, 법률만능, 법률사회, 법률상, 법률안, 법률제도, 법률집행, 법률학, 법이론, 법리학, 법리학자, 법정학, 법학, 법학자, 법학통론, 벨기에민법, 볼스테드법안, 분석법학파, 불문법, 불문헌법, 삼권분립, 선거권, 선거법, 성문법, 성문률, 실제법, 의원법, 인정법, 자연법, 현행법 등이 그것이다. ■ 김소영

〈표 8〉 법 관련 신어

유형	종류	관련 신어
국제법	조약	베르사유(강화)조약(얘어싸이條約, 예어싸이條約, 옐사유條約, 베르싸이유條約, 예르싸이어條約, 예르싸이유條約, 븨르사유條約, 빌시유의條約) / 베를린조약(伯林條約, 百林條約) / 토리노조약(튀린네條約, 뒤린네條約) / 비엔나(평화)조약(維也納條約, 維也納平和條約) / 중일조약(中日條約) / 콘스탄티노플조약 / 콩고조약 / 파리조약(巴理條約) / 베스트팔렌조약 / 강화조약(講和條約) / 공수동맹조

유형	종류	관련 신어
		약(攻守同盟條約) / 경계조약 / 대등조약(對等條約) / 범죄인인도조약(犯罪人引渡條約) / 보호조약(保護條約) / 불가침조약(不可侵條約) / 불침략조약(不侵略條約) / 불평등조약(不平等條約) / 비밀조약(祕密條約) / 부속조약(附屬條約) / 수호조약 (修好條約)/ 쌍무조약(雙務條約) / 의정서(議定書) / 중립국조약(中立國條約) / 중립법규(中立法規) / 중립조약(中立條約) / 평화조약(平和條約) / 항해조약(航海條約) / 휴전조약(休戰條約) / 휴전약정(休戰約定) / 고빙(雇聘) / 비준권(批准權) / 비준방법(批准方法) / 엄정중립(嚴正中立) / 영사재판(領事裁判) / 영사재판권(領事裁判權) / 조약(條約) / 조약국(條約國) / 조약서(條約書) / 조약안(條約案) / 조약장정(條約章程) / 조약체결국(條約締結國) / 조약체결권(條約締結權) / 최혜국조관(最惠國條款) / 최혜국조약(最惠國條約) / 치외법권(治外法權)
	통상	간행이정(間行里程) / 관세규칙(關稅規則) / 관세율(關稅率) / 관세법(關稅法) / 공해어업자유권(公海漁業自由權) / 국제노동규약(國際勞動規約) / 무역규칙(貿易規則) / 무역장정(貿易章程) / 수호통상조규(修好通商條規) / 스무트관세법(홀리스무-트法) / 어업권(漁業權) / 어업조규(漁業條規) / 철도부설권(鐵道敷設權) / 통상조약(通商條約) / 통상장정(通商章程) / 통상화약(通商和約) / 통항권(通航權) / 통행권(通行權) / 하해통항권(河海通航權)
	국제법 이론 및 국제법 사상	공법(公法) / 공법학(公法學) / 공법학자(公法學者) / 공해(公海) / 국가주권(國家主權) / 국제공법(國際公法) / 국제법(인터네슨날로우, 인터네스날, 로-) / 국제규약(國際規約) / 국제법전(國際法典) / 국제법학회(國際法學會) / 국제재판(國際裁判) / 국제중재재판(國際仲裁裁判) / 국제중재재판소(國際仲裁裁判所) / 만국공법(/萬國公法, 로-, 오푸, 네슨, 로우오프내-슨)/ 영토권(領土權) / 영토주권(領土主權) / 외교대권(外交大權) / 일반국제법(一般國際法) / 파리국제법회의
국내법	주권과 헌법	공개투표(公開投票) / 관습헌법(慣習憲法) / 국약헌법(國約憲法) / 국적법(國籍法) / 국회제도(國會制度) / 국회조례(國會條例) / 군법(君法) / 군주법(君主法) / 귀족원령(貴族院令) / 귀화(歸化) / 민주정체(民主政體) / 민주적 헌법(民主的憲法) / 민주제(民主制) / 바이마르헌법(봐이말憲法, 왜이말憲法, 와이머-憲法, 와이마르憲法, 와이말憲法, 와이마憲法) / 보통법(普通法) / 보통선거법(普通選擧法) / 북미합중국헌법(北美合衆國憲法) / 미국헌법(美國憲法) / 오권헌법(五權憲法) / 위헌(違憲) / 입헌(立憲) / 입헌국(立憲國) / 입헌공화국(立憲共和國) / 입헌군주(立憲君主) / 입헌군주국(立憲君主國) / 입헌군주정체(立憲君主政體) / 입헌정체(立憲政體) / 입헌정치(立憲政治) / 입헌제(立憲制) / 입헌제도(立憲制度) / 자주권(自主權) / 자주권리(自主權利) / 자주독립(自主獨立) / 정체(政體) / 제정헌법 / 헌법(憲

유형	종류	관련 신어
		法, 콩스큐숑) / 헌법국(憲法國) / 헌법학(憲法學)
	의무와 권리, 민법	공의무(公義務) / 공민권(公民權) / 교육권(教育權) / 교육의무(教育義務) / 권리(權利) / 권리관계(權利關係) / 권리의무(權利義務) / 권리자유(權利自由) / 권원(權原) / 권한(權限) / 권한쟁의(權限爭議) / 기본권(基本權) / 남녀동등권리(男女同等權利) / 남녀평등(男女平等) / 납세의무(納稅義務) / 동등권(同等權) / 민권(民權) / 미성년자(未成年者) / 민회(民會) / 병역의무(兵役義務) / 생명권(生命權) / 생존권(生存權) / 사상자유(思想自由) / 선거권(選擧權) / 선거법(選擧權) / 선거인명부(選擧人名簿) / 시민적자유(市民的自由) / 시빌리버티 / 신체권(身體權) / 신체자유(身體自由) / 의무(義務) / 의무법(義務法) / 자유권(自由權) / 자유권능(自由權能) / 자유권리(自由權利) / 자유권한(自由權限) / 자유민권(自由民權) / 재산권(財産權) / 재산권리(財産權利) / 재산상속법(財産相續法) / 집회자유(集會自由) / 천부권리(天賦權利) / 천부인권(天賦人權) / 천부인권론(天賦人權論) / 평등권공유(平等權公有) / 공유물(共有物) / 공유자(共有者) / 공유재산(共有財産) / 공증인(公證人) / 계약(契約) / 계약서(契約書) / 계약자(契約者) / 고유재산(固有財産) / 고유권(固有權) / 금치산(禁治産) / 금치산자(禁治産者) / 담보(擔保) / 담보물(擔保物) / 담보자(擔保者) / 담보품(擔保品) / 대등권(對等權) / 대리법(代理法) / 대리인(代理人) / 대물(代物) / 대물변상(代物辨償) / 동산(動産) / 동산담보(動産擔保) / 등기(登記) / 라이선스(라이센) / 레지스터(레지스타, 레지스터) / 리퀴데이트 / 리퀴데이터 / 매도증서(賣渡證書) / 매매문서(賣買文書) / 면허(免許) / 면허료(免許料) / 면허장(免許狀) / 명예훼손(名譽毀損) / 민사(民事) / 민사소송(民事訴訟) / 민사소송법(民事訴訟法) / 무주지(노오맨랜드, 白旗無主地) / 민유지(民有地) / 사유지(私有地) / 밀수입(密輸入) / 법인(法人) / 사권(私權) / 사권관계(私權關係) / 사권력(私權力) / 사단법인(社團法人) / 사용권(使用權) / 사유재산(私有財産) / 사유재산제(私有財産制) / 사인소유권(私人所有權) / 사적소유(私的所有) / 상금(償金) / 배상금(賠償金) / 상법(商法) / 상속권(相續權) / 상속법(相續法) / 상속인(相續人) / 상업면허(商業免許) / 서약서(誓約書) / 소유권(所有權) / 소유권리(所有權理) / 소유자(所有者) / 소유재산(所有財産) / 소유지(所有地) / 소유주(所有主) / 손해배상(損害賠償) / 영수증(領收證) / 위임(委任) / 위임서(委任書) / 위임장(委任狀) / 유산상속(遺産相續) / 저작권(著作權) / 전매권(專賣權) / 전매특허(專賣特許) / 차입(借入) / 차터(차-타, 챠-타, 쟈-타)/ 친권(親權) / 친족권(親族權) / 토지소유권(土地所有權) / 파산(破産) / 파산선고(破産宣告)
	행정법	계엄령(戒嚴令) / 공민권(公民權) / 공안질서(公安秩序) / 검정(檢定) / 경찰권(警察權) / 경찰규칙(警察規則) / 경찰명령(警察命令) / 공권

유형	종류	관련 신어
		력(公權力) / 공권(公權) / 공시(公示) / 공익명령(公益命令) / 공포(公布) / 교통권(交通權) / 교환준비제도(交換準備制度) / 군민조례안 / 긴급명령(緊急命令) / 긴급명령권(緊急命令權) / 긴급칙령(緊急勅令) / 순사(巡查) / 신문지법(新聞紙法) / 위생법(衛生法) / 지방경찰(地方警察) / 질서(秩序) / 집행명령(執行命令) / 집회조례(集會條例) / 치안경찰법(治安警察法) / 행정권(行政權) / 행정법(行政法) / 행정명령(行政命令)
	형법, 법률기관 및 법제도	고발(告發) / 고소(告訴) / 공소권(公訴權) / 공소인(控訴人) / 공소원(控訴院) / 공판(公判) / 공판정(公判廷) / 구두변론(口頭辯論) / 구두청원(口頭請願) / 국사범(國事犯) / 검찰(檢察) / 검찰관(檢察官) / 과격법안(過激法案) / 과실범(過失犯) / 구두심리(口頭審理) / 구두심문(口頭審問) / 국사범죄(國事犯罪) / 군사범(軍事犯) / 기소(起訴) / 무기도형(無期徒刑) / 무기유형(無期流刑) / 미결수(未決囚) / 미결감(未決監) / 벌금(罰金) / 과태료(過怠料) / 불법행위(不法行爲) / 블랙리스트(부랙리스트, 뿔래클리스트, 뿔랙·리스트) / 비합법(非合法) / 비합법적(非合法的) / 비행(非行) / 연좌법(連坐法) / 절도죄(竊盜罪) / 정당방위(正當防衛) / 정당방위권(正當防衛權) / 종신징역(終身懲役) / 징역(懲役) / 취조(取調) / 행정처분(行政處分) / 현행범(現行犯) / 형법(刑法) / 형사소송(刑事訴訟) / 형사소송법(刑事訴訟法) / 고등재판소(高等裁判所) / 고등법원(高等法院) / 재판소(裁判所) / 공개재판(公開裁判) / 교도소(矯導所) / 교번소(交番所) / 국사법원(國事法院) / 단두기(斷頭機) / 단두대(斷頭臺) / 대법관(大法官) / 대법원(大法院) / 대심원(大審院) / 대법원(大法院) / 독립명령(獨立命令) / 면회(面會) / 면회소(面會所) / 명령(命令) / 명령권(命令權) / 민사재판소(民事裁判所) / 배상금(賠償金) / 배상법(賠償法) / 배심관(陪審官) / 배심원(陪審員) / 배심제도(陪審制度) / 법률학교(法律學校) / 법부(法部) / 법소(法所) / 법안(法案) / 법원(法院) / 재판소(裁判所) / 법장(法場) / 법정(法庭) / 변호사(辯護士) / 사법(司法) / 사법경 / 사법경찰(司法警察) / 사법경찰관(司法警察官) / 사법권(司法權) / 사법관할(司法管轄) / 사법대신(司法大臣) / 사법부(司法府) / 사법제도(司法制度) / 상급재판소(上級裁判所) / 선고(宣告) / 선고문(宣告文) / 소송(訴訟) / 소송법(訴訟法) / 소송사건(訴訟事件) / 속인주의(屬人主義) / 속지주의(屬地主義) / 순회재판(巡廻裁判) / 순회재판소(巡廻裁判所) / 심판(審判) / 심판관(審判官) / 심판자(審判者) / 육군법원(陸軍法院) / 입법(立法) / 입법관(立法官) / 입법권(立法權) / 입법부(立法府) / 입법의회(立法議會) / 입법자(立法者) / 재판(裁判) / 재판관(裁判官) / 재판권(裁判權) / 재판법(裁判法) / 재판소(裁判所) / 재판장(裁判長) / 재판정(裁判廷) / 재판제도(裁判制度) / 중재재판(仲裁裁判) / 중재재판소(仲裁裁判所) / 증거물(證據物) / 지방재판소

유형	종류	관련 신어
		(地方裁判所) / 캉그러스(컹그레스, 콘그레스, 콩그레스)/ 판검사(判檢事) / 판결례(判決例) / 판사(判事) / 판사장(判事長) / 팔러먼트(巴力門, 팔라멘트, 팔이맨트) / 평리원(平理院) / 하원의원(下院議員) / 하의원(下議院) / 행정재판(行政裁判) / 행정재판소(行政裁判所)
법일반, 법이론 및 법사상		관습법(慣習法) / 게르만법 / 결의안(決議案) / 공법(公法) / 사법(司法) / 구두도덕(口頭道德) / 국법학(國法學) / 규례(規例) / 규범(規範) / 규정(規定) / 규율(規律) / 규칙(規則) / 근세법(近世法) / 나폴레옹법전 / 내국법(內國法) / 내국법권(內國法權) / 마그나카르타(大憲章, 大契約書) / 로마법 / 룰 / 리걸 / 민법(民法) / 바이마르헌법 / 법률가(法律家) / 법률규정(法律規定) / 법률만능(法律萬能) / 법률사회(法律社會) / 법률상(法律上) / 법률안(法律案) / 법률제도(法律制度) / 법률집행(法律執行) / 법률학(法律學) / 법이론(法理論) / 법리학(法理學) / 법리학자(法理學者) / 법정학(法政學) / 법학(法學) / 법학자(法學者) / 법학통론(法學通論) / 벨기에민법 / 볼스테드법안 / 분석법학과 / 불문법(不文法) / 불문헌법(不文憲法) / 삼권분립(三權分立) / 선거권(選擧權) / 선거법(選擧法) / 성문법(成文法) / 성문률(成文律) / 실제법(實際法) / 의원법 / 인정법(人定法) / 자연법(自然法) / 현행법(現行法)

(2) 행정

행정 관련 어휘는 크게 행정부를 지칭하는 어휘, 행정 관료, 관직에 관한 어휘, 행정 기관, 기구에 관한 어휘, 행정사무에 관한 어휘, 경찰에 관한 어휘, 지방행정에 관한 어휘 등으로 나누어 볼 수 있다.

당시 '행정'은 "국가가 그 의사를 실행하는 것",[68] 행정학은 "국가의 작용을 논하는 학문," 행정법은 "국가의 기관이 통치권을 행함에 당하여 그 표준하는 바 규칙"으로 정의되었다. 이처럼 행정과 행정법은 국가 또는 국가 기관이 표준규칙, 즉 법에 의해 통치권을 행사하는 것으로 정의되었다. 또한 정부와 행정관부를 구별하여 정부는 황제의 대권을 행사하는 기관으로, 행정관부는 대권 이외의 국권을 행사하는 곳이며, 이 행정관부의 권한에 위임하여 행하는 것이 행정으로 정의되기도 했다. 유치형은 자신의 저

---

68) 유성준, 『법학통론』, 1905.

서인 『헌법』에서 정부와 행정을 다음과 같이 설명하고 있다.

> 정부는 황제의 대권을 행사하는 기관이라. 대권은 황제가 親裁하는 바이
> 오 정부에 위임하여 그 권한으로 행사케 함이 아니라 그러나 헌법의 원칙
> 상 황제가 대권을 행함에는 국무대신의 副署를 要케 하는 것이라. 그 주지
> 는 국무대신으로 하여금 황제를 대하여 대권을 행사케 함이 아니오. 황제가
> 행함에 際하여 국무대신을 必由하여 발표함에 在하니라. (…중략…) 의회 및
> 재판소는 정부가 아니오. 대권 이외 국권의 행사를 掌하는 기관이며 또 정
> 부와 행정관부는 구별이 유하니 대권과 행정은 별개물이라. 즉 행정관부의
> 권한에 위임하여 행하는 것이 행정이오. 황제가 親裁自行하는 것이 대권이
> 니 고로 정부와 행정관부를 구별하나니라.69)

이와 같이 정부와 행정을 구별하는 경우도 있었으나 대부분 정부는 곧
행정부를 뜻하였다. 군주의 대권을 국무대신이 보필하여 행사하거나 또는
그 밑에 부속하는 관청에 명하여 행사하게 하는 것을 행정권으로 정의하
고 행정권의 기관을 정부라고 정의했던 것이다.

이처럼 행정과 정부를 정의하는 가운데 그와 관련된 여러 어휘가 등장
했다.

첫째, 정부를 지칭하는 어휘에는 정부 또는 영어의 government를 발음대
로 표기한 꼬번멘트가 있다. 연관된 어휘로, 중앙정부, 무정부, 전제정부, 자
립정부, 셀프·꺼번멘트(self-government), 일본정부, 墨國政府(멕시코정부), 셰야
만政府(게르만정부) 등이 있다. 행정부를 지칭하는 어휘로 아드미니스트레이쉰
(administration), 중앙행정 등이 있다. 이들 중 가장 일반적이고 보편적인 어휘
는 정부와 행정이다.

둘째, 행정 관리, 관료를 지칭하는 어휘가 있다. 1881년 개화정책 추진을
위해 통리기무아문이 설치되면서 새로운 정부기구가 설립되고, 이후 1894
년 갑오개혁으로 정부 관제가 대대적으로 개편되면서 새롭게 정부기구 및

---

69) 유치형, 『헌법』, 1907, 69~70면.

기관, 관료, 관리의 명칭이 도입되었다. 먼저 궁내부와 의정부가 분리된 후 의정부가 국무를 담당하게 되었으며, 총리대신을 수반으로 내무, 외무, 탁지, 군무, 법무, 학무, 공무, 농상무 등에서 정무를 담당했다. 의정부는 다시 내각으로 개편되었으며, 각 아문은 다시 외부, 내부, 탁지부, 법부, 학부, 농상공부, 군부로 재편되었다. 따라서 이와 같은 새로운 정부기관, 기구의 관리 및 관료를 지칭하는 새로운 어휘가 대거 등장했다. 각료, 각의, 고등관, 관료, 공무와 같은 일반 명칭을 비롯해, 각 부서의 군기대신, 궁내대신, 농부대신, 농상대신, 문부대신, 법부대신, 학부대신, 상무대신, 탁지대신, 학무국장, 그리고 조세와 관련해서 세무관, 세무사, 세무사서, 재무관, 어세관 등의 관료명 등이 등장했다.

궁정사무와 정부사무를 분리하는 전례 없는 관제개편이 시행되어 정무를 담당하는 내각이 설치되면서 내각과 관련된 많은 어휘가 등장한 것이 주목된다. 내각대신, 내각고문, 내각의원, 내각의회, 내각총리대신 등이 그것이다. 그 외에 대장경, 대장대신, 대통령비서관, 수상, 해군대신, 해군대장과 같이 조선, 대한제국 관제가 아닌 외국의 관제, 또한 일제식민지 시기의 경우 일본의 관제에서 비롯된 어휘들도 찾아볼 수 있다.

셋째, 행정 기관 및 기구에 관한 어휘가 있다. 앞서 언급한 바와 같이 행정기관·기구와 관련된 어휘 역시, 1881년 통리기무아문 설치를 시작으로 1894년 갑오개혁 시기 정부 관제가 대대적으로 개편되면서 정부기구 및 기관이 새롭게 설립되거나 혹은 새로운 명칭을 갖게 되었고 1910년 이후 일제 식민지배하에서 일제의 행정기구 및 기관 명칭이 등장하면서 다양한 형태로 등장하게 된다. 검사국, 경성우편국, 군정청, 궁내부, 기기국, 기기창, 내무성, 노동국, 농무성, 농상무성, 문병참부, 병참소, 상무회의소, 상법회의국, 세무서, 소방대, 위생국, 위원회, 재정국, 재정관리부, 전매국, 전보국, 전보사, 전신국, 전환국, 조폐국, 중앙행정관부, 중추원, 철도관리국, 철도국, 추밀원, 치도국, 토목과, 통계원, 통리교섭통상사무아문, 통리군국사무아문, 통리아문, 통신국, 통신기관, 학무국, 학부, 해관, 해관국, 해군부, 해군성,

행정관부, 행정관청, 행정부, 행정청, 회계과 등이 그것이다.

하나의 행정 기관 및 기구 명칭이 시기에 따라 혹은 호칭 주체에 따라 다양한 어휘로 표현되기도 했다. 예를 들어 현재의 우정사업본부 및 우체국 업무를 담당하던 기구의 명칭은 우정아문 및 우정총국, 통신국 또는 전신국, 통신원, 우편국, 체신국, 체신서 등으로 불렸다.

행정 기관이나 기구에 관한 어휘 가운데에는 영어를 발음 그대로 표기한 경우를 볼 수 있다. 예를 들어 관광국, 관광청을 지칭하는 어휘로 타워리스트·뷰로, 토워리스트·뷰로, 즈-리스트·뷰-로-, 투-리스트·뺘로, 튜리스트·뺘로, 추리스트뷰로, 추리스트·뷰로, 투-리스트뿌-로 등이 사용되었다. 이는 영어 tourist bureau를 발음대로 표기한 것이지만 통일된 영어표기원칙이 없어 여러 가지로 표기된 경우이다.

이러한 형태의 어휘는 내각을 지칭하는 어휘에서도 찾아볼 수 있다. 내각을 뜻하는 영어 cabinet을 카비네트, 캬비넬, 가비네트, 가비네 등 발음대로 표기했으나 역시 통일된 표기 원칙이 없이 여러 가지로 표기되었다. 내각에 대해 유성준의 『법학통론』(1905)에서는 "내각은 각 국무대신으로써 조직하고 각 국무대신의 회합의결을 인하여 일을 행하나니 즉 합의제의 관부요, 단독제의 관부가 아니"라고 정의했다.

넷째, 행정 사무와 관련된 어휘들이 있다. 공익사업, 관립, 관보, 관할, 관할구역, 국세조사, 기안, 기안권, 면허, 민적, 민적등본, 사회정책, 서류, 서명날인, 세무, 세입, 세출, 수도사업, 안녕질서, 예산, 예산권, 예산안, 예산표, 임면, 재무, 재정, 정책, 증명서, 증서, 집행, 집행규칙, 철로공사, 특허, 특허장, 행정구역, 행정구획, 행정명령, 행정재판, 행정처분, 허가장, 호적, 선거구, 선거구역, 선거위원, 선거인명부, 선거일, 선거장, 쎈서(censor, 검열, 호구조사), 쎈서스(census, 인구조사) 등의 어휘가 있다.

다섯째, 경찰에 관련된 어휘가 있다. 조선시대 치안을 지키는 경찰기구의 역할은 포도청이 담당했다. 1882년 임오군란이 진압되고 수신사(修信使)로 일본에 파견되었던 박영효는 일본의 근대문물을 시찰하고 돌아왔다.

박영효는 귀국 후 한성부판윤에 임명되어 각종 개화정책을 추진했는데, 그중에는 순경부를 설치하는 것도 포함되어 있었다. 순경부는 포도청을 대신해 일본식의 순사제도를 설립하고자 한 것이었다. 박영효는 한성부내에 순경부를 설치하고자 계획했으나 정국 변화로 한성판윤에서 물러나게 되면서 이러한 계획은 실행되지 못했다. 이후 근대적 경찰제도는 1894년 갑오개혁에 이르러서야 실행되었다. 포도청이 폐지되고 내무아문 아래 경무청이 신설되었다. 관료로는 경무사 1인, 부관 1인, 경무관 12인, 서기관, 총순, 순검을 두었다. 1900년 6월 경무청이 폐지되고 독립된 경부가 설치되었다가, 1902년 2월 경부가 폐지되고 다시 내부(內部) 소속으로 경무청이 설치되어 경찰업무를 담당하였다. 1905년 을사늑약 이후 통감부가 설치되면서 한국 경찰제도가 정비되기 시작되어 내부에 다시 경무국이 설치되었다. 1907년 7월 경무청은 경시청으로 개칭되었다.

이와 같이 시기에 따라 경찰제도, 경찰기구와 경찰관료의 명칭은 변화했다. 경찰기구와 관료에 관련된 어휘로는 경무관, 경무국, 경무청, 경부, 경시, 경시청, 경시총감, 경찰, 경찰관, 경찰국, 경찰권, 경찰규칙, 경찰명령, 경찰부, 경찰서, 고등경찰, 국민경찰, 군사경찰, 지방경찰, 치안, 파출소, 행정경찰 등이 있다.

여섯째, 지방행정 관련 어휘가 있다. 지방행정에 대해 나진(羅瑨)·김상연(金祥演)이 저술한 『국가학』(1906)은 "한 지방의 사업을 위하여 존립하는 것"으로 정의했다. 자치 또는 지방자치에 관해서는 "향, 촌, 시의 조례로 봉급이 없는 명예관리 즉 신사(紳士)가 그 조례 내의 지세로 국법을 따라 그 조례의 집행을 처리하는 것"70)으로, 또는 "각 지방의 공약이 상호연합하여 그 지방의 세금으로 그 지방의 사무를 처리"하는 것으로 설명되었다.

지방행정이 근대적으로 개편된 것은 다른 중앙행정과 마찬가지로 1894년 갑오개혁 때이다. 지방행정이 개편되면서 새로운 용어도 등장했다. 군

---

70) 안국선, 『정치원론』, 1906.

청, 도청, 시청, 지방관청 등 지방행정기구와 관련된 어휘, 군서기, 도장관, 도지사, 면서기, 메-어, 메-여(mayor), 지방의원, 지방정무대신, 지방장관 등 지방행정관을 지칭하는 어휘가 그것이다. 지방행정과 관련해 빈번하게 등장하는 어휘는 지방자치에 관련된 것으로, 로칼·꺼번멘트(local government), 뮤니시펠리티(municipality), 디방자티(지방자치), 디방자티권(지방자치권), 디방자티제도(지방자치제도) 등이 있다. 이렇듯 지방자치제에 대한 관심은 일찍부터 시작되었다. 1884년 『한성순보』가 일본의 자치제도를 소개한 이후 『황성신문』, 『공립신보』 등 신문과 학회지, 교과서, 나진·김상연의 『국가학』(1906), 유성준의 『법학통론』(1905), 안국선의 『정치원론』(1906), 유치형의 『헌법』(1907)과 같은 국가학이나 법학 관련 저서들에서 자치제도가 설명되면서 관련 어휘가 소개되고 있다. ■ 김소영

<표 9> 행정 관련 신어

유형	관련 신어
정부, 행정부	거번먼트(꼬번멘트) / 공화정부(共和政府) / 멕시코정부 / 무정부(無政府) / 셀프가버먼트 / 자립정부 / 정부(政府) / 중앙정부(中央政府) / 중앙행정(中央行政) / 행정(行政)
행정 관료, 관직	각료(閣僚) / 각의(閣議) / 고등관(高等官) / 고문관 / 공무 / 공무국 / 관료(官僚) / 관료적(官僚的) / 군기대신 / 궁내대신 / 내각(內閣) / 내각대신(內閣大臣) / 내각고문 / 내각원 / 내각의원 / 내각의회 / 내각총리대신 / 내무(內務) / 내무경(內務卿) / 내무대신(內務大臣) / 내부대신(內部大臣) / 농부대신(農部大臣) / 농상대신(農商大臣) / 대리공사 / 대장경(大藏卿) / 대장대신 / 대통령비서관 / 문부경(文部卿) / 문부대신(文部大臣) / 미니스터 / 법부대신 / 비서관(祕書官) / 사무관 / 상무대신(商務大臣) / 서기관 / 서기랑 / 서신관 / 세무관 / 세무사 / 세무사서 / 수반(首班) / 수상(首相) / 어세관 / 영사(領事) / 원로국 / 원로원(元老院) / 인민위원회 / 재무관 / 정부관리(政府官吏) / 정부대신(政府大臣) / 주임 / 주임관 / 집정대신 / 차관(次官) / 참사관(參事官) / 참사의원(參事議員) / 참서관(參書官) / 총리(總理) / 총리대신(總理大臣) / 총재(總裁) / 추밀고문(樞密顧問) / 추밀의관 / 추밀의장(樞密議長) / 캐비닛(카비네트, 캬비넬, 가비네트, 가비네) / 탁지대신(度支大臣) / 학부국장 / 학부대신(學部大臣) / 해군대신(海軍大臣) / 해군대장 / 행정관(行政官) / 행정장관(行政長官)
행정 기관, 기구	검사국 / 게페우(쩨·페·우, 게·뻬-우-, 케·페·우) / 경성우편국 / 공무국(工務局) / 공사(公使) / 공사관(公使館) / 국가기관(國家機關) / 군정청 / 궁내부 / 기관(機關) / 기기국(機器局) / 기기창(機器廠) / 내무성 / 노동국 / 농무성(農務省) / 농상무

유형	관련 신어
	성(農商務省) / 대장성(大藏省) / 문부성(文部省) / 법무국(法務局) / 법부 / 병참부 / 병참소 / 뷰러크러시(뷰로크라시) / 상무회의소 / 상법회의국(商法會議局) / 상법회의소 / 상업회의소(商業會議所) / 세무사(稅務司) / 세무서 / 세무소 / 소방대 / 소방서 / 연방의회(聯邦議會) / 우정아문 / 우정총국 / 우체분국 / 우체사 / 우편국(郵便局) / 위생국 / 위원회 / 육군성(陸軍省) / 재정국 / 재정관리부 / 전매국 / 전보국(電報局) / 전보사(電報司) / 전신국(電信局) / 전환국(典圜局) / 정부기관(政府機關) / 정부조직(政府組織) / 조선창(造船廠) / 조폐국(造幣局) / 중앙행정관부 / 중추원 / 철도관리국(鐵道管理局) / 철도국 / 청사 / 체신국 / 체신서 / 추밀원(樞密院) / 치도국(治道局) / 캉그러스(컹그레스) / 토목과 / 통계원 / 통리교섭통상사무아문(統理交涉通商事務衙門) / 통리군국사무아문(統理軍國事務衙門) / 통리아문(統理衙門) / 통신국 / 통신기관 / 투어리스트뷰로(타워리스트·뷰로, 토워리스트·뷰로, 즈-리스트·뷰-로-, 투-리스트·뷰로, 튜리스트·뷰로, 추리스트·뷰로)/ 학무국 / 학부(學部) / 해관(海關) / 해관국 / 해군부 / 해군성(海軍省) / 행정관부(行政官府) / 행정관청(行政官廳) / 행정부(行政府) / 행정청(行政廳) / 회계과
행정사무	공익사업 / 관립 / 관보(官報) / 관할(管轄) / 관할구역 / 국세조사(國勢調查) / 기안(起案) / 기안권 / 면허(免許) / 면허장(免許狀) / 명령(命令) / 명령권(命令權) / 민적 / 민적등본 / 보고서(報告書) / 보조금 / 보조원 / 사인 / 사회정책(社會政策) / 서류(書類) / 서명날인 / 세무(稅務) / 세입(歲入) / 세입세출(歲入歲出) / 세출(歲出) / 센서스(쎈서스) / 수도국 / 수도사업 / 안녕질서(安寧秩序) / 여행권(旅行券) / 예산(豫算) / 예산권(豫算權) / 예산안(豫算案) / 예산표(豫算表) / 임면(任免) / 자치(自治) / 재무(財務) / 재정(財政) / 정책(政策) / 증명서(證明書) / 증서(證書) / 집행(執行) / 집행규칙(執行規則) / 철로공사 / 특허(特許) / 특허장(特許狀) / 행정구역(行政區域) / 행정구획(行政區劃) / 행정명령(行政命令) / 행정재판(行政裁判) / 행정처분(行政處分) / 행정학(行政學) / 허가장(許可狀) / 호적(戶籍) / 선거구(選擧區) / 선거구역 / 선거위원 / 선거인명부 / 선거일 / 선거장(選擧場) / 센서(쎈서) / 센서스(쎈서스)
경찰	경무관(警務官) / 경무국 / 경무청(警務廳) / 경부(警部) / 경시(警視) / 경시청(警視廳) / 경시총감 / 경찰(警察) / 경찰관(警察官) / 경찰국(警察局) / 경찰권 / 경찰규칙 / 경찰명령(警察命令) / 경찰부(警察部) / 경찰서(경찰셔, 警察署) / 고등경찰(高等警察) / 국민경찰 / 군사경찰 / 지방경찰(地方警察) / 치안(治安) / 파출소 / 해군경 / 행정경찰(行政警察)
지방행정	군서기 / 군구역소 / 군청 / 디스트릭트(데스트릭트) / 도장관 / 도지사 / 도청 / 메이어(메-어, 메-여) / 면서기 / 로컬거번먼트(로칼·꺼번멘트) / 시장(市長) / 시정 / 시청 / 지방관청(地方官廳) / 지방세(디방세, 地方稅) / 지방의원 / 지방자치(디방자티, 地方自治) / 지방자치권(디방자티권) / 지방자치제도(디방자티제도) / 지방정부(디방정부) / 지방장관(地方長官) / 지방정무대신(地方政務大臣) / 지방정치(地方政治) / 지방제도 / 지방조례 / 지방행정(地方行政)

(3) 조세

조세 관련 어휘는 크게 관세, 직접세, 간접세, 지방세 등 세금의 종류와 관련된 어휘, 그리고 세금 부과와 수취 등 조세일반에 관한 어휘 등으로 나눠볼 수 있다. 조세 종류는, 다시 직접세의 경우 소득세, 상속세, 증여세, 재산세 등으로, 간접세는 소비세, 유통세, 인지세 등으로 분류할 수 있다. 지방세는 지방자치단체가 부과·징수하여 당해 지방자치단체의 재정수요에 충당하는 조세이다.

관세 관련 어휘의 등장은, 조선이 1876년 2월 26일 일본과 조일수호조약을 체결함으로써 근대적 국제조약질서에 편입된 것에서 비롯된다. 수호조약에 이어 같은 해 8월 24일 조인된 조일수호조규 부록과 통상장정, 왕복문서를 모두 포함하여 강화도조약으로 불리기도 하는 이 조약은 최초의 근대적 조약이자 동시에 불평등조약이라는 특징을 갖고 있다. 불평등조약으로 규정되었던 이유 중 하나는 바로 통상관계에서 불평등, 즉 관세자주권 침해와 무관세조항 때문이다. 당시 조약 체결 당사자를 비롯해 조선정부는 국내시장을 보호하고 국가재정 수입을 늘릴 수 있는 관세, 관세권에 관한 개념과 지식을 전혀 갖지 못한 상태였다. 이로 인해 일본이 의도한대로 조선은 관세자주권을 확보하지 못하고, 관세율 역시 무관세로 조약이 체결되었다.

이후 조선과 일본 간의 무역거래량이 급속도로 증가하면서 조선정부는 뒤늦게 관세자주권의 포기와 무관세의 폐해가 막대하다는 것을 깨달았다. 이러한 문제점을 시정하기 위해 조선정부는 일본과 관세문제에 대해 재협상을 시도하는 한편 관세에 관한 정보와 지식을 수집하기 시작했다. 이후 해관을 설치하고 관세자주권을 회복하고자 노력했다.

조선정부는 1882년 5월 22일 미국과 조미수호조약을 체결하며 그동안의 경험과 지식을 바탕으로 통상조건, 관세자주권과 관세율 등에서 조선의 요구를 어느 정도 관철시킬 수 있었다. 그러나 1883년 11월 26일 조인된

조영수호통상조약에서는 관세율을 비롯해 여러 가지 통상 조건이 조선에게 불리하도록 정해졌고, 최혜국조관에 의해 이러한 조건은 미국을 비롯한 열강과의 조약에도 그대로 적용되었다.

이처럼 개항 이후 무역거래가 확대되고 증가되었고 그에 따라 관세 개념과 관련 어휘를 수용하여 사용하기 시작했다. 언급한 바와 같이 개항 직후부터 통상과 관세문제가 쟁점화되면서 『한성순보』, 『한성주보』, 『대한매일신보』, 『독립신문』, 『황성신문』, 『제국신문』, 『신한민보』, 『관보』, 『공립신보』 등의 신문을 비롯해 유길준의 『西遊見聞』(1895), 유치형의 『憲法』(1907)과 『經濟學』, 유성준의 『法學通論』(1905), 석진형의 『平時國際公法』, 나진·김상연 공저의 『國家學』(1906), 안국선의 『政治原論』(1906), 정인호의 『國家思想學』(1908), 박승희의 『最新經濟學』(1908) 등 정치학, 경제학 저서에서 관세 및 조세를 설명하며 관련 어휘가 등장했다.

먼저 관세와 관련된 어휘로, 관세(關稅) 및 그것과 결합한 용어가 많이 나타났다. 예를 들어 관세법, 호혜관세(互惠關稅), 내국관세(內國關稅), 내지관세(內地關稅), 관세정책, 관세동맹, 관세자주권, 특혜관세, 관세율 등이 그것이다. 또 관세와 유사한 용어로 해관세, 통항세, 수출통제세, 수출세, 수입세, 항구세, 보호세, 진구세(進口稅), 곡물입구세(穀物入口稅, 곡물세) 등이 있다. 관세 수취와 관련한 어휘로는 세관, 세관장, 총세무서, 해관위원, 양해관(洋海關), 관세율 또는 영어 발음 그대로 표기한 타리쁘(tariff), 씨-스날·태리프(seasonal tariff, 계절관세율), 噸稅(톤세), 종가세(從價稅), 종량세(從量稅), 세관연보 등이 있다. 영어 발음을 그대로 표기한 또다른 경우는 반덤핑법이다. 반덤핑법을 앤티·떰핑法, 앤티·떰핑·듀티(anti-dumping duty), 앤티·떰핑·로-(anti-dumping law) 등 영어 발음 그대로 표기하였으나, 표기 원칙이 통일되지 않아 다양하게 표현되었다.

다음으로 소득세, 상속세, 증여세, 재산세 등 직접세 관련 어휘들이 있다. 직접세는 직접세 또는 직세(直稅)로 불렸으며 "納稅者가 直接負擔하는 租稅. 地稅, 所得稅 等"이라고 설명되고 있어 현대의 직접세 개념과도 일치한다. 소득세의 경우 제1종소득세, 제2종소득세, 제3종소득세 등의 어휘가 사용되었으며, 어-닝(earning, 소득)과 같이 영어를 발음 그대로 표기한 용어도 보인다. 재산세에 해당하는 것으로는, 가세(家稅), 가옥세, 가산세(家産稅), 가실세(家室稅), 토지세, 소유세 등의 용어가 있다. 그 밖에 자본이자세(資本利子稅), 상리세(商利稅), 영업세, 상무세라는 용어도 사용되었다.

당시 직접세 개념이 현재의 의미와 일치하듯이, 간접세 역시 "直接 納稅者한테 課稅하지 않고 다른 第三者에 課稅하여 間接으로 稅金을 取하는 方法"이라고 하여 현재의 간접세 정의와 동일하다. 간접세를 의미하는 용어로는 간접세를 비롯하여 간세(間稅)가 있으며, 소비세, 유통세, 인지세 등으로 분류될 수 있다. 소비세에는 쥬세(酒稅), 맥주세, 매약세(賣藥稅), 양약세(洋藥稅), 사탕세(砂糖稅), 석유세, 식염세, 주세(酒稅), 물품세, 물산세, 연세(烟稅), 조주세(造酒稅), 차세(車稅) 등이, 유통세에는 션세(船稅), 수운세 등이 포함된다. 인지세 역시 다양한 형태로 표기되었다. 證印稅(인지세), 인세(印稅), 인계세(印契稅) 등이 있으며, royalty를 영어 발음 그대로 표기하였으나 그 방식이 통일되지 않아 로이얼티, 로이알리티, 로이얄티, 로얄티, 로얄리티 등 다양하게 표기되었다.

그 외에 특세, 우마매매면허세(牛馬賣買免許稅), 사치세(奢侈稅), 부가세(附加稅), 발행세(發行稅), 관허세(官許稅, 허가세), 보험세 등이 있다. 지방세의 경우 지방세, 디방셰(지방세), 지방비, 시향동세(市鄕洞稅) 등의 어휘가 등장했다.

이러한 세금 종류 외에도 여러 가지 세금 및 조세 관련 어휘가 등장했다. 인두세, 볼퇴쓰(인두세), 대인세(對人稅), 병역면제세, 독신세 등 현재 존재하지 않거나 특이한 세금 명칭도 보인다. 인두세에 대해서는 "財産이나 收入多寡에 不拘하고 民衆의 頭數에 一率로 賦課하는 租稅"라고 설명하고, 독신세의 경우 국내가 아닌 "1930년 이탈리아 정부에서 제정한 새로운 과세. 독신자가 도연하여 향락에 탐닉함으로써 결혼을 피하려는 경향은 국가의 장래에 좋지 못하다고 하여 과세한 것인데, 그 수입은 어미와 어린 고아 보호의 재원이 된"다고 설명하였다.

조세 징수 및 납부와 관련된 어휘로는 셰금(세금), 셰무관(세무관), 세출, 세

무사, 세무셔(세무서), 세무쇼(세무소), 세권, 세입, 셰입, 과세, 입시세입, 세무
사서, 세과장정(稅課章程), 세입액, 셰출(세출), 세출액, 조세국(租稅局), 징세비,
증세율(證稅率), 가납(假納), 과료(過料), 세항(稅項), 세표(稅票), 납세의무(納稅義務),
납세자, 조세징수규정(租稅徵收規程), 세율, 납세, 체납자(滯納者), 수세법(收稅法),
다납세자(多納稅者, 고액납세자), 수세권, 부과, 세출세입예산표, 조세론(租稅論),
조세부과법(租稅賦課法), 과세제도(課稅制度), 굴신제한법(屈伸制限法) 등이 있다.

■ 김소영

〈표 10〉 조세 관련 신어

유형	관련 신어
관세	반덤핑법(앤티·떰핑法, 앤티·떰핑·듀티, 앤티·떰핑·로-) / 계절관세율(씨-스날·테리프) / 관세율(타리쯔) / 관세법(관셰법, 關稅法) / 해관세(힉관세) / 세관 / 세관장 / 관세 / 톤세(噸稅) / 종가세(從價稅) / 종량세(從量稅) / 호혜관세(互惠關稅) / 내국관세(內國關稅) / 내지관세(內地關稅) / 세관연보 / 양해관(洋海關) / 진구세(進口稅) / 총세무서 / 통항세(通航稅) / 수출통제세(輸出統制稅) / 해관위원 / 관세정책 / 항구세 / 관세동맹 / 관세자주권 / 특혜관세 / 수입세 / 수출세 / 보호세(保護稅) / 곡물세(穀物入口稅) / 선세(션세) / 수운세
직접세	직접세(直接稅) / 소득세 / 제1종소득세 / 제2종소득세 / 제3종소득세 / 가세(家稅) / 가옥세 / 가산세(家産稅) / 가실세(家室稅) / 토지세 / 자본이자세(資本利子稅) / 소유세 / 재산세 / 영업세 / 상무세 / 상리세(商利稅) / 소득(어-닝)
간접세	주세(쥬세) / 간접세(간졉세, 間稅) / 인지세(印紙稅, 證印稅) / 인세(印稅) / 로열티(로이얼티, 로이알리티, 로이얄티, 로얄티, 로얄리티) / 직인지대(印紙代) / 접세 / 특세 / 맥주세 / 매약세(賣藥稅) / 양약세(洋藥稅) / 사탕세(砂糖稅) / 석유세 / 식염세 / 인지 / 인계세(印契稅) / 조주세(造酒稅) / 주세(酒稅) / 물품세 / 물산세 / 우마매매면허세(牛馬賣買免許稅) / 연세(烟稅) / 사치세(奢侈稅) / 소비세 / 차세(車稅) / 부가세(附加稅) / 발행세(發行稅) / 관허세(官許稅) / 보험세 / 국산세, 엑사이즈(엑사이스)
지방세	지방세(지방셰, 디방세) / 지방비 / 시항동세(市鄕洞稅)
조세일반	인두세(인두세, 볼퇴쓰) / 민세(民稅) / 혈세 / 목적세 / 병역면제세 / 독신세 / 면세점(免稅點) / 내국세 / 내지세 / 면세품(無稅品) / 국세 / 특별세 / 누진세 / 어업세(漁業稅) / 대인세(對人稅) / 목적세 / 신지세(身紙稅) / 징구부(徵口賦) / 입모차압(立毛差押) / 도량형세 / 총렵세(銃獵稅) / 위배세(違背稅) / 내직세(內直稅) / 교세(敎稅) / 세금(셰금) / 세무관(셰무관) / 세출 / 세무사 / 세무서(셰무셔) / 세무쇼(셰무쇼) / 세권 / 세입(셰입) / 과세 / 입시세입 / 세무사서 / 세과장정(稅課章程) / 세입액 / 세출(셰출) / 세출액 / 조세국(租稅局) / 징세비 / 증세율(證稅率) / 가납(假納) / 과료(過料) / 세항(稅項) / 세표(稅票) / 납세의무(納稅義務) / 납세자 / 조세징수규정(租稅徵收規程) / 세율 / 납세 / 체납자(滯納者) / 수세법(收稅法) /

유형	관련 신어
	고액납세자(多納稅者) / 수세법 / 수세권 / 부과 / 세출세입예산표 / 조세론(租稅論) / 조세부과법(租稅賦課法) / 과세제도(課稅制度) / 굴신제한법(屈伸制限法)

3. 경제 · 노동

1차 산업 위주의 전근대와 달리 근대에 들어와서는 2·3차 산업이 발전하면서 경제 현상과 노동문제가 분화되고 복잡해졌다. 이에 따라 그 범주도 다양해지고 개념이 정교해졌으며, 그것은 관련 신어를 통해 드러난다. 경제·노동 분야의 신어는 크게 다섯 가지 주제 즉 경제현상, 산업, 소비, 직업, 노농문제 관련 어휘군으로 나누어 살펴 볼 수 있다.

첫째, 경제현상 관련 어휘군은 여덟 갈래로 나누어 볼 수 있다. 경제관련 일반용어, 경제를 규정한 어휘, 경기변동과 관련한 어휘, 시장 교환 관련 어휘, 생산형태 또는 상태의 변화를 가리키는 어휘, 자본 관련 어휘, 경제정책 관련 어휘, 가정경제 관련 어휘가 그것이다. 양적으로는 일반용어와 시장 교환 관련 어휘가 많다. 경제관련 일반용어는 1905년 1910년 사이에 발간된 경제학 교과서에서 확인되는데, '가격', '교환가치', '재화', '분배' 등이 있다. 경제를 규정한 어휘는 경제를 공간적으로 범주화하고 경제 운영을 내용적으로 분류한 것으로, 대표적으로 '국가경제', '국민경제', '경제블럭'이 있다. 경기변동과 관련한 어휘는 '인플레이션', '모라토리엄', '슬럼프', '쌀값소동' 등으로, 1차 세계대전 이후의 불경기와 공황을 반영한 어휘들이다. 시장변화와 관련한 어휘는 미곡거래소나 증권거래소에서 사용한 것으로 '과태파산', '기배' '절정시세', '매과' 등이 있다. 1920년대 대규모생산 라인의 도입과 확산, 1930년대 일본 중화학공업자본이 진출한 현실을 반영한 생산형태 또는 생산 상태의 변화를 가리키는 어휘에는 '콘체른', '콤바인', '콤비네이션' 등이 있다. 자본과 관련한 어휘는 다시 자본을 유형화한 어휘, 자본의 독점을 나타내는 어휘, 자본의 폐단을 나타내는 어휘, 자본의 투기현상 관련 어휘로 분류될 수 있는데, '국가자본', '카르텔', '자본공세', '올마이티달러', '투기매매' 등이 그 예이다. 가정경제와 관련해서는 '가계', '가사비용', '가족경제' 등의 어휘가 출현했고, 이를 통해 가정경제의 변화상이 어휘에 반영된 모습을 확인할 수 있다.

둘째, 산업 관련 어휘군은 노동·경제 분야의 신어 가운데 양적으로 가장 많다. 산업에 관한 신어는 산업현상 또는 그와 관련된 어휘, 회사 관련 어휘, 산업부문과 관련된 어휘 등 세 가지 범주로 다시 나눠진다. 산업현상 또는 그와 관련된 어휘 중 가장 많이 등장하는 신어는 조합과 관련한 것이다. 이는 1920년대 공장의 수적 증대와 그에 따른 공장노동자 수의 증가라는 사회현상을 반영하는 것이다. 회사 관련 어휘는 '교육회사', '기계회사', '개인회사', '합자회사'와 같이 영업종류와 경영형태로 회사를 분류하는 어휘가 있고, '경영자', '대표이사'와 같이 회사 조직과 관련된 어휘가 있다. 산업부문 어휘는 다시 건축·광업, 공업, 농업, 무역, 상업, 금융부문으로 나눠 볼 수 있다. 건축·광업 부문에서는 정부의 광업관련 인허가와 광산업 자본가를 가리키는 어휘가 주목된다. 공업 부문에는 '공업', '공장'이 다른 단어와 결합한 어휘와 '대규모생산', '매뉴팩처'와 같이 생산형태와 관련된 어휘가 있다. 이는 근대에 들어와 공업생산액이 증대하고 공장수가 증가하는 사회적 현상을 반영한 것으로 보인다. 농업부문에는 농업, 소작문제, 농업금융, 농업정책, 농업주체와 관련된 어휘들이 있다. 농업은 전근대 시기의 주된 국가산업이었으나 근대에 와서도 낮은 임금의 유지를 위한 저곡가정책과 곡물 해외무역을 위해 여전히 중요한 산업이었다. 그렇기 때문에 근대시기 농업관련 신어는 전근대시기 어휘보다 더욱 다양하고 세분화되었으며, 외국농업의 영향으로 '모노폴리', '엔실리지', '메터야지'와 같이 외래어 발음을 한글로 옮긴 어휘도 등장하였다. 무역부문 어휘는 무역업에서 사용하는 일반 용어와 무역정책 및 자유무역 관련 어휘로 나눠볼 수 있다. 무역업에서 사용하는 일반 용어 중에는 특히 해외시장을 가리키는 어휘가 많이 보이는데, 이는 1920년대 이후의 민족 경제적 구상 때문이라고 분석된다. 상업부문 어휘는 상점의 형태, 판매업의 종류, 판매방법, 상품시장의 새로운 현상과 관련된 어휘로 나누어 볼 수 있다. 상업과 관련된 다양한 어휘의 사용은 1930년대 소비문화의 확산과 관련이 있다. 금융부문에는 다른 어느 산업부문보다 어휘 종류가 많고, 영어의 사용이 눈에 띠게 많은 편이다. 이 중에서 은행, 보험, 증권, 통화, 회계 관련 어휘는 현재에도 사용되고 있는 것들이 많다. 증권과 관련된 '공채', '권리주', '대상장', '스톡' 등과 같은 어휘들은 1920년대 이후 보험과 증권이 일반인들 사이에서도 크게 확대되고 있었던 현상을 반영한 것으로 보인다.

셋째, 소비 관련 어휘군은 주체, 장소, 행위, 상태, 상품, 비용 등 총 여섯 가지 유형으로 나누어 볼 수 있다. 주체 관련 신어는 구매자, 판매자, 소비자를 지칭하는 것들이고, 장소에는 소비와 관련된 공간이 포함된다. 행위 관련 신어에는 순전한 소비를 나타내는 어휘와 상품 매매 행위와 관련한 어휘가 있다. 행위와 함께 상태를 보여주는 어휘들에는 현재 쓰지 않는 일본식 한자 어휘들이 다수 있어 주목된다. 비용을 나타내는 어휘는 소비 관련 어휘 가운데 양적으로 가장 많은 수를 차지하는데 '도시락 값', '연구비', '소모비' 등이 그 예이다.

넷째, 직업 관련 어휘군은, 직업개념, 직위·직책, 직업명의 세 분야로 나누어 볼 수 있다. 직업개념과 관련된 어휘에는 대표적으로 '직업'이 있는데, 이는 전근대에 직분의 의미로 쓰였던 '직업'에 '생업'의 의미가 덧붙여져 새로 생성된 어휘이다. 이밖에 오늘날에는 사라지거나 다른 의미로 쓰이는 '직업부인', '직업여성'이 있다. 직위·직책과 관련된 어휘는 직업과 함께 갖게 되는 직장 내 위치, 역할을 지칭하는 것들로서 특정 직업에 국한되지 않는다. '매니저', '캡틴'과 같은 어휘들이 그것이다. 직업관련 신어 중 직업명과 관련된 어휘가 양적으로 압도적인데, 이는 다시 사무직, 무역·상업, 서비스업, 요식업, 제조업·공업, 금융업, 농업·낙농업, 광업·제철·토목·건축·기계, 교통·운수, 전문가, 의약, 교육, 종교, 공공·행정, 사법, 군, 치안, 통신,

예술, 방송·언론·출판, 스포츠·레저, 기타 등, 총 23개 분야로 나눠 볼 수
있다. 서비스업, 상업, 교통·운수 분야에서 'OO보이', 'OO걸'과 같은 성
별이 드러나는 직업명 어휘가 적지 않게 나타나는데, 이는 전근대 및 현대
어휘 사용과 비교하여 주목할 만한 부분이다.

마지막으로, 노농문제 관련 어휘군에는 농민문제보다는 노동자문제에
관한 어휘가 현저히 많다. 노농문제 관련 신어는, 주체, 단체, 제도, 노동행
위, 투쟁행위, 자본가의 행위, 의식·이론·현상 등 총 7가지로 나눠볼 수
있다. 주체 관련 어휘는 다시 크게 노동자계급과 자본가계급, 평민계층, 이
론·투쟁가를 지칭하는 어휘로 구분될 수 있다. 단체 관련 어휘는 대부분
노동자, 농민들이 노농문제 해결을 목적으로 결성한 단체명들이다. 표기
형태에 따라 크게 한자 어휘와 외래어휘로 나눠 볼 수 있다. 제도를 보여
주는 어휘는 현재의 근로기준법에 해당하는 법·제도에 관한 어휘와, 역
사상 시행되었던 노동체계 내지 조건에 관한 어휘로 나누어 볼 수 있다.
노동행위 관련 어휘는 '노동' 또는 '워크'와 다른 어휘의 합성어인 경우가
많다. 투쟁행위와 관련한 어휘도 '운동', '파업', '스트라이크', '투쟁' 등의
어휘에 다른 어휘가 결합한 경우가 많다. 투쟁행위와 대비되는 자본가의
행위와 관련한 어휘는 '로크아웃', '공장폐쇄', '해고' 등이 있는데, 양적으
로는 투쟁행위 어휘보다 적은 편이다. 의식·이론·현상을 나타내는 어휘
는 '생디칼리슴', '노동가치설', '계급' 등이 있다. 특히 의식·이론에 관한
어휘는 '노동자계급'이 '자본가의 행위'에 대항한 '투쟁행위'를 이론적으로
뒷받침하는 성격을 가지는 것이 대부분이다. ■ 양진아

(1) 경제현상

경제현상을 지시하는 어휘의 유형을 나누어 보면 다음과 같이 8개로 구
분될 수 있다. 첫째, 가격, 경기, 경매, 구매, 권리금, 물가, 임금, 분배, 등의
경제용어로서 경제학교과서에 등장하는 용어뿐만 아니라 매체에서 경제

상황을 설명할 때 등장하는 경제관련 일반 용어이다. 둘째, 경제를 규정한 용어로 경제, 경제계, 경제관계, 경제사회, 국민경제, 도시경제, 블록경제, 통제경제 등 경제를 공간적으로 범주화하고 경제운영을 내용적으로 분류한 것이다. 셋째, 경기변동과 관련한 것으로 경기, 인플레이션, 디플레이션, 슬럼프, 중간경기 등의 용어이다. 넷째, 시장의 교환과 관련한 용어로 시세, 보합, 경매, 험기매, 환매, 처분, 파산 등 시장의 기능을 표현하고 설명하는 용어이다. 다섯째, 분업, 불생산, 사업, 확대재생산, 최소생산, 생산과잉 등 생산형태 또는 상태의 변화를 지시하는 용어이다. 여섯째는 자본과 관련한 어휘로 가변자본, 고도자본주의, 불로소득, 벼락부자, 유동자본, 자본공세 등의 용어이다. 일곱째는 경제정책과 관련한 용어로 5개년 계획, 계획경제, 물가조절, 보호방책, 오타와협정, 오픈마켓오퍼레이션 등의 용어이다. 여덟째는 가계 즉 가정경제와 관련한 용어로 가계, 가사비용, 가족경제, 간이생활, 국민생계, 표준생활 등의 용어이다.

1894년 갑오개혁 이후 자유상업, 회사제도, 영업세 도입 등 자본주의 경제방식이 제도적 틀을 갖추기 시작했고, 국가의 문명화에서 경제의 중요성이 점차 부각되기 시작했다. 1905년 이후 경제학이 학교의 교과과정으로 채택되고, 이에 따라 경제학 교과서가 출판되면서 경제관련 용어가 점차 확산되어 갔다고 할 수 있다. 따라서 첫 번째 유형으로 분류된 경제관련 일반 용어는 1905년에서 1910년 사이에 발간된 경제학 교과서에서 발견되는 용어가 대부분이라고 할 수 있다. 가격, 교환가치, 재화, 분배, 법정가격, 관리처분, 구매, 권리관계, 매도, 물가, 임금 등이 대표적인 것이다. 이들 용어는 경제 영역을 객관적인 것으로 인식하게 하는 개념적 토대를 제공하는 것들이라고 할 수 있는데, 예를 들어, "상품의 가치를 화폐로 예정(例定)한 것"으로 설명한 '가격'에 대한 용례를 보면 "시장가격은 수요공급의 관계로 일상일하(一上一下)하나 그것을 평균하여 보면 교환가치 — 단순상품에 있어서는 가치와 일치하나 자본적 상품에 있어서는 가치와 분리됨 — 와 일치하며 교환가치에 의해서 결정되는 것이다"라고 하여 가격이

국가의 권력 또는 정책과는 무관하게 시장의 수요공급이라는 시장의 생산과 교환 관계에서 결정되는 것으로 설명하고 있다. 또한 이 용례 설명에 등장하는 교환가치에 대해서는 "원래 가치라는 것은 상품 가운데 포함되어 있는 사회적 노동이니 교환가치로만 그 형태를 나타낸다."고 하여 '사회적 노동'이라는 마르크스주의적 개념으로 설명하기도 했다.

두 번째 유형인 경제에 대한 범주적 용어의 대표적인 것은 경제를 공간적으로 한정했던 용어라고 할 수 있다. 국가경제, 국민경제, 국가소유, 경제블럭, 블록경제, 도시경제 등의 용어가 등장하고 있었다는 점은 경제를 물리적인 공간으로 한정 짓고, 한정된 공간 안에서 발생하는 현상을 포착, 이해, 통제하려는 인식체계가 형성되었음을 의미한다고 할 수 있다. 경제를 특정의 물리적 공간으로 제한했던 어휘는 경제가 국가의 통치 또는 정치세력의 정치행위와 매우 밀접한 것이라는 관념을 지탱하는 것이다. 한국경제, 일본경제, 미국경제 등의 표현은 동시에 한국시장, 일본시장, 미국시장 등으로 확대되어 사용되었고, 어휘의 반복적 사용은 경제와 정치의 관계에 대한 비판적 성찰의 필요성을 봉쇄하는 것이라고 할 수 있다.

한편, 국가경제 또는 국민경제는 역사적으로 볼 때 최고의 발전단계를 의미하는 것으로 설명되고 있다. 도시경제에 대한 설명을 보면 그것은 "경제조직 발달의 제2단계에서 가족경제에 다음 가고 국민경제의 전에 있는 시대이다." 또한 "도시경제는 국민경제로 대치되었다."라고 하여 가족경제가 점차 국민경제로 발달해 가는 과도적 형태를 도시경제라고 보았다. 국가경제 또는 국민경제가 최고의 경제조직이라는 인식적 토대는 그 이전 경제를 설명하는 다양한 어휘의 사용을 통해 재확인된다. 자급경제, 고립경제, 물물교환, 경제발달, 경제사회, 경제제도 등의 어휘가 그것이라고 할 수 있다.

또한 국가경제 또는 국민경제라는 공간적 범주설정은 그것의 내용적 분류를 가능케 하는 인식적 태도와 연결된다. 전시경제, 통제경제, 경제계, 경제적 구조, 경제적 공황, 국토개발, 국부증식이란 어휘의 사용이 그것이다. 그리고 이러한 내용적 분류 또는 어떤 경제적 지향을 표현하는 어휘는 일곱 번째 유형인 경제정책과 관련된 어휘로 직접 연결된다. 5개년 계획, 계획경제, 네프맨, 리플레이션, 미가조절, 보호방책, 신경제정책, 오픈마켓 오퍼레이션 등은 경제 또는 시장에 국가가 인위적으로 개입함으로써 경제를 특정 방향으로 나아가게 할 수 있다는 관념적 토대를 형성하는 것이다.

그러나 경제영역을 한정하고 그것에 개입할 수 있는 가능성을 확인하는 어휘보다는 경제가 객관적 실체이며 그 자체로 변화된다는 관념에서 파생된 어휘가 더 다양하게 등장했다. 셋째와 넷째 유형인 경기변동 및 시장변화와 관련된 어휘가 그것이다. 경기변동과 관련된 어휘는 인플레이션, 디플레이션, 슬럼프, 중간경기, 모라토리엄, 재계동요, 불경기, 붐, 빈부현격, 쌀값소동 등으로 1920년대 제1차 세계대전 이후 찾아온 불경기과 공황의 현상을 반영하고 있다고 할 수 있다. 또한 이러한 경제적 현상 속에서 유행어로 만들어진 아이오유(내가 당신에게 빚을 졌소, I owe you를 표하는 상업상의 약자, 차용증서), 브레드라인(bread line, 구휼빵, 빵을 구하는 걸인 실업자의 행렬인 기아열), 절약동맹(생산과 소비와의 권형을 잃어 경제계에 동요가 된 결과로서 생활난이 닥친 때에 그것을 조절할 목적으로 많은 사람이 일치하여 절약을 단행하는 것) 등의 어휘도 등장했다.

경기변동, 경제상태의 주기적 순환상태는 시장에서 발생하는 가격변동을 표현하고 그에 따른 행위를 지시하는 어휘의 사용을 통해 보다 구체적으로 표현되었다고 할 수 있다. 네 번째 유형인 시장의 교환과 관련된 어휘가 그것이다. 과태파산, 기배, 기장, 낙, 난고하, 내기배, 당옥(토오야), 대보합, 보세, 등세의 역전, 절정시세, 매과, 매난평, 매뢰절, 매만복 등은 현재 거의 사용되지 않는 어휘이지만, 당시에는 시세의 등락과 앞으로의 시세전망을 표현하는 어휘로서 소설, 신문 등에 등장하는 것이었다. 특히 이들 용어는 미곡거래소나 증권거래소에서 사용되는 용어라고 볼 수 있는 것들이다. 미곡이나 증권 시세 변동을 전망하고 적절한 매매시점을 찾아야 이익을 볼 수 있기 때문에 이와 관련된 용어는 과거, 현재, 미래의 시세 추이를 반영하고 있는 어휘들로 세분화되어 있었다. 또한 미곡거래소나 증권

거래소는 일본인이 대부분 관계하고 있었고 거래방식 또한 그들에 의해 도입된 것이라서 일본 한자 어휘가 그대로 사용되었다. 시세변동과 예측 가능성을 표현하는 어휘의 사용은 시장의 변화를 객관적 실체로 인정하도록 하는 효과를 발생시키는 것이라고 할 수 있다.

1920년 대규모 생산 라인의 도입과 확산 속에서 생산방식의 변화와 생산 상태를 표현하는 어휘도 새롭게 등장했다. 대규모생산, 산업의 합리화, 콘체른, 콤바인, 콤비네이션, 테일러시스템, 테크니컬머니펄리, 확장적 재생산 등의 어휘는 생산성의 극대화를 위한 생산방식을 표현하는 것들이다. 특히 1930년대 일본 중화학공업자본의 진출로 새롭게 등장한 공장집단구역을 표현하는 콘체른, 콤바인, 콤비네이션, 그리고 자연과학과 기술의 결합을 통해 노동효율성을 강화하려 했던 경향이 반영된 테일러시스템, 테크니컬머니펄리 등의 어휘는 이 시기 대규모 생산공장에서 발생했던 변화를 반영하고 있는 어휘라고 할 수 있다. 그러나 생산성의 극대화를 위한 다양한 방식을 지시하는 어휘와 달리 생산과정의 문제를 지적하기 위한 어휘도 있었다. 과잉생산, 무정부주의적 생산 등은 공황의 원인으로 지적되는 현상이었으며, 산업자본의 모순을 지적하기 위한 것이었다. 또한 불생산 소비는 "생산을 목적치 아니하며 또한 생산적 노동자를 기름이 아니요, 유희일락(遊戱逸樂) 등을 위하여 물품을 소비함"이라고 하여 산업자본주의 시대의 불로소득을 문제시하는 어휘였다. 생산방식의 변화를 포착하고 동시에 문제적 지점을 지시하는 어휘의 등장은 1920년대와 30년대 노동계급의 등장에 수반하여 생산과정에 대한 관심과 이해가 심화되었음을 보여준다고 할 수 있다.

여섯 번째 유형은 자본과 관련된 어휘이다. 가변자본, 고도자본, 국가자본, 유동자본 등 자본을 유형화한 어휘, 자본의 독점현상을 지시하는 독점, 독점업, 독점주의, 모노폴리, 신디케이트, 카르텔 등의 어휘, 자본공세((자본가계급이 노동계급을 전면적으로 공격하는 것으로 생산조직의 내부적 모순을 해소하기 위한 일시적, 인위적 안정책), 올마이티달러(almighty dollar, 금력, 황금만능), 머티리얼파워(物質的 權

끼) 등 물질만능 사회를 설명하는 어휘가 등장했다. 자본의 독점과 폐단을 지시하는 다양한 어휘의 등장은 자본축적 과정에서 빈부격차와 계급갈등의 심화를 가져온 자본주의적 현상에 대한 비판을 위해 동원된 것이라고 할 수 있다. 이 외에 투기, 투기매매, 투기사업, 투기자 등 자본의 투기현상을 반영한 어휘도 등장했다.

경제상황, 경기변동, 시장의 변화, 생산방식의 변화, 자본의 독점화 등이 진행되고 있었던 당시의 상황을 반영한 어휘가 다양하게 출현했고, 그와 동시에 이러한 변화에 따른 가정경제의 변화상을 지시한 어휘도 함께 등장했다. 먼저 가정경제를 의미하는 가계란 어휘가 출현하고, 여성노동력에 사회적 의미를 부여하려는 여성운동의 등장으로 가사비용이란 어휘도 등장했다. 또한 가족경제, 가족임금, 표준생활비 등 가족을 단위로 하는 경제 또는 생계를 지시하는 어휘도 있었다. 불경기와 공황으로 가족의 경제생활과 생계가 위기에 처하면서 이에 대응하기 위해 최소한의 의식주만을 해결한다는 의미의 간이생활이란 어휘도 유행했다. ■ 김윤희

<표 11> 경제 현상 관련 신어

유형	관련 신어
일반용어	가격 / 가격단위 / 가격변동 / 각 / 경기 / 경매 / 경매소 / 고케쓰키 / 부동 / 초부(焦付) / 공회 / 매매불성 / 관리처분 / 교환가치 / 교환비례 / 구매 / 구매력 / 권리관계 / 권리금 / 간판료 / 권리질 / 낙찰 / 내부 재화 / 다량매매 / 대수합 / 오오테아이 / 대체법칙 / 도산 / 도폐 / 도업 / 파산 / 마진 / 매도 / 매도증서 / 매매 / 매매거래 / 몫 / 무료 / 무월삯 / 무상 / 물가와 임금의 관계 / 발행가격 / 발행권 / 발행액 / 배급 / 배급소 / 배급을 받음 / 배상 / 배상금 / 배상법 / 배상주의 / 법정가격 / 법정과실 / 벤또 값 / 도시락 값 / 변매 / 변상 / 변상기한. 변제기한 / 보상금 / 보이콧 / 보조금 / 보증금 / 보증대급 / 보통경매방법 / 보호금 / 보화 / 복수의무 / 부당변상 / 부당이득 / 부당이익 / 부도 / 부족료 수입장 / 분배 / 불이익 / 불하 / 불환 / 블록시스템 / 사기파산 / 사상매매 / 사유 / 사익 / 생계 / 셧아웃 / 소폭 / 수요공급 / 수요공급의 법칙 / 수요자 / 얼라우언스 / 엔터프라이즈 / 예상고 / 오타키 / 오프셋 / 오픈앤드모기지 / 이앤드오이 / 이지페이먼트 / 인베스트먼트 / 인벤토리 / 인스톨먼트 / 인스펙터 / 인컴 / 인터레스트 / 임포트 / 잉여가치 / 잉여가치설 / 자연가격 / 자연적 / 자연점유 / 자원 / 장기대 / 적자 / 적자 결손 / 부족 / 조폐 / 종물 / 주식합자회사 / 주식회사 / 주조권 / 주택임대계약서 / 준점 / 중개 / 중품

유형	관련 신어
	/ 지급 / 지급지 / 지불지 / 지발지 / 지도대 / 지수 / 지출 / 직견공진회 / 참가담수 / 참가지 / 참가지불 / 채산 / 채산 / 사이산 / 체인 / 총수입 / 치프 / 카드시스템 / 칸트리뷰션 / 컨섬프션 / 크이시스 / 토지소유권 / 토지소유자 / 토지영유 / 토지합병 / 트럭식 / 특별회계 / 판매가치 / 판매법 / 페 오프 / 편락 / 일부처분 / 편무계약 / 포괄명의 / 포션 / 표준가격 / 표합 / 효아와세 / 프라이스 / 프라이 카드 / 프라이즈 / 피틀레시시장 / 하층건축 / 하부구조 / 할당 / 할증금 / 프리미엄 / 합명회사 / 합자 / 합자회사 / 해운발달 / 협상 / 협해계약 / 흡수 / 홍행
경제	경제 / 경제계 / 경제공황 / 경제관계 / 경제동맹 / 경제력 / 경제발달 / 경제블럭 / 경제사회 / 경제상 / 경제적 / 경제적 공황 / 경제적 구조 / 경제제도 / 고립경제 / 고립경제적 / 공황 / 국가경제 / 국가경상 / 국가소유 / 국민경제 / 국부증식 / 국토개발 / 도시경제 / 물물교환경제 / 블라케이드 / 블록경제 / 블록이코노미 / 이코노미 / 자급경제 / 전시경제체제 / 통제경제
경기	디프레션 / 디플레이션 / 디플레이션 정책 / 모라토리엄 / 미소동 / 쌀소동 / 불경기 / 뿜 / 붐 / 붕 / 붕락 / 브레드라인 / 빈부현격 / 슬럼프 / 쌀값소동 / 아이 오 유 / 인플레 / 인플 이션 / 인플레이셔니스트 / 인플레이션 / 재계동요 / 절약동맹 / 중간경기 / 패닉
시장	객관적 상세 / 경매매 / 골드러쉬 / 공급하다 / 과태파산 / 기미매 / 기배 / 등세급락 / 기승박 / 무세 / 기예 / 기장 / 기세강경 / 기중 / 약인기 / 낙 / 처분 / 낙옥 / 처분주 / 처분미 / 낙조 / 낙세 / 낙착 / 평 / 난고하 / 난시세 / 난수 / 역수 / 내기배 / 내경기 / 내외 / 품절 / 우리키레타 / 단경 / 단경 / 신곡기(新穀期) / 하사가이 / 당옥 / 토오야 / 당용구 / 토요오구치 / 대보합 / 대보세 / 대상초 / 대고(大高位) / 인족 / 종가선 / 대저 / 원바닥 / 도합 / 보세(保勢) / 돈좌 / 등세의 역전 / 돌부매 / 고가매 / 도비스기카히 / 두 / 천정 / 최고시세 / 두중 / 약보 / 두타 / 절정시세 / 루즈 / 리덕션 / 마켓 오퍼레 션 / 매건 / 매약정 / 매경 / 총매인기 / 매계 / 매물 / 매고 / 매압 / 매공 / 매과 / 과매 / 매규 / 매 / 매난평 / 매평균 / 매대 / 매뢰절 / 매방의 방전 / 매만복 / 매피 / 매매 / 매충 / 매모 / 매물박 / 매물회 / 매방낙성 / 매방패퇴 / 매부 / 매입 / 매약 / 매빙 / 매사혹 / 매투기 / 매삽 / 매주저 / 매상기 / 매상장 / 시세 / 매석 / 매주저 / 매선 / 선장(煽場) / 매순 / 매기회 / 매습 / 매승 / 매연맹 / 매연합 / 매맹 / 매옥 / 매건주 / 매건미 / 매외 / 매충 / 매처분 / 매요 / 매방기세 / 매욕 / 매월 / 매물 과 / 매인기 / 매일순 / 매물출진 / 성매 / 매입가격 / 매입원가 / 매잉 / 매장 / 하장 / 매재 / 매재료 / 강재료 / 호재료 / 매저 / 매규 / 매기회대 / 매주 / 매기선동 / 매증 / 매직 / 재매진 / 속매 / 매진 / 매초 / 매초조 / 매퇴 / 매물처분 / 매처분 / 매평균 / 매피 / 과매 / 매피 / 매만복 / 매하 / 대항 / 매향 / 매옹 / 매혐기 / 매염증 / 매회 / 모도리 / 여 / 모사쓰 / 불신 / 미 / 아지 / 밀어냄 / 쿠리사 / 바겐세일 / 바터 / 박상내 / 매매근소 / 박초 / 박차 / 소차 / 반동 / 반락 / 반향 / 반영 / 방관 / 보조 / 간시세 / 부요련 / 부족 / 우키아시 / 수요 / 수요품 / 수용공급 / 시세경로 / 시세난측 / 신기 / 등세 / 신장 / 실제수요 / 암거래 / 암시세 / 유도 / 자유경쟁 / 자유항 / 자폐 / 자유폐업 / 저강 / 소고쓰요이 / 종 / 대인 / 오오비끼 / 중 / 두중(頭重) / 등세미약 / 중저(中低) / 어다복 / 오다후쿠

유형	관련 신어
	/ 채산근 / 사이산스 / 청전매매 / 추구매 / 추격매 / 추시세 / 친불효상장 / 친불효 시세 / 클리어런스세일 / 클리어링 세일 / 클리어링세일 / 타보 / 프리미엄 / 파 / 폭락 / 와락 / 가라 / 프라핏 / 하샵 / 사게시부루 / 혐기근 / 혐기 / 혐기매 / 혐기전 / 혐기투 / 호전 / 기직 / 호조 / 화견상장 / 하나미소-바 / 화견시세 / 춘난시세 / 화 트세일 / 환매 / 매려 / 회즙발 / 후리오도시 / 진락 / 히글링포스
생산	과잉생산 / 대규모생산 / 무정부주의적 생산 / 미르 / 분업 / 불생산소비 / 불생산적 / 사업 / 사업비 / 산업의 합리화 / 산업혁명 / 산과잉 / 소프호스 / 아우타르키 / 영국식산 / 오픈숍 / 최소생산비 / 콘체른 / 콤바인 / 콤비네이션 / 테일러시스템 / 테크니컬머나펄리 / 확대재생산 / 확장적 재생산
자본	불입 / 빌리어네어 / 순이윤 / 신디케이트 / 아이들리치 / 올마이티달러 / 유동자본 / 이윤 / 자본공세 / 자본유출 / 자본주의 / 자본주의 제3기 / 자본축적 / 주식회사조 직거래소 / 주전주의 / 총이윤 / 카르 / 투기 / 투기거래 / 투기매매 / 투기사업 / 투기자 / 트러스트 / 파이어니어워크 / 퓨전
정책	5개년계획 / 경제정책 / 계획경제 / 네프맨 / 리플레이션 / 물가조절 / 미가조절 / 미가조절 / 쌀값조절 / 보호방책 / 신경제정책 / 오타와협정 / 오픈마켓오퍼레이션 / 파치레트카
가계	가계 / 가사비용 / 가족경제 / 가족임금 / 간이생활 / 국민생계 / 표준생활비

(2) 산업

산업관련 어휘는 첫째, 산업 현상 관련 어휘, 둘째, 회사 관련 어휘, 셋째, 구체적인 산업부문으로 건축, 공업, 광업, 금융, 농업, 무역, 상업, 유통과 관련된 어휘로 나눌 수 있다.

첫째, 산업현상 관련 어휘를 보면 가장 많이 등장하는 신어는 조합과 관련된 어휘이다. 예를 들면 공제조합은 '공장노동자와 공장주가 일정한 비례로 돈을 내어 공제조합을 만들어 조합원의 사고(질병, 부상, 사망, 퇴직 등)가 생길 때에 그 적립금에서 일정액을 내어 서로 부조하는 기관'으로 알려졌는데, 공제조합은 공장노동자의 처우개선뿐만 아니라 '자본가들한테도 유리한 기관'으로 소개되었다. 조합과 관련한 어휘로 코오퍼러티브시스템(cooperative), 코퍼레이션(cooperation) 등이 등장했는데, 이 어휘는 공동조합, 소비조합, 산업조합 등으로 다양하게 쓰였던 어휘이다. 콤비네이션(combination)은 다른 어휘보다 좀 더 폭넓게 쓰였는데, 동맹, 조합, 조합단체를 의미하거나 또는 기업 결합, 종합기업 등을 지시하는 데도 사용되었다. 산업부분에서 조합과 관련된 어휘의 출현은 1920년대 공장의 수적 증대와 그에 따른 공장노동자 수의 증가라는 사회현상을 반영하는 것이라고 볼 수 있다.

산업화와 관련된 어휘로는 인더스트리, 인더스트리얼리즘, 키인더스크리(기간사업) 등이 있으며, 중공업이란 어휘도 함께 등장하고 있다. 또한 '견실한 공업제품으로서 실질이 좋은 것을 제일로 하고 겉모습이 좋은 것을 둘째로 하는 것'이란 의미의 '품질본위'란 어휘가 사용되었다. 또한 생산성을 중요시하는 산업화현상과 관련하여 속도인상, 사업확장이란 의미의 '스피딩업', 그 반대어인 '슬로잉다운', 체코슬로바키아 기업가인 토마스바타에서 유래된, 기업의 과학적 경영법을 의미하는 '바터시스템(Bata system)' 등의 어휘도 사용되고 있었다. 생산성이 강조되는 경향 속에서도 산업보호를 위한 제도들에 대한 고민이 담긴 어휘가 출현하기도 했다. 쿼터시스템, 쿼터제도는 수입할당제도를 의미하는 용어로 산업보호를 위해 수입상품에 대한 제한이 필요하다는 주장 속에서 등장한다.

산업과 관련된 전통적인 어휘가 다양한 단어들과 결합되어 사용되기도 했다. '식산'이 다른 어휘와 결합한, 식산계, 식산발달, 식산사업, 식산정략, 식산조직, 식산혁명 등은 산업화의 진전에 따라 생산성이 중요시되는 사회적 분위기가 반영된 것으로, 산업생산력을 증대시키기 위한 조직, 전략, 개선 노력 등을 표현하는 어휘이다. '실업'이란 어휘는 실업계, 실업교육, 실업단체, 실업사상, 실업학교 등으로 나타났고 이 역시 산업생산을 중요시하는 경향을 표현하는 어휘이다.

둘째, 회사관련 어휘는 영업종류, 경영형태로 회사를 분류하는 어휘, 회사경영과 관련된 어휘로 나누어 볼 수 있다. 회사를 종류별로 분류하는 어휘로는 교육회사, 기계회사, 기선회사, 농상회사, 공수회사, 공제회사, 친우회사(의외의 사고에 대비하는 자본회사) 등이 있고, 경영형태로 회사를 분류하는 어휘로는 개인회사, 공동기업, 단독회사, 민간회사, 공동경영, 합명회사, 합자회사, 홀딩컴퍼니 등이 있다. 회사의 경영과 관련해서는 경영, 경영자, 관영, 대표이사 등이 있으며, 그 외에 기업자조합, 기업가, 기업, 대기업, 대기업가 등의 어휘가 등장하고 있다.

셋째, 산업 부문과 관련한 어휘는 아래와 같다.

1) 건축, 광업 : 건축 관련 어휘는 건축업, 건축회사 이외에는 거의 등장하지 않는다. 반면 광업관련 어휘에는 광업, 광산업 이외에 광산법, 광산채굴권, 광업위원 등 정부의 인허가와 관련된 어휘, 광업자, 광주 등 광산업 자본가를 지시하는 어휘가 등장한다.

2) 공업 : 공업 관련 어휘는 공업이란 단어와 관련된 어휘군과 공장이란 단어와 관련된 어휘군, 그 외 생산형태와 관련한 어휘군으로 나누어 볼 수 있다. 공업은 가내공업, 공업가, 공업국, 공업동원, 공업법, 공업소, 공업자본, 공업지, 공산품, 경공업, 기계공업 등으로, 가내공업, 경공업, 기계공업처럼 공업종류별로 구분하는 어휘보다는 공업동원, 공업자본, 공업법, 공업소 등 정부의 공업정책과 관련하여 사용되는 어휘군이 많았다. 공장관련 어휘군에는 공장, 작업장, 공장위생, 공장장, 공장위원회 등 작업장 또는 작업과정을 설명하는 어휘, 공장법, 공장제도, 권업, 제조법 등 작업통제와 관리에 관련된 어휘 등이 있다. 그 외 생산형태와 관련된 어휘군에는 대규모생산, 매뉴팩처, 불변자본, 데모크라틱 오퍼(민중적제공, 고객본위적 매출), 국민식산, 홈메이드 또는 홈메이크(국산품) 등의 어휘가 있다. 이 시기 공업생산액이 증대하고 공장수가 증가하는 사회적 현상과 맞물려 이 단어와 관련한 어휘가 매우 다양하게 출현하고 있었다고 볼 수 있다.

3) 농업 : 농업 관련 어휘는 농법, 소작문제, 농업금융, 농업정책, 농업주체와 관련한 어휘로 나누어 볼 수 있다. 농법 관련 어휘는 겸입, 수확, 경작한계점, 과실저장법, 농리학, 농작기계, 농학, 농학자, 다각농업, 단경기, 모노폴리(단작), 수확보, 엔실리지(말초, 야채, 대두 등을 지교에 밀

개하여 녹색대로 보존하는 법) 등으로 다양한 농법에 대한 소개가 이루어지고 있었음을 알 수 있으며, 동시에 농업생산성 증대를 중심적으로 고려하고 있었던 사회 분위기가 반영되어 있었다고 볼 수 있다. 소작문제와 관련한 어휘는 경작권, 경작금지, 경작지대법, 메터야지(병작반수), 연기소작법, 영소작, 영소장권 등으로 지대 및 소작권문제가 대두되고 있었음을 보여준다. 농업금융 관련 어휘는 산미조출기, 농업신용, 농업자본. 농업보험, 데모지마이(소지미) 등으로 그 수는 많지 않았다. 당시 미곡이 거래소를 통해 매매되고 있었으므로 관련 용어는 금융 관련 어휘에서도 살펴볼 수 있다. 농업정책 관련 어휘는 농림국, 농무경, 농문성, 농사시험개량장, 농사시험모범장, 농사시험장, 농상공학교, 농업국, 농업가, 농업권, 농업법, 농업정책, 자작농창정 등으로 당시 총독부의 농업정책 내용을 반영하고 있었던 어휘군이라고 할 수 있다. 마지막으로 농업주체와 관련한 어휘군은 농민을 계급운동의 주체로 상정하고 있었던 인식체계가 반영된 것을 알 수 있다. 농업사회주의, 농업협동조합, 농업코뮨, 아코(러시아국영농장), 쿨라크(부동), 토지고유제도, 토지혁명, 토지겸병 등은 당시 계급운동에서 농촌문제가 차지하는 비중이 매우 컸음을 보여주는 것이라 할 수 있다.

4) 무역 : 무역 관련 신어는 무역업에서 사용하는 일반용어, 무역정책, 자유무역과 관련된 어휘로 나누어 볼 수 있다. 무역업 일반 용어에는 수입·수출과 그 어휘가 포함된 복합단어가 있다. 수입가, 수입가치, 수출가, 수출물가 등이 그것이다. 또한 외국무역, 외국물품, 외국법인, 외국시장, 외부재화 등 해외시장을 가리키는 어휘가 많이 사용되었던 것은 1920년대 이후 '조선경제' 또는 '조선인 경제'라는 국민경제 또는 민족경제적 구상과 관련이 있다고 할 수 있다. 즉 국내경제와 구분되는 해외경제를 인식하는 가운데 외국, 해외 등을 포함하는 복합어가 일반적으로 사용되었을 것으로 추측해볼 수 있다. 무역정책과 관련된 어휘로는 수출통제세, 유니언라벨(조합증표), 유통력, 중상주

의, 해양자유론 등이 있다. 자유무역과 관련된 신어는 매우 다양한 형태로 출현하고 있다. 자유무역가, 자유무역론자, 자유선박, 자유재화, 자유화물, 프리트레이드, 프리포트, 해양의 자유, 해양자유의 원칙 등 자유주의적 무역을 지시하는 어휘가 많이 출현하고 있다.

5) 상업 : 상업 관련 어휘는 상점의 형태 또는 판매업의 종류를 표현하는 어휘군과 판매방법과 관련된 어휘군, 상품시장의 새로운 현상과 관련된 어휘로 나누어 볼 수 있다. 상점형태 또는 판매업의 종류와 관련된 신어에는 도매상, 고물상, 골동점, 과자전(과자점, 과자포), 구멍가게, 금은방, 금화수입점, 담배가게, 안경점(안경방, 안경잠), 약국(양약국, 양약총국) 등 소상점과 관련된 어휘가 있다. 백화점을 지시하는 다양한 어휘로 디파트스토어, 디파트, 디파트먼트, 데파트, 데포 등이 있으며, 지점망을 가진 상점이란 의미의 체인스토어, 벨트라인스토어 등이 있다. 판매방법과 관련된 어휘군에는 멀티플숍, 쇼품, 쇼윈도, 쇼케이스, 쇼카드(설명서, 상품견본 첨부용 카드) 등의 상품전시와 관련된 것, 할인법, 일정가격, 시즌세일, 바겐세일, 베스트셀러, 바겐데이, 바겐, 마크다운(할인판매), 다크다운서비스 등 할인판매와 관련된 것이 있다. 상품시장의 새로운 현상과 관련된 어휘에는 상점간 가격인하 경쟁을 의미하는 언더셀, 인건비를 절약하기 위해 판매점을 없애고 대신 가격을 인하하는 스리프트마트, 통신판매를 의미하는 코러스판던트, 백화점에서 상품을 훔치는 숍리프터, 또한 숍리프터를 잡아내기 위해 백화점을 순찰하는 숍워커 등이 있다. 상품관련 어휘군에는 다른 부문에 비해 영어를 사용하는 용어가 많다. 특히 1930년대에 소비문화가 확산되면서 이러한 어휘가 다양하게 출현하고 있다고 볼 수 있다.

6) 금융 : 금융 관련 신어는 다른 경제 부문에 비해 종류가 많고 영어의 사용이 눈에 띠게 많은 어휘군이라고 할 수 있다. 이 신어들은, 은행, 보험, 증권, 통화, 회계 관련 어휘와 여신, 수신, 외환 등의 금융내용과 관련한 어휘로 나눌 수 있다. 은행, 보험, 증권, 통화, 회계 관련 신

어는 현재에도 사용되는 어휘들이다. 은행관련 어휘는 국립은행, 공립은행, 관립은행, 뱅커, 부동산 저당은행, 서민은행 등 각종 은행을 망라하고 있다. 전당포를 지시하는 어휘는 매우 다양했는데, 전당, 전당국, 질옥, 전물, 전점, 전질 등이 있다. 보험 용어에는, 노동자보험, 간의보험, 건강보험, 보험공사, 화재보험 등 보험기관과, 리스크, 감언이설로 보험을 계약하게 하는 디코이더시스템, 대물, 변상, 대인권 등 현재에도 사용하는 용어들이 있다. 증권 용어에는 공채, 권리주, 국채, 내국채, 대상장, 스톡, 빌, 미곡증권, 이익배당, 증권시장분석전문가, 저락, 낙입, 임치증권 등이 있어 이 역시 현재에도 사용되는 어휘들이 대부분이다. 1920년대 이후 보험과 증권이 일반인들 사이에서도 크게 확대되고 있었던 현상을 반영하는 것이라고 생각된다. 통화 용어에는 주로 외국화폐를 지시하는 어휘들이 많았으며, 통화제도 및 정책과 관련해서는 금본위제와 관계된 어휘들이 있다. 그 밖에 자본시장과 관련되는 어휘들이 있다. 회계 관련 어휘는 개산, 가입금, 수입, 회계, 공탁, 산입, 대차대조, 상환, 지불, 원금, 이익금 등으로, 현재 회계에서 사용되는 일반용어 대부분이 당시에도 통용되고 있었다. 금융업의 내용과 관련된 어휘는 담보, 금리, 이자, 거치, 채무, 드래프트(송금환수송) 등으로, 이 역시 현재 사용되는 어휘가 대부분이다. 또한 상업신용, 생산신용, 소비신용과 관련된 계약, 저당, 차용, 차압, 질권, 저축 등의 용어 역시 사용되었다. ■ 김윤희

〈표 12〉 산업 관련 신어

유형	관련 신어
산업 현상	공제조합 / 그랜드 트렁크 / 비즈니스맨 라이프 / 식민무역 / 식민사업 / 식산 / 식산계 / 식산발달 / 식산사업 / 식산정략 / 식산조직 / 식산혁명 / 실업가 / 실업계 / 실업교육 / 실업단체 / 실업사상 / 실업학교 / 인더스트리 / 인더스트리얼리즘 / 중공업 / 카르텔 / 코오퍼러티브시스템 / 코퍼레이션(코오퍼레이션, 코퍼레이션) / 콤비네이션 / 쿼터시스템 / 쿼터제도 / 키인더스트리 / 평민식당 / 품질본위

유형		관련 신어
	회사	개업 / 개원 / 개인회사 / 경영 / 경영자 / 경영하다 / 고과장 / 공동경영 / 공동기업 / 공수회사 / 공업회사 / 공제회사 / 공회사 / 관업 / 관영 / 교육회사 / 기계회사 / 기선회사 / 기업 / 기업가 / 기업자 / 기업자조합 / 농상회사 / 닐슨회사 / 단독기업 / 대기업 / 대기업자 / 대기업가 / 대동전선 / 대동전선공사 / 대표이사 / 민간회사 / 바터시스템 / 분점 / 스피딩업 / 슬로잉다운 / 친우회사 / 컴퍼니 / 합명회사 / 합자 / 합자회사 / 홀딩컴퍼니
산업부문	건축, 광업	광산법 / 광산업 / 광산채굴권 / 광업 / 광업위원 / 광업자 / 광주 / 그린하우스 / 온실 / 다이아몬드 필드
	공업	가내공업 / 가두판매 / 가정부업 / 간접생산자 / 강철제조 / 격외 / 불량품 / 경공업 / 고무공장 / 공권 / 공산물 / 공산품 / 공업 / 공업가 / 공업국 / 공업기건측량 / 공업도법 / 공업동원 / 공업법 / 공업상 / 공업소 / 공업자본 / 공업적 봉건주의 / 공업지 / 공업회사(共業會社) / 공업회사(工業會社) / 공장 / 작업장 / 공장대표자회의 / 공장법 / 공장위생 / 공장위원회 / 공장장 / 직공장(職工長) / 공장제 수공업 / 공장제도 / 공장주 / 공장폐쇄 / 국민식산 / 국산품 / 군기제조창 / 권공장 / 권업 / 권업박람회 / 글래스고 공장 / 기계공업 / 기관공장 / 길드 / 길드맨 / 날염공장 / 대공장 / 대규모생산 / 데모크라틱 오퍼 / 디스트리뷰션 / 디스트리뷰터 / 레디메이드 / 리콜 / 매뉴팩처 / 불변자본 / 브랜드 / 사가공업 / 설물 / 허섭쓰레기 / 폐물 / 폐품 / 일렉트릭 / 자동기 / 자동음료기 / 전기공업 / 제조가 / 제조법 / 커스텀 메이드 / 콤비나트 / 팩토리 / 홈메이드 / 홈메이크
	농업	겸입 / 수확 / 겸입부족 / 수확감소 / 겸증 / 수확증가 / 경작권 / 경작금지 / 경작지 / 경작한계점 / 경쟁지대 / 경쟁지대법 / 경지반환 / 공복 / 신미초출기 / 공복상 / 신미초출기의 앙등 / 공복하 / 신미초출기의 저락 / 과수원 / 과실저장법 / 농립학 / 농립국 / 농무경 / 농무성 / 농민 / 농사시험개량장 / 농사시험모범장 / 농사시험장 / 농산 / 농산물 / 농산품 / 농상공학교 / 농상대신 / 농업가 / 농업국 / 농업권 / 농업법 / 농업사회주의 / 농업신용 / 농업자본 / 농업정책 / 농업지 / 농업코뮨 / 농업협동조합 / 농작기계 / 농작물 / 농학 / 농학박사 / 농학자 / 농협 / 늦벼 / 만도 / 다각농업 / 단경 / 단경기 / 신곡기(新穀期) / 하사가이 / 담배 / 메터야지 / 모노폴리 / 소프호스 / 수확고 / 아코 / 엔실리지 / 엠티에스(엠티에스, 엠테에스, M.T.S) / 연기소작법 / 열등지 / 영소작 / 영소작권 / 영소작권자 / 영소작인 / 영소작제도 / 영구소작제도 / 위미 / 농가저장미 / 가코마이 / 자작농창정 / 컬티베이터 / 쿨라크 / 부농 / 토지겸병 / 토지공유제도 / 토지혁명
	무역	개항 / 개항장 / 고다운 / 관세 / 관세권 / 관세규칙 / 관세동맹 / 관세법 / 관세율 / 관세자주권 / 관세정책 / 교역력 / 교역장 / 교역장정 / 교환무역 / 국제무역 / 낙화품단 / 내국관세 / 내국무역 / 내지관세 / 수입 / 수입가 / 수입가치 / 수출대 / 수출물가 / 수출통제 / 수출통제세 / 시에프 / 외국무역 / 외국물품 / 외국법인 / 외국시장 / 외국품 / 외국회사 / 외부재화 / 유니언라벨 / 유동자본 / 유통력 / 유통방법 / 유통액 / 익스포트 / 자유무역 / 자유무역가 / 자유무역론자 / 자유선박 / 자유영업 / 자유재화 / 자유화물 / 중상주의 / 무역주의

유형	관련 신어
	/ 직접무역 / 컨테이너 / 프리트레이드 / 프리포트 / 해양의 자유 / 해양자유론 / 해양자유의 원칙
상업	객본주의 / 객주 / 도매상 / 격부수도 / 격부청산거래 / 표준매매 / 격상 / 고객 / 고물상 / 골동점 / 공설시장 / 과자전 / 과자점 / 과자포 / 교환 / 교환상 / 구매조합 / 구멍가게 / 국영상점 / 그로서리 / 금은방 / 금화수입점 / 기성품 / 네트프라이스 / 네트프라핏 / 담배가게 / 권련전 / 당물 / 토오모노 / 기근물 / 대리점 / 대판상사 / 오사카상사 / 덤핑 / 덤핑필드 / 데포 / 백화점(백화점, 데파트, 디파트 스토어, 디파트, 디파트먼트, 디파트먼트 스토어) / 딜러 / 리베이트 / 마켓 벨류 / 마켓 프라이스 / 마크다운 / 마크다운 서비스 / 매퍼 / 과매 / 매피 / 매만복 / 매하 / 매대항 / 멀티플숍 / 민트파 / 법정평가 / 바겐 / 바겐데이 / 바겐세일 / 바자 / 베스트셀러 / 벨트라인 스토어 / 쇼룸 / 쇼윈도 / 쇼윈도우 / 쇼카드 / 쇼케이스 / 쇼프라이스 / 숍 / 숍걸 / 숍리프터 / 숍워커 / 스리프트 마트 / 스리프트마트 / 스머글러 / 스토어 / 스페셔서비스 / 스페셜딜리버리 / 스페셜세일 / 스피키지 / 시즌세일 / 아편점 / 안경방 / 안경장 / 안경점 / 야시 / 양약국 / 양약총국 / 양행 / 언더셀 / 에이전트 / 오픈마켓 / 오픈마켓오퍼레이션 / 오픈숍 / 옥션 / 옥저 / 옥체 / 매점앙등 / 와리비기 / 할인 / 웨트 / 윈도 트리밍 / 일정가격 / 잡화 상점 / 잡화상 / 잡화전 / 진열장 / 진열품 / 체인 / 체인스토어 / 체인지오버 / 캔디스토어 / 커머셜 / 커머셜리즘 / 코러스판던스 / 코러스판던트 / 할인 / 할인법
금융 (1)	가도 / 대도 / 가도고 / 가액 / 가입금 / 가입청구서 / 간이보험 / 개산 / 객살 / 건강보험법 / 견월수입 / 계월 / 계제 / 차감 / 고권 / 고본 / 공권비액 / 공립은행 / 공인 회계사 / 공채 / 공채민중화 / 공채비 / 공채증권 / 공채증서 / 공탁금 / 관립은행 / 관영은행 / 구주 / 국가은행 / 국립은행 / 국립은행원 / 국민갱생금고 / 국민은행 / 국유은행 / 국제대차 / 국채 / 국채증서 / 국채회사 / 권리주 / 권업은행 / 권체 / 권업은행채권 / 금융과두정치 / 금융기관 / 금융시장 / 금융자본 / 금전대차 / 금전차용증서 / 금전출납 / 금절 / 기근 / 내국채 / 노동자보험제도 / 농공은행 / 농업보험 / 농협 / 단기대차 / 담수 / 담수거절증서 / 대물 / 대물변상 / 대물신용 / 대상장 / 대시세 / 대수 / 가인 / 대수수량 / 가인수량 / 대신 / 오싱 / 대월약정 / 대위변상 / 대인 / 대인권 / 대인족 / 종가선 / 대주 / 대차 / 대차대조표 / 대차인 / 대체증권 / 대행회사 / 동산은행 / 드론본즈 / 디코이덕 시스템 / 라이히스방크 / 롬바르가 / 롬바르디아 / 롬바르드 / 리스크 / 마바라 / 졸군 / 만인계 / 모리스 플랜 / 무기명 / 무기명식 / 무기명식 이서 / 무기명채권 / 무배 / 미곡증권 / 밸런스 / 밸런스시트 / 밸류 / 뱅커 / 뱅크 / 보험공사 / 보험국 / 보험기관 / 보험료 / 보험비 / 보험세 / 보험소 / 보험증서 / 보험회사 / 부도 / 부도어음 / 부동산 저당 은행 / 부르스 / 부정기회계 / 비엘 / 빌 / 빌브로커 / 빌스탬프 / 사립은행 / 사채 / 산입 / 상업수형 / 상업어음 / 상업증권 / 상채문권 / 상해은행 / 상환 / 상환계산서 / 상환금액 / 상환기한 / 상환연한 / 상환청구 / 생명보험 / 생명보험회사 / 서민은행 / 서입질증권 / 선매권 / 셰어 / 소비대차 / 손실액 / 손익계산서 / 송금/

유형	관련 신어
	수도증권 / 스테이트뱅크 / 스톡 / 스톡익스체인지 / 스톡홀더 / 스틸 백불대 / 스틸 주식 / 스틸주 / 승체 / 환서 / 신디케이트은행 / 신모(新募) / 신용증권 / 실업보험 / 약정은행 / 영국은행 / 영리자본 / 영수표 / 영업비 / 영업소득 / 예비금 / 예비대 / 예비지불인 / 예정기한 / 외국국채 / 외국채 / 외채 / 외화채 / 운전자본 / 원금 / 원금 / 본전 / 원리 / 월 / 월가 / 월스트리트 / 유통증권 / 은거주 / 무세주(無勢株) / 은좌 / 긴자 / 은행 / 은행국 / 은행소 / 은행업 / 은행영업소 / 은행제도 / 은행조례 / 은행조직 / 은행증권 / 은화국 / 이서 / 이익금 / 이익배당 / 이익배당금 / 일본은행 / 임의채무 / 임치금 / 임치인 / 임치증권 / 잉글랜드은행 / 자금대차 / 자산 / 잔고 / 장기대차 / 장부 / 재무 / 재무관 / 재산관계 / 재산관리 / 재산관리인 / 저금통 / 저당부동산 / 저락 / 낙입 / 저락압 / 하압 / 저축은행 / 적립금 / 적재은행 / 적정이윤 / 전당 / 전당국 / 전당포 / 질옥 / 전당표 / 전물 / 전물문서 / 전점 / 전질 / 정기주 / 정산표 / 제일은행 / 조선은행 / 주 / 고 / 주식 / 주권 / 증권 / 주금 / 주력주 / 표지 / 주야은행 / 중립은행 / 중앙금고 / 중앙은행 / 증권거래소 / 주식시장 / 증권시장분석 전문가 / 패션가 / 증권회사 / 증자 / 지방공채 / 지수 / 지출증 / 질인증권 / 차감계산 / 창고은행 / 채권 / 채권국 / 채권법 / 채권액 / 채산 / 사이산 / 채회국 / 척식은행 / 청산 / 청산인 / 체크 / 총예산표 / 축재국 / 출손 / 출자 / 친주 / 카부야 / 주옥 / 주식매상 / 콘솔 / 콘솔공채 / 클리어링하우스 / 텐더시스템 / 톤틴연금 / 톤틴인슈어런스 / 통상채권자 / 투붕 / 나게구쓰레 / 트랜스퍼 / 특권채권자 / 특별선취특권 / 티커 / 파산 / 파산관재인 / 파산선고 / 파산재단 / 파산절차 / 파산주임관 / 파산채권 / 파산채권자 / 파이낸셜 / 파이낸스 / 펀드 / 펜션 / 편성비 / 평균이윤율 / 피배서인 / 화재보험서 / 화재보험회사 / 화폐대차 / 화형주 / 인기주 / 우량주 / 환용금액 / 환용법 / 회계 / 회계검사원 / 회계검사원장 / 회계과 / 회계관 / 회계국 / 회계법 / 회계연도 / 회계원 / 회계장 / 회사은행 / 회풍은행 / 흥업은행 / 흥판소 / 히글링포스
금융 (2)	강제담보 / 개런티 / 거치 / 돌변치기 / 건전통화 / 완전통화 / 겔트 / 견반담보 / 경화 / 고리 / 골드 / 골드바 / 골드밴 / 골드스탠다드 / 골드앤스톡 / 골드유니트 / 공동담보 / 공동담보기금 / 공동담보물 / 공어음 / 공업신용 / 공용매수 / 교환소 / 교환정지 / 교환준비 / 교환준비액 / 교환준비제도 / 구좌 / 굴덴 / 권면저축 / 그레샴 법칙 / 금공 / 금괴시장 / 금리 / 금리생활자 / 금발 / 이익수취 / 금본위 / 금본위제 / 금속화폐 / 금위체본위 / 금은복본위제 / 금은비가 / 금은양본위제 / 금은주의 / 금은화폐 / 금전 / 지폐 / 금지금 / 금화국 / 금화본위 / 금화수입점 / 금화유출점 / 기미 / 길더 / 농업신용 / 다임 / 단리율 / 단본위 / 단본위제 / 단수의무 / 단일채무 / 달란트 / 달러 / 담보 / 담보물 / 견반품 / 담보자 / 담보품 / 당좌감정 / 은행감정 / 당좌대월 / 당좌예금 / 당좌임금 / 대부 / 대부금 / 대인신용 / 대출 / 대출이자 / 동산담보 / 동산질 / 드라크마 / 드래프트 / 디나르 / 디밸류에이션 / 라이히스마르크 / 레버 / 레이트 / 렌텐마르크 / 론 / 루블 / 루이 / 루피 / 리라 / 리미튼스 / 리밸류에이션 / 리브르 / 마르크 / 마크 / 매니지드 커런시 / 머니 / 머니마켓 / 메탈리즘 / 묵

유형	관련 신어
	양은 /·멕시코은화 / 멕시코달러 / 미화 / 민트파 / 법정평가 / 바꿔치기 / 전환 / 키리카에 / 백동전 / 백동화 / 벅 / 법정이자 / 법정화폐 / 법폐 / 법화 / 보급이자 / 보조화 / 보조화폐 / 보증준비 / 보증채무 / 복리산 / 복리율 / 복물위체수형 / 담보환어음 / 복본위 / 복본위제 / 본위화 / 본위화폐 / 부동산 저당 / 부정기대월 / 부정기임금 / 불환지폐 / 사운드머니 / 상업신용 / 상팀 / 생산신용 / 센트 / 소비신용 / 소비인 / 소절수 / 소추표 / 소프트머니 / 수 / 수표(切手, 呂宋票, 匯兌, 소절슈, 소절수, 슈표, 수표) / 은행표 / 수형표 / 스크립머니 / 증서 / 대용지폐 / 스털링 / 시컨스 / 신용기관 / 신용단체 / 신용대금 / 신용제도 / 신용조합 / 신화조례 / 실링 / 실버 / 악화 / 안나 / 약속수형 / 약속어음 / 약정어음 / 양본위제 / 양본위제론자 / 양은 / 양전 / 경화 / 요-덴 / 양화 / 어음 / 어음교환 / 어음교환제도 / 어음소송 / 어음지불인 / 어음표 / 연대채무 / 연부상환 / 연화 / 영국 화폐 / 파운드 / 영화 / 예금 / 예금이자 / 예금주 / 우편저금 / 우편환 / 우편환금 / 원블록 / 위조수표 / 위조지폐 / 위체 / 위체교환 / 위체관리 / 위체수형 / 유가물 / 유가증권 / 유통화폐 / 융통수형 / 은본위 / 은본위제 / 은지금 / 은행권 / 은행대인수도 / 은행수형 / 은행점표 / 은행지폐 / 은행표 / 이어마크 / 재외정화 / 저금 / 저금은행 / 저당 / 담보 / 저당권 / 저당권자 / 저당물 / 저리 / 저리자금 / 저축 / 저축임금 / 전폐 / 화폐 / 절상 / 정기발(定期撥)수형 / 정기상환 / 정기예금증서 / 정기임금 / 정부지폐 / 정화 / 정화수송 / 정화수송점 / 정화준비 / 정화현송 / 금 현송 / 제한외발행 / 조폐 / 조폐국 / 종신정기금 / 즐로티 / 지금가격 / 지폐 / 지전 / 지폐장 / 지표 / 지화 / 지폐발행액 / 진체 / 질계약 / 질권 / 질권자 / 질물 / 전당물 / 차관 / 차관은단 / 차금 / 빚 / 차압 / 차용기한 / 차용료 / 차용자본 / 차용증서 / 차입자본 / 차재계약서 / 차재문권 / 차주 / 차체 / 환서 / 채권자 / 채무 / 채무계약 / 채무국 / 채무불이행 / 채무자 / 청동화 / 체환 / 체환시세 / 추심 / 추제 / 추증거금 / 추표 / 출급수형 / 출급표 / 캐시 / 캐시레지스터 / 캐시북 / 컬렉션빌 / 코인 / 코페이카 / 콜 / 콜레이트 / 콜론 / 콜머니 / 크레딧(크레디트, 크레딧) / 크레딧트레이드(크레디트트레이드, 크레딧트레이드) / 크로네 / 크로스 레트 / 클린빌 / 타임머니 / 탈러 / 태환 / 태환권 / 태환은행권 / 태환은행권조례 / 태환제도 / 태환증권 / 태환지권 / 태환지폐 / 테일 / 토지저당 / 통상어음 / 통상위체 / 통상파산 / 통용화폐 / 통장 / 통행보초표 / 통화정책 / 퇴환용어음 / 투그릭 / 특별담보 / 특별당좌예금 / 파행본위제 / 페니 / 페니히 / 페세타 / 페소 / 페이스 밸류 / 페이퍼달러 / 펜스 / 평가절하 / 포켓머니 / 프랑 / 프랑화절하 / 플로린 / 할인어음 / 해외정화 / 현금 / 화폐 / 화폐가격 / 화폐법 / 화폐수요액 / 화폐시장 / 화폐액면가격 / 화폐유출 / 화폐유통액 / 화폐제도 / 화폐조례 / 화폐주조 / 화폐지급 / 환 / 환율 / 환어음 / 환용어음 / 환전 / 환전표 / 후버모라토리엄

(3) 소비

소비는 국어사전에서 "돈이나 물자, 시간, 노력 따위를 들이거나 써서 없앰" 또는 "욕망을 충족하기 위하여 재화나 용역을 소모하는 일. 본래적 소비와 생산적 소비가 있다"라고 설명된다. 근대 신어와 관련된 소비 개념은 이러한 사전적 정의에 근대적 의미가 더해질 것이다. 또한 상품의 대량생산이 가능해진 산업혁명 후에 상품시장에서의 소비가 상정될 수 있다는 점도 참고되어야 한다.

소비 관련 어휘는 주체, 장소, 행위, 상태, 상품, 비용 등 여섯 가지 분야로 나눠질 수 있다. 먼저 주체와 관련해서는 구매자, 판매자, 소비자를 나타내는 어휘들이 있다. 그중에서 구매자는 '買方'이라고 표기되기도 하는데 이는 현재 일본과 중국에서 여전히 같은 의미로 쓰인다. 그 외 특기할만한 어휘로 '목입방(木入方)'있다. 『동아일보』 1933년 3월 23일자에서 申生이 쓴 「市場用語解説(十九)」에 나오는 어휘다. '목입방'에 대해 "거래소에서 장이 끝날 때 또는 매매가 성립될 때에 거래소 당국자가 높은 곳에서 야경꾼들이 치는 목탁과 같이 딱딱이를 치는 바 이렇게 딱딱이를 치는 사람"이라고 설명하고 "조선말로 목탁(木拆) 또는 격탁계(擊拆係)"라고 하였다. 하지만 현재 한국, 중국, 일본에서 쓰지 않고 대체할 현대어도 없는 근대만의 신어다.

소비 장소와 관련해서는 '마켓', '백화점', '레스토랑', '쇼윈도' 등이 있다. 이들은 아래와 같이 다양하게 표기되었다.

- 마켓 : 마켙, 마-켙, 마케트, 마-케트, 마-켓트, 말케트, 마-켓, マーケット
- 백화점 : 데파-트, 데파아트, 떼파-트, デパート
- 레스토랑 : 뤠스트란, 레스트랜, 레스트란, 으레스로렌트, 레스도랑, 레스토란
- 쇼윈도 : 소-·윈도·, 쇼오·윈도, 쇼-·윈드, 쇼우·윈도, 쇼우·윈도우, 쇼-·윈도어, 쇼-·윈도우, ショーウインドー

위의 예에서 보이듯이 백화점은 '데파트'란 줄임말로 표현되기도 했다. 그러나 영어권에서는 'depart'가 'department' 즉 백화점의 축약어로 쓰이지 않고 '출발하다'라는 뜻으로 쓰인다. 이를 볼 때 당시 외래어를 표기할 때 단순히 영어 어휘를 그대로 한글로 쓰지 않고 편리하게 줄여서 사용하기도 했음을 알 수 있다. 'restaurant'의 경우, 영어발음에서는 't'까지 발음이 되고, 프랑스어에서는 끝의 'n'과 't'가 발음되지 않는데 이러한 특성이 반영되어 여러 가지 형태로 표기되었다. 이러한 다양한 표기는 일본어 어휘에서 따온 것으로 볼 수 있다. 현재 일본어에서 백화점은 'デパート', 레스토랑은 'レストラン'으로, 근대 신어의 한글표기와 일치한다. 이렇게 볼 때 많은 신어의 경우 어휘의 기원은 서양이지만 수용의 루트는 일본이었다는 것을 알 수 있다.

독일어로 백화점을 의미하는 바렌하우스(warenhaus)는 '와―렌하우스' 즉 영어식 발음으로 표기되었다. 바자(bazar, bazzar)는 '빠사―', 또는 '파사'라고 표기되었으며 그 의미는 '자선시(慈善市)'라고 설명되었다. '바자'는 본래 페르시아어의 '시장'을 의미하는 'bāzār'에서 유래한 말로, 유럽에서는 시장, 잡화점 등의 뜻으로 쓰이고, 미국에서는 자선시의 의미로 쓰이고 있다. 현재 한국에서 바자회가 '공공 또는 사회사업의 자금을 모으기 위하여 벌이는 시장'으로 규정되고 있으므로 한국은 페르시아에서 유래된 어휘인 '바자'를 미국에서의 쓰임새로 근대에 수용하여 지금까지 쓰고 있는 셈이다.

소비와 관련된 행위를 보여주는 어휘에는, '소비', '통상소비', '생산소비', '컨섬프션'와 같이 순전한 소비를 나타내는 어휘, '구입', '매수'와 같이 상품을 사는 행위를 나타내는 어휘, '세일', '매각', '클리어링세일', '바겐세일', '스페셜세일즈', '크리스마스세일', '화이트세일', '클리어런스세일'과 같이 상품을 파는 행위를 나타내는 어휘가 있다. 한 가지 주목할 것은 오늘날 실생활에서 '세일'은 '바겐세일' 즉 할인판매를 의미하는데 반해 근대 신어 '세일'은 오로지 판매의 의미를 지녔다는 점이다. 이로 미루어보아 '세일'이 '바겐세일'의 의미를 갖기 시작한 것은 '세일'이 신어로 등장한 시기부터는 아니라는 것을 짐작할 수 있다.

소비와 관련된 행위와 상태를 보여주는 어휘 가운데는 현재는 쓰지 않는 한자 어휘들이 다수 있다. 주로 '매(賣, 買)'로 시작하는 이 어휘들의 출처는 『동아일보』 1933년 1월 21일부터 그 해 4월 9일까지 총 31회에 걸쳐 연재된 「市場用語解說」이다. 저자는 '申生' 또는 '申泰翊'이다. 1월 21일 첫회 연재에서 이 용어들이 "조선말이 아니라 일본말"임을 밝히고 있다. 「市場用語解說」에서는 어휘를 제시하고 이에 대한 설명을 함께 서술하고 있는데 몇 가지를 소개하면 아래와 같다.

- 매건(賣建) : 사놓은 것 없이 파는 것으로 즉 거래소에 파는 약정으로 되는 것이다.
- 매계(賣繫) : 실물을 가지고 있거나 또는 사기로 약정한 것을 투기적 또는 보험적으로 청산시장에 팔아놓는 것이다. 그래서 자기에게 이익되는 대로 실물을 내놓거나 그렇지 않으면 매충(買充)하여 팔아놓은 것을 처분하는 것이다.
- 매난평(賣難平) : 시세가 떨어질 것을 예상하고 팔아놓았는데 실제의 시세는 예상과 반대로 올라가서 손해를 보게 된 경우에 다시 시세가 올라가는대로 팔아놓은 뒤 등세가 멈추고 반락할 때에야 계속하여 판 것을 총평균을 내어 가지고 손해본 것을 보충케 하는 것이다.
- 매빙(買凭) : 너무 많이 사서 매건(買建)한 것(주식이면 주식, 쌀이면 쌀)이 정체가 된 때를 가리켜서 하는 말이다.
- 매사혹(買思惑) : 실물이 없이 시세가 올라갈 것을 예상하고 사놓는 것이다.
- 매첨(買添) : 사놓은 수량을 늘린다는 말
- 매뢰절(買瀨切) : 파는 사람에 대항하여 맹렬히 사려 덤비고 그래서 시세가 못 떨어지도록 하는 것이다.
- 매향(買向) : 매물에 상대하여 사는 것 또는 거래원이 손님의 팔아달라는 주문에 대하여 자기는 사는 편이 되는 경우이다.
- 매방낙성(買方落城) : 사놓았는데 시세가 떨어져서 사는 쪽이 손해를 보고 팔아 없애버린 경우이다.

위 용어 및 설명을 보면 시장에서 이루어지는 매매행위 혹은 매매가 이루어지는 상황이 세세하게 표현되었다는 것을 알 수 있다. 이 중에서 '투기적인 구매(speculative buying)'라는 뜻을 가진 '매사혹(買思惑)'은 현재 일본에서 쓰이는 어휘이기는 하다. 하지만 이를 제외하고는 대체로 현재 한국, 일본에서 쓰이지 않는 어휘들이다. 현재 시장에서 이루어지는 매매행위 혹은 매매가 이루어지는 상황과 관련된 개념들은 주로 영어에서 온 어휘들이다.

소비와 관련된 상품을 보여주는 어휘는 '쇼카드', '임포트', '매매물', '면세품', '치프에디션', '파퓰러에디션', '소모품', '사치품', '크리스마스프레젠트' 등이 있다. 사실 소비의 대상이 되는 상품은 자급자족 사회가 아닐 바에야 인간이 사용하는 대부분의 물품을 지칭할 것이다. 따라서 상품 관련 어휘의 종류는 무수히 많을 수밖에 없다. 따라서 본 해제집에서는 구체적인 상품명을 다루지 않았다.

소비와 관련된 비용을 보여주는 어휘는 소비 관련 어휘 가운데 양적으로 가장 많은 수를 차지한다. 먼저 상황에 따른 '가격'의 다양한 어휘를 확인할 수 있다. '네트프라이스', '쇼프라이스', '정가', '시장가격', '매각가격', '미니멈프라이스', '매입가격', '표준가격'이 그것이다. 또한 각종 '비용'에 관한 어휘들이 있다. '도시락값', '수공값', '잡비', '양육비', '교육비', '체재비', '생활비', '연구비', '화장품값', '입원료', '번역비', '부비', '식비', '시탄비', '등유비', '해군비', '차비', '표준생활비' '수선비', '소모비', '학비', '구입비', '수식비', '교육비' 등이 그것이다. 이 용어들은 다양한 생활 영역에서의 비용을 가리키는 어휘들이다. 이러한 비용 관련 어휘들은 잡지나 소설에도 등장하지만 대한제국기 관보나 신문에서 정부의 예산 내역을 설명하는 가운데서도 다수 제시되고 있다.

구체적인 비용을 보여주는 어휘 외에도 비용이 들어가지 않음을 뜻하는 '프리', '무상', '무료' 등의 어휘도 있다. 예를 들면 "작년에 탁지부에서 전국 내 토지를 무료로 측량한다 하였는데", "영화대회 입장무료"와 같이 쓰였다.

■ 양진아

〈표 13〉 소비 관련 신어

유형	관련 신어
주체	구매자(買方, 購買者) / 구매조합(購買組合) / 매수자(買受者) / 매물자(賣物者) / 상등객(上等客) / 목입방(木入方) / 소비자(消費者)
장소	쇼윈도(소一·윈도·, 쇼오·윈도, 쇼-·윈드, 쇼우·윈도, 쇼우·윈도우, 쇼-·윈도어, 쇼-·윈도우, ショーウインドー) / 마켓(마켙, 마-켙, 마케트, 마-케트, 마-켓트, 말케트, 마-켙, マーケット) / 바렌하우스(와-렌하우스) / 구멍가게(구멍장사) / 백화점(데파-트, 데파아트, 떼파-트, デパート) / 쇼케이스(쇼-·케스, 쇼-·케이스) / 숍(숖) / 오픈마켓(오-픈마켙트) / 면세점(免稅點) / 시장(市場, 賣買場, 市面) / 물품진열소(物品陳列所) / 매점(賣店) / 레스토랑(뤠스트란, 레스트랜, 레스트란, 으레스로렌트, 레스도랑, 레스토란) / 바자(파사, 빠사-) / 만물상점(만물 상뎜) / 마트(마-트) / 물품경매소(物品競賣所) / 마켓거리
행위	세일(쎌) / 옥션(아오-크숀) / 페이먼트(페-멘트, 페이멘트) / 할인(활인) / 마크다운(마크·따운, 마크·따운) / 마크다운 서비스(마크·따운·써비쓰) / 쇼핑(숖핑) / 임포트(임포-트) / 크레딧트레이드(크레딭·트레이드) / 소비대차(消費貸借) / 할인(하다)(割引(즈)) / 매각(賣却) / 할인법(割引法) / 생산소비(生産消費) / 매각(賣却) / 컨섬프션(콘섬슌, 콘섬프숀, 컨썸숀, 컨썸프숀) / 클리어링세일(클리어링·쎌일, 크리-야링·쎌-) / 구독(購讀) / 선셈 / 지출 / 바겐세일(빠게인·세일, バーゲンセール) / 스페셜일즈(스페씨알, 쎌일스) / 먼슬리 인스톨먼트(몬스리-인스탈멘트) / 매약정(賣建) / 매고(賣叩) / 매과(賣過) / 매난평(賣難平) / 매대(買待) / 매모(買募) / 매부(買付) / 매투기(買思惑) / 매증(買添) / 매진(買進) / 매규(買窺) / 매뢰절(買瀨切) / 매맹(買萌) / 매습(買拾) / 매승(買乘) / 매직(買直) / 매향(買向) / 매경(買競) / 매방낙성(買方落城) / 식연(喰延) / 매상기(買上期) / 세이빙 / 화이트세일(화일·쎌일) / 크리스마스세일(크리스마스·쎌일) / 클리어런스세일(클리어란스·쎌일) / 프로모션(푸로모-숀) / 통신판매(通信販賣) / 소비(쇼비, 消費) / 구입(購入) / 매수(買收) / 소비거래(消費去來) / 통상소비(通常消費)
상태	매공(賣空) / 매빙(買凭) / 매요(買腰) / 매인기(買人氣) / 매잉(買剩) / 매계(買繫) / 매기(買氣) / 매만복(買滿腹) / 매불박(買物薄) / 익스펜시브(엑스펜시브) / 하이클래스(하이·클라스) / 치프(취-프) / 사치벽(奢侈癖) / 구매력(購買力) / 소비력(消費力) / 소비신용(消費信用)
상품	쇼카드(쇼-·카-드) / 임포트(임포-트) / 매매물(매매물) / 면세품(無稅品) / 치프에디션(칲·에디슌) / 입장권(입장권, 납장권, 入場券, 求景標) / 입문표(入門票) / 상해제(上海製) / 매물(賣繫) / 크리스마스프레젠트(크리스마스·푸레센트) / 팁(팊) / 파퓰러에디션(포퓰라·에디슌) / 소모품(消耗品) / 소비물(消費物) / 소비물품(消費物品) / 사치품(奢侈品)
비용	도시락값(벤토값) / 네트프라이스(넷트, 프라이스, 넽트·푸라이스) / 쇼프라이스(쇼-·푸라이스) / 수공값(슈공갑) / 액슈(익슈) / 공전(공전) / 정가(定價) / 잡비(雜費쎄) / 잡급(雜給) / 양육비(養育費, 養育費用) / 공전(工錢) / 매각가격(賣却價格) / 시장가격(市場價格) / 시장비가(市場比價) / 팁(짚뿌, 티푸, 틮, チップ, 팊프, 팊) / 계산서(計算書) / 예요금 / 식채 / 계산표 / 교육비(敎育費) / 체재비(톄지비) / 생활비 / 연구비 / 화장품값 / 입원료 / 번역비(번력비) / 부비 / 식비 / 소비세 / 연조금(연죠금) / 시탄비(柴炭費) / 학자금(학

유형	관련 신어
	즉금, 학쟈금) / 신사비(神社費) / 입장료(通卷料) / 입구화(入口貨) / 월사금(월샤금) / 등유비 / 해군비(海軍費) / 미니멈프라이스(미니멈·프라이스) / 밸류(바류-) / 익스펜스(엑스펜스) / 프리(푸리) / 물가지수(物價指數) / 여비(旅費) / 정찰(正札) / 정찰제(正札制) / 차비(車費) / 표준생활비(標準生活費) / 수선비(修繕費) / 경비예산서(經費豫算書) / 방세(房租, 房貰) / 임시비(臨時費) / 수매비(슈미비) / 연회비 / 방위비(방어비) / 대금(디금) / 보관료(保管料) / 소모비 / 입회금 / 수업료 / 입학료(인학료) / 학비(學費, 學資) / 구입비(購入費) / 비용(費用) / 숙식비(宿食費) / 진찰료(診察料) / 교육비(敎育費) / 매입원가(買入元價) / 사용료(使用料) / 소비력(消費力) / 소비액(消費額) / 맥주값(믹쥬갑) / 양복값(양복갑) / 무상(無償) / 보존비용(保存費用) / 사용료(使用料) / 빈민구제소비(貧院費) / 양행비(洋行費) / 열람비(閲覽費) / 무료(無月謝) / 경비액(經費額) / 매입가격(買入價格) / 손료(損料) / 표준가격(標準價格)

(4) 직업

직업 관련 신어는 크게 직업 개념, 직위·직책, 직업명 등 세 부분으로 나누어 볼 수 있다. 먼저 직업 개념과 관련된 어휘를 보면, '직업', '잡', '프로페션'이 있고, '직업적인', '전문가'라는 뜻을 가진 '프로페셔널'이 있다. 이 중에서 '직업'은 한자로 '職業'으로도 표기되고 한글로 '즉업'으로 표기되기도 한다. 직업은 근대에 처음 등장한 어휘는 아니다. 조선왕조실록에서 '職業'이 24건 발견되는데 이때의 의미는 오늘날 직업의 사전적 의미인 "생계를 유지하기 위하여 자신의 적성과 능력에 따라 일정한 기간 동안 계속하여 종사하는 일"로 쓰이지 않았다. 주로 '마땅히 해야 할 일'이나 오늘날의 '직분(職分)'의 의미로 쓰였다. 오늘날 직업의 의미와 가까운 단어로 전근대에 쓰였던 것은 '생업(生業)'이다. '생업'은 지금도 쓰이는 어휘지만 이보다는 '직업'이 훨씬 많이 쓰인다. 근대 소설인 구연학의 「설중매」, 안국선의 「금수회의록」, 최찬식의 「추월색」, 김교제의 「현미경」 등에서 오늘날과 같은 의미의 '직업'이 쓰이는 것을 볼 수 있다. 예를 들어 "양친이 나의 직업 없음을 걱정하여"[71]가 그것이다. 즉 전근대 '직업'에서 직분의 의미가 탈락하고 생업의

---

71) 구연학, 『설중매』, 회동서관, 1908.

의미가 씌워져 근대 신어 '직업'이 탄생한 것이라고 볼 수 있다.

이종극의 『(鮮和兩引)모던朝鮮外來語辭典』(1936)를 보면, 잡(job)은 '잡', '좝', '좁', '쨔프', '쨥', '쨥°'으로 표기되었고 그 의미는 "쎴일(賃仕事), 業務, 職"이라고 설명되었다. 프로페션(profession)은 '푸로페슌', '푸로페숀'으로 표기되었고 '專門業', '學術技藝的 職業', '本職', '職業' 등으로 설명되었다. 이는 현대 영어사전에서 job보다 profession이 전문직종으로서의 직업의 의미를 더 갖고 있는 것과 일치한다. '프로페셔널'의 의미를 "專門業家, 專門職의 人, 職業選手"와 "專門業의, 本職的"이라고 설명하고 있는 것도 오늘날의 'professional'의 쓰임 및 정의와 일치한다. 근대 신어 '직업'이 생계로서의 일의 의미를 가진 어휘로 등장한 이후, 여기에 영어를 차용한 '잡'과 '프로페션', '프로페셔널'이 등장하여 직업 개념이 보다 구체적으로 정립되었던 것이다.

엄밀히 직업 개념에 해당하는 신어는 아니지만 직업과 관련한 신어로 '직업부인'이 있다. 『新女性』 3권 9호(開闢社, 1925년 9월) 「女子에대해서쓰는 말辭典」에서는 '職業婦人'을 "남자와 같이 일정한 직업을 가진 부인"로 설명하였다. '부인'에 대칭하는 성별인 남성의 경우에 직업을 가진 이를 의미하는 어휘는 따로 없다. 아마도 근대에 들어와 여성의 사회진출이 본격화되고 확대하여 이를 특징적 현상으로 인지하면서 '직업부인'이라는 신어가 사회적으로 탄생한 것으로 보인다. '직업부인'과 유사한 의미로 '직업여성'도 있다. 이종극의 『(鮮和兩引)모던朝鮮外來語辭典』에서 직업여성과 관련된 어휘는 아래와 같이 제시되고 있다.

- 마네킹걸(마네킹 · 껄) : 유행선전, 상품선전을 하는 직업여성
- 샐러리걸(살라리 · 껄) : 월급쟁이 여성, '직업여성'
- 스피킹걸(스피킹 · 껄) : '대화(對話) 양(孃)'(유한지식계급의 사람들의 말동무가 되는 신직업여성)
- 포스트걸(포스트 · 껄) : 가두 · 정거장 구내 등에 서서 전신과 우편의 수도를 중개하는 직업여성
- 가솔린걸(깨소린 · 껄) : 가솔린 스탠드에서 가솔린을 파는 직업여성

- 버스걸(버스·껄) : 버스의 여차장, 버스 안에서 차표 찍는 직업여성
- 에어걸(에어·껄) : 여객비행기에서 서비스하는 직업여성

 근대시기에 '직업여성'의 의미와 쓰임은 '직업부인'과 같다. 다만 주목할
점은 오늘날과의 차이점이다. '직업부인'은 현대 사전에는 나오지 않는 사어
가 되었고, '직업여성'은 '직업을 가진 여성'이란 의미 외에 "주로 유흥업에
종사하는 여성을 완곡하게 이르는 말"이라는 뜻이 추가되었다. 사실 현재
실생활에서 '직업여성'은 주로 후자의 뜻으로 쓰인다. 여성의 사회활동이 일
반적 현상으로 자리잡아 더 이상 직업을 가진 여성을 특별히 지칭하는 어휘
가 필요 없게 되면서 근대 신어로서의 '직업부인', '직업여성'이 사라지게
된 것이라고 볼 수 있다. 그리고 다시 현대 신어로서 '직업여성'이 등장하게
된 것은 유흥업에 종사하는 여성을 사회적으로 솔직하게 '유흥업 여성'이라
고 지칭하지 않고 사멸한 근대 신어 '직업여성'을 대용하였기 때문이다. 결
국 '직업부인'은 근대에만 존재한 신어가 되었고, '직업여성'은 근대에 등장
하여 현대에 와서는 그 의미와 쓰임이 바뀐 신어가 되었다.

 둘째, 직위·직책과 관련된 어휘는, 직업 그 자체와는 구별되고, 직업과
함께 갖게 되는 직장 내 위치, 역할을 지칭하는 것들이다. 경영자, 매니저,
스태프, 캡틴, 부사장, 총장, 감사, 체어맨, 대표이사, 차장, 어시스턴트 등
이 그것들로서, 이 어휘들은 특정 직업에 국한되지 않는다.

 이들 중 매니저(manager), 캡틴(captain)은 그 다양한 표기로 주목된다. '매
니저'는 '관리인, 감독자, 인솔자'로 설명되면서[72] '마네-자', '마네-쟈',
'마네저', '마네쥐', '매네저', '매네-저-', '매네쥐'로 표기되고 있다. 일본
어 가타가나인 'マネジャー'로도 쓰였다. 그리고 특별히 여성 매니저를 '매
니저레스(매네저레스)'로 표기하였다. '캡틴'은 "주장(主將)",[73] "1. 사령관, 장
관, 함장, 선장, 육군대위, 해군대좌, 2. 장, 수령, 수장, 3. (야구단·축구단 등의)

72) 『新語辭典』, 開闢社, 1929년.
73) 「外來語と參考譯」, 『總動員』 2권 10호, 國民精神總動員朝鮮聯盟, 1940년 10월.

주장"74)으로 설명되고 '카피탄', '캎테인', '캎틴', '캎텐', '캎텐', 'キャプテ
ン'로 표기되고 있다. 장지연(張志淵)의 『萬國事物紀原歷史』 2(皇城新聞社, 1909)
에서는 '캡틴'을 '汲天'로 표기하기도 했다.

　셋째, 직업명과 관련한 어휘를 보면 서양근대문물이 유입되고 확산되면
서 매우 다양한 직업이 등장했다는 것을 알 수 있다. 직업명과 관련된 어
휘는 총 23개 분야로 나눠볼 수 있다. 사무직, 무역·상업, 서비스업, 요식
업, 제조업·공업, 금융업, 농업·낙농업, 광업·제철·토목·건축·기계,
교통·운수, 전문가, 의약, 교육, 종교, 공공·행정, 사법, 군, 치안, 통신,
예술, 방송·언론·출판, 스포츠·레저 등이 그것이다.

　양적으로 보았을 때 무역·상업, 서비스업, 교통·운수, 전문가, 공공·행
정, 예술분야의 직업명 이 많은 편이다. 직업명이 많다는 것은 당시 해당분
야의 직업이 활성화·세분화되었음을 의미한다. 사법, 군, 치안분야를 공
공·행정 부문에 포함시킬 경우 이 부문의 직업명 수가 압도적으로 많다.
사실 한국은 근대 이전에도 관료제 사회였으므로 공공·행정 부문의 직업
은 세분되어 있었다. 그럼에도 불구하고 이 분야에 새롭게 등장한 신어가
많다는 것은 그만큼 공공·행정 부문에 근대문화가 많이 도입되었다는 것
을 뜻한다. 주목할 것은 사법, 군, 치안분야를 포함하여 공공·행정 분야의
직업명 대부분이 한자어라는 점이다. 예를 들자면 '회계검사원장(會計檢查院
長)', '행정관(行政官)', '무역사무관(貿易事務官)', '고등재판장(高等裁判長)', '치안
판사(治安判事)', '해군총독(海軍總督)', '경찰관(警察官)', '고등경찰(高等警察)' 등이
그것이다. 이는 공공·행정 분야에 관한 근대문물의 소개가 서양을 통해
서보다는, 한자문화권이자, 한국보다 먼저 근대화를 받아들인 일본 또는
중국의 영향을 받아 이루어졌다는 것을 보여준다. 실제로 조선정부가 1880
년대 초 개화기구를 창설하고 1894년 갑오개혁 시기 관제개혁을 시행할
때 관서명의 상당수는 청(淸)식을 따랐다.

　직업명과 관련하여 재미있는 것은 '○○보이', '○○걸', '○○맨', '○○우

────────────
74) 이종극, 『(鮮和兩引)모던朝鮮外來語辭典』.

먼'과 같이 성별이 드러난 어휘가 많았다는 점이다. 이러한 용어는 주로 이종극의 『(鮮和兩引)모던朝鮮外來語辭典』 등 사전류나 염상섭의 『三代』, 『해바라기』와 같은 소설에서 발견된다. 성별이 나타나는 직업명 어휘를 추리면 다음과 같다.

〈표 14〉 성별이 나타나는 직업명

남성 직업명	○○보이	도어보이, 가솔린보이, 마네킹보이, 디파트보이, 카페보이, 메신저보이, 보이, 호텔보이, 캐빈보이, 쿡보이, 카우보이
	○○맨	세일즈맨, 탤리맨, 미들맨, 리프트맨, 밀크맨, 에어맨, 개그맨, 카메라맨, 스포츠맨, 테니스맨, 샌드위치맨
여성 직업명	○○걸	오피스걸, 마네킹걸, 가솔린걸, 세일즈걸, 디파트걸, 엘리베이터걸, 헬로걸, 가이드걸, 서비스걸, 에이프런걸, 카페걸, 티켓걸, 핸드백걸, 스탠드걸, 스트리트걸, 스피킹걸, 택시걸, 마린걸, 버스걸, 에어걸, 보트걸, 할리우드걸, 엑스트라걸, 코러스걸, 스포츠걸, 매니큐어걸
	○○우먼	에어우먼, 스포츠우먼
	여○○ 등	여사무원, 여급사, 여기자, 매음녀, 매창부, 웨이트리스

사실 '○○맨'은 영어 'man'이 그러하듯이 남성만이 아니라 성별 관계없이 어떤 일을 하는 사람 자체를 의미하기도 하여 남성이 드러나는 직업명이라고만 보기는 어렵다. 또한 '○○보이', '○○걸'도 'boy', 'girl'의 사전적 의미에 따라 소년, 소녀들이 갖는 직업을 가리키는 것은 아니다. '○○보이', '○○걸'은 주로 서비스업, 상업, 교통·운수분야에 속한 직업인을 가리킨 어휘로서, 그중에서도 대개 기술이나 숙련이 필요하지 않은 직종에 종사하는 사람들을 지칭한다. 이로 미루어보아 직무의 단순함을 '보이', '걸'의 미숙함으로 치환하여 '○○보이', '○○걸'라는 어휘를 사용했다고 추측할 수 있다.

또한 남성보다는 여성이 드러나는 직업명 수가 현저히 많다는 점도 주목된다. '○○걸' 외에도 '○○우먼', '여○○' 등이 그것이다. 이는 앞서 '직업부인', '직업여성'의 경우에서 언급했듯이 여성의 사회활동이 특별하게 인식된 결과이고, 또 남성보다는 여성의 이미지를 통한 사회적 소비가 많았

던 까닭으로 짐작된다. 근대 신어 중 성별이 나타나는 직업명은 현재에는
대부분 쓰이지 않는다. 현대에 쓰이는 '보이'나 '걸'이 붙는 어휘에는 '벨
보이', '레이싱걸', '라운드걸' 등이 있다. ■ 양진아

〈표 15〉 직업 관련 신어

유형		관련 신어
직업 개념		직업(즉업, 職業) / 잡(잡, 좁, 쫍, 쨔프, 쫍, 쭙º) / 프로페셔널(푸로ﳰ숸앨, 푸로페슈날, 푸로페슈낼, 푸로페쇼낼, 푸로) / 프로페션(푸로페슌, 푸로페숀) / 직업부인(職業婦人) / 직업여성(職業女性)
직위 · 직책		중역(董事) / 비지니스매니저(삐지네스·매네저) / 경영자(經營者) / 아르바이터(알바이텔, 아르버아텔) / 스태프(스탚푸, 스탶) / 매니저(마네-자, 마네-쟈, 마네저, 마네줘, 매네저, 매네-저-, 매네줘, マネジャー) / 매니저레스(매네저레스) / 메이드(메-드) / 미니스터(메노시다) / 캡틴(카피탄, 캪테인, 캪틴, 캪텐, 캎텐, キャプテン, 汲天) / 지점장(지뎜쟝, 支店長) / 감독(監督) / 부사장(부샤쟝) / 총장(총쟝, 總長) / 감사(감스, 監事, 監査人) / 감사역(감스역) / 이사(리스, 理事) / 론아르바이터(론·알바이터) / 어드바이저(아드바이서) / 어시스턴트(아씨스탄트) / 워커(워-커) / 체어맨(췌어맨) / 커미셔너(콤미쇼너-, 콤미슈너-) / 컨덕터(컨떡터, 콘틕터) / 키퍼(키-퍼) / 대표이사(取締役) / 명예직(名譽職) / 차장(次長)
직업명	사무직	사무원(스무원, 事務員) / 여사무원(녀사무원) / 오피스걸(오피쓰·껄) / 사무장(스무쟝) / 화이트칼라(화일·칼라) / 클러크(클러-크, 클리-크) /
	무역 · 상업	머천트(마-쟌트, 머챈트, 멀챈트) / 숍걸(숖·껄) / 고물상(古物商) / 독일상인(德商) / 프랑스상인(法商) / 공장주 / 화장품상 / 도매상(도미샹, 卸賣屋) / 도어보이(또어·뽀이) / 도어키퍼(또어·키-퍼) / 딜러(떨러-) / 숍워커(숖·워-커) / 캄프러도(콜푸라돌) / 間屋(중개상) / 브로커(뿌로가, 뿌로카, 푸로키, 푸로카, ブロカー, 부로커, 뿌로커, 쁘로카-, 쁘로커-) / 대상(隊商) / 도매상인(都賣商人, 都賣商) / 동인도상회원(東印度商會員) / 교환상(交換商) / 지금상(地金商) / 테다이(手代) / 마네킹걸(마-꺼, 마네킹껄, 마네킹껄) / 카라반(캬리방) / 가솔린걸(개소린·껄, 깨소링·걸) / 가솔린보이(까소린·뽀이) / 마네킹 보이(마네킹 뽀이) / 세일즈맨(쎌스맨) / 세일즈걸(쎌스껄) / 중간상인(미들, 맨) / 반찬장수 / 식료품상 / 점주대리(場立) / 호객꾼(촹引) / 탤리먼(테리맨) / 모디스트(모듸스트) / 미들맨(미들·맨) / 프루트팔러(뿌룰·파-라) / 갈점주(歇店主) / 가구상(攤塵人) / 빵장수(麵包商) / 무역가(貿易家) / 교역자
	서비스업	디파트걸(테바-트·껄, 떼파-트·껠) / 디파트보이(떼파-트·뽀이) / 엘리베이터걸(에레베타·껄, 에레베-타·껄, 엘리베이터·껄, 에레베이터·껄, 엘레베터·껄, 에레베터·껄) / 웨이터(웨터, 웨-터, 웨터리) / 웨이트리스(외이트레스, 웨추레스, 웻트레스, 웨트레쓰, 웨이트레스) / 헬로걸(헬로-·껄, 핼로·껄, 헬로·껄) / 가이드(까이드, 카이드, ガイ[ド]) / 가이드걸(까이드·껄) / 스트리트워커(스트리트·워커) / 서비스 걸(써비스·껄) / 에이프런걸(에푸론·껄) / 카페보이(카페·뽀이) / 카페걸(몽페-·껄) / 티켓

유형	관련 신어
	걸(틔켙트·껄) / 핸드백걸(핸드·빽·껄) / 스탠드걸(스탠드껄) / 이발사(리발사, 리발장이, 理髮匠, 理髮者, 理髮外科醫) / 배달부(빈달부) / 메신저보이(메쎈저, 쏘이, 메쎈저·뽀이) / 매음녀(미음녀) / 매창부(賣娼婦) / 지배인(반쏘, 支配人) / 급사(給仕) / 여급사(女給士, 녀급사, 女給) / 점원(店員, 店備) / 보이(쏘이, ボーイ, 뽀이, 뽀-이, 쏘오이) / 리프트맨(맆트·맨) / 마그트(마-크트) / 막달라(마그다렌) / 메신저(메쎈저, 메쎈줘, メッセンヂャ) / 메이드 / 밀크맨 / 빌리어드마커(뻴리아드·마-커) / 샤프롱(샤페론) / 서번트(썰번트, 써-반트) / 스위트(스위-트) / 스트리트걸(스튜리트·껄, 스트리트·껄, 구류) / 스트리트엔젤(스트리트·엔젤) / 스피킹걸(스피킹·껄) / 아마 / 아타셰(아태쉐) / 어텐던트(아텐단트) / 하우스스튜어드(하우스·스튜어드) / 하우스키퍼(하우스·키-퍼, 하우스,키퍼) / 호텔보이(호텔·뽀이) / 화이트슬레이브(화일·슬레이쁘, 화일 스레이브, 화일스레이쁘) / 캐디 / 캐빈보이(캐빈·뽀이) / 프라스티튜드(푸로스티튜트) / 흥신소(興信所) / 사환(수환, 小使, 使喚) / 사환계 / 안내자(案內者) / 뚜쟁이(쑥장이, 쑤장이) / 안마업자(按摩業者) / 우유배달부(牛乳配達夫) / 하녀(게죠) / 물장사(물장ㅅ) / 구두닦이(潤鞋人) / 종지기(鳴鐘手)
요식업	바텐더(바텐, 바·텐더, 빠-·텐더) / 쿡(코크, 콕, 콜크, 쿸, 쿸크, 쿠크, 쿸커) / 베이커리(뻬-커리) / 코츠노(コツノ) / 쿡보이(쿡·뽀이) / 요리사(料理人) / 제빵사(麵包匠, 麴包燒造夫)
제조업·공업	공장노동자 / 직공(職工) / 공작인(工作人) / 도제(徒弟) / 공장주 / 실업가(實業家) / 기업가(企業家, 企業者) / 사업가(ㅅ업가, 事業家) / 공업가(工業家) / 간접생산자(間接生産者) / 공장장(工場長, 職工長) / 제조가(製造家) / 대기업가(大企業家) / 메이슨(메-손, 메이손) / 테일러(텔러-) / 도장공(油漆匠) / 생산자(싱지민) / 여공(공녀) / 공인(工人) / 미디네트(미듸넽트) / 재봉공(裁縫工) / 화공(靴工) / 제화공(製靴工) / 철공(鐵工) / 주철공(鑄鐵匠) / 조금공(彫金工) / 금은세공사(金銀細工匠) / 도검장(刀劒匠) / 이기장(利器匠) / 도금장(鍍金匠) / 목공(彫木工) / 목수(細木匠) / 보철공(補鐵匠) / 선박도장공(船漆匠) / 수선공(修補人) / 시계공(時計匠) / 유리공(琉璃工) / 은세공(銀細工) / 활자주조공(鑄字匠) / 재봉사(裁縫匠) / 세공사(細工師) / 직조자(織造者)
금융업	큰손(大手筋, 大仕手) / 주식매매상(株屋) / 투자가(地場) / 빌브로커(뻴·뿌로커) / 국립은행원(國立銀行員) / 파산관재인(破産管財人) / 재산관리인(財産管理人) / 행원(힝원) / 고리대금업자 / 뱅커(뺑커) / 캐셔(캐쉬) / 금고수직(金庫守直) / 은행가(銀行家) / 금전영업인(金錢營業人) / 은행업자(銀行業者)
농업·낙농업	쿨라크(그라-크, 쿨락, 크라-크) / 영소작인(永小作人) / 농업노동자(農業勞働者) / 랜드레이디(랜드레듸) / 랜디로드(랜드로-드) / 밀크메이드 / 카우보이(카우뽀이, 카-보이) / 파머(빠-머) / 농민(農民)
광업·제철	광업자(鑛業者) / 광부 / 콜패서(콜·파쓰) / 광사(礦師) / 토목기사(토목기샤) / 역부 / 광부 / 측량사(측량ㅅ, 測量技師, 測量手, 測量家) / 치도사(治道師) / 듀레이너(듀레너) / 레일웨이 엔지니어(레일웨이·엔지니아) / 마이닝 / 석탄운반부(고롭·파쓰) / 엔지니

유형	관련 신어
·토목·건축·기계	어(엔지니아) / 오퍼레이터(오페레이터) / 카펜터(칼펜터) / 기사(技師, 技士, 기스) / 철도기사(철도기사) / 제철업자(製鐵業者) / 시계사(시계스) / 기계사(器械師) / 건축가(建築家) / 기술자(技術家, 技術家)
교통·운수	차장(거장, 차장, 챠장, 車掌) / 장거수(장거슈, 장거슈, 掌車手, 장거수) / 택시걸(택씨·껄, 탁시껄) / 마도로스(마드로스, 마트레로스, 마트레스) / 크루(쿠루, 크루-) / 스튜어드(스추워드) / 마린걸(마린·껄) / 버스걸(버스·껄) / 에어맨 / 에어우먼(에어우맨) / 에어걸(에어·껄) / 보트걸(뽀트·껄, 쏘트껄) / 파일럿(필로트, 파일롯, 파일롵트, 파이롯트) / 기관수(긔관수, 긔관슈, 機關手) / 기관사(긔관스, 긔관사, 機關手, 機關士) / 운반수(운반슈) / 함장(함쟝, 艦長, 加非丁) / 승조원(승죠원, 乘組員) / 정거수(뎡거슈) / 인력거꾼(인력거꾼, 인력거군, 人力車軍, 人力車軍) / 운전수(운던수, 운전슈, 運轉手) / 신호수(信號手, 신호슈) / 선장(션쟝, 船長) / 부선장(副船長) / 항해자(항히쟈, 航海家, 航海者, 航海師) / 메이트(메-트) / 버드맨(뻐-드맨) / 에처(앨취) / 치프메이트(췹·메이트) / 캐브먼(캡맨) / 콤팩트파일럿(콤팩트·파이롵, 콤팩트·파이롵트) / 포터(포-터) / 용달사(用達社) / 선원(船員, 格軍) / 운수업자(運輸業者) / 철도원(鐵道員) / 비행가(飛行家) / 역부(驛夫) / 역장(驛長, 역쟝) / 조타수(舵手) / 운반업자(運搬業者) / 조종사(操縱者) / 개찰사(改札人, 기찰인) / 손수레꾼(구루마군) / 선박관리인(船舶管理人) / 해원(海員)
전문가	어그라너미스트(아그로노미스트) / 캐머럴리스트(캐메라리스트) / 쿼터마스터(쿼터·마스터) / 팔리티션(폴리트시안) / 포인트맨(포인트맨) / 프로페서(푸로페서) / 플레게무터(푸레) / 세무사(稅務司, 셰무스) / 공인회계사(計理士) / 저술가(져슐가) / 공법학자(公法學者, 公法學士, 公法家) / 정치가(정치가, 政治家, 爲政家, 專門政治家), 스테이쓰맨, 스테일쓰먼, 스테이쓰맨) / 정치학자(政治學者, 政治學士) / 정사가(政事家) / 외교가(外交家) / 시무가(時務家) / 철학가(털학자, 털학가, 철학쟈, 哲學者, 옐로소옊, 哲學家, 窮理家, 窮理學者) / 서가 / 책임비서 / 천문학자(텬문학즈, 텬문학쟈, 天文學者, 텬문스, 天象家, 天文家) / 화학자(화학가, 化學者, 化學家) / 기계학자(메캐니산, 機械學者) / 라이브러리언(라이부러리앤) / 로비스트 / 매거지니스트(매가지니스트) / 북메이커(뿍·메이커) / 스페셜리스트(스페시알리스트) / 스피치메이커(스피-취·메이커) / 알케미스트 / 애드라이터(아드·라이터) / 이코노미스트(에코노미스트) / 피에이치디(피-·에취·띠) / 물리학자(몍지시스트, 物理學者) / 헌터(헌터-) / 케미스트 / 테크니션(테크니샨, 테크니션) / 팸플러티어(팜폴렡티어) / 사상가(思想家) / 생물학자(싱물학쟈) / 기고가(寄稿家, 著述家, 著作家) / 기상학자(氣象學者) / 답사가(踏査家) / 동물학자(動物學者) / 언어학자(言語學者) / 원예가(園藝家) / 이학자(理學家, 理學者) / 전기작가(傳記家) / 정신과학자(精神病學者) / 통계학자(統計家, 統計家) / 식목인(植木人) / 법률학자(法律學者, 法學者, 法律家, 쓰리스트) / 형법학자(刑法學者) / 건축학자(建築學者) / 공학가(工學家) / 전기학자(電氣學者) / 학자(學士, 學術人) / 평론가(評論家, 批評家) / 사회학자(眊學家) / 의론가(議論家) / 통역인(通辯人) / 고고학자(古物學者) / 유적탐사가(故蹟探索家) / 종교가(宗敎家, 宗敎學者) /

유형	관련 신어
	신학자(神學者) / 정탐가 / 스파이(파이, スパイ) / 비밀탐정(秘密探偵)
의약	간호사(간호부, 看護婦, 근호수, 간호원) / 약제사 / 간호부보 / 의학사(의학수) / 의사(의수, 醫師, 醫士) / 닥터(독타, 떡터, 떡트, 떡틀, 똑토르, 딱터, 딱터, 똑터-, 짝터) / 제약사(제약수) / 양의 / 주치의(主治醫) / 경찰 의사(경찰 의수) / 여의사(똑터레스, 똑트레스) / 치과의사(덴티스트, 齒科醫士, 齒牙醫) / 랜싯(란셀트, 란셀타) / 어파서커리(아포테카리, 아포데카리) / 피지션(예지시안) / 국가태의사(國家太醫師) / 선의(船醫) / 안과의사(眼科醫) / 간병인(看病人) / 전문의(專門醫)
교육	교감(校監) / 학감(學監) / 교장(校長, 敎長, 교쟝) / 교사(교수, 敎師) / 조화교사(됴화교사) / 대학교수(大學敎授) / 교수(敎授, 교슈) / 조교수(助敎授) / 가정교사(家庭敎師) / 장교학교감(將校學校監) / 교원(敎員) / 교원자(敎員者) / 명예교사(명예교사) / 선생님(션싱님) / 튜터(튜-터) / 티처(틔-춰, 티쳘, 티쳐) / 율사(률수) / 교육가(敎育家, 敎育者, 교육자) / 교직원(敎職員) / 의학교장(醫學校長) / 강사(講師)
종교	승려(Monk) / 전교사(젼교샤, 傳敎者, 傳敎師) / 선교사(宣敎師, 선교사, 션교수) / 신부(敎士) / 전도사(傳道師, 전도스, 傳道法師) / 목사(牧師, 목스, 목사님) / 승정(僧正) / 파드레이(파데렌) / 고위성직자(高等敎士) / 고위사제(高等敎正) / 천주교사(天主敎師) / 사제(僧侶)
공공·행정	회계관 / 회계검사원장(會計檢査院長) / 세무사서(稅務司署) / 궁중고문관(宮中顧問官) / 세무관(셰무관) / 파산주임관(破産主任官) / 사무관(스무관) / 무역사무관(貿易事務官) / 행정관(힁정관, 行政官) / 검찰관 / 기사보(기스보) / 커데트(가데트) / 번역관(飜譯官) / 번력관보 / 어세관(어셰관) / 총영사(總領事) / 이등영사(二等領事) / 문부대신(文部大臣) / 공부대신(工部大臣) / 입법관(立法官, 립법관) / 정무관(政務官) / 고등관(高等官) / 고등문관(高等文官) / 공사(公使, 공스) / 대사(대스, 大使) / 외국공사(外國公使) / 대통령비서관(大統領秘書官) / 국회의원(國會議員) / 칙임의원(勅任議員) / 칙선의원(勅選議員) / 해군경(海軍卿) / 해부대신(海部大臣) / 해군대신(海軍大臣) / 해군장관(海軍將官) / 공부경(工部卿) / 문부경(文部卿) / 외무경(外務卿) / 해무경(海務卿) / 흠차대신(欽差大臣) / 사찰위원(스찰위원) / 도지사(道場官, 도지사) / 군서기(군서긔) / 군속 / 면사무원 / 면서기(면서긔) / 종신관 / 총세무사(總稅務司, 總稅司) / 관료(官僚) / 위생복무원(衛生服務員) / 내각대신(統帶官叅將) / 외무대신(外務大臣) / 외부대신(外部大臣) / 정부대신(政府大臣) / 학부대신(學部大臣) / 위생사무대신(衛生事務大臣) / 학예대신(學務,兼,美術大臣) / 엄파이어(アンパイヤ) / 우정국원(郵政局員) / 정령관(正領官) / 외무협판(外務協辦) / 협판내무부사(協辦內務府事) / 외무서기관(外務書記官) / 시정관(施政官) / 읍장(邑長) / 촉탁 / 영관(령관) / 정부관리(정부관리) / 외교관(띠풀로맡, 띠풀로멭, 外交官) / 외교관보(外交官補) / 메이어(메-어, 메-여) / 세크러테리(쎄크레타리) / 센서스(쎈서) / 제너럴 세크레터리(제네랠·쎄크레타리) / 관료(官僚) / 공리(公吏) / 공무원(公務員) / 시보 / 시찰관 / 장관(쟝관) / 고등입법관(고등립법관) / 감리관 / 교정관 / 심사관 / 통역관(通譯官) / 이사관(理事官) / 총순(總巡) / 교도관(敎導官) / 의정관(議定官) / 고등관(高等官) / 교제관(交際官) / 명예영사(名譽領事) / 명예관리(名譽官吏) / 호적관(戶籍官) / 재판소서기(裁判所書記) / 정관(政官) / 정부관리(政府官吏) / 내각고문(內閣顧問) / 행정장관(行政長官) / 정부고관(政府高官)

유형	관련 신어
사법	변호사(변호스, 辯護士) / 저지(쩌지, 쩌쥐) / 법관(法官) / 사법관(스법관) / 재판장(지판장, 재판댱) / 재판관(裁判官, 지판관) / 제심문관(提審問官) / 검사(檢事, 검스) / 검찰관(檢察官) / 배리스타(빠리스타, 빠리스터) / 대법관 / 예심판사(豫審判事) / 간직군(看直軍) / 대법관(大法官) / 고등재판장(高等裁判長) / 치안판사(治安判事)
군	제너럴 / 제독(提督) / 견습사관 / 해군대장(히군디장) / 해군제독(海軍提督, 水師總兵) / 해군총독(海軍總督) / 기관병(機關兵) / 통대관참장(統帶官叅將) / 운수병(運輸兵) / 해군사관(海軍士官) / 국경경비병(변비병) / 해군장성(亞土美拉兒) / 패트롤(파트롤) / 사령관(스령관) / 생도(싱도) / 탐망군(探望軍) / 간수병(看守兵) / 순경병(巡警兵) / 함대사령관(艦隊司令官)
치안	폴리스(포리, 포리스) / 폴리스맨(포리스맨, 포리쓰맨, 퍼리쓰·맨) / 야경꾼(딱딱이) / 순찰관(巡察官) / 경관(警官) / 형사(형스) / 순사(슌스, 순사, 巡査) / 순라꾼(巡丁) / 경찰관(警察官, 警史) / 순경(슌경) / 순검(슌검, 巡檢) / 고등경찰(高等警察) / 행정경찰(行政警察, 힝정경찰, 行政警筋) / 간수(看守, 간슈) / 사법경찰(스법경찰) / 경시총감 / 군사경찰(軍事警察)
통신	우편배달부(郵便配達夫) / 우체사령(우데사령) / 우체관 / 체전부(톄젼부, 톄전부, 테전부, 쳬전부, 遞傳夫) / 배달부(빈달부) / 포스트걸(포스트·껄) / 배달부(配達夫) / 집배인(集配人, 집비인) / 집달리(執達吏) / 우체부(우톄부) / 우편국장(우편국장) / 전보기수(電報技手, 電報手) / 통신원(通信員)
예술	피아니스트(피어니스트) / 페인터 / 극시가(劇詩家) / 극작가(作劇家, 劇曲家, 드라마티스트) / 극본작가(戲本作家) / 시네이스트(시네리스트) / 개그맨(꺄그·맨) / 댄서(딴사, ダンサー, 딴서-, 땐서-, 딴사-) / 라이터(라이터) / 모델(모텔, モデル) / 첼리스트(첼로이스트) / 코미디언(커메디앤, 코메디안) / 심벌리스트(짐발리스트) / 시인(포엩, 포에트, 職業詩人) / 피+에로(삐에로) / 할리우드걸(헐니욷·껄, 헐리욷·껄) / 커터(컽터) / 스피커(스피-커) / 밴조이스트(빤조이스트) / 엑스트라걸(엑스트라·껄) / 대문학가(더문학가) / 하피스트(하-피스트) / 변사(辯士) / 사진사(사진스) / 음악가(音樂家) / 소설가(노벨리스트, 小說家) / 미술가(美術家) / 양화가 / 화가(畵伯, 畵家) / 풍경화가(風景畵家, 景致畵工) / 예술가(藝術家, 예술가) / 사진사 / 시나리오 라이터(시나리오·롸이터, 씨나리오·라이터) / 아티스트(아-티스트, 아-티스트) / 청년 문학가 / 로프댄서(로-프·땐서) / 매지션(매지산) / 메이슨(메이손) / 민스트럴(민스트렐) / 시네마스트(씨네마스트) / 가수(싱어, 징겔, 씽거, 歌人) / 애크러뱃(아크로뺕) / 앨마(알마-) / 어릿광대(메리·앤드류) / 캐리커츄어리스트(캐리카추리스트) / 컬러리스트 / 컴포저(콤포-서, 콤포-저) / 코러스걸(코러쓰·껄) / 배우(俳優) / 활변(活辯) / 기악가(器樂家) / 성악가(聲樂家) / 여우(女優) / 연기자(演技者) / 염색가(染色家) / 조각사(彫刻師, 彫刻家, 彫像家) / 공예가(手藝家)
방송·언론	프로듀서(푸로듀서) / 아나운서(아나, 아나운써-, 아나운써, アナウンサー, 아나운사, 애나운써-) / 리포트(레보) / 리포터(레보터, 레보타, 리포-터, 리포-타, 으레포-터, 뤼폴터, 뤼폴터-, 레포터, 레포-터, 레포-타, 레포타) / 저널리스트(쩌어날리스트, 짜나리스트, 짜나리스트, 쩌날리스트, 쪼널리스트, 지야나리스트, 쩌널리스트) / 카메라맨(캬

유형	관련 신어
·출판	메라·맨, 캐머러멘, 카메라·맨) / 신문샤원 / 기자(긔자, 긔즈, 긔쟈, 記者, 探報人) / 신문기자(신문긔즈, 신문긔쟈, 新聞探報者) / 여기자(女記者) / 기사인(記事人) / 신문인(新聞匠이) / 통신원 / 라디오 아나운서(라듸오·애나운서) / 모니터(모니털) / 보고원 / 통신원(通信員) / 종군기자(從軍記者) / 출판업자(出版業者) / 발행인(發行人) / 인쇄직공(印刷職工) / 백과사전편집자(百科辭典家)
스포츠·레저	스포-츠·껄(스포츠걸) / 애슬리트(아스리-트) / 레퍼리(레푸리, 레페리, 레퍼리) / 자키(쫙키-) / 코치(고취, 코취, 코-취, 코오취, 코-치) / 트레이너(토레나, 트레-너, 트레-나) / 다이버(따이버) / 드라이버(드라이예) / 기수(技手) / 스포츠맨(스포스맨) / 스포츠우먼(스포-츠우맨) / 쟈키(쪼키-) / 클라이머 / 타이머 / 테니스맨(테니스·맨) / 글래디에이터(글ㅡ르나디에도라)
기타	국슈(국슈) / 매니큐어걸(매뉴큐아·껄, 마니큐어·껄) / 타이피스트(피스트, 타잎스트리, 夕仆ス트) / 샌드위치맨(쌘드위치·맨) / 직업적 혁명가(職業的 革命家) / 떠돌이 일꾼(호-보-, 호보) / 바버(빠-버) / 테일러 / 장의사(葬儀社) / 미장이(左官) / 정원사(園夫, 園丁, 造景園夫) / 프리랜서(뿌리·란스, 뿌리·란서, 으리-란써, 프리-란써)

(5) 노농문제

근대 시기에 들어오면 농민보다는 노동자에 대한 어휘가 현저히 많아진
다. 따라서 노농문제로 범주화하였지만 주로 노동자 문제에 관한 어휘가
다루어지고 있다고 할 수 있다. 노농문제 관련 어휘는 전체적으로 주체,
단체, 제도, 노동행위, 투쟁행위, 자본가의 행위, 의식·이론·현상 등 총
일곱 갈래로 나눠 볼 수 있다.

첫째, 주체 관련 어휘는 다시 크게 노동자계급과 자본가계급을 나타내
는 어휘, 평민계층을 가리키는 어휘, 이론·투쟁가를 지칭하는 어휘로 구
분될 수 있다. 그 어휘를 대강 살펴보면 아래와 같다.

　　－ 노동자계급 : 노동자, 농민계급, 근로계급, 자유노동자, 노동력판매자,
　　　　　　　　근로자, 쿨리, 프롤레타리아, 반프롤레타리아, 룸펜, 노역
　　　　　　　　자, 무산계급
　　－ 자본가계급 : 자본가, 부르주아, 소부르주아, 오너, 유산계급, 자본가계
　　　　　　　　급, 토지소유자

- 이론 · 투쟁가 : 생디칼리스트, 차티스트, 스트라이크브레이커, 유니어
니스트, 유니언맨

노동자계급을 가리키는 어휘가 자본가계급을 가리키는 어휘보다 양적
으로 많다. '노동자'라는 어휘만 해도 '로동자', '로동쟈', '노동쟈', '로동
즈', '勞作人', '勞作者', '勞動者' 등 표기가 다양하다. 같은 의미의 외래어인
'프롤레타리아'도 '푸로레타리아', '푸톨레타리아', '푸로레타리아트', '푸롤
레타리아트', '푸로레타리아ー트', '푸롤레타리아ー트' 등 여러 가지로 표기
되고 있다. 또 '룸펜'의 표기도 '름펜', '룸팬', '룬편', '룸편', '룬펜', 'ルン
ペン' 등으로 다양할 뿐 아니라 '룸펜인텔리겐챠', '룸펜프롤레타리아' 등
'룸펜'과 다른 어휘가 결합된 합성어들도 있다. '소부르주아'는 '小뿌르조
아', '小쌸죠아', '小뿌루쪼아'로 표기되고 있다. 이론 · 투쟁가를 가리키는
어휘 중에는 '생디칼리스트'의 경우가 표기가 다양한데 '싼티칼리스트',
'산지카리스트', '썬디칼리스트', '산치카리스트', '산디칼리스트', '산디카
리스트' 등이 있다. 이들 어휘는 일제시대 소설이나 한말 저역서에서 출현
하는 경우도 있지만 외래어의 대개는 이종극의 『(鮮和兩引)모던朝鮮外來語辭
典』을 출처로 하고 있다.

둘째, 노농문제와 관련된 단체를 가리키는 어휘는 대부분 노동자, 농민
들이 노농문제 해결을 목적으로 결성한 단체명들이다. 표기 형태에 따라
크게 한자어와 외래어로 나눠 볼 수 있다. 한자어는 '○○조합', '○○회(의)'
형태이고, 외래어는 그 발음의 한글 표기이거나 알파벳 이니셜의 조합 또
는 그것의 한글 표기이다. 그 예는 아래와 같다.

- 한자어 표기 : 노동조합, 노동자조합, 노동회, 직공동맹, 공장분회, 국제
노동회의, 공장위원회, 국수회, 공장대표자회의, 소비조
합, 횡단조합, 도색조합, 국제농민위원회, 국제적색구원
회, 범태평양노동조합회의 종단조합, 흑색조합, 판매조합
- 외래어의 한글 표기 : 아르텔, 트레이드유니온, 프로핀테른, 모스크바인

터내슈날, 레이버유니언, 레이버파티, 샐러리맨유
니언, 크래프트길드, 크레스틴테른
- 알파벳 이니셜 및 그 한글 표기 : I.W.W., C.G.T., 시지티유, 아.데.게.베,
아이에프티유, 아이엘피, 에스엠유

이 어휘의 상당수가 러시아, 독일, 영국 등 외국에 있는 단체명이다. 그
리고 대부분은 이종극의 『(鮮和兩引)모던朝鮮外來語辭典』과 『新語辭典』(青年朝
鮮社, 1934)과 같은 사전류가 그 출처이다.

셋째, 노농문제와 관련된 제도를 보여주는 어휘는 현재의 근로기준법에
해당하는 법·제도에 관한 어휘와, 역사상 시행되었던 노동체계 내지 조
건에 관한 어휘로 나누어 볼 수 있다. 먼저 법·제도에 관한 어휘는 '7시
간노동제', '8시간 노동제', '10시간 노동법안', '심야업폐지', '노동시간제
한법', '노동자보호법', '최저임금제', '단결권', '단체교섭권' 등이 있다. 노
동체계, 조건에 관한 어휘는 '포드시스템', '고혈제도', '스웨팅시스템', '소
비에트농장', '트럭시스템', '봉건제도' 등이 있다. '살이라', '샐라리', '쌀라
리', '살라리', '쌜라리', '싸라리' 등으로 다양하게 표기되는 '샐러리'를 제
외하고는 대부분의 어휘들은 한두 가지 형태로 표기되고 있다. 이는 해당
신어가 여러 자료에서 다양한 용례로 쓰였기보다는 주로 사전류에서 하나
의 표제어로 등재되었기 때문인 것으로 추측할 수 있다. 이 어휘들의 출처
는 앞선 노농문제 어휘들이 그러했듯이 사전류가 주를 이룬다. 이처럼 노
농문제 어휘들은 다른 분야의 어휘들과 달리 소설에서는 잘 발견되지 않
는 편이다.

넷째, 노동행위와 관련한 어휘에는 '노동생활', '근육노동', '피스워크',
'노동분배', '노동협동', '가내노동', '계절노동', '임노동', '오버워크' 등 '노
동' 또는 '워크'와 다른 어휘의 합성어인 경우가 많다.

다섯째, 투쟁행위와 관련한 어휘는 '운동', '파업', '스트라이크', '투쟁' 등
의 어휘에 다른 어휘가 결합한 경우가 많다. 몇 가지 소개하면 아래와 같다.

- 운동 : 노동운동, 노농운동, 농민운동
- 파업 : 대중파업, 동맹파업, 동정파업
- 스트라이크 : 심퍼시스스트라이크, 제너럴스트라이크, 헝거스트라이크
- 투쟁 : 계급투쟁, 경제투쟁, 일상투쟁

이 중에서 '스트라이크'는 '스트라익', '스추라익', '스튜라익', '스트라잌키', '스트', '스트라의크', '스트라읶' 등 여러 가지로 형태로 표기되고 있고 이에 따라 다른 어휘와의 복합어 예를 들면 '제너럴스트라이크', '헝거스트라이크'의 표기도 다양하게 나타나고 있다. 이종극의 『(鮮和兩引)모던朝鮮外來語辭典』에서 '태업', '해업(害業)'으로 설명되는 '사보타주'의 경우 그 표기 방식이 20개에 이른다. '사보디쥬', '사보디-쥬', '사보디즈', '사보디-즈', '사보디지', '사보디-지', '싸보테이지', '싸보테지', '싸보타쥬', '싸보타쥐', '싸보타지', '싸보타즈', '싸보타-지', '사쏀타-쥬', '사보타-쥬', '사쏀다-쥬', 'サボタージ', '사보타지', '사보타-쥬', '사보'가 그것이다. '사보타주'는 본래 노동문제와 관련된 어휘이지만 "가끔 강의를 듣지 않고 사보를 해가면서 읽었던 것이다."라는 용례가 있는 것으로 보아 투쟁과 관련되지 않은 일상적 상황에서도 쓰였던 것으로 짐작할 수 있다.

여섯째, 투쟁행위와 대비되는 자본가의 행위와 관련된 어휘는 양적으로는 투쟁 관련 어휘보다는 적은 편이다. '공장폐쇄', '면직', '로크아웃', '고용', '감봉', '해고', '착취' 등이 그것이다. 이 중에서 '로크아웃'은 1931년 8월 7일 「新用術語解說」에서 "공장주가 종업원의 요구를 거절하거나 또는 그것에 대항키 위하여 자기의 영위하는 기업의 활동을 정지하여 종업원의 생활을 위협하려는 수단"으로 설명된다. '락·아웉', '럭·아웉', '럭,아웉', '럭아웉', '럭아웃', '록크아비트', '롴크·아웉', '롴아웉', '롴크·아웉트' 등으로 표기되고 있다.

마지막으로 노농문제와 관련된 의식·이론·현상을 나타내는 어휘를 보면, 그중 의식·이론에 관한 어휘에는 '노동문제', '농촌문제', '노동설', '생

디칼리슴', '조합주의', '계급의식', '온정주의', '생시몽주의', '소비에티즘', '안타고니즘', '윈빅유니어니즘', '노동가치설', '사회개량주의', '수정파사회주의', '근로주의', '계급주의', '노예주의' 등이 있다. 현상에 관한 어휘에는 '노동사회', '토지겸병', '토지합병', '메이데이', '계급동정', '공산데이', '농노해방', '국제적색데이', '노자협조', '고용관계', '노예매매', '토지영유' 등이 있다. 이 중 '생디칼리슴'에 대한 표기가 가장 많다. '싼티칼리즘', '산지카리즘', '센디칼리즘', '씬디칼리즘', '산치카리슴', '산치카리즘', '산디카리슴', '싼듸칼리즘', '싼치카리즘', '싼듸카리슴', '싼듸카리슴', '산디카리즘', '산디칼리즘', '산디카리슴', '산디칼리슴' 등이 그것이다. 생디칼리슴은 잡지 『全線』 1-2호(赤壁社, 1933년 2월)에 게재된 「全線用語」에서 '노동조합주의'로 설명되고 있어, 노동운동의 이론적 역할을 담당했다는 것을 보여준다. 이처럼 노농문제의 의식·이론에 관한 어휘들은 노동자계급이 자본가의 행위에 대항한 '투쟁행위'를 이론적으로 뒷받침하는 성격을 가지고 있다.

■ 양진아

〈표 16〉 노농문제 관련 신어

유형	관련 신어
주체	노동자(勞動者, 로동자, 로동쟈, 노동쟈, 로동즈, 勞作人, 勞作者) / 레이버러(레-버러) / 농업노동자(農業勞働者) / 노동부인(勞働婦人) / 공장노동자(工人) / 농민계급(農民階級) / 화이트핸즈(화읻·핸드) / 플래브스(푸레브스) / 근로계급(勤勞階級) / 자유노동자(自由勞動者) / 노동력판매자(勞力販賣者) / 근로자(勤勞者) / 레이버리더(레-버·리-더) / 근로자층(勤勞者層) / 산업예비군(産業豫備軍) / 서민계급(庶民階級) / 생디칼리스트(싼티칼리스트, 산지카리스트, 씬디칼리스트, 산치카리스트, 산디칼리스트, 산디카리스트) / 차티스트(차치스트, 챠-치스트, 챠-티스트) / 쿨리(쿨리-, 쿨니-, 쿠-리, 苦力, クーリー) / 프롤레타리아(푸로레타리아트, 푸롤레타리아트, 푸로레타리아-트, 푸로레타리아-트, 푸로레타리아, 푸톨레타리아) / 반프롤레타리아트(半푸로레타리아) / 스캐브(스곱, 스캡, 스캅) / 스트라이크브레이커(스트라읶·뿌레-커) / 룸펜 프롤레타리아(룸펜푸로레타리아-트, 룸펜, 푸로레타리아, 룸펜프로타리아, 룸펜·푸로, 룸펜·푸로레타리아트) / 무산자 / 실업자(失業者) / 고용남 / 고용녀 / 소시민층(小市民層) / 무산자(無産者) / 민중(民衆) / 샐러리맨(사라리맨) / 세미프롤레타리아트(세미·푸로레타리아트) / 유니어니스트(유니오니스트) / 유니언맨(유니온·맨) / 노동통신원(勞農通信員) / 노동귀족(勞動貴族) / 무산계급(無産階級) / 룸펜(룸펜,

유형	관련 신어
	룸펜, 룬편, 룸편, 룬펜, ルンペン) / 룸펜 인텔리, 룸펜 인텔리겐차(인텔리·룸펜, 인테리·룸펜, 룸펜·인텔리, 룸펜·인텔리겐차, 룸펜·인텔리) / 하급봉급생활자(洋服細民) / 임금노예(賃銀奴隷) / 고원(雇員) / 실업자(失業者) / 고용인(雇傭人) / 무직자(無職者) / 월급쟁이 / 노역꾼(勞役軍) / 노역자(勞役者) / 단독노동자(單獨勞働者) / 청년노동자(靑年勞働者) / 생산자(싱지민) / 자본가(資本家) / 차인 / 노동력구매자(勞力購買者) / 소부르주아(小뿌르조아, 小쌀죠아, 小뿌루죠아) / 룸펜 부르조아(룸펜·쌀르조아,룸펜,부르죠아) / 부르주아(뿌르조아) / 오너(오-너) / 유산계급(有産階級) / 유한계급(有閑階級) / 자본가계급(資本家階級) / 토지소유자(土地所有者)
단체	노동조합(勞働組合) / 노동자조합(勞働者組合) / 플레브스리그(풀레브스·리그) / 노동회(로동회) / 직공동맹(職工同盟) / 아이 더블유 더블유(아이·따불유·따불유, 아이·따블유·따블유, 아이, 따불유, 따불유,, 아이·떠불유·떠불유, I. W. W.(Industrial Workers of the World)) / 아르텔(알테리, 아-텔, 알텔, 알텔) / 트레이드유니온(트레이드·유니온, 트레-드·유니온) / 프로핀테른(푸로핀테른, 푸로옌탄, 푸로핀턴, 푸로핀테른) / 모스크바인터내슈날(모스크바·인터내슈날) / 공장분회 / 국제노동사무국 / 국제노동회의(國際勞働會議) / 공장위원회(工場委員會) / 국수회(國粹會) / 공장대표자회의(工代會議) / 귀족적조합(貴族的 組合) / 소비조합(消費組合) / 횡단조합(橫斷組合) / C·G·T(노동총동맹, 씨·지이·티이) / 도색조합(桃色組合) / 공회(工會) / 농민노동당(農民勞働黨) / 나이츠오브레이버(나이트·오프·레-버) / 레이버유니언(레-버·유니온) / 레이버파티(레-버·피-틔) / 샐러리맨유니언(싸라리맨스·유니온) / 시지티(씨-·지-·티) / 시지티유(씨-·지-·티-·유-) / 아.데.게.베(아-·떼-·께-·페(뻬)-) / 아이 에프 티 유(아이·에프·티·유) / 아이 엘 피(아이·엘·피) / 에스 엠 유(에스·엠·유) / 에포(에포오) / 원빅파티(원·빅·파티) / 크래프트길드(크랜트·낄드) / 크레스틴테른(크레스친테른) / 국제농민위원회(國際農民委員會) / 국제적색구원회(國際赤色救援會) / 범태평양노동조합회의(凡太平洋勞働組合會議) / 협동조합(協同組合) / 협조조합(協助組合) / 형평사(衡平社) / 확대집행위원회(擴大執行委員會) / 황색조합(黃色組合) / 횡단조합(橫斷組合) / 종단조합(縱斷組合) / 흑색조합(黑色組合) / 직공조합(職工組合) / 판매조합(販賣組合) / 농민단체(農民團体)
제도	공장법(工場法) / 레버놈(레버·놈) / 7시간노동제(七時間勞働制) / 8시간노동제(八時間勞働制) / 10시간노동법안(十時間議單) / 심야업폐지(深夜業廢止) / 노동시간제한법(勞働時間制限法) / 노동자구제(勞力者救濟) / 노동자보험제도(勞働者保險制度) / 노동자보호법(勞働者保護法) / 토지공유제도(土地共有制度) / 슬라이딩시스템(슬라이딩·씨스템) / 테일러시스템(테일러·씨스템) / 포드시스템(뽀드·씨스템, 뽀-드씨스템) / 샐러리(살이라, 샐라리, 쌀라리, 살라리, 쌜라리, 싸라리) / 근로소득(勤勞所得) / 몸세 / 기초공제(基礎控除) / 노동소득(勞働所得)하이어(하이아) / 수로금 / 실업보험(失業保險) / 노동시간(勞働時間) / 노동비(勞働費) / 고한제도(苦汗制度) / 생활임금(生活賃金) / 샐러리(싸라리) / 고혈제도(膏血制度) / 국제노동규약(國際勞働規約) / 임금통제령(賃金統制令) / 아이롤씨스텔 / 임금철칙(아이언라우, 貨銀鐵則) / 단체교섭권(團體交涉權) / 단체협약(團體協約) / 소비에트농장(쏘벳트農場) / 콜호즈(꼴호즈, 코르호-즈, 코루호-즈, 콜호-즈) / 클로즈드 숍(크로수드 숏프) / 단결권(團結權) / 데이텀라

유형	관련 신어
	인(떼팀 · 라인) / 레이버마켓(레-버 · 마-켙) / 레컴펜스(레콤펜스) / 브로큰타임페이먼트(뿌로큰 · 타임 · 페이멘트) / 스웨팅시스템(스웨팅 · 씨스템) / 슬라이딩스킬(슬라이딩쓰 · 킬) / 아이들시스템(아이들 · 씨스템) / 캐디피(캐디.悂-) / 컬렉티브바겐(콜렉티브 · 빠-게인) / 클로즈드숍(클로-스드 · 숖) / 타임카드(타임 · 카-드) / 탤런트머니(탤렌트 · 머니) / 트럭시스템(트럭크 · 씨스템) / 트레이드유니어니즘(트레-드 · 유니오니즘) / 농업강령(農業綱領) / 봉건제도(封建制度) / 삼일제(三一制) / 삼칠제(三七制) / 유한책임(有限責任) / 최저임금제(最低賃銀制, 最低勞銀法) / 입입금지(立入禁止) / 파업기금(罷業基金) / 파업보험(罷業保險) / 토지소유권(土地所有權) / 노예제도(奴隷制度) / 노예해방법안(奴隷解放法案) / 노은(勞銀) / 노은기금(勞銀基金) / 단가지급법(單價支給法) / 소유지경작법(持地耕作法) / 소작료(小作料) / 소작법(小作法)
노동행위	노동생활(로동싱활) / 근육노동(근육로동, 筋肉勞働) / 피스워크(피-스 · 웤) / 노동분배(勞働分配) / 노동협동(勞働協同) / 레이버(레-버-) / 가내노동(家內勞働) / 계절노동(季節勞働) / 임노동(賃勞働) / 오버워크(오-버웤) / 오버타임(오-버타임) / 타임워크(타임 · 워-크) / 노무(勞務) / 노동(勞作) / 임의노동(任意勞作) / 자가노동(自家勞作) / 자유노동(自由勞働)
투쟁행위	피켓(피케, 픽크, 피켓트, 피켙트) / 피케팅(피켙팅, 픽켓팅) / 노동운동(勞働運動) / 노농운동(勞農運動) / 농민운동(農民運動) / 경지반환(耕地返還) / 스토피지(스탚페-지) / 파업(罷業) / 스트라이크(스트라익, 스추라익, 스튜라익, 스트라익키, 스트, 스트라의크, 스트라잌) / 심퍼시스트라이크(심파씨 · 스트라익) / 스트러글(스트라글, 스추러글) / 대중파업(마쎈 · 스트라익) / 사보타주(사보, 사보디쥬, 사보다-쥬, 사보디즈, 사보다-즈, 사보디지, 사보다-지, 사보타-쥬, 싸보테이지, 싸보테지, 싸보타쥬, 싸보타쥐, 싸보타지, 싸보타즈, 싸보타-지, 사쌛타-쥬, 사쌛다-쥬, 사보타지, サボタージ) / 제너럴스트라이크(쩨네 · 스트, 쩨너 · 스트, 쎄네 · 스트, 제네스트, 제-스트, 제너랠 · 스트라익, 제너랠 · 스트라익키) / 헝거스트라이크(헝거 · 스튜라익, 헝거 · 스트, 한 · 스트, 한 · 스트, 행그 · 스트라익, 헝거-스트라익, 헝거 · 스트라익, 헝거 스트라이크, 헝스트) / 다이렉트액션(따이렠트 · 앸슌) / 노동절시위(메이데이 · 데모) / 헝거마치(헝거 · 마-취) / 동맹파업(同盟罷業, 同盟罷工, 동밍파업) / 타이업(타이 · 엎) / 경제투쟁(經濟鬪爭) / 계급투쟁(階級鬪爭, 계급쟁) / 계급타파(계급타파) / 매스스트라이크(매쓰 · 스트라익) / 워크아웃(워크아웉) / 동정파업(同情罷業) / 백성폭동(百姓一揆) / 연돌남(煙突男) / 일상투쟁(日常鬪爭) / 차티스트운동(차-티스트運動) / 통일전선(統一戰線) / 계급전(階級戰) / 태업(怠業) / 동맹휴업(同盟休業)
자본가의행위	공장폐쇄(工場閉鎖) / 면직 / 로크아웃(락 · 아웉, 럭 · 아웉, 럭,아웉, 럭아웉, 럭아웃, 록크아비트, 록크 · 아웉, 롴아웉, 롴크 · 아웉트) / 고용(雇用) / 모차압(立毛差押) / 착취(搾取) / 감봉(減俸) / 해고(解雇, 解傭)
의식 · 이론 · 현상	노동문제(勞働問題, 勞作問題) / 농촌문제(農村問題) / 부인노동자문제(婦人勞働者問題) / 농민문학(農民文學) / 노동설(勞働說) / 생디칼리슴(싼티칼리즘, 산지카리즘, 센디칼리즘, 씬듸칼리슴, 산치카리슴, 산치카리슴, 산디카리슴, 싼듸칼리즘, 싼치카리슴, 싼듸카리슴, 싼듸카리즘, 산디카리슴, 산디칼리즘, 산디카리슴, 산디칼리슴) / 조합주의(組合主義) / 대중조합주의(大衆組合主義) / 계급(階級, 계급) / 계급층(階級

유형	관련 신어
	層) / 계급적 / 소시민성(小市民性) / 계급의식(계급의식, 階級意識) / 아코 / 노동사회(勞働社會, 勞力社會) / 토지겸병(土地兼倂) / 토지합병(土地合倂) / 메이데이(메-데-, 메데, 메-데, 메데-, 메데이, 메-데이, 메이데-, 메이데-) / 계급동정(계급동정) / 공산데이(共産데-) / 농노해방(農奴解放) / 자연생장성적의식(自然生長性的意識) / 스캡(스캇푸) / 온정주의(溫情主義) / 매스터스아이(마스터스·아이) / 샐러리맨십(싸라리맨쉽) / 생시몽주의(싼·씨몬主義) / 소비에티즘(쏘비에티즘) / 아미앵憲章(아미안憲章) / 안타고니즘(안태고니즘) / 원빅유니어니즘(원·삑·유니오니즘) / 국제적색데이(國際赤色데-, 國際赤色데이) / 노동가치설(勞動價値說) / 노동력(勞働力) / 노동헌장(勞動憲章) / 노자협조(勞資協調) / 무산자신문(無産者新聞) / 분배(分配) / 상당분배(相當分配) / 사회개량주의(社會改良主義) / 생산관계(生産關係) / 수정파사회주의(修正派社會主義) / 필요노동(必要勞働) / 횡단좌익(橫斷左翼) / 근로주의(勤勞主義) / 기계시(機械視) / 고가문제(雇價問題) / 노역문제(勞役問題) / 근면하라 근면하라 근면하라(勤勉하라 勤勉하라 勤勉하라) / 계급주의(階級主義) / 노예주의(奴隷主義) / 노예해방문제(奴隷解放問題) / 고용관계(雇傭關係) / 노예매매(奴隷賣買) / 노동능력(勞働能力) / 노예무역(奴隷貿易) / 노예선(奴隷船) / 토지영유(土地領有)

제2장 사회 · 생활

'요새 新聞에는 英語가 많아서 도모지 알아볼 수가 없다'는
不平 비슷한 말을 나는 여러 사람의 입에서 흘러나오는 것을 들었다.
실로 現代 (더욱 最近 十年 以來)는
'外國語闖入時代'란 이름을 붙일만큼 外國語가 闖入하고 있다.
新聞이란 新聞, 雜誌란 雜誌는 모두 외래어를 滿載한다.
소위 모더니즘의 文人墨客들은 다투어
外國語를 移植하며 때로는 거의 思慮 없이 羅列한다.
… 오늘의 쩌널리스트는 外來語를 쓰지 않고는 記事 한 줄 못쓸 形便이다.[1]

언어는 생각하는 것을 표현하고, 의사를 전달하는 수단이다. 사회발전에
따라, 인간의 인식은 달라진다. 달라진 인간의 인식은 언어의 구성 요소인
어휘를 변화시킨다. 새로운 사물이나 현상이 생기고 인간의 사상관념이
변화하면 어휘가 새로 생기거나 기존 어휘의 의미가 달라진다. 이런 점에
서 어휘는 한 나라의 사회적, 경제적, 문화적 환경의 변화를 가장 예민하
게 반영하는 언어 요소라고 할 수 있다.

1876년 개항 뒤 한국은 봉건적인 사회 질서를 타파하고 근대적 사회로
전환되면서 여러 면에서 많은 변화를 겪었다. 왕을 중심으로 한 수직적 사
회구조가 수평적으로 분산되면서 사회가 정치 · 법 · 경제 등으로 기능적이
고 체계적으로 분화해 나갔다. 이들 영역은 각각의 소통체계를 만들면서
서로 관계하기도 하는 복잡한 커뮤니케이션 구조를 생산하고 있었다.[2] 또
한 서양의 문물과 기술이 도입되기 시작하였다. 이에 따라 신문물 어휘가
필요하게 되었다. 신어가 나타나기 시작한 것이다. 이종극(李鍾極)은 이를
"언어의 혁명"으로 여겼다.[3] 그런 변화를 잘 보여주는 영역은 사회 · 생활

1) 李鍾極, 「自序(조선外來語辭典에對하야)」(1933), 『모던朝鮮外來語辭典』, 漢城圖書株式會社,
   1937, 1면.
2) 전성규, 「말과 서사, 언어 간 교환체계 성립과 근대어의 증식-『大韓民報』의 언어정리사업
   과 소설을 중심으로」, 『코기토』 75, 2014, 201면.
3) 李鍾極, 『모던朝鮮外來語辭典』, 9면.

이라고 할 수 있다.

사회·생활 분야의 신어는 크게 의식주·사물, 교통·매체, 풍속·사회 현상 등 세 부문으로 나눌 수 있다. 의식주·사물 범주는 복장(15.99%), 음식 (12.40%), 시설(19.82%), 사물(26.37%), 기계(8.95%), 동식광물(16.47%)을 포함하고 있다. 교통·매체는 '교통, 통신, 매체'라는 하위 항목으로 분류되는데, 각각 44.11%, 17.88%, 38.01%이다. 풍속·사회현상은 '성, 가족, 사회이슈, 사회활동, 사회관계'라는 소항목으로 나뉜다. 성은 12.38%, 가족은 8.80%, 사회이슈는 21.87%, 사회활동은 24.12%, 사회관계는 32.84%이다.

이러한 통계를 볼 때, 사회·생활 분야 가운데 교통, 매체, 사회관계, 사물 관련 어휘가 많고, 가족과 기계 관련 어휘는 상대적으로 적다. 흔히 서구인이 '문명과 야만의 척도'로 이용하는 교통과 매체, 사물 등은 '근대의 발명품'이다. 이것은 전통 사회에는 없었던 새로운 것이다. 그렇기 때문에 이 부분에서 신어의 비중은 높다. 가족은 전통사회에도 있어 왔고 범주 자체가 좁기 때문에 신어의 비중이 낮게 나타났을 것이다.

사회·생활 관련 근대 신어는 그동안 세 가지 차원에서 연구되었다. 첫째는 개념사적 연구이다. 개념은 '관념'이나 '이념'과는 다르다. 개념은 비록 실재를 표상하는 관념이기는 하지만 구체적인 맥락에서 수행되는 언어행위의 한 부분이다.[4] 1990년대 중반 무렵부터 사회과학 분야에서는 모방의 시대에서 창조의 시대로 가기 위해서는 우리 정치·사회 개념의 뿌리를 확인하는 연구가 필요하다는 주장이 제기되었고, 국제정치학 분야에서 먼저 코젤렉(R. Koselleck)의 개념사 연구에 주목하여 한국 사회과학 개념의 형성사 연구가 시작되었다. 이들은 "21세기 역사의 주인공이 되기 위한 전초전"으로서 개념논쟁을 파악하고 "21세기 변화하는 세계를 바로 보고 바람직한 미래를 실천하기"[5] 위한 개념사 연구의 필요성을 강변했다. 이러한 문제의식은 인문학 분야에도 마찬

---

4) 김현주, 「근대 개념어 연구의 동향과 성과―언어의 역사성과 실재성에 주목하라!」, 『상허 학보』 19집, 2007, 208면.
5) 하영선 외, 『근대한국의 사회과학 개념 형성사』, 창비, 2009, 23, 29면.

가지로 공유되었다. 개항기, 대한제국시기, 식민지시대에 관한 연구가 늘어났
다. 근대성의 문제를 대중적 지식·개념의 형성과 과정으로 바라보면서,6) 서
양의 지식과 개념이 수용되는 과정을 탐색하고 있는 것이다. 둘째는 언어학
분야의 연구이다. 개항기 이후 신어의 형성, 언어의 유입 통로, 외래어의 표기
현상, 한·중·일 차용어 등과 관련된 연구들이 꾸준히 진행되고 있다. 이와
관련된 번역서도 출간되었다. 대표적으로는 션궈웨이의 『근대중일어휘교류
사 : 신한자어의 생성과 수용』(고려대학교출판부, 2012)이 있다. 셋째는 문학 분야
연구이다. 여기서는 하나의 개념어('풍속', '의생활', '주거', '복식' 등)를 중심으로 언어
의 역사성을 살펴보고 있다.

사회·생활 분야의 대표적인 연구 성과는 다음과 같다. 박명규의 「근대
한국의 '사회' 개념 수용과 문명론적 함의」(『개념의 번역과 창조』, 돌베개, 2012), 김
한샘의 「신어사전에 나타난 근대 사회 문화 연구-의생활 어휘를 중심으로」
(『새국어교육』 제104호, 2015)과 「『모던조선외래어사전』의 인문언어학적 연구」(『배
달말』 55, 2005), 「『신어사전』(1934)의 구조와 근대 신어의 정착 양상」(『한글 304,
2014』), 송민(宋敏)의 「개화기 신문명어휘의 성립과정」(『語文學論叢』 8, 1989), 「한
자어 '汽船, 汽車'의 연원」(『새국어생활』 9-3, 1999), 「'器械'에서 '機械'가 되기까
지」(『새국어생활』 9-4, 1999)와 「'時計'의 차용」(『새국어생활』 10-2, 2000), 「'병원'의 성
립과 정착」(『새국어생활』 12-1, 2002), 이병기의 「『易言』을 前後한 '기계'와 '제조'
의 어휘사」(『국어국문학』 156, 2010), 김동식의 「풍속·문화·문학사」(『민족문학사연
구』 19, 2001), 高至賢의 「유행개념으로 바라본 식민지 조선의 근대성」(『大東文化
硏究』 제71집, 2010), 김윤희의 「한국 근대 新語연구(1920년~1936년)-일상·문화적
맥락을 중심으로」(『국어사연구』 11호, 2010), 이상혁의 「근대 한국(조선)의 서양 외
래어 유입과 그 역사적 맥락」(『언어와 정보 사회』 23, 2014), 김현주의 「근대전환기
개념의 운동과 변주-계몽기 문화 개념의 운동성과 사회이론」(『개념과 소통』 15,
2015), 이경훈의 『한국 근대문학 풍속사전(1905-1919)』(태학사, 2006), 김하나의 『近
代的 어린이 개념의 형성과 주거의 변화』(서울대학교 대학원 석사학위논문, 2006), 김

---

6) 이화여대 한국문화연구원, 『근대계몽기 지식 개념의 수용과 그 변용』, 소명출판, 2004, 5면.

용범의『'文化住宅'을 통해 본 한국 주거 근대화의 사상적 배경에 관한 연구』 (한양대학교 대학원 박사학위논문, 2009), 김미정의『1920~30년대 대중매체를 통해본 근대 주거문화의 수용양상에 관한 연구』(서울시립대학교 일반대학원 석사학위논문, 2009), 정주희가 쓴『근대적 주거공간과 집의 사상 : 식민지 말기 소설이 그려 낸 '아파트'라는 공간』(연세대학교 대학원 석사학위논문, 2013) 등이 있다.

더 나아가 개념이나 번역, 담론 연구의 틀에 얽매이지 않고 구체적 상황 속에서 활용되는 언어의 사회적 의미 맥락을 탐색한 연구들이 나왔다. 문화사, 일상사, 사회사, 학술사, 번역사 등 다양한 방법론을 통한, 이른바 근대 전환기에 대한 연구 '붐'이 일었다. 이종극의 표현대로, "말은 時代의 거울이다. 따라서 時代를 反映한다. 모던語는 모던時代의 産物이며 모던時代를 反映하는 거울이다. 그러므로 '語史'(言語의 歷史)와 '物史'는 自古로 恒常 얕지 않은 關係를 가지고 있어왔다."[7]

근대성[8]은 서구와의 '간접적' 접속이 낳은 사회적 문화적 격변과 그에 상응한 시간과 공간에 대한 새로운 인식과 경험의 양식이었다. 그것은 "근대 사회에서 '새로운' 것을 경험하는 양식"[9]이라 할 수 있다. 그런 점에서 사회 및 생활 분야의 근대 신어에 대한 연구는 한국적 '근대(성)'을 해명하는 중요한 단초가 될 수 있을 것이다. ▪ 황동하

---

7) 李鍾極,『모던朝鮮外來語辭典』, 9-10면

8) 김성기,「세기말의 모더니티」,『모더니티란 무엇인가』, 김성기 편, 민음사, 1994, 16면. 근대성은 문화적, 사회학적 혹은 인식론적 관점에서 각기 강조점이 다를 수밖에 없는 복잡한 개념이다. 이를테면 베버(Max Weber)에게 근대성이 우선적으로 합리화와 세속화를 의미했다면, 마르크스(Karl Marx)에게 근대성의 핵심은 무엇보다도 자본축적의 역동성이었으며, 또 다른 시각에서 볼 때 근대성은 신권(神權)에서 벗어나 자의식적인 주체성에 입각한 개인과 세속화된 세계를 가늠하는 철학적 특징을 의미한다.

9) David Frisby, *Fragments of Modernity : theories of modernity in the work of Simmel, Kracauer and Benjamin*, Cambridge : Polity Press, 1985, p.1.

1. 의식주 · 사물

19세기 말 조선이 일본과 중국을 통해 서구를 접하게 되면서, 조선에 낯선 다양한 제도와 문물이 이식 또는 유입되기 시작했다. 새로운 문화와의 접촉을 통해 새로운 물질문화에 대한 사회적 요구가 생겨나면서 이를 수용하고 옛 문화를 새로운 것으로 대체해 가는 과정이 진행되었던 것이다.

의식주와 사물은 어떤 사회에서든 인간의 생존에 없어서는 안 될 가장 기본적인 것이다. 의복과 음식, 주거는 한 사회의 지리적, 환경적 요인의 직접적인 영향을 받을 뿐만 아니라, 종교나 풍속 등과 같은 사회 환경에 따라 달라지기 때문에 각 사회마다 다른 모습을 띠게 된다. 그렇기 때문에 서로 다른 문화가 접촉했을 때, 그 결과가 적어도 '외양'으로 나타나는 영역은 '의식주와 사물'일 것이다. 따라서 의식주 · 사물과 관련된 새로운 어휘가 실생활에서 빠르게 유통 · 소비되었다.

의식주 · 사물에 속한 어휘들도 다른 근대 신어와 마찬가지의 생성, 유통, 변화를 겪었다. 개개인은 외래어를 각자 자신의 청각 인상에 따라 다양하게 표기한다. 그 결과 하나의 어휘를 여러 가지로 표기하는 표기상의 혼란이 일어났다. 서구의 외래어를 수용하는 방식에는 음역과 의역 및 두 방식을 혼합한 혼역이 있다. 음역 방식은 한글로 표기하며, 서구어 어형과 원음을 국어에 바로 차용하는 직접 음역 방식과 중국이나 일본에서 한자어로 음역한 것을 다시 국어 한자음으로 읽어서 차용하는 간접 음역 방식이 있다. 직접 음역 방식의 보기를 들면 '고릴나, 쏘릴라, 다나마이트, 짜이나미이트, 푸로코트, 후록코트, 후로고투, 후룩고투 등이 있다. 간접 음역 방식은 중국이나 일본 등 제3국에서 한자로 음역한 것을 다시 우리의 한자음으로 읽어 수용하기 때문에 원어음과 차이가 있다. 보기를 들면, 金鷄納(금계랍), 德國(덕국), 虎列剌(호열자) 등이다. 의역 방식은 서구어를 국어로 직접 번역하여 쓰는 방식과 중국이나 일본을 통해 의역된 것을 다시 국어에 빌어 쓰는 간접 방식이 있다.10) 직접 의역은 외래어를 직접 국어의 고유어나 한자어로 의역하여 번역 차용한 방식이다. Jupon(홀태바지), lamp(洋燈), socks(洋襪) 등이 직접 의역에 해당한다. 간접 의역은 중국이나 일본에서 의역한 외래어를 다시 국어에서 차용한 방식이다. philosophy(格物學-격물학), steam-boat(火輪船-화륜선), cross(十字架-십자가) 등이 간접 의역에 해당한다.

의식주·사물에 속한 어휘는 복장, 음식, 시설, 사물, 기계, 동식광물 등으로 나눠볼 수 있다. 이 가운데 복장 관련 어휘는 의복과 치장, 그리고 직물, 의복문화로 다시 세분화할 수 있다. 드로어즈, 메리야스, 브래지어, 콤비네이션 등과 같은 속옷, 프록코트, 세비로, 튜닉, 코트 등과 같은 겉옷, 나폴레옹 모자, 더비모자, 맥고모자 등의 모자류, 토슈즈, 하이힐, 양화, 칠피구두 등과 같은 신발류가 의복에 포함된다. 치장관련 어휘는 다시 금시계, 양산, 벨트, 행커치프 등과 같은 장식품, 보이시보브, 히사시가미, 트레머리 등과 같은 머리모양, 코티, 크림, 포마드, 퍼퓸, 매니큐어 등과 같은 화장관련 어휘로 나뉜다. 직물에는 가스실, 라사, 메리노 등과 같은 옷감관련 어휘, 마포제지법, 뮬방적기, 직융법, 전양모기계와 같은 산업관련 어휘로 구분해볼 수 있다. 의복문화 관련 신어에는 노칼라, 논드로어즈, 뉴패션, 모드, 이미테이션, 허영심 등이 있다.

음식 어휘군은 음식문화, 주식, 간식·음료, 식재료로 나누어 볼 수 있다. 런치, 디너와 같이 끼니를 일컫는 어휘, 레스토랑, 다이닝카, 나이프와 같이 식사 공간이나 식기를 지칭하는 어휘, 디너파티, 디저트코스처럼 식문화에 대한 어휘 등이 음식문화에 속한다. 주식 관련 어휘에는 비프스테이크, 커틀릿, 비프스튜 등과 같은 서양 요리를 가리키는 말이 대부분을 이룬다. 케이크, 아이스크림과 같은 단 음식과 파인애플, 파파야 등과 같은 과일 용어, 기타 서양의 디저트(후식) 용어, 커피, 코코아, 보드카 등이 간식·음료 관련 어휘를 이룬다. 버터, 잼, 솔트(소금), 치즈 등 식재료에 대한 어휘도 있다.

시설 관련 어휘군은 주거, 건축, 기반시설로 유형화할 수 있다. 주거 관련 어휘군에는 벽돌집, 아파트, 양옥, 유리창, 페치카 등과 같은 '가옥 일

---

10) 김형철, 『개화기 국어연구』, 경남대 출판부, 1997, 162-206면 참조.

반'에 포함되는 어휘, 베드룸, 욕실, 지하실, 키친, 토일렛 등과 같이 '집의 내부 공간'을 지칭하는 어휘가 있다. 건축에는 개선문, 바벨탑, 피사의 사탑과 같은 역사적 건축 관련 어휘, 기념비, 리컨스트럭션, 빌딩, 콘크리트, 홀 등의 '건물'과 자재 어휘가 있다. 기반시설에는 가스탱크, 경성우편국, 라이브러리, 법원, 스타디움, 휴게소 등의 어휘가 있다.

사물 관련 어휘는 생활용품과 기호품, 그리고 기타 사물로 나뉜다. 생활용품은 가스스토브, 냅킨, 오븐 등과 같은 주방용품, 노트, 테이프 등과 같은 사무용품, 가루치약, 마르세유비누, 샴푸 등과 같은 위생용품, 거울, 괘종시계, 네온램프, 스토브, 커튼, 테이블 등과 같은 가구 및 인테리어 소품 등으로 이루어진다. 기호품 관련 어휘에는 궐련, 브랜디, 아편, 커피, 헤로인 등이 있다. 기타 사물에는 가격표, 레테르, 메달, 카탈로그, 태블릿 등의 어휘가 있다.

기계 항목의 근대 신어는 용도에 따라 네 가지 유형으로 나누어 볼 수 있다. 그것은 공구(工具), 기구(器具), 기관(機關), 부품(部品)이다. 공구를 나타내는 어휘는 드릴, 레버, 펜치 등이다. 기구 관련 어휘에는 가스 스토브, 리플렉터, 메가폰, 타이프라이터, 파인더, 현미경 등이 있다. 기관 관련 어휘는 기어, 디젤, 모터, 엔진, 피스톤 등과 같은 것이다. 부품에 대한 어휘는, 기계의 일부를 이루는 물품과 수량을 재는 것으로 나뉜다. 전자는 나사, 스위치, 용수철 등과 같은 것이 있다. 후자로는 게이지, 레오스탯, 마이크로미터와 같은 어휘가 있다.

동식광물 어휘군은 동물, 식물, 광물로 나누었다. 이 가운데 동물 관련 어휘군에는 고릴라, 기린, 매머드, 나이팅게일, 카나리아, 코브라, 버터플라이, 체체파리, 아메바, 스콜피온과 같은 어휘가 있다. 식물 관련 어휘군에는 글라디올로스, 다알리아, 라일락, 로즈와 같은 꽃나무, 멜론, 바나나, 파인애플 등의 과일, 채소류인 캐비지, 토마토, 파슬리 등과 라이보리, 오트밀, 홉과 같은 곡식류가 있다. 광물 어휘군에는 다이아몬드, 텅스텐과 같은 금속광물과 석탄, 가스, 오일과 같은 에너지 자원이 포함된다. ■ 황동하

(1) 복장

개항 뒤 한국의 일상생활에서 눈에 띄게 바뀐 것은 옷차림이라고 할 수 있다. 개인의 외모나 차림새를 중요하게 여긴 시대가 왔음을 뜻한다. 서양식(西洋式) 또는 양식(洋式)을 뜻하는 양(洋)을 덧붙인 명칭이 많이 사용된 것도 그런 변화를 반영하고 있다. 보기를 들면, 양복(洋服), 양장(洋裝), 양화(洋靴), 양말(洋襪), 양머리, 양모(洋帽), 양산(洋傘), 양연지(洋臙脂) 등이다. 각 품목의 고유명사(주로 외래어)가 아직 낯설고 외우기 어려운 상황에서, 대상을 지칭하는 이런 조합어는 대중에게 더 익숙하고 편리했을 것이다. 그와 더불어 일본식을 뜻하는 왜버선(足袋), 왜짚신, 왜수건, 왜사, 왜비단 등과 같은 어휘도 나왔다.

복장은 의복에 장신구를 포함한 것으로 옷을 입는 법, 치장이나 옷차림을 뜻한다. 이런 규정에 따라 복장 관련 어휘를 분류해보면, 복장 관련 어휘는 4개의 유형, 즉 의복과 치장, 그리고 직물, 의복문화로 나누어 볼 수 있다.

첫째, 의복은 여러 가지 방식으로 나눌 수 있다. 그러나 의복의 가장 근본적인 기능으로서 '인간의 몸을 보호하려고 몸에 입는 것'이라는 착용의 관점에 따라 속옷, 겉옷, 모자, 신발로 분류해볼 수 있다. 드로어즈, 러닝셔츠, 메리야스, 브래지어, 슈미즈, 페티코트, 콤비네이션 등이 속옷에 포함된다. 겉옷을 나타내는 어휘는 프록코트, 세비로, 팬츠, 튜닉, 코트, 인버네스, 즈봉, 슈트. 스웨터, 셔츠, 쟈켓, 블레이저, 블루머즈, 블라우스, 드레스, 하카마 등이 있다. 모자에는 나폴레옹 모자, 더비모자, 맥고모자, 탑해트, 헌팅캡 등의 어휘가 있다. 신발 어휘에는 토슈즈, 하이힐, 양화, 칠피구두, 고무신, 부츠 등이 있다. 둘째, 치장관련 어휘는 다시 금시계, 오페라백, 양산, 벨트, 리본, 레이스, 행커치프 등과 같은 장식품, 보이시보브, 히사시가미, 더치커트, 올백, 퍼머넌트, 트레머리 등과 같은 머리모양, 코티, 코스메틱, 크림, 포마드, 퍼퓸, 매니큐어 등과 같은 화장관련 하위어휘로 나뉜다.

셋째 직물에는 가스실, 개버딘, 당목, 라사, 메리노 등과 같은 옷감어휘, 마
포제지법, 뮬방적기, 목면공업, 직융법, 전양모기계와 같은 산업관련 어휘
로 구분해볼 수 있다. 넷째 의복문화 관련 신어는 노칼라, 논드로어즈, 뉴
패션, 모드, 이미테이션, 허영심 등이다. 이것은 식민지시기에 옷을 통한
유행이나 옷차림을 바라보는 사람들의 시선 등을 읽어낼 수게 한다.

복장 관련 근대 신어에 대한 유형별 특징을 좀 더 구체적으로 보자. 복
장 관련 어휘군의 특징은 무엇보다 '양장', '양복세민' 등 극소수의 어휘를
제외하고 대부분 외래어로 이루어진다. 복장을 일컫는 어휘는 실생활에서
자주 쓰인다. 그렇기 때문에, 하나의 어휘에 대한 이표기(異表記)가 많을 수
밖에 없다. 행커치프와 셔츠, 슬리퍼 등이 그 보기이다. 행커치프에 대한
이표기는 약어를 포함하면 20개다. 그 이유는 "새로 유입된 외래어인 '행
커치프'가 전통적으로 '손수건'이 차지하고 있던 의미 영역과 서구식 양복
의 장식이라는 새로운 의미 영역을 넘나들며 보편적으로 쓰였기 때문"이
라고 추정되기도 한다.[11] 슬리퍼와 프록코트, 다이아몬드 등도 이표기(異表
記)가 많다. 이표기가 많다는 것은 그만큼 많이 사용되었거나 관심의 대상
이 되었다는 것을 뜻한다. 부츠를 목다리구두라는 우리말로 옮긴 것도 특
이하다.

- 고모 : 고모, 다까보시, 高帽
- 다이아몬드 : 따야먼드, 따야몬드, 다이야몬도, 다이야몬드, 따이야몯,
  따이야몯, 다이아몬드, 짜이야몬드, 다이아, 짜야몬드, 따
  이아먼드, 따이아몬드, 기야만
- 라사 : 라스, 라사, 라샤, 羅紗
- 리본 : 뤼본, 리폰, 리본, 리봉, 리쎤
- 매니큐어 : 매뉴큐아, 매뉴큐어, 마뉴큘, 마니큘, 메니큐어, 매니큐어, 마니큐어
- 비스코스 : 왜스코-쓰, 예스카스, 예스코-스, 예스코쓰, 비스코-스
- 서지 : 세루지, 사지, 사-지, 써-지, 쎄루, 세루, 세-루, 세루지

11) 김형철, 『개화기 국어연구』를 참조할 것.

- 셔츠 : 써~쓰, 샤쯔, 셔쓰, 샤츠, 샤쓰, 쉬츠, 쌰츠, 사쓰, 사쯔, 쎠ㅡ트,
       썰트, シャツ
- 오버코트 : 오-봐코-트, 오-바코트, 오-바코-트, 오바코-트, 오바코트,
       오-바, 오-버, 오우버, 오-버코-트, 오-버코트, オーバー
- 조젯크레이프 : 써지엘, 쩌지엘, 죠셀토, 쪼세트, 쬬제트, 조지엘,
       조세트
- 파자마 : 빠쟈마, 빠자마, 피자마, 푸쟈마, 파자마, 파쟈마, 파지마,
       パジャマ
- 프록코트 : 뚜록, 뚜록크, 후록크 · 코트, 후록 · 코트, 厚祿古套, 후록, 뚜
       록 · 코트, 후루코투, 후록코-트, 푸로코트, 후루코트, 프록
       코트
- 플란넬 : 후란네루, 후란, 풀란넬, 푸란넬, 넬, 네루, 뚜란, 후란넬
- 코스튬 : 고스츔, 커스츔, 코스츔, 코스튬
- 콤비네이션 : 컴비, 컴비네슌, 컴비네이슌, コンビネーション, 콤비, 콤비네
       슌, 콤비네이숀, 콤비네이슌
- 하이칼라 : 하이 · 칼나, 하이 · 컬라, 하이까라, 하이칼라, 하이카라, 하
       이 · 칼라, 하이 · 카라, 흐이칼나, ハイカラ, 흐이칼나, ハイカラー
- 핸드백 : 핸 · 빽, 핸도 · 빽, 헨드 · 빽, 핸드 · 빽, 핸드빽
- 행커치프 : 핸드거지-후, 항게지, 한가치-푸, 한거지-후, 헨게취-프, 행
       거치푸, 한커지푸, 항케치, 한케치, 항카취, 한카취, 항카칲,
       한카칲, 행커취-후, 행겔쎄으, ハンケチ, 핸커치-프, 핸커취-
       프, 핸커치프, 한케치프

복장 관련 어휘는 주로 『(鮮和兩引)모던朝鮮外來語辭典』[12](이하 『모던朝鮮外來
語辭典』으로 함)에 풀이 되어 있다. 사전의 특성상, 간단한 설명이 대부분이다.
'메리야쓰'에 대한 어휘 설명을 보자. "莫大小(medius(羅典語) (middle)[中國語]
와홉이通하며 伸縮自在하야 크지도 않고 적지도 않다는 뜻으로 莫大小(라고
함)[本義는양말(靴下)]."[13] 메리야쓰의 본뜻은 양말이다. 그것은 신축자재(伸縮
自在)하야 크지도 않고 적지도 않다는 뜻으로 莫大小라고 하였다. '메리야

---

12) 李鍾極, 『(鮮和兩引)모던朝鮮外來語辭典』, 漢城圖書株式會社, 1936.
13) 李鍾極, 『모던朝鮮外來語辭典』, 158면.

쓰'의 의미 풀이를 '막대소(莫大小)'라는 동의어로 대신하고 '막대소'라는 어휘의 유래와 원의를 밝히는 데에 지면을 할애하였다.[14]

복장 관련 어휘에 대한 설명에서 보이는 또 다른 특징은 여성에 대한 부정적 시선이 녹아 있다는 것이다. 배니티케이스를 "虛榮袋"로 옮기고, "婦人携帶用化粧箱"라고 풀이한 것, 하이칼라를 "… 4.나불거림, 촐싹거림, 경박. 5. 사치… "[15]로 풀이한 것은 대표적인 보기이다. 용례를 통해서 하이칼라 계층에 속하지 않는 사람들의 심리도 엿볼 수도 있다. "그리게 하이·칼라 아가씨님은 오실데가 못 되어", "네, 하나만 사주세요. 네. 다 하이칼라를 내세야 녀자가 만히 짜르지요",[16] 등에서 하이칼라와 자신들을 분리시키는 동시에 비꼬는 태도가 드러난다.[17] 표제어의 의미를 외래어, 혼종어, 한자어, 고유어 등 다양한 어종으로 '풀이'한 것도 특징적이다. 핸드백에 대한 어휘설명을 보면, 핸드백은 "(婦人外出用의)손가방, 手提鞄, 주머니(돈, 化粧品 等을 넣는)"[18]로 풀이 되어 있다. 이것은 해당 어휘에 대한 동의어를 제시하면서 대중이 쓰임을 쉽게 알도록 했다.

복장 항목 근대 신어는 드물긴 하지만 전통 시대에서 유의어를 찾을 수 있는 어휘도 있다. 생사(生絲)는 전통 시대에 소사(繰絲)와 비슷한 말이다. 그 용례를 보면, 다음과 같다. "蠶室採訪使李迹 別監李士欽復命 迹獻所養生繭九十八石十斗 繰絲二十二斤 種連二百張 士欽獻所養熟繭二十四石 繰絲一十斤 種連一百四十張."[19] 여기서 繰絲란 누에에서 뽑아낸 명주실을 뜻한다.

복장 항목의 근대 신어에 대한 한·중·일 삼국의 어휘를 비교해 보면,

---

14) 김한샘, 「신어사전에 나타난 근대 사회 문화 연구」, 『새국어교육』 제104호, 2015, 466면.
15) 李鍾極, 『모던朝鮮外來語辭典』, 599면.
16) 懷月, 「事件!」, 『開闢』, 1926.1, 17면.
17) 김한샘, 「신어사전에 나타난 근대 사회 문화 연구」, 『새국어교육』 제104호, 2015, 470면.
18) 李鍾極, 『모던朝鮮外來語辭典』, 593면.
19) "잠실 채방사 이적과 별감 이사흠이 복명하였다. 이적이 누에친 생견 98석 10두와 소사 22근과 종련 2백 장을 바치고, 이사흠이 누에친 숙견 24석과 소사 10근과 종련 1백 40장을 바쳤다."(『太宗實錄』 券第31, 43章 뒤쪽, 太宗 16年 5月 26日)

표기나 쓰임의 차이 / 공통점을 포착할 수 있다. 어휘의 형태면에서 볼 때 한·중·일의 신어 표기는 '洋服'과 같이 한자어일 경우 같은 것이 많지만, 표기 방식이 다른 것도 있다. 서구에서 이입된 신어는 표기 방식이 달랐다. '서지'는 한국에서는 세루지, 사지, 사-지, 써-지, 쎄루, 세루, 세-루 등으로 표기하고 있지만, 일본에서는 'セル',[20] 중국에서는 '嗶嘰'[21]로 표기하고 있다. ■ 최규진

〈표 1〉 복장 관련 신어

유형	관련 신어
의복	건지(께른지) / 고시마끼(고시마쎄) / 기모노(기모노) / 나이트드레스(나일·뜌레스, 나일·드레스) / 네마기(네마기) / 니커보커스(니커-·뽀커-, 니커-·뽀커-스) / 단속곳(裏單袴) / 더블릿(떠블렡트, 떠블렡) / 드레스(듀레쓰, 뚜레스) / 드레스코트(뜨레스·코트) / 드레싱가운(뜨레씽·까온) / 드로어즈(뜨로-쓰, 즈로쓰, 즈로-쓰) / 등거리(背掛) / 러닝 셔츠(란닝구·샤쓰, 런닝·사쯔, 런닝·사쓰, 런닝·슈-쓰) / 로브(로-부, 로-프, 롭) / 로브데콜테(로-부·데고루데, 롭·데콜테) / 로브몽당트(로-부·몬단데, 롭·몬탄데) / 롬퍼스(론파스, 롬바스, 론바, 롬바, 롬퍼-스, 롬퍼-) / 루바시카(루바시카, 루파슈카- 루파시카, 루바쉬카, 루바슈카) / 망토(만뜨, 만텔, 만텔, 망토 만또, 만트, 맨틀, 만쏘) / 모닝코트(모-닝·코-트, 모-닝·콜, 모닝·코트, 모닝·코-트, 모닝커우트) / 몸뻬(モンペ) / 바바리 코트(빠-바리·코트, 빠-바리·코우트) / 베스트(뻬스트, 예스트) / 블라우스(뿌루-스, 부라우스, 뿔라우스, 부라우스) / 블레이저(푸레서-, 뿔레저-, 뿔레이저-) / 블루머즈(불루머, 뿌루머, 뿌르마스, 뿔루머) / 비지팅 드레스(뻬지팅·뜨레스, 비짓팅·쓰레쓰, 예지팅·뜨레스) / 샤블레(사부르, 사부레) / 세비로(세비루, 세비로) / 세일러 팬츠(세-라·판, 세-라·판츠, 쎄이러·판츠, 쎄이러·판쓰) / 셔츠(써~쓰, 샤쯔, 셔쓰, 샤츠, 샤쓰, 쉬츠, 쌰츠, 사쓰, 사쯔, 써-트, 썰트, シャツ) / 슈미즈(슈미스, 쉬-미스, 쉬-미) / 슈트(숱, 스-츠, 숱, 수-트, 슈트) / 스웨터(세이타, 수웨터, 쉐-터, 스에다, 스에-타, 스웨타, 쎄-타, 스웨터) / 스커트(스카드, 스칼트, 스카-트, 스카트, 스카트-, スカート, 스카-트, 스커트) / 슬리퍼(쓰리빠, 스레빠, 슬르빠, 슬리뻐, 슬맆바, 시리빠, 술립퍼-, 스리퍼, 수리빠, 슬리퍼) / 슬립(슬리-부, 슬맆프, 스맆푸, 슬맆) / 슬립오버(슬맆·오예, 스맆포-버, 슬맆·온, 스맆폰, 스맆퐁) / 쓰메에리(쓰메에리) / 양말(구둣버선, 양말,靴下, 양보선, 洋襪) / 양복(양복, 洋服) / 양산(양산, 洋傘) / 양장(洋裝, 양장) / 양포(洋布) / 양화(洋靴, 양혜) / 연미복(燕尾服, 연미복, 鶯尾衣) / 오버슈즈(오-바슈쓰, オーブァーシューズ, 오버쓰) / 오버스웨터(오-바세-다, 오-버스웨터) / 오버올(오바홀, 오버롤) / 오버코트(오-뽜코-트, 오-바코트, 오-바코-트, 오바코-트, 오바코트, 오-바, 오-버, 오우버, 오-버코-트, 오-버코트, オーバー) / 와이셔츠(ワイシャツ, 화일쇠-트, 와

---

20) 棚橋一郎·鈴木誠一, 『日用 舶來語便覽』, 光玉館, 1912, 95면.
21) 馮天瑜, 『新語探源』, 244면.

유형	관련 신어
	이셔츠, 와이샷스, 와이셔츠, 와이・샤쯔, 와이・샤쓰, 와이・샤츠) / 왜버선(왜버선, 足袋) / 왜짚신(왜집신) / 외투(외트, 외투, 外套) / 운동복(운동복, 運動服) / 원피스(완피-쓰, 완・피이스, 원・피-쓰) / 유니폼(유니홈, 뉴니폼, 유니폼, 유니뽀-ㅁ, 유니포-ㅁ) / 이브닝드레스(이브닝, 이브닝・뜨레스, 長尾裳) / 인버네스(임바네스, 인버네스 인바네스, 印別尼斯) / 재킷(작겔, 짜겔, 짜겔트, 짜케트, 짜켈트, 짜겔, 자켈트, 차켓, 짜켈) / 점퍼(잠바, 잠바-코트, 쩜퍼-) / 조끼(조끼, 조께) / 즈봉(쓰폰, 쓰봉, 지방, 즈본, 즈봉, 쥬방) / 체스터필드(체스터필드, 체스터) / 칠피구두(칠피구두) / 케이프(케잎, 케이프, 케-푸, 케-프, 켚) / 턱시도(탁시드, 턱씨-도, 턱씨도) / 투피스(쓰・피-쓰, 투・피-쓰) / 튜닉(추-닉, 튜-닉, 튜닉) / 트위드(츠위-드, 트위드) / 코르셋(콜세트, 코셑, 골셑, 고셑트) / 코트(コ-트, 콭, 코트, 코-트) / 파자마(빠쟈마, 빠자마, 피자마, 푸쟈마, 파자마, 파쟈마, 파지마, パジャマ) / 팬츠(빤즈, 판쓰, 반쓰, 판츠, 팬츠) / 페티코트(베티코트, 페티코트, 페티코트) / 프록코트(우록, 우록크, 후록크・코트, 후록・코트, 厚祿古套, 후록, 우록・코트, 후루코투, 후록코-트, 푸로코트, 후루코트, 프록코트) / 하카마(히가마) / 해피코트(합비(衣), 해피-. 핱피-, 핱피-・코-트)
치장	가터(가-다, 까-타-, 까터) / 고모(고모, 다까보시, 高帽) / 고무신(고무신) / 구두(구드, 구쓰, 구두, 굿쓰) / 글러브(끌로-얶, 클럽, 글럽, 그랍) / 금비환(金鼻環) / 금시계(금시계, 金時計, 금시개) / 금테안경(금데안경, 금테안경, 金眼鏡) / 나막신(木履, 下駄) / 나이트캡(나이트・캐프, 나일・캪) / 넥타이(네구타이, 넥타이, 넥타이, ネクタイ) / 다이아몬드(따야먼드, 따야몬드, 다이야몬도, 다이아몬드, 따이야몊, 따이야뽐, 다이아몬드, 짜이야몬드, 다이아, 짜야몬드, 따이아먼드, 따이아몬드, 기야만) / 단추(釦鈕, 단츄, 團鈕, 單鈕) / 대모테(玳瑁테, 대모테) / 더비(떨비, 다비帽子, 떨비・햅) / 더치커트(떠취・컽, 터취・컽) / 데이크림(제이・그림, 데이・크림) / 레이스(레-슈, 레-스, 레이스, 레-쓰, 線帶) / 레인코트(렌・코트, 으 레인 코트, 레인・콭, 레인・코-트, 레잉・코-트, 레인코오트) / 루주(루쥬, 루쥐) / 리본(뤼본, 리폰, 리본, 리봉, 리쏜) / 마가렛(마가렡트, 말가렡트, 마가렡, 말가렡) / 마스크(마스크, 마스코, 마쓰, マスク) / 매니큐어(매뉴큐아, 매뉴큐어, 마뉴큘, 마니큘, 메니큐어, 매니큐어, 마니큐어) / 맥고모자(믹고모자, 麥藁帽子, 麥藁冠, 麥藁子, 믹고자, 믹고즈) / 머프(멒, 머푸, 머프, 몊푸) / 머풀러(마후라, 머폴러, 머플러) / 메이크업(메잌・엎, 메이크・엎, 메이크업, 메이크・엎프) / 목도리(목거리) / 문신(文身) / 미트(미트, 밋, 밋쓰, 미튼) / 버클(뻑클, 釦金) / 버튼(보턴, 뻐턴, 뻐튼) / 베레모(페레, 베레帽子, 베레) / 베르트(비-사, 뻐-사, 뻐트) / 베일(뻴, 뷜, 예르, ベール, 예일, 베일) / 벨트(베르트, 벨트, 벨트) / 보닛(본네, 본네트, 본넽트) / 보브(밥) / 보시(쏘시) / 보아(보아, 보와) / 보이시보브(뽀이쉬・밥, 뽀이쉬・뽑) / 볼러(뽈-라, 뽀울러) / 부츠(목다리구두, 목달이구두, 뿌-쓰) / 브레이슬릿(쁘레이스렡, 뿌레스렡) / 브로치(뿌로-치, 衿針) / 브릴리언틴(뿌리앙틴, 뿌릴리안틴) / 샤포(사포) / 사포기(사쏜기) / 살죽경(살죽경,샐죽鏡) / 석경(석경, 石鏡) / 소프트해트(쏘프트, 쏘프트・해트) / 솜브레로(聖弊婁) / 숄(쇼-루, 쇼올, 쇼울, 숄, ショ-ル) / 슈즈(슈-즈, 슈-쓰) / 스카프(스카-푸, 스카-프) / 스타킹(스턱킹, 스토킹, 스타킹, 스타킹, 스탁킹) / 스트로 해트(스트로・햅, 스트로・햅트) / 스패츠(스파쓰, 스펱, 스펱트) / 스플래시(스풀래쉬) / 슬리퍼(쓰리빠, 스레빠, 슬르뻐, 슬리뻐, 슬맆바, 시리빠, 술립퍼-, スリッパ-, 스리빠, 수리빠, 슬리퍼) / 아이펜슬(아

유형	관련 신어
	이·펜설, 아이·펜실) / 앞치마(前掛, 合羽) / 양산(蝙蝠傘) / 에이프런(애푸롱, 에푸롱, 에프런, 에이푸론, エプロン) / 오데코롱(게룬香水, 오데코론, 오데코) / 오페라백(오페라·백, 오페라빽) / 올백(올·빽크, 올·빽, 올빽) / 우산(油紙傘, 布傘) / 운동화(경제화) / 워치(윁취) / 이발(리발, 理髮) / 작업화(地下足袋) / 장갑(手袋, 手套) / 장화(長靴) / 카이젤수염(카이제르슈염, 카이젤 슈염) / 칼라(カラ, 가라, カラ-, 칼라, 카라, 칼나) / 캡(캡프, 켑, 캪, 캡) / 커프스(카후쓰, 커프쓰, 카우쓰, カフス) / 컬(칼, 컬) / 코롱(고론香水, 코론, 香水) / 코르셋(코르셀트, 쏙요더, 코세트, 콜세트, 코셀, 콜셀, 코셀트) / 코스메틱(코스메틕, 고스메칰, 고스메치크, 칰크) / 코티(코디, 코티香水, 코티, 코테이) / 콜드크림(콜트·크림, 콜드·크림, 코올드·크림) / 콤비네이션(컴비, 컴비슌, 컴비네이슌, コンビネーション, 콤비, 콤비네슌, 콤비네이숀, 콤비네이슌) / 크림(크렘, 巨淋, 구리무, 크리임, 구림, 크림, 크리무) / 탕고도란(탕고도-란) / 터번(터반, 터-반) / 토슈즈(도-·슈, 도-·슈스) / 토일렛 세트(토일렡·셀트, 토일렡트·셀트) / 트레머리(트레머리, 틀에머리) / 파나마모자(파나마帽, 파나마, 팜·파나마) / 파우더(파우다, 파우더) / 퍼머넌트웨이브(퍼머넨트·웨이엮) / 퍼즈너(판스네) / 편상화(編上靴) / 포마드(뽀마트, 뽀마드, 포마드, 포마-드) / 포켓(포켙트, 포케트, 뽀켙트, 포키드, 포키트, 폭게트, 포켓도, 푸케투, 포게트, 폭케트, 포켙, ポケット) / 하이힐(하이, 힐, 하이-힐, 하이·힐쓰) / 핸드백(핸·빽, 핸도·빽, 헨드·빽, 핸드·빽, 핸드빽) / 행커치프(핸드거지-후, 항게지, 한가치-푸, 한거지-후, 헨게취-프, 행거치푸, 한커지푸, 항케치, 한케치, 항카취, 한카취, 항카칲, 한카칲, 행커취-후, 행겥쎄엪, ハンケチ, 핸커치-프, 핸커취-프, 핸커치프, 한케치프) / 헬멧(헬맽트, 헬멜, 헬켙트) / 후드(후-드, 훈) / 히사시가미(히사시가미)
직물	개버딘(갸버진, 캬바징) / 거트(껕트, 까트, 껕) / 고구라(고구라) / 고블랭(꼬브랑) / 그로프그레인(후구린, 고로후구린, 고로후구) / 날염(印出) / 니팅(니팅) / 당목(金巾, 당목) / 드론워크(또롱·왁, 뜨론·웕) / 라사(라스, 라사, 라샤, 羅紗) / 레더(레자-, 레여-) / 레디메이드(레디·메이드, 레듸·메드, 뤠디·메이드) / 레이온(레-욘, 레-용, 레욘, 레용) / 론드리(란드리) / 리넨(리는, 리넨, 린네루, 린넨, 린넬) / 릴리얀(리리·안, 리리·얀) / 나크라메(마구라메, 마크라메) / 메리노(메렌스, 메린스) / 메리야스(메리야쓰, 메리야스) / 멜턴(멜턴, 멜튼, 멜톤) / 모슬린(모스, 모스린, 모스링) / 모직(모직, 毛織) / 모헤어(모헤르, 모헬, 헤루, 모헤-아, 모헤-어) / 목면공업(木棉工業) / 물레질(물네치) / 박스카프(복스革, 복스, 福壽, 뻑쓰·캎, 뽁쓰·카윽, 뽁스革, 뽁쓰) / 벅스킨(뻑스킨, 뻑스킨) / 벨벳(옐로아, 옐베트, 비로드, 비로-드) / 보일(뽀에루, 뽀이루, 뽀일, 옜일) / 복지(服地) / 비스코스(욋스코-쓰, 욎스카스, 욋스코-스, 욎스코쓰, 비스코-스) / 사라사(사라사, 갱사, 更紗) / 사이잘삼(사이샬麻, 사이샬) / 사포(삽보, 사포) / 사롱(싸롱, サロン) / 상투메명주(산도메縞,산도메縞革) / 새틴(싸친, 쎄틴) / 색코트(쌕·코-트) / 생모시(生苧) / 생사(生糸, 싱ㅅ, 生絲) / 샤르뫼즈(샬무-ㅅ, 쌀무-스) / 서양목(셔양목) / 서양사(셔양사) / 서양신(셔양신) / 서양옷감(洋織造物) / 서지(세루지, 사지, 사-지, 써-지, 쎄루, 세루, 세-루, 세루지) / 세리푸렌(세리푸레인, 세리풀렌) / 스타멘트(스다멘도, 스타멘트) / 스테이플파이버(스테이플·파이버, 스테플·파이버) / 스티치(스틸취) / 스펀실크(스펀·씰크, 스판·씰크) / 스판(스판) / 스핀들(스핀들) / 시타테(仕立) / 시폰(쉬폰) / 실크(시루구, 시르크, 씰크) / 알파카(아루빠가, 알파카) / 앙고라(안고라, 앙고라) / 색스니(사키소

유형	관련 신어
	니, 쌕소니ー) / 오버홀(오버홀) / 오양목(옥양목) / 올리언스(올레안, 올레안스) / 옷감(生地) / 우스티드(우오스테도, 우스텔, 워스테드, 윌스테드, 우스테드) / 자수기계(刺繡機械) / 재봉소(裁縫所, 仕立屋) / 저지(샤씨, 쟈-지, 쩌-지, 쩔시-) / 조방기(쏘쎈·앤드·플라이플렘) / 조젯크레이프(써지엘, 쩌지엘, 죠셀토, 쪼세트, 쬬제트, 조지엘, 조세트) / 즈크(즉구, 즉크, 즈크) / 카네킨(가네긴) / 캐시미어(캐쉬미아, 캬시미아, 카시밀, 카시미르, 카시미르아, 카시미야, 가시미야) / 캘리코(갸라코, 캬랴코) / 컷워크(컽트·워크, 컽트·와크) / 코르덴(골으덴, 고르, 코-루天, 코-루, 고르덴) / 코튼사(카탕糸, 가다이도, 가탕絲) / 크레이프(크렢, 구레-뿐, 크레-푸, 쿠레푸, 크레잎) / 크레이프드신(구레뿌·데신, 크레푸·데·신, 크레쿠·데신, 쿠레푸떼신, 크렢·떼신) / 태피스트리(담비, 大博斯地立, 掛甃, 타페스트리) / 태피터(타페타, 타후타) / 파이버(ファイバー, 빠이버, 빠이바) / 펠트(휄트, 옐트) / 포플린(뽀부린, 뽀푸링, 포푸린, 포루링) / 풀라드(쏠-라-, 쏠-라) / 플란넬(후란네루, 후란, 풀라넬, 푸란넬, 넬, 네루, 뿌란, 후란넬) / 플러시(푸라시, 푸라쉬, 부라슈, 푸러쉬, 풀러쉬) / 헴스티치(헴, 헴스티취)
의복문화	가장(假裝) / 겜(쩸) / 노 넥타이(노-·넥타이) / 노스타킹(노-·스턱킹) / 노슬립(노-·슬맆) / 노칼라(노-·칼라) / 노타이(노-·타이) / 논드로어즈(논·드로로쓰) / 논코트(논·코트) / 누드스타킹(누-드·스턱킹) / 뉴패션(뉴-·패숀) / 원달러워치(원·딸라-위치, 딸라·월취, 딸라·월취) / 더블칼라(따불·카라, 떠불·칼라) / 드라이클리닝(주라이·클리닝, ドライクリーニング, 드라이·크리닝) / 레디메이드(뤠디·메이드, 레디·메이드, 레디·메이드, 레듸·메드) / 모드(모-드) / 사치(奢侈デアル) / 상의(上衣) / 세탁소(빨내집) / 스로온(쓰론) / 스테이플(스테-ブル, 스테풀, 스테이풀) / 스트라이프(스트라이프) / 슬리브(슬맆, 슬리-쁙, 슬리-부) / 옷(피복, 被服) / 이미테이션(イミテーション) / 칼라리스(칼리레스) / 코스튬(고스츔, 커스츔, 코스츔, 코스튭) / 클로스(구롯스, 크로-스, 클로쓰) / 클리닝(구리닝, 그리닝, 클린잉, 클리닝, 크리닝, 클리-닝) / 하이칼라(하이·칼나, 하이·컬라, 하이쌰라, 하이칼라, 하이카라, 하이·칼라, 하이·카라, 흐이칼나, ハイカラ, 흐이칼나, ハイカラー) / 하프메이드(하프·메드, 하프·메이드) / 허영심(허영심, 虛榮心) / 호화판(豪華版)

(2) 음식

1876년 개항 뒤, 외국의 음식이나 음식문화 등이 소개되면서, 새로운 식생활풍조가 자리 잡았다. 이런 풍조는 주로 상류계층 사이에서 나타났다. 그들에게 음식이 사교활동의 수단으로 자리 잡기 시작했던 것이다. 이는 개화기 때 외국어 학교에서 양식파티를 자주 가졌다는 기록[22]과 "영어 학

---

22) 이규태, 『개화백경』, 新太陽社, 1971, 81면.

교 학도들이 비지학당 학도들을 그겨끄 청ᄒ여… 서양 요리와 다른 음식을 만히 ᄒ야 손임더접을 미우 잘 ᄒ엿다더라"23)는 기록에서도 볼 수 있다. 아울러 서양 요리를 전문으로 하는 식당도 문을 열었다. 양식집으로 처음 문을 연 곳은 靑木當이었고, 그 뒤 YMCA 식당, 백합원이 문을 열었다. 대중식당으로는 공평동에 서양요리 패서관이 있었다.24) 유길준은 『西遊見聞』에서 서구의 음식문화를 다음과 같이 설명하고 있다. "…大槩麵包와牛乳及牛乳油와牛羊魚鳥의各種이며生果乾果及蔬菜의各種과造果茶及茄菲의諸物이니泰西人의食物이麵包乳油魚肉으로主張ᄒ고茶及茄菲는我邦의熱冷水… 又치飮ᄒ고各種의生乾造果物도一日三時이食이畢ᄒ後에啖ᄒ며…"25) 빵과 우유 그리고 생선과 육류가 주식이고, 차와 커피가 음료이며, 과일 종류가 후식으로 제공되는 전형적인 서구의 식문화를 설명하고 있다. 이런 과정에서 음식 관련 어휘는 빠른 속도로 사람들의 일상생활에 유입되었다.

음식 어휘군은 5가지 유형으로 나누어 볼 수 있다. 첫째로는 음식문화이다. 여기에는 런치, 디너와 같이 끼니를 일컫는 어휘, 레스토랑, 다이닝카, 메뉴, 포크, 나이프와 같이 식사 공간이나 식기를 지칭하는 어휘, 디너파티, 디저트코스처럼 식문화에 대한 어휘 등이 있다. 둘째는 주식이다. 주식 관련 어휘에는 서양 요리를 가리키는 말이 대부분을 이룬다. 비프스테이크, 커틀릿, 비프스튜, 프렌치토스트 등이 그것이다. 물론 '돈가스'처럼 일본화한 서양음식을 지칭하는 어휘도 있다. 셋째는 간식이다. 케이크, 아이스크림과 같은 단 음식과 파인애플, 파파야 등과 같은 과일 용어, 기타 서양의 디저트(후식) 용어가 있다. 캐러멜과 껌처럼 공장에서 생산하는 상품화된 음식이 있다는 것도 눈여겨 볼만하다. 넷째, 커피, 코코아, 보드카 등 음료 관련 어휘, 다섯째, 버터, 잼, 솔트(소금), 치즈 등 식재료에 대한 어휘가 있다.

---

23) "영어 학교 학도들이 배재학당 학도들을 그제께 초청하여… 서양요리와 다른 음식을 많이 만들어 손님대접을 매우 잘 하였다더라", 『독립신문』, 1896.7.2. 2면.

24) 이규태, 『개화백경』, 78면.

25) 俞吉濬, 『西遊見聞』, 1895, 418면.

음식 관련 어휘군의 표기상 특징을 살펴보자. 첫째, 음역어가 많다. 음역은 외국어 발음을 소리 나는 대로 우리말을 이용하여 표시하는 차용방식이다. 베이컨, 보드카, 브랜디, 덴푸라 등이 음역어에 해당한다. 둘째, 외국어를 음차해서 한자로 표기한 것이 있다. 보기를 들면, 영어의 'coffee'는 茄菲,[26] 珈琲茶[27]로 썼다. 셋째, 외국 사물 및 개념에 대하여 새로 명칭을 짓는, 이를 테면 '洋(양)', '西(서)' 등 접두사를 고유 어휘 앞에 붙이고 그 어휘의 근원을 밝힌 접두사형 의역어가 있다. 보기를 들면, 洋酒나 西洋料理가 있다. 버터를 '牛酪'으로, 치즈를 '乾酪'으로 표현한 것도 의역어에 해당한다. 牛酪은 "拘囚호諸人의食物은麵包牛酪及羹에不過홈이라"[28]에서, '乾酪'은 "[物産]麥 小麥 各穀 薯蕷 牛乳油 乾酪 牛 羊 生麻 烟草 各種小小物品"[29]에서 한 번 출현한다. 넷째 coffee와 같이, 영어 철자 'f'는 'ㅇ'와 'ㅎ'로 표기하고 있다. 이것을 일본의 영향으로 보는 견해도 있다.[30] 다섯째, 두 개 이상의 단어로 이루어진 어휘는 단어와 단어 사이에 가운뎃점(·)을 찍어 단어 경계를 표시하였다. 그밖에도 영어 철자 'l'은 'ㄹ' 'ㄹ ㄴ' 'ㄹ ㄹ'로 표기하여 초코레트, 쌀너, 초콜레트, 쌀러 등으로 썼으며, 이중모음 'ei' 발음을 'e(에)'로 하여 음절을 간이화하기도 했다. '테불' '케크' '페퍼' 등이 그것이다.

외래어는 어휘 구성방식이 다양하고 어형이 불안정한 것을 특징으로 한다. 외래어가 국내에 본격적으로 들어오면서 초기에는 한자로 표기하는 경우가 많았지만, 점차 이를 한글로 표기하게 됨에 따라 다양한 형태의 표기가 나타난다. 외래어를 한자로 적을 때에는 음역이든 의역이든 하나의 형태로 고정되었으나, 한글 표기를 하면서 동일 어휘에 대하여 개개인의 청각 인상에 따라 여러 형태로 표기되었다. 『靑春』에서 초코레트,[31] 초콜

---

26) 兪吉濬, 『西遊見聞』, 419면.
27) 張志淵, 『萬國事物紀原歷史』 권2, 皇城新聞社, 1909, 101면.
28) 兪吉濬, 『西遊見聞』, 519면.
29) 兪吉濬, 『西遊見聞』, 74면.
30) 김한샘, 「모던조선외래어사전의 인문언어학적 연구」, 36면.
31) 『靑春』 14, 1918. 6, 13면.

레트,32) 초콜렛33) 등과 같이 동일 문헌에서 동일 어휘를 다르게 표기하는
혼란스러운 양상이 나타난다. 음식 관련 어휘 가운데 다양한 표기 사례를
열거하면 다음과 같다.

- 커피 : 茄菲, 珈琲茶, 가피, 고히-, 카피, 커피, 코-히-, 컾피-, 코앵
- 페퍼민트 : 펲퍼민트, 펲파민트, 페쓴멘트
- 디저트 : 데셀, 데저트, 떼서트, 떼설트
- 레스토랑 : 뤠스트랜, 레스트랜, 레스트란, 으레스로렌트, 레스도랑, 레
　　　　　스토란, 레스토랑
- 브랜디 : 부란데, 부랜, 쌀란듸, 쌀안듸, 부란-데, 쓰란쩌, 뿌란듸, 쁘랜
　　　　　듸-, 쓰란드, 쓰란듸, 쌀랜듸
- 비프스테이크 : 삐후데기, 빚스텤, 데기, 삐푸스듴, 삐푸텤키, 비푸텤,
　　　　　　　비프스테잌, 삐푸스테잌, 삐푸스테잌크, 삐프스테잌,
　　　　　　　삐프스테잌크
- 샌드위치 : 산도이치, 쎈드휘치, 쎈드위치, 샌드위치, 쎈드윗치
- 수프 : 수프, 슢, 스프, 스푸, 슾푸, 슢, 수-ㅍ, 麥粥
- 알라카르트 : 알·라·칼테, 알·라·칼트, 아·라·칼트, 아·라·칼
　　　　　　테, 알라 칼트
- 오믈렛 : 옴렡, 옴을렐, 오므렡, 오므렐트
- 캐러멜 : 캬라메루, 캬라멜, 캐라멜, 갸라멜, キャラメル
- 커틀릿 : 커트렡, 커트렡쓰, 가쓰, 카쓰레쓰
- 크로켓 : 구로게, 크록켈트, 크록켈, 코록케, 고로게
- 해시드비프 : 하야시·비-푸, 하이스·비-푸, 해스트·비-프

음식 어휘군의 용어는 주로 『모던朝鮮外來語辭典』과 일부 잡지에 어휘
설명과 함께 수록되어 있다. 사전과 잡지의 어휘설명은 다르다. 보기를 들
어, '페퍼민트'는 사전에서 "박하, 박하유, 박하주"34)라고 풀이하고 있지만,
잡지에서는 "박하, 푸른 술."이라고 풀이하면서 "하이칼라 무리가 마시는

---

32)『靑春』11, 1917. 11, 113면.
33)『靑春』2, 1914. 11, 30면.
34) 李鍾極,『모던朝鮮外來語辭典』, 553면.

성욕 앙등제"[35]라는 해석을 덧붙였다. 사전은 표제어의 의미를 쉽게 전달하려고 유의어를 제시하고 있다. 반면 잡지는 그때 사회에서 통용되었던 독특한 문화적 의미를 반영해 개념을 설명하고 있다. 매체의 특성을 반영한 것이라고 할 수 있다. 또 다른 보기를 들어보자. 辨當(벤또, ベントウ)을 '도시락'이라는 어휘로 풀이하고 있다. 그런 뒤 도시락이라는 어휘에 대한 설명이 길게 덧붙여 있다.

> 도시락 : 이는 그릇의 이름이니, 버들(杞柳)가지를 가지고 작은 타원형으로 짜서 만든 고리짝이다. 그런데, 이 그릇은, 주장으로, 밖에 나갈 때에, 요기할 밥을 담아 가지고 다니는데 소용이다. 그러니까, "도시락"이라 하면, 다만, 그릇을 말함이요, 담은 밥을 말하자면, "도시락밥"이라고 하여야 옳을 것 같다. 그러나 우리말에는, 찬합, 신선로, 쟁반, 들과 같이, 그릇의 이름으로서, 그대로 음식의 이름이 되며, 아침, 저녁이 시간으로서, 그대로, 밥이 되는 예가 많이 있다. 그러므로, 싸 가지고 다니는 밥을, 도시락이라고 하여도, 어그러질 것은 없다.[36]

본래 '도시락'은 고어 '도슭'에서 파생된 것이다. 조선 시대에 소금으로 간을 한 주먹밥을 '도슭'이라고 하였다. 도시락은 1960년대에 한국 국어순화운동을 통해 최현배가 고전을 근거로 새로 만들어낸 어휘이다. 현재 우리가 알고 있는 '도시락'이라는 개념 자체는 일제강점기에 일본어 '辨當(べんとう)'에서 비롯되었다.[37] 또 다른 보기로는 수사(壽司)이다. 壽司를 식민지 시기에 '초밥'으로 풀이해놓았다. 그러면서 "이 말이 좀 덜 맞는 듯하나 한 편에서 이미 쓰므로 그냥 두었다."[38]는 단서를 달았다. 의역이 정확하지는 않지만, 그때 대중이 일상적으로 사용하던 것을 그대로 차용한 것이라고 할 수 있다.

---

35) 「新語大辭典(6)」, 『別乾坤』 33, 1930. 10, 123면.
36) 『우리말 도로찾기』, 문교부, 1948, 30면.
37) 박영수, 『우리말 유래 탐험 : 간결하고 재미있는 어원이야기』, 필링박스, 2014. 도시락 항목 참조
38) 『우리말 도로찾기』, 18면.

그 밖에도 어휘설명을 통해 그때 사람들의 삶을 엿볼 수 있는 신어도 있다. '간이식당(簡易食堂)'은 "간의생활의 부산물인데 자기의집에서 밥 짓는 시간과 노력을 덜고 저렴한 비용으로 간단히 식사할 수 있게 설비한 곳을 말함",39) "物價騰貴生活難의實狀에鑑ᄒ야社會政策의一로特히廉價로設備ᄒ簡易輕便ᄒ平民食堂"40)이다. 식민지시기 사람들의 삶의 팍팍함을 반영한 것이 아닐까. 콩밥에 대한 용례를 보면, 대중의 빈곤한 삶을 생생하게 알 수 있다.

> 콩밥을 보면 넌더리가나요, 밤낮 우리는 내가제일싫어하는 콩밥만짓지요 『엄마, 나 콩밥먹기 싫여 쌀밥지어줘, 응』하고 쫄렸드니 엄마는 『없는집자식이 쌀밥이뭐냐. 어서못먹겠니』하고부즈깽이를들고나오겠다. 나는꿈쩍도 못하고 안넘어가는콩밥을 억지로넘겼지요. 해마다 쌀농사는짓는대 밤낮왜, 우리는콩밥만질가.41)

어휘는 다양한 맥락에서 쓰이고 있다는 것을 용례를 통해 알 수 있다. 보기를 들면, "그들에게 팡을주라" 또는 "나에게 職業을다고! 팡을다고!"42)에서 빵은 음식을 넘어 '생존'이라는 추상적 의미로 소비되기도 했다. '콩밥'도 비슷한 사례이다. "엇더케 그놈의 씌여 버릴가 하고 그러치 안어도 걱정을 하든 차에 잘 되어지 그놈 한 십 년 감옥에서 콩밥을 먹엇스면 조켓다."43) "듯기실혀, 이년아! 무슨변명이냐. 륙시를 하고도남은년가트니. 왜, 감옥소의콩밥맛이고소하더냐?"44) "『이놈파출소로가자! 이런놈은콩밥을먹여야버릇을고친다』하며쓰더말리는것을뿌리치고먹살을밧작채처서 대문간으로나서며"45) 등

---

39) "간이생활의 부산물인데 자기의 집에서 밥 짓는 시간과 노력을 덜고 저렴한 비용으로 간단히 식사할 수 있게 설비한 곳을 말함"(編輯部, 「術語辭典」, 『朝鮮農民』 2권 2호, 朝鮮農民社, 1926. 2. 12, 26-7면).

40) "물가등귀, 생활난의 실상에 비추어 사회정책의 하나로 특히 염가로 설비를 갖춘 간단하고 편리한 평민식당"(崔綠東, 『現代新語釋義』, 文昌社, 1922, 2면).

41) 李永哲, 「童話」, 『조선중앙일보』 1936. 4. 25, 4면.

42) 李鍾極, 『모던朝鮮外來語辭典』, 530면.

43) 稻香, 「물레방아」, 『조선문단』, 1925. 9, 12면.

44) 稻香, 「뽕(桑葉)」, 『開闢』 제64호, 1925. 12, 44면.

45) 廉想涉, 「眞珠는 주엇스나」, 『東亞日報』, 1925. 12. 31, 3면.

의 용례에서 콩밥을 교도소와 등치시키고 있음을 알 수 있다. 실제로 일제
는 1936년 12월 재감자 급여규정을 처음 제정하여 급식의 기준을 마련했다.
이 규정에 따르면, 食等을 11개 등급으로 세분하여 지급하였다. "혼합비율을
쌀 10%, 보리(또는 조) 50%, 콩 40%로 정하였는데, 일제 말기에 식량이 부족해
지자 그나마 대폭 줄임으로써 많은 수형자가 영양실조로 목숨을 잃었다."[46]
이처럼 콩밥은 고통, 부자유 등등과 결부되었다. "쎈티멘탈리즘과 暴力讚美
를混合한 이安價의 칵테일文學"[47]이라는 용례에서도, 칵테일이라는 술의
속성에 빗대어 조롱한 것이다. 이러한 용례를 보더라도, 음식 관련 어휘는
특정한 의미 망 속에서 유통 · 소비되었던 문화적 상징이었다는 것을 알
수 있다.

음식 어휘군에 대한 동아시아 삼국의 어휘를 비교해 보면, 표기나 쓰임
의 차이 / 공통점을 포착할 수 있다. 어휘의 형태면에서 볼 때 한 · 중 · 일
의 신어 표기는 한자어일 경우 동일한 것이 많지만, 주로 서구에서 이입된
신어는 표기 방식이 달랐다. 한국에서 주로 '페퍼민트', '펲퍼민트', '펲파
민트', '페쁘멘트' 등으로 다양하게 쓰였던 페퍼민트는 일본에서 'ペパーミ
ント'[48]로 표기되었다. 일본식 발음을 그대로 한글로 쓴 것도 눈에 띈다.
커틀릿은 '커트렡', '커트렡쓰' 등으로 썼지만, 일본의 'カツレツ'[49]를 우리
말로 읽어 '가쓰', '카쓰레쓰'로 쓰기도 했다. ■ 최규진

〈표 2〉 음식 관련 신어

유형	관련 신어
음식 문화	간이식당(간의식댱, 簡易食堂) / 그로서리(끄로써리) / 그릴(그릴, 끄릴, 끄리루, グリル) / 드라이엎(드라이 · 엎) / 디너(딘너, 디너, 뛴너) / 디너파티(뛴너 · 파티, 딘너 · 파-티) / 디저트(데셀, 데저트, 떼서트, 떼설트) / 따블도뜨(타-부루 도-트, 타-불 · 도-트) / 런치(란치, 랜취, 런취, ランチ, 린취) / 레스토랑(뤠스트란, 레스트랜, 레스트란, 으레스로

46) 이종민, 『식민지하 근대감옥을 통한 통제 메카니즘 연구 : 일본의 형사처벌 체계와의 비교』,
    연세대학교 박사학위논문, 1998, 154면.
47) 『東亞日報』, 1938.8.20. 3면.
48) 小林花眠, 『新しき用語の泉』, 帝國實業學會, 1922, 1167면.
49) 小林花眠, 『新しき用語の泉』, 254면.

유형	관련 신어
	렌트, 레스도랑, 레스토란, 레스토랑) / 로스티드하트(로스테드·하트) / 리큐어(리귤, 리콜으, 哩九爾, 리쿨, 리큐, 리귤) / 메뉴(메뉴, 메뉴-, ㅅㄴㅜ-, 메뉴, 메뉴) / 뱅킷(뱅겔트, 뺑켈) / 브렉퍼스트(뿌레크㘪스트) / 서양요리(셔양요리) / 서퍼(써퍼) / 식단(獻立, ㄱ ンダテ, 食單) / 알라카르트(알·라·칼테, 알·라·칼트, 아·라·칼트, 아·라·칼테, 알라 칼트) / 오르되브르(오-르·드불, オードーブル, 올·도불) / 요리(료리, 요리, 料理)
주식	데블드비프(데빌드·비푸, 떼얄로·삐푸) / 돈가스(톤카츠) / 로스트(로-쓰트, 로쓰트, 로-쓰, 로쓰) / 로스트 파울(로스트·파월, 로스트·파울) / 로스트비프(로스트·비-푸) / 로스트치킨(치킨·로-스, 로스트·치킨, 로-스트·치킨) / 롤빵(롤·팡, 롤·빵) / 립(립, 리뷰) / 부용(뿌-용, 뿌이온, 뿌이욘) / 브레드(뿌레드) / 블라망쥬(부로만, 뿔라망) / 비프(뺑, 삐푸, 빚쭈, 삐뜨) / 비프스테이크(삐후데기, 빚스텟, 데기, 삐푸스딕, 삐푸텍키, 비푸텍, 비프스테잌, 삐푸스테잌, 삐푸스테잌크, 삐프스테잌, 삐프스테잌크) / 빵(빵, 브레드, 부레드, 麵包, 쑤리드) / 샌드위치(산도이차, 쎈드휘치, 쎈드위치, 샌드위치, 쎈드윗치) / 샐러드(사라드, 사라도, 사라다) / 설렁탕(설녕탕) / 소시지(서쎄지, ソーセージ, 쏘세지, 쏘세이지) / 수프(수프, 슢, 스프, 스푸, 슢푸, 슢, 수-프, 麥粥) / 수플레(쓰푸레-, 소프레-) / 스크램블 에그(스캄볼드·엑쓰) / 스키야키(スキヤキ) / 스테이크(스텍) / 스튜(스튜, 시츄, 스츄, 스티유, 스츄) / 오믈렛(옴렡, 옴으렐, 오므렡, 오므렡트) / 오트밀(옽, 옽밀, 오-트밀) / 장조림(장조림, 짜장) / 치킨라이스(치킨·라이쓰, 치큰·라이스, 추킨·라이스) / 치킨커틀릿(치킨·가쓰, 치킨·커트, 치킨·커트렡) / 카레라이스(라이쓰·카레, 라이쓰·커레) / 커틀릿(커틀렡, 가쓰레쓰, ガツレツ) / 코키유(코큐우, 코키유, 코킬) / 크로켓(구로게, 크록켙트, 크록켙, 코록케, 고로게) / 텅스튜(텅·스츄, 탄·시츄) / 토마토 사단(도마도·싸-된, 도마도·싸-진, 도마도·사-딘, 도마도·사-진, 토마토·사진) / 토스트(토스트, 토-스트, 토우스트, 토-쓰, 토스토, 토-스토) / 팡(판, 팡) / 포크커틀릿(폭·커트렡, 폭·커트렡쓰) / 프라이(フライ, 뿌라이, 후라이) / 프라이드빈스(뿌라이·뻰스, 후라이·뻰쓰, 후라이드·뻰쓰, 후라이·뻰스, 후라이드·뻰스) / 프라이드치킨(후라이·치킨, 후라이드·치킨) / 프라이드포크(후라이·폭, 후라이드·폭) / 프라이드피시(㘪쉬·후라이, 㘪쉬·뿌라이, 후라이·피쉬, 후라이드·피쉬) / 프렌치토스트(후란쓰·토쓰트, 뿌렌취·토-스트) / 프리카세(뿌리카세, 뿌리카시, 후리카세, 후리가세) / 프리칸도(후-가덴, 뿌리칸도-, 푸리칸도, 후리간도, 후리칸도) / 프리터(뿌맅타스, 뿌맅타, 뿌맅터) / 핫케이크(핱·켐, 포트·케잌, 홑·케잌) / 해시드라이스(하이스·라이스, 해스트·라이스) / 해시드비프(하야시·비-푸, 하이스·비-푸, 해스트·비-프) / 햄버거(함바크, 한바크) / 햄버그스테이크(함부륵·스텍, 함벍·스테잌) / 히료오즈(飛龍頭, 히료-쓰)
간식·음료	과자(과즈, 糖菓, 點心) / 니어비어(니아·-삐루, 니어·삐어) / 당빙(糖氷) / 도너츠(도-넡, 도-넡츠) / 드롭(드랖쓰, 도롭, 드롭쓰, 뜨럽쓰, 뚜롭, 즈럽, 쭈롭, 뜨롭, 도롭푸쓰, 도롭푸, 뜨롭쓰, 뜨롭) / 드링크(드링크) / 라거비어(라-가·삐루, 라-겔麥酒) / 럼(라무, 라므, 럼, 糖酒) / 레모네이드(나무네, 레모나-드, 레몬에이드, 레모네드, 레모네-드, 레몬네드, 네모나데, 라무네, 람무네, 레모나-데, 레모나테) / 레몬드롭스(레몬·드롭쓰, 레몬·드럽쓰) / 레몬스쿼시(레몬·스캇슈, 레몬·스캇쉬) / 리모나드(리모니-데, 리모니트, 리모니-드, 레모나-데) / 립톤타(리푸튼茶) / 마시멜로(말쉬말로, 마시마로) / 마

유형	관련 신어
	카롱(마가룬, 마고로모, 마고론, 마카론, 마코론, 마카룬) / 맥주(믹쥬, 믹주) / 머핀(머펜, 머펜스) / 모찌(못지, 모찌, 못찌) / 몰트(마르트, 말쓰, 말츠, 몰트, 마루쓰, 말트) / 민스볼(멘치 · 뽈) / 민스비프(멘치 · 삐-푸) / 민스에그스(멘치 · 에끼스, 멘치 · 에기스) / 밀크(미루구, 밀크, ミルク) / 밀크캐러멜(밀크 · 캬라메루, 밀크 · 캬라멜, 밀크 · 캐라멜) / 밀크푸드(후-도, 밀크 · 후-드, 밀크 · 푸드, 밀크 · 뿌드, 밀크 · 뿌-드) / 버건디(뿌르간듸, 뻘건듸) / 베르무트(뻴모트, 버-무트, 뻬루몯도, 베루몰도) / 보드카(우얶카, 워디카, 워트카, 웓카, 보트카, 워드까, 워듸까, 왿드카, 뻬니쌔) / 브랜디(부란데, 부랜, 쁘란듸, 쁠안듸, 부란-데, 쁘란쩌, 뿌란듸, 쁘랜디-, 쁘란드, 쁘란듸, 쁘랜듸) / 비스킷(삐스켇트, 비스겥, 비스겥도, 피스켇, 비스겓트, 삐스켇, 쎄쓰퀴트) / 비어(삐-루, 삐루, 삐아, 삐야, 삐-어, 삐어, 뻴, 쌔여, 쎄루, 皮兒) 분유(도라이 · 밀크, 드리아 · 밀크) / 사이다(사이다, 싸이다-, 싸이더, 사이다-, 蘋果) / 사탕(砂糖) / 샴페인(三鞭酒, 샴펜, 쌤펜, 삼판, 삼편쥬) / 셔벗(샤-베트, 셜벧, 셜벧트,쉴벧) / 셰리(쉐리酒, 세리酒, 세리) / 소다수(소-다스이, 曹達水) / 스펀지케이크(스펀지 · 켘, 스폰지 · 케잌) / 시럽(시롶푸, 시롶, 사리별, 舍利別, シロップ, 씨렆) / 시트론(시토론, 시도롱, 시도론, 씨트론) / 아이스크림(아-스 · 크리, 아이스 · 크리-, 아이스크림, アイスクリーム, 아이스 · 크림, 아이쓰크림, 아이쓰쑤림) / 알코올(아루꼴, 아루코루, 아루콜, 알골, 알코홀, 알코올, 알콜, アルコール, 알코흘, 亞爾可兒) / 알페루아(알헤-, 아루헤, 아루헤도) / 압생트(아부산, 아부삼, 부산) / 요구르트(요-구르트, 요글트, 요굴트, 요-굴트) / 웨이퍼(웨이퍼, 웨-화-쓰, 웨파스, 웨파, 웨-파스, 웨-파, 웨-피, 웨-피쓰) / 위스키(우이스끼, 우이스키, 휘스키) / 진(쮠, 찐, 杜松子酒) / 초콜릿(쪼코레트, 쪼코렡, 죠고레트, 죠코레트, 죠코렡, 쪼고렡드, 차클넽, 쵸코레-트, 쵸코렡, 쵸콜레이트, 초코레트, 초코레이트, 초콜레잍트, 초콜레잍, 쵸콜렡, 쵸콜렡트, 초코렡, 쵸콜레이트, 초콜렛, 초콜레트) / 츄잉껌(쭈잉 · 껌, 추잉 · 껌, 츄잉 · 껌) / 카스텔라(가스데라, 카스텔라, 가스테라) / 칵테일(각텔, 칵테르, 칵테일, 컥텔, 콕텔, 가구데루, 칵텔, カクテル, 칵테일, 콕텔) / 칼피스(가루삐스, 칼피스) / 캐러멜(캬라메루, 캬라멜, 캐라멜, 갸라멜, キャラメル) / 컨덴스드밀크(콘덴스 · 밀크, 컨덴스 · 밀크, コンデンスミルク) / 케이크(케-크, 케-키, ケーキ, 케익) / 콘페이토(곤삐-도, 콘페도, 콤페도) / 크래커(구락가, 쿠락카-, 크랙커, 크랙카) / 팬케이크(빵케잌, 빵켘, 팡케잌, 판케잌) / 포트럽(뽀-트렆, 포-트렆) / 푸딩(푸데잉, 푸뎅, 푸딩) / 프루트(뿌루-트, 뿌루-쓰, 뿌루쓰, 후루-쓰, 뿌뤁)
식재료	간장(醬油, ショウユ) / 그레이엄 분말(그레함紛, 구레함紛) / 그레이프(그레잎, 그레-프) / 넛멕(넡멕, 넡트멕) / 네이블오렌지(네앨, 네-풀 · 오렌지, 네-풀, 네-앨 · 오렌지, 네-앨) / 다쿠앙(다쑤왕) / 두리안(도리안, 드리안, 듀리안) / 딸기(쌀기, 苺) / 라드(라-트, 라드, 라-드) / 라이보리(라이, 라이麥) / 라이스(라이쓰, 라이스) / 라이스 페이퍼(라이쓰 · 페퍼) / 랑군미(랑군米, 蘭貢米) / 레몬(레몬) / 레이즌(레-슨, 레-즌) / 로브스터(롭스터, 로부스터) / 마가린(마루가린, 마가린, 말가린) / 마요네즈(마요네쓰) / 마카로니(마가로니, 마카로니) / 만찬(만찬, 晩餐) / 망고(만고, 망고, 檬果) / 망고스틴(망고스친, 망고스탄, 망고스틘, 山竹果實) / 머스터드(마스터-드, 머스타드) / 머시룸(머시룸, 머쉬룸, 머슈룸) / 멜론(메론, 멜론) / 미소(味噌) / 미트(미또, 미뜨, 미-트, 밑) / 민스미트(민쓰 · 미-트) / 바나나(빠나나, 바나나, 쌔나나, 쌘나나, 芭蕉實) / 바닐라(빠니라, 빠닐라)

유형	관련 신어
	/ 설탕(糖霜, 雪糖) / 버터(빠다, 빠타, 빠터, 버터, 빼터, 牛乳油) / 베이컨(베-곤, 베-큰, 뻬이곤, 베-콘, 뻬콘) / 베이킹파우더(뻬낑 · 파오다, 뻬킹 · 파우더) / 비니거(예네가) / 사카린(삭가린, 사카린) / 셀러리(세로리, 세루리, 셀레리) / 소다(쏘-다, 소다) / 스위트 피(스이트 · 피, 스윝 · 피, 스윝 · 피스, 스위-트 · 피) / 올리브유(亞列布油, 올리브油, 올리부油, 橄欖油) / 자가이모(짜가이모薯, 짜가이모, 짜가다라이모薯, 짜가다라이모) / 잼(쟘, 짬, 쩸, 쌤) / 치즈(지스, 지-스, 치즈, 취스, 치스, 치-스) / 코코넛(코코 · 넡트, 코코 · 넡츠, 코코아 · 넡트, 코코아 · 넡츠, 코코 · 낱, 코코 · 낱츠, 코코) / 타피오카(매니옥, 매니옥카, 타피오카) / 토마토(투메토, 토마토, 도마도, 도마토) / 팻(펠, 패트, 헬트) / 파스타(파스트, 페-스트, 파스토) / 포테이토(뿌데도, 포테토, 포테) / 프루트(뿌루-트, 뿌루-쓰, 뿌루쓰, 후루-쓰, 뿌룻)

(3) 시설

1890년대 이후 조선은 강제로 세계사의 흐름에 편입되면서 서구와는 다른 근대화과정을 경험하게 되었다. 근대적 변화를 추동하는 내적 변화보다 서구식 근대화의 '겉모습'이 먼저 경험되었던 것이다. 시설 관련 어휘군은 그러한 서구식 근대의 모습을 읽어낼 수 있게 한다.

시설 어휘군은 주거, 건축, 기반시설로 유형화할 수 있다. 첫째로, 주거 관련 어휘를 보자. 주거란 사람이 생활을 영위하는 장소 및 그 안에서 이루어지는 생활까지 모두 포함한 것이다. 주거 관련 어휘군에는 루프, 벽돌집, 아파트, 양옥, 유리창, 페치카 등과 같은 '가옥 일반'에 포함되는 어휘, 베드룸, 벽장, 욕실, 지하실, 키친, 토일렛 등과 같이 '집의 각 부분을 구성하는 공간'을 지칭하는 어휘가 있다. 둘째로는 건축이다. 건축은 원래 인간적 요구와 건축 재료에 의해 실용적 · 미적 요구를 충족시키도록 만들어진 구조물을 말한다. 건축 어휘는 다시 세 가지 하위 유형, 역사적 건축, 건물과 자재, 기반시설로 나누어 볼 수 있다. 개선문, 바벨탑, 피사의 사탑과 같은 어휘는 역사적 건축50)에 속한다. 기념비, 리컨스트럭션, 빌딩, 콘크리트, 홀 등은 '건물'51)과 자재에 속한다. 단순한 건조기술로 만든 구조

---

50) 구조물을 형성하는 공간에 작가의 조형의지가 담긴 구조물.

물은 '건물(建物)'이라고 한다. 건축과 건물을 구분한 까닭은 영어 건축 (architecture)이라는 말 자체에서 찾아 볼 수 있다. 건축이라는 말은 원래 '큰, 으뜸, 으뜸이 된다, 우두머리' 등의 뜻을 가지는 'archi' 라는 접두어와 '기술'을 뜻하는 'tecture'의 합성어로서 '모든 기술의 으뜸' 또는 '큰 기술' 이라는 뜻이다.[52] 이런 뜻에서, "차고(車庫)는 건물이고, 대성당(大聖堂)은 하나의 건축이다. 사람이 들어가는 데 충분한 넓이를 갖춘 것은 모두 건물이지만, 건축이라는 말은 미적 감동을 목표로 설계된 건물에만 사용된다."[53] 한자 문화권에서는 '세울 건(建)'자와 '쌓을 축(築)'자를 합한 '건축(建築)'이라는 말을 그에 대응시켜서 쓰고 있는데,[54] 이 한자어는 건축과 건물의 의미 구분을 명확히 해주지 못한다고 할 수 있다. 세 번째는 기반시설이다. 기반시설은 도로·공원·시장·철도·교통시설, 공간시설, 유통·공급시설, 공공·문화체육시설, 방재시설, 보건위생시설, 환경기초시설로 이루어진다. 기반시설 관련 어휘에는 가스탱크, 경성우편국, 라이브러리, 법원, 스타디움, 휴게소 등이 있다.

표기상 특징은 다음과 같다. 첫째로 뉴욕중앙철로총선(紐約中央鐵路總線), 루브르궁(婁富宮), 룩셈부르크궁(婁參福宮), 리버풀항(里昧阪港) 등과 같이 서양의 건축물을 한자어로 음역한 것을 들 수 있다. 둘째로 동음이의어가 있다. '루트'는 토대(root)와 길(route)을 음역한 것이다. 셋째, 외래어 표기가 다양하다는 점이다. 이표기(異表記)가 많은 어휘는 그만큼 대중 사이에서 자주 쓰였다는 것을 의미한다. 대표적인 보기를 들어보면, 다음과 같다.

- 메인스트리트 : 매인·스트리트, 멘·스트리트, 메인·스트리트, 메인·

---

51) 단순한 건조기술에 의하여 만들어진 구조물.
52) 「건축」, 『한국민족문화대백과』, 한국학중앙연구원
    (http://terms.naver.com/entry.nhn?docId=566155&cid=46656&categoryId=46656)
53) 「건축『architecture, 建築』」, 『두산백과』
    (http://terms.naver.com/entry.nhn?docId=1058701&cid=40942&categoryId=32148)
54) 「건축」, 『한국민족문화대백과』, 한국학중앙연구원
    (http://terms.naver.com/entry.nhn?docId=566155&cid=46656&categoryId=46656)

　　　　　스튜릿, 메인·스튜릿트, 메인·스트릿, 메인·스트릿트
　- 모자이크 : 모자익, 모제익, 모사익, 모사익크, 모사익, モザイック
　- 브리지 : 뿌리찌, 뿌리쥐, 뿌리듸, 뿌릿지
　- 살롱 : 사룬, 쌀룬, 살론, 살롱, 쌀롱, 싸롱, 사론, サロン, 사루ーㄴ, 사론,
　　　　　살론, 싸론, 싸롱
　- 새너토리엄 : 산토륨, 사나토리엄, 사니토리움, 사니타리움, 새너토리엄
　- 스위트홈 : 수위톰, 쉬-트·홈, 스윌·홈, 樂家庭, 스위트, 홈, 스윗트홈,
　　　　　스위-트·홈, 스위트·홈, Sweet Home
　- 스카이스크래퍼 : 摩天樓, 스카이쓰크레퍼, Sky Scrape, 스카이 스크랩퍼,
　　　　　스카이·스크래퍼
　- 시어터 : 떠아터-, 테아틀, 테아트르, 쎄아터, 데아틀, 데아터
　- 아치 : 아-트, 아치, 아-취, 아-치, 아-지, アーチ, 알취, 아취
　- 아파트 : 아빠트, 아팔트, 아파-트, 아파트, 아퍼-트멘트, 아파-트멘트,
　　　　　아파트멘트
　- 콘크리트 : 공그리트, 컹크릴, 공구리도, 공구리, 콩구리, 콩그리, 콩그
　　　　　리트, 콩구리트, 곤구리-도, 콘크리잇, 콘크리트, 콩크리트,
　　　　　콩쿠리트, 콩쿠리, 콘크리-트, 콩크리-트
　- 페이브먼트 : 베이부멘트, 페브멘트, 페-브멘트, 페이브멘트, 페이부멘
　　　　　트, 패-부멘트, 페-브멘트, 페-부멘트

　넷째로 같은 뜻을 지닌 어휘를 다른 한자와 한글로 표기한 것이다. 보기
를 들면 다음과 같다.

　- 감옥 : 감옥소, 감옥쇼, 감옥셔, 監獄署, 監獄所, 죄슈간, 감방, 監獄
　- 고아원 : 고아원, 고ᄋ원, 孤兒院, 기ᄋ원, 棄兒院
　- 극장 : 극쟝, 劇場, 劇場, 演戱屋, 演戱場, 戱園
　- 도서관 : 셔젹관, 圖書館, 圖書縱覽所, 도셔관, 書籍館, 書籍庫, 도서관,
　　　　　도셔원
　- 미술관 : 美術館, 集畵院, 繪畵展覽所, 美術陳列場
　- 박물관 : 博物院, 박물관, 박물원, 博物館, 博古舘, 博物府

다섯째로 하나의 어휘를 한글, 한자, 한글+한자 등으로 표기한 것이다. 이것은 주로 역사적 건축물을 지칭하는 어휘에서 발견된다. 서양의 지명 관련 책들이 먼저 유입 · 번역되면서, 그 지역에 있는 건축물을 한자어로 손쉽게 표현한 것으로 추측해볼 수 있다. 대표적으로 다음과 같은 어휘가 있다.

- 노트르담 : 노트르담 寺院, 노틀 · 담, 노돌 · 담, 老脫羅南禮拜堂
- 런던 브리지 : 런돈쌀릿지, 런돈橋, 倫敦橋, 圖整橋
- 수에즈 운하 : 蘇彙士河, 蘇士地峽, 蘇彝士運河, 蘇西運河, 蘇士運河,
      스에스運河
- 피라미드 : 금즈탑, 금자탑, 金字塔, 비라민, 비라믿드, 피라믿드, 피라
      믿트, 피라밋, 敝利美杜, 菲羅未朱道

여섯째로 동양권에서 서양의 건축물을 체험하면서, 새로 만든 어휘도 있다. 문화주택과 벽돌집이 대표적이다. 그 가운데 한국에서만 쓰인 벽돌집이라는 어휘의 등장은 "구체적이고 쉬운 표현"으로서 서양건축에 대한 인식이 확대되었음을 의미하는 것이다.[55]

시설 관련 어휘들은 잡지, 신문, 저역서, 사전 등 여러 매체에 등장하고 있다. 어휘설명은 주로 『(鮮和兩引)모던朝鮮外來語辭典』과 잡지의 신어 소개란에 있다. 매체에 따라 어휘설명도 다르다. 네온사인을 보기로 들어보자. 네온사인은 "近代都市의 밤을 裝飾하는 오로라와 같은 優美한 照明이니 이것은 네온 · 아루공 · 헤리움 等의 瓦斯를 眞空礁子管에 封入하야 兩端으로부터 高電壓을 加하야 放電케 하는 것이다",[56] "過去의 電燈照明廣告와도 달라 最近에와서 大流行인 글씨획 가늘고입뿐 電燈照明을 가르치는 것이

---

55) 서동천, 「개항기 서양식 건축의 유입과 건축표현 용어 변화에 관한 연구−인식과 제도의 변화를 중심으로」, 『大韓建築學會論文集計劃系』 제30권 제6호 (통권308호), 2014년 6월, 200면.

56) "근대 도시의 밤을 장식하는 오로라와 같은 우미(優美)한 조명이니 이것은 네온, 아르곤, 헬륨 등의 가스를 진공초자관에 봉입하여 양끝으로부터 고전압을 가하여 방전케 하는 것이다." (「모던語」, 『新東亞』 5-10, 1935. 10, 30면.)

다",57) "照明看板, 明滅看板",58) "稀薄한 瓦斯 속에 高氣壓의 電話를 通하야 發光하는 電燈電氣裝飾"59)이다. 대중매체라 할 수 있는 잡지에 실린 어휘 설명은 대중으로 하여금 네온사인이 설치되어 있는 광경까지 상상할 수 있도록 서술적이라면, 사전류의 설명은 어휘에 대한 간단한 지식을 제공하고 있다. 문화주택은 전통과 근대의 조합이라 할 수 있다. 그 설명을 보면, 문화주택이란 "우리在來式의 住宅에 歐美樣式을適當히 加味하야 現代生活에 適應하도록 建築한住宅"60)이다. 이 어휘는 중국에서도 발견된다.61) 이는 동아시아 근대화의 일면을 나타내는 것일 수도 있다.

시설 관련 어휘는 전통 어휘에서 유의어를 발견할 수 있다. 보기를 들면, 극장의 유의어로는 '채붕(綵棚)'이 있다. 『太祖實錄』에 보면, "太祖振旅而還, 判三司崔瑩率百官設綵棚雜戲, 班迎東郊天壽寺前"62)라는 문구가 있다. 채붕은 "나무로 단을 만들고 오색 비단 장막을 늘어뜨린 장식 무대(『표준국어대사전』)"라고 설명되어 있다. 그 점에서 극장과 유의어 관계에 있음을 알 수 있다. 시설관련 어휘 중 한자어는 동아시아 3국에서 공통적으로 쓰였다. 보기를 들면, 궤도(軌道), 극장(劇場) 등이 그것이다. 레스토랑과 같은 외국어의 음역은 한국과 일본에서 공통으로 쓰였다. ■최규진

〈표 3〉 시설 관련 신어

유형	관련 신어
주거	다다미(다다미) / 다이닝룸(따이닝·룸) / 다락방(다락방, 欓上小房) / 데드락(테드록, 떼드·럭, 떼드락, 떼드·록) / 도어(또아, 또어, ｄ了) / 레지던스(레지덴스) / 로지(론지) / 루프(룦, 루--프) / 매트(맽, 맛도, 매트) / 메종(메-죤, 메-종) / 문화주택(文化住宅) / 베

---

57) "과거의 전등조명 광고와도 달라 최근에 와서 대유행인 글씨 획 가늘고 이쁜 전등조명을 가리키는 것이다." (「모던語点考」, 『新東亞』 7, 1932. 5, 81면.)
58) "조명간판, 명멸간판"(李鍾極, 『모던朝鮮外來語辭典』, 37면.)
59) "희박한 가스 속에 고기압의 전기를 통하여 발광하는 전등전기장식"(미상, 『新語辭典』, 民潮社, 1946, 26면.)
60) 미상, 『新語辭典』, 53면.
61) 馮天瑜, 『新語探源』, 393면.
62) "태조께서 승전하고 군대를 정돈하여 돌아오니, 판삼사 최영(崔瑩)이 백관을 거느리고 채붕과 잡희를 베풀고 동교 천수사(天壽寺) 앞에서 줄을 지어 영접하였다."(『太祖實錄 총서』)

유형	관련 신어
	드(삐트, 뻰, 뻳드, 벹트) / 베드룸(빼드·룸, 뻬드루ー口) / 베란다(ベランダ, 예란다, 예랜다) / 벽난로(壁煖爐, 壁烘) / 벽돌집(벽돌집) / 벽장(壁藏, 押入) / 보일러(보일너, 뽀이라, 뽀일라, 뽀일러, 汽罐) / 살롱(사룬, 쌀룬, 살론, 살롱, 쌀롱, 싸롱, 사론, サロン, 사루ー느, 사론, 살론, 싸론, 싸롱) / 샹브르(숌부르) / 선팔라(산·파ー라, 썬·팔라, 싼·룸, サンルーム) / 세면기(洗面器, 澡盤, 셰면긔) / 세면소(洗面所, 세면소) / 세탁실(洗室) / 셀러리(쎌라) / 셔터(샤다, 샤타, 샬터, 샤터) / 스위트홈(수위톰, 쉬ー트·홈, 스윌·홈, 樂家庭, 스위트, 홈, 스윗트홈, 스위ー트·홈, 스위트·홈, Sweet Home) / 스카이라이트(스카이라잍, 스카이라일트) / 싱크(씽크) / 아파트(아빠트, 아팔트, 아파ー트, 아파트, 아퍼ー트멘트, 아파ー트멘트, 아파트멘트) / 알코브(앨코ー쁘) / 암체어(암체아) / 양실(양실, 洋室) / 양옥(양옥, 洋屋) / 욕실(목욕간, 목욕방) / 욕조(沐浴筒) / 지하실(地下室, 土陷) / 키친(키췬, 키친) / 토일렛 룸(토일렡·룸, 토일렡트·룸) / 토일렛(トイレット, 토일렡, 토일렡트, 트와렡트) / 팔러(팔러ー, 팔러, 팔라, 파라) / 패러핏(파라펱, 파라펱트) / 페치카(베치카, 뻬-쓰까, 페이지카, 페ー치카, 페치카) / 포치(포ー치, 포ー취, 폴취) / 플로어(뿌로어, 뿔로어)
건축	개선문(凱旋門, Arch de Triomphe, 凱還門) / 건축(건축, 建築) / 겨울궁전(Winter Palace, 冬宮) / 고딕(고지크, 고직, 고직구, 꼬딕, 꼬식, 꼬식꼬, 꼬틱, 꼬틱, 꼬ー틱, 꼬틱, 꼬직, 짜틱) / 골든게이트공원(佑杜蘭公園) / 기념비(긔염비, 기념비, 紀念碑, 紀功碑) / 그리니치천문대(綠林司天臺) / 노트르담(노트르담 寺院, 노틀·담, 노둘·담, 老脫羅南禮拜堂) / 대영박물관(British Museum, 大英博物館, 不列顚博物舘, 英國博物館) / 더블린성(多佛仁城) / 런던 브리지(런돈쑤릿지, 런던橋, 倫敦橋, 圖聱橋) / 루브르(루불, 루부르宮, 婁富宮) / 리컨스트럭션(리콘스락숸, 레컨스트럭슌, 리콜스트레슌, 리컨스트럭슌) / 모자이크(모자익, 모제익, 모사익, 모사잌크, 모사익, モザイック) / 미니어처(미니어추ー르, 미니어추어) / 바라크(빠락크, 쩨락, 싸라크, バラック, 빠락, 빠라) / 바벨탑(바빌론塔, 바뻴塔, 바벨塔, 巴伯兒塔, 巴比耳塔) / 바스티유감옥(빠스튜, 빠스티ー유監獄) / 발코니(빨콘, バルコニー, 빨코니) / 버킹엄궁전(쎄킹검宮, 쩍킹검 宮殿, 박킹감宮殿, 뻑킹감宮殿, 뻑킹김宮殿, 뻑킹헴宮殿) / 블록(뿔낙, 푸록크, 불로ー, 뿌로크, 뿔라크, 뿔러크, 뿔럭, 뿔럭, 뿔탁, 푸롴) / 빌딩(비루, 쩰, 쩰딩, 쩰딍, ビルデング, 삘딍, 쩰딍, 쎌딍) / 샹들리에(싼테리아, 산데리아, 샨델리아, 샨데리아) / 수도(슈도, 수도, 水道, 導水) / 스파이어(스파여, 스파이어) / 아치(아ー치, 아치, 아ー취, 아ー치, 아ー지, アーチ, 알취, 아취) / 아케이드(아게드, 아ー케ー드) / 엘리베이터(에레베타, 에레베ー타, 엘레페터, 엘레페타, 엘레베이터, 에레베이터, 엘레베터, 에레베터) / 에펠탑(에푸엘塔, 에쩰塔, 옐페르塔, 에쩰, 엣펠, 엠페르, 에쩰塔) / 엠파이어스테이트빌딩(엠파이여·스테ー트, 엠파이어·스테ー트·빌딍, 엠파이어·스테ー트) / 오벨리스크(오페리스크) / 웨이팅룸(웨ー팅·룸, 웨이팅·룸, 웨이팅룸) / 유리창(류리창, 유리창, 琉璃窓) / 응접실(응졉실, 應接室, 接賓所) / 전기등(전긔등, 電氣燈, 견긔등, 던긔등) / 캐빈(캬빈, 캐빈, 캐빙, 케빈) / 컴파트먼트(컴피ー트맨트, 컴피ー트, 콤피ー트, 콤피ー트멘트) / 코리도(고리도, 고리돌, 코리도르, 코리도어) / 코티지(코테지, 코테ー지, 코태지, 커테지, 커테ー지) / 콘크리트(콩그리트, 컹크릴, 공구리도, 공구리, 콩구리, 콩그리, 콩그리트, 콩구리트, 곤구리ー도, 콘크리잇, 콘크리트, 콩크리트, 콩쿠리트, 콩쿠리, 콘크리ー트, 콩크리ー트) / 크렘린 궁전(크레물린, 크레믈린 宮殿, 크레물닉宮, 크레믈넌 궁, 크레무란) / 튈르리궁(杜老刑宮) / 파르테논(빨데논, 파ー데논, 팔테논) / 파티오(파치오, 패

유형	관련 신어
	티오) / 판테온(판테옹, 판테온) / 팔레루아얄(上林苑, 팔네노얄, 八禮老逸) / 팰리스(패래쓰, 파레쓰, 팔레스) / 포럼(또름, 또럼, 또람) / 피라미드(금ㅈ탑, 금자탑, 金字塔, 비라밋, 비라믿드, 피라믿드, 피라믿트, 피라밋, 敝利美杜, 菲羅未朱道) / 피사의 사탑(피사斜塔, 피자斜塔, 리-닝·타워) / 홀(홀-, 홀) / 화이트하우스(화일·하우스, 화잇트하우스, 화일트·하우스, 화일하우스, 하이트하우쓰, 白宮, White House)
기반 시설	가스탱크(카스·탕크) / 감옥(감옥소, 감옥쇼, 감옥셔, 監獄署, 監獄所, 죄슈간, 감방, 監獄) / 객실(객실, 房室, 客室) / 갤러리(캬라리, 갈라리, 깨뤄리, 깰러리) / 건널목(踏切, 후미기리) / 경성역(경성역, 京城驛) / 경성우편국(경성우편국, 경셩우편국, 京城郵便局) / 경성운동장(경성운동장, 京城運動場) / 경인선(경인션, 경인션) / 고가철로(高架鐵路) / 고아원(고아원, 고ᄋ원, 孤兒院, 기ᄋ원, 棄兒院) / 공관(公館, 공관, 領事館) / 공립학교(공립학교, 公立學校) / 공설시장(公設市場) / 공원(공원, 公園) / 공회당(공회당, 公會堂) / 교도소(교도원, 敎導員) / 구치쇼(구류간, 구류ㅅ간) / 국회의사당(국회의사당, 國會議事堂) / 궤도(軌道, 궤도) / 그라운드(그라운드, グラウンド, 끄라운드, 그랜더, 듸·그라운드, 크라운드) / 극장(극쟝, 劇塲, 劇場, 演戱屋, 演戱場, 戱園) / 기숙사(긔숙관, 寄宿舍, 긔숙사, 기숙사) / 네온사인(레론·싸인, 레온·싸인, 네온·사인, 네온싸인, 네온·싸인) / 더블유시(따불유·씨, 떠불유·씨-, 다부류씨) / 도서관(셔격관, 圖書館, 圖書縱覽所, 도셔관, 書籍館, 書籍庫, 도서관, 도셔원) / 도크(독그, 떡크, 똑, 船塢, 浮水船塢, ドッグ, 독크, 똑크, 도크) / 등대(등더, 燈台, 燈臺) / 라이브러리(라이부라리, 라이브라리-, 라이부러리) / 라이트하우스(라일하우스, 라이트하우스) / 루나 파크(루나·파크, 루나·파크, 루나, 파크, 루나·팍) / 맨홀(망홀, 맨홀) / 메인스트리트(매인·스트리트, 멘·스트리트, 메인·스트리트, 메인·스튜릿, 메인·스튜륕트, 메인·스트릿, 메인·스트릿트) / 미술관(美術館, 集емι院, 繪畵展覽所, 美術陳列場) / 박물관(博物館, 박물관, 박물원, 博物館, 博古舘, 博物府) / 방갈로(반거로, 반가로, 방가로, 번가로, 병가로) / 백화점(百貨會, 백화점) / 뱅크(뺑크, 뺑크, 쌩크) / 법원(법원, 지판소) / 법정(法廷, 법정, 법정, 法庭) / 병원(병원, 病院, 治病院) / 브룩클린다리(쓰룩클린橋, 쓰리클린 新橋) / 브리지(뿌리찌, 뿌리쥐, 뿌리디, 뿌릿지) / 새너토리엄(산토륨, 사나토리엄, 사니토리움, 사니타리움, 새너토리엄) / 수도(슈도, 수도, 水道, 導水) / 수에즈 운하(蘇彙士河, 蘇士地峽, 蘇彛士運河, 蘇西運河, 蘇士運河, 스에스運河) / 스카이스크래퍼(摩天樓, 스카이쓰크레퍼, 스카이 스크랩퍼, 스카이·스크래퍼) / 스타디움(스타듐, 스타쥼, 스타지암, 스터쥼, 스테디엄, 스테이디움, 스투디움, 스타디엄, 스테디움) / 시어터(쩌아터-, 테아를, 테아트르, 쎄아터, 데아틀, 데아터) / 여인숙(여인숙, 旅人宿) / 파고다(빠고다, 파고다, 파코다) / 파크(팤, 팍, 파-크, 파크) / 퍼블릭 가든(뻐브리크·까덴, 퍼불릭·까든) / 페이브먼트(베이부멘트, 페브멘트, 페-브멘트, 페이브멘트, 페이부멘트, 패-부멘트, 페-브멘트, 페-부멘트) / 프롬나드(푸로미나-드, 푸롬나드, 푸롬네-드) / 캠퍼스(캄파스, 캠퍼쓰) / 피어(피아, 피어) / 호텔(호델, 호텔, ホテル, 客店) / 휘테(휼테, 휼데, 휴테) / 휴게소(휴게쇼, 休憩所, 遊憩場)

(4) 사물

사물 관련 어휘는 실제 생활에서 사용하는 '근대' 문물로 이루어졌다. 이것은 크게 세 가지 유형, 즉 생활용품, 기호품, 기타 사물로 나눌 수 있다.

첫 번째 유형인 생활용품은 가스스토브, 냅킨, 오븐, 컵 등과 같은 주방용품, 노트, 러프페이퍼, 스탬프, 테이프 등과 같은 사무용품, 가루치약, 마르세유비누, 바리깡, 샴푸 등과 같은 위생용품, 거울, 괘종시계, 네온램프, 스토브, 캐비닛, 커튼, 테이블 등과 같은 가구 및 인테리어 소품 등으로 이루어진다. 두 번째 유형인 기호품 관련 어휘에는 궐련, 브랜디, 아편, 커피, 헤로인 등이 있다. 기타사물에는 가격표, 레테르, 메달, 카탈로그, 태블릿 등의 어휘가 있다.

사물 관련 신어의 특징은 대체로 새로이 실생활에 들어온 낯선 것을 지칭하는 것인 만큼 거의 외래어로 이루어져 있다는 것이다. 첫째로는 음역어이다. 음역은 소리 나는 대로 표기하는 음에 의한 번역을 뜻한다. 그 소리는 한 언어 내의 발음 체계에 기초하기 때문에 그 원천과 일대일로 대응하지는 않는다. 샴푸, 스위치, 아이론 등이 이에 해당한다. 둘째, 네거티브 필름과 같이 두 개 이상의 합성어는 대개 중간점(·)으로 연결되어 있다. 셋째 플라스크(ㅿ라스크, 푤라스크, 푤라스코, ㅿ라스코)처럼, 옛 한글을 써서 영어의 'f' 발음을 표기한 것도 있다. 드문 경우이긴 하지만, 철자와 의미가 다른 외국어를 같은 소리로 표기한 것도 있다. 포트는 'port'와 'pot'를 가리킨다. 사물 관련 어휘들은 오늘날 우리의 생활에서도 그대로 쓰이고 있듯이 대부분 외래어로 정착되었다.

하나의 어휘는 여러 가지로 표기된다. 보기를 들면, 다음과 같다.

- 냅킨 : 나후킹, 내푸킨, 나푸킨, 냅킨, 낲킨, ナプキン, 넾킨, 巾
- 라디오 : 라지오, 래디오, 라디오, 레이디오, 나는말, 라듸오, 래듸오
- 바스켓 : 버스켈, 빠스켙트, 바이스게, バスケット, 빠스켈
- 비어 : 삐-루, 삐루, 삐아, 삐야, 삐-어, 삐어, 삘, 皮兒, 쩌여, 쩌루

- 스위치 : 수위치, 쉴치, 스이치, 스위지, 시위치, 시우치, 스윗치, 스윗취,
　　　　　 스윗지, 스윌치, 스윌취, 스위치
- 일루미네이션 : 이리미네이슌, 일루미네이숀, 일루미네이쉰, 일루미네
　　　　　 숀, 일미네이슌, 일미네슌, 일미네숀, 일류미네-쉰, 일
　　　　　 루미네슌, イルミネーション, 일류미네이슌, 일류미네이슌,
　　　　　 일류미네이쉰, 일류미네슌, 일류미네쉰, 일미네슌
- 캘린더 : 가렌다, 카랜다, 카렌다, 카렌더, 칼랜다, 카렌다-, カレンダー,
　　　　　 캬렌더, 칼렌다, 캐린더-
- 커튼 : 가덴, 가-뎅, 가-텐, 카-텐, 카-틴, 카-덴, 카-뎅, 커틴, 커-틴,
　　　　　 커-테인, 커-튼, 카-틴, 커텐, 커텡, 커-텐, カーテン, 커-텡, 窓掛
- 타바코 : 타바코, 투배코, 다박코, 다바꼬, 다박고, 터박코
- 테이프 : 텦, 데푸, 테-쁘, 테이프, 테뿌, 테-뿌, 테-푸, 테푸, 테-프,
　　　　　 테프, 테잎, 테잎
- 페이퍼 : 페-퍄, 페퍄, 페퍼, 페-퍼, 페이퍼, 披把
- 플라스크 : 뿌라스크, 뽈라스크, 뽈라스코, 뿌라스코
- 해머 : 헴머, 함마-, 햄머-, 함머-

　　사물 관련 어휘에 대한 설명은 주로 그때 유통된 외래어를 수집 정리한
『(鮮和兩引)모던朝鮮外來語辭典』에 나온다. 보기를 들어 일루미네이션의 경우
를 보면, "祝賀의意味로서又는廣告의意味로架設하는點燈裝飾,電光飾,"[63] "電
燈으로 商店이나 市街를 휘황찬란하게 꿈이여 노흔 것을 일류미네-쉰이라
고 한다"[64]고 되어 있다. 간단하긴 하지만, 어휘의 의미가 명확히 풀이되
어 있다. 어휘설명에서 재미있는 것은 초인종이다. 초인종(呼鈴)은 설령으로
풀이되어 있다. 그와 함께 다음과 같이 설령의 뜻풀이도 나와 있다.

　　전에 가정이나, 관청 또는 공청에서, 이 방에서 저 방까지 줄을 매고 저
　쪽 줄 끝에 방울을 달아 둔다. 이 방에서 저 방의 사람을 부르고자 할 때는,
　이쪽에 있는 줄 끝을 잡아 달여 흔든다. 그러면, 저 방에 달린 방울이 울린

63) 檀正, 「外來語解釋」, 『天道敎會月報』 207, 天道敎會月報社, 1928. 3, 25면.
64) 「모던語点考」, 『新東亞』 3, 1932. 1, 73면.

다. 그러면, 저 방의 사람은, 자기를 부르는 줄 알고, 이 방으로 온다. 이것을 "설렁"이라고 하였으니, 이것을 일어로 말하자면, 呼鈴이 될 것이다.[65]

『국립국어원 표준국어대사전』에도 설렁을 "처마 끝 같은 곳에 달아 놓아 사람을 부를 때 줄을 잡아당기면 소리를 내는 방울"로 설명하고 있다. 사물의 쓰임새를 통해, 우리말에서 그에 적합한 단어로 풀이해놓은 것이 특징적이다.

사물 관련 어휘의 유통은 주로 신문이나 잡지에 실린 연재소설을 통해 이루어졌다. 실생활과 밀접한 관련되어 있기 때문인 것 같다. 또 사물 속성을 빗대어, 그 어휘를 비유적으로 쓰는 경우도 있다. 보기를 들면 주마등(走馬燈)이 있는데, 그 용례는 "歷史推移의跡은幻滅이走馬燈에서甚하며"[66]이다. 여기서 주마등은 '무엇이 언뜻언뜻 빨리 지나간다'는 것을 표현한 것이다.

사물 관련 어휘에 대한 동아시아 3국의 어휘를 비교해 보면, 표기의 공통점과 차이를 파악할 수 있다. 먼저 공통점으로는, 신어 표기가 한자인 경우 한·중·일 3국에서 그 형태가 동일하다는 것이다. '時計'가 대표적이다. '아편'은 동아시아 3국에서 모두 근대 신어로 등재되었지만, 한국에서는 '아편'으로, 일본에서는 '阿片'으로, 중국에서는 '嗎'로 표기되었다. 자명종은 한국에서는 '自鳴鐘'과 '時辰鐘'으로, 일본에서는 '自鳴鐘'으로, 중국에서는 '時辰鐘', '時辰鐘表'로 표기되었다. ■ 황동하

〈표 4〉 사물 관련 신어

유형	관련 신어
생활 용품	가루치약(磨牙粉) / 가오루(カオール) / 대모테(玳瑁테, 대모테) / 가방(가방, 鞄) / 개화장(開化杖 / 개화장) / 거울(류리경, 석경, 石鏡) / 가스라이트 페이퍼(까스라일·페-퍼, 가스라일트·페-퍼) / 고무(고무, 樹膠, 護謨, 橡膠, 무드소) / 공(쏘-르, 쏠, 쏘루) / 공책(공책) / 국수표궐련갑(菊水票券烟匣, 국수표권연갑) / 가스 스토브(까스·스토-쁘) / 걸상

유형	관련 신어
	(걸상) / 고뿌(コップ) / 가스 맨틀(까스·만틀, 瓦斯만쏘루) / 개화잔(기화잔) / 괘종시계 (괘종, 괘종, 掛鐘, 時辰鐘, 柱時計, 掛時計) / 글라스(크라쓰, 구라스, 가라스, 끌라쓰) / 나 이프(나이후, ナイフ, 나이푸, 나이프, 刀) / 난로(난로, 暖爐) / 냄비(남비) / 냅킨(나후킹, 내푸킨, 나푸킨, 냅킨, 낲킨, ナプキン, 냎킨, 巾) / 냉장고(冷藏庫) / 네거티브필름(네가· 필름, 네가티브·필름) / 네온라이트(네온·라일, 네온·라일트) / 네온램프(네온·람프) / 네일 클립퍼(네일, 크립퍼) / 네트(넬, 넷트, 넽트, ネット) / 노끈(노내끈, 絢索) / 노트(노 우트, 노-트, 노트, 노오트) / 노트북(놑뿍, 노도부구, ノートブック, 노-트·뿍) / 당성냥 (등성양, 당석량, 당석냥) / 돋보기(돗보기, 돋븨기, 中凸玻璃鏡) / 라디오(라지오, 래디오, 라디오, 레이디오, 나는말, 라듸오, 래듸오) / 라이터(라이타-, 라이터) / 래디에이터(라 듸에터, 라듸에타, 라듸에이터, 라듸에이타) / 램프(람로, 남포, 람푸, 램프, 람쏘, 람포, 람프) / 러프페이퍼(라프·페퍼, 러프·페이퍼, 러쯰·페퍼, 라프紙, 라후紙, 러쯰紙) / 레이스 커튼(레-쓰·카커텐, 레-쓰·카커-텐) / 레이저(레-러, 뤠이저, 레이저) / 레터 페이퍼(레타·페-퍼, レターペーパー, 레터·페-퍼) / 로프(롶푸, 롶, ロープ, 로-프, 大索) / 롤(롤, 로-루, 로류) / 륙색(륙삭크, リュックサック, 룩크사크) / 리본(뤼본, 리폰, 리본, 리 봉, 리뽄) / 마도로스 파이프(마도로스·파이푸, 마도로스·파이프) / 마르세유비누(말 셀비누, 마루세투, 말셀, 말세루, 마루세투비누, 말세루비누) / 망원경(望遠鏡, 망원경, 원시경, 太遠鏡, 大千里鏡) / 매치(마치, 맛지, 맛디, 매취, 마취) / 메니스커스(메니쓰, 메 니쓰커스) / 모기장(蚊帳,蚊幮巾, 모긔장) / 바리깡(바리깐, 바리칸, バリカン) / 바스켓(버 스켙, 빠스켙트, 바이스게, バスケット, 빠스켇) / 박스(빡쓰, 뽁쓰, 박스, 뻑쓰) / 반사경(反 射鏡, 凹鏡) / 버킷(빠켈, 빠게쓰, 빠켙츠, 빠켜츠, 바켓트) / 베드(벹트, 뺕드, 뻳드, 뻬드, 뺕, ベット) / 벤또(벤도, 벤쏘, 辨當) / 벤치(뻰치, 뻰취, ベンチ, 펜치, 쩬치, 벤치) / 비누(石 鹼, 비루, 倭飛陋) / 색(삭구, 사크, 삭그, サック, 사크) / 샴푸(샘푸, 샴푸-, 삼프, 솸푸-) / 성냥(셔양, 셩량, 석냥, 自來火, 셩냥, 自起黃, 석냥) / 셔블(샤베루, 쇼-배루, 샤쎌, シャ ベル) / 셰이드(세-드, 세이드, 쉐이드) / 소켓(소겥도, 싸켙, 쏘켙, 쏘켙트) / 소파(쏘뽜, 쇼파, 쏘쌔) / 수첩(手帖, 수첩, 수쳡, 수텹, 슈쳡) / 슈트케이스(スートケース, 스트·케-쓰, 슬·케-쓰, 숱·케이스, 슈-트케이스) / 스위치(수위치, 쉴치, 스이치, 스위지, 시위치, 시우치, 스윗치, 스윗취, 스윗지, 스윝치, 스윝취, 스위치) / 스탬프(스담부, 스탬프, 스 탐프, 스단-프, 스탬푸, スタンプ) / 스토브(스도부, 스도푸, 스토푸, 스토프, 스토-브, 스 토부, 스토-부, 스토브) / 스틱(스텍기, 스데키, 스틱크, 스텍, 스데기, 스데끼, 스틱, 스 테기, ステッキ, 스택기, 스틱, 스틱) / 시트(쉬일, 쉴, 시-트, シーツ, 쉬-트, 쉬트) / 아이론 (아이론, 아이롱, アイロン) / 오븐(어분, 오분, 오푼, 오픈, 어븐, 오븐) / 일루미네이션(이 리미네이숀, 일미네이숀, 일루미네이숀, 일미미네숀, 일미네슌, 일미네슌, 일미네 숀, 일류미네-쉰, 일 루미네슌, イルミネーション, 일류미네이슌, 일류미네이숀, 일류미네 이쉰, 일류미네슌, 일류미네쉰, 일미네슌) / 장난감(작란감, 작난감, 작난가음, 댱란감, 戲具) / 칸델라(칸데라, 간데라) / 캐비닛(캬비넬, 가비네트, 가비네, 깨비-, 캐비네) / 캔 (칸, 캔, 간) / 캘린더(가렌다, 카랜다, 카렌다, 카렌더, 칼랜다, 카렌다-, カレンダー, 캬렌 더, 칼렌다, 캐린더-) / 커튼(가텐, 가-뎅, 가-텐, 카-텐, 카-틴, 카-덴, 카-뎅, 커틴, 커 -틴, 커-테인, 커-튼, 카-틴, 커텐, 커텡, 커-텐, カーテン, 커-텡, 窓掛) / 컴퍼스(컴파스, 콤파슈, 콤파쓰, 콘파쓰, コンパス) / 컵(캎푸, 곱부, 컾푸, 컵, 컾, 고뿌, 곡보, 곱보, カップ, 콥프, 컵프) / 쿠션(굿숀, 코신, 쿠시온, 쿠숀) / 타월(다오루, 다올, 타올, 타아올, 타오루,

유형	관련 신어
	타월, タオル) / 테이블(테불, 데불, 데이블, 텔불, テーブル, 테이불, 테블, 테이블, 테-블) / 테이프(텦, 데푸, 테-쁘, 테이프, 테뿌, 테-뿌, 테-푸, 테푸, 테-프, 테프, 테잎, 테잎) 텔레비전(테레, 데레비쥰, 테뗴예-슌, 테레뷔숀, 테레예, 텔레예쥰, 텔레비숀, 텔레비존, 텔레비죤, 텔레비쥰, 텔레비지언) / 튜브(추-부, 쥬부, 쥬브, 츄-부, 튜브, 튜-브) / 트렁크(도랑크, 츠렁크, 튜랑크, 튜렁크, 트랑크, 추렁크, 트렁크, 추렁크, 추렁크) / 팬(뽼, 뺀, 판) / 퍼프(빠프, 파푸, 파프, 파후, 퍼푸, 펖푸) / 페이퍼(페-파, 페파, 페퍼, 페-퍼, 페이퍼, 披把) / 페치카(베치카, 페치카, 페-치카, 페이지카) / 포크(쪼-크, 확, 포크, 포-크, 폭, フォーク, 뽁, 폭, 삼지창, 三살창, 義子, 肉義) / 플라스크(뿌라스크, 뿔라스크, 뿔라스코, 뿌라스코) / 피켈(삐켈, 피오레, 피오렐, 픽켈) / 하도롱지(하도롱, 하도롱紙, 하토롱紙, 파토롱紙) / 해머(헴머, 함마-, 햄머-, 함머-) / 해먹(함목, 함목구, 햄먹, ハンモック) / 휠(호이루, 휠, 호일) / 휴지(휴지, 지리가미, 塵紙)
기호품	건엽연(乾葉烟) / 궐련(卷烟, 권연, 지권연) / 니거스(니-거스) / 담배(단바, 淡巴, 담방구, 煙葉) / 라거비어(라-가 · 삐루, 라-겔麥酒) / 럼(라무, 라므, 럼, 럼주) / 리큐어(리큘, 리큐, 리귤, 리콜으) / 립톤티(리푸튼茶) / 마구초(마구초) / 마스코트(마스컬트, 마스콜트) / 맥주(麥酒,믹쥬, 믹주, 맥주) / 문샤인(문샤인, 문솨인) / 베르무트(벨못도, 뻴모트, 뻬루몯도) / 보드카(우억카, 워디카, 왼카, 보트카, 워드까, 워듸까, 왼드카, 뻬니쌔, 후이식기) / 브랜디(부란데, 부랜, 쑤란듸, 쑬안듸, 부란-데, 쓰란쩌, 뿌란듸, 쁘랜디-, 쓰란드, 쓰란듸, 쓰란드, 쑤랜듸, 쑤란데, 撲蘭德) / 비어(삐-루, 삐루, 삐아, 삐야, 삐-어, 삐어, 삘, 皮兒, 쌔여, 쎄루) / 샴페인(三鞭酒, 샴펜, 上伯允, 삼펜, 쌤첸, 삼판, 삼편쥬, 삼판) / 셰리(쉐리酒, 세리酒, 세리) / 시가(씨-거-, 씨거-, 씨-가-, 씨가-) / 아편(아편, 鴉片, 阿片, 야편, 오피엄) / 알코올(아루꼴, 아루코루, 아루콜, 알골, 알코홀, 알코올, 알콜, アルコール, 알코흘, 亞爾可兒) / 위스키(위스끼, 위스키, 惟斯吉, 휘스기, 우이스키) / 커피(가피, 고히-, 컾피-, 커피, 커-피, 코-히, 가피, 가비, 커피, 가피, 코-히-, 珈琲, 카피, 코쁴, 코-픠, 珂琲, 珈琲茶, 茄菲) / 칵테일(칵테일, 콕텔, 각텔, 칵테르, 칵테일, 컥텔, 콕텔, 가구데루, 칵텔, カクテル) / 코냑(콘야크, 고냑구, 코냐크) / 타바코(타바코, 투배코, 다박코, 다바꼬, 다박고, 터박코) / 헤로인(헤로인, 헤로잉, 히로인)
기타 사물	가입청구서(가입청구셔) / 각서(覺書) / 감사장(感謝狀) / 가격표(價表) / 거절증서(拒絶証書) / 견적서(見積書) / 견출장(見出帳) / 계약서(계약서, 契約書, 年限證書, 契約証書) / 레테르(렌데루, 렌델, 레테르, 렡테르, 넬텔, 렛텔, レッテル, 레텔, 렛텔, 레데르) / 메달(매달, 메달, 메다루, 메탈, メダル) / 카탈로그(가다로그, 카다로구, 카타로그, 캐탈록, カタログ, 카탈록, 가타로-구, 가타로그) / 쿠폰(구-본, 큐-퐁, 쿠퐁, 쿠-폰, 쿠-퐁) / 태블릿(타부렡, 타부렡트, 다부레트, 다부렡도)

(5) 기계

19세기 말 개항 뒤, 한국은 본격적으로 서구의 신문물을 실체와 어휘로 접하게 되었다. 이것은 서구 근대 과학의 발달을 체험하는 것과 다름없었다. 특히 지식인들은 과학이 발달한 나라가 세계를 지배하고 있음을 알게 되면서, 대내외 정세를 배우려는 열의를 갖게 되었다. 그 과정에서 서구의 신문물을 소개하는 책이 수입되거나 집필되었다.

이 과정에서 수용된 기계 관련 근대 신어는 용도에 따라 네 가지 유형, 즉 공구(工具), 기구(器具), 기관(機關), 부품(部品)과 측정기로 나누어 볼 수 있다. 첫째, 공구를 나타내는 어휘는 드릴, 레버, 펜치 등이다. 둘째, 기구 관련 어휘에는 가스스토브, 리플렉터, 메가폰, 바이타폰, 수화기, 온도계, 재봉틀, 타이프라이터, 파인더, 현미경 등이 있다. 셋째, 기관 관련 어휘는 기어, 디젤, 모터, 엔진, 피스톤 등과 같은 것이다. 넷째로는 부품과, 수량을 재는 측정기 등이다. 전자에는 나사, 스위치, 용수철 등이 있으며 후자로는 게이지, 레오스탯, 마이크로미터와 같은 어휘가 있다. 그밖에 농작기계(農作器械), 동력기계(動力機械), 방적기계(紡績機械), 방직기계(紡織機械), 소방기계(消防機械), 전기기계(電氣器械), 전기기기(電氣機器), 제화기계(製靴機械), 증기기계(蒸氣機械, 火輪器械), 직조기계(織造機械) 등과 같은 기계류(機械類, 머시너리)를 나타내는 어휘도 있다.

기계 관련 어휘의 특징을 보면, 유형별로는 기구(器具)가 많은 비중을 차지한다. 19세기 말 서구 제국주의가 근대 과학과 무기의 발달에 힘입어 약소국을 지배하고 있는 국제상황, 그리고 일제의 식민지배 하에 놓인 한국의 처지를 감안한다면, 기구 관련 어휘가 이때 많이 소개된 것은 서구에 대한 탐구열을 반영한 것이라고도 할 수 있다.

표기상의 특징은 여러 가지로 나타난다. 첫째, 외국어를 그대로 소리 나는 대로 읽어 한글로 표기한 것이 대부분이다. 신문물은 자연물이 아닌 인공적인 기구이다. 그 어휘들은 전통 어휘에서 적절한 대응물을 찾을 수 없었을 것이다. 이것은 기계라는 말 자체를 통해서도 알 수 있다. 기계를 나타내는 한자어 '器械'와 '機械'가 명확히 구분되지 않고 쓰이다가, 기계(器械)가 차츰 기계(機械)로 전환된 것도 그러한 맥락에서 이해할 수 있을 것이다.[67] "'器械'가 전근대적인 연장 일반을 가리킨다면, '機械'는 서양 문명을

---

67) 이에 대해서는 宋敏, 「'器械'에서 '機械'가 되기까지」, 『새국어생활』 9-4, 1999 ; 이병기,

통하여 새로 알려진 고도의 과학적 장치를 뜻"[68]하게 된 것이다. 수레나 활 등과 같은 것이 자동차나 대포 등과 다르게 파악되는 정도를 언어에서도 반영할 필요가 있었을 것이다.

표기도 텍스트마다 달라, 다양한 이표기(異表記)가 나타났다. 1907년(광무 11년)에 한글 관련 연구·정책 기관인 '국문연구소'가 학부에 설치되었지만 정부안으로서의 외래어 표기 규칙은 만들어지지 않았다. 우리말에 대한 표기 규칙도 제대로 마련돼 있지 않은 상황에서 이는 당연한 것이었다. 또 의미를 전달하는 외적 형식으로서 귀로 들을 수 있는 소리인 '기표(=시니피앙)'는 개인마다 다를 수 있기 때문이기도 하다.

하나의 개념어가 여러 가지 표기 형태로 쓰인 사례를 보기로 들어보자.

- 로봇 : 로보트, 로볼, 로폰도, 로뽀트, 로부트, 로포트, 로볼트
- 롤러 : 루라, 로라, 로-라, 로-라-, 로러, 로라-, 로-러-, 로러-, 로-러
- 리플렉터 : 레프, 레후렉타, 리플렉터, 레뗄렉터, 레풀렉터
- 마이크로폰 : マイクロフォン, 마이크로폰, 마이크로혼
- 모터 : 모-톨, 모-다, 모타, 모-타, 모-타-, 모타-, 모터, 모-터, 모-다, 모-터
- 스위치 : 수위치, 쉴치, 스이치, 스위지, 시위치, 시우치, 스윗취, 스윗지, 스월치, 스월취, 스위치, 스위취
- 콘베이어 : 콩페야, 콤페아, 콘베야, 콤베야, 콘베이야, 콤베이야
- 크레인 : 구렌, 쿠렌, 크렌, 그레인, 가란, 크레인
- 크룩스 : 크롭쓰, 크루크스, 크룩쓰
- 타이프라이터 : 타이포롸이타, 타이부라이터, 타이부라이타, 타이프라이터, 타잎우라이터, タイプライタ-, 타이푸라이타, 타이프라이타, 타잎라싸터-, 타입우라이터, 타잎라이터, 다이부라이드, 다이푸라잇트, 타잎라이트, 타이푸라이트
- 프로펠러 : 푸로펠라, 푸로펠러, 輪葉, プロペラ, 푸로펠라, 프로페라, 푸로펠라

「『易言』을 前後한 '기계'와 '제조'의 어휘사」, 『국어국문학』 156, 2010을 참조할 것.
68) 宋敏, 「'器械'에서 '機械'가 되기까지」, 131-132면.

둘째, 하나의 표제어는 한문, 음독, 일본어 등 여러 가지로 통용되고 있다. 보기를 들면, 타자기는 "印字器, 打字機, 타이프라이터, 인쇄기, 印機, 手押印刷機, 印刷機, 印字机器, 印字機器, 印字機"로 쓰였다. 프로펠러는 "푸로펠라, 푸로펠러, 輪葉, プロペラ, 푸로펠라, 프로페라"로 통용되었다. 셋째, 여러 단어로 조합된 합성어는 단어와 단어 사이에 부호 '·'를 붙인 경우가 많다. 사치·라이트, 가스·스토-액, 벨트·콘베이어, 스탚·워취 등이 그 보기이다. 넷째, 드물긴 하지만, 우리말로 표기하려는 시도도 보인다. 풍차를 '바람방아'로 표기한 것이 대표적이다. 도급기(稻扱機)를 '그네'69)로 표현한 것도 특징적이다.

기계 관련 어휘는 주로 『모던朝鮮外來語辭典』에서 소개되었다. 이 어휘군에 속한 근대 신어가 대부분 외국어로 표기되고 유통되었기 때문일 것이다. 어휘설명을 보면 오늘날과 마찬가지로 하나의 개념어에 여러 가지 뜻을 함께 전달하고 있다. 그러나 익숙하지 않은 설명도 포함되어 있다. 어휘 '롤러'가 그 사례에 해당한다. 『모던朝鮮外來語辭典』에 나온 설명에 따르면, 롤러는 "1. 輾轉器具, 轉子, 轉磨器, 壓延機, (땅골으는)輾石. 2. 印刷, 印肉棒. 3. 軸, 卷軸. 4. 動物. 燕省類의一種, 카나리아의一種"70)이다. 네번째 설명은 롤러 카나리아(roller canaria)를 뜻하는 것이다. "「카나리아」에는우는소리가 아름다운「로라」, 몸매가 가냘픈「요크샤」, 대형의「랑카샤」등 여러종류가있다. 우리나라에 현재 퍼져있는 것은 대개가 「로라」인데"71)라는 신문 기사도 비슷하게 설명하고 있다. 롤러 카나리아는 "독일에서 개량한 카나리아 품종의 하나로, 울음소리가 아름답다(『표준국어대사전』)"고 한다. 오늘날의 기준으로 보았을 때, 4번(動物. 燕省類의一種, 카나리아의一種) 같은 설명은 동물 관련 전문가가 아니면 알 수 없는 내용으로, 현재 『표준국어대사전』에는 나오지 않는다. 오늘날에는 다음과 같이 풀이된다.

---

69) 길고 두툼한 나무의 앞뒤에 네 개의 다리를 달아 떠받치게 하고 몸에 빗살처럼 날이 촘촘한 쇠틀을 끼운 것이다. 벼를 훑는 데 쓰던 농기구.
70) 李鍾極, 『모던朝鮮外來語辭典』, 109면.
71) 「小資本経営 希望設計「카나리아」기르기」, 『京郷新聞』, 1962. 7. 2, 2면.

1. <공업> 금속재의 두께를 줄이거나 평평하게 하는 데 쓰는 기구. 2. <미술> 작업대와 심대 사이에 놓아 돌리면서 작업을 할 수 있는 둥근 회전판. 3. <출판> 등사나 인쇄를 할 때 잉크 칠을 하는 방망이. 4. <건설> 「같은 말」 굴림대(무거운 물건을 옮길 때 그 밑에 깔아서 굴리는, 둥근 나무나 철로 된 원통체)

李鍾極이 그와 같이 설명한 것은 당시의 신문과 잡지 등을 보면서 발음상 '롤러'에 해당하는 모든 것을 모아서 사전으로 펴냈기 때문일 것으로 보인다. 오늘날에는 '롤러'가 '롤러 카나리아'를 일컫는 말로 통용되지는 않는다. 이와 비슷한 사례를 『모던朝鮮外來語辭典』에서 자주 찾아볼 수 있다.

또 어휘설명 가운데, 지금은 쓰이지 않는 어휘를 풀이해놓은 것도 보인다. '머시너리'는 『모던朝鮮外來語辭典』에 "1. 機械類 2. 機關(政治的인) 3. 演劇. 小說≫筋, 풀롵"으로 설명해놓았다. 오늘날 '3(演劇. 小說≫筋, 풀롵)'의 설명으로 머시너리를 쓰지는 않는다. 이것은 일본어 사전에서 다음과 같이 그 쓰임을 찾아볼 수 있다. "1.기계류, 2.(시계 따위의) 기계 장치(기계의) 가동 부분, 3.(정치 등의) 기관, 기구, 조직, 4.(극·소설 등의) 구성, 취향, 조작, 꾸밈,"72) 이를 보면 일제의 지배가 어휘의 뜻에 반영되었다는 것을 알 수 있다.

개화기 뒤에 나타나기 시작한 기계(機械)라는 어휘는 영어 머신(machine)의 번역어로 새로 생긴 한자어이다. 전통 시대에 기계를 나타내는 어휘는 기계(器械)였다. 송민에 따르면, '器械'라는 어휘는 현대국어에서 거의 쓰이지 않을 만큼 세력이 축소되었으나, 어휘사적으로는 오히려 새로운 개념어 '機械'가 나타나기 이전까지 보편적으로 쓰여 온 전통적 한자어였다.73) 보기를 들면, 『太祖實錄』에서 "一, 西北面, 國之蕃屛, 故於平壤置十翼, 安州置十翼, 義州置四翼。爲之擇人, 每翼置千戶一人, 使之鍊士卒備器械"74)라는 문장에 '器械'라는 표현이

---

72) 『에센스 일본어 사전』, 민중서림.
73) 宋敏, 「'器械'에서 '機械'가 되기까지」, 131면.
74) "1. 서북면(西北面)은 나라의 울타리인 까닭으로 평양(平壤)에 10익(翼)을 설치하고, 안주(安州)에 10익을 설치하고, 의주(義州)에 4익을 설치하고, 이를 위하여 적임자를 뽑아 매익(翼)마다 천호(千戶) 1인을 두어서, 그로 하여금 사졸을 훈련하게 하고 기계(器械)를 준

보인다. 그 어휘를 조선왕조실록에서 검색해보면, 1,007건이 나온다. 가장 늦게 쓰인 사례는 高宗 48卷, 44年 4月 22日로 "以向日軍部大臣權重顯所遭言之, 白晝通衢, 使用器械"[75]이다. 여기서 器械는 무기를 뜻하는 것으로 쓰였다. '器械'가 "연장, 연무, 그릇, 기구 따위를 두루 일컫는 말(『우리말 큰사전』)"이라고 풀이되어 있듯이, 전통시대에 '器械'는 구조가 간단하며 상품 제조나 대량 생산을 목적으로 하는 경우가 아닌 도구에 쓰였을 것으로 생각된다. 그 때문에 '器械'와 '機械'는 동음이의어 관계로 볼 수 있다.

근대문물이 실생활에 널리 쓰이게 되면서, 기계 관련 어휘들은 삶을 살아가는데 필수적인 요소가 되어 본격적으로 유통되기 시작했다. 어휘 엔진과 관련된 용례문 "저 편 문 밖에서 흘러오는 엔진의 덜커덕거리는 소리는 여전히 들린다(開闢, 44, 1924. 2, 141면).", "하늘이 움직이는 것 같은 엔진의 음향을 듣고서는(東亞日報, 1925. 9. 8, 1면)" 등이 그 예이다. 첫 번째 용례문에서 '엔진'은 대상인 사물 그 자체를 일컫고 있다. 두 번째 용례문의 경우, '엔진'은 사물 그 자체가 아니라, 그 어휘를 통해 떠오르는 분위기를 표현하는 데 이용되었다. 이처럼 새로 유입된 언어는 우리의 실생활에 적용되었을 뿐 아니라, 우리 머릿속의 어떤 다른 상황을 표현하기 위해 변용되기에 이르렀다.

기계 관련 어휘군에 대한 동아시아 3국의 어휘를 비교해 보면, 표기의 공통점과 차이를 파악할 수 있다. 동아시아 3국의 어휘 표기의 공통점으로는 신어 표기가 한자인 경우 한·중·일 3국 모두에서 대개 그 형태가 동일하다는 것이다. 飛行機, 時計, 蒸滊車 등이 그에 해당한다. 표기의 차이도 발견된다. 엘리베이터를 예로 들어보자. 엘리베이터에 대한 한글 표기는 '엘레베터', '엘레베타'이고, 일본 표기는 エレヴェ―ター이며, 중국 표기는 自行屋이다. 프로펠러의 경우, 한글 표기는 푸로펠라, 푸로펠러, 푸로펠라, 프로페라이고, 일본 표기는 プロペラ며, 중국 표기는 輪葉이다. ■ 황동하

비하게 하는데", (「大司憲南在等上言」, 『太祖實錄』, 太祖 元年(1392年) 9月 21日.)
75) 전번에 군부대신(軍部大臣) 권중현(權重顯)이 당한 일로 말하면 백주에 네거리에서 무기를 사용하였습니다.

〈표 5〉 기계 관련 신어

유형	관련 신어
공구	드릴(트릴, 도릴, 도리루, 뜨릴) / 레버(레바, 레뻐-) / 레이크(레-기, 레잌) / 펜치(뻰치, 펜치)
기구	가스스토브(까스·스토-액) / 간토기계(墾土機械) / 공기구(空氣球) / 그네(그네) / 기구(氣球, 빠룬) / 기요틴(기로징, 기로틴, 끼로친, 길로틴) / 데릭(데리크) / 도르래(도루러미) / 드럼(드람, 뜨럼, 듀럼) / 드레저(드레쥑) / 라우드 스피커(라우드·스피-커, 라우드·스피-카, 라우드 스피-카) / 라이노타이프(리노타잎, 라이노타잎, 라인오타입) / 레밍턴타자기(레밍톤印字器, 레밍톤) / 레이덴병(레이덴甁) / 레토르트(레도루도, 레톨트) / 로봇(로보트, 로봍, 로폰도, 로뽀트, 로부트, 로포트, 로볼트) / 로커(롴크, 롴커-) / 롤러(로-러, 로러, 로러-, 로-러-, 로라, 로-라, 로라, 로-라, 롤, 로-루, 로루, 루라) / 리프트(맆트, 리프트) / 리플렉터(레프, 레후렉타, 리풀렉터, 레뜰렉터, 레풀렉터) / 마이크로폰(マイクロフォン, 마이크로폰, 마이크로혼) / 망원경(望遠鏡) / 메가폰(메카폰, 메가쪼-ㄴ, 메가포-ㄴ, 메가폰, メガフォン) / 모터팬(모터·팬) / 뮬방적기('뮬'機械) / 미싱(ミシン, 미신, 미싱) / 바이타폰(예타폰, 뼤이타폰, 뼤이타쏜, 바이바폰) / 바이터스코프(예타스코-프, 뼤이타스코프) / 방사기(紡絲機) / 벨(ベル, 쩰) / 벨트컨베이어(벨트·콘베이어, 벨트·콘베어) / 보링(볼링, 보링) / 보빈(쏘삔) / 브레이더(뿌레이더) / 비행선(비헝션, 飛行船, 飛舟, 飛行車) / 사이렌(싸이렌) / 선풍기(電氣風扇) / 세퍼레이터(세퍼레터, 세퍼레이터) / 손목시계(팔뚝시계, 손목시계, 腕목時計, 팔뚝時計) / 솜틀(쇼음틀) / 수화기(수화긔, 受話口, 수화기, 受話器) / 스로틀(스로틀) / 스톱워치(스탚·워치, 스톺·워치) / 스팀히터(스팀·히터) / 시계(時計, 시계, 時票, 때알이, 시표, 時表, 시게) / 실린더(씰린더, 실린더) / 에어브레이크(에어·뿌렠) / 에어컴프레서(에어·콤푸레서-) / 엘리베이터(엘레베타, 엘레베터, エレヴェーター) / 엠파이어드릴(엠파이어·뜨릴) / 온도계(寒暑鍼, 한셔침, 寒暑表) / 유성기(류셩긔, 留聲긔, 留聲器, 留聲機器) / 재봉틀(裁縫機, 裁縫機械, 지봉긔계, 바느질틀, 裁縫機器, 지봉침, 재봉틀) / 잭(쟈키, 쩩, 쩩크, 쟈기, 쨲크, 쌘) / 축음기(류음긔, 畜音機, 蓄音機, 八音盒) / 컨베이어(콩페야, 콤페야, 콘베야, 콤베야, 콘베이야, 콤베이야) / 크레인(구렌, 쿠렌, 크렌, 그레인, 가란, 크레인) / 크로노그래프(크로노그랲) / 크룩스(크롴쓰, 크루크스) / 클러치(클라취, 크렅취) / 타이프라이터(타이포라이터, 타이부라이터, 타이부라이타, 타이프라이터, タイプライター, 타잎우라이터, 타이프라이터, 타이푸라이타, 타이프라이타, 타이푸라이터-, 타잎라쏘터-, 타입우라이터, 타잎라이터) / 타임리코더(타임·레코-드, 타임·레코-더) / 탈곡기(궁글통) / 파인더(뽜인더, 파인더, 화인더, 뼈인더) / 풀리(풀레, 푸레, 풀리) / 풍차(바람방아, 風車) / 플러그(풀럭) / 핸드보링머신(핸드-뽈, 핸드·뽈, 핸드·뽈잉) / 핸들(헨들, 핸들, 한들, 한도루) / 현미경(현미경, 顯微鏡) / 히터(히-터-, 히타)
기관	가솔린 엔진(까솔린·엔진) / 가스 엔진(까스·엔진) / 기관(기관, 엔진) / 기어(갸-, 기아, 끼어, 기야, 기-야, 凸輪) / 기적(汽笛, 기덕, 긔적, 기적) / 기중기(起重架, 鶴頸秤, 起水機) / 다이너모(따이나모) / 디젤(底喜爾) / 도어엔진(또어·엔진) / 로켓(로켙, 로켙트) / 모터(모-톨, 모-다, 모타, 모-타, 모-타-, 모타-, 모터, 모-터, 모-다, 모터, 모터-) / 모터제너레이터(모-터·쩨네레이터) / 발동기(발동긔, 發動機) / 발전기(發電機) / 보일러(보일너, 뽀이라, 뽀일라, 뽀일러, 汽罐) / 서치라이트(사치·라이트, 사-치·라이트,

유형	관련 신어
	사—티·라이트, サーチライト, 썰취·라이트, 써취·라이트, 사티라이트, 사티라이트) / 석션펌프(썩슌·폼프) / 세이터(セーター) / 셔터(샤다, 샤타, 샽터, 샤터) / 벨(ベル, 쎌) / 스팀엔진(스팀·엔진) / 스팀터빈(스팀·털빈) / 스팀파이프(스팀·파잎) / 스프링모터 (스푸링·모터) / 엔진(エンジン, 엔진, 엔징, 汽罐) / 윔기어(윔·끼아, 왐·기아) / 인큐베이터(인큐베이, 인쿠베이터) / 인클라인(잉클라인, 인클라인) / 터닝엔진(단·엔진, 턴·엔진) / 터빈(다빈, 타-빈, 타빈, 타-빙, 터-빈, 털빈) / 펌프(뽐뿌, 뽐푸, 펌푸, 폼푸, 펌프) / 펜더(뿌엔다, 옌더, 펜돌) / 피스톤(講構, 피스톤, 피스퉁)
부품·측정기	가솔린미터(까소린·메터-) / 가스미터(까스·메-터-) / 게이지(께지, 께-지) / 게이지글라스(께-지·끌라스) / 게이지콕(께-지·콕, 께-지·콕크) / 계량기(計量器) / 고온계(驗溫器, 熱度計) / 그립(끄맆) / 나사(螺絲, 나사) / 나선(螺旋, 라션) / 나침반(羅針盤, 羅盤針) / 다이너모미터(따이나모메터) / 다이얼(다이알, 타이알) / 디텍터(띠텍터, 떼텍터) / 레버(레바, 레얘-) / 레오스탯(리어스탯) / 룰렛(루렡트, 루렐) / 리벳(리옡트, 鉸釘) / 마노미터(마노메터) / 마이크로미터(미크로메터, 마이크로메터) / 머크라이터(마크로메터) / 밸브(舌門) / 샤프트(솨프트, 사후도, 샤프트) / 소원경(小遠鏡) / 스위치(수위치, 쉩치, 스이치, 스위지, 시위치, 시우치, 스윗취, 스윗지, 스윁치, 스윌취, 스위치, 스위취) / 스크류(스쿠류, 스크루, 스크류) / 스핀새리스코프(쓰핀싸리스코푸) / 암미터(암메티, 암메터) / 열도계(熱度計) / 오도미터(오도메터) / 와트미터(와트메터) / 요추(搖錘) / 용수철(룡슈철, 룡슈철, 용수털, 龍鬚鐵) / 카이머그래프(카이머라프, 카이모그라프) / 크로노미터(크로노메터) / 클리노미터(크리노메터) / 태엽(터협, 터엽, 태엽, 胎葉) / 프로펠러(푸로펠라, 푸로펠러, 輪葉, プロペラ, 푸로펠라, 프로페라) / 핸드브레이크(핸드 뿌레익, 핸드·뿌레크)

(6) 동·식·광물

전통시대에는 '천지간에 살아 있는 모든 존재'를 뜻하는 말로 생물(生物)이라는 어휘가 일반적으로 쓰였다. 그런 생물을 옛 사람들은 어떻게 분류하고 인식했을까. 18세기 말 정조(1752~1800) 임금이 중용강의를 하면서, "생물(生物)의 물(物)은 동물(動物)과 식물(植物)을 겸하여 말한 것"76)이라 하여 동물과 식물을 생물의 두 큰 범주로 인식하였다. 더 나아가 정조는 "황충(蝗蟲)은 생물(生物)이나 그것의 발생과정이 기화(氣化)에 의한 것이어서 금수(禽

---

76) 『弘齋全書』 제83권 「經史講義」 17장 <中庸 4>. "생물(生物)의 물(物)은 본래 동물과 식물을 겸하여 말한 것인데 재자(栽者)의 재(栽) 자는 식물만으로 말한 것이니, 어째서인가? (且生物之物, 本兼動植說, 而栽者之栽, 獨以植物言者何也)."

獸)와는 다르다"[77]고 하여 생물에 관한 꽤 흥미로운 인식을 내비치기도 했다. 조선 후기 실학자 이덕무(李德懋, 1741~1793)는 『青莊館全書』에서 천지간에 생하는 존재를 "사람, 금수, 충어, 초목(人禽虫魚草木)"[78]으로 분류했다. 조수(鳥獸), 금수(禽獸)로 부른 동물과, 초목(草木)으로 부른 식물을 생물의 주요 두 범주로 인식했다. 동물은 좀 더 세분하여 사람, 금수, 충어로 나누는 인식이 일반적이었다. 이는 전통시대 지식인들의 '생물'에 대한 지식체계의 일반 범주를 알 수 있게 해준다.

생물체에 이름을 붙이고 이를 나누는 학문을 분류학이라고 한다면, 서양에서 분류학은 아리스토텔레스가 처음 시도해 이론으로 정리했다고 할 수 있다. 그는 존재하는 모든 생물을 자신의 기준에 따라 분류하여 사다리처럼 배치했다.[79] 이를 바탕으로 생물의 분류체계는 더욱 정교화되었다. 근대학문으로서 자연과학이 탄생하였던 것이다.

19세기 말 20세기 초 근대교육과 학문을 받아들이면서, 생물 관련 지식체계는 훨씬 더 체계화되었다. 19세기 말에 처음 등장한 '크리처'라는 신어는 "창조물, 생물, 동물, 인간"[80]을 뜻하는 것으로 전통 시대 생물(生物), 즉 천지간에 살아 있는 모든 존재를 나타내는 말이다. 그런 크리처를 학문 체계로 분류하는, 동물학(動物學), 식물학(植物學), 생물학(生物學), 조류학(鳥類學)

---

77) 『弘齋全書』 제170권 「日得錄」 10 政事 5, 상이 이르기를, "소나무는 수목(樹木)이지만 사람에게 이로움을 주는 것이 많은데, 황충(蝗蟲)은 생물(生物)이지만 마치 농사에 명충(螟蟲)이 해를 끼치는 것과 같이 소나무에 해롭다. 게다가 그것의 발생은 기화(氣化)에 의한 것으로서 금수(禽獸)와는 다르니, 잡아서 묻어버리는 정책이 의리에도 실로 합당할 것이다. 그런데도 오히려 천지가 만물을 생성하는 마음에 조금이라도 어긋날까 두려우니, 이로 인해 마음이 즐겁지는 않다" 하였다(松雖樹木, 利人也弘. 蝗雖生物, 如稼有螟. 且其生也氣化, 異於禽獸, 拾瘞之政, 於義固然. 而猶恐差毫於天地生物之心, 爲之不怡).

78) 『青莊館全書』 제56권 「앙엽기(盎葉記)」 3 <人命과八字>. "모든 천지 사이에 생하는 사람·금수(禽獸)·벌레·물고기(魚)·초목(草木) 등의 큰 수(大數)가 다 이 숫자의 관제(管制)를 받고 있다(榕村集, 李光地撰. 以六十年甲子, 乘十二月, 得七百二十. 以六十甲子, 乘十二時, 亦得七百二十. 又以年月七百二十, 乘日時七百二十, 得五十一萬八千四百. 則凡生於天地之間者, 人禽虫魚草木之倫, 其大數, 皆管於是矣)."

79) 아리스토텔레스는 맨 아래에는 무생물을, 맨 위에는 사람을 배치하면서, "모든 존재는 태어난 그대로 존재할 뿐이므로 이 체계 안에서 이동할 수 없다"고 했다(김홍식, 『세상의 모든 지식』, 서해문집, 2007, 206면).

80) 李鍾極, 『모던朝鮮外來語辭典』, 494면.

이라는 신어도 생겼다. 학문의 명칭뿐만 아니라, 가장 광범위한 분류학 체
계인 동물계(動物界), 식물계(植物界), 광물계(鑛物界), 생물계(生物界)라는 어휘도
생겨났다. 동물계에는 고등동물(高等動物), 열등동물(劣等動物) 또는 하등동물
(下等動物), 냉혈동물(冷血動物)이라는 용어처럼 편의상의 명칭이나, 연체동물
(軟體動物), 척추동물(脊椎動物)과 같은 분류학상의 명칭도 소개되었다. 식물계
에는 수중식물(水中植物), 열대식물(熱帶植物), 현화식물(顯花植物) 등과 같은 어
휘도 함께 등장했다.

　동식광물 어휘군은 크게 세 가지 유형, 즉 동물, 식물, 광물로 나누어 볼
수 있다. 첫째 유형은 동물 관련 어휘군이다. 동물을 분류하는 방법은 다
양하다. 그러나 일반적인 것은 척추의 유무에 따른 분류법이다. 척추동물
(脊椎動物)과 무척추동물(無脊椎動物)이 그것이다. 척추동물에는 고릴라, 기린,
매머드, 지라프, 침팬지, 캥거루, 버크셔, 셰퍼드 등과 같은 포유류(哺乳類)가
있고, 나이팅게일, 카나리아, 펭귄과 같은 조류(鳥類)가 있다. 또 카멜레온,
코브라, 버터플라이, 체체파리와 같은 파충류와 곤충도 찾아볼 수 있다. 아
메바, 스콜피온과 같은 무척추동물도 소개되었다.

　둘째 유형인 식물 관련 어휘군을 보자. 식물은 잘 발달된 조직을 가지고,
햇빛을 이용하여 합성할 수 있는 다세포생물(多細胞生物)을 말한다. 『西遊見聞』
에는 "각종 초목을 배우는 공부"[81]라는 뜻인 식물학(植物學)을 소개하고 있
다. 식물학에 따라 식물을 분류하면, 꽃이 피는 꽃식물(種子植物)과 꽃이 피지
않는 민꽃식물로 나뉜다. 이 가운데 꽃식물이 식물 관련 어휘군의 대부분을
차지한다. 꽃식물에는 글라디올로스, 다알리아, 라일락, 로즈와 같은 꽃나무,
멜론, 바나나, 파인애플 등의 과일식물이 있다. 또 채소류인 캐비지, 토마토,
파슬리 등과 라이보리, 오트밀, 홉과 같은 곡물류도 소개되고 있다.

　셋째로는 광물 어휘군이다. 『표준국어대사전』에 따르면, 광물은 "천연
으로 나며 질이 고르고 화학적 조성(組成)이 일정한 물질"을 뜻한다. 광물에
는 다이아몬드, 니켈, 알루미늄, 텅스텐과 같은 금속광물과 석탄, 가스, 오

81) 兪吉濬, 『西遊見聞』, 352면.

일과 같은 에너지 자원이 포함된다.

동식광물 어휘군의 유형은 주로 외국어와 한자어로 나누어 볼 수 있다.

첫째, 외국어 유형은 동식광물 명칭과 관련된 어휘에 해당한다. 그 가운데 식물 명칭이 가장 많은 비중을 차지하고 있다. 인류가 식물에 의존하여 삶을 유지해왔기 때문일 수도 있다. 새로 소개된 꽃나무 명칭으로는 겐티아나, 나르시스, 데이지, 라일락, 릴리, 마가렛, 바이올렛, 아카시아, 제라늄, 코스모스, 튤립, 프리지어, 히아신스 등이 있다. 식용으로는 라임, 레몬, 망고, 멜론, 바나나, 파인애플 등과 같은 과일, 머시룸, 수박, 캐비지, 파슬리와 같은 채소류, 스위트피, 월넛, 코코넛과 같은 견과류, 라이보리, 오트밀, 홉 등의 곡물류가 있다. 여기서 볼 수 있듯이, 외국어가 그대로 들어와 불완전한 용어 수준에서 소개되고 유통되었다. 하나의 어휘도 다르게 읽혔다. 그 외국어 발음을 사용자가 어떻게 수용하는가에 따라 다르기 때문이다. 보기를 들면, '튤립'은 추려푸, 추립푸, 츄-맆, 츄-맆푸, 튜맆프, 튤닢, 쥬리프, 추맆, 튜맆, 튜-맆, 튤-맆, 튜류리프, 튜리프 등 다양하게 쓰였다.

둘째, 분류체계를 나타내는 어휘는 모두 한자어로 이루어졌다. 그중 전통시대에 있었던 어휘이지만 근대 신어로 여겨지는 것은 그 의미가 확대, 축소, 변형되었기 때문이다. '동물(動物)'을 보기로 들어보자. 이첨(李詹)이 쓴 「養浩堂記」를 보면, "水居五行之一, 得天地生成之數. 人爲萬物之靈, 首稟天地生物之心. 且人與水, 皆動物也. 同一浩然, 蓋其氣類也(사람은 만물의 靈長이 되어, 천지가 만물을 생하는 마음을 가장 먼저 받은 존재이다. 또 사람과 물은 모두 움직이는 動物이다)"[82]라는 문장이 나온다. 여기서 동물은 생물, 무생물 관계없이 모든 '움직이는' 것을 뜻한다. 그런데 동물이 서양어 'animal'의 번역어로 차용되면서 그 의미는 금수(禽獸), 짐승, 조수(鳥獸) 즉 움직이는 생물에 해당하는 것으로 축소되었다.

두 자로 이루어진 한자어는 '동물'의 경우처럼 근대에 들어와 그 의미는

---

82) 『東文選』券 77.
　　(http://db.itkc.or.kr/index.jsp?bizName=MK&url=/itkccdb/text/nodeViewIframe.jsp?bizName=MK&se
　　ojiId=kc_mk_c006&gunchaId=av077&muncheId=01&finId=007&NodeId=&setid=1426510&Pos
　　=0&TotalCount=2&searchUrl=ok)

변했지만 같은 용어가 전통시대에 존재하기도 했다. 그러나 세 자로 이루
어진 한자어는 대부분 신어이다. 보기를 들면, 동물원(動物園), 식물원(植物園)
등은 신어이다. 물론 동물원과 식물원의 기능은 전통시대에도 있었다. 조
선 시대 상림원(上林苑)83)이 대표적인 사례이다.

> 畜麋鹿、養花草, 固非緊事。且予不好花鳥之娛, 然文王之囿有鴻雁麋鹿, 漢有
> 上林嗇夫, 則池臺鳥獸, 自古有之。今上林苑掌治鳥獸花果之事, 不能專心致志,
> 爾等其與提調言之, 若果木及栽植之物, 蕃茂長盛, 亦有益於國家之用也。
>
> (고라니와 사슴을 기르고, 화초를 키우는 것은 본래 긴요한 일은 아니다. 또
> 나는 꽃과 새를 구경하는 일을 좋아하지 아니한다. 그러나 옛날 중국의 문왕(文
> 王)의 동산에는 기러기·고라니·사슴이 있었으며, 한(漢)나라에는 상림 색부
> (上林嗇夫)가 있었으니, 지당(池塘)과 누대(樓臺)와 새와 짐승은 옛날부터 있는
> 것이다. 지금 상림원에서는 새와 짐승과 꽃과 과실나무를 맡아 다스리는 일에
> 마음과 뜻을 모아 하지 아니하고 있다. 그대들은 <그 주관하는> 제조(提調)에
> 게 말하라. 만약 과실나무와 심어 놓은 식물(植物)들이 무성하게 잘 자란다면
> 또한 국가의 용도에도 보탬이 있을 것이다(世宗實錄 七年(1425年) 12月 5日).

여기서 상림원은 동물원과 형태는 비슷하지만 성격이 다른 것이다. 상림
원은 왕실의 정원에 지나지 않았다. 즉 그것은 남녀노소를 불문하고 누구에
게나 건전한 오락시설이자 휴식공간인 근대적 의미의 동물원이 아니었다.

근대적 의미의 동물원에 대한 구체적 내용과 이해는 유길준의 『西遊見
聞』에서 찾아볼 수 있다. 『西遊見聞』의 서구 근대시설을 소개하는 장에서
동물원은 '박물관과 동·식물원'이라는 제목으로 소개되었다. 박물관은
"세계 각국의 고금 물산들을 크거나 작거나 귀하거나 천하거나 가리지 않
고 일제히 거둬 모아, 사람들의 견문과 지식을 넓히기 위하여" 설치된 것이
라고 하였으며, 그 종류로는 광물박물관과 새·짐승·벌레·물고기박물관,
의료박물관이 있다고 소개하였다.84) 동물원은 "動物園은世界上禽獸蟲魚의活

---

83) 창덕궁 요금문(耀金門) 밖에 있는 궁원(宮苑)이다. 원(苑)이란 주위에 담을 두르고 그 안에
새나 짐승 등을 기르는 곳을 말한다.

動ᄒᆞᆫ者롤蒐聚ᄒᆞ더(세계의 새짐승벌레물고기 가운데 살아 움직이는 것을 수집해 놓은 곳)"[85] 으로 그 설립 취지는 박물관과 같다고 하였다.[86] 동물원은 사람들의 견문 과 지식을 넓히기 위한 곳이었다. 이른바 그것은 '근대의 발명품'으로서 신 기한 또는 야생의 동물을 진열하는 전시의 공간이자, 가볍게 배우면서 즐 길 수 있는, 관람객들을 위한 오락과 여흥의 공간이었다.

동식광물 어휘군은 주로 『모던朝鮮外來語辭典』에 소개되었다. 동식광물 어 휘들이 대부분 외래어이기 때문일 것이다. 그 밖에 『萬國事物紀原歷史』, 『自助 論』, 『十九世紀歐洲文明進化論』 등과 같은 번역서와 『國民小學讀本』과 같은 초등교과서, 『西遊見聞』, 잡지와 신문에도 동식광물 어휘들이 나타났다.

동식광물 관련 근대 신어와 유사한 전근대 유의어로는 금혈(金穴), 조사 (繰絲), 야채(野菜)가 있다. 근대 신어에서 금광은 금을 캐내는 광산을 뜻하는 데, 전근대에서도 금혈(金穴)이라는 말이 그와 비슷하게 쓰였다. 예를 들면 "會有長風吹羽翮, 不然去鑿生金穴(나도 장차 때 만나면 청운에 오르겠지만 그게 되지 않으 면 금광 찾아 나서야지)"[87]란 용례에서 그 의미를 찾아볼 수 있다. ■ 황동하

〈표 6〉 동·식·광물 관련 신어

유형	관련 신어
식물	겐티아나(겐치아나, 겐타아나) / 고무(고무, 樹膠, 護謨, 橡膠, 무더소) / 구타페르카(펠챠·고 무, 굳타·페르카, 페루쟈고무) / 글라디올로스(그라지오라스, 구라지오라스) / 글록시니아 (그로기시니아, 그로키시니아) / 나르시스(날씨서스, 나·시사스) / 너스터섬(나스터-시움) / 넥타린(넥타린) / 님페이아(님피아) / 다알리아(짜리아, 다리아, 딸리아) / 댄딜라이언(땐데리 온) / 데이자(데이시, 데-지, 데이지) / 두리안(도리안, 듀리안) / 디기탈리스(디가타리스, 지 기다리스, 지까타리스) / 라미(래미-, 라미) / 라벤타(라엔델, 라벤델, 라완델) / 라이보리(라 이, 라이麥, 라이) / 라이스(라이쓰, 라이스) / 라일락(라이락크, 라이락) / 라임(라임樹, 라임) / 라즈베리(라쓰베리, 라즈베리) / 라피아(라후아이아, 라뻬이어) / 레몬(레몬) / 로릴(로-렐) / 로벨리아(로베리아) / 로언(라완) / 로즈(로-스, 로스, 로-즈, 로쓰, 로-쓰, 로쓰-, 로즈) / 루퍼너스(루피너스, 루파인, 루핀) / 리라(리라-) / 릴리(리리, 릴리) / 마가렛(마-가렐, 마- 가렡트) / 마르멜로(마로메로, 마루멜, 마루메라, 마루메라로, 마루메로) / 마시멜로(말쉬말

---

84) 유길준 지음, 허경진 옮김, 『서유견문』, 서해문집, 2004, 471면.
85) 兪吉濬, 『西遊見聞』, 453면.
86) 유길준 지음, 허경진 옮김, 『서유견문』, 472면.
87) 丁若鏞, 茶山詩文集 1권 「南瓜歎」

유형		관련 신어
		로, 마시마로) / 망고(만고, 망고) / 망고스틴(망고스친, 망고스탄, 망고스틴) / 맹그로브(만구로-왝, 맨그로액, 맨그로-액, 망그롭) / 머시룸(머시룸, 머쉬룸, 머슈룸) / 메이플(메-불, 메-뿌루, 메풀) / 멜론(메론, 멜론) / 물망초(勿忘草, 불망초) / 바나나(빠나나, 바나나, 쌔나나, 샌나나, 芭蕉實) / 바이올렛(예이올레트, 예요올렡, 예요렡, 非由諫,예이오렡, 非由諫) / 베르가못(베루가모도, 베루가모트, 벨가몯, 벨가몯트) / 사라반드(紗羅雙樹, 紗羅樹) / 사이잘삼(사이살, 시살麻, 사이살麻) / 셀러리(세로리, 세루리, 셀레리) / 수박(셔과, 西瓜) / 스위트피(스이트·피, 스윁·피, 스윁·피스, 스위-트·피, 스위트피-) / 스피어민트(스페어민트, 스피어민트) / 시네라리아(시네리아, 사이네리아, 사이네라아, 시네라리아) / 시클라멘(시쿠라멘, 씨그라멘, 싸이클라멘, 씨크라멘) / 시트론(시토론, 시도롱, 시도론, 씨트론, 시트론) / 아카시아(아가시아, 아가시야, 아까시아, 아까시야, 아카시아) / 애프리콧(아푸리콜, 아푸리콜트) / 오트밀(오-트麥, 올, 올밀, 오-트밀) / 올리브(오리부, 오레-부, 오레부, 올리브, 올리부) / 유칼립투스(유카리, 유카맆터스, 유칼늬) / 월넛(월닐, 월넡트, 워르나트) / 자트비켄(지-토위켄, 사도이켄) / 제라늄(께라니움, 제라늄, 제라니움) / 카카오(카카오, 가가오) / 캐비지(캐배지, 캐베지, 캐베츠, 캬베지, 캬베쯔, 캬베츠) / 캔디터프트(캔디텊으트, 캔디텊트) / 코르크(코루크, 고-구, 거어쑤스, 甁枳) / 코스모스(고스모스, 고쓰머스, 코쓰머스, 코스모스) / 코코넛(코코·넡트, 코코·넡츠, 코코아·넡트, 코코아·넡츠, 코코·낱, 코코·낱츠, 코코) / 코코아(고고아, 커커아, 코고, 코고아, 코코아, 코코, 茄菲, 木實) / 크리스마스트리(크리스마스·추리, 크리스마스·츠리, 크리스마스·트리, 크리스마스·튜리) / 클로버(클로바, 구로-바, 크로-붜-, 그로얘, 클러버, 클로버, 크로버, 클노바, 쓰메구사) / 키나(기나, 규나, 規那) / 텔로우(달로-, 타루로-, 탈로-) / 토마토(투메토, 토마토, 도마도, 도마토) / 튤립(추려푸, 추립푸, 츄-맆, 츄-맆푸, 튜맆프, 튤닢, 쥬리프, 추맆, 튜맆, 튜-맆, 튤-맆, 튜튜리프, 튜리프) / 트라(트리-, 추리, 튜라-, 츄리) / 티머시(지모씨, 티모디, 티모씨, 치모씨) / 티크(틔-크, 치-크, 티-크) / 파슬리(파세리, 파스리, 芹藥) / 파인애플(빠이나뿔, 빠인앞풀, 빠인애풀, 파인이풀, 파이나풀, 파이나플, 파이내풀, 파이내풀, 파이넢풀, 파인아풀, 파인앺풀, 파인애플) / 파피루스(파피러스, 파피루수, 把皮拉斯, 把布耳斯, 把布耳斯草, 擺布耳) / 팬지(팬시, 펜시, 팬지) / 페퍼민트(페퍼민트, 펲퍼민트, 펲파민트) / 포켓미나(옂곁·미·낱, 옂곁·미。낱) / 포테이토(뿌데도, 포테토, 포테) / 포플러(뽀부라, 뽀푸라, 포푸라, 포풀라, 쏘뿌라, 포플라, 포플러, 포플리) / 프리지어(후리쟈, 후리지아, 뿌리지아) / 플라타너스(푸라타-느, 푸라탄, 푸라타나스, 푸라타너스) / 피라칸다(피라칸스, 피라칸더스, 피라간스, 피라간사스) / 해시시(하시시, 해쉬쉬) / 홉(忽布, 홉부, 호푸, 홒푸, 호프, 홒프) / 히아신스(하이신스, 히아신트, 히아신스, 히야신스, 히야신트)
동물	척추동물	가넷(까-넬, 깔넷) / 고릴라(고릴나, 꼬릴라, 꼬릴라) / 구아나코(구아나코) / 그레이하운드(그레이하운드) / 기니피그(기니-·픽, 기니아·픽) / 기린(及拉夫, 릴내프) / 리머(리-멀, 레뮬, 레뮬) / 마르모트(몰몰트, 모루몰도, 모르모트, 말멑, 말몯) / 마스티프(마스피프, 마스치프, 마스티프, 매스팊) / 매머드(文武巖, 만모쓰, 맘모쓰) / 버크셔(빠크시아, 빠큐샤, 바-크샤, 빡샤, 빡샤-, 빠크샤, 박샤) / 세터(세타-, 쎄터, 셑터) / 셰퍼드(쉬버-드, 세바트, 세버-드, 쉐버드, 쉐퍼-드, 세퍼-드, 세파드, 세바트, 세바드) / 스컹크(스캉크, 스콩크, 스컹크) / 스패니얼(스파니엘犬, 스파니엘) / 어민(얼민, 어-민, 얼민, 엘민) / 에어셔(에-아시아, 에야샤, 에어쉬아, 에어쉬어) / 야크(얔, 야크)

유형		관련 신어
		오랑우탄(오렁구텅, 오랑 · 우탄, 오랑 · 유탄, 오랑우탕) / 오포섬(오포슴, 오포삼) / 웜뱃(웜벧, 웜밧, 웜뱃) / 지라프(지라쁘, 지랖) / 자칼(짹컬, 짹칼, 짜갈) / 침팬지(짐판지, 진판지, 진반지-, 침판지, 침판지-, 침판지) / 캥거루(캉가루-, 깅가루, 강가가루, 袋鼠, 강가루) / 코리데일(콜데아, 콜디아) / 키드(긴도, 킨드, 키드, 키도) / 타이거(타이카, 타이거, 타이가) / 휘펫(휘펟, 호이펱트) 나이팅게일(나이팅게일, 나이팅겔) / 도킹(도-깅, 떠-킹, 터-킹, 똘킹, 똘킹쓰) / 레그혼(렉홍, 레그혼, 레콩, 레곤, 레공, 레구혼, 레구홍) / 레아(리어, 레어) / 로드 아일랜드 레드(로토 · 아일랜드 · 레트, 로도, 로-드 · 아일랜드 · 레드, 로-드 · 아일란드 · 래드) / 루앙(루안, 루앙) / 미노르카(미놀카, 미노루가, 미노루카) / 에뮤(에미유, 以毋, 에뮤) / 와이언다트(와얀돝, 와얀닽, 아이안똩, 와이안똩트) / 카나리아(가나리아, 카나리, 加奈里, 카나리아) / 칼롱(카론, 카롱) / 코친(고-징, 고친, 고진, 코-진, 코친) / 콘도르(곤도루, 콘돌, 콘도르) / 펠리컨(펠간, 페리칸, 펠리칸, 폐리칸, 페리칸) / 펭귄(펭퀸, 펜귄, 펜긴, 펭귄) / 플리머스록(푸리마우드 · 럭, 푸리모쓰 · 롴크, 푸리마쓰 · 롴, 푸리마쓰 · 룩) / 피전(삐존, 삐종, 피죵, 피죤, 피준, 피지온, 피존, 피종) 버터플라이(빼터뿔라이) / 체체파리(쒜쒜蠅, 체체蠅) 바이퍼(바이퍼, 빠이퍼) / 카멜레온(캐멜리온, 킈밀욘, 카메레온, 캐멜레온) / 코브라(코부라, 고부라, 코브라) / 피톤(파이손, 피쏜, 파이손) 고비(고비) / 새먼(쌔몬, 쌜몬) / 오이스터(오이스터, 오이스털) / 유니콘(우니콜) / 플랑크톤(푸랑크톤, 풀랑톤, 풀랭톤)
	무척추동물	아메바(아미파, 아미바, 아미-바, 아메-바, 아메바, 아미바) / 스콜피온(스고피온)
광물		가솔린(까소링, 깨소링, 깨솔링, 카소링, ガソリン, 개소린, 까소린, 까소링, 싸스린, 씌스린) / 가스(카스, 와스, 개스, 瓦斯, 싸스, 싸쓰, 쌔쓰, 와사, 煤氣) / 고무(고무, 樹膠, 護謨, 橡膠, 무더소) / 크래니트(끄라니트) / 금강석(금강셕, 金剛石, 기야만) / 깁스(기프스, 깊쓰, 기브스) / 니켈(닉글, 닠글, 늬켈, 니껠, 니켈, 닠켈, 닛계루) / 다이아몬드(다이아, 다이야, 따야먼드, 따야몬드, 따이야먼, 따이야몬, 다이야몬드, 짜이야몬드, 짜야몬드, 따이아몬드, 따이아먼드, 다이아몬드) / 대리석(대리석, 대리셕, 大理石, 雲文石) / 루비(쭈비-, 루-비, 루비, 루비-) / 마그네사이트(마그, 막네, 마구네싸이트, 막네싸이트, 막녀싸이트, 마그네싸이트, 마구싸이트, 막네사이트) / 마그넷(마그네트, 마구넽트, 막넽, 마그넽, 마그넽트) / 망간(滿俺, 錳養, 만강, 만간, 망간, 망강) / 메르샤움(메샴, 메아샴, 미어샴, 메손, 메숀) / 바나듐(바나진, 봐니디움, 빠나듐, 빠나디움, 바나디움) / 보크사이트(뽁싸이트, 뽀키사이트) / 사파이어(세파야, 쌔파여, 쌔파이여) / 석유(석유, 煤炭油, 셕유, 石油) / 스틸(스칠, 스틸) / 실버(씰배) / 아스팔트(아스팔드, 아스펠트, 에스팔트, アスファルト, 아스팔트, 애스팰트) / 아이언(아이론, 아이롱, 아이론, アイロン, 아이런, 아이언) / 안티몬(안티모니, 안치모니, 안지몬, 안치몬) / 알루미늄(아르미늄, 아르미니움, 알누미늄, 알뮤니음, 알미, 알류니늄, 알류미넘, 알미늄, 알미눔, 뉴-무, 늄, 알루미늄, 애류미니엄, 알미뉴음, 아루미늄) / 양철(서양철, 셔양철, 서양철, 양쳘, 西洋鐵, 싱철, 양

유형	관련 신어
	털, 서양털 / 에메랄드(에메랄드, 에메랄트, 에메라루도) / 에보나이트(에보나이트, 에보나잍) / 우라나이트(우라니트, 유라나이트) / 코크스(콕쓰, 코쿠스, 코-쿠스, 그-グ스, 코크쓰) / 크리스틸(크리스탈, 巨利斯脫) / 클레이(크레, 클레이) / 탤크(탈크, 타루크) / 텅스텐(텡스텐, 당쓰텐, 탕구스텐, 탕스텐, 탕크스텐, 텅구스뗑, 단구스텐, 단그스덴) / 토파즈(토파스, 토파즈) / 함석(도단, 함셕, 함석) / 소다(쏘-다, 소다) / 수은(슈은, 水銀) / 알루미나(알미나, 아루미나) / 카바이드(電石, 카-바이드) / 코발트(고발트, 코바루트, 코발트) / 톰바크(팀백, 톰백) / 파스퍼(호스홀, 포스퍼) / 플래티나(뿌라지나, 푸라치나, 푸라티나, 푸라티넌, 푸라티나)
기타	고등동물(高等動物) / 고등생물(高等生物) / 광물(광물, 鑛物) / 동물계(動物界) / 식물계(植物界) / 광물계(鑛物界) / 광산물(鑛産物) / 귀금속(貴金屬) / 냉혈동물(닁혈동물, 冷血動物) / 다세포생물(多細胞生物) / 단세포생물(單細胞生物) / 식물학(식물학, 植物學, 本草學) / 식물계(植物界) / 식물체(植物體) / 수중식물(水中植物) / 수생식물(水生植物) / 야생생물(野生生物) / 연체동물(軟體動物) / 열대식물(熱帶植物) / 열등동물(劣等動物) / 유전식물(有田植物) / 유화식물(有花植物) / 육식식물(肉食植物) / 육식조(肉食鳥) / 육충(肉蟲) / 윤형동물(車輪動物) / 은화식물(隱花植物) / 이세포생물(異細胞生物) / 자연물(自然物) / 조류(됴류, 鳥類) / 조류학(鳥類學) / 척추동물(脊椎動物) / 천연물(天然物) / 철광(털광, 鐵鑛) / 크리쳐(크리추어, 크리츄어) / 포유동물(哺乳動物) / 포유류(哺乳類) / 하등동물(하등동물, 下等動物) / 하등척추동물(下等脊椎動物) / 학명(學名) / 한대림(寒帶林) / 해상동물(海上動物) / 현화식물(顯花植物)
	워싱턴 국립식물원(槐花園) / 동물원(동물원, 動物園) / 동물학대 방지사업(防止事業) / 동물학(動物學) / 만국조류회(萬國鳥類會) / 모려보호법(牡蠣保護法) / 보호색(保護色) / 루프가든(룹·까-든, 루-프·까-든) / 보호색(保護色) / 식목일(식목일) / 식물체(植物體) / 텔로우(달로-, 타루로-, 탈로-)

2. 교통 · 매체

　유럽 문명의 확산에 따라 중화 문명의 틀에 갇혀 있던 한국으로서는 재문명화가 불가피했다. 특히 근대세계에 접속을 위한 유럽문명의 기술(技術)의 필요성이 대두했다. 중국의 '중체서용(中體西用)', 일본의 '화혼양재(和魂洋才)'와 더불어 한국에서 불거졌던 '동도서기(東道西器)'의 담론 모두 유럽문명의 기술에 우선적으로 주목했던 일을 말해준다. 앞으로 살펴볼 교통과 매체는 그러한 기술의 대표적인 사례였다. 교통·매체와 관련된 기술의 수용과 그것의 대중화에 따라 그와 관련한 새로운 어휘들이 한국사회의 일상에 정착되었다.

교통·매체에 속한 어휘들도 여타의 근대 신어들의 발생, 유통, 변천의 역사와 맥을 같이한다. 이를테면, 원어의 발음을 그대로 반영하여 생성된 어휘, 이와 달리 원어의 의미를 자국의 사정에 맞게 번역하여 새롭게 만든 어휘, 드물기는 하지만 원어에 대응하는 어휘를 찾아 표기 형태를 바꾸지 않고 그대로 사용한 어휘 등등 해당 어휘의 생성 방식은 여러 가지이다. 인접하고 있는 중국과 일본을 통한 수용 과정 차이는 물론이고, 한자와 한글, 일본어, 원어 등 표기 문자의 차이에 의해서 교통·매체 신어의 표기 형태는 다채롭다.

이러한 표기 형태의 다양성뿐만 아니라 언중(言衆)의 기호에 따른 신어의 생사·변천 과정도 주목하지 않으면 안 된다. 예컨대, 신문사를 지시했던 '보관(報舘)'이라든지, 기차를 지시했던 '윤차(輪車)', 자전거를 지시했던 '각답거(脚踏車), 자행거(自行車)', 우체국을 지시했던 '서신관(書信舘)', 전화기를 지시했던 '원어기(遠語機), 전어통(傳語筒)' 등은 오늘날 그 용례를 찾아보기 어려운 화석화된 신어들이다. 또한, 우편마차나 가마마차, 인력거 등의 어휘는 사회의 변화에 따라 해당 어휘의 필요성이 사라져 오늘날에는 사용되지 않는 용어들이다. 따라서 해당 어휘의 해설과 용례를 참조하지 않으면 신어의 역사상을 제대로 이해하기 어렵다.

교통·매체에 속한 어휘들은 교통과 통신, 인쇄매체와 관련된 것들이다. 이 가운데 교통과 관련된 어휘는 '교통수단의 종류', '교통 시설·장치', '교통수단 및 교통시설의 구체적 사례', '교통 용어', '교통 문화'의 다섯 가지 유형으로 구분해볼 수 있다. 교통수단의 종류에는 기차, 자동차, 비행기, 선박 등 육상·해운·항공 교통에서 사용되는 교통수단들이 포함되어 있다. 교통 시설·장치는 엔진, 모터, 철로, 항만 등 교통수단의 구성요소들 및 교통수단을 원활히 작동시키는 데 필요한 시설물과 관련한 어휘들로 이루어져 있다. 주목할 점은 항공교통보다는 해운교통이나 육상교통과 관련된 어휘수가 더 많다는 것이다. 이러한 차이에는 해당 교통수단의 대중화 수준이 작용한 것으로 보인다. 다음으로 교통수단 및 교통시설의 구체적 사례에서는 교통수단을 생산, 운영했던 기업명이나 역명, 항구명과 같은 교통시설의 이름을 확인할 수 있다. 교통 용어에는 교통수단의 운행이라든지, 해당 교통수단을 이용하기 위해 사용했던 각종 어휘들이 포함되어 있다. 교통 문화 신어는 '로맨스카, 서비스카, 세이프티 퍼스트'처럼 교통수단, 교통시설의 사용이 사회적으로 일상화·대중화됨에 따라 유행된 어휘들이다.

통신 관련 신어도 교통 어휘군과 같이 '통신의 종류', '통신 시설·장치', '통신 용어', '통신 문화' 등으로 구분해볼 수 있다. 통신의 종류에는 우편, 전보, 전신, 전화, 팩스 등과 같은 상위어휘 아래 편지, 소포, 등기우편, 무선전보 등의 하위어휘가 포함되어 있다. 통신의 종류와 관련된 어휘군에서 주목할 점은 우편과 관련된 어휘의 비중이 높다는 것이다. 이는 그것이 가장 일상적인 통신 제도였다는 역사적 사정에 기인하는 것이라 판단된다. 다음으로 통신 시설·장치와 관련된 어휘는 우체국, 전신국과 같이 통신을 담당하는 시설물 관련 어휘와, 송신기, 수신기, 안테나 등과 같은 통신매체의 구성요소와 관련된 어휘로 이루어져 있다. 통신 용어는 통신 과정에서 사용되는 어휘들을 말한다. 여기에는 우편물, 송화, 수신, 신호, 타전 등과 같은 어휘들이 포함되어 있다. 마지막으로 통신 문화와 관련된 어휘에서는 러브레터, 만국우표, 라디오 리뷰, 라디오 스케치, 메일오더(통신판매) 등의 어휘를 찾아볼 수 있다.

인쇄매체 관련 신어도 앞에서와 마찬가지로 '인쇄매체의 종류', '인쇄매체의 구체적 사례', '인쇄매체의 생산과 관련된 어휘', '인쇄매체의 문화와 관련된 어휘'로 구분 가능하다. 먼저 인쇄매체의 종류에는 신문, 잡지, 단행본, 팸플릿 등 상위에 속하는 어휘 아래 가이드북, 관보, 교과서, 동인잡지, 백과사전, 핸드북 등의 하위어휘들이 포함되어 있다. 인쇄매체의 구체적 사례는 당대에 유행했던 신문과 잡지, 단행본의 이름과 관련된 어휘들로 구성되어 있다. 인쇄매체의 생산과 관련된 어휘는 다시금 기술용어, 편집용어, 생산주체와 관련된 용어로 세분된다. 인쇄기술용어는 인쇄매체의 판형, 활자, 인쇄기계 등과 관련된 어휘로, 편집용어는 교정, 기사, 기고, 사회면처럼 인쇄매체의 편집 과정에서 사용된 어휘로 이루어져 있다. 생산주체와 관련된 용어는 기자, 발매소, 발행인, 신문인, 잡지사, 신문사와 같은 어휘들을 말한다. 마지막으로 인쇄매체의 문화는 주로 인쇄매체의 소비와 함께 그것의 관리 및 통제와 관련된 어휘로 구성되어 있다.

이상의 교통, 통신, 인쇄매체 신어는 대체로 19세기 후반부터 20세기 전반에 걸쳐 한국사회에 유통되었는데, 그중 많은 어휘들이 여전히 오늘날까지 사용되고 있다. 하지만 기술의 혁신, 특히 전자매체가 인쇄매체를 점점 더 압도하고 있는 상황에서 해당 어휘의 사용 빈도, 비중, 의미의 변화가 진행되고 있다. 그렇지만 오늘날의 그 변화가 과거 20세기 전환기에 이루어졌던 변화의 크기에 얼마만큼 비견될지에 대해서는 보다 더 많은 시간을 가지고 살펴보아야 할 것이다. ▪ 유석환

(1) 교통

오늘날 교통이란 말은 "자동차, 기차, 배, 비행기 따위를 이용하여 사람이 오고 가거나, 짐을 실어 나르는 일(『표준국어대사전』)"을 의미하는 것이 보통이다. 이런 교통과 관련한 신어들을 다섯 가지 유형으로 나누어볼 수 있다. 교통수단의 종류, 교통 시설 · 장치, 교통수단 및 교통시설의 구체적 사례, 교통 용어, 교통 문화가 그것이다. 물론 '교통'이라는 말 자체도 신어에 해당한다. 예를 들면, 『세조실록』 2년 9월 19일 자 기록에는 교통이 다음과 같이 사용되었다.

> 우리나라가 이제부터 이후로는 너희 무리와 끊고 교통(交通)하지 않을 터이니, 너희들은 너희 땅으로 빨리 돌아가라.(我國自今以後, 絶汝輩不與交通, 汝輩亟還汝土可也)

이처럼 전근대에서 교통은 주로 "서로 오고 감, 또는 소식이나 정보를 주고받음" 혹은 "나라 사이에 관계를 맺어 오고 가고 함"과 같은 의미로 사용되었다.

신어로서의 교통의 표기 형태는 '交通, 교통, 트래픽, 트라옉크' 등이었다. 교통을 기초로 하여 '交通權'(교통권), '交通機關'(교통기관), '交通路'(교통로), '陸上交通'(육상교통), '海上交通'(해상교통)과 같은 말들이 만들어졌다.

다섯 유형 가운데 첫 번째로 교통수단의 종류와 관련한 어휘군을 살펴보자. 여기에는 육상·해운·항공 교통에서 사용되는 대표적인 교통수단이 모두 포함되어 있다. 기차, 자동차, 비행기, 선박(船)뿐만 아니라 (경)기구, 마차, 전차, 자전거, 오토바이, 인력거, 케이블카, 헬리콥터 등의 용어도 찾아볼 수 있다. 아울러, 형태 내지 작동방식별로 더 세분화된 어휘들도 여기에 포함된다. 예컨대, "삼두런 입식마차(『모던朝鮮外來語辭典』)"를 지시하는 트로이카라든지, 지하철, 갤리선, 곤돌라, 요트, 모터보터 또는 바이플레인, 멀티플레인, 모노플레인, 리지드에어십, 오토자이로 등의 어휘들이 그것이다. 『모던朝鮮外來語辭典』에 의하면, 바이플레인은 복엽비행기를, 멀티플레인은 다엽비행기를, 모노플레인은 단엽비행기를, 리지드에어십은 경식(硬式)비행기를, 오토자이로는 잠자리식비행기를 의미한다. 한편, 교통수단의 기능 내지 목적에 의해 세분화된 어휘들도 존재한다. 이를테면, 가마마차, 우편마차, 버스, 트럭, 택시, 화물열차, 상선(商船), 유람선 등이 그것이다.

두 번째로는 교통 시설 및 장치와 관련된 어휘군이다. 먼저 육상교통과 관련한 어휘로는 기관차, 사이드카, 철로(철도), 고가철로, 선로, 철교, 철도국, 철도회사, 철로공사, 플랫폼 등이 사용되었다. 해운교통과 관련해서는 갑판, 선거(船渠), 등대, 등대국, 부두, 항만, 항무국, 항해학교, 항해회사 등이 사용되었다. 항공교통과 관련해서는 공항이 대표적이었다. 아울러, 교통 영역에서 종류에 상관없이 공통적으로 사용된 어휘로는 기관실, 디젤엔진, 디젤모터, 모터, 가솔린, 브레이크, 타이어, 프로펠러, 헤드라이트, 대합실(대합소), 정거장(정류장), 신호등 등이 있었다.

보는 바와 같이 두 번째 어휘군의 특징은 항공교통보다는 해운교통이나 육상교통과 관련된 어휘수가 더 많다는 점이다. 이는 항공교통이 아직까지 대중화되지 못했던 역사적 사실로부터 비롯된 현상이라 생각된다.

세 번째 어휘군은 앞의 두 가지 어휘군의 구체적 사례들이다. 육상교통과 관련해서는 경부선, 경인선, 경성역이라든지 바이트호펜철도, 그라트봐인철도, 그랜드트렁크철도회사와 같은 어휘들이 사용되었다. 당대에 대표적인 자동차회사 중 하나였던 제너럴모터스와 그 회사의 주력 차종이었던 쉐보레도 빼놓을 수 없다. 그랜드마린호, 루스벨트호, 메이플라워호 등의 배이름을 비롯하여 도버항, 리버풀항, 리즈포트항, 리틀턴항, 벤쿠버항, 볼티모어항, 타마타브항과 같은 항구이름도 당시 문헌에 종종 등장했다. 이 세 번째 어휘군 역시 두 번째 어휘군의 특징을 그대로 보여준다.

네 번째로는 교통 용어와 관련한 어휘들이다. 먼저 운항과 관련한 어휘로는 귀항, 입항, 회항, 정박, 직항, 통항, 고스톱, 내비게이션, 드라이브, 탈선, 저공비행, 스티어링, 애비에이션, 데드 다이브, 서머싯 등이 있었다. 『모던朝鮮外來語辭典』에 따르면, 스티어링은 조종을, 애비에이션은 공중비행을, 데드 다이브는 "비행기가 공중에서 급템포로 지상에 내리는 것"을, 서머싯은 "비행기의 재주넘기"를 의미한다. 또한 교통 티켓과 관련해서는 승선표, 승차권, 기차표, 발권, 발착표, 리턴 티켓, 선표, 전차표, 차표, 패스(pass) 등이 사용되었다. 『新語辭典』(1934)에서는 패스(pass)의 의미를 무임승차 또는 정기승차권으로 설명했다. 요금 수준에 따라 차별화된 교통시설을 지시하는 어휘도 자주 찾아볼 수 있는데, 상등실, 삼등실, 이등실, 이등객, 중등표, 이등표, 특등표, 이등열차, 삼등차 등이 그것이다. 한편, 교통수단의 속도와 관련된 어휘들도 쉽게 찾아볼 수 있는데, 이를테면 직행차, 급행차, 급행열차 및 초특급열차를 뜻하는 스피드 익스프레스 등이다.

마지막 다섯 번째 어휘군은 교통 문화와 관련된 것이다. 그 사례로는 다이어그램, 로맨스카, 마린걸, 만국수운박람회, 버스 드라이브, 사이클리스트, 사이트시잉카, 서비스카, 세이프티퍼스트, 세이프티존, 스피드마니아,

자전거광, 패커드 등을 들 수 있다. 『모던朝鮮外來語辭典』에서는 로맨스카가 "양쪽에 둘씩 마주 앉게 만든 좌석을 설비한 전차"로 "승객 사이에 로맨스가 시작됨으로써 나"오게 되었다고 설명했다. 아울러, 사이클리스트는 "자전거 (잘)타는 사람", 사이트시잉카는 "유람(자동)차", 서비스카는 "봉사유모차", 세이프티퍼스트는 "안전제일", 세이프티존은 "안전지대", 패커드는 "일종의 고급자동차"라고 설명됐다. 다이어그램은 여러 의미를 가진 용어인데, 교통 문화와 관련해서는 주로 기차시간표를 지시했다.

교통 어휘의 표기에는 주로 한자와 한글이 사용되었다. 특정 외국어에 대한 번역어가 1대1 대응 관계를 이루지 못할 경우 한자와 한글 표기 종수는 증가할 수밖에 없는데, 기선의 표기 형태(汽船, 滊船, 輪船, 蒸氣船, 火輪船, 화륜선, 긔션, 륜션)나 기차의 표기 형태(汽車, 滊車, 列車, 火車, 輪車, 火輪機, 火輪車, 蒸氣車, 텰거, 긔차, 긔츠, 긔챠, 륜거, 화륜긔, 화륜거, 화륜차, 렬츠, 렬차)가 그로 인한 다양성을 잘 보여준다. "繁弗區港(벤쿠버항)", "勿都毛須港(볼티모어항)", "里味阪港(리버풀항)" 처럼 번역이 아닌 오직 음차에 의한 한자 표기 형태도 존재한다. 이러한 사례는 근대 초기일수록 쉽게 찾아볼 수 있다. 한편, 해당 번역어가 존재함에도 번역어보다는 원어의 한글 표기를 선호하는 어휘가 존재했는데, 트럭(도락구, 도락크, 츄렉, 토로코, 추럭, 추렉크, 츠락크, 츠럭, 드럭, 도라크, 도락고, 드랙, 튜럭크, 튜렉, 트락크, 트럭, 트락, 트러크, 트럭크, 도로고, 도로꼬, 도로코, 도로코, 도록크, 토락크, ㅏㅕッㄱ)이라든지, 드라이브(드라이브, 뜨라이액, 뜨라이왁, 쭈라이부, 트라이푸, 드라이브, 뜨라이브, 뜌라이왁, 뜌라이액, 또라이부 ドライブ), 플랫폼(풀랱트홈, 풀랲트오름, 풀엩트홈, 푸랲홈, 풀레트폼, 풀레트홈, 푸라토홈, 푸렙홈, 풀랱도홈, 홈, 뿔래트홈, 플랲오-ㅁ, 플레트, 폼, 풀라트홈, 플래트폼, 플래트포-ㅁ, 풀랲트쫌, 풀랲트폼, 풀랏트폼, 풀냍트오름)이 대표적인 사례이다. 이 어휘에서 일본어 표기는 주로 일제 말기에 사용되었다.

교통 어휘의 시기별 특징을 살펴보면, 교통 어휘는 19세기 후반부터 1940년대까지 특정 시기에 편중하지 않고 지속적으로 생성·유통되었다. 다만 시간이 흐를수록 교통 문화와 관련된 어휘가 증가하는 경향을 보여준다. 이는 그만큼 교통수단이 대중화되어 가고 있었던 역사적 사정을 시사하는 현상이라고 볼 수 있다.

서두에서 언급했던 교통처럼 전근대에도 용례가 있었던 교통 어휘가 다소 존재한다. 이를테면 輪車(윤거)는 전근대에 수레를 지시했지만, 근대에 들어서는 기차를 의미하는 것으로 그 의미가 바뀌었다. 한편, 부두나 항만은 근대에 들어 새롭게 만들어진 신어이지만, "船艙(선창)", "港口(항구)"처럼 그와 비슷한 의미를 가진 어휘가 전근대에도 사용되었다.

한국 근대의 교통 어휘군을 주변국의 사례와 비교해보면 그 표기나 쓰임의 역사적 맥락에 대한 정보를 좀 더 확보할 수 있다. 어휘의 형태면에서 볼 때 한·중·일의 교통 어휘 표기는 한자어일 경우 대체로 동일하지만, 외국어 내지 외래어의 형태로 사용된 교통 어휘의 표기 방식은 상이했다. 육상 대중교통의 하나인 택시의 경우 한국에서는 "닭씨, 텍씨, 타구, 타구시, 탁씨-, 탁씨, 택시, 탉시, 택씨, 탁씨" 등으로 표기되었던데 비해 일본에서는 "タクシー"로 표기되었다. 한국에서는 택시가 "타구시"처럼 일본식 발음으로 표기되기도 하고, 또는 원어의 발음에 가깝게 표기되기도 했다. 또한 택시의 일본어 표기 형태가 그대로 사용되기도 했다. ■ 유석환

〈표 7〉 교통 관련 신어

유형	관련 신어
교통수단	가마마차(가마마차) / 가솔린카(까솔린·카-, 까소린카-) / 갤리선(갸레-船) / (경)기구(輕氣球, 氣球, 경긔구, 쌔룬, 바룬, 빨룬, 에어·발룬) / 곤돌라(곤도라, 곤돌라) / 기선(汽船, 滊船, 輪船, 蒸氣船, 火輪船, 화륜선, 긔션, 륜션) / 기차(汽車, 滊車, 列車, 火車, 輪車, 火輪機, 火輪車, 蒸氣車, 털거, 긔차, 긔츠, 긔챠, 륜거, 화륜긔, 화륜거, 화륜차, 렬츠, 렬차) / 리무진(리무-진) / 리지드에어십(리쩌드, 리쩌드·에어슆) / 마차(馬車, 마챠) / 멀티플레인(멀티플레인) / 모노플레인(모노플레인) / 바이플레인(빠이플레인) / 모터버스(모-터·뻐스) / 모터보트(모타·뽀트, 모다·뽀트, 모터·뽀-트, 모-터·뽀-트, 모-터뽀트) / 자전거(自轉車, 脚踏車, 自行車, 즈뎐거, 자힝거, 자전거, 빠이시클) / 버스(乘合自動車, 뻐스, 버스, 뻐쓰, 쩌스, 쎄쓰, バス) / 보트(뽀-도, 뽀-드, 뽀-트, 뽈트, 뽀-트, 뽀트, 쌘오트, 쌘트, ポ-ト) / 비행기(飛行機, 飛行船, 飛車, 飛舟, 飛行車, 航空機, 비힝긔, 비힝선, 에-로플레인, 에어풀레인, 에어슆) / 지하철(섭웨이, 써브웨이) / 상선(商船) / 선박(船舶) / 세단(세단) / 세일보트(쎄일·뽀트) / 스쿠너(스쿠나, 스쿠너) / 스트리트카(스트리트·카) / 플루프함(슬롭푸艦, 슬롭艦) / 자동차(自動車, 자동차, 자동츠, 즈동챠,

유형	관련 신어
	카-, 모타·카, 머터·카-, 모-터·카-, 오-토모빌, 오-토·카-) / 오토바이(오-도빠이, 오도빠이, 오-트빠이, 빠이, 오토빠이, 오-토빠이, 모다·싸이클, 모타·싸이클, 모토·싸이클, 모-터·사이클, オートバイ) / 오토자이로(오토자이로, 오-토지이로, 오-토쟈이로) / 오토트럭(오-토트럭) / 오픈카(오픈·카) / 왜건(왜곤) / 요트(욜트) / 우편마차(郵便馬車) / 우편선(郵船, 우편션) / 수상비행기(워-터·플레인, 씨-플레인) / 유람선(遊航船, 유람션) / 이륜증기선(兩輪船, 兩輪蒸氣船) / 인력거(人力車, 인력거) / 전차(電車, 電氣車, 전긔로거, 던긔츠, 전긔거, 던기차, 전차, 전츠, 던츠, 던차, 던챠, 던거, 엘렉트릭·카-) / 케이블카(케-불·카, 케-불-카, 케-블카, ケーブルカー) / 쿠페(쿠-페) / 택시(닥시, 텍씨, 타구, 타구시, 탁씨-, 탁씨, 택시, 탁시, 택씨, 탁씨, タクシー) / 트럭(화물차, 도락구, 도락크, 츄랙, 토로코, 추럭, 추렉크, 츠락크, 츠럭, 드럭, 도라크, 도락고, 드랙, 튜럭크, 튜렉, 트락크, 트럭, 트락, 트러크, 트럭크, 도로고, 도로꼬, 도로고, 도로코, 도록크, 토락크, トラック) / 트로이카(트로이까, 트로이카) / 트롭보트(트롭船, 트로올漁船) / 헬리콥터(헬리콥터) / 화물열차(貨物列車)
교통시설·장치	갑판(甲板, 갑판, 곱판, 댁기, 댁키, 데끼, 뗑, 떼키, 떽키, デッキ) / 고가철로(高架鐵路) / 기관실(機關室, 烟室) / 기관차(機關車, 汽罐車, 긔관거, 긔관츠) / 대합실·대합쇼(待合所, 待合室, 대합실, 디합실) / 선거(船塢, 독그, 떡크, 똑, 도크, ドック) / 등대(燈臺, 燈台, 등디, 라잍하우스, 라이트하우스) / 등대국(燈臺局) / 디젤엔진(디젤·엔진, 떼젤機關, 띄-젤·엔진, 데이제루·엔진, 데제루·엔진, 듸-젤·엔진) / 디젤모터(디젤·모터, 다이젤·모터) / 철로·철도(鐵路, 鐵道, 철로, 텰로, 철도, 철도, 츌도, 텰도, 네-루, 레루, 레르, 렐, 레일, 레일로-드, 레일웨이) / 모터(모-톤, 모-다, 모타, 모-타, 모-타-, 모타-, 모터, 모-터, 모-다) / 가솔린(모터·오일) / 백미러(빽·미러) / 부교(浮橋, 부교) / 부두(부두, 피아, 피어, 波止場) / 브레이크(부레-기, 뿌레잌, 뿌레키, 뿌레-크) / 사이드카(싸이드·카) / 선로(線路, 션로) / 정거장·정류장(停車場, 停車程, 停留場, 덩류장, 정류장, 덩류당, 정거장, 정거당, 정거쟝, 덩거장, 덩거챵, 덩거댱, 스테이셔언, 스테-슌, 스테-숀, 스테이숀, 스테이슌) / 신호등(썩날·람푸) / 공항(에어·스테-슌, 에아포-트, 에어포-트, 에-로드롬, 에로드롬) / 철교(鐵橋, 철교) / 철도국(鐵道局) / 철도회사(鐵道會社) / 철로공사(鐵路公司) / 타이어(다이야, 다이여, 다이아) / 프로펠러(푸로펠라, 푸로펠라, プロペラ) / 플랫폼(풀랱트홈, 풀랱트옴름, 풀엩트홈, 푸랱홈, 풀레트홈, 푸라토홈, 푸렙홈, 풀랕도홈, 홈, 뿔래트홈, 플랱포-ㅁ, 플레트, 폼, 풀라트홈, 플래트홈, 플래트포-ㅁ, 풀랱트똠, 풀랱트폼, 풀랏트폼, 풀냍트옴름) / 항만(港灣) / 항무국(港務局) / 항해학교(航海學校) / 항해회사(航海會社) / 헤드라이트(핸드·라일트)
교통수단 및 교통시설의 구체적 사례	경부선(경부션) / 경성역(京城驛, 경성역) / 경인선(경인션, 경인션) / 그라트봐인 철도(葛謬都韋邱鐵道) / 그랜드트렁크철도회사(쯔랜드튜렁크鐵道會社) / 그랜드마린호(格倫墨林) / 도버항(쪼버港) / 루스벨트호(루쓰벨투号, 루쓰벨트号) / 리버풀 정거장(리버풀停車場) / 리버풀항(里味阪港) / 리즈포트항(禮溫弗都港) / 리틀턴항(릿틀톤港) / 메이플라워호(메이플나워号) / 바이트호펜 철도(乳突阜鐵道) / 벤쿠

유형	관련 신어
	버항(繁弗區港) / 볼티모어항(勿都毛須港) / 쉐보레(시보레) / 제너럴모터스(제네·모, 제네랄·모-터스, 제네랄·모터스, 제네랄·모-타스, 제네랄·모타스, 제네·모터會社) / 타마타브항(多麻多廬港) / 한강교(漢江橋)
교통 용어	3등실(三等室) / 3등차(삼등차) / 간선(幹線, 메인·라인) / 개통(기통) / 고스톱(꼬-스탑, 꼬오·스톱, 꼬-·스톱, 꼬-스톱) / 귀항(歸航) / 급행차(急行車, 급힝츠) / 급행열차(엑스프레슌, 엑스푸레슌, 엑스푸레스) / 기적(汽笛, 기덕, 긔격, 기격) / 기차표(긔차표, 긔츠표) / 내비게이션(내비게슌) / 내항(內港) / 논스톱플라이트(논·스톱·플라일) / 다운트레인(따운·트레인) / 식당차(食堂車, 따이닝·카) / 데드 다이브(떼드·따이쁘) / 덱패신저(떡키·패센저) / 드라이버(드라이쌔) / 드라이브(드라이브, 뜨라이쁘, 뜨라이쁙, 쭈라이부, 트라이푸, 드라이브, 뜨라이브, 뚜라이쁙, 뚜라이쁙, 또라이부 ドライブ) / 드라이브웨이(뜨라이쁙·웨이) / 리턴 티켓(리턴·티겔, 리턴·티겔트) / 막차(막츠) / 발권(發票) / 발착역(발착역) / 발착표(발착표) / 복선(複線, 복션) / 상등실(상등실) / 서머씻(썸머쑽트, 썸머셀트) / 선객(船客) / 선원(船員) / 선장(船長, 선쟝) / 선체(船體) / 선표(션표) / 스루트레인(뜨루-·트레인) / 스톱오버(스톱·오-버) / 스티어링(스티어링) / 스피드 익스프레스(스피드·엑쓰프레쓰) / 승객(乘客, 승긱) / 승선표(乘船票) / 승차권(乘車券, 승차권) / 승합(乘合) / 시승(試乘) / 애비에이션(아비에이슌) / 이등객(이등긱) / 이등실(이등실) / 이등열차(이등렬츠) / 이등표(이등표) / 인력거꾼(인격거군) / 인격거샀(인력거삭) / 입항(入港) / 입항자(入港者) / 저공비행(低空飛行) / 전차표(던거표, 던츠표, 전차표) / 정박(碇泊) / 중등표(중등표) / 직항(直航) / 직행차(즉힝차, 직힝차, 직힝챠) / 차비(車費, 차비) / 차표(車票, 차표) / 차표값(차표갑) / 처녀항해(處女航海) / 클랙슨(크락슌, 크랙슌, 크렉슌) / 탈선(脫線) / 통항(通航) / 특등표(특등표) / 패스(파쓰, 파-쓰, 파스, 패쓰) / 항공(航空) / 항로(航路, 에어·웨이, 에어·라인, 에어·루-트) / 항로신호(航路信號) / 항적(航跡) / 항칙(港則) / 회항(廻航)
교통 문화	다이어그램(따이어, 따이어그람, 다이아그람) / 로맨스카(로맨스·카) / 마린걸(마린·껄) / 만국수운박람회(萬國水運博覽會) / 버스 드라이브(버스·뜨라이브) / 사이클리스트(싸이클리스트) / 사이트시잉카(싸잍·씨-잉·카) / 서비스카(써비스·카) / 세이프티퍼스트(세이프티·퍼스트) / 세이프티존(세이프티·손, 세이프티·죤) / 스테이션호텔(스테-슌·호텔) / 스피드마니아(스피드·마니아) / 에어서비스(에어·써비스) / 자전거광(自行車狂) / 통항권(通航權) / 통항규정(通航規定) / 통항규칙(通航規則) / 통항금지(通航禁止) / 패커드(팍키드, 팍키-드) / 항공술(航空術) / 항해권(航海權) / 항해사업·항해업(航海事業, 航海業) / 항해술(航海術) / 항해장려법(航海獎勵法) / 항해조약(航海條約) / 항해학(航海學) / 행선법(行船法) / 행선술(行船術)

(2) 통신

오늘날 "1. 소식을 전함, 2. 우편이나 전신, 전화 따위로 정보나 의사를 전달함, 3. 신문이나 잡지에 실을 기사의 자료를 보냄, 또는 그 자료, 4. 정보 전달을 다루는 과학 기술(『표준국어대사전』)"등의 의미로 사용되는 통신 관련 어휘는 네 가지 유형으로 나누어볼 수 있다. 사실 통신이라는 말 자체도 새롭게 등장한 신어에 해당하는데, 통신은 '통신' 내지 '通信'이라는 표기 형태로 사용되었다. 이러한 통신 어휘는 통신의 종류 내지 방식과 관련된 어휘, 통신 시설 및 장치와 관련된 어휘, 통신 용어, 통신문화와 관련된 어휘 등으로 구분해볼 수 있다.

먼저 통신의 종류·방식과 관련된 어휘로는 우편, 전보, 전신, 전화, 팩스 등을 꼽을 수 있다. 그 어휘들 중 우편의 하위 어휘로 편지, 엽서, 소포, 항공우편, 군사우편, 등기우편, 속달, 디스패치(despatch), 익스프레스(express) 등이 사용되었다. 전보나 전신과 관련해서는 무선전보나 간송전보, 라디오커뮤니케이션(무선통신), 라디오텔레그램(무선전신)이라는 용어를 찾아볼 수 있다. 그 어휘들 중 의미 파악이 다소 어려운 간송전보는, 『現代新語釋義』(1922)에 의하면 "야간국원이 비교적 한산한 시간에 취급하는 전보, 즉 오후 10시 이후에 타전하여 다음날 아침에 배달하는 것"을 뜻한다.

통신의 종류·방식과 관련된 어휘군의 특징은 다른 무엇보다 우편과 관련된 어휘의 비중이 높다는 것이다. 전보, 전신, 전화, 팩스와 달리 우편은 전근대 시기부터 사용된, 인류 역사에서 가장 오래된 통신 수단이었지만, 기술적 혁신에 힘입어 우편제도는 근본적으로 변화하였다. 이로 인해 우편과 관련한 어휘 또한 변화할 수밖에 없었다. 20세기 중반 이전까지는 우편이 여전히 가장 일상적인 통신 수단이었기에 그와 관련된 어휘가 그 외의 통신 수단들과 관련된 어휘들보다 빈번히 등장했던 것으로 판단된다.

다음으로 통신 시설·장치와 관련된 어휘를 살펴보자. 여기에는 우체국, 전신국, 통신국, 관선과, 전화기, 송신기, 수신기, 수화기, 안테나, 전봇대,

전신기 등 일반인도 비교적 그 의미를 쉽게 파악할 수 있는 어휘들과 함께 딕토그래프(dictograph), 라디오 비컨(radio-beacon), 루프안테나(loop antenna), 코히러(coherer) 등 통신 관련 종사자들 외에는 쉽게 파악할 수 없는 어휘들이 포함되어 있다. 딕토그래프는 실내전화기의 일종인 필기전화기를, 라디오 비컨은 라디오방위신호국을, 루프안테나는 라디오 수신기의 고리형 안테나를, 코히러는 무전검파기를 의미한다. 후자와 같이 일반인에게 생소한 어휘들은 그것에 대응하는 번역어가 존재함에도 외국어의 형태로 더 자주 사용된 것 같다.

세 번째로는 통신 과정에서 사용되는 통신 용어이다. 이 어휘군의 사례를 몇 가지 들어보면, 우편물, 메시지, 모스부호, 사서함, 소포물, 송화, 수신, 수신지, 수신인, 신호(signal), 에스오에스(SOS), 타전, 통화, 헤르츠파 등이다. 첫 번째 어휘군과 마찬가지로 여기서도 우편과 관련된 용어가 상대적으로 더 풍부하다. 이를테면, 등기우편물, 소포우편물, 보통우편물, 우체부, 우편사령, 사서함, 스탬프 등을 그 사례로 찾아볼 수 있다.

마지막으로 주목해볼 어휘군은 통신 문화와 관련된 어휘이다. 앞의 세 가지의 어휘군들이 주로 통신 기술의 혁신에 의해 생겨났다면, 이 마지막 어휘군은 통신의 대중화와 관련 깊다. 예컨대, 러브레터, 우편마차, 우편사업, 전보술(電報術), 전신술(電信術), 타전술(打電術), 포스탈 가이드(우편안내, 여행안내(서)), 만국우표, 라디오 나이트, 라디오 리뷰, 라디오 스케치, 메일오더(mail-order, 통신판매), 메일오더비지니스(mail-order business, 통신판매업) 등이 이 어휘군의 성격을 암시한다. 여기서도 우편과 관련된 어휘들이 비중이 상대적으로 더 높다. 이는 앞에서 언급했던 것처럼 여러 통신 수단 중 우편이 가장 일상적이었고, 가장 대중화된 통신 수단이었기 때문이다. 특히 러브레터는 자유연애와 우편제도가 결합되어 나타난 문화적 현상을 대변한다.

근대 신어의 표기법상의 두드러진 특징 중 하나는 표준화의 지연에 따른 표기형태의 다양성인데, 통신 관련 어휘군도 예외는 아니다. 통신 어휘들은 모두에서 언급했던 통신이라는 단어처럼 주로 한자 내지 한글로 표

기되었는데, 한자 표기 형태도 다양했고 그 한자에 대한 한글 표기도 항상
1 : 1 관계를 형성하고 있지는 않았다. 한글만으로 표기된 어휘의 경우에
도 그 변화의 진폭은 작지 않았다. 예컨대, 우체국의 경우 한자표기의 형
태는 "郵局, 郵遞局, 郵政局, 郵便局, 書信舘" 등이었고, 한글표기의 형태는
"우체국, 우체국, 우톄국, 우편국" 등이었다. 전화기의 경우에는 영어표기
에 대한 한자('德律風') 및 한글('텔레폰') 표기까지 포함하여 "電話機, 遠語機, 傳
語筒, 德律風, 전어긔, 전어통, 뎐화통, 전화통, 뎐화긔, 텔레폰" 등으로 표
기되었다. 이외에도 외국어의 한글표기 형태 또한 표기방식의 다양성을
보여준다. 예컨대, 당대에 "연문(戀文), 연서(戀書), 연애편지, 애인 상호간의
서간, 사랑하는 사람끼리 서로 왕래하는 편지" 등으로 의미를 소개하고 있
는 러브레터는 '러부·레터, 라브·레타, 러-브레터, 러브, 레터, 러부레터,
러쁘·레타, 러쁘·레터' 등으로 다양하게 표기되었다.

이와 같은 통신 어휘들은 단행본 형태로 발간된 개인의 저·역서나 사
전보다는 신문 및 잡지에서 주로 소개되었다. 당대에 사용된 외래어를 모
두 망라하고자 시도했던 『(鮮和兩引)모던朝鮮外來語辭典』(1936)에 수록된 어
휘들을 제외하면, 사전류에서의 통신 어휘 비중은 급격히 줄어든다. 그 어
휘들도 간송전보, 탁상전화, 포스트, 항공우편, 스탬프, 통신망처럼 통신의
종류·방식이나 통신 시설·장치와 관련된 어휘군에 국한되어 있다. 이러
한 현상은 저·역서에서 등장하는 통신 어휘들에서도 크게 다르지 않게
나타난다.

아울러, 시기별 특징을 살펴보면, 통신 어휘는 19세기 후반부터 1940년
대까지 특정 시기에 편중하지 않고 지속적으로 생성·유통되었다. 하지만
시간이 흐를수록 통신의 종류·방식이라든지 통신 시설·장치와 같은 어
휘보다는 통신 문화와 관련된 어휘가 증가하는 경향을 보여준다. 이는 그
만큼 통신이 대중화되어 가고 있었던 역사적 사정을 시사하는 현상이라고
볼 수 있다.

한편, 통신 어휘군은 거의 대부분 전근대에서 동일한 표기 형태를 찾아

볼 수 없는, 근대에 들어 새롭게 등장한 신어에 해당한다. 하지만 '通話(통화)'처럼 전근대시기에서도 표기형태가 동일한 어휘 또한 극소수이긴 해도 존재한다. 通話는 전근대의 경우 문자 그대로 '말이 통하다'는 의미로 사용되었지만, 근대에 들어와서는 전화를 매개수단으로 하는 통신 용어로 그 용처가 제한되어 갔다.

한국 근대의 통신 어휘군을 주변국의 사례와 비교해보면 그 표기나 쓰임의 역사적 맥락에 대한 정보를 좀 더 확보할 수 있다. 어휘의 형태면에서 볼 때 한·중·일의 통신 어휘 표기는 한자어일 경우 대체로 동일하지만, 외국어 내지 외래어의 형태로 사용된 통신 어휘의 표기 방식은 상이했다. 소인(消印)을 뜻하는 스탬프의 경우 한국에서는 "스담부, 스탬프, 스탐프, 스단-브, 스탬푸" 등으로 표기되었던데 비해 일본에서는 "スタンプ"로 표기되었다. 스탬프의 한국 용례들 중 "스탬프, 스탐프, 스단-브"가 원어의 발음에 가깝게 표기된 경우라면, "스담부, 스탬푸"는 일본어의 발음에 가깝게 표기된 경우라고 볼 수 있다. 물론 한국에서는 스탬프의 일본어 형태(スタンプ)가 한글로 전환되지 않고 그대로 사용되기도 했다. 이러한 현상은 한국어의 사용에 상당한 제한을 받았던 일제강점기 말기에 주로 나타났다.

■ 유석환

〈표 8〉 통신 관련 신어

유형	관련 신어
통신 종류 · 방식	간송전보(間送電報) / 항공우편(航空郵便, 空中郵便) / 군사우편(軍事郵便) / 등기우편[書類郵便] / 디스패취(떼스패취) / 무선전보(無線電報) / 무선전신(無線電信, 무션던신, 무션전신) / 소포(소포, 쇼포) / 속달(속달) / 엽서(葉書, 엽서, 엽셔) / 우편(郵便, 우편, 우톄, 포스트, ポスト) / 익스프레스(엑쓰뿌레스, 엑스푸레스) / 전보(電報, 전보, 던보) / 전신(電信, 전신) / 전화(電話, 던화, 전화) / 팩스(電話寫字機) / 편지(便紙, 手紙, 편지)
통신 시설 · 장치	관선과(관션과) / 딕토그래프(띅토그램) / 라디오(라지오, 래디오, 래이디오, 라듸오, 래듸오) / 라디오 비컨(라듸오·삐-콘) / 루프안테나(룹·안테나, 루-프·안테나, 루프·안테나) / 송신기(送信機) / 수신기(受信機) / 수화기(受話器, 수화긔, 수화기) / 안테나(안데나, 안테나, 앤터나, アンテナ) / 우체국(郵局, 郵遞局, 郵政局, 郵便局, 書信舘, 우체국, 우쳬국, 우톄국, 우편국) / 우체통(郵遞筒, 信櫃, 郵筒, 우체통, 우데통, 우톄통)

	/ 전봇대(電線柱, 電信柱, 電柱) / 전신국(電信局, 전신국) / 전보공사(電報公司) / 전신기 (電信機) / 전화기(電話機, 遠語機, 傳語筒, 德律風, 전어긔, 전어통, 던화통, 전화통, 던 화긔, 텔레폰) / 전화소(전화쇼) / 전화줄(전화줄, 던화줄) / 코히러(고히리, 코히러, 코 히-러) / 타인전기(打印電機) / 통신국(통신국) / 통신기관(通信機關) / 해저전선(海底戰 線, 해져던션) / 해저전신(海底電信)
통신 용어	등기우편물(登記郵便物, 등긔우톄물) / 메시지(매세지, 메셔이지, 메쎄지, 메쎄-지, 멧 세-지) / 모스(부호)(모-루스, 몰스式電信符號, 몰스式) / 사서함(私書函) / 소포물(小包 物) / 소포우편물(쇼포우물) / 송달(送達) / 송화(送話) / 수신(收信) / 수신인(受信人, 名 宛, 宛先) / 수신지(受信地, 宛所, 宛地) / 수화(受話, 슈화) / 스탬프(스담부, 스탬프, 스 탐프, 스단-브, 스탬푸, スタンプ) / 신호(信號, 시그널, 씩날, 씽낼, シグナル) / 에스오에 스(S.O.S, 에스,오,에스, 에쓰 오! 에쓰, 에스,오,에스, 에스・오-・에스, 에스오에스) / 우편물(郵便物, 우편물) / 우체부(郵便配達夫, 集配人, 우편배달부) / 우편사령(우편스 령) / 전송사진(電送寫眞) / 전신지(던신지) / 전신사무대신(電信事務大臣) / 전음(電音) / 타전(打電) / 통신망(通信網) / 통신물(通信物) / 통화(通話) / 헤르츠파(헤르쓰波, 헬츠 波) / 히싱(히씽)
통신 문화	라디오 나이트(라듸오・나이트) / 라디오 리뷰(라듸오・레뷰) / 라디오 버라이어티(라 디오・바리에티, 라디오・바리이에티, 라듸오・빠라에틱, 라듸오・바라에티) / 라디 오 스케치(라듸오・스켙춰, 라듸오・스켙치) / 러브레터(러부・레터, 라브・레타, 러- 브레터, 러브, 레터, 러부레터, 러쎈・레타, 러쎈・레터) / 만국우표(萬國郵票) / 메일 오더(메일・오-더) / 메일오더비지니스(메일・오-더・삐지네쓰) / 우편마차(郵便馬車) / 우편사업(郵便事業) / 전보술(電報術) / 전신술(電信術) / 전화책(던화책) / 타전술(打電 術) / 포스탈가이드(포스탈・까이드)

(3) 인쇄매체

인쇄매체(printed media)는 "신문, 잡지, 영화, 텔레비전 따위와 같이 많은 사람에게 대량으로 정보와 사상을 전달하는(『표준국어대사전』)" 대중매체(mass media)의 하나이다. 인쇄매체를 지시하는 신어로는 '인쇄물'이 사용되었다. 인쇄물의 표기는 "印刷物, 인쇄물" 등이었다. 이런 인쇄매체와 관련된 어휘 는 크게 네 가지 유형으로 구분해볼 수 있다. 인쇄매체의 종류, 인쇄매체 의 구체적 사례, 인쇄매체의 생산과 관련된 용어, 인쇄매체의 문화와 관련 된 용어가 그것이다.

먼저 인쇄매체의 종류와 관련된 어휘는 신문, 잡지, 단행본(책・서적), 팸 플릿, 리플릿, 포스터 등에 해당하는 어휘와 그 하위어휘들로 세분화가 가능하다. 하위어휘에는 가이드북, 경제잡지, 관보, 공보, 기관지, 교과서, 동인잡지, 지방신문, 백과사전, 벽신문, 삐라, 석간신문, 아동잡지, 연감, 핸드북, 통계잡지 등이 있다. 이 중 벽신문은 "공장, 집회장, 사무소, 합숙소 같은 많은 사람이 모이는 곳의 벽을 이용해서 여러 가지 문제의 논설 보고 같은 것을 써 붙여서 신문과 같은 게시판"을 말한다.[88] 한편, 인쇄매체의 간행 주기를 뜻하는 데일리, 먼슬리, 위클리, 쿼터리라든지, 신문·잡지를 통칭하는 저널이나 정기간행물 등도 이 어휘군에서 찾아볼 수 있는 용어이다.

다음으로는 인쇄매체의 구체적인 사례들을 보여주는 어휘군을 일별해 보자. 우선 신문과 관련해서는 뉴욕 트리뷴, 오사카신문, 이스크라, 대한매일신보, 데일리 텔레그래프, 데일리 메일, 독립신문, 도쿄이치니치신문, 런던 타임즈, 베를리너 차이퉁, 뭄바이(봄베이)신문, 샌프란시스코신문, 스탠더드일보, 지지신보, 차이나 프레스, 타임스, 한성순보, 호치신문, 홍콩 텔레그래프 등을 찾아볼 수 있다. 보는 바와 같이 근대 한국에서 새롭게 등장한 신문뿐만 아니라 일본, 중국을 비롯한 아시아, 영미 등 세계의 주요 신문 이름이 근대 한국에 전파되었다. 신문들 중 특히 이스크라는 당시 한국에 자세하게 소개된 신문 중 하나인데, 『新語辭典』(1934)에서는 그것을 "불꽃이라는 의미, 1901년 레닌, 플레하노프, 마르토프 등이 편집하여 간행한 러시아사회민주당의 기관지"라고 소개했다.

잡지명으로는 도쿄경제잡지, 브페료트, 일본협회보, 아웃룩, N.R.F, 코리언 리포지터리, 크라이테리언 등이 있다. 이 중 N.R.F를 「모던문예사전」(『人文評論』, 1939)에서는, "Nouvelle Revue Francaise의 머릿글자를 딴 것으로 『신프랑스평론』의 약칭"이라고 설명하고 있다. 크라이테리언에 대해서는 다음과 같이 소개하고 있다.

이것은 영국의 문예평론 잡지로서 프랑스의 N.R.F와 더불어 대전 후 유

---

88) 「新述語略解」, 『實生活』, 1932.

럽의 지성의 최고수준을 표시하는 세계적 권위였다. (…중략…) 이 잡지는
그 표제가 말하듯 '표준' 다시 말하면 비평기준의 확립을 목표로 하는 잡지
였다. 대전 후 혼란한 문화계에 처하여 전통과 현대와의 조정을 유일의 직
무로 알고 있던 엘리엇 자신의 비평가적 일면이 반영된 이 잡지는 중심에
고전주의를 견지하면서도 외부에 대하여 다각적인, 때로는 혁신적인 편집
을 보여 문화 보존에 공헌바 적지 않았다.

한편, '브페료트'에 대해서는 "러시아어로 '앞으로'라는 뜻에 적당한데,
러시아의 혁명가들이 국외 망명지에서 발행한 러시아문 잡지"[89]라고 소개
하고 있다. 『코리언 리포지터리』는 1892년에 영국인 F. 올링거 부부가 한
국선교를 위해 창간한 한국 최초의 영문 잡지이다.

단행본명으로는 성경, 구약성경, 라틴신약서, 데카메론, 레미제라블, 레
크람, 엉클 톰스 캐빈, 로빈슨 크루소, 리어 왕, 프린키피아, 초이스독본 등
을 찾아볼 수 있다. 이 중 레크람은 "독일에서 발행되는 소책자총서로서
가이조문고, 이와나미문고는 이를 모방한 것"[90]이라고 설명되었다.

세 번째 어휘군은 인쇄매체의 생산과 관련된 것이다. 이 어휘군은 다시
인쇄기술용어, 편집용어, 생산주체와 관련된 용어로 구분해볼 수 있다. 먼저
기술용어에는 간행, 고딕활자, 국판, 그라비어, 기계활자, 동판인쇄기계, 등
사판, 라이노타이프, 로토그라비어, 모노타이프, 발간, 발행, 사륙판, 사륙배
판, 석판, 스테너타이프, 절판, 아토타이프, 오보, 인쇄, 전필인서법, 초본, 출
판, 콜로타이프, 타블로이드, 폐간, 포터그러뷰어 등이 있다. 다음으로 편집
용어에는 개정판, 게재, 교정, 기사, 기고, 러닝 타이틀, 레이디스 섹션, 사회
면, 3면기사, 서브헤드, 슬로건, 제목, 챕터, 칼럼, 토픽, 편집, 헤드라인 등이
있다. 마지막으로 생산주체와 관련된 용어로는 경파기자, 기자, 신문기자,
발매소, 발행소, 발행인, 신문사, 신문사령, 신문사원, 신문인, 저술가, 언론
기관, 언론인, 편집인·주필, 연파기자, 인쇄소, 잡지사, 집필인, 출판업자,

---

89) 「新用術語解說」, 『朝鮮日報』, 1931.
90) 『新語辭典』, 1934.

출판계, 잡지계, 통신원, 편집국, 편집국장, 활판소 등이 있다.

마지막 네 번째 어휘군은 인쇄매체의 문화와 관련된 것이다. 그 사례로는 국민여론, 뉴저널리즘, 뉴스 밸류, 뉴스 센스, 뉴스 스크랩, 대리부, 리뷰, 매거지니즘, 북 리뷰, 북 클럽, 세계여론, 신문교육, 신문애독자, 악덕신문, 언론, 언론계, 언론시대, 여론, 촌철기사, 포스터 밸류, 프레스 캠페인, 황색신문 등을 언급할 수 있다. 이와 함께 인쇄매체의 법과 관련한, 특히 검열과 관련된 어휘도 눈에 띈다. 그 예로는 발매금지, 신문지법, 압수, 언권, 언론억압, 언론자유, 정간, 출판법, 출판자유, 필화 등을 들 수 있다.

인쇄매체 어휘의 표기는 한자와 한글이 주로 사용되었고, 종종 원어 그대로 표기되기도 했다. 한자 표기 중 매체명의 경우에서는 한자의 음차 표기 형태를 쉽게 찾아볼 수 있는데, 표준어 확립의 지연에 의해 그 형태는 다양했다. "泰晤士報, 泰晤士, 太晤士報, 太晤士, 太晤, 太晤士日報, 泰晤士日報, 타임스, 타임쓰" 등으로 사용된 타임스의 경우가 그 점을 잘 보여준다. 한글 표기는 한자어 내지 원어의 독음과 대응하여 이루어졌는데, 팸플릿(팜프렛-, 喸풀릳트, 팜풀엩트, 팜풀렛트, 판푸렛트, 팜풀렡, 팜프레트, 팜喸렡, 팜푸렡, 팜풀렡, 팜푸렡트, 팜풀렡트, 팜프렡, 팜프렡트, 팜프렛, 팜프릳)이 보여주는 바와 같이 특히 원어의 독음을 표현할수록 그 표기형태가 다양해졌다. 단행본 내지 책의 경우처럼 하나의 사물을 지시하는 표현이 여러 개가 존재하여 표기 형태가 다양해지기도 했다. 당시에 단행본은 "單行本, 單行冊, ᅡ, 리쑈르, 리욀, 리브르, 뿍크, 뿍" 등으로 표기되었다. 이 중 "ᅡ"은 book의 음차 표기이고, "리쑈르, 리욀, 리브르"는 책을 뜻하는 프랑스어 "livre"에 대한 한글 표기이다. 한편, 마땅한 번역어가 존재하지 않아 원어의 독음을 한글로 표기하는 경우도 종종 있었는데, 이와 관련해서는 팸플릿보다 더 간략한 소책자를 지시하는 리플릿이 대표적인 사례이다. 리플릿은 "이프렡트, 리프렐, 리프렡트, 리풀렡트, 리풀렐, 리풀렡트" 등으로 표기되었다.

인쇄매체 어휘의 시기별 특징을 살펴보면, 인쇄매체 어휘는 19세기 후반부터 1940년대까지 특정 시기에 편중하지 않고 지속적으로 생성·유통되었다. 다만 시간이 흐를수록 인쇄매체 문화와 관련된 어휘가 증가하는 경향을 보여준다. 이는 앞서 살펴본 교통, 통신 어휘와 마찬가지로 그만큼 인쇄매체가 대중화되어 가고 있었던 역사적 사정을 보여주는 현상이라고 볼 수 있다.

한편 인쇄매체 어휘 중 전근대에서도 그 용례를 찾아볼 수 있는 어휘가 다소 존재한다. 이를테면, "記者(기자)", "發行(발행)", "新聞(신문)", "言論(언론)" 등이 그것이다. 전근대에서 기자는 '기록하는 사람'을, 발행은 '출발하다'를, 신문은 '새로 들음'을, 언론은 '말하고 논하는 것'을 뜻했다. 하지만 그 용어들은 근대에 들어와서 인쇄매체와 관련한 특정한 사회적 지위 내지 직업, 인쇄매체의 생산행위, 인쇄매체의 한 종류, 매체를 통해 어떤 사실을 알리거나 어떤 문제에 대해 여론을 형성하는 활동 등으로 그 의미가 새로워지거나 기존의 의미에 새로운 의미가 추가되었다.

한국 근대의 인쇄매체 어휘군을 주변국의 사례와 비교해보면 그 표기나 쓰임의 역사적 맥락에 대한 정보를 좀 더 확보할 수 있다. 어휘의 형태면에서 볼 때 한·중·일의 인쇄매체 어휘 표기는 한자어일 경우 대체로 동일하지만, 외국어 내지 외래어의 형태로 사용된 표기 방식은 상이했다. 저널의 경우 한국에서는 "쨔-날, 쩌-낼, 쟈날, 쩌-날, 쪼날, 쪼널, 쩌-널" 등으로 표기되었던 비해 일본에서는 "ジャーナル"로 표기되었다. 텍스트는 한국에서 "데끼스토, 테기스트, 테키스트, 텍쓰트, 텍스트, 텍스트, テキスト"로 표기되었고 일본의 경우에는 "テキスト"로 표기되었다. 저널에 비해 텍스트의 경우에서 일본어의 영향력이 더 분명히 드러나고 있다. "데끼스토, 테기스트, 테키스트"는 원어 "text"라기보다는 일본어 "テキスト"에 대한 한글 표기이다. 일본의 영향력은 한국에서 일본어 표기 그대로를 사용했던 사실에서도 드러난다. 일본어 표기 형태가 한글로 전환되지 않고 그대로 사용된 것은 주로 일제강점기 말기에 나타났다. ■ 유석환

〈표 9〉 인쇄매체 관련 신어

유형	관련 신어
인쇄매체의 종류	가이드북(까이드 · 뿍) / 간판(看板, 간판) / 간판화(看板畵) / 경제잡지(經濟雜誌) / 공보(公報) / 관고(官報, 관보) / 광고(廣告, 광고, 아드애타이스멘트, 아드) / 관청광고(官廳廣告) / 교과서(敎科書, 敎課書, 敎科用圖書, 교과셔, 교과서, 테스트 · 뿍) / 기관지(機關紙) / 기이벨광고(기에벨廣告) / 신문(新聞, 신문, 뉴-쓰페-퍼, 뉴스 · 페-퍼) / 단행본(책, 서적)(單行本, 單行冊, ㅏ, 리얀르, 리뿰, 리브르, 뿍크, 뿍) / 독본(독본) / 동인잡지(同人雜誌) / 사전(辭典, 떡슈내리, 띡슈내리, 떡슈너리-, 렛시콘) / 지방신문(로-칼 · 페퍼) / 리플랏(이프렏트, 리프렐, 리프렏트, 리풀렏트, 리풀렐, 리풀렅트) / 잡지(雜誌, 잡지, 매거진) / 백과사전(百科辭典, 百科事彙, 百科全書, 샤이크로페디아, 싸이클로페디아, 엔싸이클로피디아, 엔싸이클로페디아, Encydopaedia) / 백서(白書) / 법령집(법령집) / 법전(법전) / 벽신문(壁新聞) / 부클릿(뿍크렡) / 브로마이드(푸로마이드) / 삐라(삐라, 쎄라) / 석간신문(저녁신문, 이브닝 · 페이퍼) / 선언서(宣言書, 선언서) / 저널(쟈-날, 쩌-낼, 쟈날, 쩌-날, 쪼날, 쪼널, 쩌-널) / 신문광고(新聞廣告, 신문지광고) / 아동잡지(兒童雜誌) / 연감(年鑑) / 연하장(年賀狀) / 월간잡지(月刊雜誌) / 인쇄물(印刷物, 인쇄물) / 데일라(데일리, 데이리) / 먼슬라(먼스리) / 위클리(위클리) / 쿼터라(쿼터리, 쿼타리) / 적신문(赤新聞) / 전단(傳單) / 정기간행물(定期刊行物, 피-리오드칼, 피리오디칼) / 통계연감(統計年鑑) / 통계잡지(統計雜誌, 통계즙지) / 통신물(通信物) / 팸플랏(팜프렛트-, 쨈풀릳트, 팜풀엘트, 팜풀렏트, 판푸렛트, 팜풀렐, 팜프레트, 팜얀렐, 팜푸렐, 팜풀렐, 팜푸렏트, 팜풀렡트, 팜프렐, 팜프렏트, 팜프렛, 팜프릳) / 포스타(쁘스타, 포스다, 쏀쓰타- 포스타, 포스타-, 포스터, 포스터-) / 포토뉴스(쑈-토 · 뉴쓰) / 핸드북(핸드 · 뿍) / 호외(호외) / 호외신문(호외신문) / 인명사전(후스 · 후-, 후쓰후)
인쇄매체의 사례(매체명)	N.R.F(N.R.F) / 가디안(까티안) / 구약성경(舊約全書) / 뉴욕 트리뷴(늬유욕트리뷴, 늬유욕 트리뷴) / 오사카신문(大阪新聞) / 대한매일신보(大韓每日申報) / 데일리 텔레그래프(多利卡刺轉報, 쪠일늬델네그라프, 쪠일늬 델네그라므) / 데일리 메일(쪠리메일) / 데카메론(데카메론, 데카멜론) / 독립신문(獨立新聞) / 도쿄이치니치신문(東京日日新聞) / 도쿄경제잡지(東京經濟雜誌) / 라틴신약서(拉丁新約書) / 런던 로이터(倫敦羅倫) / 런던 타임즈(론돈 · 티임쓰, 런던타임스, 런던타임쓰) / 레미제라블(미쎄레이쌜, 미세라블, 미쎄레이쌀, 미쎄레이블) / 레크람(레크람) / 로빈슨 크루소(魯邊遜漂流記) / 리어 왕(King Lear) / 성경(책)(擺布耳, 聖經책, 바이블, 빠이불, 빠이블, 성경칙, 성경책, 성경칰) / 베를리너 차이퉁(百靈信息) / 브페료트(액 · 퍼리오드) / 뭄바이(봄베이)신문(孟買新聞) / 샌프란시스코신문(桑港新聞) / 스탠더드일보(斯當達日報, 師登達報, 土丹達日報) / 지지신보(時事新報, 시스신보) / 아웃룩(아오트룩, 아우틀룩) / 엉클 톰스 캐빈(알클톰쓰캐빈) / 이스크라(이스크라, 이스쿠라) / 이스트 리퍼블릭(이스트 레퍼브리카) / 차이나 프레스(China Press) / 초이스독본(쵸이쓰독본) / 코리안 리포지터리(The Korean Repository) / 크라이테리언(크라이테리온) / 쿠즈니차(쿠-스닛차) / 타임스(泰晤士報, 泰晤士, 太晤士報, 太晤士, 太晤, 太晤士日報, 泰晤士日報, 타임스, 타임쓰) / 트렌스크립트(튜린스크립트) / 트리뷴(추리뷴, 트리뷴, 뉴리뷴) / 한성순보(漢城旬報) / 호치신문(報知新聞)

유형	관련 신어
	/ 홍콩 텔레그래프(土莨西字報) / 프린키피아(프린시피아)
인쇄매체의 생산	간행(刊行, 간힝) / 개정판(改訂版, 改訂板, 改板) / 게재(揭載, 게재, 게지) / 경파기자(硬派記者) / 고딕활자(꼬씩자, 고직구活字) / 공간(公刊) / 공보관(公報館) / 관보국(官報局) / 교정(校正, 교정) / 국판(菊版) / 그라비어(구라비아, 그라비아) / 기계활자(器械活字) / 기고(寄稿) / 기사(긔사, 기스) / 기자記者, 記事人, 探報人, 긔자, 긔쟈, 긔즈, 기쟈, 보고원, 탑보원, 레보터, 레보타, 리토-터, 리포-타, 으레포-터, 뤼폴터, 뤼폴터-, 레포터, 레포-터, 레포-타, 레포-터) / 논퍼렐(논퍼레) / 뉴스멍거(뉴-쓰·멍거) / 뉴스보이(뉴-스·뽀이) / 뉴스소스(뉴-스·소-쓰) / 신문기자(뉴-스페-퍼·맨, 신문긔즈, 신문긔쟈, 新聞探報者) / 동판인쇄기계(동판인쇄긔계) / 등사판(謄寫版) / 라이노타이프(리노타잎, 라이노타잎, 라인오파입) / 러닝 타이틀(런닝·타이틀) / 레이디스 섹션(레듸쓰·쎅숀) / 로토그라비어(로토끄라비아) / 모노타이프(모노타잎) / 발간(發刊, 발간, 볼간) / 발행(發行, 발힝) / 발매소(발매쇼, 발매소) / 발행소(發行所, 발힝쇼) / 발행인(發行人, 발행인) / 발행일자(發行日字) / 백과사전편집자(百科辭典家, 엔사이클, 엔사티크로페디스트) / 버조이스(뽀조이스, 뿔조이스) / 신문사(新聞社, 報館, 新聞局, 신문사, 신문샤) / 신문사령(新聞辭令) / 신문사원(신문샤원) / 신문인(新聞匠이) / 저술가(著述家, 著作家, 져슐가, 조고자, 뿍·메이커) / 사륙판(四六版) / 사륙배판(四六倍版) / 사회면(사회면) / 3면기사(三面記事) / 서브헤드(써브헨, 써브헤드) / 석판(石板, 石盤, 석판) / 성서공회(聖書公會, 셩셔공회, 성서공회) / 세리프(세리앞, 세리프) / 스테너타이프(스테노타잎) / 슬로건(슬노간, 스로칸, 스로-간, 스로-겐, 스로간, 스로겐, 슬로간, 슬로-간, 슬로-갠, 슬로-강, 스로-강, 스로강, スローガン) / 신문계(新文界) / 절판(絶版, 아웉·어프·푸린트) / 아토타이프(아-토타잎) / 언론기관(언론긔관) / 언론인(쩌날리스트, 쩌나리스트, 쩌어날리스트, 쨔나리스트, 쨔나리스트, 쩌날리스트, 쪼널리스트, 지야나리스트, 쩌널리스트) / 편집인·주필(主筆, 쥬필, 편집인, 에듸터, 에디터, 에디터-) / 연파기자(軟派記者) / 오보(誤報) / 오토타이프(오-토타잎) / 오프셋(엎셋트) / 원고지(원고지) / 인쇄(印刷, 인쇄, 뿌린트, 푸린트, 프린트) / 인쇄비(인쇄비) / 인쇄소(印刷所, 인쇄쇼) / 인쇄판(인시판) / 인터뷰(인터뷰) / 일대(一臺) / 잡지계(雜誌界) / 잡지사(雜誌社, 잡지사) / 전기작가(傳記家) / 전필인서법(電筆印署書法) / 전기인쇄기(電氣印刷機) / 제목(題目, 제목, 데목) / 제본소(裝冊舖, 裝冊所) / 집필인(執筆人) / 챕터(쩔터-, 쟢터) / 처녀출판(處女出版) / 초본(쵸본) / 출판(出版, 출판) / 출판계(出版界) / 출판업자(出版業者) / 취재(取材, 취지) / 카툰(카-툰, 칼툰) / 카피(콥피, 콥피-, 코피, 콩피) / 칼럼(컬럼, 콜럼, 컬넘) / 콜로타이프(콜로타이프, 고로다이푸, 코로타이푸, 고로다이푸) / 콜사인(콜·싸인) / 타블로이드(타부로이드) / 타이틀 페이지(타이틀페지, 타이틀·페이지) / 타이프라이팅(타이부라이팅, 타이푸라이팅, 타이프라이팅) / 탈고(脫稿) / 텍스트(데끼스토, 데기스트, 데키스트, 텍쓰트, 텍스트, 텍스트, テキスト) / 토픽(토픽) / 통신사(通信社) / 통신원(通信員, 통신원) / 필(필, 팔) / 페이지(패-지, 페지, 페-지, 페이지, 페이쥐, page) / 편집(편즙) / 편집국(編輯局, 편집국) / 편집국장(편즙국장) / 폐간(廢刊) / 포터그러뷰어(뽀-토그라예아,

유형	관련 신어
	왯-토그라왺아) / 폰트(폰트) / 헤드라인(헬라인, 헤드라인, 헬드라인) / 활판소 (活版所, 활판쇼)
인쇄매체의 문화	원고료(稿料, 原稿料) / 광고료(광고료) / 국민여론(國民輿論) / 기사적(記事的) / 기프트북(깊트·뿍) / 뉴저널리즘(뉴-쩌내리즘, 뉴-·쩌-너리슴, 뉴-·쩌날리즘) / 뉴스 밸류(뉴쓰밸유, 뉴-스·앨류) / 뉴스 센스(뉴-쓰, 쏀쓰, 뉴-스·쎈스, 뉴-스·쎈스) / 뉴스 스크랩(뉴-스·스크랩) / 대리부(代理部) / 독자(독자, 리딜, 으리더, 리-더) / 리뷰(레비유, 레부, 레부유, 레뷔, 레뷔유, 레뷰, 레뷰-, 으레쎅, 레왺) / 매거지니즘(매가지니즘) / 발매금지(發賣禁止) / 북 리뷰(쎅, 레뷰-, 뿍레뷰, 뿍·레왺) / 북 클럽(뿍·클럽) / 비블리오테크(삐뿔리오텍) / 서재(書室) / 도서관(書籍舘, 셔격관) / 서점(冊肆, 책사, 本屋) / 세계여론(世界輿論) / 신문교육(新聞敎育) / 신문애독자(신문이독자) / 신문지법(新聞紙法) / 신서적(신셔격) / 실리시즌(실리·시-즌) / 악덕신문(惡德新聞) / 압수(押收, 압슈) / 언권(언권) / 언론(짜-날이즘, 짜나리슴, 쩌내리슴, 저내리즘, 짜나리즘, 짜날리슴, 짜나리슴, 쩌-날이즘, 쩌낼즘, 쩌널이즘, 쬬날리즘, 쟈나리슴, 쟈-나리슴, 저날리즘, 쩌날리슴, 쟈나리즘, 쩌널리즘, 쩌널리쏨, 쟈-나리슴, 쩌-내리-슴) / 언론계(언론계) / 언론시대(言論時代) / 언론억압(言論抑壓) / 언론자유(言論自由) / 여론(輿論, 여론) / 저널리스틱(짜-나리쓰틱, 짜나리스틱, 쩨너리스테이크, 쩌널리스틱, 쩌날리스틱) / 저작권(著作權, 져작권, 져슐권, 코피라이트) / 정간(정간) / 촌철기사(寸鐵記事) / 출판권(出版權, 板權, 판권) / 출판법(出版法) / 출판자유(出版自由) / 판권소유(판권소유) / 포스터 밸류(포스터·밸류) / 프레스 캠페인(푸레스·캠페인) / 필화(筆禍) / 황색신문(黃色新聞) / 프로필(푸로필)

3. 풍속·사회현상

19세기 말부터 한국은 외세와의 접촉을 통해 생활 전반의 급격한 변화를 경험하게 되었다. 특히 서구의 생활양식은 한국인의 삶의 양식뿐만 아니라, 정신적 가치까지도 바꾸었다. 그런 행위는 전통적 삶의 양식과 뚜렷하게 구분되는 시대 변혁을 뜻하는 것이기도 했다. 유행의 선택은 근대성을 체현하고 혁신적 변화를 수용하는 것과 다름없었고, 첨단시대인의 자격을 획득하는 일과도 같았다.[91] 풍속과 사회현상은 이런 변화를 잘 보여준다. 풍속은 지리적 조건으로서의 자연환경, 사회적 관습과 공동체의 생

---

91) 高至賢, 「유행개념으로 바라본 식민지 조선의 근대성」, 『大東文化硏究』 제71집, 2010, 366면.

활양식, 무의식적 욕망과 관련된 상징체계 또는 표상 체계 등을 아우르는 말이며, 일상생활 또는 생활세계에 근접한 용어라고 할 수 있다.[92] 사회현상은 "경제, 도덕, 법률, 예술, 종교 따위와 같이 인간의 사회생활에 의하여 생기는 모든 현상을 통틀어 이르는 말(『표준국어대사전』)"이다. 이런 의미에서 보았을 때, 풍속·사회현상은 개항 뒤 서구식 생활양식을 받아들이면서 일어난 사회의 모든 영역에서의 변화를 온전히 보여준다고 할 수 있다. 그런 변화를 담아낸 새로운 어휘도 유통되었다.

풍속·사회현상에 속한 어휘들은 다른 영역의 근대 신어의 발생과 유통, 변천과 비슷한 과정을 겪었다. 보기를 들면, 원어의 발음을 그대로 '음역'해서 생성된 어휘, 원어의 의미를 '의역'해서 새로이 만든 어휘, 원어가 전통 사회에서 쓰인 사례가 있을 때, 그것을 그대로 사용한 어휘 등 신어의 생성 방식은 다양하다. 신어의 수용 과정도 일본이냐 중국이냐에 따라 달라지며 표기도 다양하다.

표기 형태가 다양할 뿐 아니라, 유통·소비 과정에서 신어는 계속 유통되거나 단명하기도 한다. 보기를 들면, 얼굴을 못 생겼지만 신체가 튼튼한 여성을 가리킨 '위생미인(衛生美人)', '잇', '가솔린 걸', '마네킹 걸', '모던 걸' 등과 같은 각종 '걸그룹'을 지칭하는 어휘들은 오늘날에 사용되지 않는다. 이런 어휘들은 어휘 설명과 용례를 참조하지 않으면, 그 역사상을 제대로 알기 어렵다.

풍속·사회현상 관련 어휘는 성, 가족, 사회이슈, 사회활동, 사회관계 범주로 분류해볼 수 있다. 이 가운데 성과 관련한 신어는 섹슈얼리티, 성 의학, 성 문화, 젠더 등으로 나누어 볼 수 있다. 섹슈얼리티에는 러브신, 키스 등과 같은 성 행위, 섹슈얼, 에로틱과 같은 성적 욕구, 사피즘, 잇트, 코키트리 같은 성적 현상 등이 모두 포괄되어 있다. 성 의학에는 육체적 성행위를 통해 전염되는 성병과 성기 자체의 정상적 기능을 불가능하게 하는 질환, 그리고 정신적인 것으로 성적 이상을 나타내는 용어가 포함되어 있다. 님포마니아(님포마니아, 님퍼메-니어), 마조히즘, 사디즘, 남자음란증, 에로토

마니아(에로토메나)등이 성 의학 분야로 분류되는 어휘다. 성 문화에는 더치
페서리, 콘돔, 페서리, 루텐자크 등과 같은 성생활용품, 성교육, 섹스 에듀
케이션과 같은 성 도덕 관련 어휘, 당대의 성 문화, 성 현상을 나타내는 세
컨드와이프, 러브 퍼레이드, 러브어페어, 아베크 등을 찾아볼 수 있다. 젠
더 영역에는 맨리, 모성이 있다.

　가족 어휘군은 크게 가족과 관혼상제 두 가지 범주로 분류할 수 있다.
가족 어휘에는 허즈밴드, 와이프, 파터(빠-텔), 무터(무텔, 무테르) 등과 같은 가
족관계 어휘, 버스 컨트롤, 생거시스템(산아제한법) 등과 같은 출산 관련 어
휘, 스위트 홈, 홈라이프(홈라이쯔), 홈스위트홈(홈스윁홈) 등과 같은 가정 관련
어휘, 일부일처, 일부다처, 다부다처와 같은 가족제도 관련 어휘로 나누어
볼 수 있다. 관혼상제 관련 어휘에는 엥게지먼트, 우애결혼, 은혼, 금혼, 미
라, 장례, 팡테옹 등과 같은 신어가 있다.

　사회이슈 분야는 크게 유행과 사건사고로 나뉜다. 유행은 다시 하위 범
주로 스타일, 유행어, 유흥, 새로운 세대와 집단으로 나누어 볼 수 있다. 다
다이스므, 네올로지, 데카당스 등 특정한 사상이나 시대를 지칭하는 말, 밥,
퍼머넨트·웨이쯔, 올빽, 알·라·파리지엔, 양키-·스타일, 등 머리 모양
이나 의복 등을 나타내는 말 등이 스타일에 속한다. 꺼싶, 댈스·오·케, 떼
이, 유머어 등은 유행어에 속한다. 카지노, 마-장·구락부, 사(살)론 등은 유
흥에 속하는 어휘들이다. 모단·껄, 모단·뽀이, 맑쓰·껄, 맑쓰·뽀이, 마
쏘·에찌, 마네킹껄, 매뉴큐아·껄 등은 특정한 사상이나 행동 양식을 모방
하는 새로운 세대나 새로운 직업군을 지칭하는 어휘이다. 사건사고를 나타
내는 신어에는 博覽大會, 黃金狂 등이 있는데 그 수는 아주 적다.

　사회활동 관련 근대 신어는 크게 3가지로 구분할 수 있다. 첫째로는 사
회운동이다. 정치투쟁(政治鬪爭), 경제투쟁(經濟鬪爭), 문화운동(文化運動), 예술운
동(藝術運動), 계몽운동(啓蒙運動)과 더불어 데먼스트레이션, 차티스트운동, 클
라르테, 프롤레쿨트, 헝거스트라이크 등과 같은 어휘가 있다. 둘째, 공제조
합, 나로드니키, 비밀결사, 스파르타쿠스단, 인터내셔널, 협동조합 등과 같

은 '사상단체' 조직 관련 어휘, 걸스카우트, 로터리클럽, 와이더블유시에이, 적십자사 등과 같은 계몽 단체 관련 어휘들도 소개되었다. 셋째로 사회운동문화를 들 수 있는데, 여기에는 결사, 데마고그, 슬로건, 카니발, 칼·로자기념일, 프로파간다 등과 같은 신어가 있다.

사회관계 관련 어휘군은 크게 세 개의 유형으로 나누어 볼 수 있다. 첫째로는 지위와 관련된 어휘이다. 지위는 연령이나 직업 또는 권력관계, 명예, 위신 등에 따라 결정되는 개인의 위치를 뜻하는 것이다. 보기를 들면, 주니어, 사장, 리더, 시민, 에뜨랑제, 채권자, 몬아미 등이 있다. 둘째는 계급을 나타내는 신어이다. 계급에 속한 어휘는 사회주의라는 새로운 사상이 매체를 통해 급속히 선전되는 과정에서 나타났다. 계급은 개인을 전혀 색다른 관계로 인식하게 만들었다. 이제 개인은 그가 사회에서 차지하는 경제적, 정치적인 위치를 통해 파악되었다. 부르주아, 프롤레타리아트, 인텔리겐치아 등은 그 대표적인 어휘이다. 셋째는 문화를 나타내는 어휘다. 레이디퍼스트, 오서리티, 피라미드, 피델리티, 크레디트, 헨펙 등이다.

풍속·사회현상 관련 근대 신어는 19세기 뒤부터 한국 사회에 유통되고 소비되었다. 그 가운데 몇몇 어휘들은 더는 유통되지 않지만, 대부분은 오늘날에도 우리의 일상에서 친숙하게 사용되고 있다. 외래어의 대부분은 한국이 간접적으로 세계와 접촉하고 세계의 일원이 되면서 생성된 것이다. 오늘날 인터넷이라는 매체를 통해 국가 간의 경계가 희미해지는 이른바 '글로벌화' 속에서 토착어의 변화는 빠르게 진행되고 있다. 그런 변화는 또 다른 신어를 생성시킬 것이다. 언어는 사회의 변화를 무엇보다 빠르게 반영하는 그릇이기 때문이다. ■ 황동하

(1) 성

서구 문화의 유입은 사회의 각 부문에 매우 급격한 변화를 가져왔다. 옛 습관을 '개조'하고 전통으로부터 '해방'을 외치는 목소리의 등장은 가장

사적인 영역이라 할 수 있는 '성'도 예외가 아니었다.[93] 특히 1920년대 이후 성과 관련된 담론이 폭발적으로 늘어났다.

성이란 "1. 사람이나 사물 따위의 본성이나 본바탕, 2. 남성과 여성, 수컷과 암컷의 구별. 또는 남성이나 여성의 육체적 특징, 3. 남녀의 육체적 관계. 또는 그에 관련된 일(『표준국어대사전』)"이다. 이것은 '포괄적인' 규정으로서 성이라는 개념을 이해하기에는 충분하지 않다. '성'이란 용어는 전통 시대에도 쓰였다. 그런데 성이 서양에서 유입된 성의 번역어로 차용되면서, 그 의미가 크게 확대되었다. 그 때문에 성을 명확히 규정하기가 어려워졌다. 성은 여러 가지 뜻을 담고 있다. 섹스(sex), 젠더(gender), 섹슈얼리티(sexuality)가 성의 범주에 포함된다. 그것은 생물학적인 구별, 역사적·사회적·문화적으로 구성된 '성별', 남녀 사이의 육체적 관계나 남성과 여성의 육체적 특징과 관련된 것을 뜻하는 '성적인 것' 모두를 나타낸다. 이와 같이 성은 단순한 생물학적인 사실에 그치지 않고 인간의 삶의 방향을 근원부터 규정하며 제도화(보기를 들면, 혼인·결혼제도, 근친상간의 터부, 성별 역할분담의 규범 등)를 통해 사회시스템 전체를 형성하는 데 밀접한 영향을 미치는 문화적·사회적 현상으로서 이해할 수 있다.

이와 같은 복잡한 의미를 지닌 성과 관련한 신어는 섹슈얼리티, 성 의학, 성 문화, 젠더 등으로 나누어 볼 수 있다. 먼저 섹슈얼리티와 관련된 어휘군을 살펴보자. 섹슈얼리티에는 러브신, 키스 등과 같은 성 행위, 섹슈얼, 에로틱과 같은 성적 욕구, 사피즘, 잇트, 코케트리 같은 성적 현상 등이 모두 포괄되어 있다.

두 번째로는 성의학과 관련한 어휘군이다. 성 의학에는 육체적 성행위를 통해 전염되는 성병과 성기 자체의 정상적 기능을 불가능하게 하는 질환, 그리고 정신적인 것으로 성적 이상을 나타내는 용어가 포함되어 있다. 이른바 대표적인 성병으로 분류되는 매독(민독, 梅毒)이라는 용어를 찾아볼 수 있다. 성기불능을 나타내는 용어로는 임포텐츠가 있다. 그밖에도 님포

---

93) 김경일, 「일제하의 신여성 연구」, 『사회와 역사』 57, 2000, 45면.

마니아(님포마니아, 님퍼메-니어), 마조히즘, 사디즘, 남자음란증, 에로토마니아(에로토메냐)등이 포함되어 있다.

세 번째 어휘군은 성문화이다. 여기에는 성적 행동 또는 성욕을 도와주는 성생활용품과 성과 관련된 교육, 도덕, 그리고 현상 등이 모두 포괄되어 있다. 더치 페서리, 콘돔, 페서리, 루텐자크 등과 같은 성생활용품, 성교육, 섹스 에듀케이션과 같은 성 도덕 관련 어휘, 당대의 성 문화, 성 현상을 나타내는 세컨드와이프, 러브 퍼레이드, 러브어페어, 아베크 등을 찾아볼 수 있다.

네 번째는 사회적으로 구성되는 남녀의 정체성을 나타내는 젠더이다. 맨리, 모성 등이 이에 해당한다.

성은 전통 사회에서 공론화 되지 않은 금기의 영역이었다. 그렇기 때문에 성 관련 어휘의 특징은 언어적으로 전통과의 단절을 그대로 드러내는 외래어로 이루어졌다는 것이다. 성(性)을 뜻하는 섹스(sex), 섹슈얼리티 등과 같은 어휘는 그런 단절을 가장 잘 보여주는 용어다. 서구의 '자유로운' 성이 유입되면서, 문화적으로 또는 과학적으로 성을 둘러싼 여러 현상이 일어났다. 러브시크니스, 러브어페어, 세컨드와이프, 프렌치 레터 등, 그러한 현상을 지칭하는 어휘가 대중 사이에서 유통되고 소비되었다.

표기상 특징을 보면, 영어 철자 'v'는 대체로 '역, 애, 얘'로 음역되었다. 보기를 들면, 러브, 버지니티 등의 어휘가 있다. 더치 페서리, 러브 어페어, 스트리트 엔젤과 같이, 두 개 이상의 어휘로 이루어진 신어는 가운데 점(·)으로 연결되었다. 한자어를 조합해서 새로 만든 어휘인 '미인국'과 '위생부인'은 식민지시기의 시대상을 반영하는 것이기도 하다.

같은 어휘도 여러 가지 형태로 유통되었다. 몇 가지 사례를 나열해보면 다음과 같다.

- 님포마니아 : 님포마니아, 님퍼메-니어
- 더치 페서리 : 떠취·페사리, 닭치·벳사리, 닭치·펫사리

- 러브 : 라부, 러부, 라브, 러브, 러앸, 러어브
- 잇 : 이트, 읻트, 일, 잇트, イ゛ト, 이트
- 세컨드와이프 : 세콘드·와이프, 쌔큰·떠불유, 쌔큰·W, 쌔큰드·떠
　　　　　　　 뿔유, 쌔큰드·따뿔유
- 자유연애 : 자유런애, 自由戀愛
- 커플링 : 캎프링, 컾플링
- 키스 : 키쓰, 키쓰-, キ스, 키스, 키이쓰, 킷스
- 프라스티튜트 : 푸로, 푸로스티튜트

어휘설명은 주로 『모던朝鮮外來語辭典』에 나와 있다. 사전의 특성상, 어휘는 대부분 간략히 풀이되어 있다. 보기를 들면, 『모던朝鮮外來語辭典』에 '러버'는 "戀人, 愛人, 情夫(일본용어)"로 설명하고 있다.[94] 『新人間』에서는 "愛人情人(女子가自己의사랑하는男子를云함)"이라고 풀이되어 있다.[95] 이렇듯, 하나의 어휘도 출전에 따라 설명 방식이 다르다. 매체의 특성을 반영하고 있는 것으로 보인다. 특히 어휘설명 가운데 서술형은 외래어가 아닌 어휘로서 개화기 또는 식민지시기에 만들어진 신어를 설명하는 경우에 해당한다.

'갈보'에 대한 현대의 어휘설명은 다음과 같다.

　　웃음으로 몸을 팔며 賤하게 노는 계집을 지칭한 것으로 문헌상으로 개화
　기에 처음으로 등장한 어휘다. 이도 사회적 변천에 의하여 6·25 이후 한때
　'양갈보' 또는 賣春婦 혹은 娼女 등 다양한 명칭으로 변천되어 왔으나 現用
　語에서는 萎縮·消滅되었다.[96]

갈보의 유래를 보면, 이러한 설명이 비교적 정확했음을 알 수 있다. 갈보의 '갈'은 사람의 피를 빨아먹어서 몸을 상하게 하는 갈(蝎)이라는 해충에서 따온 말이라고 한다. '보'는 울보, 째보, 곰보 등 천시되는 사람 뒤에 붙이는

---

94) 李鍾極, 『모던朝鮮外來語辭典』, 97면.
95) 蓮波, 「常識外來語」, 『新人間』 16, 新人間社, 1927. 9, 23면.
96) 『靑春』 2, 1914.11, 124면.

접미사다. 도종의(陶宗儀)가 지은 『설부』97)에 『계림유사』 초록이 나오는데,
여기에는 갈보가 빈대를 뜻하는 고려 말이라고 적혀 있다. 따라서 피를 빨
아먹는 여성이라는 뜻으로 창녀를 갈보라고 불렀을 수도 있다.98) 『한성신
보』에 실린 용례를 보더라도 이를 확인할 수 있다.

> 이왕의、챵기의、셔방들이、항슌이 읍시、놀며、호의호식을、ᄒ더니、
> 근녀는、챵기의、셔방들이、도모지 싱활할 도리가、전혀 읍셔셔、각々 돈
> 몃원식 구취ᄒ여、미동 ᄉ쥬 전골 등지의、요리집을、비셜ᄒ엿ᄂ디、모든
> 갈보와、졔반 음식이、가히 일으되、한번 구할경만、ᄒ다더라99)

‘미인국’이나 ‘위생미인’ 또는 ‘위생적 미인’, ‘사교병’도 서술형 어휘설명
이 가해지고 있다. 미인국은 “먼저夫婦가싸인하여둔뒤에 그婦人이남의靑年
을誘惑하여 그靑年이그婦人에게 所謂홀리엿을때 그婦人의男便이 나타나서
그靑年을혼을내여돈을强奪하는夫婦共謀의섹스的計劃이다”고 풀이되어 있
다.100) 위생미인은 “容貌는醜하나健康한女人이란말인데 醜婦의意”이다.101)
‘위생적 미인’에 대해서는 “醜婦를尊稱하야衛生의美人이라하나니 비록容貌
는醜惡하나體格은튼튼하다는意味”라고 설명하고 있다.102)

근대 위생담론은 조선지식인의 문명기획과 총독부의 정책에 따라 1910
년 뒤 이미 대중적으로 확산되어 있었다. 개인의 신체 규율의 기표였던
‘위생’이 여성의 외모와 결합되어 조롱의 의미로 유행되었다는 점은 근대

---

97) 『설부』는 송나라 사람 손목(孫穆)이 1103년 문서 기록관인 서장관(書狀官)으로 고려를
    다녀간 뒤 『계림유사(鷄林類事)』라는 견문록을 편찬했는데, 이를 다시 원나라 시대 학
    자인 도종의가 재편집한 것이다. 여기에는 『계림유사』에 실렸던 고려의 역사와 풍속,
    고려 말 361개 단어가 담겨 있다.
98) 이재운 지음, 『(뜻도 모르고 자주 쓰는) 우리말 어원 500가지』, 2008, 예담(위즈덤하우스), 240면.
99) 「妖魔有窟」, 『한성신보』 1896.9.22., 1면
100) “먼저 부부가 사인하여 둔 뒤에 그 부인이 남의 청년을 유혹하여 그 청년이 그 부인에
    게 소위 홀렸을 때 그 부인의 남편이 나타나서 그 청년을 혼내 돈을 강탈하는 부부 공
    모의 섹스적 계획이다.” (金鳳植, 「現代語와 流行語 解說」, 『桂友』 12, 中央高等普通學校
    同窓會, 1932. 7. 16, 170면.)
101) 미상, 『新語辭典』, 100면.
102) 若水, 「通俗流行語」, 『共濟』 1, 1920.9, 161면.

규율에 대한 일탈의 의식이 병존했음을 보여준다.103) 사교병은 "社交場의中心이花柳界로되여있는社會에있어 此에서傳播되는梅毒을花柳病이라함인데近時其病名을低級의感覺으로改稱한것"이다.104) 이것은 의학 용어로 '매독'이 '화류병'을 거쳐 '사교병'이라는 어휘로 유통된 사정을 풀이한 것이다. '연애자유(戀愛自由)'는 "性에오래굶주렷든 朝鮮青年男女間에서는 七年旱의生命水갓치 달게밧아흔히쓰는文字"로서 "짜라서「에렌케이」를祖上님갓치하고잇다"고 덧붙이고 있다.105)

외래어로서, 신체의 일부를 지칭하는 명칭으로 시대를 반영한 어휘도 있다. '볼즈'와 '세컨드 핸드'라는 어휘가 이에 해당한다. '볼즈'에 대해서는 "本來는 睾丸이라는 意味로서 不良少女나 賣春婦가 아니면 使用치 아니하던 것이나 至今와서는 시러요 아니되여요하는 意味로 使用한다"고 설명하고 있다.106) 세컨드 핸드는 다음과 같이 설명된다.

> 書籍이고衣服이고武器가튼것이어지간히헌 것을 『쎄커핸』이라고합니다. 그러나 요새는대단히甚하게쓰는듯십습니다. 『X의 안해는 Y의 쎄커핸이데그려』 아라드르시겟습니까.107)

1910년 이후 이상적인 사랑의 의미를 내포하고 있었던 '연애'가 '자유' 라는 방종의 의미와 결합되면서 대중 사이에서는 '性'적인 의미를 내포하는 어휘가 되었다.108)

---

103) 김윤희, 「한국 근대 新語연구(1920년~1936년) : 일상·문화적 맥락을 중심으로」, 『국어사 연구』 제11호, 2010, 50면.
104) 미상, 『新語辭典』, 69면.
105) 「最近朝鮮에流行하는新術語」, 『開闢』 57, 1925.3, 70면.
106) "본래는 고환이라는 의미로서 불량소녀나 매춘부가 아니면 사용치 않던 것이나 지금와서는 '싫어요, 안돼요' 하는 의미로 사용한다." (「모던語辭典」, 『新滿蒙』 4, 新大陸社朝鮮總支社, 1932. 12.)
107) "서적이고 의복이고 무기 같은 것이 어지간히 헌 것을 '세컨드 핸드'라고 합니다. 그러나 요새는 아주 심하게 쓰는 듯싶습니다. "X의 아내는 Y의 세컨드 핸드인데 그려" 알아들으시겠습니까?" 編輯局 編, 「모던流行語辭典」, 『新女性』 5-4, 開闢社, 1931. 6, 55면.
108) 김윤희, 「한국 근대 新語연구」, 50면.

이러한 사례들은 식민지시기에 '성' 담론이 여성을 비하하는 경향으로 진행되고 있음을 드러낸 것일 수도 있다. 이는 여성이 사회적으로 성적인 표적이 되었음을 시사하는 동시에 언론매체 또한 이를 보도형식으로 공개함으로써 여성에 대한 사회적 상상력을 획일화하는 문화적 힘을 발휘했음을 보여준다.[109] 이것은 '세컨드 핸드'에 대한 『모던朝鮮外來語辭典』의 어휘설명과 견주어 보면 쉽게 알 수 있다. 그 설명에 따르면 세컨드 핸드는 "1. 헌(古), 낡은, 오래된 2. 間接으로 얻은, 여러 사람의 손을 거친, 傳聞에 依한 3. 映畵, 活動寫眞. 不正複寫映畵"이다.[110] 이는 가치중립적인 설명으로, 위 사례는 어휘의 사전적인 의미가 실제 유통될 때 어떻게 바뀌어 소비되는가를 알 수 있게 해준다. 이와 같이, 성 관련 어휘의 설명과 용례는 그때 성을 둘러싼 담론의 분위기를 잘 보여준다.

성 관련 어휘는 전통 어휘에서 유의어를 찾아볼 수 있다. 변태성욕(變態性慾)의 유의어로는 음설(淫褻)이 있다. "與宮女同浴淫藝無所不至"[111]에서 그 용례를 볼 수 있다. 성욕(性慾)은 전통 시대의 색욕(色慾)과 비슷한 말이다. 『世宗實錄』에서 찾아볼 수 있는데, "因色慾以至於欺罔"라는 문구가 나온다.[112]

동아시아 3국에서 공통으로 쓰인 어휘에는 '신사(紳士)'와 같은 한자어가 있다. ■최규진

〈표 10〉 성 관련 신어

유형	관련 신어
섹슈얼리티	네킹(넥킹, 넥킹) / 러브(라부, 러부, 라브, 러브, 러쁘, 러어브) / 러브신(러쁘·씬) / 레즈비언 러브(레스비안·러브) / 리베(리-베, 러쁘, Leibe, 리이베, 러얘) / 마스터베이션(마스, 마스터베이슌) / 멘스(멘세스) / 버지니티(쌔지니티) / 버진(バージン, 봐- ·진, 쌔진, 앨진) / 베가튱(베갈퉁) / 베지(베-제) / 보(보-) / 사더미(소도미) / 사피즘(사포이즘) / 성욕(性慾) / 섹스(섹쓰) / 섹스어필(쎅스·아필) / 섹슈얼(섹슈알) / 센

109) 최기숙, 「'사건화'된 일상과 '활자화'된 근대 : 근대 초기 결혼과 여성의 몸, 섹슈얼리티」, 『한국고전여성문학연구』 29, 2014, 243면.
110) 李鍾極, 『모던朝鮮外來語辭典』, 251면.
111) "궁녀와 함께 목욕을 하는 둥 음설이 이르지 않은 데가 없었다." (『高麗史節要』 32권 「辛禑」)
112) "색욕(色慾)때문에 임금을 속이는 데까지 이르게 되었으니," (『世宗實錄』 10년 1월 23일)

유형	관련 신어
	슈얼(센수알, 쎈슈알) / 스푸닝(스푸닝, 스푼잉) / 아모르(아몰, 아무-르, 아물) / 에로(에로, 로) / 에로틱(에로틱) / 에로티시즘(에로이즘, 에로치시즘, 에로티슴, 에로티즘, 에로티시즘) / 에로신(에로·씬) / 엑스엑스엑스(엑스·엑스·엑스, 엑스·엑스·엑스) / 엑스타시(엑스타씨) / 오가니즘(오르가니즘, 올가즘) / 오나니즘(오나니슴) / 요우니(요-니) / 잇(이트, 일트, 일, 잇트, イット, 이트) / 잇 맨(이트,맨) / 잇걸(일트·껄) / 질트(질트) / 차밍(참잉, 차-밍, 참잉, 챰잉) / 참(챠-ㅁ, 참) / 코키트리(코케트리) / 키스(키쓰, 키스-, 키스, 키스, 키이쓰, 킷스) / 플러테이션(뿔러테이쉰) / 핸드플레이(핸드·플레이)
성 의학	남자음란증(男子淫亂症) / 님포마니아(님포마니아, 님퍼메-니어) / 러브시크니스(러쁘·씩) / 레이디 킬러(레듸·킬러) / 마조히즘(마소히즘, 마조키즘) / 매독(미독, 梅毒) / 변태성욕(변태성욕) / 사교병(社交病) / 사디즘(싸티즘, 사디즘) / 섹스 하이진(쎅스·하이진) / 어덜터리(아덜테리) / 에로토마니아(에로토메냐) / 임포텐츠(임뻐텐쓰, 임포텐츠)
성문화	갈보(갈보) / 낭자군(娘子軍) / 노출광시대(露出狂時代) / 더치 페서리(떠취·페사리, 닽치·벳(펫)사리, 닽치·벳사리, 닽치·펫사리) / 드림(드림) / 러버(라얘, 펴버-, 러얘-) / 러브 퍼레이드(라부파레드) / 러브게임(러쁘·께임) / 러브어페어(러쁘·아페아, 러쁘·아페어) / 레이디스맨(레듸쓰·맨) / 루텐자크(루-테·사크, 루테·사크, 루-테·사크) / 매음(미음, 매음, 賣淫) / 매음굴(娼寮) / 매음녀(미음녀, 매음녀) / 미인국(美人局) / 밀매음(밀매음) / 뱀프(밤푸) / 볼즈(뽈쓰) / 사이렌 러브(싸이렌·러앱) / 삼각관계(三角關係) / 성교육(性敎育) / 성의 문제(性의問題) / 세컨드 핸드(써커핸, 세코·핸, 세콘·헌, 쌔큰·핸, 쌔큰·핸드) / 세컨드와이프(세컨드·와이프, 쌔큰·떠불유, 쌔큰·W, 쌔큰드·떠불유, 쌔큰드·따뿔유) / 섹스 에듀케이션(쎅스·에듀케이슌) / 스위트하트(싀위-트·하트) / 스트리트걸(스튜리트·껄, 스트리트·껄) / 스트리트엔젤(스트리트·엔절) / 스트리트워커(스트리트·워커) / 스탠바이(스단·바이, 스탠바이) / 아베크(아벡, 아백크) / 운쉔(운산) / 위생미인(衛生美人) / 유곽(유곽, 遊廓) / 자유연애(자유련애, 自由戀愛) / 쪽사랑(쪽사랑) / 캉큐바인(콩큐바인) / 커플(커풀) / 커플링(캎프링, 컾풀링) / 콘돔(컨돔, 콘돔) / 퍼스트라이프(퍼스트, 라이푸) / 페서리(벳사리) / 프라스티튜트(푸로, 푸로스티튜트) / 프렌치 레터(뿌렌취·레터) / 피시스킨(삐쉬·스킨) / 화이트슬레이브(화읽·슬레이앺, 화읽 스레이브, 화읽스레이앺)
젠더	맨리(맨리) / 모성(母性)

(2) 가족

가족 어휘군은 크게 두 가지 즉 가족과 관혼상제에 관한 어휘로 나눌 수 있다. 가족은 인간의 삶에 있어서 기본단위이며, 관혼상제는 가족을 둘러싼 가장 중요한 행사이다. 그렇기 때문에 신어를 수용하는 과정에서도 관심을 가질 수 있는 분야이다. 그런데 '가족'이란 어휘 자체가 신어이다. 이처럼 삶의 기본단위인 가족이라는 어휘를 신어로서 수용했다는 사실은 매우 믿기 어렵지만, 가족을 "일가를 조직하는 자, 호주의 친족으로 그 집에 거하는 자 및 배우자"라고 설명하고 있어서 이전 시기의 '一家', '食口' 등과 비교한다면 가족은 좀 더 사회적 개념으로서 정의된 것이라고 짐작할 수 있다.

가족 관련 어휘는 다음과 같이 몇 가지 유형으로 나눠질 수 있다.

첫째, 가족관계에 관한 어휘이다. 가족 내 일반적인 관계는 기존의 어휘에서 대략 갖추어져 있어서 正親子, 私親子, 養親子, 卑屬親, 傍系 등이 새롭게 추가되는 정도이다. 그보다도 기존 가족관계의 외래어 호칭, 곧 허즈밴드, 와이프, 파터(빠-텔), 무터(무뗄, 무테르), 브라더, 시스터, 베이비, 토흐터(토-테르), 프라우(쭈라우) 등이 많이 수용되었다. 이는 가족 내 관계이자 곧바로 호칭으로 사용되었으므로 번역하기보다 외국어를 그대로 사용했다. 영어를 비롯하여 독일, 프랑스, 일본 등 각종 언어가 많이 사용된 분야이다.

둘째, 가족이 형성되는 데 기여하는 출산에 관한 어휘로서 버스 컨트롤, 생거시스템(산아제한법), 생육법 등을 들 수 있다.

셋째, 가정과 관련된 어휘이다. 가족이 관계를 중심으로 형성되었다고 한다면, 가정은 생활공간으로서의 의미가 강조되었다. 여기서도 스위트홈, 홈라이프(홈라이쯔), 홈스위트홈(홈스윝홈) 등 영어를 그대로 표현하는 사례가 많았다. 한편 이를 여러 어휘와 결합하여 가정 부업, 가정교육, 가정소설, 가정위생, 가정교육, 가정적 스위트홈, 상류가정, 가족경제, 가족임금 등 다양한 복합 어휘가 생겨났다. 가족경제, 가족임금 등 경제와 관련된 용어가 가족과 결합된 점이 독특하다. 이는 대부분의 근대학자들이 가족의 기능을 문화적이라기보다 경제적이라고 보는 점과 일치한다.

넷째는 가족제도에 관한 어휘이다. 일부일처, 일부다처, 다부다처 등 혼인제도와, 장자상속법, 재산상속법, 家督상속 등 상속법, 가부장시대, 가장권 등 가족 내 권리 등에 대한 다양한 어휘가 나타났다.

다섯째로는 사람이 태어나서 죽을 때까지의 통과의례인 관혼상제에 관한 어휘들이다. 그 가운데 혼례에 관한 어휘 수가 절대적으로 많고, 상례, 제례에 관해서는 약간 있을 따름이다. 관례의 경우는 성인식 정도만 있다. 따라서 관혼상제 어휘군은 주로 혼례, 혼인 관련 용어가 중심이 된다. 혼례 관련 어휘에는, 첫째, 약혼·결혼 과정과 연관된 용어들이 있다. 엥게지먼트, 피앙세 등 약혼에 관련된 어휘와 웨딩마치, 신혼여행, 면사포 등 결혼에 관련된 어휘를 들 수 있다. 둘째, 결혼의 방식과 관련된 용어가 있다. 즉 시험결혼, 계약결혼, 우애결혼, 자유결혼, 측면결혼, 비밀결혼 등 다양한 어휘가 사용되었다. 이 같은 다양한 어휘가 만들어졌다는 것은 근대에 들어서 사회상에 따른 여러 형태의 결혼 방식이 소개되었다는 것을 의미한다(실제 제도 자체가 수용되었던 것은 아니었다). 결혼이라는 것이 근대 이후 사회정책, 인구정책 등과 관련되어 있어서 심지어 '결혼학'이라는 학문까지 등장했다. 셋째, 결혼기념과 관련하여, 전통적으로는 60년을 회혼례로 부르는 정도인데, 새로 수용된 어휘에서는 결혼 1주년(絮回婚) 2주년(紙回婚) 3주년(革回婚)에서부터 시작하여 은혼, 금혼, 금강석회혼 등 아주 세분화된 회혼례가 있었다.

기타 예식과 관련해서는 탄생일에서 시작하여 성년식을 거쳐, 상례, 제례에 해당하는 어휘를 들 수 있다. 상례와 관련된 신어에는 피라미드, 미라, 장례, 팡테옹 등이 있고, 제례와 관련된 신어로는 命日, 忌引 등을 들 수 있다. 상례는 죽음의 애도와 관련되어 있고, 제례는 죽음의 기억과 관련되어 있어서 동서양을 불문하고 그와 연관된 풍부한 문화가 형성되었으리라 여겨지지만, 사실상 앞서 언급했듯이 그 어휘 수가 매우 적어 관혼상제라는 범주를 설정하는 것이 부적절할 정도이다.

가족에 관한 어휘군의 표기상의 특징은 다음과 같이 정리할 수 있다.

첫째, 외래어에 관한 부분으로, 가족 관련 신어 가운데 가족관계, 혼례 과정 등의 분야에는 외래어가 많지만 그 밖에 제도 분야에서는 상대적으로 적다. 이는 생활 속에서 흔히 경험하는 분야에서 외래어가 먼저 수용되

고 유통되었다는 것을 뜻한다. 다만, 외래어의 사용에서 표기법의 차이가
나는 것은 어쩔 수 없었을 것이다. 첫째, 외국어를 표기할 때 그것과 유사
한 발음을 내는 우리말을 사용했는데 외국어가 우리말과는 다른 언어구조
를 갖기 때문에 다양하게 표기될 수밖에 없다. 보기를 들면 자음 B는 'ㅂ',
'ㅃ', D는 'ㄷ', 'ㄸ', 'ㅌ', S는 'ㅅ', 'ㅆ' 등으로 다양하게 표기되었다. 때로
는 '呀—텔' '홈 · 라이쯔'처럼 좀 더 정확한 표기를 위해 노력한 흔적이 보
인다. 여기에 모음까지 결합이 되면 더욱 다양해질 수밖에 없다. 몇 가지
사례를 들어보자.

> - 세컨드 더블유 : 쎄큰 · W, 쎄큰 · 떠불유, 쎄큰드 · 떠뿔유, 쎄큰드 · 따뿔유
> - 버스 컨트롤(birth control) : 뻐-트 · 컨트롤, 바-트 · 콘트롤, 뻐-쓰 · 콘, 뻐-
>   쓰 · 콘트롤, 뻐-트컨트롤, 뻐-트콘드로-ㄹ, 빠
>   스 · 콘트롤, 빠쓰 · 컨트롤
> - 스위트홈 : 스위트, 홈, 樂家庭, Sweet Home, 스위톰, 쉬-트 · 홈, 스윝 ·
>   홈, 스윗트홈, 스위-트 · 홈
> - 피라미드 : 비라밑, 비라믿드, 피라믿드, 피라믿트, 피라밑, 피라밋, 敞利
>   美杜, 菲羅未朱道
> - 허니문 : 호네 · 문, 호니 · 문, 허니문, 허니 문, 호-네-문, 호니-무-ㄴ

외래어를 사용할 때 전부 또는 일부를 약어로 쓰는 경우도 종종 있었다.
허즈번드를 '허쓰', 또는 'H'로 사용하였고, '헨펙 · 허쓰'도 마찬가지의 경
우이다, 세컨드 와이프를 '쎄큰 · W', 버스 컨드롤을 '뻐-쓰 · 콘'으로 줄여
서 쓰기도 했다.

둘째, 결혼제도, 가족제도 등 제도에 관한 신어는 '제도'라는 분야의 특
성 때문인지 주로 한자어로 번역해서 사용하였다. 일찍이 한말시기에 각
종 개설서 또는 대한제국의 관보를 통해 이런 어휘들이 많이 수용되었다.
이는 일상에서 직접적으로 사용하는 용어가 아니기 때문에 번역되는 것이
당연할 것이다. 특히 두 개의 용어가 결합된 어휘일 경우 더욱 한자 표현

이 요구될 수밖에 없었다. 이 가운데 외래어도 제법 나타나는데 대체로 『모던朝鮮外來語辭典』에 소개되어 있다.

넷째, 가족 관련 용어는 문학작품 등에 자주 나타나서인지 여러 나라의 언어들이 섞여서 존재했다. 그중 영어가 가장 많지만 피앙세(불어), 고도모 (일어), 토흐터, 프라우(독어) 등 다양한 나라의 언어가 등장했다.

가족 어휘군의 용어는 여러 사전과 교재, 잡지, 신문 등에서 다양하게 나타난다.

『모던朝鮮外來語辭典』은 '외래어사전'이라는 제목처럼 외래어를 중점적으로 다루었다. '신어사전, 모던사전, 술어사전' 등이나 '현대어와 유행어' 등으로 소개되는 글은 신어로서 번역된 어휘를 많이 다루고 있다. 兪吉濬의 『西遊見聞』처럼 서구의 신기한 모습을 소개한 책이나 『少年』, 『靑春』과 같은 잡지는 회혼례 등 잡학적인 어휘를 많이 소개하고 있다.

다음으로 문학 속의 신어를 들 수 있다. 문학작품에서는 근대사회의 생활문화에서 자주 접하는 외래어, 신조어 등을 보여주고 있다. 염상섭의 『三代』(『조선일보』 게재), 『사랑과 죄』(『동아일보』 게재), 이광수의 『無情』 등 세태를 다룬 소설에서 주로 신어가 많이 나타난다. 특히 이광수의 『無情』에서는 혼인제도에 대한 신어들이 많이 나온다. 이는 소설을 통해 서구의 제도를 소개하려는 계몽적인 자세를 취한 것에서 비롯된 것으로 보인다.

신어를 수용하는 데 있어서는 일본의 영향이 절대적이라고 할 수 있다. 『모던朝鮮外來語辭典』처럼 외래어 자체가 상당수 일본을 통해 들어왔다. 그런 이유로 일본식 발음을 그대로 쓴 경우가 많았을 것이다. '신조어'의 경우도 대부분 일본에서 만들어졌다. 또한 일본에서 이미 사용되는 어휘이기 때문에 신어가 아니지만 우리에게 신어로 들어온 경우도 많다. 忌中, 祝儀, 忌引, 誕生日, 還曆, 年中行事, 出産, 結納, 世帶 등은 일본 어휘를 한문식으로 사용하는 사례이다. 이러한 어휘들은 1930년대 신문에도 많이 나온다. 이 점에 비추어보면, 이 무렵 이미 일본식 한자어는 우리 생활 속에서 꽤 유통·소비되었다고 할 수 있다. 또한 고도모, 하카마(히가마), 오지상,

단나 등의 호칭에서 드러나듯이, 일본어가 그대로 사용되기도 했다.

중국의 영향은, '家長制度'처럼 가족제도를 가리키면서 가장의 권한이 컸기에 만들어진 어휘가 있는 정도이다. 또한 연중행사를 햇일, 아동을 어린이, 자매를 언아, 조상을 등걸, 자손을 다달 등으로 부르는 등, 우리말로 신어를 만들어보려는 노력도 보인다. ■ 송찬섭

〈표 11〉 가족 관련 신어

유형	관련 신어
출산	버스 컨트롤(뻐-트·컨트롤, 바-트·콘트롤, 뻐-쓰·콘, 뻐-쓰·콘트롤, 버-트컨트롤, 뻐-트콘드로-르, 빠스·콘트롤, 빠쓰·컨트롤) / 생육법(生育法) / 소아양육법(小兒養育法) / 육아법(育兒法) / 출산(出産) / 출산증서(出産證書) / 쌩거시스템(쌩거-·씨스템) / 산아제한(産兒制限) / 임신조절(姙娠調節) / 성고(聖苦)
가정	가정(家庭) / 가정교육(가정교육, 가정교육, 家庭教育) / 가정박람회(家庭博覽會) / 가정부업(가정부업) / 가정소설(가정소설, 家庭小說) / 가정위생(가정위생, 家庭衛生) / 더메스틱(떠메스틱, 또메스틱) / 상류가정(상류가뎡) / 세대(世帶) / 세대주(世帶主) / 스위트홈(스위트, 홈, 樂家庭, Sweet Home, 스위톰, 쉬-트·홈, 스윝·홈, 스윗트홈, 스위-트·홈) / 홈라이프(홈·라이쁘)
가족관계	고도모(고도모) / 군식구(군식구) / 남편(男便) / 단나(檀那, 旦那) / 대디(때듸, 때디) / 도터(또-터-) / 릴레이션(리레이슌, 릴레이슌) / 마더(머여) / 마마(마마) / 무테르(무뗄, 무테르) / 방계(傍系) / 베터하프(뻬터·하프) / 베이비(뻬이비, ベビ-, 삐비, 삐비-) / 브라더스(뿌러더-스, 부라더스, 뿌라사스, 뿌러더스) / 비속친(卑屬親) / 사친자(私親子) / 세컨드 더블유(쌔큰·W, 쌔큰·떠불유, 쌔큰드·떠뿔유, 쌔큰드·따뿔유) / 시스터(씨스터) / 안식구(안식구) / 양친자(養親子) / 엉클(엉클) / 와이프(와이푸, 와이프) / 위도우(위도-) / 의형수(의형수) / 정친자(正親子) / 차일드(촤일드, 촤일드) / 차일드와이프(촤일드·와이프) / 타바르카(타와르카) / 타타(다-다, 타-타) / 토호텔(토호텔, 토-테르) / 파더(뻐-여) / 파테르(뻐-텔) / 파파(パパ, 파파) / 패밀리(쌔밀리) / 프라우(뿌라우) / 허즈번드(허쓰, 허스반, 허쓰반드) / 헨펙드허즈번드(헨펙트·허쓰, 헨펙·허쓰, 헨펙트·허쓰반드, 헨펙·허쓰반드) / 형제(언아)
가족제도	가부장시대(家族時代) / 가장권(家長權) / 가장제도(家長制度) / 가족제도(가족제도, 家族制度, 家族的制度) / 군혼(群婚) / 다부다처(多夫多妻) / 다부일처(多夫一妻) / 다처주의(多妻主義) / 모계제도(母系制度, 모계제도) / 모노가미(모노개미, 모노가미) / 생식관리(生殖管理, 생식관리) / 일부다처(一夫多妻, 一夫數妻) / 일부일처주의(一夫一婦主義, 일부일부쥬의) / 자손(다달, 子孫) / 장자상속권(長子繼家權) / 중혼(重婚) / 지정후견인(指定後見人) / 축첩주의(蓄妾主義) / 친권(親權) / 친족(親族) / 파스테러티(포스테리티) / 폴리가미(포리가미, 폴리가미) / 피승계인(被承繼人) / 피후견인(被後見人) / 한정승인(限定承認) / 할램(하렘) / 혈통(血統) / 호적(호젹, 호적, 戶籍) / 혼인법(婚姻法)

유형	관련 신어
결혼 과정	결혼방식(結婚方式) / 결혼식(결혼식, 結婚式) / 디보스(띠보-스) / 뚜쟁이(쑥쟁이, 쑤쟁이) / 매리지(매리쥐, 매레지) / 면사포(면사포) / 밀월여행(蜜月旅行) / 베스트맨(뻬스트·맨) / 식사(式辭) / 식장(식장) / 신혼식(신혼식) / 신혼여행(신혼려행, 新婚旅行, 신혼여힝) / 악수례(악슈례) / 약혼반지(약혼반지, 婚約반지) / 약혼자(約婚者, 이이나즈께) / 예식(례식, 禮式) / 웨딩디너(웨딩·띠너) / 웨딩마치(웨이딩·마취) / 인게이지(엔게-지, 엥게-지) / 지참금(지참금) / 컴페니어너트 매리지(컴패니어네트·매레지, 콤패니오네트·매레지) / 트루쏘(트루-소) / 피앙세(쪄안세, 쪄앙세, 쪄이안세) / 하이라트(하이라트) / 하카마(히가마) / 허니문(호네·문, 호니·문, 허니문, 허니 문, 호-네-문, 호니-무-ㄴ) / 허혼서(許婚書)
결혼 제도	결혼학(結婚學) / 계약결혼(契約結婚) / 공동결혼(共同結婚) / 부부계약(夫婦契約) / 시험결혼(試驗結婚) / 우애결혼(友愛結婚) / 이혼도시(離婚都市) / 이혼론(리혼론) / 자유결혼(자유 결혼, 自由結婚) / 측면결혼(側面結婚) / 트라이얼매리지(트라이알·매레지) / 프리매리지(푸리-·매레지) / 헤지매리지(헨쥐·매레지) / 혈족결혼(血族結婚) / 혈통혼(血統婚) / 혼인관(혼인관, 婚姻觀)
결혼 기념	골든 웨딩(꼴든·웨딩) / 금강석혼식(金鋼石回婚) / 금혼식(錦婚, 黃金回婚) / 금회혼례(金回婚禮) / 단속회혼례(緞屬回婚禮) / 도기회혼례(陶器回婚禮) / 모회혼례(毛回婚禮) / 목면회혼례(木棉回婚禮) / 목혼식(木回婚) / 보옥혼식(寶玉回婚) / 사기혼식(沙器回婚) / 서혼식(絮回婚) / 석회혼례(錫回婚禮) / 수정혼식(水晶回婚) / 수정회혼례(水晶回婚禮) / 실버 웨딩(씰버·웨딩) / 연혼식(鉛回婚) / 은회혼례(銀回婚禮) / 은혼식(銀回婚) / 전혼식(氈回婚) / 주혼식(珠回婚) / 지혼식(紙回婚) / 진주회혼례(眞珠回婚禮) / 피회혼례(皮回婚禮) / 혁혼식(革回婚) / 회혼례(回婚禮)
기타	명일(命日) / 미라(미이라, 멈미, 미일라, 미-라) / 상고(尙引) / 수장(水葬) / 자연사(自然死) / 장례(葬儀) / 조포(弔砲) / 추수감사일(츄슈감샤일) / 팡테옹(판테온, 판데온) / 피라미드(비라민, 비라믿드, 피라믿드, 피라믿트, 피라민, 피라밋, 猷利美杜, 菲羅未朱道)

(3) 사회이슈

사회이슈 관련 어휘군은 크게 유행과 사건사고로 나뉜다. 그 가운데 유행어가 많은 비중을 차지하고 있다. 개항 뒤부터 해방 이전까지 서구의 사상과 문화가 유입되는, 조선이 이른바 근대의 '충격'에 휩싸이는 시대였기 때문일 것이다. 바꿔 말해 유행은 근대시기 모더니티와의 접촉, 충격, 열광을 가장 단적으로 표현하는 것이다.[113] 이를 통해 조선은 생활 전반의 급

---

113) 高至賢, 「유행개념으로 바라본 식민지 조선의 근대성」, 『大東文化硏究』 제71집, 2010, 365면.

격한 변화를 경험했다. 사전적 의미로 볼 때, 유행은 특정한 행동 양식이
나 사상 등이 일시적으로 많은 사람의 추종을 받아서 널리 퍼지는 또는 그
런 사회적 동조 현상이나 경향을 뜻한다. 이런 의미에서 볼 때, 유행은 행
동 양식, 특정한 사상을 지칭하는 말, 새로운 것으로서 특정한 행동 양식
을 모방하는 집단들, 머리 모양이나 의복 등에서의 수입된 외향, 성과 관
련된 말들, 특정 집단이 사용하는 외래어 등으로 나눌 수 있다. 특히 유행
어는 시대의 산물이며 하나의 커다란 거울과 같이 특정시대의 사회풍모,
언어의 시대적 풍모와 그 시대를 살아가는 사람들의 심리를 집중적으로
반영하고 있다.114) 또 그것은 특정 사회단체 안에서만 유통되기도 한
다.115) 유행어의 범람은 이 시기의 특징을 반영하는 현상이기도 하다.

　어휘의 유형으로 분류해볼 때, 유행은 다시 하위 범주로, 스타일, 유행
어, 유흥, 새로운 세대와 집단으로 나누어 볼 수 있다. 다다이스므, 네올로
지, 데카당스, 競爭時代, 三S時代, 三 '푸로' 時代, 꼴드·라슈 등 특정한 사
상이나 시대를 지칭하는 말, 밥, 뽀이쉬·밥, 뽀이쉬·컬, 퍼머넨트·웨이
앺, 올빽, 싱글, 洋式머리, 카이젤 슈엽, 하이카라, 알·라·파리지엔, 양키-
·스타일, 땐듸, 러쓰·레타 등 머리 모양이나 의복 등을 나타내는 말 등
이 스타일에 속한다. 꺼싀, 꼿쨈, 꼿바이, 똔·마이, 댈스·오·케, 떼이, 노
-·노-, 로만틱, 스간달, 땡큐, 꾿·이쁘닝, 쎈세이슌, 유머어 등은 유행어
에 속한다. 카지노, 카페, 쎄-, 얜드빌, 마-장·구락부, 쎄유틕-·파러-, 사
(살)론, 新式雜貨店, 百貨會, 와-렌하우스 등은 유흥에 속하는 어휘들이다.
모단·껄, 모단·뽀이, 맑쓰·껄, 맑쓰·뽀이, 마쏘·에찌, 라듸칼·맨, 다
다이스트, 로맨티스트, 데카단쓰, 팜푸, 파리잰, 딘너·파-티, 오-너·쑤라

---

114) 무엇보다 유행어는 일정한 시간 내에 사람(특히 젊은이)이 보편적으로 사용하는 단어나
　　구, 절로 일정한 시기 내 사회정치, 경제, 문화, 환경 및 사람들의 심리활동 등 요소의
　　영향과 제약을 받는다.
115) 이른바 사회단체성은 "그 어떤 공동한 사회적 특징을 가진 개체들이 모여서 이룬 집단"
　　을 말한다. 여러 사회단체들은 자기들의 유행어가 있다. 이런 유행어는 단지 그 사회구
　　역 내에서만 유행된다. 그 보기를 들면, 지역, 연령, 성별, 직업, 사회계층, 경제지역, 문
　　화교육, 흥미와 취미, 도덕관념, 종교 등이 있다.

이버, 깨소린·껄, 땐싱·껄, 마네킹껄, 마-장·맨, 매뉴큐아·껄 등은 특정한 사상이나 행동 양식을 모방하는 새로운 세대나 새로운 직업군에 속하는 어휘다.

사건사고를 나타내는 신어는 博覽大會, 黃金狂 등 그 수가 매우 적다.

사회이슈 관련 신어 가운데 유행에 해당하는 어휘의 특징은 무엇보다 대부분 서양 외래어(영어, 프랑스어 등)란 점이다, "나라와 나라가 서로 왕래하며 문물을 서루 바꾸는 결과로는 외래어(外來語)가 자꾸 늘어갈 것"116)이기 때문이다. 외래어의 범람은 그때 조선이 처한 상황에서 어쩔 수 없는 현상이었다. 근대 초기의 서양 외래어는 직접음역어 중심이지만 아직 외국어와 외래어에 대한 변별 의식이 분명하지 않은 상황에서 원음주의를 지향하고자 했다. 그러나 그때 중국이나 일본을 통해서 굴절돼 들어온 간접음역어에서 자유로울 수 없는 상황에서 대체로 서양 외래어는 고유명 중심이었다. 새로운 세계에 대한 수용 과정에서 자연스럽게 발생한 언어 접촉의 초기 상황은 서양 외래어의 개념(concept)의 문제가 아니라 지시대상(referent)인 실체에 대한 인식의 문제였기 때문이다.

둘째, 새로운 것에 열광하는 것을 좋게 생각하지 않거나 일탈로 여길 때, 그것을 성적(性的)인 것으로 나타내고 있다는 점이다. 특히 이와 관련해서는 여성을 지칭하는 말이 많았다. 보기를 들면, 새로운 직업군이나 일탈행위를 표현하는 가솔린걸, 보트걸 등등은 여성을 비하하는 말이기도 하다.

셋째로는 외래어를 한자로 직접 번역하기보다는 의역했다는 점이다. 신식(新式), 신유행, 신풍조(심풍죠), 신형식(新形式) 등이다. 이 어휘들은 외래어를 직접 사용하는 것에 대한 거부감의 일면을 반영하는 것일 수도 있다.117)

넷째, '적(的)'이 '-tic' 또는 '-tique'의 소리와 뜻을 병역한 것이라고 기술한 것은 특기할 만하다. 그때 젊은이들(모던보이, 모던걸)은 모던을 향유 또는 시대를 앞서간다는 의식, 즉 다른 계층과의 차별화를 위해 외래어(영어, 프랑

---

116) 김태종, 「新語 外來語에 對 하야」, 『한글』 30, 1936, 560면.
117) 「新聞記者無識暴露」, 『東光』 4, 11면

스어, 네덜란드어-일본중역)를 그대로 발음하거나 또는 접미사 '틱(tic)'을 붙여 발음했다.

다섯째, 사회단체성을 나타내는 어휘들은 주로 러시아어, 독일어, 프랑스어로 이루어져 있다.

외래어 표기법이 제정되기 전에는 하나의 어휘를 문헌마다 다양하게 표기하여 표기상의 혼란이 심각했다. 문헌마다 나름의 기준을 정하여 외래어를 표기했기 때문이다. 이는 그때 통용된 외래어 실상의 민낯을 그대로 드러내준다고 할 수 있다. 사회이슈 항목의 어휘군에서도 이표기(異表記)가 많이 발견된다.

- 가십 : 꼬시프, 꺼싶프, 꺼싶, 가십, 꼬십, 고십, 고십흐, ゴシップ, 까싶, 꼬싶
- 데카당 : 데카단스, 데카당스, 데카당트, 데카단트, 떠카탄, 데가덩, 데가당, 데가단
- 러브레터 : 러부·레터, 라브·레타, 러-브레터, 러브, 레터, 러부레터, 러쁘·레타, 러쁘·레터
- 센세이션 : 쎈세숀, 쎈세이시언, 쎈세쉰, 쎈세슌, 쎈세이슌, 쎈세이쉰, 쎈세-숀, 센세이슌
- 울트라모던 : 얼트라·모던, 울추라·모던, 울트라·모던, 울트러·모던, 울트라모던
- 카페 : 가뻬, 카뻬, 카페이, 카푸에, 카후에, 캬페, 카뻬, 캐뻬-, 카페, 카페-, 카페-, カッフェ, 카-페-
- 팁 : 짚뿌, 티푸, 틮, 팁, 팊, 틮프
- 하이칼라 : ハイカラ, 하이·컬라, 하이·칼나, 하이칼라, 하이카라, 하이칼라, 하이·칼라, 하이·카라, 흐이칼나, 하이칼라

사회이슈와 관련된 근대 신어에 대한 어휘 설명은 주로 『모던朝鮮外來語辭典』에 나와 있다. 다다이즘을 보기로 들면, 『모던朝鮮外來語辭典』에는 "馱々派"[118]로 간단히 설명했지만, 다른 잡지에는 좀 더 자세한 설명이 나

와 있다.

> 원래 『따따』는 佛語의 片言으로 馬이라는 뜻으로 同派의 산떼는『따따는
> 一切 旣成觀念을 떠러버리는 말』이라 하였으며 이 派의 사람은 自由奔放하
> 고 理論上 一切 權力을 否定하야 大部分 徹底的 共産主義, 又는 無政府主義
> 를 主張하는 것이다.119)

> 歐洲大戰 當時에 瑞西에 生겨서 獨逸에게 힘을 어든 싸다主義. …싸다이
> 씀은 戰爭의 不滿으로부터 發生한 不平, 不滿, 頹廢, 無秩序, 無意識, 破壞, 自
> 棄, 狂躁 等의 混亂 無光明 無理想의 生活態度120)

이 외에도 다다이즘은 "모든形式, 모든意味를破壞하고 作家의亂心한그대
로를 奇怪한形式으로벌려놋는主義",121) 또는 "第一次大戰後佛蘭西藝術界에
생긴 一切虛無的 破壞를主張하든一傾向"122)으로 설명되었다. 이런 어휘설
명을 보면, 그때 다다이즘은 비교적 정확히 이해되고 있었다고 볼 수 있
다. 결국 다다이즘은 서구 문명의 진보에 대한 낙관주의적 전망에 제동을
건 제1차 세계대전이라는 커다란 사건의 영향을 반영한 것이었다.

모던걸은 "現代的女性, 新(時代)女性, (所謂)尖端女性(多少嘲弄的)"이다.123) 이
에 대한 "新式으로모양만내고享樂的으로生活하는女子"124)라는 설명을 볼
때, 당시 모던걸에 대한 부정적 인식이 퍼져 있음을 알 수 있다. 모던걸을
낯익은 한자말인 '모단걸(毛斷썰, 毛斷傑)'로 패러디한 것에서도 부정적 인식
의 일단을 확인할 수 있다.125) 하이칼라를 "4. 나불거림, 출싹거림, 경박, 5.
사치…"126)로 설명한 것도 같은 맥락으로 읽을 수 있다. 택시걸은 "택시의

---

118) 李鍾極, 『모던朝鮮外來語辭典』, 49면.
119) 「모던語彙」, 『新東亞』 6-1, 1936, 194면.
120) 一記者, 「無産者辭典」, 『朝鮮之光』 100, 1932.
121) 朴英熙 編, 「重要術語辭典」, 『開闢』 49, 1924, 23면.
122) 미상, 『新語辭典』, 28면.
123) 李鍾極, 『모던朝鮮外來語辭典』, 163면.
124) 「新語辭典」, 『學生』 2, 開闢社, 1929, 84면.
125) 이에 대해서는 최규진, 「'모던(modern)', '모단(毛斷)'의 눈물」, 『내일을 여는 역사』 참고

여운전사, 여차장"인데, 다음과 같은 또 다른 어휘 설명이 있다.

　이것은 입뿐 女子助手가 손님을 誘하면 놈팽이는 어엽분 女子맛에 타고
서 바루 잘난 척하고 갑도 뭇지 안치요 車가 떠나려고 쌩쌩하면 女子助手는
차에 내리면서 조심해 가서요 한다 기지애 보고 탓든 놈은 입맛만 쩍쩍 다
시고 잇다 女子助手는 이러케 하고 一割 乃至 二割의 口錢을 먹는다고 한
다.127)

　'위생부인'은 "몸은 튼튼하나 머리가 至極히 모자라는 여자"128)이다. 여
기서도 여성비하적 의미를 읽어낼 수 있다.
　한·중·일 어휘의 공통점과 차이점을 보면, 한자어 어휘는 동아시아 3
국에서 공통적으로 쓰였음을 알 수 있다. 대표적으로 군중심리(群衆心理), 이
국정조(異國情調)가 있다. 외래어는 대체로 한국과 일본에서 공통적으로 사
용되었다. ■ 김충석

〈표 12〉 사회이슈 관련 신어

유형	관련 신어
스타일	고모(고모, 다까보시) / 구식(구식, 舊式) / 남국정조(南國情調) / 누보떼(누-보-테) / 뉴스타일(뉴-스타일, 뉴-·스타일, 신식, 新式) / 다다이즘(다다이스므, 따따이즘, 짜다이쯤, 다다이슴, 다다이즘, 따따主義) / 단발랑(斷髮娘) / 댄디(땐디) / 데카당티즘(데카당니즘, 데카단니즘) / 레이티스트 패션(레-테스트·예순) / 유머(유모어, 유-모어), 보이시보브(뽀이쉬·밥, 뽀이쉬·븝) / 양장(양장, 洋裝) / 오너드라이버(오-너·쭈라이버, 오우너·드라이버, 오-너·뜨라이버) / 올백(올·빽크, 올·빽, 올빽) / 울트라모던(얼트라·모던, 울추라·모던, 울트라·모던, 울트러·모던, 울트라모던) / 카이젤 수염(카이제르슈염, 카이젤 슈엽) / 퍼머넌트(パーマネント, 퍼머넨트, 퍼머넨트, 파마넨트) / 에고이즘(이고이즘) / 에그조티시즘(엑쏘티즘, 엑쏘시즘)
유행어	3K(三K) / 3S(三S) / 3에스트리(-에스, 트리-·에스) / 3프로시대(三 '푸로' 時代) / 가십(꼬지프, 꺼싶프, 꺼싶, 가십, 꼬십, 고섶, 고십흐, ゴシップ, 까싶, 꼬싶) / 갓 뎀(唟쌤, 꼼댐이, 唟쌤, 끔댐이) / 걸(껄) / 고등빈민(高等貧民) / 고등유민(高等遊民) / 골드러쉬(꼴드·라슈, 꼴드·래쉬, 꼴드·뤄쉬, 꼴드·러쉬) / 군중심리(群衆心理, 羣衆心理) /

---

126) 李鍾極, 『모던朝鮮外來語辭典』, 599면.
127) KM生, 「썰의 언파렛트」, 『新興映畵』 1, 1932.6.10., 45면.
128) 「新女性間流行」, 『三千里』 14, 1931.4.1., 58면.

유형	관련 신어
	굿(굿) / 굿바이(끝 빠이, 꾿・바이, 꾿빠이, 꿋바이, 긋바이, 긋바이) / 기브 앤 테이크(끼브・앤드・테잌, 끼브・앤드・테잌크) / 넘버원(넘버-・원, 남버-・원, No.1.) / 네오(네오) / 노(노-, 노, 노으, 노노) / 노스모킹(노오스모킹, 노・스모-킹) / 노크(낙, 넠크, 녹, 롴크, 놐크, 노크, 녘, 녹크, ノック, 剝啄) / 닉네임(닉네임, ニックネーム, 니크네임) / 데이(데-, 떼이, 데-이, 데이) / 데카당(데카단스, 데카당스, 데카당트, 데카단트, 떠카탄, 데가덩, 데가당, 데가단, 떼카단, 데카단, 데카덩, 떼카단) / 도학자(道學者) / 돈트 마인드(똔・마이, 똠・마이) / 드래곤(드래곤) / 러브레터(러부・레터, 라브・레타, 러-브레터, 러브, 레터, 러부레터, 러쁙・레타, 러쁙・레터) / 러시(라쉬, 랏슈, 러쉬, 럿슈) / 로맨스헌팅(로맨스・한팅, 로맨스・헌팅) / 모던지지(모던・지지, 모・지) / 미역국(미역국) / 미인국(美人局) / 배니티 페어(밴이틔, 페-, 배니티・쀄어-) / 뱀프(퍔푸, 퍔프) / 사요나라(사요나라, 사욧나라) / 땡큐(상큐, 댕큐, 생큐-, 텅크유, サンキュー) / 센세이션(쎈세숀, 쎈세이시언, 쎈세숸, 쎈세슌, 쎈세이슌, 쎈세이쉰, 쎈세-숀, 쎈세이슌) / 아망위(아마위) / 엑스 엑스 엑스(엑쓰 엑쓰 엑쓰, X.X.X, 키스 키스 키스) / 오에스(오에스, 오-・에스, O.S) / 오케이(오오케, 오-・케이, 오・케, 오-케) / 위생부인(衛生婦人) / 유머(유모어, 유-모어) / 잇(이트, 잇트, 읻, 이트, 읻트) / 플라토닉러브(풀래트닉・러쁙, 푸라토너러브, 풀래토닉・러쁙) / 하이칼라(ハイカラ, 하이・컬라, 하이・칼나, 하이칼라, 하이카라, 하이・칼라, 하이・카라, ㅎ이칼나)
유흥	바(빠, 빠, 쌔-, 바-, バー) / 마작(麻雀, 마장, 마-장, 마장, 마-짱) / 카지노(카시노, 카지노) / 카페(가페, 카쀄, 카페이, 카푸에, 카후에, 캇페, 카쀄, 캐쀄-, 카페, 카페-, カッフェ, 카-페-) / 팁(짚뿌, 티푸, 띞, 팁, 팊, 팊프)
새로운 직업 ・ 세대	가솔린 걸(깨소린・껄, 깨소링・걸) / 나이스걸(나이스썰) / 마네킹 걸(마네킹껄, 마네킹썰, 마네킹・썰, 마네킹・껄) / 마르크스 보이(맑쓰・뽀이, 맑스・뽀이, 마・뽀) / 마르크스 걸(맑쓰・껄) / 마쀄・에찌(마쏀・에찌) / 마작광(마-장・맨) / 매니큐어걸(매뉴큐아・껄, 마니쿠여・껄) / 모던걸(모던・걸, 모단・껄, 모-던썰, 모던・썰, 모던쩌-ㄹ, 모던썰, 모던・껄, 毛斷썰, 毛斷傑, モダンカヘル, 모・가, 모・꺼, 모・껄) / 모던보이(모단・뽀이, 모던뽀이, 모・보, 모・뽀) / 아파치(아파쉬, 아파슈, 아팟슈) / 울트라모던걸(울트라・껄, 울트라・모던・껄) / 울트라모던보이(울트라・모던・뽀이) / 잰틀맨(잰틀맨, 짠틀맨, 쩬틀맨) / 키드(킫트, 키드 키도, 긷도) / 코스모폴리탄(고스모뽀리탄, 코스모포리탄, 코스모포리탄, 코스모포리탠, 고스모포리탄, 코스모폴이단, 코스모폴리탄) / 키드(킫트, 키드, 키도, 긷도)
사건 사고	금광열(金鑛熱) / 박람회(博覽會, 賽奇公會, 博覽大會, 박람회) / 황금광(黃金狂)

(4) 사회활동

제1차 세계대전은 자본주의의 무한 경쟁이 낳은 참상에 대한 고발이자 더는 구래의 제국주의 · 식민지 관계가 지속되기는 어려울 것이라는 경고의 메시지였다. 바로 이러한 흐름이 국제정치상으로 드러난 사건이 러시아혁명과 윌슨의 민족자결주의였다. 식민지 조선에도 유동적인 국제질서 속에 조선의 지위에 변동이 있을지 모른다는 기대가 생겨났다. 1919년 3 · 1운동은 그런 바람의 표출이었다.

그러나 그러한 희망과는 반대로, 일본의 조선 지배가 워싱턴회의 뒤 국제적으로 공인받게 되자, 민족독립에 대한 기대도 좌절되었다. 이런 상황에서 식민지 조선에 이른바 '개조'의 시대가 몰아쳤다. 개조의 시대는 서구 사상의 범람으로 특징져진다. 사회주의도 수용되었다. 특히 "3 · 1운동 직후 사회주의가 급속하게 보급 · 수용된 것은, 사회주의 사상이 민족독립의 새로운 이념으로 받아들여졌기 때문"129)이었다. 사회주의, 아나키즘 등 여러 사상은 3 · 1운동의 실패와 이로 인한 정치적 좌절감을 극복하기 위한 이데올로기적 대안으로 수용되었다. 그런 사상을 바탕으로 한 여러 운동단체도 생겨났다.

사회활동과 관련된 근대 신어는 크게 3가지로 구분할 수 있다. 첫째로는 사회운동이다. 사회는 "공동생활을 영위하는 모든 형태의 인간 집단"으로, "가족, 마을, 조합, 교회, 계급, 국가, 정당, 회사 따위가 그 주요 형태이다(『국립국어원 표준국어대사전』)." 이런 정의에 따르면, 사회운동은 사회의 모든 영역, 즉 정치, 경제, 문화 등에서 어떤 목적을 이루려고 힘쓰는 일이라고 할 수 있다. 둘째로는 사회단체이다. 사회단체는 사회운동의 주체가 조직된 것이라 할 수 있다. 셋째로는 사회운동문화이다. 여기서 문화는 "예술이나 학문에서뿐만 아니라 제도나 일상적 행위에서 어떤 의미나 가치를

---

129) 전상숙, 「사회주의 수용 양태를 통해 본 일제시기 사회주의 운동의 재고찰」, 『동양정치사상사』 제4권 제1호, 2003, 158면.

표현하는 특정한 삶의 방식"130)을 뜻하는 것이다. 사회단체가 조직적 행동을 할 때 또는 사회운동이 전개될 때, 그것에서 비롯되는 여러 측면을 '문화'로 묶어서 다루어 보았다.

유형별 어휘를 좀 더 자세히 살펴보자. 첫째 사회운동은 일제 식민통치의 강압에 맞서 조선의 독립을 위해 사회의 모든 부문에서 일어났다. 특히 1919년 3·1운동 뒤, 식민지 조선에서 민족독립의 방법을 모색하는 가운데, 사회주의, 공산주의, 아나키즘 등 여러 사상이 쏟아져 나왔다. 3·1운동이 실패한 뒤, 새로운 시대를 열어가겠다는 지식인들의 자의식은 신(新)지식에 대한 강렬한 열망과 이를 창출하기 위한 제도적 기반인 매체의 확산이라는 현상을 만들어냈다. 매체의 확산과 더불어, 새로운 어휘도 쏟아져 나왔다. 특히 사회운동 관련 신어는 식민지 조선의 독립에 대한 열망, 더 나아가 모든 억압에 대한 저항을 투사(投射)했다. 정치투쟁(政治鬪爭), 경제투쟁(經濟鬪爭), 문화운동(文化運動), 예술운동(藝術運動), 계몽운동(啓蒙運動) 등이 그것이다. 정치투쟁은 다음과 같이 정의되었다.

> 旣成社會의 모든 機構를 否定하고 새로운 政治組織을 가질려고 하면 旣成社會의 支配層과 必然的으로 衝突하게 된다. 새 社會를 代表한 集團 民衆이 旣成政黨의 內容을 暴露하며 政黨을 組織하는 것이라든가 쏘는 自己들에게 不利한 法律을 업새이여 버리라고 하는 行爲 等131)

정치투쟁의 보편성을 강조하면서, 다른 나라의 투쟁 경험을 소개하고, 이를 배우려는 시도도 일어났다. 그에 따라, 개량주의, 데먼스트레이션, 리비전니즘, 차티스트운동, 클라르테, 프롤레쿨트, 헝거스트라이크 등과 같은 신어가 유입되었다. 둘째로 사회단체 관련 어휘는 식민지 조선의 조직적 스펙트럼을 읽을 수 있게 하는 신어로 이루어졌다. 계몽운동에서 변혁운동까지 아우르는 조직, 친목도모와 스포츠 등과 같은 여가문화를 위한 조직이 한꺼

---

130) 레이먼드 윌리암스, 성은애 옮김, 『기나긴 혁명』, 문학동네, 2007을 참고할 것.
131) 「社會常識術語」, 『黨聲』 1, 1932. 6. 1, 天道敎靑友黨本部, 6면.

번에 등장했던 것이다. 공제조합, 나로드니키, 비밀결사, 스파르타쿠스단, 인터내셔널, 협동조합 등과 같은 '사상단체' 조직 관련 어휘가 유입되었다. 걸스카우트, 로터리클럽, 와이더블유시에이, 적십자사 등과 같은 계몽 단체 관련 어휘들도 소개되었다. 셋째로 사회운동문화에는 결사, 데마고그, 슬로건, 카니발, 칼·로자기념일, 프로파간다 등과 같은 신어가 있다.

사회활동 관련 신어는 다른 어휘와 마찬가지로 대부분 외래어이다. 외래어의 표기상 특징을 보면, 두 단어의 조합일 때, 두 단어를 연결할 때 대체로 '-' 또는 '·'와 같은 기호가 쓰였다. 보기를 들면, 데드락은 '떼드·럭이나 떼드·록'으로 표기되었다.

두 번째 특징으로는 축약어가 유통되었다는 것이다. 나프(나프, 납푸, 낲푸, 나푸, 납으, 납프), 시지티, 캄파니아(캄빠, 캄파), 케이케이케이(캐캐캐), 프로레트쿨트(푸로·컬, 푸로·컬트) 등이 그것이다. '나프'를 보기를 들어 설명해보자. 나프는 "全日本無産者藝術聯盟(Nippon Artists of Proletarian Federation)의 首字를 따서 맨든 略稱"으로 "全日本無産者藝術團體協議會"이다.[132] 단체나 조직 명칭은 대체로 머리글자로 유통되었다.

세 번째 서로 다른 언어에서 받아들인 철자가 혼재되어 유통되었다는 점이다. 보기를 들면, '오르그 / 오거나이저', '인텔리 / 인텔리겐치아' 등이다. 오르그는 러시아어에서 온 말이고, 오거나이저는 영어에서 온 것이다. 인텔리겐치아는 러시아어이고, 인텔리는 일본에서 인텔리겐치아를 축약해서 쓴 말이다.

네 번째, 나로드니키를 '尼希利'로 번역하는 등 특이한 사례가 있다. 이번역어에 따라, 나로드니키가 '허무당(虛無黨)'으로 번역된 것이 아닐까 추정해본다.

하나의 개념어에 대한 표기는 다음과 같이 다양했다.

---

132) 李鍾極, 『모던朝鮮外來語辭典』, 33면.

- 걸스카우트 : 껄-스카우츠, 껄·스카울트, 껄·스카울
- 그룹 : 크루-푸, 크룹, 그룹프, 그루-고, 그룹, 크룹, 구룹, 구르프, 그루
      푸, 그르프, 그릅, 그룹, 그룹페, 구루프
- 데마고그 : 데마, 데마고-구, 떼마고-크, 떼마곡, 떼메쪽, 데마고-그, 데
      마쏘쑥, 데마고쎄, 쩨마고그, 떼마고-그, 떼마고그, 데마고구-,
      데마고-구, 떼마코기-, 떼마고기-, 떼마고기, 데마고기-
- 데먼스트레이션 : 데몬스트라치온, 데몬스트레쑌, 데몬스테레숀, 떼몬
      스트레숀, 떼몬스트레슌, 떼몬스트레이숀, 떼몬스트
      레이슌, 떼몬, 떼모, 데모, デモ, 테모
- 리포트 : 뤼폴트, 레포-트, 뤼폴트, 레-포-트-, 리포트, レポ-ト, 레포-
      트, 레폴트, 레포트
- 메이데이 : 메-데-, 메데, 메-데, 메데-, 메데이, 메-데이, 메이데이, 메
      이테-, 메이테-, 메이데이
- 심퍼사이퍼 : 신파, 심파, 씸파, 심빠, 신빠, 신빠사이자, 심빠사이자, 심
      퍼다이자, 심퍼싸이더, 씸파따이저, 신파사이지, 신파사이
      저, 심파사이저
- 슬로건 : 슬노간, 술로간, 스로칸, 스로-간, 스로-겐, 스로간, 스로겐, 슬
      로간, 스로간, スローガン, 슬로-간, 슬로-갠, 슬로-강, 스로-갠,
      스로-강, 스로강
- 적십자사 : 격십즈샤, 격十즈샤, 赤十字社, 격십즈사
- 캄파니아 : 캄빠, 캄파, 컴페니아, 캄파니아, 캄파니어, 캄파-니아, 캄써-
      니아

　사회활동 관련 근대 신어에 대한 어휘설명은 주로 『모던朝鮮外來語辭典』
에 실려 있다. 그 밖에 『新語辭典』,[133] 각종 잡지와 신문, 번역서 등에 어휘
설명이 실렸다. 어휘설명이 여러 매체에 골고루 실려 있다는 것은 그만큼
사회활동에 대한 대중의 관심이 컸다는 사실을 보여주는 것일 수 있다. 어
휘설명이 풍부하게 제시된 신어가 많다. 보기를 들면, 나로드니키는 "『왯더
피풀』(民衆을 爲하야)이라는 意味로 이 派의 사람들은 『앤나로드』란 標語에 依

---

133) 靑年朝鮮社, 『新語辭典』, 靑年朝鮮社, 1934.

하야 農民階級을 中心으로 發動하엿다",134) "露西亞社會革命黨의 前身으로
普通 『民衆黨』이라고 불럿다. 여기서는 「부나로-드」(民衆속으로)라는 標語를
가지고 社會革命主義를 信奉하고 잇든 인테리겐차(知識게급)의 團體이엇다",135)
"'民衆의 속으로'를 슬로간으로 하는 露國의 革命的 知識階級의 運動",136)
"나로-도는露語로人民 民衆이라는말. 나로-도니키는 1870년露國自由主義運
動者의團體"137) 등으로 설명하고 있다. 또 다른 보기로는 전위(前衛)를 들 수
있다. 그것은 "元來는 軍隊及艦隊의 先陣에서는 사람 部隊或은艦船을意味한
말인데 轉하야 階級戰線의 先導로서 鬪爭의尖端에서는 分子를 指稱한다"138)
라고 하면서 의미의 변화 과정도 간단히 보여주고 있다.

우리가 지닌 상식과 다른 유익한 정보를 제공하는 설명도 있다. 바로
'적신문(赤新聞)'이다. 이것은 "故意로 他人의 秘密을 찾아 가지고 脅迫的 態
度를 取한다든지 또는 無限한 事實을 捏造하야 讀者의 好奇心을 煽動하는
惡德新聞을 말함이니 一時 이 新聞을 赤色紙에 印刷하였기 때문에 이런 名
稱이 생긴 것이다."139) 적신문은 오늘날로 이야기하면 황색저널리즘에 해
당하는 것이지만, '적(赤)'이라는 단어 때문에 공산주의 또는 사회주의 계열
신문으로 잘못 받아들일 수도 있었을 것이다. 카프는 "이것은 外來語가 아
니라 朝鮮서 만든 말인데『朝鮮푸로레타리아 藝術同盟』의 略稱"140)이라고
설명한다. 칼・로자기념일은 오늘날 보더라도 낯선 어휘이다. 이 날에 대
해 "一月 十五日. 一九一九年 同日에 獨逸社會民主黨政府는 「카-ㄹ・리쁙네
힐」과 「로-자・룩센부억」의 兩人을 逮捕撲殺하야 屍體를 遺棄하얏다 그後
第三 인터-내슈낼에서는 이날을 紀念하기 爲하야 이날을 反帝國主義戰爭,
反社會民主主義鬪爭日로 定하였다"141)라고 설명하고 있다.

134) 一記者, 「新用術語解說」, 『朝鮮日報』, 1931.9.16, 4면.
135) K.H.H, 「流行語辭典」, 『實生活』 3-1, 1932.1.1, 52면.
136) 李鍾極, 『모던朝鮮外來語辭典』, 29면.
137) 靑年朝鮮社, 『新語辭典』, 10면.
138) 一記者, 「新用術語解說」, 『朝鮮日報』, 1931.8.15, 4면.
139) 「新語」, 『新東亞』 6권 9호, 1936.9.1., 17면.
140) K.H.H, 「流行語辭典」, 『實生活』 3-1, 1932.1.1, 52면.

계몽 기획에서 파생된 어휘가 대중 속에서 어떻게 굴절되었는지를 보여
주는 어휘도 있다. 예를 들어 '대회'를 보자.

이말은近日에가장優勢로流行되는말이다. 民衆大會 道民大會 郡民大會 面
民大會-等 엇잿든多數 民衆이會集되는것을말함이다. 그런데近日은 두 사람
이모야웃을노라도 擲枙大會 一三人이모야막걸네추럼을하는데도酒食大會라
는 그만큼너져분하게 大會는流行된다.[142]

위 설명은 사회운동세력이 주도하는 각종 대회가 대중에게 이미 식상한
것으로 전락했음을 보여준다.[143] ■ 김충석

〈표 13〉 사회활동 관련 신어

유형	관련 신어
사회 운동	개량주의(개량주의, 改良主義) / 개척(기척) / 개혁(개혁, 기혁, 改革) / 갠더 파티(갠더·파-티) / 건민운동(健民運動) / 걸가이드(껄·가이드) / 결당(結黨) / 결사(結社, 결사) / 경제투쟁(經濟鬪爭, 경제투쟁) / 경지반환(耕地返還) / 계급투쟁(階級鬪爭, 게급투쟁) / 계몽운동(啓蒙運動) / 공동전선(공동전선, 共同戰線) / 공산토요일(共産土曜日) / 규찰대(糾察隊, 규찰대) / 기부(寄附, 긔부) / 기부행위(寄附行爲) / 기아동맹(饑餓同盟) / 기회주의(機會主義, 日和見主義) / 노농운동(勞農運動) / 노동운동(勞働運動) / 농민운동(農民運動) / 농업강령(農業綱領) / 단결권(단결권, 團結權) / 단체교섭권(단체교섭권, 團体交涉權, 團體交涉權) / 단체협약(團體協約) / 대중운동(大衆行動, 大衆運動) / 대중조합주의(大衆組合主義) / 대중추수주의(大衆追隨主義) / 대중파업(마쎈·스트라잌) / 대혁명(大革命) / 대회(대회, 大會) / 데마고기즘(떼마고기즘, 떼마코키즘) / 데먼스트레이션(데몬스트라치온, 데몬스트레쏜, 데몬스테레숀, 떼몬스트레숀, 떼몬스트레슌, 떼몬스트레이숀, 떼몬스트레이슌, 떼몬, 떼모, 데모, デモ, 테모) / 데클러레이션(떼클라레이쉰) / 독지가(篤志家, 篤志人) / 독회(讀會) / 동맹파업(同盟罷業, 동밍파업, 同盟罷工) / 동맹휴업(同盟休業) / 동업조합운동(同業組合運動) / 동의(동의, 動議) / 동정파업(同情罷業) / 래디컬리즘(라듸칼리즘) / 래버린스(래비린쓰) / 래블(라벨) / 레벌루션(리볼류-슌, 레웰류-숀, 레불루치온) / 레이버 마켓(레-버·마-켙) / 로크아웃(락·아웉, 럭·아웉, 럭,아웉, 럭아웃, 록아트, 록크아비트, 록크·아웉, 록크·아웉트, 럭아웉, 록아울) / 리비저니즘(리뷔존이즘, 레뷔존이즘, 레퓌존이즘) / 리지스턴스(레지스턴스) / 맹휴(盟休) / 메이데이 데모(메이데이·데모) / 문명운동(문명운동, 文明運動) / 문화운동(文化運動) / 박애사업(博愛事業) / 반전운동(反

---

141) 靑年朝鮮社, 『新語辭典』, 83면 ; 미상, 『新語辭典』, 128면.
142) 「最近朝鮮에流行하는新術語」, 『開闢』 57, 1925.3, 70면.
143) 김윤희, 『한국 근대 新語 연구』, 50면.

유형	관련 신어
	戰運動) / 브나로드(왜나로드, 왜나, 우·나로드, 왜·나로드, 왜나로드) / 빈민교육(貧民 敎育) / 서프러젯(써프레젤, 써프레젤트, 써푸라젯트) / 선당(善堂) / 세틀먼트(쎄틀멘트, 세틀멘트) / 섹트(쎅트) / 스트라이크(스추라잌, 스튜라잌, 스트라잌키, 스트, 스트라이 크, 스트라이크, 스트라잌, 스트라잌) / 스트러글(스트라글, 스추러글, 스트러글) / 시위 (示威, 시위) / 시위운동(시위 운동, 示威運動) / 신문명운동(신문명운동, 新文明運動) / 실 력양성(實力養成) / 심퍼시스트라이크(심파씨·스트라잌) / 아·데·게·베(아-·떼-· 께-·페(뻬)-) / 아바론츠이(오브욘츠이) / 암중비약(暗中飛躍) / 언더그라운드(언더그라 운드) / 여성해방(女子解放, Emancipation of Women) / 여성해방문제(The Question of Women, 女性解放問題, 女子開放問題) / 역산몰수(逆産沒收) / 예술운동(藝術運動) / 오가 니제이션(올가니제슌, 올가니제이슌) / 오거나이저(오르그, 올구, 올크, 오르가나이서-, 오루구, 올그, 오루가나이자, 올가나이서, 올가나이사, 올카이-, 올가나이저, 올가나이 자) / 오르그뷰로(올그비·유로, 올그·뷰로) / 우익(右翼) / 울트라린텐(울트라린켄) / 이 론투쟁(理論鬪爭) / 이맨서페이션(에맨시페이쉰) / 일상투쟁(일상투쟁, 日常鬪爭) / 자선 회(ㅈ선회, 쟈션회) / 적색테러(赤色테로) / 전위(前衛) / 정치투쟁(政治鬪爭) / 제네스트 (제네스트, 제·스트, 제네스트) / 차티스트운동(차-티스트運動, 차치스트運動, 챠티스 트運動) / 채리티콘서트(채리티·콘서-트) / 청원(청원, 請願) / 카마라드(카마리-드) / 카머라트샤프트(카메라트쇼프트) / 카운실(카운씰) / 캄파니아(캄빠, 캄파, 컴페니아, 캄 파니아, 캄파니어, 캄파-니아, 캄쎄-니아) / 캠페인(캠페인, 캠팬, 캠페인) / 클라르테 운동(글라르테, 클라르테) / 프랜차이즈(왜랜차이스) / 프런트라인(왜론트·라인) / 프롤 레트쿨트(푸로켈컬토, 푸로·컬, 푸로·컬트, 푸로레트·컬트) / 헝거 스트라이크(헝 거·스튜라잌, 헝거·스트, 한·스트, 행그·스트라잌, 헝거-스트라잌, 헝거 스트라이 크, 헝거·스트라잌, 한·스트, 헝스트) / 혁명(혁명, 革命, 革命亂)
사회 단체	걸스카우트(껄-스카우츠, 껄·스카웉트, 껄·스카울) / 결사대(결사디, 決死隊, 결ㅅ디) / 공장대표자회의(工代會議, 工場代表者會議) / 공장분회(공장분회) / 공장위원회(공장위 원회, 工場委員會) / 공제조합(共濟組合, 공제조합) / 공진회(共進會) / 공회(공회, 工會) / 과격파(過激派, 과격파) / 구매조합(購買組合) / 국제노동회의(국제노동회의, 國際勞働會 議) / 국제농민위원회(國際農民委員會) / 국제법학회(國際法學會, 잉스씨쮀되, 쯔라잉, 찌 르나시오날) / 국제법협회(앗소시에슌, 오프, 인터네스날로-, 國際法協會) / 국제적색구 원회(국제적색구원회, 國際赤色救援會) / 기독교청년회(Y.M.C.A, 基督靑年會) / 길드(길 트, 기르드, 길드, 씰쓰, 씰드, 껄드, 科耳豆法, 킬드) / 나로드니키(나로드니키, 나로-도 니키, 나로-드니키, 尼希利) / 나이츠오브레이버(나일·엎·레이버, 나이트·오프·레- 버) / 나프(나프, 납푸, 낢푸, 나푸, 납쯔, 납프) / 노동조합(勞働組合) / 노동회(로동회) / 농민단체(農民團体) / 농업코뮨(農業콤뮨) / 농업협동조합(農業協同組合, 農協) / 단독조 합(單獨組合) / 도색조합(桃色組合) / 동창회(동창회, 同窓會) / 드라마리그(드라마·리- 그) / 라프(랖프, 랏푸) / 럭비유니언(럭비·유니온) / 레이버유니언(레-버·유니온) / 로 이드협회(로이드協會) / 로치데일 플랜(로취데일·푸란) / 로터리클럽(로-타리·클럽, 로-타리俱樂部, 로-타리-크럽) / 리그(리-구, 리-크, 리-그, 리그, 리구, 林久) / 마피아 (마파이어團) / 매프(맢프) / 모프르(모뿌루, 모쁘르, 몹부루, 모풀, 몹풀, 모플, 몹프르) / 몽첸코프(몬치엔콤푸) / 미르(미-도) / 민족단체(民族團體) / 보이스카우트(뽀이스카웃,

유형	관련 신어
	뽀이스카욷, 쏘이스카우트, 뽀이·스카울, 뽀이·스카트, 뽀-이스카욷) / 복싱클럽(뽁싱·클럽) / 부인회(부인회) / 비밀결사(秘密結社) / 사상단체(사상단테) / 샐러리맨 유니언(싸라리맨스·유니온) / 샐베이션 아미(살베이손아-미) / 서러티(소로리티) / 서클(써-쿨, 사-굴, 사-쿨, 써-클, 써클, 싸클, 싸-클, 서클) / 성서공회(성서공회, 셩셔공회, 聖書公會) / 소비조합(消費組合) / 소사이어티(쏘사이티, 쏘사에티, 소사이티) / 수양회(修養會) / 숙덕회(淑德會) / 스카우트(커ㅏ욷) / 스파르쿠스단(스팔타쿠스團, 스팔타크스團) / 시지티(씨-·지-·티) / 시지티유(씨-·지-·티-·유-) / 식민협회(殖民協會, 植民協會) / 실업단체(실엄단톄) / 어소시에이션(아쏘세슌, 아쏘시에이슌) / 언론기관(언론긔관) / 에스 에이 티(싸트) / 에이에프엘(에이·에프·엘) / 에포(에포오, 에포) / 엔 알 에이(엔·알·에이) / 여권당(女權黨) / 영단(營團) / 와이더블유시에이(와이·떠블유·씨·에이) / 와이시아이(와이·씨·아이) / 와이엠시에이(와이·엠·씨·에이) / 왐파스(왐파쓰) / 우다르니키(쎋다-르니키, 우다르닉, 우다르닉키) / 원빅파티(원·뻑·파티) / 유니언(유니언, 유니온, 유-니온) / 의인동맹(義人同盟) / 인스튜티트(인스티튜트, 인스티튜-트) / 인터내널(인터내슈날, 안토-내슈낼, 인터내셔널) / 적십자사(젹십즈샤, 젹十즈샤, 赤十字社, 격십즈사) / 제2인터내셔널(第二인터, 第二인터네슈낼, 第二인터내쇼낼) / 좌익단체(좌익단체) / 중앙단체(中央團體) / 지방단체(地方團體) / 지아에르엘(지아-루) / 직공조합(職工組合) / 청년단체(靑年團體) / 청년회(청연회, 靑年會) / 청답파(靑踏派) / 청탑회(靑鞜會) / 친목회(친목회, 親睦會) / 카프(카푸, 카프, 캎프, 갚프, 캎푸, 캎푸, 가푸) / 켄투리아회(캄미시아 신투리아타, 캄미시아 신투리아타) / 코아퍼러티브 인터내서널(코·오페라티-뷔·인타내쇼낼) / 코프(콩푸) / 쿠클럭스클랜(케·케·케, 큐-클럭스, 큐-클럭스·클랜) / 쿠로버(쿠-로버-) / 크래프트길드(크랲트·낄드) / 크레스틴테른(크레스틴테른) / 클럽(구라부, 클넙, 크럽, 倶樂部, 구락부) / 템퍼런스소사이어티(템페란스·쏘사에티) / 페이비언 협회(뼤비안協會, 예비안協會, 예-비안協會, 페비안協會) / 폐쇄조합(閉鎖組合) / 폭력단(폭력단, 暴力團) / 프로예술동맹(푸로藝術同盟) / 프로키노(푸로·키노) / 프로핀테른(뿌로옌테른, 푸로옌테른, 푸로옌테른) / 해방운동희생자구원회(解放運動犧牲者救援會) / 협동조합(協同組合) / 협조조합(協助組合) / 협회(협회, 協會) / 횡단조합(橫斷組合) / 흑색조합(黑色組合)
사회 운동 문화	개회(開會, 긔회) / 결사(結社, 결사) / 국제부인데이(국제부인데-, 國際婦人데-) / 국제적색데이(國際赤色-, 國制赤色데이, 국제적색데-) / 국제청년데이(國際靑年-, 國際靑年데-, 國際靑年데이, 국제청년데) / 그룹(크루-푸, 크룹프, 그룹프, 그룹, 크룹, 구룹, 구르프, 그루푸, 그르프, 그룹, 그룹, 그룹페, 구루프) / 기념식(紀念式) / 기념회(긔념회, 紀念會) / 다이렉트 액션(따이렉트·액슌) / 데드락(데드롴, 떼드·럭, 때드락, 떼드-롴) / 데마고그(데마, 데마고-구, 떼마곡, 떼메꼭, 데마고-그, 데마쏘쑤, 데마쏘씨, 쪠마고그, 떼마고-그, 떼마고그, 데마코구-, 데마코-구, 떼마코기-, 떼마고기-, 떼마고기, 데마고기-) / 두취(頭取) / 라운드 테이블 컨퍼런스(라운드·테이불·콘퍼런쓰) / 레포(레포, 레보) / 리포트(뤼풀트, 레포-트, 뤼풀트, 레-포-트, 리포트, 레포-트, 레포트, 레포트) / 메이데이(메-데-, 메데, 메-데, 메데-, 메데이, 메-데이, 메이데이, 메이떼-, 메이데-, 메이데이) / 무산병원(무산병원) / 선동(煽動) / 스크럼(스크람, 스크럼) / 스피치(스피-취, 스피-치, 스피-츠, 스피취, 스피츠) / 슬로건(슬노간, 술로간,

유형	관련 신어
	스로칸, 스로-간, 스로-겐, 스로간, 스로겐, 슬로간, スローガン, 슬로-간, 슬로-갠, 슬로-강, 스로-갠, 스로-강, 스로강 / 심퍼사이퍼(신파, 심파, 씸파, 심빠, 신빠, 신빠사이자, 심빠사이자, 심퍼다이자, 심퍼싸이더, 씸파예아이저, 신파사이지, 신파사이저, 심파사이저) / 아지테이션(아지테이슌, 아지테-슌) / 아지프로(아지푸로, 아지·푸로, 아지·프로) / 연돌남(煙突男) / 워치워드(월취워드) / 유니언라벨(유니온·레-벨) / 인터내셔널리즘(인터내쇼날리즘, 인터내쇼날이즘, 인터내슈날리즘, 인터내슈날이즘) / 적신문(赤新聞) / 카니발(카-니발) / 프로파간다(푸로파칸다, 푸로파칸더) / 헨파티(헨·파티)

(5) 사회관계

사회관계는 사회생활을 영위하는 데 필요한 인간관계를 뜻한다. 19세기 말에서 20세기 초까지 전통적인 왕조체제와 신분질서가 무너지면서, 국가와 경제의 재조직뿐만 아니라, 사회적·개인적 수준에서 모든 것은 다시 관계맺기를 해야 했다. 사회적 지위를 나타내는 명칭, 새로운 직업의 등장에 따른 호칭의 변화, 새로운 계급의 등장 등 생활세계 전체의 격변을 일으켰다.

사회관계는 사회라는 어휘와 관계라는 어휘의 합성어이다. '사회'라는 말은 정이천(程伊川)의 『명도선생행장(明道先生行狀)』에 나오는 '향민위사회(鄕民爲社會)'라는 문구에서 발견되기 때문에 오래 전에 나온 말이긴 하지만 거의 쓰이지 않았다.144) 19세기 말 서구의 사상과 문물이 유입되면서, '사회'는 전혀 새로운 의미로 나타나기 시작했다. '관계'도 'relation'의 번역어로 의미가 확대되어 신어로 나타났다.

사회관계 관련 어휘군은 크게 세 개의 유형으로 나누어 볼 수 있다. 첫째로는 지위와 관련된 어휘이다. 지위는 연령이나 직업 또는 권력관계, 명예, 위신 등에 따라 결정되는 개인의 위치를 뜻하는 것이다. 보기를 들면, 주니어, 사장, 리더, 시민, 에뜨랑제, 채권자, 몬아미 등이 있다. 둘째는 계

---

144) 박명규, 「근대 한국의 '사회' 개념 수용과 문명론적 함의」, 이경구 외 지음, 『개념의 번역과 창조』, 2012, 돌베개, 94면.

급을 나타내는 신어이다. 계급에 속한 어휘는 사회주의라는 새로운 사상이
매체를 통해 급속히 선전되는 과정에서 나타났다. 계급은 개인을 전혀 색
다른 관계로 인식하게 만들었다. 이제 개인은 그가 사회에서 차지하는 경
제적, 정치적인 위치를 통해 파악되었다. 부르주아, 프롤레타리아트, 인텔
리겐치아 등은 그 대표적인 어휘이다. 셋째는 문화를 나타내는 어휘다. 레
이디퍼스트, 오서리티, 피라미드, 피텔리티, 크레디트, 헨펙 등이 그것이다.

사회관계 어휘군에 속한 신어의 특징을 개략적으로 살펴보면, 첫째는
한자어로 된 어휘는 주로 직위를 나타내는 신어라는 것이다. 보기를 들면
사장(샤쟝, 社長), 사원(샤원, 社員), 조합장(組合長, 죠합쟝), 조합원(組合員, 죠합원) 등
이다. 둘째, 계급과 문화 관련 어휘는 대체로 외래어로 이루어졌다. 브라
만, 프티부르주아, 수드라, 레이디퍼스트, 피델리티, 백그라운드, 헨펙 등이
그것에 해당한다. 외래어는 영어만이 아니라, 독일어, 러시아어, 힌두어,
스페인어, 불어로 이루어졌다. 그에 따라, 하나의 개념어는 다양하게 표기
되었다.

- 그룹 : 구룹, 구르프, 그루푸, 그르프, 그룹
- 룸펜 : 름펜, 룸팬, 룬편, 룸편, 룬펜, 룸펜
- 부르주아 : 뿌르조와, 뿌르죠아, 뿌르쥬아, 뿌르즈와, 뿔으조아, 뿔조아,
            뿌루조아, 뿌루쥬아, 뿌르주와, 뿌르주아, 뿌어조아, 뿌어죠
            아, 뿔죠아, 뿔조아, 뿔주아, 뿔주와, 뿔즈아, 뿔즈와, 쁘르주
            와, 뿌르쥬아지-, 뿔, 쁘르
- 부르주아지 : 뿌루조아지, 뿌루쥬아지, 뿌르조와지, 뿌르죠아지, 뿌르주
              와지, 뿔조아지, 뿔좌지, 뿌르주아지, 뿌르주와지, 뿌어죠
              아지, 뿌어조아지, 뿔즈아지, 뿔주와지, 뿔주아지, 쁘르즈
              와지, 쁘르주와지
- 인텔리겐치아 : 인떼리, 인태리, 인텔리겐트, 인텔리겐티아, 인테리겐지,
               인테리겐지쟈, 인텔리, 인테리, 인텔리겐챠, 인텔리겐쳐,
               인텔리겐챠, 인텔리겐춰, 인테리겐차, 인테리겐처, 인테
               리겐챠, 인테리겐춰

- 패트론 : 바도론, 바드론, 파토론, 파드롱, 페이트론, 페트론
- 프롤레타리아 : 푸롤레타리앝, 푸로레, 푸로, 푸로레타리아, 푸롤레타리
아, 푸롤레다리아, 푸롤레타리아ー트, プロレタリア, 프로레
타리아, 프로레타리아트, 푸로레타리아, 푸로레타리안,
푸로레타리아트, 프로레타리안

이와 같이 하나의 개념어에 다양한 표기가 있는 것은 제도적으로 외래
어 표기법이 통일되지 않았기 때문이기도 하지만 외래어가 유입되는 경로
가 이중적이어서 음역의 방식도 두 가지로 나뉘어졌기 때문이다.145)

셋째, 같은 어휘라도 한자어 표기가 다른 경우도 있다. 대표적으로 노동
자이다. 노동자는 勞動者, 勞働者, 勞力者, 勞作者로 표기되었다. '동' 자를
'動' 또는 '働'으로 다르게 표기했는데, 현재의 기준에서 보면 노동자의 한
자어는 勞動者로 '働'는 이제 쓰이지 않는다. 또한 '家', '者'가 섞여 쓰였다
는 것도 특징적이다.

사회관계 관련 신어는『모던朝鮮外來語辭典』과 번역서, 잡지, 신문 등에
서 그 용어에 대한 설명을 찾아볼 수 있다. 하나의 어휘에 대한 설명도 여
러 자료에 나와 있다. 계급을 보기로 들어보자. 계급은 "옛날 身分的 階級
과 區別하기 위하야 社會階級이라는 말을 만히 쓰는대 表面上 나타나는 收
入分配의 差를 짜라 階級이 생긴 것이 안이라 社會的 生産關係가 歷史的으
로 發展하는 過程에서 必然的으로 發生한 搾取及被搾取關係를 말한 것이
다."146) 또한, "經濟的乃至政治的利害가共通되는 한社會群,"147) "生産에 잇서
同一한 役割을 演하며 生産過程에 잇서 他의 人人에 對하야 同一의 關係에
立한 人人의 總體,"148) "돈만흔사람들을 유산계급(有産階級)이라고 돈업시
노동하는사람을 무산(無産)계급이라고 글자아는사람을 지식(智識)계급이라
함,"149) "경제덕으로나 정치덕으로나 리해가공통한사회군(사회의무리社會群)으

---

145) 김한샘,「신어사전에 나타난 근대 사회 문화 연구」, 458면.
146) 東方學人,「社會科學用語問答」,『東方評論』1, 東方評論社, 1932, 60면.
147) 圖現,「常識辭典」,『新人間』16호, 1927, 22면.
148) 編輯室,「術語解說」,『農民』3권 4호, 1932, 19면.

로 다른엇더한사회군과대립하고잇는 것,"150) "共通한經濟的乃至政治的利害
를가진 社會群으로서 다른社會群에對立하고잇는것을말하는 것",151) "生産關
係에잇서 利害의同一性을基礎로하고 結合된社會的集團",152) "生産關係에잇
서 利害의同一性을基礎로하고 結合된社會的集團"153) 등으로 설명되고 있다.
여기서 계급은 주로 생산관계(生産關係) 속에서 규정되고 있음을 알 수 있다.

어휘의 기원과 의미를 정확히 파악한 것도 있다. 대표적으로 인텔리겐치아
이다. 인텔리겐치아는 "대학생 대학출신등 지식계급(知識階級)을 일너인텔리겐
챠라한다… 이 말은 근본 로시아로부터 나온말로 로동운동게에서 부르는 인텔
리겐차는 고등교육을 바든자로 로동운동에 관게한자를 이름이다."154)라고 설
명된다.

오늘날의 갈등관계를 미루어 짐작할 수 있는 어휘설명도 있다. 대표적
으로 '근로자층'과 '불령선인', '빨갱이'를 들 수 있다. 근로자층에 대한 어
휘설명을 보면, "勞働者 以外에 自己의 勞働으로 사는 사람. 農民, 小商人,
下層官吏, 敎員, 事務員 等"155)으로 되어 있다. 한국에서 '근로자의 날'의 기
원이 식민지시기에 있었음을 추정할 수 있다. '불령선인'에 대해서는, "日
本에서는 「不逞」二字를常用으로써왓는지는모르겟다만은 엇잿든朝鮮에서는
처음듯는 卽己未以後의새말이다. 日本人當局者들이 反日本朝鮮人을稱하야
不逞鮮人이라한다."156)고 설명되고 있다. 즉 이는 일본이 식민에 반대하는
조선인을 일컫기 위해 만들어낸 말이다. 불령선인은 "식민지배에 대한 조
선인의 비난과 조롱이 섞인 유행어로서 독립운동에 대한 총독부의 탄압을
조롱"한 것이었다.157) 빨갱이(붉엉이)는 "적색분자"라는 뜻이다. "일본사람

149) 編輯部, 「術語辭典」, 『朝鮮農民』 2권 2호, 1926, 29면.
150) 김문준, 「익숙한 말 섯투른 말(3)」, 『勞働運動』 1권 5호, 1927, 11-12면.
151) 編輯部, 「新語解釋」, 『朝鮮之光』 71호, 1927, 94면.
152) 靑年朝鮮社, 『新語辭典』, 5면.
153) 미상, 『新語辭典』, 4면.
154) 玄礎, 「新人間辭典」, 『新人間』 35호, 1929, 31면.
155) 靑年朝鮮社, 『新語辭典』, 13면 ; 미상, 『新語辭典』, 19면.
156) 「最近朝鮮에 流行하는 新術語」, 『開闢』 57호, 1925, 69면.
157) 김윤희, 「한국 근대 新語연구(1920년~1936년)-일상·문화적 맥락을 중심으로」, 『국어

에게 팔자면 자네가튼 붉엉이(적색분자라는쯧)는 문전에도 얼신을못하게할거
니장사가될리가잇나?"[158]라는 용례에서 확인할 수 있다. 이를 보면 빨갱이
는 처음부터 부정적인 말로 쓰였음을 알 수 있다.[159] 한 나라가 겪은 식민
의 잔재 또는 식민청산의 불철저를 읽어낼 수 있는 어휘들이다.

사회관계 관련 신어에 대한 한·중·일 어휘를 비교해보면, '無産階級'
은 동아시아 3국에서 함께 쓰였다. 배심관은 일본에서는 '陪審官'으로 중국
에서는 '陪審員'으로 쓰였다. 한국에서는 陪審官과 陪審員 모두 유통되었다.
신어 '보좌인(保佐人)'을 보면, 중국제 한자어(輔佐人)를 제치고 일본제 한자어
(保佐人)가 유통되었음을 알 수 있다.[160] 외국어의 경우 표기가 다르지만, 한
국과 일본이 함께 쓰기도 했다. 브로커(뿌로카, 푸로키, 푸로커, ブロカー, 부로커, 뿌로
커, 쁘로카스, 쁘로커-), 멤버(멈버, 맴바, 맴버, 멤버-, 멤버, メンバー, 멤바, 맴바-, 멘바, 멘버-),
에뜨랑제(에트란제, 에트랑제, エトランゼ) 등 그 수가 많다. ■ 김충석

〈표 14〉 사회관계 관련 신어

유형	관련 신어
지위	경찰서장(경찰서장) / 고작(高爵) / 귀부인(貴婦人) / 그룹(구풉, 구르프, 그루푸, 그르프, 그룹, 그룹, 그룹페, 크루-푸, 크룹, 그룹프, 그룹, 크룹, 구루프) / 깡패(ゴロツキ) / 나비스(노뷔쓰, 노예쓰) / 노빌리티(로불늬틔, 노빌리티, 노불리티) / 대중(대중, 大衆, 衆庶) / 두취(頭取) / 디그리(띠그리, 떼그리-) / 디렉터(듸렉터-) / 룸펜(룸펜, 룸팬, 룬편, 룸편, 룬펜, 룸펜, ルンペン) / 리더(리-다, 리-더, 리드-) / 마이너리티(미노리티) / 머조리티(매조리틔) / 메이트(메이트, 메잍, 메-트) / 멤버(멈버, 맴바, 맴버, 멤버-, 멤버, メンバー, 멤바, 맴바-, 멘바, 멘버-) / 몬아미(몽·아미, 몬·아미, 몽아미) / 몹(모브, 모푸, 몹) / 반장(班長) / 반토(반쏘) / 발기인(발긔인, 發起人) / 발명가(發明家, 發明者) / 발행인(발행인, 發行人) / 방관자(방관자) / 배거본드(빠가본드, 빠가본) / 배심관(비심관, 陪審官, 誓士, 陪審公道人) / 백작부인(伯爵夫人) / 번역관(번역관, 繙驛官, 飜譯官) / 법관(법관, 法官) / 변호인(辯護人) / 병원장(병원장) / 보민관(보민관) / 보이(쏘이, 쏘오이) / 보조원(보죠원, 보조원, 補助員) / 보좌인(保佐人) / 보증인(보증인, 保證人) / 본사(본샤, 본

사연구』 11호, 2010, 50면.

158) 廉想涉, 「三代」, 『朝鮮日報』, 1931.6.17.

159) 이와 관련해서는 강성현, 「'아카'(アカ)와 '빨갱이'의 탄생-'적(赤-敵) 만들기'와 '비국
민'의 계보학」, 『사회와 역사』 100집, 2013.12, 235-277면을 참조할 것.

160) 小林花眠, 『新しき用語の泉』, 1182면 ; 션궈웨이, 『근대중일어휘교류사』, 고려대학교출
판부, 2008, 460면.

유형	관련 신어
사) / 본아미(본·아미, 보나미, 베아미, 쁜아미) / 본점(본점, 本店, 본점) / 본토인(本土人) / 부회장(부회쟝, 副會長) / 불량소년(불량소년, 不良少年) / 불령선인(不逞鮮人) / 브로커(뿌로카, 푸로키, 푸로커, ブローカー, 부로커, 뿌로커, 쁘로카, 쁘로커-) / 뷰라크러트(뷰-로크랱, 뷰-로크랱트) / 블랙리스트(쌜랙리스트) / 블랙코트(쌜랙, 코-트) / 비서관(비셔관, 秘書官) / 사감(舍監) / 사도(使徒) / 사무원(사무원, 스무원, 事務員) / 사원(社員, 샤원) / 사장(샤쟝, 社長) / 상등인(상등인) / 서민(庶民) 서번트(썰번트, 써-반트) / 선각자(션각쟈, 선각자, 先覺者) / 세뇨러(세뇨-라) / 세뇨르(세뇨-르) / 소유주(所有主) / 수령(首領) / 수반(슈반, 首班) / 스타(スター) / 스트레인저(스트레인저) / 시니어(시니어, 세니어) / 시민(시민, 市民) / 시티즌(市民, 시틔슨) / 아라뜨(아라-트) / 양복쟁이(양복장이, 양복쟁이, 洋服장이) / 에뜨랑제(에트란졔, 에트랑졔, エトランゼ) / 엑스퍼트(엑스파트, 엑스파-트, 엑스퍼트, 엑스퍼-트) / 열등지위(劣等地位) / 영세민(細民) / 오피스 와이프(오피-스·와이프) / 올드보이(올드·뽀이) / 옵서버(옵사바, 옵저버) / 인텔리전서(인테리젠서, 인텔리젠서) / 일반인(一般人) / 작위(爵士) / 조방꾸니(조방군이) / 조수(助手) / 조장(죠장, 組長) / 조합원(조합원, 조합원, 組合員) / 조합장(죠합쟝, 組合長) / 졸업생(졸업생, 졸업싱, 卒業生) / 주니어(주니아, 쥬니어, 쭈니아) / 주의자(주의자, 主議者) / 지다이 오쿠레(지다이오쿠레) / 채권자(치권쟈, 債權者) / 치프(취-프) / 카스트(카스트, 가스트) / 캄래드(콤레드, 콤러드) / 캉규바인(콘큐바인) / 컴패니언(컴패니언, 콤패니온) / 타바르카(타와르카) / 타바리시치(타와리시치) / 팀(팀, 테임, 템, 팀, 티-ㅁ) / 패트런(파트론, 바도론, 바드론, 파토론, 파드롱, 파드론, 페트론, 페트론, 파도론, 파트롱, 페이트런) / 평민(平民, 小民, 尋常人) / 피치자(被治者) / 후보생(候補生, 후보싱, 후비싱)
계급	귀족(貴族, 貴紳) / 남작(男爵, 남작, 남쟉, 쌔론) / 로드(로-드) / 마퀴스(마퀴스, 후작, 侯爵) / 백작(伯爵, 빅작, 伯) / 후작(후쟉, 侯爵, 候) / 기생계급(寄生階級) / 노동자(로동자, 로동쟈, 로동즈, 노동자, 勞動者, 노동쟈, 勞働者, 勞力者, 勞作者, 勞役者) / 노예(노예) / 농노(農奴, 농노) / 미들클래스(미들클나쓰) / 바이사(毘舍, 吠舍, 비사) / 부르주아(부르, 뿌르조와, 뿌르죠아, 뿌르쥬아, 뿌르즈와, 뿔조아, 뿌루조아, 뿌루쥬아, 뿌루조아, 뿌루주와, 뿌루주아, 뿌어조아, 뿌어죠아, 뿔죠아, 뿔조아, 뿔조와, 뿔주아, 뿔주와, 뿔즈아, 뿔즈와, 쁘르주와, 쁘르, 쑤르조아, 쏠조아, ブルジョア, 쑤루조아, 쏠쪼아, 뿌루, 뿌르, 쑤르, 뿌르조아, 뿌르수와, 뿔) / 부르주아 인텔리겐치아(뿌르·인테리, 뿌루·인테리, 뿌루조아·인테리, 뿌루조아·인테리겐챠, 뿌르조아·인텔리) / 부르주아지(뿌르조아지, 뿌르쥬아지-, 뿌루조아지, 뿌루쥬아지, 뿌르조와지, 뿌르죠아지, 뿌르즈와지, 뿔조아지, 뿔좌지, 뿌르주아지, 뿌르주와지, 뿌어죠아지, 뿌어조아지, 뿔즈아지, 뿔주와지, 뿔주아지, 뿔즈와지, 쁘르즈와지, 쁘르주와지, 쑤루조아지, 뿌르조아지, 뿌루쪼아지-) / 뷰라크러트(뷰-로크랱, 뷰-로크랱트) / 브라만(뿌라만, 뿌라먼, 푸라만, 바라몬, 뿌라마, 파라몬, 富羅磨, 파라문, 婆羅門, 婆蘭瑪) / 소부르주아(小뿌르조아, 소뿌르조아, 小뿌루쪼아, 小쏠죠아) / 수드라(수드라, 수타, 首陀, 수드라, 首陀羅) / 인텔리겐치아(인떼리, 인태리, 인텔리겐트, 인텔리겐티아, 인테리겐지, 인테리겐지쟈, 인텔리, 인테리, 인텔리겐챠, 인텔리겐처, 인텔리겐챠, 인텔리겐취, 인테리겐챠, 인테리겐처, 인테리겐챠, 인테리겐취, インテリゲンチャ) / 찬드라(센다라, 전타라, 栴陀羅) / 카스트(카

유형	관련 신어
	스트, 가스트, 種姓) / 크샤트리아(刹帝利, 찰제리) / 클래스(클라스, 크라스) / 파리아(파리아) / 프롤레타리아(푸롤레타리알, 푸로레, 푸로, 푸롤레타리아, 푸로레타리아, 푸롤레다리아ー트, プロレタリア, 프로레타리아, 프로레타리아트, 푸로레타리아, 푸로레타리안, 푸로레타리아트, 프로레타리안) / 프티부르주아(부티・뿌르, 푸지・뿌르, 푸지・뿌르조아, 푸티・뿔조아, 푸틔쑤루조아, 푸티・쌀르, 푸튀, 쑤르조아, 푸틔부르조아, 푸티・뿌르, 푸티・뿌르조아, 푸티・뿌르, 프티뿌루, 프티뿌르) / 흑인노예(黑奴, 흙노)
문화	갭(갬프, 걉프, 껩) / 레이디퍼스트(레듸・퍼스트, 레디 哎-스트, 레디, 퍼-스트) / 리셉션(리셉슌, 뤼셉쉰, 리셉슌, 레셉슌) / 백그라운드(빽크라운드, 빽, 빽그라운드) / 선물(饌物, 進物) / 세간적(世間的, 세간덕) / 소셜(쏘샬, 쏘시알, 쏘ー시알) / 솔리다리티(쏠리다리티) / 스노브(스놉) / 피델리티(Fidelity) / 생존경쟁(싱존경쟁, 生存競爭, 생존경쟁) / 실권(실권, 實權) / 양복쟁이(洋服장이, 양복장이, 양복쟁이, 洋服장이) / 오서리티(오-소리티, 오소리티) / 의연금(의연금, 義捐金) / 자선사업(쟈선사업, ㅈ선ㅅ업, 慈善事業) / 지방색(地方色) / 집회(집회, 集會) / 착취(착취, 搾取) / 책임(責任) / 친분주의(親分主義) / 크레디트(쿠레디트, 쿠레지트, 크래딭, 크레칠트) / 크로스(크로쓰) / 크룩(크룩, 크루크) / 평등(平等, Equality) / 평화(平和, 평화) / 피라미드(비라밍, 비라믿드, 피라믿드, 피라믿트, 피라밍, 피라밋, 敝利美杜, 菲羅未朱道) / 헨펙(헨 픽트, 헨펙, 헨펙트) / 환영회(환영회, 歡迎會) / 후견제도(後見制度)

제3장 과학·지식

19세기 후반부터 밀려들어 온 서구의 문물은 그 틈입과 함께 개념을 동반했다. 그 개념은 어휘 형태로 구체화되었고 우리는 그것을 '유행어'를 포함하여 '신어'라는 의미로 수용하였다. 그것은 어느 한 영역에 국한된 것이 아니라 전면적이었고 획기적이었다. 그에 따라서 전근대와 근대의 경계를 넘나들고 있던 조선의 언어 지형은 확장되었다. 그러한 확장은 과학 및 지식의 확산과 보급을 의미했다. 여기서 '과학'은 자연과학이 아니라 서구의 근대적 학문을 포괄하는 'science'였고, '지식' 역시 전통적으로 계승된 범주의 것이 아닌 새로운 담론을 담고 있는 근대적 '지식'이었다. 그리고 이러한 과학 및 지식 체계의 인식과 함께 들어온 신어의 수용 경로는 복잡한 양상을 띠지만, 주로 중국과 일본을 거칠 수밖에 없었다.

Ⅲ부에서는 이 근대 신어의 유입과 관련하여 과학·지식 분야를 학문·사상, 역사·종교, 인물·지리의 세 항목으로 나누어 기술하였다. 그리고 이러한 중분류 항목의 기본 틀을 바탕으로 다시 하위분류로 나눠 신어의 특징을 서술하였다. 학문·사상의 소분류는 '인문학, 사회과학, 자연과학, 교육, 단위(도량형 중심), 시간과 공간'으로, 역사·종교의 소분류는 '역사적 사건, 종교, 신화, 인종'으로, 인물·지리의 소분류는 '자연지리, 세계의 지명, 세계의 인명, 호칭' 등으로 구성하였다. 그리고 각 소항목에서 신어 유입 양상에 대한 거시적인 서술을 통하여 신어의 어휘적 특징과 역사적 맥락, 표기의 난맥상, 대표어휘 분류표 등을 제시하고자 하였다.

학문·사상의 소항목인 인문학 분야에 해당되는 어휘는 '사상과 이론', '종교와 철학', '문학과 예술', '언어와 언어학', '역사와 문화' 등 크게 다섯 유형으로 분류할 수 있다. 사회과학 관련 근대 신어는 '사상과 이론', '제도와 정치', '경제와 생활', '사회와 문화' 관련 어휘로 구분된다. 자연과학 분야 어휘는 '기계 관련 어휘', '토목·건축 관련 어휘', '화학 관련 어휘', '전기 관련 어휘', '물리·천체 관련 어휘', '지질·지리 관련 어휘', '생물학 관련 어휘'로 분류된다. 다른 영역의 근대 신어들의 양상도 유사하겠지

만 학문·사상 관련 신어 중 다수는 서구용어를 그대로 수용하거나, 중
국·일본을 통해 번안한 것들이다. 그러므로 그 표기 양태가 다양하고, 간
혹 해설과 용례를 꼼꼼하게 참조하지 않으면, 그 뜻을 헤아리기 어려운 것
들도 적지 않다.

'학교', '학제', '학교활동 및 교구', '교육 관련 고유명사' 등으로 분류되
는 교육 관련 신어를 통해서는 대체로 서구식 교육제도와 교육문화, 나아
가 학술문화를 지칭하는 어휘가 다량으로 유입된 양상을 확인할 수 있다.
일본의 대학뿐만 아니라, 미국, 영국의 명문대학들의 이름이 다수 교육 분
야 신어로 유입된 사실은 이 당시 국경 밖의 지식과 교육문화에 대한 관심
을 대변했다. '길이', '넓이', '무게', '수량', '화폐' 등의 단위를 지칭하는
단위 관련 신어들은 대체로 서구 원어와 중국식 번역 등 다양한 표기로 나
타나는데 원어와 한자어가 경쟁하는 대표적인 사례들이다. 시간과 공간
관련 신어들 역시 근대화가 동반한 다양한 사회·문화상을 반영했다. 전
통사회에는 없었던 각종 기념일들과 서양식 역법(曆法)에 기초한 요일 지칭
어휘, 계절과 서구식 시대구분 개념, '봄방학'과 같이 서구식 제도가 만들
어 놓은 개념어로부터 '모던-'으로 대표되는 유행 관련 어휘들이 시간과
공간 관련 어휘 군에 속한다.

네 개의 소항목으로 구성된 역사·종교 중분류의 신어 양상 중에서 역
사적 사건은 당대의 역사적 사실이 어떤 언어(신어)로 표현되었는지를 보여
주는 것이다. 1883년부터 1945년까지 '조선'은 급변하고 격동하는 국내외
정세 속에서 '조선→대한제국→국권 상실과 일제 강점' 등등의 역사상
유래 없는 '역사적 대사건'들을 겪었기 때문이다. 격동의 시대에 벌어진
사건은 그 긴박감과 의미를 언어로 새롭게 반영하고 있다.

역사적 사건에 속하는 어휘는 각각 정치, 경제, 사회, 문화 관련 어휘,
즉 네 가지 유형으로 나뉜다. 정치 관련 어휘에는 '전쟁 또는 충돌', '개혁
또는 혁명', '국제회의', '사회주의 또는 공산주의', '조약 또는 그와 관련된
어휘', '독트린', '독립이나 해방', '해외의 기타 주요 사건' 등이 있다. 이는

격동의 시대를 대변하는 어휘들이다. 경제 관련 어휘에는 '산업혁명', '노동자·농민의 시위 또는 운동', '경제권을 둘러싼 국제분쟁', '근세 유럽의 노예 거래'에 대한 것들이 있으며, '일제의 경제적 침탈에 항거하는 운동' 등의 어휘 역시 당시의 사회를 적극적으로 반영하고 있다. 사회와 문화 관련 어휘 역시 새로운 시대에 지식인과 민중 모두에게 노출되고 수용된 역사적 사건의 신어들이다.

'역사·종교' 분야의 두 번째 소항목인 종교에 속하는 어휘는 '기독교계 관련 어휘', '불교계 관련 어휘', '이슬람교(회교)계 관련 어휘', '힌두교계, 유대교, 조로아스터교, 시크교 등과 관련된 어휘', '기타 어휘' 등의 다섯 가지 유형으로 나눌 수 있다. 이 중 기독교계 관련 신어가 압도적으로 많다. 불교계 관련 어휘에 대해서는 다소 신중한 판단이 필요한데 그 이유는 불교는 전근대 시대부터 우리를 지배했던 종교 이념이기 때문이다. 따라서 불교 관련 새로운 의미의 어휘가 당시 조선에 유입된 것보다는 신어 어휘의 표기 형태가 새로운 것에 주목할 필요가 있다. 같은 개념이 어떤 언어 형식으로 바뀌어 표기되었을 때 그 의미 맥락의 변화도 있을 수 있다는 점을 고려해야 한다. 불교 관련 어휘는 그런 차원에서 좀 더 심도 있는 검토가 요구된다.

'역사·종교' 분야의 세 번째와 네 번째 소항목인 신화와 인종에 속하는 어휘는 '신체(형질)적 특징으로 표현된 인종 관련 어휘', '지역적 구분에 따른 인종 관련 어휘', '3대 인종 소속 인류 집단과 관련된 어휘', '기타 어휘' 등의 네 가지 유형으로 나뉠 수 있다. 소위 '사회진화론'이 풍미하던 당시 인종에 대한 신어의 유입은 당연한 것이었고, 신화 관련 어휘도 당연히 서구의 대표적인 신화인 그리스·로마 신화에 집중되었다.

당시 조선에서 근대는 '세계'에 대한 개념적, 공간적 확장과도 무관하지 않다. 동양인이 아닌 인종이 등장하며 서양인이 존재하는 새로운 서구 세계라는 공간에 대한 인식의 보편적 확장이 '인물·지리' 소항목 분야의 신어 유입의 인식 상황이라고 볼 수 있다. '인물·지리' 관련 근대 신어는 앞서 살펴보았듯이 네 개의 소항목으로 분류된다. 그 가운데 자연지리 관련 근대 신어에는 지형 자체와 지질·토양·해양 등에 대한 '지형 관련 어휘군', 다양한 종류의 기후 자체와 이로 인해 형성된 지대·기상 등에 대한 '기후 관련 어휘군', 자연지리와 관계가 있는 천문학적 용어 등에 대한 '지구 관련 어휘군', 위의 범주들에 들지 않는 자연지리 관련 용어나 지역·위치를 가리키기 위해 인위적으로 만든 개념 등에 대한 '기타 어휘군'이 포함된다.

세계의 지명은 대륙·해양·산·강·호수·섬·반도·사막·폭포·해협 등의 '자연지명', 하나의 국가를 단위로 보아 주(州)·도(道)·군(郡)·현(縣)·시(市)·구(區)·동(洞)·촌(村)·가(街)등의 '행정지명', '역사 속 왕국이나 도시 등의 지명', '신화나 종교 관련 지명', '역사·종교지명'으로 세분화할 수 있었다. 세계의 인명 역시 몇 가지 유형으로 분류할 수 있다. 정치가나 혁명가, 사상가나 학자, 예술가 등 '서구의 실존 인물의 인명', 미국 공사 푸트(福特, 福德), 언더우드(원두우), 아펜젤러(아편설라), 독일인 부들러(卜德樂), 묄렌도르프(襪爾德) 등과 같이 '개항 이래 조선을 배경으로 활동한 서구인의 인명', 존이나 메리처럼 특정인이 아니라 영국이나 미국 등 '서양에서 일반적으로 통용되는 남녀 인명', 노라, 돈키호테, 로빈슨 크루소처럼 실존 인물이 아니라 '소설이나 신화 속에 등장하는 인명'들이 이에 해당한다.

근대 조선에 유입된 세계의 지명과 인명은 그 수용 경로가 복잡하여 다양한 이표기(異表記)가 등장한다. 대체로 중국이나 일본을 통해서 혹은 중국에서 다시 일본을 거치는 유통 경로 과정에서 정착된 신어 유형들이다. 또 일찍부터 서양을 둘러보고 남긴 여행기 등의 지명과 인명도 배제할 수 없다. 이표기의 양상이 덜한 세계의 인명들은 근대 언론 매체가 형성되는 초창기부터 대거 소개된 것들이다. 서구 열강과 관계를 맺으며 새로운 사회 질서를 건설하고자 했던 상황에서 역사나 현실사회에서 실존 인물의 인명은 자연스럽게 등장할 수밖에 없었다.

그리고 그러한 사람과 사람 사이의 관계에서 파생되는 호칭 관련 근대 신어 역시 두드러진 양상을 보였다. 스위트하트, 달링, 피앙세, 마마, 파파 등과 같이 '연인이나 가족 관계 어휘', 스타, 팬, 아이돌 등과 같이 '대중문화 관계 어휘', 레이디, 젠틀맨, 무슈, 마담, 미스, 미스터, 하이칼라, 근대인, 고등빈민, 부르주아, 프롤레타리아 등과 같이 '사회관계 속에서 유입된 어휘', 그리스인, 파리지앵, 양키, 화교 등과 같이 주로 '국가 관계에서 나타난 어휘'가 포함된다. 이러한 신어는 급변하는 시대에 조응하면서 유행어라는 지위를 얻은 측면도 간과할 수 없을 것이다.

언어가 의식을 규정하는 것인지 아니면 의식이 언어에 투영되는 것인지에 대한 문제는 항상 논쟁적이다. 언어학적 문제이기 전에 철학적, 역사적 문제와도 연계돼 있다. 때로는 신어의 틈입과 정착이 새로운 인식의 단초와 의식의 확장을 선도하기도 하지만, 근대적 문물의 수용, 역사적 사건에 대한 당대 민중들의 직접적 경험을 통한 인식과 사유가 언어를 간섭하고 새로운 개념을 창출하기도 한다. 그 정점에 근대 신어, 유행어가 있다. 그런 맥락에서 특히 근대의 과학·지식의 신어들은 이러한 우리의 질문에 어떤 실마리를 제공하고 있는지도 모른다. ■ 이상혁

1. 학문·사상

19세기 후반부터 조선은 중국과 일본 등을 통해 대량으로 서구 학문지식과 사상을 접하게 되었다. 본격적으로 서구 학문과 사상을 접하면서 한국의 지식체계와 세계관에는 적잖은 변화가 발생했다. 학문 분야를 세분화하여 인식하고, 이를 교육에 접목하는 방식은 표면적으로 나타난 가장 큰 변화상이었다. 학문·사상에 속한 근대 신어들은 이렇듯 새로운 지식 환경에 적응하고, 이를 체화하려는 노력이 묻어나는 어휘들이다.

학문·사상에 속한 어휘에는 사상과 각 분야의 이론, 철학, 종교, 예술, 역사학, 언어학, 경제학, 정치학, 사회학 등의 인문사회과학 관련 어휘들과

물리, 화학, 지질학, 생물학과 기계와 토목, 건축 등을 포함한 자연과학 관련 어휘들이 있다. 여기에 서구적인 제도와 관습에 기초한 시간과 공간, 도량형을 중심으로 각종 단위를 나타내는 어휘, 20세기 초 지식사회의 가장 큰 관심사였던 교육 관련 어휘들이 포함된다.

다른 분야의 대다수 근대 신어들의 사정도 비슷하겠지만, 학문·사상 관련 신어 중 다수는 서구 용어를 그대로 수용하거나 번안한 것들이다. 그러므로 동일한 용어가 다양하게 번역된 것들도 있고 낯선 표현도 많아, 해설과 용례를 꼼꼼하게 참조하지 않으면 그 뜻을 헤아리기 어려운 것들도 적잖다. 초기 번역과정에서 서로 경쟁관계에 놓였다 사회성을 잃어버린 어휘들도 이러한 사례에 속한다. 일테면 물리학과 경쟁했던 격물학(格物學), 분필과 경쟁했던 토필(土筆), 철기시대와 경쟁했던 철시대(鐵時代) 등이 그렇다.

원어와 번역어가 경쟁했던 사례도 찾아볼 수 있다. 헬레니즘과 경쟁했던 희랍주의는 한동안 함께 사용되다가 현재 그 쓰임새가 거의 사라졌고, 길이 단위인 인치(inch)와 경쟁했던 영촌(英寸), 거리단위인 마일(mile)과 경쟁했던 영리(英里)도 마찬가지 운명을 걸었다. 해리(海里)가 여전히 사용되고 있는 것과 대비되는 사례라고 할 것이다. 이처럼 사라진 어휘들은 그 용례를 참조하지 않는다면, 현시점에서 그 뜻을 정확하게 알기 힘들다.

인문학 분야에 해당되는 어휘는 사상과 이론, 종교와 철학, 문학과 예술, 언어와 언어학, 역사와 문화 등 크게 다섯 유형으로 분류할 수 있다. 사상과 이론 범주에는 보편적인 학문 용어들과 아카데미즘, 인덱스, 세미나와 같은 서구적인 학술문화 관련 어휘들이 포함된다. 여기에 분류된 어휘들은 대부분 현재까지도 폭넓게 활용되는 것들이다. 종교와 철학 범주에는 주로 고대부터 중세, 현대에 이르기까지 유럽 철학사 관련 어휘들이 포함된다. 문학과 예술 범주에는 현재까지도 중시되는 문학·예술 관련 전문 용어들이, 언어와 언어학 범주에는 다양한 문화권의 언어들과 언어학 관련 기초 개념어들이 포함된다. 역사와 문화에는 기본적인 시대구분 용어와 문화사 관련 개념어들이 포함된다. 비교적 뚜렷한 분과학문 용어가 대부분이다.

사회과학 관련 근대 신어는 사상과 이론, 제도와 정치, 경제와 생활, 사회와 문화 관련 어휘로 구분된다. 사상과 이론 범주에는 계몽사상, 공리주의, 공산주의와 같은 중요 근대사상들로부터 간디주의, 먼로주의, 페이비어니즘과 같은 역사적 맥락 위에서 이해해야 하는 특정 사상을 지칭하는 어휘가 자리 잡고 있다. 제도와 정치 범주에서 가장 비중이 높은 어휘들은 법률 관련 어휘와 의회제도 관련 어휘들이다. 이들 어휘는, 당시 서구사회에 대한 한국 지식인들의 관심이 높았고, 교육 수요가 많았던 분야에서 활용되었던 것들인 만큼, 그 수량도 상대적으로 많은 편이다. 경제와 생활에는 경제현상과 자본과 임금 관련 어휘들이 다수를 차지한다. 사회와 문화 범주에는 비교적 다양한 어휘들이 분포하는데, 사회진화론에 입각한 야만과 개화 관련 어휘와 사회주의 관련 어휘들이 다양한 표기 용례와 함께 자리 잡고 있는 것이 특징이다.

교과서류, 사전류, 신문류, 잡지류, 정기간행물, 문학 작품 등에 등장하는 자연과학 분야 어휘는 기계 관련 어휘, 토목·건축 관련 어휘, 화학 관련 어휘, 전기 관련 어휘, 물리·천체 관련 어휘, 지질·지리 관련 어휘, 생물학 관련 어휘로 분류된다. 이들 어휘 군에는 주로 건축자재나 원소 등과 같은 분야별 기초어휘와 법칙들이 포함된다. 물리·천체 관련 어휘, 생물학 관련 어휘에는 중요 학설들을 지칭하는 어휘 비중이 상대적으로 높다. 로봇과 같이 당시에는 실존하지 않았던 개념이 다양한 표기로 등장하는 점은 자연과학에 대한 관심이 전문 분야나 교육과정뿐만 아니라, 사회·문화적으로도 폭넓게 퍼져 있었음을 짐작하게 해준다.

학교, 학제, 학교활동·교구, 교육 관련 고유명사 등으로 분류되는 교육 관련 신어에는 대체로 서구식 교육제도와 교육문화, 나아가 학술문화를 지칭하는 어휘가 많다. 일본의 대학뿐만 아니라, 미국, 영국의 명문대학들의 이름이 교육 분야 신어군에 다수 포함된 사실은 20세기 초반 국경 밖의 지식과 교육문화에 대한 관심이 구체적인 차원에서 형성되고 있었음을 알게 해준다.

단위 관련 신어들은 단기간에 대량으로 유입된 서구문화가 일상의 삶에 스며들어 온 근대 한국사회의 단면을 피부로 느끼게 해준다. 길이, 넓이, 무게, 수량, 화폐 등의 측정 단위를 지칭하는 이 신어들은 대체로 다양한 표기로 나타나는데, 이는 그만큼 그 어휘의 출현 빈도가 높았다는 점을 방증한다. 단위 관련 신어들에서는 앞서 언급한 한자어와 원어가 서로 경쟁하는 사례를 다수 발견할 수 있다. 비교적 단순한 어휘들이지만 일상에 미치는 영향은 그 어떤 어휘 군의 신어들보다 크다는 점이 단위 관련 신어들의 특징이라 할 것이다.

시간과 공간 관련 신어들은 근대화가 동반한 다양한 사회·문화상을 보여준다. 전통사회에는 없었던 각종 기념일들과 서양식 역법(曆法)에 기초한 요일 지칭어휘, 계절과 서구식 시대구분 개념, 봄방학과 같이 서구식 제도가 만들어 놓은 개념어로부터 '모던-'으로 대표되는 유행 관련 어휘들이 시간과 공간 관련 어휘 군에 속한다. 새로운 문화는 곧바로 새로운 물품에 대한 수요로 연결되기 마련이어서, 시간과 시각을 정확하게 인지하게 하는 도구들이 다량 등장했는데, 그 물품들을 지칭하는 어휘들 역시 다수 신어 목록에 올라있다. 이들 어휘는 현재까지도 그 생명력을 왕성하게 유지하고 있다. 공간 관련 신어들도 사정은 비슷하다. 아크로폴리스와 같이 역사적인 공간을 지칭하는 어휘들도 있지만, 대체로 도시와 소비문화의 변화상을 보여주는 어휘들이 많다. 이들 어휘들 중에는 실존했던 것들도 있지만, 동경의 대상이나, 세련된 것으로서의 서구식 문화를 소비할 수 있는 장소를 지칭하는 어휘도 다수 포함되어 있다.

서구의 학문과 사상을 수용하고, 이를 습득하려는 노력은 현재에도 진행 중이다. 이러한 태도는 긍정성과 부정성을 동시에 지닌다. 따라서 학문·사상 관련 근대 신어를 바라보는 감정도 복잡할 수밖에 없다. 그러나 학문·사상 관련 근대 신어를 일별하면서 가장 분명하게 느낄 수 있는 것은 우리가 살고 있는 현재가 이미 그때 완연하게 시작되고 있었다는 느낌

일 것이다. 그 느낌은 어떤 동질감이 아닐까 한다. ■ 김택호

(1) 인문학

현시점에서 인문학은 철학, 문학을 비롯한 예술학, 역사학을 포괄하여 부르는 이름이다. 인문학, 사회과학, 자연과학 등 비교적 큰 덩어리로 구분한다고 해도 한국의 전통 지식인들에게 유럽적인 방식의 학문 구분은 낯선 것일 수밖에 없었다. 그러나 유럽보다 훨씬 오래된 합리적 학문전통을 지니고 있었던 입장에서도 한국의 지식인들에게 유럽의 철학과 역사, 문학·예술은 매우 흥미로운 대상이었던 것으로 보인다. 인문학 관련 근대 신어를 찬찬이 살피다 보면, 그 신어들이 지칭하고 표현하는 범위와 차원이 매우 다양하다는 것을 알 수 있다.

근대 전환기 이후 국내에 유입·유통되었던 신어 중 인문학 분야에 해당되는 어휘는 사상과 이론, 종교와 철학, 문학과 예술, 언어와 언어학, 역사와 문화 등 크게 다섯 유형으로 분류할 수 있다. 이와 같은 분류는 다분히 현재의 관점이 기준이 되었으며, 각각의 분류도 현재 인문학이 포괄하는 학문 분과가 중요 기준이 되었다. 이 중 사상과 이론에는 인문학뿐만 아니라, 사회과학 제 분야에서도 중요한 기초어휘로 활용되는 것이 많을 만큼 보편적인 학문용어들이 다수 포함되어 있다. 이에 반해 종교와 철학, 문학과 예술, 언어와 언어학, 역사와 문화에는 비교적 뚜렷한 분과학문 용어가 대부분을 차지한다.

인문학 관련 근대 신어에는 중국·일본 등을 통해 유입된 번역어와 유럽권 언어를 번역한 개념어들이 다수를 접하고 있다. 개인(個人), 귀납논리법(歸納論理法), 근대정신(近代精神), 근대주의(近代主義), 기계론(機械論), 내재적 이원론(內在的二元論), 연역법(演繹法), 인문진보(人文進步), 경험론(經驗論), 현상학(現象學), 감정이입(感情移入), 고유명사(固有名詞), 희랍주의(希臘主義) 등과 같은 개념어들이 중국·일본 등을 통해 유입되거나 조어된 개념어들이다. 반면

날리지(Knowledge), 다위니즘(Darwinism), 도그마(Dogma), 딜레마(Dilemma), 자인
(Sein), 유토피아(Utopia), 쉬르리얼리즘(Surrealism), 에스페란토(Esperanto), 모노
가미(monogamy) 등은 외국어가 일정한 번역·번안과정을 거치지 않고 유입
된 사례이다. 이런 사정은 19세기 이후 서구와의 조우를 통해 변화된 학문
적 환경을 반영한다.

또한 인문학 관련 근대 신어에서는 동일한 개념을 다양하게 표현하는
신어가 서로 경쟁관계를 형성했던 모습을 찾을 수도 있다. 이를테면 현재
개인이라는 용어로 보편화된 영어 individual 관련 어휘들이 개인(個人), 개인
(箇人), 맨, 인듸비주알리즘, 일개인(一個人), 일사인(一私人) 등으로 다양하게
나타나는 모습을 볼 수 있는데, 이는 근대 인문학이 서구 개념을 수용하는
과정에서 다양한 방식의 번역이 이루어졌으며 그들 간의 경쟁이 있었음을
보여주는 사례라고 하겠다.

인문학 관련 근대 신어의 특징은 다음과 같다.

첫째, 사상과 이론 관련 근대 신어에는 인문학뿐만 아니라 사회과학 분
야에서도 일반적으로 활용하는 용어가 포함된다. 그중 많은 신어들이 이후
에도 일반적인 학문 용어로 활용된다. 가치(價値), 개인(기인, 個人, 箇人), 도그마
(도구마, 도마, 쏙마, 쏘구마), 딜레마(지렌(렘)마, 디렴마, 디렵머, 디레마, 디렘마, 디렌마, 띠레마,
띠렘마, 띨렘마, 씨렘마, 듸렘마, 띄레마, 띄렘마, 띄렌마), 로고스, 로직(로직, 로직크), 실천(실
천), 심리, 아우트라인, 아이디어(아이데아, 아이듸아), 아카데미즘, 카테고리(가데고
리, 카테고리-), 컨텍스트, 테제(데-재, 데-제, 데제, 테에제, 테이제)[1] 등과 같은 어휘가
여기에 해당한다. 이러한 어휘는 동아시아 학문세계에서 보편적으로 활용
했던 학문 개념어와 호환이 용이하지 않은 것이 대부분이다. 주로 유럽에
서 유입된 새로운 사상을 표현하는 어휘들도 눈에 띠는데 다위니즘(따-위니

---

1) 1930년대 한 잡지에서는 '테제'를 다음과 같이 정의하고 있다. "인간사회를 한층 완전한
   사회로 발전시키려면 그 발전시켜 나가는 어떤 방략을 가지지 않으면 안 되며 방략이 결
   정되면 이 원칙에(전략) 의지하여 운동하여 가는 수단이 결정되지 않으면 안 된다. 그 수단
   으로 운동의 방침, 방법이 있어야 하며 그것을 표시하는 슬로건이 있어야 된다. 이 운동의
   방침을 테제라고 한다"(社會常識術語,『黨聲』1호, 天道教靑友黨本部, 1932.6. 6면).

즘)·다원주의(多-元主義), 계몽주의·엔라이튼먼트, 개인주의·인디비주얼리
즘, 근대주의, 인본주의, 휴머니즘(휴만이즘, 휴매니즘, 휴-매니즘, 휴-마니즘, 휴맨니슴)
등의 어휘가 여기에 해당한다. 감각론, 기계론 등 새로운 이론을 표현하는
어휘들도 인문학 분야 전반에 관련된 신어이다. 새로운 매체환경과 글쓰기
방식, 연구방식 등을 반영하는 논설(론설), 인덱스, 세미나(세미날, 제미날)[2] 등과
같은 사례도 근대 신어의 형성 환경을 짐작케 하는 어휘이다.

둘째, 종교와 철학 관련 근대 신어에는 유럽 철학의 중요 개념들을 표현
하는 어휘가 다수를 이룬다. 공리주의(功利主義), 니체이즘, 니힐리즘(니히리슴,
니히리쯤, 니히리즘, 니히리즘, 니힐리즘), 변증법(띄알렉틱·메소드), 소피스트(소푸이스트, 소
긔스트, 쏘예스트), 스콜라철학(스칼라哲學), 스토아, 유토피아(유도피아), 에피큐리언
(애피큐리앤), 현상학(現象學), 형이상(形而上) 등과 같은 어휘가 신어로 출현하고
있는데, 이는 고대로부터 19세기까지의 유럽의 중요 철학사조가 활발하게
소개되었던 근대 초기 사정을 반영한다. 독일어 자인(Sein)도 이 시기에 등
장하는데, 헤겔 철학을 설명하는 신문기사에서 그 용례를 확인할 수 있
다.[3] 경험론, 관념론, 인식론, 회의론과 같은 어휘는 구체적인 철학사조보
다 거시적인 차원에서 철학적 태도를 설명하는 신어들이다. 우파니세야드
는 인도 최고의 철학논총이라는 의미[4]로 소개되고 있다.

셋째, 인문학 분야 전반이 그렇지만 특히 한국 근대 문학과 예술은 17세
기 이후 유럽 문학·예술의 영향력이 두드러진 분야이다. 이를 반영하듯
문학과 예술 관련 근대 신어는 예술 사조와 창작 기법, 작품의 내적요소,
비평태도에 걸쳐 다양한 형태로 출현하고 있다. 리터러처(리테라튜어, 리테라추
어), 문학(文學), 장르(잔루-, 쟌눌)와 같은 어휘는 문학과 예술 그 자체를 규정
하고 설명하는 데에 활용된 신어이다.

---

2) 세미나는 "1. 연구생(단), 2. 연구실"이라는 의미로 소개되었다(李鍾極, 『(鮮和兩引)모던朝鮮
    外來語辭典』, 漢城圖書株式會社, 1936, 245면).
3) "헤겔의 논리학을 전체적으로 볼 때에는 존재(자인)는 독점한 존재가 아니라"(『東亞日報』,
    1937.9.3. 7면).
4) 李鍾極, 『(鮮和兩引)모던朝鮮外來語辭典』, 漢城圖書株式會社, 1936, 394면.

이러한 어휘들은 일정한 해설과 함께 소개되는 모습을 쉽게 찾을 수 있다. 고답파(高踏派), 상징(상증, 象徵), 의고주의(擬古主義), 인상주의(印象主義), 자연주의(自然主義), 또한 매우 다양한 표기로 빈출하는 모더니즘5)과 쉬르리얼리즘(슐레아리즘, 스르레알리스므, 술리알리즘) 등은 문예사조를 지칭하는 어휘이다. 한국 근대 문학·예술의 형성과 초기의 비약적인 발전에 다양한 유럽의 문예사조의 영향을 무시할 수 없다는 점에서 이들 신어의 영향력이 적지 않았으리라 추측할 수 있다.

한국 근대 문학·예술은 근대적인 형태의 예술 작품의 창작과 거의 동시에 다양한 이론비평과 평론이 발전했다. 감상비평(鑑賞批評), 감정이입(感情移入), 귀납적 비평(歸納的批評), 문학론(文學論), 심리주의(心理主義), 엑스트라(엑스추라), 오블로모비즘(옵부로모쎄슴, Oblomovism),6) 유머(유모아, 유모어, 휴모어), 클라이맥스(클라이막스, 크라이막쓰, 크라이막스, 크퐈이막스), 패러디(파라듸, 패로듸), 페이소스(페이토스, 파토-스) 등 문학·예술비평 관련 어휘가 다수 발견되는 것은 이러한 사정을 반영한다고 하겠다.

넷째, 언어와 언어학 관련 근대 신어에는 각각의 언어를 지칭하는 어휘와 문자와 문법 등 언어학 관련 어휘가 대부분이다. 각각의 언어를 지칭하는 어휘로는 라틴어(羅甸語, 拉丁語, 라틴語, 라틴語, 臘丁語), 바빌론어(巴比倫語), 산스크리트(산수구릿도라, 산쓰크립트), 아시리아어(亞西里亞語)와 같은 고대 언어 관련 어휘로부터 브리타닉어(不列顚語), 셈어(塞美的語), 슬라브어(斯拉夫語), 유럽어(歐羅巴語) 등과 같은 어군을 지칭하는 어휘, 개별 국가언어를 지칭하는 독일어(獨逸語), 러시아어(俄羅斯語), 몽고어(蒙古語), 잉글리시(잉글늬쉬), 헝가리어(凶牙利語) 등이 다양하게 나타나고 있다. 한편 에스페란토(에쓰페란토, 에스페랜토)가 1920년대 초반부터 다양한 문헌을 통해 소개되고 있는데, 이는 당시

---

5) 모더니즘은 모다니즘, 모데르니즘, 모데르니슴, 모데루니즘, 모데루니슴, 모던이즘, 모던이슴 등으로 다양하게 표기되고 있다.

6) "문단의 한 유행어가 되고 말았다. 러시아 작가 곤차로프(Goncharoff, 1812~91)의 소설의 이름이니 러시아혁명 이전의 러시아 국민의 기질을 유감없이 발휘하였던 것이다. 만사가 뜻과 같지 않고 심신이 나태하고 의지가 박약하여 사업에 마음을 두지 못하고 회의와 염세의 기분을 말함이다"(朴英熙 編, 「重要術語辭典」, 『開闢』 49호, 開闢社, 1924. 7, 33면).

지식인들에게 미쳤던 사회주의 사상의 영향력을 반영하는 면으로 해석할
수 있을 것이다.

근대 신어에는 언어학과 문자 관련 어휘도 적잖다. 로마자(羅馬子)·로마
자모(羅馬字母), 세미콜론(세마콜론), 스펠링, 쐐기문자(설형문자, 尖木形), 알파벳(西
字, 알싸에베트, 알파베트, 알파벳트, 알파벹, 알빠벹트, 알화벳도), 히어로글리픽스(히에로글
늬픡) 등이 새롭게 소개된 문자를 지칭하는 어휘라면, 애매설(曖昧說)[7], 어조
(口調), 어학(語學), 언어(랭게지) 등은 언어학과 관련된 어휘들이다.

다섯째, 역사와 문화 관련 근대 신어는 그 표현 범위가 상대적으로 넓
다. 역사학 관련 어휘와, 관습과 전통, 인류학 관련 어휘, 지역과 문명 관련
어휘로 그 영역을 대별할 수 있다. 역사학 관련 어휘로는 석기시대(石刀期,
石時代), 금시대(金時代)·청동시대(靑銅時代), 수렵시대(狩獵時代), 원시시대(원시시
디), 철기시대(鐵器時代)·철시대(鐵時代), 현대(현디, 現代) 등 시대구분 관련 어휘
들과 네오·헤레니즘, 로마네스크, 헤브라이즘(헤부류이즘, 希伯來主義, 히부라이즘),
헬레니즘 등 문화사 관련 어휘, 기타 만국사(萬國史), 크로놀로지(chronology),
혁명사(革命史) 등 역사기술방법 관련 어휘나 세포이(세샌이이), 자코뱅(쨔코반),
차리즘(czarism, 쯔아리즘)과 같이 역사적 사건과 통치체제 관련 어휘들이 있
다. 네안데르탈인(네안델탈人), 모노가미(모노개미), 촉토인(촉타와)[8] 등과 같은 인
류학 관련 어휘도 근대 신어로 확인할 수 있다.

역사와 문화 관련 어휘 중 다수를 점하는 것은 문명개화 관련 어휘들이
다. 문명개화(文明開化), 문명국(文明國), 문명세계(文明世界), 문화(文化), 미개(未
開), 미개인(未開民), 반개(半開), 반개화인(半開化人), 세비지(쌔베이지), 야만, 컬처
(칼추아, 컬튜어, 쿨트-르) 등은 이미 유길준의 『서유견문』에서도 확인할 수 있
었던 서구중심적 문화관이 반영된 어휘들이다. ■ 김택호

---

7) 이 어휘는 "언어는 원래부터 불완전하고 모호한 것이다. 그런 고로 자기들의 심원한 사상
   이나 복잡한 감정을 표시할 수는 없는 것이라고 한 것이 그들의 출발점이다. 다만 언어는
   어떠한 의미를 암시만 할 뿐이다"라는 입장을 취한 언어관으로 소개되고 있다(朴英熙 編,
   「重要術語辭典」,『開闢』 49호, 開闢社, 1924.7. 6면).
8) 현재의 미시시피 주 동남부에 거주했던 촉토(Choctaw)족 인디언을 지칭한다.

〈표 1〉 인문학 관련 신어

유형	관련 신어
사상과 이론	가치(價値) / 감각론(感覺論) / 개명(開明) / 개인(긔인, 個人, 箇人) / 맨(개인) / 과반수(過半數) / 귀납논리법(歸納論理法) / 귀납법(歸納法) / 근대정신(近代精神) / 근대주의(近代主義) / 기계론(機械論) / 내재적 이원론(內在的二元論) / 날리지(노네지) / 논설(론셜) / 논지(論旨) / 다원론(多元論) / 다위니즘(따-위니즘) / 다원주의(짜-원主義) / 단자론(單子論) / 도그마(도구마, 도마, 쏙마, 쏘구마) / 딜레마(지렌(렘)마, 디렴마, 디렴머, 디레마, 디렘마, 디렌마, 띠레마, 띠렘마, 띨렘마, 찌렘마, 듸렘마, 뛰레마, 뛰렘마, 뛰렌마) / 래셔널리즘(래쇼날리즘) / 로고스 / 로직(로직, 로직크) / 리버럴(리베랄) / 메커니즘(메카니슴, 메캐니즘, 미케니즘) / 세미나(세미날, 제미날) / 이론(세오리) / 신민(臣民) / 신사상(신ᄉᆞ상) / 실천(실쳔) / 심리(心理) / 심리학(心理學) / 심성작용(心性作用) / 아우트라인(아웉라인) / 아이디어(아이데아, 아이듸아) / 아카데미즘 / 아카데믹(아가데믹, 아카데믹크, 아카데믹) / 아티피셜(아-틔피쉘) / 안타고니즘(안태고니즘) / 안티테제(안치테-제, 안틔테-제) / 인라이튼먼트(엔라이튼멘트) / 연역법(演繹法) / 온정주의(溫情主義) / 인덱스 / 인디비주얼리즘(인듸비주알리즘) / 인문진보(人文進步) / 인민(人民) / 인본주의(人本主義) / 일개인(一個人) / 일사인(一私人) / 자유(주유) / 진보(進步) / 초월진보(超越進步) / 최대행복(最大幸福) / 추측(츄측) / 카오스(챠오스, 케이오스) / 카테고리(가테고리, 카테고리-) / 컨텍스트(콘텍스트) / 코젤러티(코-샬리티) / 테제(데-재, 데-제, 데졔, 테에제, 테이제) / 파운데이션(빠운데이쉔) / 펀더멘탈(뺀다멘탈) / 프래그머티즘(푸라그미틔즘) / 프리덤(뿌리덤) / 휴머니즘(휴만이즘, 휴매니즘, 휴-매니즘, 휴-마니즘, 휴맨니슴) / 휴머니티(휴만이틔, 휴매니티) / 히틀러리즘
종교와 철학	3대 개벽(三大開闢) / 경험론(經驗論) / 경험비판주의(經驗批判主義) / 공리주의(功利主義) / 공중적 쾌락(公衆的快樂) / 관념(觀念) / 관념론(觀念論) / 교양(敎養) / 니체이즘(Nietzscheism) / 니힐리스트(尼希利士, 니허리스트) / 니힐리스틱(니허리스틕) / 니힐리즘(니히리슴, 니히리쯤, 니허리즘, 니히리즘, 니힐리즘) / 만물 / 변증법(띄알렉틕・메소드) / 보통성(普通性) / 사상학(思想學) / 소크라테스와의 대화(蘇氏會話) / 소피스트(소푸이스트, 소기스트, 쏘씌스트) / 소피아 / 순정철학(純正哲學) / 스콜라철학(스칼라哲學) / 스토아학파 / 신학설(神學說) / 실상(實想) / 실험철학(實驗哲學) / 에피큐어리어니즘(에비큐리안이즘) / 에피큐리언(애피큐리앤) / 우파니샤드(우파니세야드) / 유토피아(유도피아) / 인식론(認識論) / 자인(Sein) / 정신경험적(精神經驗的) / 존재(存在) / 종교(宗敎) / 철학가(哲學家) / 필로소피 / 필로소피아 / 현상계(現象界) / 현상학(現象學) / 형이상(形而上) / 회의론(懷疑論)
문학과 예술	감상비평(鑑賞批評) / 감정이입(感情移入) / 감정이입설(感情移入說) / 고답파(高踏派) / 귀납적 비평(歸納的批評) / 다이아로그(다이아로-그) / 다큐멘트(또큐멘트) / 리터러처(리테라튜어, 리테라추어) / 모더니즘(모다니즘, 모데르니즘, 모데르니슴, 모데루니즘, 모데루니슴, 모던이즘, 모던이슴) / 모멘트(모-멘트) / 문학(文學) / 문학론(文學論) / 문학평론(文學評論) / 문학혁명(文學革命) / 상징(상증, 象徵) / 쉬르리얼리즘(슐레아리즘, 스르레알리스므, 슐리알리즘) / 심리주의(心理主義) / 엑스트라(엑스추라) / 오블로모비즘(옵부로모쎄슴) / 유머(유모아, 유모어, 휴모어) / 의고주의(擬古主義) / 인상주의(印象主義) / 인생관(인싱관, 人生觀) / 인스피레이션(인스피레쉔, 인스피레이슌, 인

유형	관련 신어
	스피레슌) / 자연주의(自然主義) / 장르(잔루-, 쟌눌) / 출판자유(出版自由) / 취지(趣旨) / 클라이맥스(클라이막스, 크라이맜, 크라이막스, 크롸이막스) / 클래식(크라식, 크라씩, 클라식) / 패러디(파라듸, 패로디) / 페이소스(페이토스, 파토-스) / 프롤로그(푸롤로그) / 황금률(黃金律) / 히로인
언어와 언어학	게이즈어(加地治語) / 고유명사(固有名詞) / 국문(國文) / 굿 이브닝(꾿·이앤닝) / 네임(넴) / 독문(덕문) / 독일어(獨逸語) / 라틴어(羅甸語, 拉丁語, 라틴語, 라틴語, 臘丁語) / 러시아어(俄羅斯語) / 로마자(羅馬字) / 로마자모(羅馬字母) / 말레이어(말레語) / 명사(名詞) / 몽고어(蒙古語) / 몽란어(蒙蘭語) / 그래마(끄램마) / 문법(文法) / 바빌론어(巴比倫語) / 발음(發音) / 범어(梵語) / 보헤미아어(波希密亞語) / 브리타닉어(不列顚語) / 산스크리트(산수구릿도라, 산쓰크립트) / 상형문자(象形文字) / 세미콜론(세미·콜론) / 센텐스(쎈텐쓰) / 셈어(塞美的語) / 스페인어(西班牙語) / 스펠링 / 스펠링북(스펠링·뿍) / 슬라브어(斯拉夫語) / 시리아어(叙利亞語) / 신어(네올로지) / 쐐기문자(설형문자, 尖木形) / 아라비아숫자(亞剌白數字, 亞剌比亞數字) / 아라비아어(亞剌比亞語) / 아리안어(亞利安語) / 아시리아어(亞西里亞語) / 알파벳(西字, 알빠에베트, 알파베트, 알파벹트, 알파벧, 알빠벹트, 알화볫도) / 애매설(曖昧說) / 어조(口調) / 어학(語學) / 언어(랭게지) / 에스페란토(에쓰페란토, 에스페랜토) / 영어(英語) / 웨일스어(威爾斯語) / 유럽어(歐羅巴語) / 음성학(音聲學) / 이니셜(이니샬) / 이베리아어(峨時語) / 이탈리아어(伊太利語, 義大利語) / 이탤릭(이달늬) / 잉글리시(잉글리쉬) / 자모음(子모음) / 찬스(챈쓰, 챤스, 쳰스, 쨘쓰) / 철자법(綴字法) / 켈트어(塞耳語, 世爾的語) / 코스(코-스) / 쿼테이션마크(쿼테이슌·馰) / 퀘스천마크(쾌스츈·마크, 퀘스춘·馰) / 타타르어(達靼語, 韃靼語) / 터키어(土耳其語) / 티베트어(西藏語) / 폴란드어(波蘭語) / 불어(法國語, 佛語, 法蘭西語, 法語, 法字) / 프랑스어(佛蘭西語) / 플리이즈(푸리스, 풀리스) / 피전(껙존) / 피전잉글리시(피존·잉글리쉬) / 헝가리어(凶牙利語) / 형용사(形容詞) / 회화(會話) / 희랍어(希臘語) / 히브리어(혜브류語, 希伯流語) / 히어로글리픽스(히에로글늬픽) / 힌트(휜트)
역사와 문화	게르만 역사파(日耳曼歷史派) / 고고학(博古學, 古物學) / 금시대(金時代, 청동기시대) / 네안데르탈인(네안델탈人) / 네오헬레니즘(네오·헤레니즘) / 대영박물관(不列顚博物舘, 英國博物館) / 대영백과사전(大英百科辭典) / 로마네스크 / 루브르궁(婁富宮, 루부르宮) / 루브르박물관(루브르博物館) / 막심(맥씸) / 만국사(萬國史) / 미라(머미, 멈미) / 모노가미(모노개미) / 모더놀로지(모데로노로지오) / 모럴(모랄, 모-랄) / 모럴센스(모-랄쎈스, 모랄·쎈스) / 문명(文明) / 문명개화(文明開化) / 문명국(文明國) / 문명세계(文明世界) / 문화(文化) / 뮤지엄(뮤제움) / 미개(未開) / 미개민(未開民) / 반개(半開) / 반개화인(半開化人) / 발렌타인(봬렌틴) / 생활(싱활, 生活) / 생활의사(生活意思, 생활의식) / 석기시대(石刀期, 石時代) / 세계(셰계, 世界) / 세기말(世紀末) / 세비지(야만, 쌔베이지) / 세포이(세쑈이이) / 수렵시대(狩獵時代) / 스탠더드(스탠다드, 스탄다-트, 스탠다-드, 쓰탠다드) / 실생활 / 심풀라이프(씸풀·라이쯔) / 야만 / 엔싸이클로피디아(엔싸이틀로페디아) / 역사(력스) / 크로놀로지 / 우피 / 원시시대(원시시더) / 위타경(韋陀經) / 잉카(인카쓰) / 자코뱅(짜코반) / 차리즘(쯔아리즘) / 천부권리(天賦權利) / 철기시대(鐵器時代) / 철시대(鐵時代) / 청동시대(靑銅時代) / 촉토인(촉타와) / 컬처(칼추

유형	관련 신어
	아, 컬튜어, 쿨트-르) / 타임스피리트(시대정신, 타임・스피릍트) / 트로이사(土來史) / 폴리네시아(포리네시아) / 피리어드(피리온(드), 피어리온, 피어리엔) / 헤브라이즘(헤부류이즘, 希伯來主義, 히부라이즘) / 헬레니즘 / 희랍주의(希臘主義) / 혁명사(革命史) / 혁명시대(革命時代) / 현대(현디, 現代) / 현상논문(懸賞論文) / 히스토리(히쓰토리)

2) 사회과학

19세기 중반 이후 한국 지식인들이 서구열강에 관심을 보인 부분은 무엇보다도 제도와 사상, 과학・기술 분야였다. 그런 점에서 사회과학 분야 근대 신어는 상대적으로 다양하고, 그 표현 범위도 다차원적이다. 사회과학 관련 근대 신어는 사상과 이론, 제도와 정치, 경제와 생활, 사회와 문화 관련 어휘로 구분할 수 있다.

첫째, 사상과 이론 관련 근대 신어에는 다양한 서구 사상과 이론을 표현・지칭하는 어휘들이 많다. 사상 관련 어휘로는 특히 1910년대로부터 한국사회에 강한 영향력을 행사했던 사회주의 관련 신어가 두드러진다. 공산주의(共産主義), 공상적 사회주의(空想的社會主義), 길드사회주의(낄드派社會主義, 길드·쏘시알리즘), 마르크스주의・마르크시즘(맑시슴, 맑스즘, 맑키즘, 마루키즘, 마르크스主義, 마륵씨슴, 맑스시슴, 맑쓰이즘, 맑키시슴, 맑키시즘), 볼셰비즘(볼세예즘, 볼세비키즘, 뽈쉬비즘, 뽈쉬뷔즘, 뽈쇠예즘, 볼세뷔즘, 볼쉐비즘, 뽈쉐비즘, 볼쉐예즘), 소셜리즘(소시알리즘, 소시알리스므, 소우살리즘, 소우샬리즘, 쏘시알리즘, 蘇絲下里), 생디칼리슴(산디카리즘, 산디칼리즘, 산디카리슴, 산디칼리슴, 산지카리즘, 산치카리즘, 산치카리슴, 센디칼리즘, 씬디칼리즘, 씬디칼리즘, 싼듸카리슴, 싼듸칼리즘, 싼치카리즘, 싼티칼리즘), 코뮤니즘(곰뮨이슴, 캄뮤니즘, 컴뮤니즘, 콤뮨이트, 콤뮨이즘, 콤뮤-니즘, 콤뮨-이슴) 등이 그 대표적인 사례이다. "마르크스주의에 반대하고 자본가의 국가권력으로서 자본가의 활동을 제한하자는 주장으로서 일명 국가사회주의"[9]라는 설명과 함께 강단사회주의(講壇社

---

9) 「我等 辭典」,『我等』 1권 3호, 1931.7.『新人間』에서도 이와 거의 같은 의미로 강단사회주의라는 어휘를 소개하고 있다. "독일의 '사회정책학회'에 속한 사회정책적 주장을 저널리스트가 조소적으로 강단사회주의라 하였다"(도현,「常識辭典」,『新人間』 17호 1927.10, 15면).

會主義)라는 어휘를 소개하고 있는데, 이는 현재의 관점에서 적잖이 낯선 표현이다.

다양한 표기로 소개되고 있는 시오니즘[10](시온이즘, 지오니즘, 지이오니즘, 사이오니즘, 치오니즈무즈, 시오니즘), 간디주의(깐듸주의), 먼로주의(몬로主義), 팬저머니즘(판게르만主義) 등은 제1차 세계대전 전후 국제질서와 관련되는 신어들이다. 이러한 어휘는 대체로 언론매체를 통해 활용되고 있다. 이데올로기(이데오로기-, 이디오로키, 이데오로기, 이데올노기), 인디비주얼리즘(인듸비주알리즘, 인디비쥬얼리즘, 인디비쥬앨리즘), 코즈모폴리터니즘(코스모포리타니즘, 코스모폴리탠이슴) 등과 같이 일반적인 사상 관련 어휘와, 피지아크러시[11](중농주의, 예지오크라시), 3대개벽(三大開闢), 후천개벽(後天開闢) 등 천도교 관련 신어도 찾아볼 수 있다.

변증법적 유물론(辨證法的唯物論) 상호부조론(시어리 오브 뮤튜얼, 데오리 오부 뮤튜앨에이드), 우승열패(우승렬픽), 유물론(唯物論), 유물변증법(唯物辨證法), 유물사관(唯物史觀), 유심론(唯心論)과 같이 철학적·사회과학적으로 중요한 이론도· 근대 신어 어휘로 활용되는 것을 볼 수 있다.

둘째, 제도와 정치 관련 신어에는 정치사상과 제도, 법학 관련 신어 비중이 높다. 정치제제 관련 신어들 가운데에는 현시점에서는 생경한 것들도 있는데, 금융과두정치(金融寡頭政治),[12] 단일정당주의(單一政堂主義) 등이 그 예이다. 데모크라시(쩨모크라씨, 데모크라시-, 떼모크라씨, 떼모크라시, 떼모크래시, 테모크라시, 데모구라스, 데모구라시), 민주공화정치(民主共和政治), 입헌군주제(立憲君主制), 파시즘(예시슴, 파소즘, 파스시즘, 파스즘, 파시스즘, 파시슴, 파씨즘, 패씨즘) 등이 정치체제를 설명하는 과정에서 등장한 대표적인 신어들이다. 미국의 정치체제를

---

10) 시오니즘은 대체로 유대민족주의로 소개되고 있다. 그러나 1936년『東亞日報』지면을 통해서는 "세계에 흩어져있는 유대인을 팔레스타인으로 복귀시키려는 것이니, 그 주목적을 종교에 둔 것을 종교적 시오니즘, 정치에 둔 것을 정치적 시오니즘이라 한"다는 보다 상세한 설명을 들을 수도 있다(「시오니즘의 根本目的」,『東亞日報』, 1936.7.31. 3면).

11) 이종극은 이 어휘를 "天則主義, 重農說(佛國經濟學者 F. Quesnay가 18世紀에 唱導한 經濟論), 重農主義"라고 규정하면서 프란시스 케네(François Quesnay)의 중농주의 경제학 이론에 한정해 설명하고 있다(李鍾極, 『(鮮和兩引)모던朝鮮外來語辭典』, 漢城圖書株式會社, 1936, 589면).

12) "금융자본가 소수가 정치를 좌우하는 것"(靑年朝鮮社,『新語辭典』, 靑年朝鮮社 1934, 10면).

설명하기 위해 사용된 합중공화(合衆共和)라는 어휘는 오늘날에는 생명력을 잃었지만, 당시에는 활용되던 신어이다.

구체적인 인물이나 사건 등과 관련되는 정치 관련 신어도 적잖다. 루스벨트 독트린(루즈벨트똑트린), 마키아벨리즘(마가뻬리즘, 마-캬앨리즘, 마-캬벨리즘, 마캬베리즘), 삼권분립설(三權分立說), 부르주아혁명(뿌루조아革命, 뿌르조아革命), 자코뱅주의(짜고베니즘, 째코비니즘, 쨔코비니즘, 짜고비니즘) 등이 그 사례이다. "국민 각자가 각각 자기의 직역을 통하여 봉사한다는 뜻인데, 이것은 국민으로서 신체제에 협력하는 가장 중요한 근본적 태도"13)라는 의미로 직역봉공(職域奉公)이라는 신어가 소개되기도 했는데, 이는 일제 전시동원체제 당시의 시대상을 반영하는 어휘로 눈에 띠는 장면이다.

의회정치를 의미하는 팔러멘터리즘(팔-라멘타리즘)과 게리맨더링(께리만다링)과 캐스팅보트(카스팅보트) 등 의회 운영과 관련되는 어휘도 신어로 활용되는 사례를 발견할 수 있다. 시대상을 반영하는 신어 유형으로 노동 관련 어휘도 빠뜨릴 수 없다. 노동가치설(勞動價値說), 노자협조(勞資協調) 등과 같은 일반적인 어휘와 대중조합주의(大衆組合主義),14) 이중조합주의(二重組合主義)15)와 같이 상대적으로 깊이 있는 어휘들이 노동 관련 신어들 가운데 눈에 띠는 것들이다.

법학 관련 신어는 학문으로서의 법학을 지칭하는 법률학(法律學), 법리학(法理學), 법정학(法政學), 법학(法學)과 비교법제학(比較法制學) 등의 어휘가 일찌감치 관련 문헌에서 활용되고 있다. 구체적인 법정 재판과 관련되는 구두변론주의(口頭辯論主義), 구두심리주의(口頭審理主義)와 같은 용어와 개인의 정치적 권리와 인권, 나아가 재산권을 포괄하는 개념으로 활용된 사권(私權), 그와 연관된 사권관계(私權關係), 사법관할(司法官轄) 등도 법학 관련 근대 신

---

13) 『朝光』 7권 1호, 1941.1.
14) "산업별 조합주의에 반하여 단지 노동자를 표준에서 일체의 노동자를 한 조합에 조직하려는 조직 방침"(一記者, 「無産者辭典」, 『朝鮮之光』 100호, 朝鮮之光社, 1932.1).
15) "우익조합 내에 혁명적 반대파를 만들어 가지고 그것을 적색노동조합에 통합하여 나가는 것"(靑年朝鮮社, 『新語辭典』, 靑年朝鮮社, 1934, 70면).

어로 모습을 드러내고 있다.

셋째, 경제와 생활 관련 신어는 분과학문으로서의 경제학을 지칭하는 어휘들과 경제학 이론 관련 어휘, 소비문제를 비롯한 경제현상 관련 어휘, 무역 관련 어휘들로 유형을 세분화 할 수 있다. 경제학(經濟學, 경제학), 응용경제학(應用經濟學), 재정학(지정학) 등은 현재까지도 활용되는 어휘이다. 응용경제학과 대비되는 의미로 순정경제학(純正經濟學)이라는 어휘가 사용되었던 모습을 볼 수도 있다. 사유재산(私有財産), 사유재산제(私有財産制), 산업자본(産業資本), 산업합리화(産業合理化), 생산자본(生産資本), 생산총액(生産總額) 등은 경제학의 중요 연구 대상과 핵심 개념 등을 지칭하는 어휘들이다. 경제현상 관련 어휘로는 경제블럭(經濟부록), 소비자 중심주의를 뜻하는 객본주의(客本主義), 구매력을 강화하는 정책이라는 의미로 소개되는 네오인플레이션(네오·인풀레이숀)·신인플레이션 등의 어휘도 찾아볼 수 있다. 마켓 벨류(마케트·밸류), 마켓 프라이스(마켙트·푸라이스), 한계효용설(限界效用說) 등도 경제현상을 설명하는 신어들이다. 또한, 자유무역과 무역 당사자국 간의 무역수지 균형을 지향하는 입장으로 구상주의(求償主義)[16]라는 어휘 등을 무역 관련 신어로 확인할 수 있다.

넷째, 사회와 문화 관련 어휘는 사회학·사회과학을 지칭하는 어휘와 사회주의 관련 어휘, 사회구조 관련 어휘, 사회상을 반영하는 어휘들로 그 유형을 구분할 수 있다. 장지연은 콩트를 소개하는 과정에서 사회학을 '군학(羣學)'이라는 어휘로 지칭했다.[17] 소셜 사이언스(쏘-슐사이엔스)는 사회과학을 지칭하는 신어로 소개되었다. 사회주의적인 관점을 반영하는 사회학 관련 어휘도 다수 근대 신어로 모습을 드러내고 있다. 계급(階級), 계급의식(階級意識), 계급투쟁(階級鬪爭), 무산계급(無産階級) 부르주아·부르주아지,[18] 프

---

16) "갑을 두 나라간 무역이 차액을 가질 경우에 있어서 입초국인 을국에 대하여 다시 갑국 상품의 매부(買付) 증가를 요구하고 갑을 간의 무역을 균형시키자는 주의를 구상주의라 한다"(「用語解說」, 『朝鮮日報』, 1937.3.5., 8면).
17) 張志淵, 『萬國事物紀原歷史』, 皇城新聞社, 1909, 66면.
18) 부르주아와 부르주아지의 표기 형태는 매우 다양하다. 구체적으로 열거하면 다음과 같다. 부르주아 : 뿌루조아, 쌜쪼아, 뿌르조아, 뿌르조와, 뿌루조아, 뿌루쥬아, 뿌르죠아, 뿌르주

롤레타리아(푸롤레다리아, 푸롤레타리아-트) 등이 그 대표적인 사례라 할 것이다.
메커니즘(메캐니즘, 미케니즘), 상부구조(上部構造), 포드시스템(쪼드.씨스템, 쪼-드씨스
템) 등은 근대 산업사회의 체계와 구조 관련 어휘 유형에 속한다.

어휘가 사용되는 빈도가 높으면 높을수록 다양한 표기 형태가 나타날
가능성은 높아진다. 산아제한을 뜻하는 버스 컨트롤,[19] 멘셰비키,[20] 볼셰
비키,[21] 인텔리겐치아[22] 등의 어휘가 그러한 상황을 반영한다. 엥겔스걸을
줄여 부르는 에·꺼, 엥겔스레이디(엥겔스레디)는 모던보이, 모던걸, 마르크
스보이 등과 함께 한국 근대사회의 사회상을 보여주는 어휘들이다.

■ 김택호

〈표 2〉 사회과학 관련 신어

유형	관련 신어
사상과 이론	3대개벽(三大開闢) / 가톨릭(카토리시스므, 캐딜릭敎, 캐솔릭敎, 카트릭敎, 카트릭크敎, 캐텔릭敎) / 간디주의(깐듸주의) / 강단사회주의(講壇社會主義) / 개량주의(改良主義) / 계몽사상(啓蒙思想) / 공리주의(功利主義) / 공산주의(共産主義) / 공상적 사회주의(空想的社會主義) / 공화주의(共和主義) / 과학적 사회주의(科學的社會主義) / 국가사회주의(國家社會主義) / 국가주의(國家主義) / 국제주의(國際主義) / 군국주의(軍國主義) / 기독교 사회주의(基督教社會主義) / 길드사회주의(씰드派社會主義, 길드·쏘시알리즘) / 길드사회주의자(길드·쏘시알리스트) / 농업사회주의(農業社會主義) / 대동주의(大同主義) / 리버럴리스트(리버러리스트, 리베랄리스트) / 리버럴리즘(리베랄리즘) / 마르크스주의·마르크시즘(맑시슴, 맑스즘, 맑키즘, 마루키즘, 마르크스主義, 마륵씨슴, 맑

아, 뿌르쥬아, 뿌르즈와, 뿌어조아, 뿌어죠아, 뿔으조아, 뿔조아, 뿔죠아, 뿔주아, 뿔즈아, 뿔
즈와, 쁘르주와
부르주아지 : 쌀루조아지, 뿌루조아지, 뿌루쥬아지, 뿌르죠와지, 뿌르죠아지, 뿌르주아지,
뿌르즈와지, 뿌어조아지, 뿌어죠아지, 뿔좌아지, 뿔좌지, 뿔주아지, 뿔주와지, 뿔즈아지, 쁘
르주와지, 쁘르즈와지, 뿌르쥬아지-

19) 표기형태에는 빠쓰·컨트롤, 뻐-트·컨트롤, 바-트·콘트롤, 뻐-쓰·콘, 뻐-쓰·콘트롤,
버스 컨트롤, 뻐-트컨트롤, 뻐-트콘드로-ㄹ 등이 있다.
20) 표기형태에는 멘셰뷔끼, 멘쉐비키, 멘쉐예키, 멘쉐액, 멘쉐비스트, 멘쉐비크, 멘쉐빅, 멘
쉬액, 멘쉬액크, 멘쉬예-키, 멘쉐예-키, 멘쉐예-키, 멘스예키, 멘세예키, 멘세예기, 멘세
예스트, 멘쇄비크, 멘세액, 멘스비기, 멘셰비키, 멘쉐예스트, 멘쉬예스트 등이 있다.
21) 표기형태에는 볼세뷔키-, 볼쉬비키, 볼쉬비끼, 뿔쉐액, 뿔씨뷔키, 볼세액, 볼스비키, 뿔스,
볼세예끼, 볼쉬-비키, 볼쉐액, 볼쉐비키, 뿔쉐예키, 뿔쉐비키, 볼스비기 등이 있다.
22) 표기형태에는 인떼리, 인태리, 인테리, 인테리겐지, 인테리겐지쟈, 인테리겐차, 인테리겐
챠, 인테리겐처, 인테리겐취, 인텔리, 인텔리겐트, 인텔리겐티아, 인텔리겐차, 인텔리겐챠,
인텔리겐처, 인텔리겐취 등이 있다.

유형	관련 신어
	스시즘, 맑쓰이즘, 맑키시슴, 맑키시즘 / 마르크시스트(맑스트, 맑키스트, 마루키스트, 맑시트, 맑시스트, 맑시스트) / 먼로주의(몬로主義, 몬로-主義, 몬으로主義, 門羅主義, 們羅主義) / 범게르만주의(汎게르마니즘, 汎겔머니아主義) / 변증법적 유물론(辨證法的唯物論) / 복본주의(福本主義) / 볼셰비즘(볼세예즘, 볼세비키즘, 뽈쉬비즘, 뽈쉬뷔즘, 뽈쉬예즘, 볼세뷔즘, 볼쉐비즘, 뽈쉐비즘, 볼쉐예즘) / 삼민주의(三民主義) / 아메리칸 먼로주의(아메리카·몬로主義) / 생디칼리슴(산디카리즘, 산디칼리즘, 산디카리슴, 산디칼리슴, 산지카리즘, 산치카리즘, 산치카리슴, 센디칼리즘, 씬디칼리즘, 씬디칼리즘, 싼듸카리슴, 싼듸칼리즘, 싼치카리슴, 싼티칼리즘) / 소비에티즘(쏘비에티즘) / 소셜리즘(소시알리즘, 소시알리스므, 소우살리즘, 소우샬리즘, 쏘시알리즘, 蘇絲下里) / 상호부조론(시어리 오브 뮤츄얼 에이드, 데오리 오부 뮤튜앨 에이드) / 시오니스트(지이오니스트) / 시오니즘(시온이즘, 지오니즘, 지이오니즘, 사이오니즘, 치오니즈무즈, 시오니즘) / 아나코생디칼리즘(아나크산듸칼리즘, 아날코·싼디칼리즘) / 아나키즘(아나·키슴, 아나·키즘) / 아메리카니즘(아메리칸이즘) / 우승열패(우승렬퇴) / 유물론(唯物論) / 유물변증법(唯物辨證法) / 유물사관(唯物史觀) / 유심론(唯心論) / 유토피아(유도피아, 유-트피어) / 의회주의(議會主義) / 이념(理念) / 이데올로기(이데오로기-, 이디오로키, 이데오로기, 이데올노기) / 이론투쟁(理論鬪爭) / 인디비주얼리즘(인듸비주알리즘, 인디비쥬얼리즘, 인디비쥬앨리즘) / 인디비쥬얼(인데뷰알) / 자연권(自然權) / 자유사상(ㅈ유ㅅ샹) / 코뮤니즘(곰뮨이슴, 캄뮤니즘, 컴뮤니즘, 콤문이트, 콤뮴이즘, 콤뮤-니즘, 콤뮨-이즘) / 코스모폴리터니즘(코스모포리타니즘, 코스모폴리탠이슴) / 테제(데-재, 데-제, 데졔, 테에제, 테이제, 테-제, 테졔) / 팬저머니즘(판-게르만主義) / 펀더멘털(연다멘탈) / 페미니즘(예미니즘, 훼미니즘, 피미늬슴) / 페이비어니즘(예-비아니즘) / 페이비언(예-비안, 예비안, 非尼晏) / 페이비언협회(예비안協會, 예-비안協會, 페비안協會, 예비안協會) / 피지아크러시(중농주의, 엑지오크라시) / 헤겔학파(헤-겔學派) / 헤브라이즘(헤부류이즘, 希伯來主義, 헤부라이슴, 히부라이즘) / 헬레니즘(헤레니즘, 헤렌이즘, 헤레니슴) / 후천개벽(後天開闢) / 휴머니즘(휴만이즘) / 힌터랜드주의(힌다란드主義)
제도와정치	경찰학(경찰학) / 게리맨더링(께리만다링) / 구두변론주의(口頭辯論主義) / 구두심리주의(口頭審理主義) / 국가학(國家學) / 금융과두정치(金融寡頭政治) / 내셔널 스피리트(내슈늘·스피릳, 내슈날·스피릳) / 내셔널리즘(나슈날리즘, 내쇼날리즘, 내슈낼리슴, 내슈낼이슴) / 내셔널리티(내슈낼늬틔, 내슈낼틔) / 노동가치설(勞動價値說) / 노자협조(勞資協調) / 다수의결(多數議決) / 단일정당주의(單一政黨主義) / 대중조합주의(大衆組合主義) / 대중추수주의(大衆追隨主義) / 더스포티즘(떼스포테이즘, 떼스포테즘) / 데마고기즘(떼마고기즘, 떼마코키즘) / 데모크라시(쩨모크라씨, 떼모크라시-, 데모크라씨, 떼모크라시, 떼모크래시, 테모크라시, 데모구라스, 데모구라시) / 데이터(데-타) / 도그마티즘(도그마틔즘) / 독트린(독트린, 딱추린, 딱트린, 똑토린, 똑트린) / 래디컬(라듸칼, 라지칼, 라치칼) / 래디컬걸(라듸칼·껄) / 래디컬리즘(래듸칼리즘) / 래디컬맨(라듸칼·맨) / 래셔널리제이션(래쇼날리제이슌) / 레닌이즘 / 레벌루셔니즘(레뽈류-숀이즘) / 레벌루션(레볼루치온, 레불루치온) / 로열리즘(로이알리즘) / 루스벨트 독트린(루즈벨트·똑트린) / 리걸리즘(리-갈리즘) / 마키아벨리즘(마갸예리즘, 마-캬엘

유형	관련 신어
	리즘, 마―캬벨리즘, 마캬베리즘) / 만국대동주의(萬國大同主義) / 민권론(民權論) / 민약설(民約說) / 민정주의(民政主義) / 민족자결주의(民族自決主義) / 민주공화정치(民主共和政治) / 민주주의(民主主義) / 법관(法官) / 법률학(法律學) / 법리학(法理學) / 법정학(法政學) / 법학(法學) / 부르주아혁명(뿌루쪼아革命, 뿌르조아革命) / 비교법제학(比較法制學) / 사권(私權) / 사권관계(私權關係) / 사권력(私權力) / 사법관계(司法官輔) / 사법권(ㅅ법권, 司法權) / 사회정책(社會政策) / 사회제도(샤회계도) / 삼권분립설(三權分立說) / 아시아주의(亞細亞主義) / 애국가(이국가) / 영토주권(境土主權) / 이중조합주의(二重組合主義) / 인권(人權) / 임페리얼리즘(임퍼리앨리슴) / 입헌군주제(立憲君主制) / 자코뱅(짜코반) / 자코뱅주의(짜고베니즘, 쩨코비니즘, 짜코비니즘, 짜고비니즘) / 제국주의(데국주의, 帝國主義) / 제한정부론(政府不立說) / 조세론(租稅論) / 좌익(左翼) / 중립평화국(中立平和國) / 증보권리조례(권리장전, 增補權利條例) / 지방자치권(디방자티권) / 직역봉공(職域奉公) / 차티즘(차치즘) / 참정권(參政權) / 청원서(청원셔) / 캐스팅보트(카스팅보트) / 정치학(政治學) / 컨벤션(컨옌슌, 컨옌슌, 콘벤숀, 콘벤슌) / 코민(콤뮨) / 코뮤니스트 인터내셔널(컴뮤니스트·인터내쇼날) / 코뮤니스트(곰미니스트, 캄뮤니스트, 콤뮨이스트, 콤미니스트, 컴뮤니스트, 컴민이스트, 콤뮤니스트, 콤뮤―니스트, 콤뮨―이스트) / 탁치(託治) / 테러리즘(데로, 데로리슴, 테로, 테로리슴) / 트로츠키주의(도로츠키―主義) / 파쇼(파시오, 피소, 팟소, 팟쇼) / 파시스트(파씨스토, 패씨스토, 빠씨스트, 파스시트, 피아시스트, 파시트, 패씨스트) / 파시즘(빠시슴, 파소즘, 파스시즘, 파스즘, 파시스즘, 파시슴, 파씨즘, 패씨즘) / 팔러멘터리즘(팔―라멘타리즘) / 합중공화(合衆共和) / 행정학(힝정학) / 협혁주의(위협주의, 脅嚇主義)
경제와 생활	객본주의(客本主義) / 경제론(經濟論) / 경제블럭(經濟부록) / 경제학(經濟學, 경계학) / 구상주의(求償主義) / 국재론(國財論) / 네오인플레이션(네오·인풀레이슌) / 마켓 벨류(마케트·밸류) / 마켓 프라이스(마켙트·푸라이스) / 맨체스터학설(만체스타學說) / 맬서스주의(마루사스主義, 말더스主義, 말사스主義, 말서스主義) / 메탈리즘 / 방임주의(放任主義) / 불변자본(不變資本) / 사용가치(使用價値) / 사유물(私有物) / 사유재산(私有財産) / 사유재산제(私有財産制) / 산업자본(産業資本) / 산업합리화(産業合理化) / 상수(商數) / 상학(商學) / 생계학(경제학, 生計學) / 생산과잉(生産過剩) / 생산비(生産費) / 생산비용(生産費用) / 생산사업(生産事業) / 생산수단(生産手段) / 생산자(싱지민) / 생산자본(生産資本) / 생산총액(生産總額) / 생존권(生存權) / 생활임금(生活賃金) / 서베이(썰베이, 써베이) / 서플러스 벨류 씨오리(잉여가치론, 써플러스밸류데오리) / 순정경제학(純正經濟學) / 응용경제학(應用經濟學) / 이코노미스트(에코노미스트) / 이코노믹스(에코노믹쓰) / 임금률(勞銀率) / 잉여가치(잉여가티) / 잉여가치설(剩餘價値說) / 자본(資本) / 자본가계급(資本家階級) / 자본주의(資本主義) / 자유무역(自由貿易) / 자유방임(自由任意) / 재정(지뎡) / 재정학(지정학) / 지대설(地代說) / 직공경제론(職工經濟論) / 직공경제학(職工經濟學) / 최대생산비(最大生産費) / 최소생산비(最小生産費) / 캐피털리스트(캪탈리스트) / 캐피털리즘(캪탈리즘) / 한계효용설(限界效用說)
사회와 문화	개인(個人, 기인) / 계급(階級) / 계급의식(階級意識) / 계급투쟁(階級鬪爭) / 군중심리(군중심리) / 군학(사회학, 羣學) / 군학가(사회학자, 羣學家) / 규범과학(規範科學) / 그래프

유형	관련 신어
	(끄래엑) / 근대(近代) / 근세문화(近世文化) / 내츄럴리즘(내튜내리슴) / 네덜란드학(荷蘭學) / 네오헬레니즘(네오·헤레니슴) / 니힐리스트(尼希利土, 니히리스트) / 니힐리스틱(니힐니크) / 니힐리즘(너힐리즘, 니히리슴, 니히리씀, 니히리즘) / 다다주의·다다이즘(다다이스므, 따따主義) / 로맨티시즘(로맨티시슴, 로맨티슴, 로-맨터슴, 로-만티슴, 로만티슴, 로맨티즘, 로-맨티시슴, 로-만티시즘) / 로맨파(로-맨派) / 메커니즘(메캐니즘, 미케니즘) / 멘셰비즘(멘세예즘, 멘쉐예즘, 멘쉬예즘) / 멘셰비키(멘셰뷔끼, 멘쉐비키, 멘쉐예키, 멘쉐옉, 멘쉐비스트, 멘쉐비크, 멘쉐빅, 멘쉬엑, 멘쉬엑크, 멘쉬예-키, 멘쉐예-키, 멘쉐-키, 멘스예키, 멘세예키, 멘세예기, 멘셰예스트, 멘쇄비크, 멘세엑, 멘스비기, 멘셰비키, 멘쉐예스트, 멘쉬예스트) / 모럴리스트(모랄리스트) / 무산계급(無産階級) / 문명(文明) / 문화(文化) / 미개(未開) / 미들클래스(미들클나쓰) / 바버리즘(바-바리즘) / 바하이즘(빠하이즘) / 반개(半開) / 반개화(半開化) / 방제지리학(국제지리학, 邦制地理學) / 백색테러(白色테로) / 백지주의(白紙主義) / 백호주의(白濠主義) / 버스 컨트롤(빠쓰·컨트롤, 뻐-트·컨트롤, 바-트·콘트롤, 뻐-쓰·콘, 뻐-쓰·콘트롤, 버스 컨트롤, 뻐-트컨트롤, 뻐-트콘드로-ㄹ) / 볼셰비키(볼세뷔키-, 볼세비키, 볼쉬비끼, 뽈쉐엑, 뽈씨뀌키, 볼세엑, 볼스비키, 뽈스, 볼세예끼, 볼쇠-비키, 볼쉐엑, 볼쉐비키, 뽈쉐비키, 뽈쉐비키, 볼스비기) / 부르주아(뿌루조아, 뽈쏘아, 뿌르조아, 뿌르조와, 뿌루조아, 뿌루쥬아, 뿌르죠아, 뿌르주아, 뿌르쥬아, 뿌르즈와, 뿌어조아, 뿌어죠아, 뿔으조아, 뿔조아, 뿔죠아, 뿔주아, 뿔즈아, 뿔즈와, 쁘르주와) / 부르주아지(뿌루조아지, 뿌루조아지, 뿌루쥬아지, 뿌르조와지, 뿌르죠아지, 뿌르주아지, 뿌르즈와지, 뿌어조아지, 뿌어죠아지, 뿔조아지, 뿔좌지, 뿔주아지, 뿔주와지, 뿔즈아지, 쁘르주와지, 쁘르즈와지, 뿌르쥬아지-) / 부인해방(婦人解放) / 사회개량주의(社會改良主義) / 사회계약론(社會契約論) / 사회계약설(社會契約說) / 사회당(社會黨) / 사회적 동물(社會的 動物) / 사회학(社會學) / 상부구조(上部構造) / 생디칼리스트(산지카리스트, 산치카리스트, 씬디칼리스트, 산디칼리스트, 산디카리스트) / 소부르주아(小뿔조아, 小뿌르조아, 소뿌르조아, 小뿌루쪼아) / 소사이어티(소사이틱, 쏘사에티, 쏘사이티) / 소셜 사이언스(쏘-슐사이엔스) / 소셜(쏘셜, 쏘시알, 쏘-시알) / 소셜리스트(쏘시알리스트) / 소셜리스틱(소시알리스틱, 소시알리스틱크) / 소아병(小兒病) / 속박주의(종속주의, 束縛主義) / 쇼비니스트(쇼-비니스트) / 쇼비니즘(소-뷔니즘, 쇼-비니즘, 쑤-뷘니즘) / 시니시즘(냉소주의, 시니트시슴) / 심퍼사이저(신파사이지, 신파사이저, 심파사이지, 심파사이저, 신빠사이자, 심빠사이자, 심퍼다이자, 심퍼싸이더, 씸퍼따이저) / 아나코생디칼리스트(아나루고·산디가리스트, 아날코·산디칼리스트) / 에픽메이킹(에폭크메이킹) / 에벌루셔널리즘(에보류순앨리슴) / 에벌루션(에볼류숀) / 엥겔스걸(에·꺼) / 엥겔스레이디(엥겔스·레디) / 여성해방(女子解放) / 오서리티(오-소리티, 오소리티, 오-소리틱, 오소리틱) / 유한계급(有閑階級) / 이민(移民) / 이스크라(이스쿠라) / 이주민(이쥬민) / 인터내셔널(인타, 인터나치오낼레, 인터나시오날, 인터나쇼날, 인터-내슈날, 인터내슈날) / 인텔리겐치아(인떼리, 인태리, 인테리, 인테리겐지, 인테리겐지쟈, 인테리겐차, 인테리겐챠, 인테리겐처, 인테리겐춰, 인텔리, 인텔리겐트, 인텔리겐티아, 인텔리겐차, 인텔리겐챠, 인텔리겐처, 인텔리겐춰) / 일화견주의(기회주의, 日和見主義) / 자연주의(自然主義) / 잠재의식(潛在意識) / 저널리즘(쩌나리슴, 쩌내리슴) / 제너레이션(제네레이슌, 제네레이숀, 제네레숀, 제네레숀) / 조합(죠합) / 조합주의(組合主義) / 좌익소아

유형	관련 신어
	병(左翼小兒病) / 지식(智識) / 집합의식(集合意識) / 차이트가이스트(츠아이트가이스트) / 쉬르리얼리즘(슐·레아리즘, 스르·레알리스므, 슐·리알리즘, 슐·리알리즘, 슈르·레알리즘) / 코즈모폴리턴(고스모뽈리탄, 코스모폴이단) / 콜론타이즘(콜로타이즘) / 테크노크라시(택노크라시, 텍노크레시, 텍너크라시) / 트레디션(트라듸슌, 트라듸슌) / 포드시스템(옜드·씨스템, 옜-드씨스템) / 표본(標本) / 프래그머티즘(푸랙매티즘) / 프롤레타리아(푸롤레다리아, 푸롤레타리아-트)

(3) 자연과학

전근대 시대에는 서구식 자연과학이 폭넓게 유입되지 않았기 때문에 근대에 들어서면서 문물의 수입과 함께 관련 어휘들이 다양한 매체를 통해서 틈입되었다. 이러한 근대 신어 중에서 자연과학 분야의 어휘는 교과서류, 사전류, 신문류, 잡지류, 정기간행물, 문학 작품, 기타 문헌 등에 등장하는 것으로 그 유형과 특징을 몇 가지로 나눠 설명하고자 한다. 전체적으로는 자연과학 어휘 범주로 분류된 것들이지만 경우에 따라서 다른 분야와 중첩되는 어휘들도 있다. 다시 말하면 자연과학 어휘이지만, 어떤 어휘들은 공학, 스포츠, 음악, 의약품, 의료, 위생, 행위, 형상, 영화, 인명, 자연지리, 공간, 판단, 미술 등의 영역과 걸쳐 있음을 알 수 있다. 순수 자연과학 어휘는 아래와 같이 대체로 일곱 가지 유형 정도로 세분화될 수 있다.

1) 기계 관련 어휘 : 데이제루엔진(디젤엔진), 데제루엔진(디젤엔진), 까솔린엔진(가솔린엔진), 컴푸렛서(컴프레서), 증긔통(증기통), 로보트(로봇), 로부트(로봇), 쩨네레터(제너레이터), 쩨네레이터(제너레이터)
2) 토목·건축 관련 어휘 : 에쓰팰트(아스팔트), 공그리트(콘크리트), 컹크릴(콘크리트), 공구리(콘크리트), 콩구리(콘크리트), 콤파쓰(컴퍼스), 다이나마이도(다이너마이트)
3) 화학 관련 어휘 : 화학(化學), 아세지렌(아세틸렌), 아세지린(아세틸렌), 아루꼴(알코올), 아루코류(알코올), 알골(알코올), 沃度(요오드), 유라니음(우라늄), 갈시움(칼슘), 카루슘(칼슘), 카루시움(칼슘), 카루시움(칼슘)

4) 전기 관련 어휘 : 뎐학(전학), 고이루(코일), 지남텰(지남철, 자석), 電池
(전지), 보일法則(보일법칙), 웰트, 뽈트(볼트), 왙트(와트), 陰電氣(음전
기), 암페어(암페이)

5) 물리 · 천체 관련 어휘 : 물리학(물리학), 스펙톨(스펙트럼), 유레너스(천
왕성), 토셩(토성), 波動(파동), 海王星(해왕성), 하레星(헬리혜성), 大千里
鏡(망원경), 헬츠波(헤르츠파), 星雲(성운)

6) 지질 · 지리 관련 어휘 : 地質學(지질학), 地球(지구), 夏至線(북회귀선),
貿易風(무역풍), 緯度(위도), 溫帶(온대), 凉帶林(냉대림)

7) 생물학 관련 어휘 : 싱물(생물), 優生學(우생학), 哺乳動物(포유동물),
自然淘汰(자연도태), 進化論(진화론)

위에서 제시한 대표적인 신어를 바탕으로 자연과학 근대 신어의 유형과
그 특징은 몇 가지로 귀납될 수 있다. 우선 자연과학 근대 신어는 크게 서
양 외국어 수준의 유형과 한자어 수준의 유형으로 대별된다.

전자는 주로 기계, 토목, 건축, 화학 관련 어휘와 연관이 있다. 이 분야
의 어휘는 한자어를 기반으로 하는 동양식 어휘로 정착되지 못하고 거의
외국어 수준의 어휘들이 주류를 이루고 있다. 다시 말하면 영어 중심의 어
휘가 단순히 한글로 전사돼 신어로 형성된 것들이다. 데이제루엔진(디젤엔
진), 콤파쓰(컴퍼스), 공그리트(콘크리트), 아루꼴(알코올) 등의 대표 어휘들이 그
예이다. 전기 관련 어휘는 서양 외래어와 한자어 수준의 어휘가 섞어 있는
양상이다.

그 반면에 물리, 천체, 지질, 지리, 생물학 근대 신어의 경우는 서양 외래
어 수준의 신어와는 그 성격이 다르다. 동양식, 엄밀히 말하면 일본식 한자
어로 번역되고 그것이 당시 조선어 근대 신어로 정착된 것들이 주류를 이
루고 있다. 일제강점기를 거치면서 일본에서 정착된 한자어들이 그대로 당
시 조선으로 유입돼 유통된 것들이다. 海王星(해왕성), 星雲(성운), 貿易風(무역
풍), 溫帶(온대), 自然淘汰(자연도태), 進化論(진화론) 등이 대표적인 예이다.

이러한 신어의 양상은 표기법이 정돈되면서 현대 어휘로 정착되게 되는

데, 특히 화학 관련 어휘는 몇 가지 특수한 예를 제외하고는 외래어 표기법에 따라 외래어 단일 어형으로 굳어진다. 동양식 한자어로 번역하는 일이 어려웠던 화학 원소 등의 고유명이기 때문은 아닌가 한다. 또한 다른 영역과 겹치는 자연과학 어휘 중에는 의약품 관련 신어가 두드러지는 점도 이 부류 어휘의 특징이라고 할 수 있다.

자연과학 분야 신어들은 서양 외국어가 그대로 들어와 불완전한 외국어 수준에서 소개되고 유통되었다. 또한 일본을 거치면서 일본식 한자어가 그대로 정착된 유형도 있어서 그 표기의 양상이 다양할 수밖에 없다. 따라서 하나의 신어에 대한 한글 표기는 그 외국어 발음을 사용자가 어떻게 수용하는가에 따라 여러 표기 사례로 등장하게 된다.

근대 계몽기 이후 자연과학 어휘는 대체로 두 경로로 유입된 것으로 짐작할 수 있다. 일제강점기를 경험하면서 일본 한자어로 번역된 것이 그대로 우리 한자어로 굳어진 유형이 있는가 하면 한자어로의 번역 없이 서양 외국어가 일본의 가타카나(片仮名) 표기로 들어왔다가 그 발음을 한글로 표기한 것, 그리고 바로 한글로 표기된 외래 어휘들이지만 규범이 확립되지 않았기 때문에 불가피하게 다양한 표기로 전사된 사례도 있다. 표기의 사례도 다섯 가지 유형으로 나눠 살펴볼 수 있다.

1) 외국어가 한글로 전사된 유형

가솔린(gasoline) - 까소링, 깨소링, 카소린, 카소링
비타민(vitamine) - 얘이타민, 뷔타민, 비다민, 피다민
포르말린(formalin) - 후오루마링, 후오루마린, 포르마린, 또루마린, 또루마링
알루미늄(aluminium) - 알미니움, 알미늄, 알미늡, 알미뉴무, 알미늄
나트륨(natrium) - 나트륨, 나도라우무, 나도림, 나도륨, 나토리움
칼슘(calcium) - 갈시움, 카루슘, 카루시움, 카루시움, 칼슘, 칼치움
파라핀(paraffin) - 바라핀, 빠라휜, 파라후인, 빠라후인, 빠라후잉

최소한 한 어휘에 다양한 이형태(異形態)가 존재하고 있음을 확인할 수

있다. 외래어 표기법이 정착되지 못한 상황에서 각 외래어를 표기 주체들이 자신의 주관적 발음 인식에 바탕을 두고 임의로 표기한 결과이다. 어휘에 따라서는 일본식 발음의 흔적이 표기에 반영된 것이 있는가 하면 고유어 표기에 사용되지 않는 합용병서 표기가 우리말에 없는 발음 표기로 이용되기도 하였다. 후오루마링, 알미뉴무, 나토리움, 카루시움, 빠라후인 등이 전자의 예이고, 뺘이타민, 뷔타민, 뽀루마링 등이 후자의 표기 사례이다. 또한 이러한 표기 유형 중에는 외래어 단독형과 한자어가 직접 결합한 어휘 등이 있다. 쎄일나 彗星, 쑤로르센慧星 등이 그것이다.

2) 한자어가 한자로 표기된 유형
博物, 原動力, 氣球, 沃度. 幾何學, 天文局, 瓦斯[23], 發光, 望遠鏡, 半球

당시 대부분의 문헌이 국한문혼용체의 형식을 갖추고 있기 때문에 실사와 허사를 구분하면서 실사를 한자로 표기하고 그 한자어가 하나의 개념어의 성격을 지녔다면 역시 근대 신어 형성의 초기 사례라고 볼 수 있을 것이다. 이 중에는 瓦斯, 와스(가스)와 같이 한자를 직접 노출하는 예와 그것을 한글로 적은 유형의 대립도 확인할 수 있다.

3) 한자어가 한글로 표기돼 정착된 유형
열력, 잠재력, 생식력, 속력, 신축력, 원동력, 인력, 자연력, 저항력, 전기력, 중력, 증기력, 탄력, 수력, 풍력, 전력, 만유인력, 관찰력, 구심력, 화학, 전기학, 수학, 격치학(자연과학), 식물학, 기계학, 생물학, 생리학, 제조학, 박물학, 농학, 산학, 격물학(물리학), 농리학, 육종학, 형태학, 해부학, 병리학, 세균학, 분류학, 기계학

근대 신어 유입이 가장 활발하게 이루어진 기간은 일제강점기이다. 그런 시대적 환경과 함께 일본식 한자어가 조선에 유입되고 한글로 표기돼

---

23) 한자어가 한자로 표기된 '瓦斯'의 한글 표기 유형 '와스'도 같은 시대에 함께 등장한다.

정착된 유형의 예들이 3)에 해당한다. 한자어가 가지고 있는 생산력, 다시 말하면 조어법(Word-Formation)에 따라서 이미 개념어로 정착된 어휘에 접미사가 붙어 새로운 신어를 형성하고 있다. 예컨대, 접미사 '-력'의 경우 위에서 제시한 여러 예들이 그렇고, '-학'의 경우도 마찬가지 사례 표기들이다. 다만 위의 예들에는 한자를 기반으로 표기된 사례도 다수 있다. 그밖에도 '-설(說), -법(法), -자(者), -가(家)' 등의 접미사가 붙으면서 다양한 자연과학 학설, 규칙, 관련 전문가를 의미하는 신어들이 다량으로 양산된 사례를 확인할 수 있다.

4) 일본어 표기로 들어와 여러 문헌 속에서 사용된 유형

人造ゴム(인조고무), ガソリン(가솔린), スター(스타), アルコール(알코올), エナージー(에너지)

우리말로 표기된 사례들이 엄밀한 의미에서 신어이겠으나, 시대적 상황을 보여주듯이 일본어 가타카나 표기에 기반을 두고 있는 사례들도 등장한다. 다만 이 텍스트가 일본어 텍스트라면 과연 우리식 신어로 봐야 할 것인가 하는 의문이 있다.

5) 영어 등의 원어 표기로 들어온 유형

Protoplasm – 원형질 – '原形質(Protoplasm)이라 此 原形質은 生物의 種類마다'
Anatomy – 해부학 – '解剖學(Anatomy)이 繼起하니라'
Natural-Selection – 자연도태 – '이것을 自然淘汰(Natural-Selection)라 云하니라'
Heredity – 유전 – '遺傳(Heredity)를 硏究하는 獨立分科가 생기니라'

일본어 표기뿐만이 아니라 영어 등의 원어 표기가 그대로 텍스트에 노출된 것들도 있다. 이 역시도 일본어 표기 유형과 마찬가지로 우리식 근대 신어로 보기엔 회의적이다. 일본어 표기 및 영어 표기 유형은 표기가 한글로 돼 있지 않기 때문에 엄밀한 의미의 신어라고 보기는 어려울 것이다. 한글로 표기하지 않았다는 것은 명백한 외국어 그 자체라고 볼 수 있다.

표기와 관련하여 아래아 표기가 종종 드러나는데 대체로 1933년 이전의 문헌에서 발견된다. 1933년 <한글마춤법통일안>이 제정되기 전에는 표기 주체에 따라 자유롭게 아래아(ㆍ) 표기를 빈번하게 사용했으며 그것이 1933년 이후에는 대체로 'ㅏ' 표기로 바뀌었기 때문에 같은 어휘로 볼 수밖에 없다.

다음으로, 자연과학의 주요 어휘 용례와 그 특징은 다음과 같다.

　– 니코틴(nicotine) : 니코진, 니코친
　　'생명을 좌우하고 잇는 니코진의 해독'(『東亞日報』, 1940.2.27. 4면)
　– 메틸알코올(methyl alcohol) : 메질·알콜, 메틸·알콜
　　'메칠·알콜 가튼 낫븐 술'(『東亞日報』, 1929.10.6. 4면)
　– 알코올 : 알콜, '亞爾可兒
　　'亞爾可兒는 卽 酒精이니'(장지연,『萬物事物起源歷史』, 1909. 30면)

이미 이 시대에도 담배의 유해성을 신문기사에서 언급하고 있다. 또한 화학명이 지금과 다른 표기로 드러나고 있다. 비슷한 용례가 메틸알코올과 관련하여 기사로 위와 같이 등장하고 있다. 니코틴은 생명을 좌우하는 몸에 해로운 것으로 인식하고 있고, 에틸알코올이 아니라 메틸알코올은 나쁜 술이라는 기사가 이미 1920년대 기사에서 드러나고 있다.

　– 로봇(robot) : 로보트, 로부트, 로볼, 로폰도, 로볼트, 로포트
　　'이러고 보면 '로보트' 飛行機의 出現도 몇일이 안 남은 것이 想像된다'(『東
　　亞日報』, 1938.3.19, 4면)
　　'갑진은 술ㅅ잔을 든 체로 로볼트 모양으로 물끄럼이 건영을 바라보앗
　　다'(李鍾極,『(鮮和兩引)모던朝鮮外來語辭典』, 1936, 112면).[24]

----

24) 당시 신어 '로봇'에 대한 풀이는 다음과 같다. "人造人間, 사람같이 맨든 器械, 人造人間的
　　人物(自發意思 없이 남이 시키는 대로 盲動하는 사람). <Karel Capek 作, 俗劇 中의 人造人

- 에네르기(Energie) : 에네루기, 에넬기, 에네르기
  '活動的 에네루기의 波傳說을 主張하엿습니다'(李鍾極, 『(鮮和兩引)모던朝
  鮮外來語辭典』, 1936, 346면).

로봇이라는 신어가 이미 당시에 다양한 표기로 등장하는 것이 흥미롭
다. 인조인간이라고도 불렀고 심지어 '人造人間的 人物(自發意思 없이 남이 시키
는 대로 盲動하는 사람)'이라는 비유적 의미로서 사용되었음을 확인할 수 있다.
또한 독일어 원어를 바탕으로 한 서양 외래어 중에서 에네르기가 사용된
용례도 확인할 수 있다.

- 아말감(amalgam) : 아말감
  '金을 水銀과 接觸식혀서 汞化金(아말감)을 만들엇다'(『東亞日報』, 1935.3.19,
  4면).
- 요오드(iodine) : 沃度
- 콘크리트 : 공그리트, 컹크릴, 공구리, 콩구리, 콩그리, 공구리도 '철근
  (鐵筋) 공구리'(『東亞日報』, 1924.10.9, 3면).

아말감이라는 어휘는 '금과 수은을 섞어 만든 것'이라는 의미로 사용되
었고 아말감의 한자어는 汞化金(홍화금)이라는 어휘를 사용하였다. 아말감이
혼합물의 의미인지 아니면 금과 수은을 섞어 만든 것만을 가리키는 '汞化
金'에 한정되는 것인지는 모호하다.
　요오드의 경우 화학명임에도 불구하고 다른 화학명과는 달리 한자어로
번역한 沃度가 등장한다. 현대 중국어에서도 '碘[diǎn]'으로 풀이하고 있으
면서 沃度가 표제어로 등장하는 걸 보면 沃度는 한국과 중국, 그리고 일본
에서 당시에 광범위하게 사용된 신어로 추정된다. 우리는 그 한자음 발음
을 그대로 읽어 옥도정기(沃度丁幾, 요오드팅크)라는 우리식 한자음으로 관습적
으로 읽어 사용한 바 있다. 현대 표준국어대사전에 옥도도 표준어로 인정

　間 Robot라는 職工名"(李鍾極, 『(鮮和兩引)모던朝鮮外來語辭典』, 1936, 112면)

을 받고 있으며 옥도정기는 요오드팅크로 순화할 것을 정보로 제공하고 있다.

콘크리트의 경우 위에서 보는 바와 같이 다양한 표기로 등장하고 그 용례도 확인할 수 있는 바, 그중에서 공구리에 주목하고자 한다. 위의 이형태 중에서 공구리는 현대 한국어에서도 빈번하게 건설 현장에서 사용돼 왔다. 콘크리트의 일본식 용어로 잘못된 표기라고 사전에서 그 정보를 제공하고 있다. 다만 구어에서 '공구리 치다'가 빈번하게 사용되는 있는데 그 뜻은 대강 짐작할 수 있으나, 동사 '치다(벽 따위를 둘러서 세우거나 쌓다 : 표준국어대사전 기준)' 와 연어(colocation)관계를 형성하면서 현재에 이르고 있다.

- 박테리아 : 巴德利亞, 박터리아, 빅데리아, 빡테리아
  '쏘 이밧게 빡테리아(곳 微菌)이 만히 浮遊하오.'(『少年』, 1909.4. 49면.)
- 피타고라스 : 피튁고라스, 皮宅高, 皮斯哥剌斯, 披阿哥剌斯, 畢他固拉, 白他格拉斯, 畢氏
  '生物學에는 脫累秀 델늬스와 皮宅高 피튁고라스의 諸人이오'(유길준, 『西遊見聞』, 1895. 321면.)
- 유클리드 : 有歐几里得
  '所著幾何之書惟有歐几里得一家尙存'(『漢城周報』, 1887.2.13. 13면.)
- 코페르니쿠스 : 哥白尼
  '有日耳曼 卽德意志人 哥白尼者申論畢氏之說 始得行世'(『漢城周報』, 1887.2.28. 13면.)

박테리아와 같은 어휘는 여러 한글 표기로 등장하는 것은 물론이고 중국식 한자어를 그대로 노출하고 있다. 현대 중국어에서 박테리아는 '微菌 [wēijūn]', 혹은 세균인데 이 중국식 한자어는 당시에만 사용되었던 음역어로 추정된다. 그리고 서양 자연과학자 인물에 대한 어휘도 그 표기가 다양한데 우리 한글로 표기한 것도 있고 중국식 음역어로 표기한 다양한 예를 위에 어휘의 사례를 통해서 확인할 수 있다. ■ 이상혁

〈표 3〉 자연과학 관련 신어

유형	관련 신어
기계	가솔린(까소링, 깨소링, 깨솔링, 카소린, 카소링) / 게이지(께지) / 기어(기아) / 디젤엔진(데이제루엔진, 데제루엔진, 띄-젤엔진, 듸-젤엔진, 디젤엔진) / 래디에이터(라듸에터, 라듸에타, 라듸에이터, 라듸에이타) / 로봇(로볻, 로폰도, 로보트, 로부트, 로포트, 로봍트, 로뽀트) / 베어링(뻬아링, 뻬어링) / 스크류(스크루, 스크류) / 액슬(액슬) / 제너레이터(쩨네레터, 쩨네레이터) / 증기기관(蒸氣機關) / 증기통(증긔통) / 철륜(凸輪) / 컴프레서(컴푸렛서)
토목/건축	다이너마이트(싸이나마이드, 싸이나, 다이나마이도, 따이나마일, 따이나마일트, 代納買德) / 아스팔트(에쓰팔트) / 컴퍼스(콤파쓰, 콘파쓰) / 콘크리트(공그리트, 곤구리ー도, 구리도, 컹크릴, 공구리, 콩그리, 콩구리)
화학	나트륨(나도리우무, 나도림, 나도륨, 나토리움, 나트륨) / 라듐(라지엄, 라디움, 라줌, 라지움) / 망간(만강, 만간, 망간, 망강) / 벤졸(벤솔, 벤쓰올) / 비타민(쌔이타민, 쀠타민, 비다민, 피다민) / 산소(악씨진) / 아세틸렌(아세지렌, 아세지린) / 알카리(아루가리, 알카리) / 알코올(아루꼴, 아루콜, 아루코루, 알골, 알코홀, 알코올) / 요오드(沃度) / 요오드팅크(요도정기, 沃度丁幾) / 우라늄(유라니움, 우란, 유라니움) / 카드뮴(가도미움, 가드미움, 카도미움) / 카바이드(電石) / 카페인(카핀, 카후엔) / 칼슘(갈시움, 카루슘, 카루시움, 카루시움) / 클로로포름(코로홈, 크롤폼, 크롤홈, 크로로호름, 크로로홀, 클로로폼, 클로로쏨) / 파라핀(바라핀, 빠라휜, 파라후인, 빠라후인, 빠라후잉) / 페인트(펭크, 벤키, 뻥끼, 뻥키, 펭끼, 펜기, 펜크) / 포르말린(후오루마링, 후오루마린, 포르마린, 쏘루마린, 쏘루마링) / 할로겐(하로겐, 할로겐) / 화학(세ー미, 화학)
전기	마이너스(마이나쓰, 마이너쓰) / 보일법칙(보일法則) / 볼트(쏠트, 뽈트) / 소켓(쏘켇, 쏘켙트) / 음전기(陰電氣) / 암페어(암페아, 암페이) / 애노드(아노드) / 애자(碍子) / 에너지(에나지) / 일루미네이션(이리미네이슌, 일루미네이슌, 일루미네이숀, 일루미네숀, 일루미네윈, 일미네이슌) / 전기(전긔) / 전지(電池) / 전학(뎐학) 지남철(지남털) / 코일(코일) / 퓨즈(쀼ー즈, 쀼ー스, 즈, 휴스) / 플러스(플러쓰, 푸러쓰)
물리/천체	가속도(速率) / 그리니치천문대(綠林司天臺) / 도플러원리(돌푸렐原理) / 만유인력(萬有引力) / 망원경(大千里鏡) / 밀도(密度) / 볼록거울(凸面鏡) / 물리학(물리학, 격물학) / 부력(부승력) / 성운(星雲) / 상대성이론(相對性理論) / 스펙트럼(스펙톨, 스펙틀) / 오목거울(金屬凹鏡) / 음극(陰極) / 수은주(水銀柱) / 천왕성(유레너스) / 카오스(챠오스, 케이오스) / 토성(土星) / 파동(波動) / 페가수스(페기서스, 페거서스) / 헬리혜성(하레星) / 해왕성(海王星) / 헤르츠파(헬츠波)
지질/지리	가스(와스, 와샤, 짜쓰, 까스, 가스, 개스, 가스, 가스, 瓦斯) / 냉대림(凉帶林) / 무역풍(貿易風) / 북회귀선(夏至線) / 사이클론(싸이클론) / 석탄층(石炭層) / 스콜(스콜) / 신생대(新生代) / 아말감(아말감) / 에메랄드(에메랄드, 에메랄트) / 온대(溫帶) / 위도(緯度) / 지구(地球) / 지질학(地質學) / 지층(地層) / 텅스텐(당쓰텐, 탕구스텐, 탕스텐, 탕크스텐, 텅구스텐, 텅구스뎅, 단그스덴) / 토네이도(토내도) / 펄프(파루푸, 빠루푸, 파르프, 팔푸, 빨푸, 빨프) / 해빙기(解氷期)
생물	단백질(蛋白質) / 라마르크설(라마르크說) / 박테리아(빡데리아, 빅데리아, 빡데리아, 德

유형	관련 신어
	利亞) / 배양력(培養力)생물(싱물) / 세균(細菌) / 세포(細胞) / 우생학(優生學) / 자연도태(自然淘汰) / 적자생존(適者生存) / 젤라틴(제라진, 제라친, 제라틴) / 진화론(進化論) / 포유동물(哺乳動物)

(4) 교육

근대 신어 중에서 교육 분야의 어휘는 교과서류, 사전류, 신문류, 잡지류, 정기간행물, 문학 작품, 기타 문헌 등에 등장하는 것으로 그 유형과 특징을 몇 가지로 나눠 설명하고자 한다. 전체적으로는 교육 어휘 범주로 분류된 것들이지만 경우에 따라서 다른 분야와 중첩되는 어휘들도 있다. 다시 말하면 어떤 어휘들은 문학, 공간, 호칭, 신앙, 행위 등의 영역과 걸쳐 있음을 알 수 있다. 교육 관련 어휘는 대체로 다섯 가지 유형 정도로 세분화될 수 있다.

1) 학교 관련 어휘

미쏜스쿨, 밋숀스쿨(미션스쿨), 김나줌, 김나줌, 김나즘(김나지움), 主日學校(주일학교), 유치원, 幼稚園(유치원), 유니벌스티, 유니버스티(유니버시티), 썸머스쿨(서머스쿨), 야학(야학), 캠파스, 캠퍼쓰(캠퍼스), 카레지, 칼네지, 칼레이지, 컬레지(칼리지), 大學校(대학교), 大學院(대학원), 公立學校(공립학교), 官立學校(관립학교), 初等學校(초등학교), 아인원(아인원), 林間學校, 림간학교(임간학교)

2) 학제 관련 어휘

떡터, 독타, 떡터, 떡트, 떡틀, 똑토르, 똑터(닥터), 배첼러, 배첼라(배철러), 黜學(출학), 쑤롭(드롭, 낙제), 쎅스·에듀케이슌(섹스 에듀케이션), 께-리-씨스템(개리시스템), 리베랄에듀케숀(리버럴에듀케인션), 授産場(수산장), 通信敎授(통신교수), 感情敎育(감정교육)

3) 학교 활동, 교구 관련 어휘

칸닝, 커-ㄴ닝-, 커닝(컨닝), 테끼스토, 테기스트, 테키스트(텍스트), 土筆(분필), 黑板, 칠판(칠판), 석판(석판), 석필(석필), 冊褓(책보), 책사(서점), 書取(받아쓰기), 注入的敎育(주입식 교육)

4) 서양 학교 고유명 어휘

阿佛多大學校, 옥쓰포오드, 옥쓰포드(옥스포드대학교), 스단포드(스탠포드), 예일(예일), 쫀홉킨스(존스홉킨스), 하버드(하버드), 푸린스톤(프린스톤), 캠브릿지(캠브리지)

5) 기타 교육 관련 어휘

쁘나로드(브나로드), 관비유학싱(관비유학생), 월샤금(월사금), 象牙塔(상아탑), 넘버-스쿨(넘버스쿨), 뿔류-스턱킹(블루스타킹)

위에서 제시한 대표적인 신어를 바탕으로 교육 관련 근대 신어의 유형과 그 특징은 몇 가지로 귀납될 수 있다. 우선 교육 관련 근대 신어는 크게 서양 외국어 수준의 유형과 한자어 수준의 유형으로 대별된다. 일부 전통 학교 어휘를 포함, 서양 학교 및 학교 제도의 도입에 따른 해당 어휘가 근대 신어로 등장하고 있는 셈이다. 그리고 일제의 교육제도 용어가 그대로 한자어로 안착돼 이 시기에 신어로 들어와 현재에 이르는 어휘도 상당수이다. 대학 관련 어휘는 서양 외래어가 많을 수밖에 없다. 대학 제도가 근대 서양의 산물이기 때문에 일본에서 한자어로 번역되기도 했지만 서양식 용어가 그대로 들어와 유통된 흔적을 발견할 수 있다.

학교 관련 어휘를 살펴보면 대학 관련 어휘는 서양 외래어가 급격히 증가한 것을 확인할 수 있다. 대학교를 뜻하는 서양 외래어가 유니벌스티, 유니버스티(유니버시티)로 나타나고 기독교의 영향으로 밋숀스쿨, 밋슌스쿨

(미션스쿨), 主日學校(주일학교) 등의 신어도 등장한다. 정규 학교가 아닌 야학(夜學)이라는 어휘의 등장은 일제강점기가 자본주의 사회라는 점을 방증하는 어휘로 이해된다. 물론 '야학'이라는 어휘는 1908년에 간행된 유길준의 『노동야학독본』의 제목에서도 그 출현이 확인된다. 서양식 학교 제도의 도입은 이미 한자어로 정착된 大學校(대학교), 大學院(대학원), 公立學校(공립학교), 官立學校(관립학교), 初等學校(초등학교) 등을 통해 이 당시에 보편화되었음을 알 수 있다.

학제 관련 근대 신어도 학교 관련 신어와 마찬가지로 서양 외래어와 한자어 신어가 병존한다. 쑤롭(드롭, 낙제), 리베랄·에듀케숀(리버럴에듀케이션)처럼 서양 외래어를 그대로 사용하는 경우가 있는가 하면 黜學(출학), 學位(학위), 高等敎育(고등교육)처럼 한자어가 신어를 형성하는 예도 있다. 리베랄·에듀케숀은 후에 자유교육이라는 번역보다는 교양교육으로 정착된다. 스파루타式敎育(스파르타식교육)이 이 시대에 이미 등장한 신어로 확인되는데 일제강점기라는 시대와도 오묘하게 어울리는 어휘라 판단된다.

학교 활동 및 교구와 관련된 근대 신어의 경우도 서양 외래어와 한자어가 비슷한 비율로 등장하지만 당시 식민지 조선에서 처음으로 접하는 활동과 교구는 역시 서양 외래어 중심이다. 부정행위에 해당하는 칸닝, 커-닝, 컨닝, 커닝(컨닝)이 이미 이 시대에 등장하는가 하면 급우의 서양 외래어로 클라쓰메이트, 클라스메트, 클라스메이트(클래스메이트)가 다양한 표기로 확인되고 있으며 뽀-이스카웉, 뽀-이스카웉, 쏘이스카우트(보이스카우트)를 통해서 당시에 이미 보이스카우트 교내 활동이 있었음을 확인할 수 있다.

다소 놀라운 것은 실제 교육 활동이 어떠했는지 알 수는 없으나, 性敎育(성교육), 쎅스·에듀케이슌(섹스에듀케이션)이 이미 서양 외래어와 한자어가 병존하면서 사용되었다는 점이다. 그러한 어휘는 土筆(분필), 쵸크(초크) 등도 마찬가지다. 이미 한자어로 정착한 優等生(우등생), 劣等生(열등생), 학예회(학예회)는 지금도 우리가 사용하는 당시 신어이며, 同門會(동문회), 同窓會(동창회)가 함께 사용되었다는 점도 특이한 사항이다. 盟休(맹휴)와 같은 어휘도 이 시대의 시대상을 반영하는 신어이다.

교육 관련 어휘 중에는 학교 관련 고유명이 신어로 많이 등장했다. 일제 강점기이므로 일본 제국 시대의 고유명, 경도제대, 동지사, 와세다, 慶應義塾(게이오의숙) 등이 거론되고 있으며 미국과 영국, 그리고 독일의 대학명, 쫀홉킨스(존스홉킨스), 阿佛多大學校, 옥쓰포오드, 옥쓰포드, 옥스포르드(옥스포드), 래쓰짓그더학교(라이프치히대)이 자연스럽게 대학 관련 고유명으로 유의미한 신어의 위치를 차지하고 있음을 알 수 있다. 서양의 대학과 학제 및 제국 일본의 대학이 이미 광범위하게 교육 영역의 어휘에 퍼져 있었던 것으로 추정된다.

전근대 시대에는 서구식 학교 및 학교 제도가 들어오지 않았기 때문에 근대에 들어서면서 문물의 수입과 함께 관련 어휘들이 다양한 매체를 통해서 등장하게 되었다. 그런 상황에서 이 분야 신어들은 서양 외국어가 그대로 들어와 불완전한 외래어 수준에서 소개되고 유통된 것도 있고 일본을 거치면서 일본식 한자어가 그대로 정착된 유형도 있어 그 표기의 양상도 다양할 수밖에 없다. 표기의 사례도 대체로 세 가지 유형으로 나눠 살펴볼 수 있다.

1) 외국어가 한글로 전사된 유형

미쏜스쿨, 밋숀스쿨(미션스쿨), 김나쥼, 김나쥼, 김나즙(김나지움), 유니벌스티, 유니버스티(유니버시티), 카레지, 칼네지, 칼레이지, 컬레지(칼리지), 리베랄에듀케숀(리버럴에듀케이션), 칸닝, 커-ㄴ닝-, 커닝(컨닝), 테끼스토, 테기스트, 테키스트(텍스트), 딱터, 독타, 떡터, 떡트, 떡틀, 똑토르, 똑터(닥터)

교육 관련 어휘도 당시 외래어 표기법이 정착되지 않은 상황에서 다양한 이표기가 존재한다. 일본식 발음이 표기에 반영된 테끼스토, 테기스트, 테키스트(텍스트)의 표기가 있는가 하면, '닥터'의 이표기는 딱터, 독타, 떡

터, 떡트, 떡틀, 똑토르, 똑터에서 보는 바와 같이 7개에 이른다. 영어 알파
벳에 종속돼 반영된 표기, 미국식 혹은 영국식 발음이 반영된 표기, 그리
고 거기에 일본식 발음 표기에 덧붙여진 것으로 추정되는 표기 등 그 양상
이 다양하고 복잡하다.

2) 한자 및 한자어로 표기된 유형

教授(교수), 學齡(학령), 擔任(담임), 衛生學(위생학), 主日學校(주일학교), 林間學
校(임간학교), 冊褓(책보), 性敎育(성교육), 授産場(수산장), 通信敎授(통신교수), 感情
敎育(감정교육), 學位(학위), 야학(야학), 大學校(대학교), 大學院(대학원), 公立學校
(공립학교), 文學博士(문학박사), 칠판, 漆板(칠판), 석판, 石板(석판), 셕필(석필), 책
사(서점), 학예회(학예회), 관비유학싱(관비유학생), 월샤금(월사금)

한자로 표기된 신어와 한자어로 표기된 한글 기반 신어 사이의 뚜렷한
경향적 차이를 발견할 수는 없다. 텍스트의 문체가 국한문 혼용이었을지
라도 한자 노출 빈도에 따른 차이로 한자로 표기된 신어와 한자어로 표기
된 한글 기반 신어가 병존하는 게 아닌가 짐작해 볼 수 있다. 한글 전용
텍스트는 이 시대에 거의 없기 때문이다. 칠판, 漆板(칠판), 석판, 石板(석판)
등의 어휘는 한자 및 한글 기반 표기가 둘 다 존재한다. 책사(서점)의 경우
서점보다 더 이른 시기의 신어임을 확인할 수 있는데 책사(冊肆)의 한자를
노출하지 않은 점이 특이하다.

3) 일본어 표기 신어

ボールド(보드), チョーク(초크), カンニング(커닝), テキスト(텍스트)

위에서 드러나는 일본어 가타카나 표기 신어들은 모두 서양 외래어에
해당하는 것이다.

다음은 교육 관련 주요 어휘의 용례와 특징에 대해서 몇 가지 설명을
하고자 한다. 우선 현재에는 잘 사용되지 않지만 당시에 특별하게 사용된

어휘 몇 가지가 있다. 우선 뿔류-스턱킹(블루스타킹)25)은 "學識잇는女子, 文才 잇는 婦女, 閨秀文學者, 學識잇는 체 하는 女性"으로26) 풀이돼 있다. '넘버- 스쿨(넘버스쿨)'이라는 다소 특이한 학교도 있었는데 실상은 비유적 표현이 었다. 이는 전화교환소를 가리키는 유행어로서, 매일 전화번호만 가지고 살기 때문에 '번호학교'로 불렸다. 각종 학교가 우후죽순 만들어지던 시대 를 반영하는 어휘로 짐작된다.

"일을 가르치고 職業을 주는 公共團体의 組織"27)이라는 의미의 '授産場 (수산장)'도 이채로운 당시 신어이다. 농아를 모집하여 교육하는 특수학교의 역할을 한 啞人院(아인원)이라는28) 기관도 있었으며, '허약한 학동을 위하여 또 일반 아동의 신체를 강화하기 위하여 건강에 적당한 숲 속에서 아동을 교육하는 임시학교'의29) 뜻을 지니고 있는 林間學校(임간학교)는 지금의 특별 활동 학교에 해당하는 것으로 역시 특이 어휘에 해당한다. 유사한 특징을 지니는 학교로 '高等研究의 精神修養을 目的하고 高山中腹에 一時的으로 建 設하는 學校'를 이르는30) 露天學校(노천학교) 속에는 임간학교도 포함될 것으 로 판단된다. '학교에 입학하지 못한 지방의 청년 등에게 강의록을 발행하 여 가르치는 것'31)에 해당하는 通信教授(통신교수)는 지금의 원거리교육에 해 당하는 신어로 당시에 교육을 받고자 하는 수요에 대응하는 제도로 짐작 된다.

리베랄·에듀케숀(리버럴에듀케이션), 性教育/쎅스·에듀케이슌(섹스 에듀케이션) 의 등장은 이 시대가 전근대에서 근대로 이행하는 시기임을 증명하는 대 표적인 교육 영역 어휘에 해당한다고 볼 수 있다. '人格(修養)교육, 自由教育,

---

25) 18세기 영국 사교계에서 문학에 취미를 가진 여성들을 조롱하여 이르던 말. 후에 여성참
    정권을 주장하는 지식 계급의 여성을 가리키기도 했다. 응접실에 모인 사람들이 푸른 스
    타킹을 신은 데서 유래하였다.
26) 李鍾極, 『(鮮和兩引)모던朝鮮外來語辭典』, 1936. 214면.
27) 미상, 『新語辭典』, 1946. 80면.
28) 「벙어리를 모집호야 교육호는 쳐소」, 『대한매일신보』, 1908. 24면.
29) 미상, 『新語辭典』, 1946. 46면.
30) 미상, 『모던語彙』, 新東亞社, 1936. 195면.
31) 미상, 『新語辭典』, 1946. 135면.

高等普通教育'으로32) 당시에 번역된 리베랄·에듀케숀은 지금 대학의 교양 교육에 해당하는 신어다. 근대 교육이 이 시대에 이미 침윤돼 가는 과정임을 보여주는 어휘라고 볼 수 있다. 그것과 함께 당시에는 다소 파격적인 교육이라고 생각되는 '性教育/쎅스·에듀케이숀(섹스 에듀케이션)'이 의미하는 바는 역시 일제강점기부터 제국 일본의 교육 말고도 서양식 교육의 형식과 내용이 자리를 잡아갔다는 점이라 할 수 있겠다.

그밖에 께-리-씨스템(개리시스템)은 '교육. 개리 학교제(미국 인디아나주 개리시의 시 장학관 W. A. 라이트씨가 고안, 1908년 경부터 실시한 학교 조직의 일종) 보통학교와 특수학교로 나누어 동일학제하에 관리함'으로33) 당시에 정의한 바와 같이 미국식 교육 시스템이다. 感情教育(감정교육) 역시, '도덕적 또는 미적 정조를 발달하게 하는 것을 목적으로 하여 피교육자의 본능, 감정에 압박을 가하지 않고 자유롭게 뻗어나가게 하는 교육'이라는34) 당시의 정의에 비추어 볼 때 이미 이 시대가 서양, 특히 미국식 교육 시스템에 노출되기 시작했다는 점도 추측해 볼 수 있다. 그러나 그것과는 반대로 이 시대에도 역시 注入的教育(주입식 교육)이라는 용어가 등장하는 것으로 보아 소위 말하는 일방적 교육이 실제 교육 현장에서 벌어지고 있어서 교육의 이상과 현실이 갈등하고 있었던 것은 아닌지 추측해 볼 수 있다. ■ 이상혁

〈표 4〉 교육 관련 신어

유형	관련 신어
학교	공립학교(公立學校) / 관립학교(官立學校) / 김나지움(짐네이시움, 찜나시움, 김나쥼, 김나쥼, 김나즘) / 노천학교(露天學校) / 대학교(大學校) / 대학원(大學院) / 라이브러리(라이부라리, 라이브라리) / 미션스쿨(미쏜스쿨, 밋슌스쿨, 밋슌스쿨) / 보통학교(普通學校) / 사범학교(師範學校) / 서머스쿨(썸머스쿨) / 아인원(아인원) / 임간학교(林間學校, 림간학교) / 아카데미(아가데미, 아가데미, 아가데믹, 아가데믹크, 아카데믹, 아카데미, 亞加德美) / 야학(夜學) / 야학교(夜學校) / 유니버시티(유니벌스티, 유니버스티) / 유치원(幼稚園, 유치원) / 주일학교(主日學校) / 초등학교(初等學校) / 칼리지(카레지, 칼네지, 칼레이

32) 李鍾極, 『(鮮和兩引)모던朝鮮外來語辭典』, 1936. 127면.
33) 李鍾極, 『(鮮和兩引)모던朝鮮外來語辭典』, 1936. 11면.
34) 미상, 『新語辭典』, 1946. 2면.

	지, 컬레지) / 캠퍼스(캠파스, 캠퍼쓰)
학제	감정교육(感情教育) / 개리시스템(께-리-씨스템) / 게르만학사(셰야만학사) / 고등교육(高等教育)낙제(쑤롭, 낙제) / 닥터(딱터, 독타, 떡터, 떡트, 떡틀, 똑토르, 똑터) / 리버럴에듀케이션(리베랄·에듀케숀) / 문학박사(文學博士) / 배철러(배췔러, 배췔라) / 소학교육(小學教育) / 수산장(授産場) / 스파르타식교육(스파루타式教育) / 출학(黜學) / 통신교수(通信教) / 학위(學位)
학교활동및교구	고학생(苦學生) / 교우회보(校友會報) / 동문회(同文會) / 동창회(同窓會) / 레퍼런스(레뼤렌스) / 맹휴(盟休) / 받았쓰기(書取) / 보이스카우트(뽀-이스카웉 뽀-이스카울, 쏘이스카우트) / 분필(粉筆, 土筆) / 서점(책사) / 석판(석판, 石板) / 석필(석필) / 성교육(性教育) / 세미나(세미날, 세미나리, 세미너리) / 섹스에듀케이션(쎅스·에듀케이슌) / 열등생(劣等生) / 우등생(優等生) / 전학(轉學) / 주입적교육(注入式教育) / 책보(冊褓) / 초크(쵸크) / 칠판(黑板, 칠판, 漆板) / 컨닝(칸닝, 커-ㄴ, 컨닝, 커닝) / 클래스메이트(클라쓰메이트, 클라스메트, 클라스메이트) / 텍스트(테끼스토, 테기스트, 테키스트, 텍스트) / 패스(파쓰, 파스, 패쓰) / 레슨(렛슨, 레슨) / 학비(學費)학예회(학예회) / 학우(學友) / 학자금(學資)
고유명	게이오의숙(慶應義塾) / 경성제국대학(경성제국대학) / 도시샤(도시샤, 동지사) / 라이프지히대(래쓰찌그디학교) / 베를린대학(뻬르린딕학교) / 스탠포드(스단포드) / 시카고대학(시카고대학) / 예일(예일) / 옥스퍼드대(阿佛多大學校, 옥쓰포오드, 옥쓰포드, 옥스포르드) / 와세다(와세다) / 일본제국대학(日本帝國大學) / 쫀홉킨스(존스홉킨스) / 캠브리지(캠브릿지) / 쿄토제대(경도제대) / 프린스톤(푸린스톤) / 하버드(하바드, 하버드)
기타	브나르도(앤나로드) / 관비유학생(관비유학싱) / 월사금(월샤금) / 상아탑(象牙塔) / 넘버스쿨(넘버스쿨) / 블루스타킹(쁠류-스틱킹)

(5) 단위

근대 신어 중에서 단위 분야의 어휘는[35] 교과서류, 사전류, 신문류, 잡지류, 정기간행물, 문학 작품, 기타 문헌 등에 등장하는 것으로 그 유형과 특징을 몇 가지로 나눠 설명하고자 한다. 전체적으로는 단위 어휘 범주로 분류된 것들이지만 단위 어휘의 특성상 명사 부류의 어휘들로 구성돼 있다. 또한 대체로 서양 외래어를 기반으로 하는 어휘와 한자어로 정착된 어휘로 대별될 수 있다. 단위 관련 어휘는 길이, 넓이, 무게, 수량, 화폐, 기타의 여섯 가지유형으로 나눠 볼 수 있다.

---

35) 일반적으로 단위 관련 어휘는 국어학에서는 '단위 명사'라 부르며 대체로 의존 명사에 해당한다. 그중에서 수와 양과 관련된 단위 명사류를 다른 문법 범주의 어휘들과 묶어 따로 '수량사(quantifiers)'라는 용어를 사용하기도 한다.

길이 단위의 어휘를 보면, 크게 국제적으로 통용되는 미터법과 야드-파운드법의 서양 외래어 유형이 이 시대에 유입되었다는 것을 알 수 있다. 전자가 쎈티, 쎈치메-터, 쎈치메-틀, 센지, 산지, 센지메돌, 센치미돌, 산지메돌, 싼취(센티미터), 멘돌, 메트르, 메도루, 米突(미터)와 같은 신어들이고, 후자는 휘트, 쀠-드, 쀠-트, 몌일, 옐, 후이트, 英尺(피트, feet), 야아드, 얄, 야루, 야르, 野婁都, 碼(야드)와 같은 신어들이다. 이러한 신어들의 유입 상황은 다음에 언급될 넓이, 무게, 수량 단위 어휘에도 마찬가지로 해당된다.

표기 양상을 보면 서양 외래어가 한글로 다양하게 표기된 양상이 일반적이다. 다만 표기 과정에서 표기 주체의 발음 의식에 경도돼 일본식 발음 표기로 짐작되는 서양 외래어 표기가 눈에 띈다. 산지, 산지메돌(센티미터), 마이루(마일), 메도루(미터) 등이 그러하다. 또한 표기의 양상이 중국식 표기를 그대로 받아들여 한자로 표기한 예가 나타나기도 한다. 예컨대 英尺(피트, feet), 英里(마일), 英寸(인치) 따위가 그것이다. 중국식 발음으로 음차한 每婁(마일), 仁知(인치) 등도 흥미로운 표기이다.

넓이 단위에도 국제적으로 통용되는 미터법과 야드-파운드법의 서양 외래어 유형이 유입되었다. 즉 예커, 에가, 에카, 에커, 에켜, 엑글, 亞歐婁, 英畝(에이커, acre)와 같이 야드-파운드법에 따른 서양 외래어가 등장하기도 하고, 헥터, 헥다, 헥다루, 헤쿠탈, 惠歐婁(헥타르), 평방미돌(평방미터)과 같은 미터법 도량형의 서양 외래어 표기가 나타나기도 한다. 무게 단위 어휘도 마찬가지다. 까론, 갸론, 加婁禮婁, 可婁籠(갤런, gallon), 封度, 뽄드, 뽄도, 파운, 폰드, 英斤(파운드)은 야드-파운드법에 해당하며 쯔람, 구람, 쿠람, 끄람, 그람, 크람(그램), 돈, 톤, 噸(톤) 따위의 다양한 표기는 미터법에 해당한다. 무게 관련 어휘 중에서 掛目(무게)은 지금은 잘 사용되지 않는 신어로[36] 추정된다. 카랕트, 카라트(캐럿)와 같은 보석류 무게 단위도 이 당시에 등장한다.

---

36) 괘목[coefficient of cocoon price, 掛目, かけめ](농업용어사전 : 농촌진흥청, 농촌진흥청). 생사의 일정량(1kg)을 제조하는 데 필요한 고치의 값을 산출하는 기준값으로 표준값새라고 하며 다음 식에 의하여 산출함. 표준값새=(생사 1kg값+부산물수입)-(생사가공비+이윤).

수량 단위 어휘로는 리돌, 릳돌, 릳톨, 릿터, 릿트르, 里都婁(리터), 따쓰, 타스, 떠즌, 다스, 다쓰, 타, 打(다스, 더즌, dozen) 따위가 있다. 리터의 다양한 이표기는 위에서 언급한 맥락과 그 의미를 같이 하는 것으로 짐작된다. 다만 그것에 대한 한자식 표기, 里都婁(리터)가 이채롭다. '타스, 타, 打'는 당시에 형성된 신어이지만 지금도 우리말 구어에서 심심찮게 사용되고 있다. '한 타에 몇 개입니까?'라고 구어에서 사용할 때 타는 중국식 '打(dozen)'의 우리식 한자음이다.

이 시대 신어 단위 어휘 중에서 주목할 것은 화폐 단위 어휘이다. 영국의 옛 화폐 단위인 시링구, 쉴닝, 썰링, 시링, 喜林, 奇霖(실링, shilling)은 물론이려니와 英貨, 英金, 英銀(파운드) 등의 화폐 단위, 드라크마, 도라크마(드리크마, drachma)와 같은 그리스 화폐 단위, 딸나, 딸러, 도루, 돌, 불, 弗, 썰러, 達例爾, 딸라(달러)와 같은 미국 화폐 단위의 이표기들이 다양하게 등장하고 있다. 또한 류, 루불우, 루부르, 루우불, 루풀, 盧布, 婁弗, 婁孚婁(루블), 맑크, 馬克, 마크, 맑, 맑크, 막, 말그우(마르크)와 같이 러시아, 독일의 화폐 단위 역시 다양한 이표기로 출현하고 있다. 法, 佛朗克, 佛郎, 佛狼, 프란크, 쑤링, 쑤란, 푸링크(프랑)과 같은 프랑스 화폐 단위도 마찬가지이다. 특히 러시아 및 프랑스 화폐 단위 어휘 중 한자를 기반으로 한 것이 다른 나라 화폐보다 더 다양하다는 게 흥미로운 특징이다. ■ 이상혁

〈표 5〉 단위 관련 신어

유형	관련 신어
길이	센티미터(쎈티, 쎈치메-터, 쎈치메-틀, 센지, 산지, 센지메돌, 센치미돌, 산지메돌, 싼취) / 피트(휘트, 쒜-드, 쒜-트, 혀일, 옐, 후이트, 英尺) / 마일(마이루, 마일, 哩, 英里, 每婁) / 미터(멘돌, 메트르, 메도루, 메-다, 메터, 메터, 메틀, 梅脫, 米突) / 야드(야아드, 얄, 야루, 야르, 野婁都, 碼) / 인치(인티, 인취, 인치, 仁知, 英寸) / 평방마일(方里) / 해리(海里)
넓이	이에커(예커, 에가, 에카, 에커, 에켜, 엑글, 亞歐婁, 英畝) / 평방미터(평방미돌) / 헥타르(헥터, 헥다, 헥다루, 헤쿠탈, 惠歐婁)
무게	갤런(까론, 가론, 加侖禮婁, 可婁籠) / 그램(쯔람, 구람, 쿠람, 끄람, 그람, 크람) / 무게(掛目) / 밀리그램(美婁里歐螺無, 美利亞歐螺無) / 온스(온스, 언스, 온쓰, 彦修, 元修, 穩修) / 캐럿(카랕트, 카라트) / 톤(돈, 톤, 噸) / 파운드(封度, 뿐드, 뿐도, 파운, 폰드, 英斤)

수량	다스(짜쓰, 타스, 떠즌, 다스, 다쓰, 타, 打) / 리터(리돌, 릴돌, 릴톨, 릿터, 릿트르, 里都釐)
화폐	달러(딸나, 딸러, 도루, 돌, 불, 弗, 쩔러, 達例爾, 딸라) / 드라크마(드라크마, 도라크마) / 루블(류, 루불우, 루부르, 루우불, 루풀,盧布, 婁弗, 婁孚婁) / 마르크(맑크, 馬克, 마크, 맑, 막크, 막, 말그우) / 센트(센트, 仙士)실링(시링구, 쉴닝, 쎌링, 시링, 喜林, 奇零) / 파운드(英貨, 英金, 英銀) / 프랑(法, 佛朗克, 佛郎, 佛狼, 프란크, 뿌링, 뿌란, 푸링크)
기타	마력(馬力) / 칼로리(카로리, 캘로리, 가리一) / 토탈(토탈) / 퍼센트(파아센트, 퍼센트) / 퍼센티지(파센이지, 퍼센테지, 퍼센테이지)

(6) 시간과 공간

현재 우리의 감각과 인식을 주조하는 시간 개념이 한국인들의 삶에 파고 든 것은 이르게 잡아도 19세기 후반경이다. 공식적으로는 1895년 11월 17일 이른바 '을미개혁'이 단행되면서 서구적인 시간 개념이 공식적인 시간으로 규정되었다. 서구적인 시간 개념이 도입되면서 사람들의 삶은 균질화했는데, 그 균일화된 삶의 양식이 근대적 일상성의 핵심이 된다. 공간도 마찬가지이다. 사실 우리가 지금 일상 속에서 거치는 공간들 대부분은 20세기 이후 그 수요가 창출되고 그에 따라 공급이 이루어진 곳들이다. 19세기 이후 한국인들이 만난 새로운 지식과 문화는 새로운 시간과 공간개념을 전달·창출하고, 또 그것과 관련된 문물의 수요를 촉발시켰다. 그러므로 시간과 공간 관련 근대 신어에는 다른 어떤 영역들보다 뚜렷하게, 새롭고 서구적인 어휘들이 많다.

이처럼 분명하게 변화된 근대 한국사회의 단면을 보여주는 시간과 공간 관련 신어는 기념일을 포함한 특정일을 지칭하는 날짜 관련 어휘들과 특정 순간과 일정 기간을 표현하는 어휘들, 시간 개념을 포함한 유행 관련 어휘들, 순서와 상태를 표현하는 어휘들, 시·공간 관련 제도와 문물을 일컫는 어휘들, 그리고 공간을 지칭하는 어휘들로 그 유형을 분류할 수 있다.

날짜를 지칭하는 어휘 중 국제적색데이(國際赤色데-, 國制赤色데이, 國際靑年졔-), 메이데이(메-데-, 메데, 메-데, 메데-, 메데이, 메-데이, 메이데, 메이데-), 식목일(植木日),

크리스마스(그리스마스, 크리쓰, 크리쓰마스, 크리쓰머스, 크릿스마쓰, 크리쓰마쓰) 등은 새로운 문화와 인식이 반영된 기념일이다. 공판일(公判日)과 샐러리데이(살라라데이), 양력설(양력설)과 같은 어휘는 새로운 제도에 따라 새롭게 필요해진 날짜 개념을 반영한 신어이다.

순간과 기간을 담은 신어에는 우선 근대(近代), 근세(近世), 기원전(빠·씨), 나폴레옹시대(那翁時代), 농경시대(耕耘時代), 다크 에이지스(따-크·에지, 따-크·에이지), 로마공화시대(羅馬共和時代), 엘리자베스시대(예리싸베스時代)처럼 역사적인 시대 구분이나 특정한 역사적인 기간을 가리키는 어휘들이 포함된다. 그러나 신어로서의 특성을 보다 뚜렷하게 보여주는 것들은 노동시간(勞働時間), 러시아워(뤄슈아워, 럿슈아워, 랏슈아와, 럿슈아워, 뤄슈아워, 랏슈 아와-, 럿슈아워, 럿슈아와, 러슈아워), 봄방학(봄방학), 서머홀리데이(삼마홀리데-, 썸머홀리데 이), 애프터눈(앞터눈), 위크엔드(위크앤드, 위-크앤드), 일주일(일쥬일) 등과 같이 근대적인 제도와 생활환경을 반영하는 어휘들이다.

유행을 반영하는 신어들 대부분은 새로운 유행을 표현하는 대명사와 같은 구실을 했던 '모던-'을 접두사로 활용한 어휘들이다. 모던 취미(모던-취미), 모던걸(모던·껄, 모던쩌-ㄹ, 모-던쩔, 모던쩔), 모던보이(모던·뽀이, 모던쏀이), 모던보이와 모던걸을 한꺼번에 지칭하는 줄임말 모뽀모꺼, 모·보·모·가, 모던라이프(모던·라이쯔), 모던마담(모던·마담, 모던마덤), 모던미스(모던·미쓰), 모던와이프(모던·와이프), 모던젠틀맨(모던·쩬틀맨), 모던타입(모던·타잎), 모던토픽(모던토픽) 등이 그 사례이다. 당시 도시생활의 일면을 들여다 볼 수 있는 조어법이다. 레이티스트 패션(레-테스트·뺴슌)도 이 유형에 속한다. 데카당파(데카단派)와 영거 제너레이션(영자·제네레이슌, 영자·제네레이숀) 등은 대중적인 유행과는 거리가 있는 어휘들이지만, 시간 개념을 포함하는 신어로 분류할 수 있다.

또한 넥스트(넥스트), 라스트, 미들, 스케줄(스케쥴, 스케-듈, 스케듈), 피날레(후이나레), 피니시(예니슈예니슈) 등은 순서를 표현하는 어휘이며 올드, 터닝포인트(터니닝포인트, 터-닝포인트), 하이스피드(하아스피-드) 등은 시간과 관련된 상태를 표현하는 어휘이다.

제도와 문물 관련 신어 대부분은 새롭게 도입된 시간과 관련되는 어휘들이다. 시계를 표현하는 괘종(괘종), 괘종시계(時辰鐘, 柱時計), 시계(시계時計·시표), 시계탑(시계탑), 타이머, 회중시계(懷中時表) 등이 그 사례이다. 다이어리(따이어리), 타임테이블(타임·테불, 타임테이불), 프로그램(푸로그람, 푸로그램, 푸로그림) 등과 같은 어휘는 제도로서의 시간에 적응하거나 대응하는 과정에서 필요한 신문물을 지칭하는 신어들이다.

그러나 시간 관련 제도 문물을 나타내는 신어 중 가장 중요한 것은 태양력으로 대표되는 서구의 시간 개념이다. 이는 태양력과 서구식 달력을 지칭하는 신어를 통해 확인할 수 있다. 서력(西歷, 셔력), 양력(陽曆, 양녁), 율리우스력(쥴리어스曆), 캘린더(가렌다, 카랜다, 카렌다, 카렌더, 칼랜다, 카렌다-, 캬렌더, 칼렌다) 등이 이에 해당하는 신어들이다.

공간을 나타내는 근대 신어들 중에서 두드러지는 것은 전통적인 한국사회에는 낯설었던 서구의 특정 공간이나 지리를 표현한 어휘이다. 극동(極東)이나 근동(近東)이라는 표현은 유럽인들이 아시아 각 지역을 표현하는 어휘가 한국사회에 유입된 사례이다. 버킹엄 궁전(쌔킹감宮), 브로드웨이(푸로드웨이, 뿌로-드·웨이, 뿌로드웨이, 부로두웨), 아크로폴리스(아크로 포리쓰, 아크로포리쓰) 등도 새로운 공간과 문화가 알려지면서 등장한 신어들이다.

서구열강과의 관계가 형성되고, 다양한 영역에 새로운 제도와 이를 뒷받침하는 기관이 설립되면서 출현한 어휘가 공간 관련 근대 신어 중 가장 많은 비중을 차지한다. 서구식 근대 병원이 도입되면서 형성된 간호부실(看護婦室)이나 새로운 행정체계를 반영하는 경찰서(警察署·경찰서), 주재소, 대서소(디셔쇼), 근대 사법제도에서 비롯된 고등재판소(고등직판쇼), 공판정(공판뎡), 징역장(懲役場), 의회제도가 알려지면서 발생했을 의석(議席, 의셕), 외교제도와 관련되는 영사관(령亽관, 영亽관), 조계(租界), 조차지(租借地) 등의 어휘가 그런 사례에 해당할 것이다. 대합실(디합실), 사무실(事務室) 등과 같은 어휘도 새로운 생활환경이 만들어낸 근대적인 공간이 출현하면서 사용된 신어이다.

그러나 근대적인 공간이 반드시 공적이고, 제도적인 차원에서만 만들어

지는 것은 아니다. 근대적인 도시는 그 자체로서 계획과 무계획이 섞인 대
표적인 새 공간이다. 메인스트리트(메안스트리트, 메안스트리트, 메안스튜릿, 메안스튜
릿트, 메안스트릿, 메안스트맅트, 맨스트리트), 메트로폴리탄(메추로포리탄), 스트리트(스
트릿), 애비뉴(아뻬뉴), 에어리어(아레아) 등과 같은 외래어가 활발하게 사용되
었던 것은 20세기 초·중반 변화된 생활환경을 대변하는 도시 자체가 얼
마나 새로운 것이었는지를 말해준다.

　서구적이고 새로운 생활환경이 조성되면서 특히 도시인들의 욕망 역시 보
다 서구화된 방식으로 변화했다. 소비문화의 변화는 그러한 욕망을 선명하게
보여준다. 이 새로운 욕망을 담아내는 근대 소비문화 공간을 가리키는 댄스
홀(땐쓰홀, 땐스홀), 댄싱홀(땐싱홀), 카페(가페, 카웨, 카페이, 카푸에, 카후에, 캬페, 카옝, 캐
옝-, 카패), 카페테리아, 티룸(틔~룸, 티~룸) 등은 그 사용 빈도가 대단히 높았다.
신문의 만문만평을 비롯해 다양한 매체와 다양한 형식의 글들에 자주 등장했
던 어휘 데파트먼트스토어는 그 다양한 표기 사례[37]만큼이나 빈번하게 사용
되었던 대표적인 근대 소비문화 공간이었다. ■ 김택호

〈표 6〉 시간과 공간 관련 신어

유형	관련 신어
날짜	공판일(公判日) / 국제적색데이(國際赤色데-·國制赤色데이·國際靑年쩨-) / 금요일(金曜日) / 기념식(긔념식) / 데이(데-, 데-이, 떼이) / 데이트(떼-트) / 메이데이(메-데-, 메데, 메-데, 메데-, 메데이, 메-데이, 메이데-, 메이데-) / 례배육(禮拜六) / 반공일(반공일) / 발렌타인(빼린타인) / 부활절(復活節) / 샐러리데이(살라리·데이) / 선데이(싼데, 쌴데이, 썬데이, 썬데) / 식목일(植木日) / 안식일(安息日) / 양력설 / 월급날 / 월요일(월요일) / 일요일(일요일) / 주일(週日, 쥬일) / 크리스마스(그리스마스, 크리쓰, 크리쓰마스, 크리쓰머스, 크릿스마쓰, 크리쓰마쓰) / 크리스마스이브(크리스마스·이쁙) / 토요일(토요일) / 프라이데이(푸라이데이)
순간과 기간	과도기(과도긔·過渡期) / 근대(近代) / 근세(近世) / 기원전(삐·씨) / 나폴레옹시대(那翁時代) / 노동시간(勞働時間) / 농경시대(耕耘時代) / 다크 에이지스(따-크·에지, 따-크·에이지) / 데일리(데이리) / 데카당(데카단스, 데카당스, 데카당트, 데카단트, 떠

---

37) 듸파트멘트스토아, 떼파-트멘트·스토어, 떼파-트멘트·스토아, 떼파트, 떼파-트, 테바-트, 테바-트멘트, 떼빠트, 떼파-트·스토어, 띄팔트, 띄팔트멘트, 띄팔트, 띄팔트멘트, 쎈파트엔트, 데바드-멘드-·스토아, 데파아트 등.

유형	관련 신어
	카탄, 데가덩, 데가당, 데가단, 데가당, 데가단, 데카단쓰, 떼카단, 데카덩) / 러시아워 (뤄쉬·아워, 럿쉬·아워, 랏쉬·아와, 랏슈아워, 뤄쉬아워, 랏슈 아와-, 럿슈·아워, 럿슈·아와, 러쉬·아워) / 로마공화시대(羅馬共和時代) / 모멘트(모-멘트) / 먼슬리(먼스리) / 미개시대(미기시대) / 밀레니엄(밀레니움) / 봄방학 / 서머홀리데이(삼마·홀리데-, 썸머·홀리데이) / 스프링(스푸링) / 시대(시대) / 시즌(씨-슨, 씨-즌, 씨즌, 세이존) / 십구세기 / 센추리(쎈튜리) / 애프터눈(앞터눈) / 야만시대(野蠻時代, 야만시더) / 양키에이지(양키-·에지, 양키-·에이지) / 에이프릴(에이푸릴, 에-프릴) / 엘리자베스시대(예리싸베스時代) / 오거스트(오-거스트) / 위크(위-크, 윅) / 위크엔드(위크·앤드, 위-크·앤드) / 윈터(winter) / 이브닝(아-벤느) / 이십세기(이십셰긔) / 일주간(일쥬간) / 일주일(일쥬일) / 줄라이(쭐라이) / 초(秒) / 컨템퍼러리(콘렌포라리이, 콘템포라리) / 피리어드(페리온드·피어리온, 피어리언, 피리온(드)) / 하프타임(하푸타임, 해프·타임, 하프·타임) / 홀리데이
유행	데카당파(데카단派) / 레이티스트 패션(레-테스트·爬슌) / 모더니스트(모던이스트 / 모더니즘(모다니즘, 모데르니즘, 모데르니슴, 모데루니즘, 모데루니슴, 모던이즘, 모던이슴) / 모더니티(모다니티, 모던이티) / 모던 취미(모던-취미) / 모던(모던, 모던-, 모데른, 모단, 모당, 모·마) / 모던걸(모던·껄, 모던쩌-르, 모-던썰, 모던썰) / 모던라이프(모던·라이쁘) / 모던마담(모던·마담, 모던·마뎜) / 모던미스(모던·미쓰) / 모던보이 앤 모던걸(모뽀모걸, 모·보·모·가) / 모던보이(모던·뽀이, 모던쏘이) / 모던와이프(모던·와이프) / 모던젠틀맨(모던·쩬틀맨) / 모던타입(모던·타입) / 모던토픽(모던·토픽) / 영거제너레이션(영거·제네레이슌, 영거·제네레이쉰) / 제너레이션(제네레이슌, 제네레이숀, 제네레숀, 제네레숀) / 타임레이스(타임·레-쓰)
순서와 상태	과정(過程) / 넥스트(넥스트) / 라스트 / 막차(막츠) / 미들 / 스케줄(스케쥴, 스케-듈, 스케듈) / 어게인(애게인) / 엔드리스(엔도레스) / 올드 / 의향시간(意向時間) / 인식시간(認識時間) / 터닝포인트(터-닝포인트, 터-닝·포인트) / 트와일라잇(트와이라일트) / 피날레(후이나레) / 피니시(뼈니쉬·뼈니슈) / 하이스피드(하이·스피-드)
제도와 문물	괘종(괘종) / 괘종시계(時辰鐘, 柱時計) / 다이어리(따이어리) / 모닝코트(모-닝·코-트, 모-닝·콜, 모닝·코트, 모닝·코-트, 모-닝·코-트, 모-닝·코트, 모닝커우트) / 모닝프레스(摩審普士日報) / 서력(西歷, 셔력) / 서머타임(썸머·타임) / 시계(시계, 時計, 시표) / 시계탑(시계탑) / 양력(陽曆, 양녁) / 율리우스력(쥴리어스曆) / 재깍재깍(왜싹젯깍) / 캘린더(가렌다, 카랜다, 카렌다, 카렌더, 칼란다, 카렌다-, 캬렌더, 칼렌더) / 타이머 / 타임 / 타임테이블(타임·테불, 타임·테이불) / 프로그램(푸로그람, 푸로그램, 푸로그림) / 회중시계(懷中時表)
공간	간이식당(簡易食堂) / 간호부실(看護婦室) / 게토(케토) / 경찰서(警察署, 경찰셔) / 고등재판소(고등지판쇼) / 공판정(공판뎡) / 그라운드(끄라운드, 크라운드) / 그릴(끄릴) / 극동(極東) / 근동(近東) / 내지(너디, 내디) / 대서소(더셔쇼) / 대합실(더합실) / 댄스홀(맨쓰·홀, 땐스홀) / 댄싱홀(땐싱·홀) / 더메스틱(떠메스틱) / 라커룸(로커-·룸) / 로비(로비-) / 로지(론지) / 메인스트리트(메인·스트리트, 메인·스트리트, 메인·스튜맅, 메인·스튜맅트, 메인·스트맅, 멘·스트리트) / 메카(멧카, 멕카, 密加, 麥加) / 메트로폴리탄(메추로포리탄) / 방청석(방쳥셕) / 백화점(듸파트멘트

유형	관련 신어
	스토아, 떼파-트멘트·스토어, 떼파-트멘트·스토아, 떼파트, 떼파-트, 테바-트, 테바-트멘트, 떼빠트, 떼파-트스토어, 띄팔트, 띄팔트멘트, 띄팔트, 띄팔트멘트, 쎈파트엔트, 데바드-멘드-·스토아, 데파아트) / 버킹엄 궁전(쩌킹감宮) / 부스(뿍쓰) / 브로드웨이(푸로드웨이, 뿌로-드·웨이, 뿌로드웨이, 부로두웨) / 사무실(事務室) / 센터(쎈터, 쎈타-) / 센트럴(쎈추랠) / 센트르(쎈트) / 스트리트(스트맅) / 스페이스(스페-쓰) / 스폿(스폴) / 슬로프(슬로푸) / 아지트(아지도) / 아크로폴리스(아크로 포리쓰, 아크로포리쓰) / 애비뉴(아삐뉴) / 에어리어(아레아) / 연설장(연셜장) / 영사관(령스관, 영스관) / 의석(議席, 의석) / 조계(租界) / 조차지(租借地) / 주재소 / 징역장(懲役場) / 차이나타운(챠이나·타운) / 춉하우스(춉·하우쓰) / 카운터 / 카페(가페, 카뻬, 카페이, 카푸에, 카후에, 캬페, 카뼤, 캐뼤-, 카패) / 카페테리아 / 타운홀(타운·홀) / 테니스코트(탠늬스-코-트) / 테라스(테레스) / 투표구(投票區) / 티룸(틔-·룸, 티-·룸) / 파라다이스(파라이소-, 파라다이쓰, 패러다이스) / 판매쇼(미각쇼) / 판테온(팡테옹) / 포럼(쪼름·쪼럼·쪼람·쪼룸) / 프런트(뿌런트·뿌론트) / 필드(쀨드) / 하이스쿨(하이·스쿨) / 홀 / 홈그라운드(홈·그라운드) / 활동사진관 / 휴게쇼(휴계쇼) / 흥신소(興信所)

2. 역사 · 종교

  역사 · 종교 분야의 근대 신어는 크게 역사적 사건, 종교, 신화, 인종 등 네 개의 소항목으로 구분할 수 있다. 근대 신어의 출처가 된 자료들을 보면, 발간 시기가 가장 빠른 것은 1883년부터 나온 『한성순보(漢城旬報)』이며, 가장 늦은 것은 1945년 1월호 잡지 『신시대(新時代)』와 같은 해 2월 9일자 『매일신보(每日申報, 每日新報)』이다. 1946년에 발간된 『신어사전(新語辭典)』(民潮社)도 있으나 이는 1934년 판 『신어사전』(靑年朝鮮社)을 보완·증보한 것으로서 광복 후 1년도 되지 않은 때에 발간된 점으로 보아 1945년 이전에 사실상 원고 작업이 거의 마무리된 것으로 볼 수 있다.

  1883년부터 1945년까지 한국은 급변하고 격동하는 국내외 정세 속에서 '조선→대한제국→국권 상실과 일제 강점' 등의 역사상 유래 없는 대사건들을 겪었다. 고금(古今)을 통하여 시간 또는 시대의 흐름 속에서는, 항상 모든 분야에서 어떠한 형태·성격의 것이든 '새로움'들이 추구 또는 추가

된다. 그 새로움이 표현되고 전달되는 수단인 언어 분야는 더욱 그렇다. 하물며 1883년부터 60여 년의 그리 길지 않은 기간 동안, 앞에 언급한 바와 같은 온갖 격렬한 변동이 일어난 시대적·역사적 흐름 속에서, 그만큼의 긴박감과 우여곡절을 안고 빚어진 새로움은 과연 무엇이며 어느 정도였을까. 그중에서도 역사·종교 분야에서 유입되고 발생한 '새로운 언어' 즉 '신어'의 종류와 그 특징은 무엇이었을까.

역사·종교 분야 중 역사적 사건에 속하는 어휘는 정치, 경제, 사회, 문화 관련 어휘 등 네 가지 유형으로 나누어 볼 수 있다. 정치 관련 어휘가 63% 정도로 가장 많고, 그 다음이 문화 관련 어휘 17%, 사회 관련 어휘 13% 순이며, 경제 관련 어휘는 7% 정도로 비중이 가장 적다.

정치 관련 어휘에는 '전쟁 또는 충돌', '개혁 또는 혁명', '국제회의', '사회주의 또는 공산주의', '조약 또는 그와 관련된 어휘', '독트린', '독립이나 해방', '해외의 기타 주요 사건' 등에 대한 어휘들이 포함된다. 전쟁 또는 충돌, 개혁 또는 혁명 분야에 속하는 어휘 수는 정치 관련 어휘에서 뿐만 아니라 역사적 사건에 해당하는 것 가운데서도 가장 많다. 정치 관련 어휘 분야에서 가장 많이 등장하는 용어는 '도스안(도스플랜)'과 '프랑스혁명'이다. 도스안은 표기 형태에서도 정치 관련 어휘 중에서 가장 다양하다.

경제 관련 어휘에는 '산업혁명', '노동자·농민의 시위 또는 운동', '경제권을 둘러싼 국제분쟁', '근세 유럽의 노예 거래', '일제의 경제적 침탈에 항거하는 운동' 등에 대한 어휘들이 포함된다. 경제 관련 어휘 중에서 어휘 수가 가장 많은 것은 산업혁명 관련 용어이다.

사회 관련 어휘의 범위에는 '종교', '노예와 농노', '사회운동' 등에 대한 어휘들이 포함된다. 이 가운데 종교 관련 어휘에는 종교개혁, 종교전쟁, 헤지라 등이 있는데, 사회 관련 어휘 중 가장 많은 양을 차지한다.

문화 관련 어휘에는 '문화 또는 문학의 혁신운동', '문화 유적', '사상이나 관련 단체', '특정 시대 지칭' 등의 어휘 등이 포함된다. 문화 관련 어휘에서 가장 많이 보이는 것은 르네상스로 전체의 절반에 가까우며, 문화 유적에 해당하는 어휘도 30%나 된다. 문화 유적 중 대부분이 이집트 유적인 피라미드와 로제타스톤에 대한 것이라는 점이 특이하다.

역사·종교 분야의 두 번째 범주인 인종과 신화를 보면, 우선 인종에 속하는 어휘는 '신체(형질)적 특징으로 표현된 인종 관련 어휘', '지역적 구분에 따른 인종 관련 어휘', '3대 인종 소속 인류 집단과 관련된 어휘', '기타 어휘' 등의 네 가지 유형으로 구분할 수 있다. 신화에 속하는 어휘 역시 '그리스 신화', '로마 신화', '기타 신화', '예로부터 전하여 내려오는 전설 또는 이야기' 등으로 분류된다.

인종에 속하는 어휘 중 신체(형질)적 특징으로 표현된 인종 관련 어휘에는 '피부색깔(살빛)을 기준으로 하여 구별한 어휘', '신체 모양 등과 관련된 어휘' 등이 포함된다. 지역적 구분에 따른 인종 관련 어휘에는 '동서양을 기준으로 구분하여 표현한 어휘', '유럽과 아시아를 기준으로 나타낸 어휘', '기타 어휘' 등이 포함된다. 3대 인종의 범주에 포함되는 인류 집단과 관련된 어휘에는 '백인종계', '황인종계', '흑인종계' 등과 관련된 어휘 등이 포함된다. 인종 분야 어휘에서는 특히 인종적 차별과 편견에 대한 정의를 구체적으로 서술하는 등 식민지 하에서 일제에 의하여 한국인이 처한 불평등한 상황을 명확하게 인식시켜 주고자 하였음을 엿볼 수 있다.

신화 관련 어휘 중 그리스 신화와 관련된 어휘에는 '신의 이름', '신화에 등장하는 인물 이름', '기타 어휘' 등이 포함된다. 로마 신화와 관련된 어휘에도 '신의 이름'과 '인물 이름'에 대한 어휘 등이 포함된다. 신어 어휘 수나 종류 등 모든 면에서 사실상 그리스 신화 부분이 로마 신화보다 훨씬 많다. 신화와 관련된 신어의 대부분은 신화에 등장하는 신, 인물, 요정, 괴물 또는 동물 등의 이름에 대한 것이다. 예로부터 전하여 내려오는 전설 또는 이야기와 관련된 어휘는 그 수가 매우 적다. 신화에 속하는 신어에 대한 어휘 설명은 2/3 이상이 『(鮮和兩引)모던朝鮮外來語辭典』에 정리된 것이다.

역사·종교 분야 중 세 번째 항목인 종교에 속하는 어휘는 기독교계, 불교계, 이슬람교계, 힌두교·유대교·조로아스터교·시크교 등의 어휘와,

기타 어휘 등 총 다섯 가지 유형으로 나눌 수 있다. 이 중 기독교계 관련 어휘가 절대적으로 많아 종교 관련 어휘의 70%를 차지하며, 이슬람교가 그 다음 순으로 6% 정도를 차지한다.

기독교계 관련 어휘는 그 수가 많은 만큼 다양한 내용이 포함되어 있는데, '기독교계 종교 이름', '하느님 · 예수 관련 어휘', '성경 관련 어휘', '기독교 교파 · 주의 · 집단 관련 어휘', '전례 · 기념일 · 신앙생활 등 관련 어휘', '인물 관련 어휘', '교회 · 건축물 관련 어휘', '기독교 관련 기타 어휘' 등이 있다.

불교계 관련 어휘에는 '불교계 교파 · 사상 관련 어휘', '인물 관련 어휘', '기타 어휘' 등이 있다. 372년에 시작된 한국 불교의 역사는 1,700여 년에 이른다. 따라서 불교계 관련 신어를 보면, 완전히 새로운 의미의 어휘가 한국에 처음으로 들어 온 것이라기보다는, 어휘의 표기 형태가 새로운 것이 보다 일반적이다. 불교를 말하는 '뿌디즘'이 그 대표적인 예이다. 또한 현재 정리된 불교계 어휘와 관련해서도 좀 더 많은 자료를 통해 보다 심도 있는 검토가 요구된다.

이슬람교 관련 어휘에는 '이슬람교 이름과 관련된 어휘', '경전이나 사상과 관련된 어휘', '이슬람 창시자 또는 신과 관련된 어휘', '성지 또는 건축물과 관련된 어휘', '기타 어휘' 등이 포함된다.

힌두교, 유대교, 조로아스터교, 시크교 등과 관련된 어휘는 종교별로 매우 적은 수의 어휘가 있는 정도이다. 마지막으로 종교 관련 어휘의 기타에 해당하는 것으로는, 앞에서 분류한 종교 유형에는 포함되지 않는 종교나 신앙, 교파, 주의에 대한 명칭과 그와 관련된 어휘 그리고 다양한 종교들 간에 부분적 또는 전반적으로 공유되는 어휘 등이다.

종교 항목에 속하는 근대 신어의 어휘 설명이 가장 많이 실린 자료는 『모던조선외래어사전』이며, 그 비중도 2/3 이상이라는 점은 신화 항목과 동일하다. ■ 조미은

(1) 역사적 사건

역사적 사건 항목의 근대 신어는 네 가지 유형으로 나누어 볼 수 있는데, 정치, 경제, 사회, 문화 관련 어휘 등이다.

먼저 정치 관련 어휘를 다시 유형별로 세분화하여 살펴보면 첫째, 전쟁 또는 충돌과 관련된 신어로, 7년전쟁, 남북전쟁, 독립전쟁, 러일전쟁, 만보산사건, 백년전쟁, 아편전쟁, 캐롤라인호사건, 크림전쟁 등이 그에 해당한다. 둘째, 개혁 또는 혁명과 관련된 신어로, 11월혁명, 2월혁명, 국민혁명, 동학농민혁명, 민주주의혁명, 오사운동, 자코뱅당, 제1·2혁명시대, 카프소동, 파리코뮌, 프랑스혁명 등이 있다. 이 첫째와 둘째 부류에 속하는 신어가 정치 관련 어휘들 가운데 가장 많은 양을 차지한다. 셋째는 국제회의와 관련된 신어로, 도스안, 라이바흐회의, 런던회의, 로잔회의, 리튼보고서, 샌프란시스코회의, 엑스라샤펠회의 등이다. 넷째, 사회주의 또는 공산주의와 관련된 신어로, 공산당선언, 마르크스데이, 적화, 인터내셔널 등이 있다. 다섯째, 조약 또는 그와 관련된 범위에 속하는 신어로, 대서양헌장, 런던조약, 로카르노조약, 베르사유조약, 중일조약, 프랑크푸르트조약 등을 들 수 있다. 여섯째, 독트린에 해당하는 신어로, 루스벨트독트린, 먼로독트린, 스팀슨독트린 등이 있다. 일곱째, 독립이나 해방과 관련된 신어로, 독립선언서, 미국독립, 삼일운동, 그리스사건 등이며, 마지막으로 해외의 기타 주요 사건이나 그와 관련된 신어로, 대헌장, 드레퓌스사건, 메이플라워호, 의화단운동, 차별주의, 철혈정책, 프랑크푸르트회의 등을 꼽을 수 있다.

경제 관련 어휘는 첫째, 18세기 후반부터 약 100년 동안 영국에서 출발하여 유럽으로 확산된 산업혁명을 일컫는 신어가 관련 어휘 중 가장 많은 양을 차지했다. 둘째, 노동자·농민의 시위 또는 운동과 관련된 신어로 노동절시위, 러다이트, 토호열신 등이 있다. 러다이트는 영국에서 산업혁명이 초래할 실업의 위험에 반대하며 기계를 파괴하는 등 폭동을 일으킨 직공단원이다. 셋째, 경제권을 둘러싼 국제분쟁과 관련된 신어로 델라고아만

사건, 루블 문제, 알라바마호 사건 등이 있다. 넷째, 근세 유럽의 노예 거래를 일컫는 신어로 노예매매, 노예무역 등이 있으며, 마지막으로 일제의 경제적 침탈에 항거하는 운동과 관련된 신어인 물산장려, 일화배척 등이 있다.

사회 관련 어휘는 첫째, 종교와 관련된 신어로, 종교개혁, 종교전쟁, 헤지라 등이 그에 해당하며, 이 부문이 사회 관련 어휘 중 가장 많은 양을 차지한다. 헤지라는 마호메트가 박해를 받아 메카에서 메디나로 이주한 사건을 말한다. 둘째, 노예와 농노를 둘러싼 신어인 노예제도, 노예주의, 노예해방문제, 노예해방법안, 농노제도, 농노해방 등이 있다. 셋째, 사회운동과 관련된 신어로 광독사건(鑛毒事件), 차가인(借家人)운동, 차티스트운동, 프리메이슨 등이 있다. 광독사건은 광산지대에서 발생하는 각종 해독에 대응하여, 해당 지역 주민들이 광독 방지와 배상요구운동을 벌이는 것을 의미한다.

문화 관련 어휘는 첫째, 문화 또는 문학의 혁신운동을 일컫는 신어가 가장 많은데 르네상스와 문학혁명이 그에 해당하며, 둘째, 문화유적과 관련된 것으로 로제타스톤, 세계 7대 불가사의, 에펠탑, 피라미드 등이 있다. 셋째, 사상이나 관련 단체를 일컫는 인계천화(人界天化), 매프(모스크바프롤레타리아작가동맹, Moscow Artists of Proletarien Federation), 미래주의(派) 등이 있다. 넷째, 특정 시대를 지칭하는 신어에 해당하는 암흑시대, 프랑스 문화시대 등과, 마지막으로 기타에 해당하는 랜드마크, 모뉴먼트, 휴먼도큐먼트 등이 있다.

역사적 사건 항목에 속하는 근대 신어의 특징을 살펴보면, 유형별 비중은 정치 관련 어휘가 2/3 정도로 가장 많으며, 문화 관련 어휘와 사회 관련 어휘가 비슷한 분량으로 그 다음을 차지하고, 경제 관련 어휘의 비중이 가장 적다. 세부 항목별로 살펴보면, 전쟁 또는 충돌, 개혁 또는 혁명과 관련된 어휘가 각각 14% 정도로 가장 많다. 그 다음은 국제회의, 르네상스, 해외의 기타 주요 사건이나 용어 관련 신어, 종교, 사회주의 또는 공산주의 관련 신어 등의 순이다.

19세기부터 20세기 중반까지 조선은 내부로부터의 사회적 정치적 변동과 갈등, 외부로부터의 개항과 국권 침탈 등 유래 없는 역사적 격동을 겪었다. 역사적 사건 항목에 속하는 근대 신어의 특징은 조선의 그와 같은 시대적 상황과 밀접한 관계를 지니고 있음을 알 수 있다. 특히 식민지 확보나 이권 확장 등을 둘러싼 서양 열강들의 대결 구도와 그 속에서 벌어지는 마찰, 전쟁, 연대, 협상 등과 같은 복잡한 국제정세 흐름과 관련된 어휘가 높은 비중을 차지한다. 즉 조선이 처한 어려움 또는 위기를 제대로 인식하고 그 해결책을 모색하는데, 당시의 조선인들이 그와 같은 국제적 관계 또는 변화에 대한 정보를 절실하게 원했기 때문이라고 볼 수 있다.

한편 역사적 사건 항목에 속하는 근대 신어 중 하나의 개념어의 표기 형태가 다양한 사례를 열거하면 다음과 같다.

- 독립선언서 : 獨立宣言書, 獨立布告文
- 도스안(案) : 또스案, 또쓰案, 다우즈案, 또스案, 또-스案, 또오스案, 또우즈案, 또즈案, 또-즈案
- 로잔회의 : 로산會議, 로산느會議, 로잔누會議, 로잔느會議, 로잔會議
- 루스벨트 독트린 : 루스벨트·떡트린, 루즈벨트·딱트린, 루즈벨트·똑트린, 루즈벨트·똑트린
- 르네상스 : 레네산스, 루네산스, 루네쌍스, 루네쌍스, 루넷산스, 루넷신스, 루넷쌍스, 르네쌍스, 리네이산스, 文藝復興, 文學復興, 學問復興, Renaissance
- 마그나카르타 : 딕헌장, 미기닉촤테, 매그나·칼타, 매그너·칼타, 大契約書
- 먼로 독트린 : 먼로-·딱트린, 몬로·닥트린, 몬로·독트린, 몬로·딱트린, 먼로主義
- 에펠탑 : 에펠, 에펠塔, 에푸엘塔, 에펠塔, 엪페르塔
- 엑스라사펠회의 : 액스라샤벨會議, 엑스,라,사(쎄ㄱ)會議
- 종교개혁 : 으리폼에이슌, 리포-메-슌, 종교기혁, 宗敎改革, Reformation
- 파리코뮌 : 파리·콤뮨, 巴里콤뮨, 巴黎의役
- 프랑스혁명 : 法國民變, 法國革命, 佛蘭西革命, 法國大革命, 佛國大革命
- 헤지라 : 헤지라, 希齊拉

역사적 사건 항목에서 나타난 표기상 특징을 정리해보면, 첫째, 외국어를 소리 나는 대로 읽어 한글로 표기한 것이 가장 많다. 둘째, 외국어를 음

차해서 한자로 표기한 것이 있다. 영어의 Hegira 또는 Hijrah를 음차해서 希
齊拉으로 표기한 것이 그 예이다. 셋째, 동일한 어휘도 장음 부호를 사용한
것과 그렇지 않은 것이 있는데, 또스案과 또-스案이 그 예이다. 또 넷상스
처럼, 옛 한글을 사용하여 영어의 R에 해당하는 발음을 표시하고자 한 것
도 있다. 넷째, 두 개 이상의 단어로 된 합성어는 단어와 단어 사이에 부호
'·'를 붙인 경우가 많은데, 루스벨트·떡트린, 매그나·칼타 등이 그 예이
다. 이러한 양상은 현재 국립국어원에서 독일·오스트리아전쟁(獨逸Austria戰
爭)과 같이 고유 명사가 연이어 결합한 표제어에 '·'을 사용하고 있는 방
법과 비교된다.

역사적 사건 항목에 속하는 근대 신어에 대한 어휘 설명은 『신어사전』이
가장 많고, 『모던조선외래어사전』, 『조선지광(朝鮮之光)』(朝鮮之光社, 1922~1930)이
그 다음을 차지한다. 동일한 신어에 대한 어휘 설명이라도 자료별로 내용
이나 서술 방법에서 어느 정도 차이가 있음을 알 수 있다. 『모던조선외래
어사전』은 가장 기본적인 해석을 간략하게 서술하는 것이 일반적이다. 『신
어사전』과 『현대신어석의(現代新語釋義)』(崔綠東, 文昌社, 1922)는 사전임에도 저
역서나 잡지 등의 자료에서와 같이 어휘에 대한 배경, 사례, 국가별 비교,
역사적 의미 등도 추가하여 보다 구체적으로 길게 서술한 경우가 적지 않다.

르네상스에 대한 어휘 설명을 예로 들어 보면, 『모던조선외래어사전』에
서는 "1. 문예부흥(15세기 경 유럽에서 쇠퇴하였던 그리스, 로마 문화의 부흥), 문예부흥기
(시대), 2. 문예부흥시대의 미술, 건축(의 양식)"(118면)이라고 서술했다. 『현대신
어석의』에서는 "서양문명사상 이른바 중세라고 칭하는 봉건시대에는 사람
마다 종교에 얽매여 모든 정신적 발달은 암흑 속에 가려있었는데, 15세기
에 이르러 1453년에 마침내 로마제국이 멸망하고, 수도에 숨어있던 라틴
문학에 능통한 학자 등은 다수가 탈출하여 이탈리아로 건너가, 이에 인류
에게 자유의 발전을 위한 자각을 환기시켜 신문화가 찬연히 출현하기에
이르렀으니, 이를 문예부흥이라 한다. 이것이 실로 근대문명의 연원이 된
것이다(125면)"라고 하였다. 또한 1946년판 『신어사전』은 『현대신어석의』보

다 구체적이고 길게 서술하고 있다. 잡지 『개벽(開闢)』에서는 "세계문명사상의 일대 운동인 고로 그 시간과 의미가 착잡하였으나 대체 1453년 동로마제국을 그 개막으로 하고 그 후 100년간 구주에 일어난 인간의 자각적 각성적 운동을 의미한 것이다"[38]라고 했다.

역사적 사건 항목에 속하는 근대 신어를 국내에서 유통하는 예로는, 어휘와 관련된 사건 설명, 뉴스나 보도 따위를 통한 소개 등이 일반적이다. 프랑스혁명의 용례문, "서기 17세기 말에 다다라 프랑스혁명이 크게 일어나",[39] 공산당선언에 대한 용례문, "마르크스와 엥겔스는 이미 공산당선언 책에서 모든 상속권을 폐지할 것을 선언하다",[40] 철혈정책의 용례문, "암살 습격, 인질 등의 철혈정책을 단행하고 있는 바"[41] 등이 그에 해당한다.

근대 신어는 국내에 확산되어 우리 대중과 문화 속에서 보다 익숙해지고, 나아가 유통 또는 소비하는 단계로까지 나아갔다. 르네상스와 관련된 용례문, "광무 2년 5월에 기공하여 만 13년을 허비하여 광무 15년 6월에 준공된 르네상스식의 순 석조 건축으로 윤환 정려한 건물",[42] " '무정(無情)' 이하의 그의 창작을 통해 치열히 추구되던 르네상스의 정신에서 찾아야 된다"[43] 등이 그 예이다. 외국으로부터의 새로운 언어는 그에 담긴 문화적인 양상까지 포함하여 유입되고, 그 언어가 우리 사회 또는 문화 속에 적용됨으로써 "언어 사이의 교섭이 문화적인 교섭과 함께 이루어지는 것"[44] 이었다.

역사적 사건에 속하는 근대 신어에 대한 동아시아 3국의 어휘를 비교해 보면, 표기의 공통점과 차이를 파악할 수 있다. 먼저 공통점으로는 신어 표기가 한자인 경우 한·중·일 3국 모두에서 그 형태가 동일한 어휘가

---

38) 朴英熙 編, 開闢社, 제49호, 1924.7.1. 28면.
39) 『國家思想學』, 右文館, 1908, 3면.
40) 『獨立新聞』 1922.10.16. 1면.
41) 『東亞日報』 1933.6.21. 1면.
42) 『東亞日報』 1933.9.15. 2면.
43) 『東亞日報』 1938.10.13. 3면.
44) 강신항, 「근대화 이후의 외래어 유입 양상」, 『국어생활』 2, 1985, 23면.

있는데, 文藝復興, 赤化 등이 그에 해당한다. 문예부흥의 경우 한국에서는 한글로, 일본에서는 가타카나로 표기하기도 했다. 한국에서는 레네산스, 루네쌍스, 루네싼스, 르네쌍스, 루넷쌴스, 루넷신스, 일본에서는 ルネッサンス로 쓰였다. 한국과 일본 두 나라의 한자 표기가 같은 어휘는 피라미드를 의미하는 金字塔을 비롯하여 農奴解放, 共産黨宣言, 大逆事件, 東方問題, 未來派. 産業革命 등이다.

동일한 어휘에 대하여 3국의 표기가 다른 경우를 보면, 마그나카르타에 대하여 한글 표기는 大契約書, 더헌장, 매그나·칼타 또는 매그너·칼타이며, 일본 표기는 大憲章, マグナ·カルタ'이다. 반면에 라틴어 Magna Carta는 두 나라가 그들의 문자로 각각 표기하면서도, 원문의 어휘가 두 단어로 합성된 것을 나타내고자 두 단어 사이에 부호 '·'으로 처리한 공통점이 확인된다. 그리고 한글 표기 더헌장은 일본의 한자 표기 大憲章에 대한 한글 독음이다. 이를 보면 한국 쪽 신어로 大憲章 표기가 없지만, 이는 당시에 사실상 한국과 일본에서 함께 사용하던 표기가 아닐까 짐작된다. 종교개혁의 한자 표기는 한국에서는 모든 자료에서 宗教改革으로 되어 있으나, 중국의 한자 표기는 宗教改萌으로 되어 있다. ■ 조미은

〈표 7〉 역사적 사건 관련 신어

유형	관련 신어
정치	11월혁명(十一月革命) / 2월혁명, 유럽의 난, 구주의 난, 구주의 난(歐洲의亂) / 7년전쟁(七年戰爭) / 갑신정변(甲申改變) / 공산당선언(共産黨宣言) / 공포시대(恐怖時代) / 국민혁명(國民革命) / 나폴레옹시대(那翁時代) / 남북전쟁(南北戰爭) / 미국 남북전쟁(合衆國南北戰) / 다윈호사건(싸인號事件) / 대서양헌장(大西洋憲章) / 대역사건(大逆事件) / 대좌익결성(大左翼結成) / 도스안, 도스플랜(쯔쓰案, 쯔쓰案, 다우즈案, 또스案, 또-스案, 또-스案, 또오스案, 또우즈案, 또즈案, 또-즈案) / 독립선언서(獨立宣言書, 獨立布告文) / 독립전쟁(獨立戰, 獨立戰爭) / 동방문제(東方問題) / 동학농민혁명, 동학농민전쟁(甲午東學亂, 東學亂) / 동학당(東學黨) / 드레퓌스사건(드레퓨스事件) / 라이바흐회의(레북크會議) / 러일전쟁(日露戰爭) / 러터전쟁, 러시아-터키전쟁(露土戰爭) / 런던의정서(倫敦議定書) / 런던조약(倫敦條約) / 런던회의(倫敦會議) / 레닌데이(레-닌데-) / 로잔회의(로산누會議, 로산느會議, 로산會議, 로잔누會議, 로잔느會議, 로잔會議) / 로카르노조약(로카루노條約, 로카르노條約) / 루스벨트 독트린(루스벨트·떡트린, 루스벨트·똑트린, 루즈벨트·딱트린, 루즈벨트·똑트

유형	관련 신어
	린) / 리튼보고, 리튼보고서, 리튼리포트(리튼報告) / 마그나카르타, 대헌장(디헌장, 미기닉촤테, 매그나 · 칼타, 매그너 · 칼타, 大契約書) / 마라타전쟁(마라타戰) / 마르크스데이(맑스데-) / 만보산사건(萬寶山事件) / 먼로 독트린(먼로- · 딱트린, 먼로主義, 몬로 · 닥트린, 몬로 · 독트린, 몬로 · 딱트린) / 메스엔조약(메스엔條約) / 메이플라워호(메이플나워號) / 미국독립(美國獨立, 亞美利加獨立) / 미서전쟁, 미국 · 스페인전쟁(米西戰爭, 美西戰爭) / 민정주의혁명, 민주주의 혁명(民政主義革命) / 반도 전쟁(半島戰爭) / 발라클라바, 발라크라바(바라쿠바라) / 백년전쟁, 영불전쟁(百年戰爭, 英法戰爭) / 베르사유조약(예르싸이어條約, 예르싸이유條約, 예어싸이유條約, 예어싸이유條約, 예어싸이條約) / 삼일운동(三一運動, 긔미사건, 己未運動)/샌프란시스코회의(桑港會議) / 세인트 막스 사건(센드마-크스事件) / 세인트루시아 사건(산다, 루시아事件) / 스팀슨 독트린(스팀숀 · 닥트린, 스팀슨 · 똑트린) / 신미혁명, 영해동학혁명(신미혁명, 辛未革命) / 아편전쟁(鴉片戰爭) / 안나호사건(안나號事件) / 애로호사건(支那戰爭) / 엑스라사펠회의(액스라샤벨會議) / 영미전쟁(英米戰爭) / 영방(領邦) / 오사운동, 5 · 4운동(五,四運動, 五四運動) / 유케이스(유카-쓰) / 의화단(團匪) / 의화단운동, 의화단사건, 북청사건(北淸事件) / 자코뱅당(짜코빈黨) / 자코뱅이즘, 자코뱅주의(짜코비니즘, 짜고베니즘, 짜고비니즘, 쩨코비니즘) / 장고봉사건, 장고산사건(張鼓峯事件) / 적화(赤化, 赤禍) / 제1인터내셔널(第一인터(네슈낼) / 제1혁명시대(第一革命時代) / 제2.5인터내셔널(第二半인터내슈날) / 제2인터내셔널(第二인터, 第二인터내쇼낼, 第二인터내슈낼) / 제2혁명시대(第二革命時代) / 제3인터내셔널(第三인터내슈낼) / 제4인터내셔널(第四인터내슈낼) / 제네바중재재판(제네브仲裁裁判) / 제정시대(帝政時代) / 중동전쟁(中東戰爭) / 중일조약(中日條約) / 차별주의(差別主義) / 철혈정책(철혈정책) / 청프전쟁, 청불전쟁(中法戰事, 淸佛戰爭) / 카프소동(캅푸騷動) / 캐롤라인호사건(가로링號事件) / 캠벨사건(캄벨事件) / 크림전쟁(크리미아戰爭) / 파리코뮌(파리 · 콤뮨, 巴里콤뮨, 巴黎의役) / 푸아티에전투(포익티어戰) / 프랑스 제1혁명(佛國第一革命) / 프랑스혁명(法國民變, 法國革命, 佛蘭西革命, 法國大革命, 佛國大革命) / 프랑크푸르트조약(프랑크포르드條約, 쑤랑그條約) / 프랑크푸르트회의(佛蘭克佛會議) / 호이돈사건(호이돈事件) / 희랍사건, 그리스사건(希臘事件)
경제	노동절시위(메이데이 · 데모) / 노예매매(奴隸賣買) / 노예무역(奴隸貿易) / 델라고아만사건(델나고아灣事件) / 러드당, 러다이트(러드黨) / 루블문제(루블問題) / 물산장려(物産獎勵) / 산업혁명(産業革命) / 알라바마호사건(아라빠마事件) / 일화배척(日貨排斥) / 토호열신(土豪劣神)
사회	광독사건(鑛毒事件) / 노예제도(奴隸制度) / 노예주의(奴隸主義) / 노예해방문제(奴隸解放問題) / 노예해방법안(奴隸解放法案) / 농노제도(農奴制度) / 농노해방(農奴解放) / 루터파(루-사派) / 마르세유의 노래, 마르세유가(마르세이유歌) / 종교개혁(으리폼에이슌, 宗敎改革, 종교기혁, 리포-메-슌, Reformation) / 종교전쟁(宗敎戰爭) / 차가인운동(借家人運動) / 차티스트(차치스트, 챠-치스트, 챠-티스트) / 차티스트운동(차-티스트運動) / 폭동(暴動) / 프리메이슨(후리메-슨) / 헤지라(헤지라, 希齊拉)
문화	기적비(紀績碑) / 랜드마크(랜드마-크) / 로제타스톤(로셀타石, 로셀타石, 로제타石) / 르네상스, 문예부흥(우녯상스, 레네산스, 루네산스, 루네싼스, 루네쌍스, 루넷산스, 루넷싼스, 르네쌍스, 리네이산스, 文藝復興, 學問復興, Renaissance) / 르네상스시대, 문예부흥의

유형	관련 신어
	시대(文藝復興의時代) / 제2르네상스, 제2문예부흥(第二文藝復興) / 매프(맢프) / 모뉴먼트, 기념물(모뉴맨트, 모뉴멘트) / 문학혁명(文學革命) / 미래주의(파)(未來主義(派)) / 미래파(未來派) / 세계 7대 불가사의(世界七奇) / 암흑시대(暗黑時代) / 에펠탑(에펠, 에펠塔, 에푸엘塔, 에펠塔, 엘페르塔) / 인계천화(人界天化) / 프랑스 문화시대(法國文華時代) / 피라미드, 금자탑(금ㅈ탑, 金字塔) / 휴먼도큐먼트(휴맨・또큐멘트)

(2) 종교

종교 관련 근대 신어는 오늘날 세계의 주요 종교 계통에 따라 다섯 가지 유형으로 나누어 볼 수 있다. 첫째, 기독교계 관련 신어로 기독교, 예수교, 가톨릭 등의 종교 이름을 비롯하여 여호와, 하나님, 성경, 성모마리아, 메이플라워호 등이 있다. 둘째, 불교계 관련 신어로 고타마, 남방불교, 라마교, 찰나주의 등이다. 셋째, 이슬람교(회교)계 관련 신어로 라마단, 마호메트, 알라, 코란, 칼리프, 헤지라 등을 들 수 있다. 이상의 세 가지 유형에 포함되는 기독교, 불교, 이슬람교는 오늘날 세계 3대 종교에 해당한다. 넷째, 힌두교계, 유대교, 조로아스터교, 시크교 등과 관련된 신어이다. 이들 종교 관련 신어는 출현 빈도로는 3대 종교 다음을 차지하지만, 개수가 많지 않아 편의상 하나로 묶었다. 이들 중에서는 힌두교계 관련 어휘가 가장 많다. 다섯째, 기타로 분류한 신어로, 여기에는 앞의 네 가지 유형에 포함되지 않은 종교나 신앙, 교파, 주의 등과 관련된 어휘와 각종 종교에 공통으로 관련되는 어휘 등을 포함하였다. 전자에 해당되는 어휘로는 다신교, 도그마티즘, 샤머니즘, 배성교, 영웅숭배, 자연신교 등이 있으며 후자에 해당되는 어휘로는 교도, 개종, 사탄, 종교자유, 종교학, 할례 등을 들 수 있다.

종교별로 비중을 살펴보면, 기독교계 어휘가 70% 정도로 가장 많고, 이슬람교계와 불교계 어휘가 그 다음 순위를 차지하며, 힌두교계, 조로아스터교, 유대교, 시크교 관련 어휘가 그 뒤를 잇고 있다. 세계의 주요 종교 계통에는 포함하지 않았으나, 어휘 형태가 '○○教', '○○論', '○○說', '○○

니(이)즘' 등이거나, 의미상에서 종교, 신앙, 교파, 주의 등을 나타내는 어휘가 차지하는 비중도 힌두교계 어휘의 비중과 비슷할 정도로 높다.

기독교계 어휘는 1) 기독교계 종교 이름 2) 하느님(하나님)·예수 3) 성경 4) 기독교 교파·주의·집단 5) 전례·기념일·신앙생활 6) 인물 7) 교회·건축물 8) 기타 신어 등으로 세분화하여 살펴볼 수 있다. 기독교계 어휘가 종교 항목의 전체 어휘 가운데 2/3 이상을 차지하는 만큼 다양한 내용을 포함하고 있다.

첫째, 기독교계 종교 이름에 대해서는 우선, 기독교 자체를 일컫는 신어로 기독교, 서교, 예수교 등 세 종류가 나타난다. 기독교 명칭과 관련하여 표기 형태가 가장 다양한 것은 예수교이며 그 다음이 기독교이다. 기독교 구교(구교, 舊教, 舊教宗)에 속하는 종교를 일컫는 신어로는 가톨릭, 가톨릭교, 천주교, 로마가톨릭교, 그리스정교회, 아르메니아교회 등이 있다. 가톨릭을 일컫는 신어 중에서 표기 형태가 가장 다양한 것은 가톨릭교이다. 기독교 신교(신교, 新教, 新教宗, 耶蘇新教)에 속하는 종교 이름과 관련된 신어로는 감리교. 루터교, 성결교, 위그노, 장로교, 칼뱅교, 청교도, 침례교, 퀘이커교 등이 대표적이다. 기독교 신교 중 표기 형태가 가장 다양한 것은 감리교이다. 건수가 가장 많은 것도 감리교이며 그 다음이 루터교와 칼뱅교 순이다. 기독교계의 종교 이름에 해당하는 기타 신어로는 모르몬교, 삼위일체교, 유니버설리즘, 유니테리언, 종교당 등이 있다.

둘째, 하느님(하나님)·예수 관련 신어는 우선, 하느님(하나님) 호칭에 해당하는 신어로 상제, 성부, 여호와, 조물주, 창조주, 천부, 하나님 등이 있다. 이들 가운데 표기 형태가 가장 다양한 것은 여호와이다. 성령과 관련해서는 성신, 성령 등이 있다. 예수를 지칭하는 신어로 구세주, 그리스도, 독생자, 만왕의 왕, 메시아, 성자, 에케호모, 예수, 예수그리스도 등이 있다. 이들 중에서 표기 형태가 가장 다양한 것은 예수그리스도이다. 예수를 지칭하는 신어 가운데 표기 형태와 사용 횟수가 가장 적은 어휘는 에케호모(엘세호모), 독생자(독싱즈), 만왕의 왕(킹오부킹쓰)이다. 예수 자체를 일컫는 어휘이외에, 예수와 관련된 신어로는 가시면류관, 그리스도의 수난, 그리스도 수난지, 그리스도 최후의 만찬, 너는 네 이웃을 사랑하라, 보혈, 부활, 십자가, 육화, 전지전능, 주기도문 등이 있다. 이 중에서 표기 형태가 가장 다양한 것은 십자가 관련 어휘이며, 가장 많이 나타나는 표기는 십즈가와 十字架 순이다. 1945년까지 발간된 각종 자료에서 서술된 '십자가'에 대한 어휘 설명을 보면 '십자형, 십자가(十字架, 十字街), 교차점, 난문제(難問題), 난소(難所)' 정도였다. 그러나 1946년에 발간된『신어사전』에는 '기독교도가 숭배하는 십자형, 예수의 속죄의 사랑을 표하는 상징'이라고 하여 십자가와 기독교의 관계를 구체적으로 명시하고 있음을 알 수 있다.

셋째, 성경 관련 어휘는 성경책 이름 또는 목록과 관련된 신어와 성경 내용과 관련된 신어로 나누어 볼 수 있다. 전자에 해당하는 신어로는 고린도서, 구약성경, 마태복음, 묵시록, 민수기략, 빈민성서, 성경, 신구약성경, 신명편, 신약성경, 신약복음, 아기, 요한복음, 잠언, 창세기 등이 있다. 이들 가운데 표기 형태가 가장 다양한 것은 단연 성경이며, 가장 많이 사용된 표기는 셩경과 聖經이다. 후자에 해당하는 것으로는, 천사와 관련된 가브리엘, 대천사 미카엘, 천사, 성서에 등장하는 인물에 해당하는 성모마리아, 다윗, 모세, 베드로, 아브라함 등이 있으며, 성경 내용과 관련된 기타 신어로 창조, 에덴, 바벨, 바벨탑, 사도, 호산나 등이 있다. 이들 가운데 표기 형태가 가장 다양한 것은 성모마리아이며, 가장 많이 사용된 표기는 마리아로 파악된다.

넷째, 기독교계의 교파·주의·집단 관련 신어는 교파나 주의를 일컫는 어휘와 집단에 대한 어휘로 나누어 볼 수 있다. 교파나 주의를 일컫는 어휘로는 가톨릭주의, 감리교파, 교회지상주의, 얀세니즘, 이교주의, 청교도주의, 침례주의, 침례파, 칼뱅주의, 퀘이커, 프란체스코파, 헤브라이즘 등이 그에 해당한다. 관련 사료를 살펴보면, 개항 이후부터 1945년경까지 교파나 주의 또는 '○○니(이)즘' 등의 어휘가 유사하거나 동일한 의미로 서로 혼용된 경우가 많으며, 심지어 '○○(종)교'라는 표기로 사용되어 종교 이름

자체를 표현하기도 했다. 감리교 관련 신어 메소지스트敎, 메소디스트敎派, 메소디스트에 대한『모던조선외래어사전』의 어휘 설명에서 그 예를 볼 수 있다. 우리말 어휘 설명에서는 메소지스트敎와 메소디스트敎派는 감리교 (파)로, 메소디스트는 감리교도로 서술하였다. 그런데 영어로는 메소디스트 敎派를 Methodism으로 서술하고, 메소지스트敎와 메소디스트는 Methodist, Methodism, Methodist, Methodism 등을 혼용하여 서술하였다. 현재의 사전적 의미를 보더라도, Methodist는 감리교도, 감리교파로, Methodism은 감리교 (회), 감리교파로, 이 시기와 마찬가지로 혼용하고 있음을 알 수 있다. 교파 또는 주의와 관련된 어휘 중 표기 형태가 가장 다양한 것은 감리교파와 헤브라이즘이다. 한편 기독교계의 집단에 대한 신어는 기독교 관련 단체, 조직, 집회 또는 무리를 일컫는 어휘로서 강설회, 구교도, 기도회, 기독교여자청년회, 기독교청년회, 성서공회, 소년회, 신도, 여전도회, 천주교도, 트라피스트 수도회, 학생선교회 등이다. 이들 가운데 표기 형태가 가장 다양한 것은 기독교청년회와 성서공회이다.

다섯째, 전례·기념일·신앙생활 등 관련 신어를 보면, 우선, 전례 관련 어휘로 미사, 성사, 고해성사, 성찬식, 세례, 아멘, 헌당식 등이 있으며, 이들 중 표기 형태가 가장 다양한 것은 아멘과 찬송가이다. 기념일과 관련된 어휘로는 미가렘, 부활절, 사육제, 성탄절(크리스마스), 안식일, 오순절, 재의 수요일, 추수감사절 등이 있다. 이들 가운데서도 성탄절의 표기 형태가 가장 다양하다. 현재 성탄절은 국립국어원 표준국어대사전을 보면, 크리스마스의 주표제어로 되어 있다. 성탄절에 대한 근대 신어 형태는 그리스마스, 基督降生日, 聖誕節, 성탄일, 크리스마스, 크리쓰, 크리쓰마스, 크리쓰마쓰, 크리쓰머스, 크리쓰미쓰, 크릿스마쓰 등이다. 성탄절은 한글 표기는 없고, 그 한자 표기인 聖誕節만 한 번 있는 정도이며, 크리스마스에 해당하는 표기가 대부분임을 알 수 있다. 성탄절과 관련된 신문화와 신어가 한국사회에 들어와 유행하던 초기부터, Christmas의 발음을 한글로 표현한 표기가 다른 어휘의 추종을 불허할 만큼 많이 사용되었던 것이다. 그리고 이와 같은 당시의 현상이 현재까지 변함없이 계속되고 있음은 새삼스럽게 지적할 필요가 없겠다. 마지막으로, 신앙생활과 관련된 어휘로는 간증, 금식기도, 선교, 십일조, 전도, 캠프미팅, 회개 등이 있다.

여섯째, 인물 관련 신어는 기독교 관련 인물(성서에 서술된 인물 제외)의 이름 즉, 인명과, 교역자·성직자·신자·학자 등 기독교 신앙을 가진 자, 기독교계에서 종사하거나 기독교를 연구하는 자들에 대한 호칭들이 있다. 예를 들면 율법학자, 가말리엘을 비롯하여 루터, 베네딕트, 성 아우구스티누스, 아펜젤러, 츠빙글리, 칼뱅, 후스 등이 있다. 대부분 기독교계 성인이거나 율법학자, 종교개혁가 등으로 활동한 이들이다. 이 가운데 표기 형태가 가장 다양한 사람은 종교개혁의 첫 시작을 열었던 루터이며, 그 다음이 프랑스 출신의 종교개혁가 칼뱅이다. 교역자·성직자·신자·학자 등에 대한 호칭 중, 교역자와 관련해서는 교회감사, 권사, 선교사, 장로, 전도부인, 전도사, 집사 등이 있으며, 성직자에 대해서는 고위성직자, 교황, 군목, 대주교, 목사, 부목사, 수녀, 성직자, 신부, 제수이트, 주교 등이 있다. 신자와 관련된 어휘로는 간증인, 감리교 신자, 기독교인, 선데이 크리스천, 이교도, 장로교 교인, 천주교인, 퀘이커 교도 등이 있다. 기독교 관련 학자에 해당하는 신학박사, 신학자 등과 그밖에도 산타클로스, 성인, 순례자, 필그림 파더스 등의 어휘가 있다. 한편 기독교 인물 관련 신어 가운데 표기 형태가 가장 다양한 어휘는 기독교인이다. 기독교인을 대상으로 한 호칭으로는 교인, 성도, 예수교인, 예수교도, 크리스천, 천주교인 등이 있다. 그중에서도 표기 형태가 가장 다양한 어휘는 크리스천이며 그 다음이 교황이다. 성 아우구스티누스와 같이 성인으로 추앙받는 자들의 이름 앞에 붙이는 '성(聖人)'과 관련된 표기는 '쎈트'와 '聖'이 주를 이룬다. 전자는 영어 'saint'의 발음을 한글로 표기한 것이고, 후자는 '성'의 한자 표기이다.

일곱째, 교회·건축물 관련 신어에는 교회, 성당 등과 같은 일반적인 어휘와 노트르담성당 등과 같은 특정한 교회나 건축물의 이름에 해당하는 어휘로 나누어 볼 수 있다. 전자에는, 교회, 성당, 예배당, 본당, 설교소, 성전, 수도원, 채플 등이 있다. 이들 가운데 표기 형태가 가장 다양한 것은 교회를 일컫는 어휘로 교당, 교회, 성당, 예배당, 오라토리 등이 있다. 후자에는, 교황청, 노트르담성당, 드라이버러수도원, 드레이턴교당, 밀라노대성당, 성베드로대성당, 웨스트민스터사원, 피사의 사탑, 헤이마켓교회 등이 있다. 이들 가운데 표기 형태가 가장 다양한 것은 영국 왕실의 사원인 웨스트민스터사원이며, 그 다음이 가톨릭의 총본산으로 바티칸에 있는 성베드로대성당과 현재 마카오에 있는 세계문화유산인 성바울성당이다.

여덟째, 기독교 관련 기타 신어는 앞의 일곱 가지 유형에 들어가지 않는 것들로서 기독교 관련 국가, 교육, 학문, 사건, 지역 등에 해당하는 어휘들이다. 국가와 관련된 어휘로는 구교국, 기독교국, 로마교황국, 솔로몬대제국, 신교국 등이 있으며, 교육과 학문에 관련된 어휘로는 교회학교, 미션스쿨, 설교학, 성경학교, 신학교, 주일학교 등이 있다. 사건과 관련된 어휘로는 메이플라워호, 면죄부, 십자군 등이 있으며, 지역에 해당하는 어휘로는 가나안, 데살로니카, 로마, 바티칸, 예루살렘 등이 주목된다. 기타 어휘로 교구, 교권, 교령, 교황령, 교회법제, 기원전, 종교재판소, 성화, 속세권, 영생, 정교분리, 종교개혁 등이 있다.

기독교계 관련 근대 신어 중 하나의 개념어에 표기 형태가 다양한 사례를 열거하면 다음과 같다.

- 가톨릭교 : 가돌릭敎, 가톨릭敎, 加特力敎, 카돌릭敎, 카톨릭·춰취, 카톨릭敎, 카트릭敎, 카트릭크敎, 캐덜릭·처취, 캐덜릭敎, 캐솔릭敎, 캐텔릭敎
- 감리교 : 감리교회, 감리회, 메소디스트敎, 메소지스트敎, 메쇼지스트敎, 美普敎會, 웨쓸레이앤美以美敎會
- 감리교파 : 메도듸스트, 메또듸스트, 메소디스트敎派, 메소지스트, 메쇼지스트, 메토디스트, 멧셔듸스트
- 교황 : 교왕, 敎主, 교황, 敎皇, 羅馬敎皇, 羅馬法王, 羅馬法皇, 법왕, 法王, 法皇, 포-푸

- 교회 : 교당(교당, 教堂), 교회(교회, 教會), 예배당(례빈당, 레배당, 禮拜堂), 성당(셩당, 천쥬당, 텬쥬교당), 오라토리, 오레-토리, 처-취, 취- 취, 챈트레이
- 기독교인 : 교인(교인), 성도(聖徒, 셩도), 예수교인·예수교도(耶蘇敎徒, 야 소교인, 耶蘇敎人, 耶蘇徒, 예수교인), 크리스천(그리스챤, 忌列 依土丹, 기리시단, 크리스챤, 크리스챤, 크리스턍, 크리스틘안, 크리챤, クリスチャン), 천주교인(天主敎人, 天主救世敎人)
- 마틴루터(루터) : 루데로, 루데르, 루데어르, 婁擄, 婁擄, 루터, 루테르, 마 르틴 루데어르, 마르틴 루데르, 馬爾 丁路德, 마틴루터
- 성경 : 基督經, 바이블, 빠이불, 빠이블, 쌔이쁠, 성경, 聖經, 성경책, 聖經 책, 성경칙, 聖書, 셩경, 셩경칙, 셩셔, 擺布耳
- 성모마리아 : 馬賴, 마리아, 馬利亞, 童女馬賴, 동정녀마리아, 셩모, 聖母마 리아, 마돈나, 매돈나
- 십자가 : 구루쓰, 십즈가, 십자가, 十字架, 十字牌, 크럭쓰, 크로쓰, 크룩스
- 여호화 : 耶和華, 耶和華神, 에호바, 여호아, 여호와, 여호화, 제호아, 제호 아바, 제후아
- 예수그리스도 : 基督耶蘇, 耶蘇基督, 예수그리스도, 예수그리스도, 예수· 그리스도, 예스, 예스·그리스도, 시사스구러스
- 웨스트민스터사원 : 狎阡禮拜堂, 웨스트민스터, 웨스트민스터寺院, 웨스 트·민쓰터寺院, 웨스트민스터·아베
- 해브라이즘 : 헤부라이슴, 헤부류이즘, 헤뷰라이즘, 헤브라이즘, 希伯來 主義, 히부라이즘, Hebraism

　불교계 관련 신어는 불교계 교파·사상 관련 어휘, 신·인물 관련 어휘, 기타 어휘 등으로 구분할 수 있다. 교파·사상과 관련된 어휘로는 불교(뿌 디즘), 라마교(라마교, 라마敎, 喇嘛敎), 수트라(수타라, 首陀羅), 남방불교, 다르마, 찰 나주의 등이 있다. 신·인물 관련 어휘는 아미타불(미다), 금비라(金毘羅), 고 마타(구담) 등 부처나 신을 일컫는 신어와, 달라이라마(달라라마, 달라마), 라마 (라마, 喇嘛), 승려(Monk), 우바사카, 우바이, 탁발승(托鉢僧, The Friar) 등 스님이 나 신자의 호칭과 관련된 것이 해당한다. 마지막으로 기타에 포함되는 어

휘는 불교 건축물과 관련된 절(데라, 테라), 스투파(소트파)를 비롯하여 겁(劫簸),
불교가(佛敎家), 나락가(那落迦), 니르바나(닐빠나), 바라밀(파라미트), 바리때(하찌)
등이다.

불교계 관련 근대 신어의 특징을 보면, 완전히 새로운 의미의 어휘가 한
국에 처음으로 들어온 것이라기보다는, 어휘의 표기 형태가 새로워진 것
이 보다 일반적이라고 생각한다. 불교를 뿌듸즘이라 하고 스투파를 소트
파라고 한 것처럼 영어 표기에 대한 한글 독음을 표기하거나, 절(데라, 테라),
바리때(하찌) 등과 같이 일본어 표기에 대한 한글 독음을 표기한 것 등이 그
에 해당한다. 이러한 상황은 불교계 관련 근대 어휘의 출전이 대부분『모
던조선외래어사전』이라는 점과도 연관하여 생각할 수 있다.

또한, 劫簸, 喇嘛, 喇嘛敎, 首陀羅, 金毘羅, 托鉢僧, 那落迦 등과 같은 한자
표기는 '한국역사정보통합시스템'에서도 검색되지 않고 근대 시기의 사료
등에서도 찾아보기 어려운 표기이다. 따라서 372년부터 출발하여 1700여
년에 가까운 역사를 지닌 한국 불교계의 어휘들 가운데서 그와 같은 한자
표기들이 과연 진정한 '신어'에 해당하는지의 여부는 좀 더 많은 자료를
검토하여 심도있게 연구해봐야 할 과제라고 생각한다.

이슬람교(회교)계 관련 신어는 이슬람교 이름을 뜻하는 마호메트교, 이슬
람, 이슬람교, 회교 등의 어휘가 있고, 경전이나 사상과 관련된 이슬람주
의, 코란 등의 어휘가 있다. 이슬람 창시자를 지칭하는 마호메트, 무함마
드, 마디, 신을 일컫는 알라 등과, 성지 또는 건축물과 관련된 메가, 모스
크, 성소피아, 하렘 등도 확인된다. 또한 기타 어휘로 라마단, 이슬람교도,
칼리프, 헤지라 등이 있다. 이슬람교계 신어 가운데 어휘 형태가 가장 다
양하고 그 수도 제일 많은 것은 이슬람교와 그 창시자인 마호메트이다.

힌두교계, 유대교, 조로아스터교, 시크교 등과 관련된 신어는 그 수가
비교적 적다. 힌두교 관련 어휘는 힌두교, 브라만교, 브라마, 베다, 바이샤,
소마, 힌두교 신자 등이 있고, 유대교 관련 어휘로는 유대교, 바리새파, 사
두개교, 유대교회당, 유대주의 등이 있다. 조로아스터교 관련 어휘는 조로

아스터, 조로아스터교, 페르시아성서 등이며 시크교 관련 어휘는 시크교와 시크교도 정도이다.

종교 관련 기타에 해당하는 어휘를 살펴보면, 우선, 앞에서 분류한 기독교를 비롯한 각종 종교 유형에는 포함되지 않는 종교나 신앙, 교파, 주의에 대한 명칭과 그와 관련된 것이 있다. 신의 수가 많은 종교라는 의미의 어휘로 다신교, 다신론, 다신주의가 있으며, 이와 반대로 신은 하나라는 의미의 단일신교, 유일교, 유일신교, 일신교, 일신교종, 일신론 등이 있다. 그리고 섬기는 대상이 구체적으로 드러나는 어휘로 미의 종교, 배성교(拜星教), 물신숭배, 토테미즘, 애니미즘, 자연신교 등이 있으며, 점술과 관련 있는 어휘로 샤머니즘, 연금술, 점성술, 수정점 등이 있다. 그밖에도 무신론, 만세일계 등 다양한 의미를 지닌 어휘들이 있다.

다음으로, 다양한 종교들 간에 부분적 또는 전반적으로 공유되는 어휘들이 있다. 신 또는 하느님(하나님)과 관련된 어휘로 하느님, 유일신, 유일진신 등이 있고, 종교 관련 인물이나 천사, 악마 등을 일컫는 어휘로 교도, 교파, 무신앙자, 배교자, 신도, 종교의원, 종교집사, 종교학자, 사탄, 악마, 천사 등을 들 수 있다. 그밖에 개종, 반종교운동, 신권, 종교, 종교자유, 종교학, 카르마, 판테온, 할례 등이 있다.

종교 항목에 속하는 근대 신어의 어휘 설명은 『모던조선외래어사전』(1936)이 2/3 이상으로 가장 많고, 그 다음이 『신어사전』(1934, 1946), 『현대신어석의』(1922), 『만국사물기원역사(萬國事物紀原歷史)』(張志淵, 1909) 순이다. 그 차이를 보면, 가톨릭교에 대하여 『모던조선외래어사전』에서는 '카톨릭교, 전기독교, 천주교'로, 『만국사물기원역사』에서는 '구교(舊敎)'로 되어 있다. 크리스천에 대해서는 『모던조선외래어사전』에서는 '기독교신자, 예수교인, 예수쟁이'로, 『신어사전』(1946)과 『신인간(新人間)』(1927)에서는 '기독교(의) 신자'로 되어 있다.

종교 관련 근대 신어를 한국의 전근대 어휘와 비교해 보면, 표기는 같은데 의미가 다른 어휘로 교사(敎師), 성경(聖經), 성자(聖子) 등을 들 수 있다. 교사는 근대 신어에서 성직자를 뜻하며, 전근대에는 '조선시대 훈련도감(訓鍊都監)·금위영(禁衛營)·어영청(御營廳)·총융청(摠戎廳) 등의 군문(軍門)과 각도의 수영(水營)에 소속되어 군사의 교육과 훈련을 담당한 무관'[45]을 의미하였다. 성경은 근대 신어에서는 기독교 경전을 뜻하며 전근대에서는 유교 성인의 경전을 의미하였다. 성자는 성삼위 중의 하나인 예수그리스도를 이르는 말이지만, 전근대에서는 성인의 자식, 지덕이 뛰어난 아들 또는 사람 등을 의미하는 것이었다.

종교 관련 근대 신어와 전근대 어휘와의 유의어를 살펴보면 불교가(佛敎家), 신도(信徒), 조물주(造物主) 등을 예로 들 수 있다. 근대 신어에서 불교가는 불교연구가와 더불어 불교를 믿는 사람을 의미하는데, 전근대에서도 불가(佛家)라는 어휘가 그와 유사한 뜻으로 사용되었다. 일정한 종교를 믿는 사람을 일컫는 신도는, 전근대에서 같은 스승의 가르침을 받는 제자들이나 한 종파의 승려들을 일컫는 문도(門徒)라는 어휘에서 유사성을 찾을 수 있다. 또한 근대 신어 조물주(造物主)와 유사한 의미를 지닌 전근대의 어휘로는 조물자(造物者)가 있다.

종교 관련 근대 신어에 대한 동아시아 3국의 어휘를 비교해 보면, 표기의 공통점과 차이를 발견할 수 있다. 공통점으로는 신어 표기가 한자인 경우 한·중·일 3국이 모두 동일한 어휘를 썼는데, 예를 들어 敎會(교회), 基督敎(기독교), 牧師(목사), 耶蘇敎(예수교), 無神論(무신론), 宗敎(종교) 등이다. 3국에서는 이들 어휘에 대한 신어 연구도 이루어진 상태이다. 한국과 중국 두 나라의 표기가 같은 어휘는 基督(기독), 聖經(성경), 敎師(성직자), 禮拜堂(예배당), 耶蘇(예수), 上帝(상제), 宗敎學(종교학) 등이다. 한국과 일본 양국의 표기가 같은 어휘는 救世軍(구세군), 多神敎(다신교), 背敎者(배교자), 洗禮(세례), 定道論(정도론), 讚美歌(찬미가) 등으로 그 수는 훨씬 많다.

표기는 달라도 3국 모두가 공유한 어휘로 그리스도(일본: キリスト, 중국: 基利斯督), 마호메트(マホメット, 馬哈墨), 미라(ミイラ, 木乃伊), 예루살렘(サレム, 耶路薩陵),

45) 국사편찬위원회 한국역사용어 시소러스 '敎師' 참조.

이슬람교(イスラム教, 馬驛沒敎) 등이 있다. '木乃伊'는 일본과 중국이 같이 사용하는 표기이기도 하다. 한국과 중국 두 나라가 공유한 어휘는 루터(중국 : 路得), 메카(墨加), 성경(上帝本), 예수(神天), 이슬람교(馬驛沒敎), 조로아스터(索格拉底), 토템(圖騰), 종교개혁(宗敎改萌) 등이 있다. 한국과 일본 두 나라가 공유한 어휘로는 아멘(일본 : アーメン), 아담(アダム), 예수 그리스도(イエス キリス), 에덴(エデン) 등 다수이며, 한국과 중국이 공유한 어휘보다 그 수가 훨씬 많다. ▪ 조미은

〈표 8〉 종교 관련 신어

유형	관련 신어
기독교계	**1. 기독교계 종교 이름** 기독교 : 기독교(基督敎, 긔독교, 기리스도敎, 그리스도敎) / 서교(西敎) / 예수교(예수교, 예수교회, 예슈교, 耶蘇敎, 耶蘇宗, 야쇼교) 1) 기독교 구교(구교, 舊敎, 舊敎宗) : 가톨릭(加特力, 카도릭, 카드릭, 카톨리크, 카톨릭, 카트릭) / 가톨릭교(가돌릭敎, 가톨릭敎, 加特力敎, 카돌릭敎, 카톨릭·취취, 카톨릭敎, 카트릭敎, 카트릭크敎, 캐딜릭·처취, 캐딜릭敎, 캐솔릭敎, 캐텔릭敎) / 천주교(天主敎, 天主敎宗, 天主救世敎, 천쥬교, 천주학, 천쥬학, 텬쥬교) / 로마가톨릭교(羅馬·카도릭敎, 로-마·가도릭, 로맨·카도릭敎, 로맨·캐도릭敎, 로-맨·캐소리크敎, 로맨·캐트릭敎, 羅馬敎) / 그리스정교회(기리시아正敎, 끄릭敎, 희랍교, 希臘敎, 希臘카도릭敎, 希臘카도릭크敎) / 아르메니아교회(알메니아敎) 2) 기독교 신교(신교, 新敎, 新敎宗, 耶蘇新敎) : 감리교(감리교회, 감리회, 메소디스트敎, 메소지스트教, 메쏘지스트敎, 美普敎會, 웨쓸레이앤美以美敎會) / 루터교(루터敎) / 성결교(호리네스敎, 호리에쓰敎) / 위그노(유게노, 유그노-, 휴계노) / 장로교(장로교회, 쟝로교회, 쟝로회) / 칼뱅교(칼뷘敎) / 청교도(淸敎徒, 淸淨黨, 푸리탄, 퓨리탄, 퓨리텐) / 침례교(빱티스트, 浸禮敎會) / 퀘이커교(퀘-커敎) 3) 기타 기독교계 : 모르몬교(몰몬敎) / 삼위일체교(三神敎宗) / 유니버설리즘(유니버살리즘, 유니버-살리즘) / 유니테리언(유니테리안) / 종교당(宗敎黨)
	2. 하느님·예수 관련 1) 하느님 호칭 관련 : 상제(上帝) / 성부(성부) / 성신·성령(성신, 보혜스, 保惠師) / 여호와(耶和華, 耶和華神, 에호바, 여호아, 여호와, 여호화, 제호아, 제호아바, 제후아) / 조물주, 창조주(조물쥬, 造物主, 죠물쥬, 크리에이타, 크리에이터, 크리에타) / 천부(天父) / 하나님(ㅎ나님, 하느님, 하나님, 하날님, God) 2) 예수 호칭 관련 : 구세쥬(구세쥬, 救世主, 구세쮸, 구세쥬, 구제쥬) / 그리스도(구리스도, 그리스도, 基督, 크리스도, 크리스트) / 독생자(독싱즈) / 만왕의 왕(킹·오부·킹쓰) / 메시아(메시야, 메시아, 메시야, 미사야) / 성자(셩즈) / 에케호모(엑세·호모) / 예수(上帝子, 야수, 예수, 耶蘇, 젯서스) / 예수그리스도(基督耶蘇, 耶蘇基督, 예수그리스도, 예수그리스도, 예수·그리스도, 에스, 예스·그리스도, 시사스구리스) 3) 예수 관련 기타 : 가시면류관(가시관) / 그리스도의 수난(패숀, 패슌) / 그리스도 수

유형	관련 신어
	난지(聖墓) / 그리스도 최후의 만찬(基督最後의晩餐禮, 최후의만찬, 最後의聖餐) / 너는 네 이웃을 사랑하라(汝當愛汝隣人) / 보혈(보혈) / 부활(부활, 復活) / 십자가(구루쓰, 십즈가, 십자가, 十字架, 十字牌, 크럭쓰, 크로쓰, 크룩스) / 육화(인카네쉰, 인카네이쉰) / 전지전능(전지전능, 全知全能) / 주기도문(主祈禱文)
	3. 성경 관련
	1) 성경 책 관련 : 고린도서(고린트, 고린도젼셔) / 구약성경(舊約全書) / 마태복음(마태복음, 馬太福音) / 묵시록(默示記) / 민수기략(民數記略) / 빈민성서(貧民聖書) / 성경(基督經, 바이블, 빠이불, 빠이블, 쌔이썰, 성경, 聖經, 성경책, 聖經책, 성경칙, 聖書, 셩경, 셩경칙, 셩셔, 擺布耳) / 신구약성경(신구약, 신구약셩경) / 신명편(申命篇) / 신약성경(신약셩경, 新約全書) / 신약복음(新約福音) / 아기(亞紀) / 요한복음(요한복음) / 잠언(잠언) / 창세기(창세긔, 創世記)
	2) 성서 내용 관련 : 가브리엘(가브리엘, 가브리엘이히) / 게루빔(케르빔) / 다윗(짜비, 짜비드, 짜윗, 다윗, 답빗도, 답빗도王, 打比德) / 대천사 미카엘(아촨젤 · 미켈) / 바벨(巴伯兒, 巴比耳) / 바벨탑(바벨塔, 바벨塔, 바빌론塔, 巴伯兒塔, 巴比耳塔) / 생명과(生命果) / 생명수(싱명수, 生命水) / 생명천(生命泉) / 성결(셩결) / 성모마리아(① 마리아 : 馬賴, 마리아, 馬利亞 ②동정녀마리아 : 童女馬賴, 동정녀마리아, ③성모 : 성모 ④성모마리아 : 聖母마리아 ⑤마돈나 : 마돈나, 매돈나 / 라헬(拉檴兒) / 리브가(利伯加, 里伯加) / 모세(摩西, 머셰스, 모세, 모세스, 모세쓰, 모셰, 모오세) / 므두셀라(마토살랍) / 베드로(베드로, 베드리) / 사도(스도, 使徒, 아폿슬) / 선지자(션지쟈, 수태고지, 성모영보, 성고) / 스본(지폰) / 십계(십계) / 십계명(십계명) / 아담(아담, 亞當, 애담) / 아벨(아빅, 亞伯耳, 아벨) / 아브라함(아부라함, 아브라함, 亞布拉罕, 亞布剌罕, 압라홈) / 안나(안나) / 안드레(안드레) / 안락생애(安樂生涯) / 야고보(야고보) / 야곱(야곰, 也及, 也及布, 쟈곱) / 야렛(아렬) / 에덴(에덴, 에든) / 여호수아(요슈아, 제시아) / 예레미아(예레미아) / 요한(요한) / 유다(猶打, 유태) / 이브(이쁘, Sin) / 죄(罪, Sin) / 창조(크리에쉰, 크리에이쉰) / 천사(天使) / 카인(가인, 카인, 解因) / 쿠오바디스(코바드스, 쿠오바데스, 쿠오바디스) / 호산나(호산나)
	4. 기독교 교파 · 주의 · 집단 관련
	가톨릭주의(카토리시스므, 카톨리시즘) / 감리교파(메도듸스트, 메쏘듸스트, 메소디스트教派, 메소지스트, 메쇼지스트, 메토디스트, 멧셔듸스트) / 강설회(강셜회) / 교우파(普蓮土波) / 교회지상주의(敎會至上主義) / 구교도(舊敎徒) / 구세군(구세군, 救世軍, 샐베이슌 · 아-미) / 기도회(祈禱會) / 기독교여자청년회(와이 · 떠블유 · 씨 · 에이) / 기독교청년회(基督靑年會, 와이 · 엠 · 씨 · 에이, Y.M.C.A) / 루터파(루-사派) / 삼위일체(三位一體, 삼위일톄, 트리니티) / 성서공회(성서공회, 聖書公會, 셩셔공회) / 소년회(소년회) / 신교도(新敎徒) / 신교파(新敎派) / 신구교(新舊敎) / 애너뱁티스트(아나밥티스트) / 얀세니즘(쟌셴敎) / 여전도회(녀전도회) / 오서독스(오소독스, 올소독스) / 이교주의(異敎主義) / 천주교도(天主敎徒) / 청교도주의(퓨리타니즘) / 침례주의 · 침례교(빱티스마, 뺍티즘, 浸禮派) / 칼뱅주의(칼비니즘, 칼빈主義, 칼빈이스트, 갈빈派) / 퀘이커(퀘이커, 퀘카, 퀘-커, 퀘커) / 트라피스트 수도회(트라피스트, 트래피스트) / 프로테스탄티즘(푸로테스탄티즘) / 프란체스코파(쑤란시스派, 쑤란체스코

유형	관련 신어
	派) / 학생선교회(학싱션교회) / 해브라이즘(헤부라이슴, 헤부류이즘, 헤뷰라이즘, 헤브라이즘, 希伯來主義, 히부라이즘, Hebraism)

5. 전례·기념일·신앙생활 관련 등

간증(간증) / 고해성사(컨페슌, 콘페숀, 콘페슌) / 금식기도(금식긔도) / 러베이보(라 빠보) / 미사(미사, 彌撒) / 미카렘(미카렘) / 병자성사(臨終塗油式) / 봉헌가·봉헌물(오퍼토리) / 부활절(復活節, 이스터, 이-스터) / 불세례(불셰례) / 사육제(카니발, 카-니발) / 선교(미숀, 미쏜, 미숀, 밋숀, 밋슌) / 성가대(구와이아, 좹풀, 체풀) / 성찬식(聖餐式, 쌔크라멘트) / 성탄절(그리스마스, 基督降生日, 聖誕節, 셩탄일, 크리스마스, 크리쓰, 크리쓰마스, 크리쓰마쓰, 크리쓰머스, 크리쓰미쓰, 크릿스마쓰) / 세례(셰례, 洗禮, 셰례) / 세례명(크리스챤·네임) / 신앙고백(信仰告白) / 십일조(십일조) / 아멘(아-맨, 아-멘, 아멘, 아아멘) / 아베마리아(아베·마리아) / 안수례(按手禮) / 안식일(사바쓰, 사바트) / 안젤루스(앤젤라스) / 영세(령셰) / 예배(례배, 禮拜) / 오순절(펜테코스테, 펜테코스테트) / 재의 수요일(애쉬·웬쓰데이) / 전도(견도, 傳道事業) / 찬송(찬숑) / 찬송가(聖歌, 찬미가, 讚美歌, 찬송가, 讚頌歌) / 추수감사절(츄슈감샤일) / 침례(浸禮) / 크리스마스 세일(크리스마스·쎄일) / 캠프미팅(캠프·미팅) / 크리스마스 실(크리스마스·씰) / 크리스마스 장식(크리스마스·테코레아숀) / 크리스마스 이브(크리스마스·이액) / 크리스마스 카드(크리스마스·키-드) / 크리스마스 캐럴(카롤, 크리스마스·캐롤) / 크리스마스 케이크(크리스마스·케키) / 크리스마스트리(셩탄슈, 크리스마스·추리, 크리스마스·츠리, 크리스마스·튜리, 크리스마스·트리) / 크리스마스 선물(크리스마스·푸레센트) / 할렐루야(할넬누야, 할렐루야, Hallelujah) / 헌당식(獻堂式) / 회개(회기)

6. 인물 관련

1) 인명 : 가말리엘(가마열) / 게오르그(쎄오루그) / 누가(누가) / 구들라(쑤둘레) / 루터(루데로, 루데르, 루데어르, 婁攄, 婁攄, 루테르, 루테르, 마르틴 루데어르, 마르틴 루데르, 馬爾 丁路德, 마틴루터) / 바울(바울, 바울노, 파울, 保羅) / 베네딕트(뻬네딕트) / 비오 9세(히우쓰 九世) / 바오로 1세(保羅一世) / 생 드니(쎈트 데늬쓰) / 생 루이(쎈트·루이쓰) / 성 모니카(聖모니카) / 성 바돌로메(쎈트·바돌로뮤) / 성 베드로(쎈트베드로, 쎈트·피-터스) / 성 아우구스티누스(聖아우구스틴) / 셋(塞) / 웨슬리(웨쓸레이, 하리쓰) / 아펜젤러(아펜설라, 아편설라, 아편셜라) / 츠빙글리(쓰윙클늬) / 칼뱅(갈빈, 葛彬, 甲爾文, 요한 칼빈, 칼빈, 캘빈) / 칼 아돌프 멘첼(갈아돌프밍셀) / 채닝(촤닝) / 프란시스코 라나(프란치쓰코쟈나) / 헤라디우스(헤라클라리우쓰) / 후스(후쓰, 黑斯)

2) 기타 : 성직자·신자·학자 등 호칭 : 간증인(간증인) / 감리교 신자(워스례敎徒) / 교역자(교역쟈) / 고위성직자(高等敎正) / 교황(교왕, 敎主, 교황, 敎皇, 羅馬敎皇, 羅馬法王, 羅馬法皇, 법왕, 法王, 法皇, 포-푸) / 교회감사(뤤) / 군목(軍隊牧師) / 권사(권스) / 기독교인(①교인, ②성도 : 聖徒, 셩도, ③예수교인·예수교도 : 耶蘇敎徒, 야소교인, 耶蘇敎人, 耶蘇徒, 예수교인, ④크리스천 : 그리스챤, 忌列依土丹, 기리시단, 크리스챤, 크리스챤, 크리스턑, 크리스틘안, 크리챤, クリスチャン, ⑤ 천주교인 : 天主敎人, 天主救世敎人) / 대주교(大主敎, 대쥬교) / 목사(목스, 목사, 牧師, 목사님, 田舍牧師) / 부목사(副牧師) / 산타클로스(산타구로스, 쎈타) / 선교사(선교사, 宣敎師, 선교

유형	관련 신어
	스, 선교사, 선교사) / 선데이 크리스천(썬데이·크리스챤) / 성인(쎈트) / 성직자(敎師, 메노시다, 僧侶) / 소회장(小會長) / 수녀(修道女) / 순례자(필그림) / 신부(敎士, 신부, 파데렌) / 신학박사(신학박스) / 신학자(神學師) / 유니버설리스트(유니버살리스트) / 이교도(異敎徒, 異宗敎者) / 장로(장노, 장로, 長老, 쟝로) / 장로교교인(푸레스비테리안) / 전도부인(傳道夫人) / 전도사(젼도샤, 傳敎師, 傳道法師, 전도스, 傳道師) / 제수이트(에스이다, 에쓰위트, 제스이트) / 주교(삐숖, 삐숖프, 쥬교) / 집사(집스) / 천주교 성직자(天主敎師) / 퀘이커 교도(쿠렌드) / 필그림 파더스(필그림·파·더스)
	7. 교회·건축물 관련
	교황청(뻬티칸宮殿) / 교회·성당·예배당(①교당 : 교당, 敎堂, ②교회 : 교회, 敎會, ③예배당 : 례빗당, 례배당, 禮拜堂, ④성당 : 성당, 천쥬당, 텬쥬교당, ⑤기타 : 오라토리, 오레-토리, 처-취, 춰-취, 챈트레이) / 노트르담성당(노돌·담, 노트르담寺院, 노틀·담, 老脫羅南禮拜堂) / 드라이버러수도원(쓰라이버라寺院) / 드레이턴교당(쓰레이톤敎堂) / 멜로즈수도원(멜로쓰寺院) / 밀라노대성당·두오모성당(데우모大寺院, 밀란大寺院) / 본당(네-쏀) / 설교소(說敎所) / 성바울성당(바울, 聖八秀禮拜堂, St.Paul Cathedral) / 성베드로대성당(聖베드로寺院, 聖彼得禮拜堂, 쎈트·피-터스寺院華棣剛大院) / 성 자비에르상(聖싸비어像) / 성전(성뎐) / 수도원(모나스터) / 스테판교당(스텐벤敎堂) / 옥타곤교회(옥타곤禮拜堂) / 웨스트민스터사원(狎阼禮拜堂, 웨스트민스터, 웨스트민스터寺院, 웨스트·민쓰터寺院, 웨스트민스터·아베) / 피사의 사탑(피사斜塔) / 헤이마켓교회(헤이 마르켓, 헤이마켓, 헤이마르켓敎會堂) / 채플(챂풀, 체풀)
	8. 기독교 관련 기타 : 국가·교육·사건·지역·학문 등
	가나안(가나안, 가난, 가난地, 카난) / 종교재판소(인퀴지슌, 宗敎裁判所) / 교구(敎區) / 교권(敎界權) / 교령(敎令) / 교황령(法王領) / 교회법제(敎會法制) / 교회제도(교회제도) / 교회학교(교횎학교) / 구교국(舊敎國) / 구세·구원(救世, 샐베이슌) / 기독교국(基督敎國, 耶蘇敎國) / 기독교식(예수교식) / 기원전(뼤·씨) / 데살로니카(데살노니케) / 로마(로-마) / 로마교황국(羅馬法王國) / 메이플라워호(메이플나워号) / 면죄부(免罪符, 인덜젠스) / 미션스쿨(미쏜·스쿨, 밋슌 스쿨, 밋숀·스쿨, 밋슌·스쿨) / 바티칸(빠치칸, 빠치캉, 뻬티칸, 바티칸, 와치칸) / 설교학(說敎學) / 성경학교(성경학교) / 성명록(싱명록) / 성화(聖畵) / 세인트앤 교구(聖앤敎會區) / 속세권(俗世權) / 솔로몬대제국(沙列曼大帝國) / 신교국(新敎國) / 신학(신학, 神學) / 신학과(神學科) / 신학교(신학교) / 신학부(신학부, 神學部) / 십자군(十字軍) / 십자봉(크로스·스탙취) / 에페수스(이비소) / 예루살렘(에루살넴) / 영생(영싱, 에터널·라이프, 이터-널·라이프)/정교분리(政敎分離) / 종교개혁(으리폼에이슌, 宗敎改革, 종교기혁(Reformation) / 주일학교(썬데이·스쿨, 주일학교, 主日學校, 쥬일학교)
불교계	겁(劫簸) / 고타마(喬答摩, 구담) / 금비라(金毘羅) / 나락(奈落, 那落迦) / 남방불교(南方佛敎) / 니르바나(닐빠나) / 달라이라마(달라라마, 달라마, 달라이라마) / 다르마(다루마) / 대승불교(摩詞衍那) / 라마(라마, 喇嘛) / 라마교(라마교, 喇嘛敎) / 마하라지(마하루지) / 바라밀다(파라미트) / 바리때(하찟) / 불교(뿌디즘) / 불교가(佛敎家) / 절(데라, 테라) / 수트라(首陀羅, 수트라) / 수투파(소트파) / 승려(Monk) / 아미타불(미다) / 우바사카(優婆塞) / 우바이(優婆夷) / 찰나주의(刹那主義) / 탁발승(托鉢

유형	관련 신어
	僧, The Friar)
이슬람교 (회교)계	라마단(라마단) / 마디(마-띄) / 마호메트(馬迦美, 馬克麥, 馬河邈, 馬賀邈, 摩哈麥, 馬 哈默, 마호멘, 마호멧, 마호멧도, 마호멧트, 모하멘, 모하멜, 모한믹, 慕罕默德, 모히 멘트) / 메카(麥加, 메카, 멕카, 멧가, 멧카, 멕카, 密加) / 메카땅(멧가地) / 모스크(모 스크) / 성소피아(쎈트 쏘퓌) / 알라(알라, 아라, 아라-) / 이슬람교·회교①마호메 트교 : 마호멜敎, 마호멜트敎, 모하메트敎, 모하멘드敎, 모화멧든교, 모히 멘敎, 모히멘드敎, 모히멘트敎, 무하메드敎, 므히멘敎 ②이슬람·이슬람교 : 伊西蘭, 이스람敎, 이슬남, 이슬람 ③회교 : 回敎, 회회교, 回回敎) / 이슬람교도(모하메듸안, 모히멘단, 모스렘, 回敎人, 回敎徒, 회회교도, 回回敎徒) / 이슬람주의(이슬라미슴) / 코란(可蘭, 可蘭經, 고란, 알코란, 카라, 코-란, 코란, 코-랑, 코랑, 코오란) / 칼리프 (할리파, 가리후, 캘리쁘, 回敎主) / 하렘(하렘) / 헤지라(헤지라, 希齊拉)
시크교 ·유대교 ·조로아 스터교 ·힌두교계	1. 시크교 시크교(씨-크敎, 씪敎) / 시크교도(시크) 2. 유대교 바리새파·바리새인(바리새) / 사두개교(사도가이敎) / 유대교(유다야敎, 猶太敎) / 유대교회당(씨나고그) / 유대주의(유다야主義) 3. 조로아스터교 조로아스터교의 경전(젠드·아볘스타) / 페르시아성서(波斯聖書) /조로아스터(瑣羅 斯得) / 조로아스터교(조로아스터敎, 火敎, 파-시) 4. 힌두교계 바이샤(毘舍, 吠舍) / 베다(볘다, 吠陀) / 브라마(뿌라마) / 브라만·브라만교(쎈라하 믄敎, 바라몬, 富羅磨, 부라멘교, 뿌라마, 뿌라먼, 파라몬, 파라문, 婆羅門, 파라문교, 婆羅門敎, 婆蘭瑪) / 소마(쏘마) / 힌두교(힌두敎, 힌두이즘, 힌즈-敎, 힌즈이즘) / 힌 두교신자(힌두, 힌즈-)
기타	1. 기타 종교·신앙·교파·주의 명칭 관련 다신교(다신교, 多神敎, 폴리데이즘, 폴리세이즘) / 다신주의(다신쥬의) / 다신론(汎 神論, 팔리시이즘, 팬시이즘) / 단일신교(헤노예이즘) / 대령도(大靈道) / 도그마티즘 (도그마티즘, 도그마티즘) / 두루이드교(드루이디즘) / 마니교(마니敎) / 만세일계(萬 世一系) / 만유신교(萬有神敎) / 무신론(무신론, 無神論, 無神說) / 물신숭배(예티시즘) / 미신(迷信) / 미의 종교(美의宗敎) / 바브교(빠브敎) / 바하이교(빠하이敎, 빠하이즘) / 배성교(사비아니즘) / 범신론(汎神論, 판예이즘, 판데이즘, 판세이즘) / 범천교회(부 다하마 사지) / 사벨리아니즘(사벨리아니즘) / 샤머니즘(샤만이씀, 샤一마니즘, 쇠 마니즘) / 시오니즘(시온運動, 치오니즈무즈, 시오니즘) / 신교(신교, 神敎) / 신명설 (神命說) / 신학설(神學說) / 애니미즘(아니미즘) / 얀센교(얀셴敎) / 연금술·점성술 (오컬트·싸이엔스) / 영웅숭배(히로·월숖, 히어로워싑) / 우상파괴주의(아이코노 클래즘, 偶像破壞) / 유신론(여이즘) / 유일교(唯一敎) / 유일신교(唯一神敎, 모노테이 즘) / 이원론(듀앨리즘) / 인도교(人道敎) / 일신교(一神敎) / 일신교종(一神敎宗) / 일 신론(일신론) / 자연신교(떼이즘) / 자연종교(즈연 종교) / 정도론(定道論) / 수정점 (크리스탈·쎄-징) / 천리교(天理敎) / 토테미즘(토테미즘) / 페이거니즘(페-가니즘, 파가니즘) / 후천개벽(後天開闢)

유형	관련 신어
	2. 신(神), 하느님 관련
	신 또는 하느님(곧드, 하느님, 하나님) / 유일신(唯一神) / 유일진신(唯一眞神)
	3. 인물·사탄·천사 관련
	교도(敎徒) / 교파(敎派, 敎派) / 독립조합교회주의파의(인데펜덴트) / 무신앙자(無信仰者) / 배교자(背敎者) / 배금종(拜金宗) / 사탄·악마(떼엘, 떼부로, 떼비라, 사단, 사-탄, 사탄, 써어튼, Satan, 惡魔) / 샤먼(廈門) / 설교가(說敎家) / 순교자(殉敎者, 마타, 마틸) / 시오니스트(시오니스트) / 신개종자(네오파이트) / 신도(신도, 信徒) / 신자(신ᄌᆞ, 信者) / 예언자(豫言者) / 우상파괴자(아이코노클래스트) / 이단자(異端者) / 자연신교 교도(데이스트) / 전교자(傳敎者) / 종교가(종교가, 宗敎家) / 종교의원(法敎議員) / 종교집사(띠-콘) / 종교학자(宗敎學者) / 천사(天使, Angel)
	4. 기타
	개종(改宗, 콘버-슌) / 계시(레옐레-슌) / 교구·사령(寺領) / 교단(교단, 敎壇) / 국교원(國敎院) / 낙원(福土) / 도그마(쪼구마, 쪽마, 도구마, 도그마, 도마) / 미라(멈미, 미-라, 미이라, 미일라) / 반종교운동(反宗敎運動) / 부적(탤리스맨) / 부진정체(不進政體) / 설교(說敎) / 순교(殉敎) / 숭배(崇拜) / 스바스티카(스와스티카) / 신교자유(信敎自由) / 신국(神國) / 신권(신권, 神權) / 신권정체(神權政體) / 신대(神代) / 신사(야시로) / 신성권(神聖權, Divine-Right) / 신심요법(페-스·큐어) / 신념·신앙(페-드, 페-스) / 신앙심(신앙심) / 신종교(新宗敎) / 신탁(오라클) / 지옥·현세계(언더월드) / 영혼(쏘울, 쏠) / 오벨리스크(오벨리스크) / 우상(아이돌, 偶像) / 절·교회·사원(템플) / 조선신궁(조선신궁) / 종교(레리존, Religion, 法敎, 宗敎, 종교) / 종교계(宗敎界) / 종교관(宗敎觀) / 종교기초(宗敎基礎) / 종교도덕(宗敎道德) / 종교부흥(宗敎復興) / 종교사회(宗敎社會) / 종교상(宗敎上) / 종교생활(宗敎生活) / 종교운동(宗敎運動) / 종교자유(宗敎ᄌᆞ유) / 종교적(宗敎的) / 종교전쟁(宗敎戰爭) / 종교철학(宗敎哲學) / 종교학(宗敎學) / 종교회(종교회) / 카르마(羯磨, 결마, 칼마, 키-마) / 타교국(他敎國) / 터번(터반, 터-반) / 터부(다부, 타부, 타부-) / 토템(토템, 토-템) / 판테온(판테온, 판테옹) / 할례(割禮)

(3) 신화

신화와 관련된 근대 신어는 네 가지 유형으로 나누어 볼 수 있다. 첫째, 그리스 신화와 관련된 신어로 미다스, 아폴론, 올림푸스, 제우스, 파르테논 신전 등이 그에 해당하며, 둘째, 로마 신화와 관련된 신어로 비너스, 아모르, 오로라, 큐피드 등이 있다. 신어 어휘 수나 종류 등 모든 면에서 그리스 신화 쪽이 로마 신화보다 훨씬 많다. 셋째, 기타 신어로 민족별 또는 지역별 신화에 나오는 아멘, 오딘, 프리그 등이 있다. 신화와 관련된 신어의 대부분은 신화에 등장하는 신, 인물, 요정, 괴물 또는 동물의 이름에 대한 것이다. 넷째, 예로부터 전해 내려오는 전설 또는 이야기와 관련된 신어로 머맨, 머메이드, 뱀파이어 등이 있다.

근대 신어에서 풀이된 신화의 뜻은 '유사 이전의 일로 전해오는 이야기'[46]와 영어 myth가 있다. 전설에 대한 근대 신어는 영어 legend의 한글 독음인 레전드가 있으며, 그 뜻은 '전설, 비사(秘史), 고담(古譚), 성도전(聖徒傳)'[47]으로 풀이하고 있다. 신화와 전설은 모두 '옛날부터 전하여 내려오는 이야기'로, 양자를 정확하게 구분하기는 어렵다. 여기서는 신어의 출전 자료나 현재의 사전적 풀이에서 전설이라고 서술된 어휘에 한하여 전설로 분류했다.

유형별 어휘를 다시 세분화하여 살펴보면, 먼저 그리스 신화와 관련된 신어는 크게 신의 이름, 신화에 등장하는 인물 이름, 기타 등으로 분류할 수 있다. 이들 중 신의 이름과 관련된 어휘가 가장 많은데, 그리스에서 가장 높은 산인 올림포스산에 살았다고 하는 최고의 신 또는 주신(主神)인 제우스, 곡물과 수확의 여신 데메테르 등 12신을 비롯하여, 징벌과 복수의 여신 네메시스, 불을 다스리는 신 헤파이스토스 등 20여 명에 대한 어휘가 있다.

그리스 신화에 등장하는 인물 이름으로는 미소년 나르키소스, 거인 사냥꾼 오리온, 인류 최초의 여성 판도라, 파르나소스 산에 있는 아폴론 신전의 예언가 파르나소스 등 17명에 대한 어휘가 있다. 그리스 신화와 관련된 신어 중 기타에 해당하는 어휘로는 괴물이나 동물, 거인족, 산, 신전, 악마, 요정, 용맹한 여자 무사들로 구성된 민족 등에 대한 명칭이다. 앞에서 그리스 신화에 나오는 인물의 이름으로 분류되었던 파르나소스는 그리스에서 가장 높은 산의 이름이기도 하다.

그리스 신화와 관련된 신어 중에서 표기 형태가 가장 다양한 것은 최고의 신인 제우스이며 그 다음이 아폴론이다. 아폴론은 제우스와 레토의 아

---

46) 『新人間』38호, 1929.8. 33면.
47) 『모던朝鮮外來語辭典』, 103면.

들로 올림포스 12신 중 하나이며 로마 신화의 아폴로에 해당한다. 아폴론을 지칭하는 표기에서도 ᄋ폴논, 亞波羅, 亞波羅神, 아포로, 아폴로, 愛拔論, 뽀브스 등으로 아폴로와 함께 표현되고 있음을 알 수 있다. 그러나 근대 신어 관련 사료에서는 아폴론, 아폴로 모두 그리스 신화의 신으로 서술되고 있으며 로마 신화의 아폴로로 설명되거나 사용되는 경우는 없다.

로마 신화와 관련된 신어를 자세히 살펴보면 신의 이름과 신화에 등장하는 인물 이름으로 구분할 수 있다. 신의 이름으로는, 로마 신화에 나오는 최고의 신으로 그리스 신화의 제우스에 해당하는 주피터, 사랑의 신 큐피드, 미와 사랑의 여신 비너스, 새벽의 여신 아우로라 등 15명에 대한 어휘가 있다. 인물 이름에 대한 것으로는, 로마 신화의 최대 영웅인 헤르쿨레스(그리스의 헤라클레스에 해당) 하나뿐이다. 로마 신화와 관련된 어휘 중에서 표기 형태가 가장 다양하게 나타나는 것은 비너스이며, 큐피드, 주피터가 그 다음 순이다. 그리스 신화에서 최고의 신 제우스의 표기 형태가 가장 다양한 것과는 차이가 있다.

아우로라에 대한 근대 신어 표기를 보면 오로라, 오-로라 등이다. 『모던 조선외래어사전』에 정리된 오로라에 대한 어휘풀이를 보면, "1.북극광, 2. 로마 신화에서 '새벽의 여신(370면)'"이라는 두 가지 의미를 지니고 있음을 알 수 있다. 그러나 현재 국립국어원 표준국어대사전에서는 북극광은 오로라로, 새벽의 여신은 아우로라로 구별하여 정의하고 있다. 또한 영어 표기로 aurora를 동일하게 사용하면서, 아우로라의 경우 Aurora로 썼다.

신화와 관련된 기타 신어는 그리스와 로마를 제외한 국가, 민족, 기타 지역별 신화에 나오는 어휘와 그밖에 신화와 관련된 각종 어휘로 분류할 수 있다. 전자에 해당하는 것은 게르만의 여신 프리그, 미국의 복신(福神) 빌리켄, 북유럽의 신 오딘과 영웅 지크프리트, 이집트에서 신들의 왕으로 숭배된 신 아멘, 인도의 베다 신화에 나오는 비와 천둥의 신 인드라 등이다. 후자로는 각종 신화에서 신주(神酒) 또는 감주(甘酒)로 불리는 넥타, 서양의 많은 신화에서 등장하는 거인 자이언트 등이 있다.

신화 항목의 네 번째 유형에 해당하는 전설 또는 이야기와 관련된 신어를 살펴보면, 그 수는 10여 개 정도에 지나지 않는다. 반인반어(半人半魚) 모습을 한 상상의 생물인 인어에 해당하는 머메이드(여자 인어)와 머맨(남자 인어)을 비롯하여, 로렐라이, 몬스터, 일각수 또는 유니콘, 뱀파이어, 오베론 등이 있다. 이들 중 오베론을 제외하고는 모두『모던조선외래어사전』에 정리된 것이다. 독일, 영국, 프랑스 문학에서 등장하는 요정들의 왕을 의미하는 오베론은『자조론(自助論)』에 등장한[48] 화가 조셉 노엘 페이턴의 작품 제목 <오베론과 티타니아의 화해>에 있는 어휘이다.

신화 항목의 근대 신어 중 표기 형태가 다양한 사례를 열거하면 다음과 같다.

- 뮤즈 : 뮤-스, 뮤-즈, 미우쓰, 미우쓰
- 바쿠스 : 박커쓰, 벅커쓰, 빡커쓰, 酒神
- 비너스 : 뛔너스, 뛔이나스, 뼤너스, 뷔너스, 菲那秀, 비나스, 비나쓰, 비너쓰
- 신화 : 미쯔, 미쓰, 神話
- 아테나 : 읫릐나, 아데나, 아데네, 愛台那
- 제우스 : 데우스, 에브스神, 載約瑟, 제우스, 朱壽, 쥬-스, 쥬수, 쥬스
- 주피터 : 쬬-액, 유피터, 주피터, 쭈피타, 쭈피터, 쮜피터
- 프로메테우스 : 布魯美阿斯, 푸로메듀쓰, 푸로메튜쓰
- 피닉스 : 쀄닉쓰, 쀄-닉쓰, 삧-닉쓰
- 헤르메스 : 虛媚秀, 헬메스, 赫邇迷雅斯, 히미스

신화와 관련된 근대 신어에 대한 어휘 설명은 대부분이『모던조선외래어사전』과『서유견문(西遊見聞)』[49]에 정리된 것인데, 특히 전자의 경우가 2/3 이상을 차지하며 후자도 1/5 정도를 차지한다. 비너스에 대한 자료별 어휘 설명을 보면,『모던조선외래어사전』에서는 '1. 로마 신화. 사랑의 여신, 미인, 애인, 2. 천문, 금성'이라 하였다.『서유견문』에서는 "비너스라, 미색을

---

48) 崔南善, 新文館, 1918. 245면.
49) 俞吉濬, 交詢社, 1895.

관장하니"라고 하였으며, 잡지 『학등(學燈)』에서는 '로마 신화에 연애와 미
의 신'50)이라고 하였다. 이들을 보면 서술 방법에서 차이가 날 뿐이며, 비
너스에 대한 기본적인 의미는 같음을 알 수 있다.

신화 관련 근대 신어에 대한 동아시아 3국의 어휘를 비교해 보면, 공통
점으로는 신어 표기가 한자인 경우 한국과 일본이 동일한 어휘로 '神話'를
사용하는 정도이다. 표기는 달라도 한국과 일본이 공유한 어휘로는 아데
나(한국 : 아테나, 일본 : アテナ), 아킬레우스(한국 : 아킬레스, 일본 : アヒレス), 아프로디테
(한국 : 아프로지테, 일본 : アフロディテ) 등 다수이며, 일본의 경우 모두 '가타카나'
표기로 된 점이 특징이다. ■ 조미은

<표 9> 신화 관련 신어

유형	관련 신어
그리스 신화	1. 신 네메시스(네메시스) / 다프네(다푸네, 짜푸) / 데메테르(쯱미타, 쯱미타라, 帶美陀) / 디오니소스(大柯乃沙斯, 디오니쏘스, 띄오니소스) / 맘몬(마몬, 맘몬, 매몬, 맴먼) / 뮤즈(뮤-스, 뮤-즈, 미우쓰, 미우쓰) / 아레스(俄賴秀, 䘖賴秀, 아뤼스) / 아르테미스(阿台美秀, 아틔미스) / 아스크 레비오스(아스크레비오스) / 아테나(이르나, 아데나, 아데네, 愛台那) / 아폴론(♀폴논, 亞波羅, 亞波羅神, 아포로, 아폴로, 愛拔論, 吠브스) / 아프로디테(아프로지테, 애프로디테) / 에로스(에로스) / 제우스(데우스, 에브스神, 載約瑟, 제우스, 朱壽, 쥬-스, 쥬수, 쥬스) / 타르타로스(타-타러스) / 트리톤(트라이톤) / 판(판, 판神) / 포세이돈(포시돈, 布施敦) / 헤라(喜羅, 히라) / 헤르메스(虛媚秀, 헬메스, 赫邇迷雅斯, 히미스) / 헤스티아(헤쓰티아, 喜施野, 리시야) / 헤파이스토스(헤파이스터스, 希海他斯) 2. 인물 나르키소스(나-시사스, 나시스수쓰, 날씨서스) / 다이달로스(쩨다로쓰) / 미다스(마이다스) / 아킬레우스(아키레쓰, 아킬레스, 아킬레쓰) / 안드로메다(안드로메다) / 에피메테우스(에피메듀-스) / 오르페우스(由巴耳) / 오리온(오리온) / 이카로스(이카르쓰) / 파르나소스(파르나서쓰, 파르나쓰) / 판도라(판도라, 팬도라) / 팔라스(啤拉士小星) / 페르세우스(펄세우스) / 프로메테우스(布魯美阿斯, 푸로메듀쓰, 푸로메튜쓰) / 프시케(싸이키) / 헤라클레스(허큘쓰, 헤르큐쓰) / 히아킨토스(히아신두쓰) 3. 기타 1) 괴물, 동물 : 사티로스(사틸神, 싸티로스神, 쌔터神) / 스핑크스(스핑쓰, 스핑크쓰, 스힁크스) / 아르고스(아거쓰) / 켄타우루스(켄타우르스, 센타우르스) / 페가수스(페거서스, 페기서스) / 히드라(히드라)

---

50) 『新語辭典』, 『學燈』14호, 漢城圖書株式會社, 1935.3.1. 28면.

유형	관련 신어
	2) 거인족 : 타이탄(타이탄) 3) 산 : 올림푸스(올림퍼스, 올림프스) / 파르나소스(파르나서쓰, 파르나쓰) 4) 신전 : 파르테논 신전(빨데논, 파-데논, 팔테논) 5) 악마 : 데몬(떼몬) 6) 요정 : 님프(님쁘)/세이렌(싸이렌) 7) 용맹한 여자 무사들로 구성된 민족 : 아마존(아마존)
로마 신화	1. 신 넵튠(넵튠) / 디아나(짜이아나, 다이나, 디아나, 따이아나) / 마르스(마-스, 마쓰) / 메르쿠리우스(瑪克維, 머큐리, 멀큐리) / 바쿠스(박커쓰, 벅커쓰, 빡커쓰, 酒神) / 베스타(威士打小星) / 불카누스(發干, 발칸) / 비너스(쀠너스, 쀠이너스, 예너스, 뷔너스, 菲那秀, 비나스, 비나쓰, 비너쓰) / 아모르(아모-르) / 아우로라(오로라, 오-로라) / 주피터(쪼-앤, 유피터, 주피터, 쭈피타, 쭈피터, 쥬피터) / 주노(유노, 쭈노, 쥬노) / 케레스(偲厘士小星) / 케페우스(케예우스) / 큐피드(큐-피, 큐피, 큐피드, 큐피-트, 큐피트, 큐핃, 크피드) 2. 인물 헤르쿨레스(헤르클레스)
신화 -기타	1. 국가, 민족, 기타 지역별 신화 1) 게르만 : 프리그(夫利家) 2) 미국 : 빌리켄(삐리켄) 3) 북유럽 : 오딘(오딘) /지크프리트(지그프리드) 4) 이집트 : 아멘(아몬) /피닉스(쀄닉쓰, 쀄-닉쓰, 쀄-닉쓰) 5) 인도 : 인드라(인드라) 2. 기타 넥타(넥타-) / 신화(미쯔, 미쓰, 神話) / 신화(학)(미쏘로지) / 자이언트(짜인안트, 짜인언트, 쫘이언트)
전설, 이야기	로렐라이(로-레라이, 로-렐라이, 로레라이, 로렐라이) / 머맨(머맨, 멀맨) / 머메이드(머메이드, 멜메이드) / 메피스토펠레스(머옊스토, 메옊스토옊레스) / 몬스터(몬스터) / 뱀파이어(뺌파이어) / 오베론(오베론) / 일각수, 유니콘(우니콜) / 전설(레젠드)

(4) 인종

인종 분야의 근대 신어는 네 가지 유형으로 나누어 볼 수 있다. 첫째, 신체(형질)적 특징으로 표현된 인종 관련 신어로 간색인종(間色人種), 유색인종, 유모인종(柔毛人種) 등이 그에 해당한다. 둘째, 지역적 구분에 따른 인종 관련 신어로 유럽과 아프리카 혼혈인종, 유럽인종, 몽골인종 등을 들 수 있으며,

셋째, 3대 인종 소속 인류 집단과 관련된 신어로 백인종(코카소이드), 황인종(몽골로이드), 흑인(니그로이드) 등이다. 이 3대 인종은 오늘날에도 일반적으로 쓰이는 분류이다. 넷째, 인종 관련 신어 중 앞의 범주에 포함되지 않는 어휘로 백화(白禍), 인종, 인종적 차별 등 기타에 포함되는 신어들이 있다.

이 중 먼저 신체(형질)적 특징으로 표현된 인종 관련 신어를 보면, 첫째, 피부색을 기준으로 하여 인종을 구별한 신어로, 갈색인종, 동색인종, 백색인종, 홍색인종, 황색인종, 회색인, 흑색인종 등과 피부색의 유무나 정도 등을 기준으로 하여 인종을 나타낸 간색인종, 유색인종, 이색인종 등이 있다. 참고로 유길준이 『서유견문』에서 인종을 구분한 내용을 보면 황색인, 백색인, 흑색인, 회색인 혹은 종려색인, 적색인 혹은 백동색인 등의 다섯 가지이다(63면).

피부색 관련 인종 신어 중에서 표기 형태가 가장 다양한 어휘는 흑색인종이고 그 다음이 백색인종이다. 흑색인종 관련 표기 중 가장 많이 나타나는 것은 영어의 negro에 대한 한글 독음 표기인 네그로 또는 니그로이다. 흑인을 깜둥이(뿔랙·뽀이), 흑인 노예(黑奴, 흙노) 등으로 얕잡아 일컫는 어휘도 나타난다. 영어 Asiaticus Fuscus는 그 사전적 의미를 확인해 보면 갈색인종, 갈색아시안, 황색아시안, 아시안 등 다양하다. 그러나 근대 신어의 출처가 된 사료에서는 설명이 갈색아시아인종으로 되어 있어 피부색에 따른 규정으로 분류했다.

인디언의 영어 표기 Indian의 뜻은 크게 두 가지인데 하나는 인도사람이며, 다른 하나는 아메리카 원주민 즉, 아메리카 인디언이다. 근대 신어에서 영어의 Indian에 해당하는 표기인 인듸안은 후자의 뜻으로 사용되었으며, 전자에 해당하는 표기는 인듸아人이다. 현재 국립국어원 표준국어대사전에서 인디언을 검색하면 아메리칸 인디언과 동일한 어휘라는 정도로만 서술하고 있다.

신체(형질)적 특징으로 표현된 두 번째 경우는 신체 모양 등과 관련된 것으로, 머리 모양과 얼굴 모양에 따라 인종을 구분한 광두직악인종(廣頭直顎

人種)과 장두직악인종(長頭直顎人種), 치아 크기에 따라 구분한 대치인종(大齒人種), 중치인종, 소치인종, 그리고 머리카락 등 몸에 나는 털의 종류에 따라 구분한 유모인종(柔毛人種)과 활모인종(滑毛人種) 등이다.

다음으로 지역적 구분에 따른 인종 관련 신어를 살펴보면 첫째, 동서양을 기준으로 구분하여 표현한 어휘로 동양인, 서양인 등이 있으며, 둘째, 유럽과 아시아를 기준으로 나타낸 어휘인 동아시아인, 유라시안, 유럽인종, 몽골인종, 코카서스인종 등이 있고, 셋째, 기타에 해당하는 도서연해거주인종, 유럽과 아프리카 혼혈인종, 아카이아인 등이 있다. 아카이아인은 기원전 2000년 무렵에 그리스에 남하하여 테살리아에서 펠로폰네소스에 이르는 지역에 정착했던 그리스인이다.

3대 인종의 범주에 포함되는 인류 집단(인종, 국민, 민족, 부족 등)과 관련된 신어에는, 백인종계로 그리스인, 라틴인, 아랍인, 아리아인, 아이누, 켈트족, 튜턴족 등이 있고, 황인종계로 에스키모, 일본인, 중국인, 폴리네시아인, 한국인 등이 있으며, 흑인종계로 부시먼족, 피그미, 호텐토트 등이 있다.

백인종과 관련된 신어 중에서 어휘 형태나 수가 가장 많은 것은 게르만의 한 민족인 튜턴족과 인도·이란·유럽에 거주하며 인도·유럽계의 언어를 사용하는 사람들을 총칭하는 아리안족이다. 이와 같이 언어학적 기준을 중심으로 하여 분류된 아리안족은 인도유럽어족(인구어족)이라고도 한다. 황인종에 포함되는 신어 중 어휘 형태나 수가 가장 많은 것은 에스키모이다. 한국인에 해당하는 신어 표기는 '코-렌, 코리안, 코리앤' 등으로 영어 Korean에 대한 한글 독음이다. 『모던조선외래어사전』에 서술된 어휘 설명은 '1. 朝鮮의, 朝鮮人의, 2. 조선사람, 조선말(468면)'이다.

흑인종과 관련하여 서술된 어휘설명이나 용례를 보면, 부시맨에 대해서는 '부시맨과 같은 야만인' 또는 '아프리카의 야만인 부시맨'으로, 호텐토트에 대해서는 '남아프리카 희망봉 지방의 원주민(야만족)'으로 되어 있다. 흑인을 폄하하여 표현한 그와 같은 인종적 차별과 관련된 어휘는 다음의 기타 어휘에서도 확인할 수 있다.

기타에 해당하는 어휘는 대부분 인종 또는 민족 차별과 관련된 것이다. 먼저 백인 우월적 사고에서 비롯된 인종 차별을 지적하는 어휘로 백화(白禍)와 황화(黃禍)를 들 수 있다. 1922년 발간된 『현대신어석의』는 전자에 대하여 '백색 인종이 오늘날 세계에서 비교할 수 없는 우세를 점하여 포악하고 무례한 행동을 감행하여 다른 인종을 해치고자 함'이라고 설명하였다. 후자는 '황색인종이 백색인종에 대한 재화라는 의미'라고 하였다. 그러나 이 또한 "서양인들 즉 백인들이 그들의 세(勢)를 동양으로 확산시키는 가운데, 거대한 땅과 인구를 소유한 중국인을 경계하며 퍼뜨린 '황화설'이었다"[51]고 한 해석은 당시 세계사적 상황을 보더라도 수긍이 가는 내용이다.

『현대신어석의』에서는 인종적 차별과 인종적 편견에 대해서도 서술하고 있는데, 전자에 대한 내용을 소개해 보면 다음과 같다.

> 인류적 편견으로 인해 법률로서 인종 간의 실제 행동 범위에 차별을 두고, 단지 법률뿐만 아니라 인종의 전체 사회생활에서 다른 인종과 차별을 두어, 자신을 이롭게 하고 타인을 해치는 것을 자기 멋대로 하려는 것을 말한다(46면, 62면).

식민지하에서 일제에 의하여 한국인이 처한 불평등한 상황을 명확하게 인식한 것이었다. 그밖에 야만인, 이인종(異種人), 특별족, 선민 등의 어휘도 인종 또는 민족 차별문제와 관련된 것이라고 할 수 있다.

인종 관련 근대 신어 중 표기 형태가 다양한 사례를 열거하면 다음과 같다.

- 갈색아시아인종 : 褐色亞世亞人種, 褐色 아시아 人種, Asiaticus Fuscus
- 백색인종 : 빅쇠인, 빅인, 빅인종, 白色人, 白色人種, 白色者, 白人種, 百種人, 화읟・맨, Leucochroi xanthcochroic
- 아랍인 : 아라부民族, 아라브民族, 아랍, 亞剌伯人, 亞剌比人, 亞剌人
- 아리아인 : 亞利亞人, 아리아人種, 아리안, 亞利安, 威利陽人種

---

51) 玄采, 『越南亡國史』, 普成館, 1906, 85면.

- 아메리카 인디언 : 銅色人, 銅色人種, 亞米利加種, 아메리카·인디안, 인
디안, 印甸人, 赤色아메리카人種, 赤色人, 赤種人, 적
식인, 적인종, Americanus Rubescens
- 켈트족 : 世爾的, 셰루도, 쎌스, 쎌스族
- 황화 : 에로·페릴, 엘로페릴, 옐로-·페릴, 黃禍
- 흑색인종 : 네그로, 네그로人種, 니그로, 日阿伯啞種, 黑色아프리카人種,
흑식인, 黑色人, 黑色人種, 흑인, 흑인종, 黑人種, 흑인종,
Aethochroi, Africanas niger

인종 관련 근대 신어에 대한 어휘 설명이 많은 자료는 『모던조선외래어
사전』, 『만국약사(萬國略史)』52) 순이다. 대부분의 자료에서는 어휘 설명이
주로 단어나 구(句)로 되어 있고, 절이나 문장으로 된 경우는 그리 많지 않
다. 그러나 인종 관련 어휘 설명에서 『만국약사』는 대부분 한두 줄 정도의
문장으로 서술되어 있다. 예를 들어 백색인종에 대한 어휘 설명을 보면 『모
던조선외래어사전』에서는 '백인, 양인(白人, 洋人)'이라는 내용으로 매우 간
략하다. 반면에 『만국약사』에서는 "유럽의 여러 국민은 난백색(卵白色)이니
코카서스종(또는 백색인이라 말하고)이라"고 하여(5면), 어느 정도나마 구체적으로
설명하고 있음을 알 수 있다.

인종 항목 근대 신어를 동아시아 3국의 어휘 측면에서 비교해 보면, 먼
저 표기의 공통점으로는 신어 표기가 한자인 경우 한국과 일본이 동일한
어휘가 있는데, 白色人種(백색인종), 白禍(백화), 野蠻人(야만인), 日本人(일본인), 黃
禍(황화) 등 다수이며, 이에 대한 관련 연구 성과도 있다. 한국과 중국이 동
일한 어휘로는 希臘(희랍)이 있다. 표기는 달라도 한국과 일본이 공유한 어
휘로는 니그로(한국 : 니그로, 네그로, 일본 : ニーグロ), 재패니스(한국 : 째패니, 째패니쓰,
애패니쓰, 일본 : ジャップ), 차이니스(한국 : 촤이니스, 시나진, 촤이나맨, 일본 : 支那人) 등이
있다. 한국과 중국이 공유한 어휘로는 아랍인(한국 : 아랍, 중국 : 阿拉伯)을 들 수
있다. ■ 조미은

52) 學部編輯局, 1895.

〈표 10〉 인종 관련 신어

유형	관련 신어
신체(형질)적 인종 구분	1. 피부색깔 관련 간색인종(間色人種, Mesochroi) / 갈색아시아인종(褐色亞世亞人種, 褐色 아시아人種, Asiaticus Fuscus) / 갈색인종(棕色人) / 무어인(무아人) / 백계러시아인(白系露人) / 백색인종(빅싁인, 빅인, 빅인종, 白色人, 白色人種, 白色者, 白人種, 百種人, 화잍·맨, Leucochroi xanthcochroic) / 보어인(波亞人種) / 아메리카 인디언(銅色人, 銅色人種, 亞米利加種, 아메리카·인디안, 인듸안, 印甸人, 赤色아메리카人種, 赤色人, 赤種人, 젹싁인, 젹인종, Americanus Rubescens) / 유색인종(色人種) / 이색인종(이식인종) / 피부색(살빗) / 홍색인종(紅人種) / 황색인종(황식인, 황싁인종, 黃色人, 黃人種, 황인종) / 회색인(灰色人) / 흑색인종(네그로, 네그로人種, 니그로, 日阿伯啞種, 黑色아프리카人種, 흑싁인, 黑色人, 黑色人種, 흑인, 흑인종, 黑人種, 흑인종, Aethochroi, Africanas niger) 2. 신체 모양 등 관련 광두직악인종(廣頭直顎人種) / 대치인종(大齒人種, megadont) / 소치인종(小齒人種, Microdout) / 유모인종(柔毛人種) / 장두직악인종(長頭直顎人種, Gents Dolich Cephalae Orthgnathae) / 중치인종(中齒人種, Mesodont) / 활모인종(滑毛人種, Leiostrichi)
지역별 인종 구분	도서연해거주인종(島嶼沿海居住人種, Insular and Litoral People) / 동아시아인(東亞人) / 동양인(오리엔탈, 오-리엔털) / 몽골인종(蒙古種, 몽골, 몽골리안) / 서양인(西洋人, 西人, 泰西人) / 아카이아인(아카이안) / 유라시안(유-러서#안, 유-레서#안) / 유럽과 아프리카 혼혈인종(유롭파아프리카人種) / 유럽인종(유롭파人種) / 유럽인(歐人, 歐洲人) / 코카서스인종(코우카시안, 코-카시안)
3대 인종 (백인, 황인, 흑인)	1. 백인종 그리스인(꾸리스人, 希臘人) / 라틴인(종)(래틴, 랴젼인종, 土拉斯族) / 셈족(셈, 사이특) / 아랍인(아라부民族, 아라브族, 아랍, 亞剌伯人, 亞剌比人, 亞剌人) / 아리아인(亞利亞人, 아리아人種, 아리안, 亞利安, 威利陽人種) / 아이누(아이누) / 켈트족(世爾的, 셰루도, 쎌스, 쎌스族) / 튜턴족(듀튼, 듀튼人, 츄톤, 튜톤, Teutonicism) 2. 황인종 에스키모(에스키모, 에쓰키모) / 일본인(애패니쓰, 째패니, 째패니쓰) / 중국인(시나진, 차이니스, 차이나맨, 차이니, 차이니스) / 폴리네시아인(폴니되시안) / 한국인(코리안, 코리앤, 코-텐) 3. 흑인종 부시먼족(뿃쉬맨, 뿃슈만) / 피그미(피구미, 피그미, 픽미) / 호텐토트(포텐토트, 호텐도트, 호텐토드, 홀텐톨트)
기타	백화(白禍, 화잍·페릴, 화잍페릴) / 본토인종(本土人種) / 야만인(野蠻, 野蠻人) / 이인종(異種人) / 인종(人種, 인종, Race) / 원주민(土民) / 특별족, 선민(特別族) / 황화(에로·페릴, 옐로페릴, 옐로-·페릴, 黃禍) / 황화설(黃禍說) / 인종적차별(人種的差別) / 인종적편견(人種的偏見)

3. 인물 · 지리

19세기 한국에서 '근대화'의 출발은 '세계'라는 공간에 대한 사유체계의 변동으로부터 시작되었다. 과학적 지구설과 근대 유럽인의 항해 경험에 근거한 지리지식이 전파·확산되면서 전통시대에 한국을 지배했던 중국 중심의 공간관은 무너져갔다. 뿐만 아니라 새롭게 받아들였던 정치·경제·사회·문화 등 제 영역의 앎들도 '세계'에 대한 사유체계의 변혁이 선행되지 않고는 수용될 수 없었다. 이는 19세기 중반 청년 김옥균에게 갑신정변의 꿈을 안겨준 단초가, 박규수가 보여준 지구의(地球儀)로부터 비롯되었다는 유명한 일화가 상징적으로 보여준다.

이러한 사유체계는 지리에 관한 지식, 이를테면 지리적 발견, 지리 데이터, 지역 분포, 경관 등과 이와 같은 지식의 기본단위인 지명에 기초하고 있다. 그리고 지리적 공간 인식의 확대는 자연스럽게 그 공간 내에서 생활하고 있던 인간들과 그들의 문화 등에 대한 관심으로 이어졌다. 다시 말해서 근대 한국에서는 서구의 지리지식이 일반화되는 과정에서 상당히 많은 새로운 지명과 인명이 수용되고, 새롭게 접한 인간군 내에서의 관계를 표현하는 호칭들이 유행처럼 유통되어갔다.

이 가운데 가장 큰 비중을 차지했던 세계의 지명들은 세계를 인식하는 기호이기도 했다. 새롭게 조우한 지리 개념과 세계의 지명·인명, 그리고 다양한 호칭은 중국과 일본의 교차 과정을 거쳐 수용되는 경우가 많았다. 인물·지리 관련 근대 신어를 매개로 한 공간 인식의 확대 과정은 한국의 근대문화, 근대인으로서의 한국인을 형성시켜가는 과정이기도 했다.

이러한 상황에 기초하여 여기서는 인물·지리 관련 근대 신어를 크게 네가지 범주로 나누어 살펴보았다. 첫째는 자연지리, 둘째는 세계의 지명, 셋째는 세계의 인명, 넷째는 호칭으로 구분하였다. 그리고 각각의 범주 안에서 다시 몇 가지 유형으로 구분하여 구체적인 어휘 형태들을 검토하였다.

첫째, 자연지리 관련 근대 신어에는 1) 지형 자체와 지질·토양·해양 등의 어휘를 포함하는 '지형' 관련 어휘군, 2) 다양한 종류의 기후 자체와 이로 인해 형성된 지대·기상 등의 어휘를 포함하는 '기후' 관련 어휘군, 3) 자연지리와 관계가 있는 천문학적 용어 등을 포함하는 '지구' 관련 어휘군, 4) 위의 범주들에 들지 않는 자연지리 관련 용어나 지역·위치 등을 표현하기 위해 인위적으로 만든 개념 등을 포함하는 '기타' 어휘군이 포함된다.

'지리상의 발견' 이후 서구에서 근대적인 지리학(geography)·지질학(geology) 및 기상학(meteorology)·대기과학(atmospheric science) 등이 발전해가면서 형성된 다양한 어휘들이 한국에 수용되면서, 특히 지형, 기후 관련 어휘가 큰 비중을 차지하고 있는 점이 특징이다. 이 가운데는 델타, 카르스트 등과 같이 서양의 외국어를 그대로 한글로 표기한 형태가 많은 편이지만, 高原(고원), 海峽(해협) 등과 같이 한자어로 바꿔 표기한 형태도 다수 있다. 그리고 地動(지동), 極東(극동) 등과 같이 전통시대에 사용되던 어휘라도 그 의미가 완전히 바뀌어 새롭게 사용되는 어휘도 근대 신어에 포함된다.

둘째, 세계의 지명에는 1) 대륙·해양·산·강·호수·섬·반도·사막·폭포·해협 등의 자연지명, 2) 하나의 국가를 단위로 보아 주(州)·도(道)·군(郡)·현(縣)·시(市)·구(區)·동(洞)·촌(村)·가(街) 등의 행정지명, 3) 역사 속 왕국이나 도시 등의 지명, 신화나 종교 관련 지명, 오늘날 지명의 고칭(古稱) 등의 역사·종교지명이 포함된다. 일반적으로 지명을 분류하는 범주의 하나인 교통지명은 대부분 그 표기 형태가 행정지명과 중복되므로 여기서는 별도로 구분하지 않았다. 그러나 운하나 항구, 철도, 공원 등을 표현하는 몇 가지 지명은 포함되어 있다.

근대 한국에 유통된 세계의 지명들은 수용 경로가 상당히 복잡하기 때문에 매우 다양한 이표기(異表記)가 등장한다는 점이 특징이다. 대체로 중국이나 일본을 통해서 혹은 중국에서 다시 일본을 거치는 2중, 3중의 유통경로를 취하고 있었다. 또 일찍부터 서양 각국을 둘러보고 와서 남긴 여행기 등이 남아있음을 감안할 때 곧바로 들어온 경우도 배제할 수 없다. 게다가 이 지명들은 한자문화권으로 들어오기 전에 먼저 영어 · 프랑스어 · 독일어 · 러시아어 · 스페인어 · 포르투갈어 · 네덜란드어 등 서양 각국의 문자로 유통되었을 것이다. 이처럼 복잡한 유통경로를 통해 한국적 수용의 과정을 거친 지명의 특성상, 하나의 지명은 언제나 다양한 표기 형태를 가질 수밖에 없었던 것이다. 세계적으로 유명한 지명의 경우 대개 10개 이상의 표기 형태를 가진 경우가 일반적이었다. 예컨대 오늘날의 아라비아(반도)는 무려 20건, 알프스산(산맥)은 19건, 아프리카(대륙)는 17건, 옛 지명인 아비시니아(에티오피아)는 17건, 미국의 필라델피아와 샌프란시스코는 각각 17건과 16건, 러시아의 상트페테르부르크는 16건의 이표기를 확인할 수 있다.

셋째, 세계의 인명에는 1) 정치가나 혁명가, 사상가나 학자, 예술가 등 서구의 실존 인물이 소개된 경우, 2) 미국의 푸트, 언더우드, 아펜젤러, 독일의 부들러, 묄렌도르프 등과 같이 개항 이래 한국과 관계를 맺으면서 알려지게 된 서구의 인명들, 3) 존이나 메리처럼 특정인이 아니라 영국이나 미국 등 서양에서 일반적으로 많이 통용되던 남녀 인명들, 4) 노라, 돈키호테, 로빈슨 크루소처럼 실존 인물이 아니라 소설이나 신화 속에 등장하는 인명들이 포함된다.

세계의 인명들은 근대 언론 매체가 형성되는 초창기부터 대거 등장했다. 서구 열강과 관계를 맺으며 한반도가 그들의 활동장이 되면서, 그리고 서구의 정치 · 사회 · 문화를 이해하고 이를 통해 새로운 사회질서를 건설하고자 지향했던 상황에서, 역사나 현실사회 속의 실존 인물을 폭넓게 여러 지면 위로 옮겨왔고 소개했다. 인명들은 세계의 지명에 비하면 이표기가 다양하게 등장한 것은 아니었지만, 여러 매체에서 자주 등장했던 것을 볼 때 근대 한국사회에서 좋든 싫든 참고해야 할 전거로 이해되고 있었음을 알 수 있다.

넷째, 사람과 사람 사이의 관계에서 파생되는 호칭 관련 근대 신어에는 1) 스위트하트, 달링, 피앙세, 마마, 파파 등과 같이 연인이나 가족 관계를 나타내는 어휘, 2) 스타, 팬, 아이돌 등과 같이 대중문화와 관련된 어휘, 3) 레이디, 젠틀맨, 무슈, 마담, 미스, 미스터, 하이칼라, 근대인, 고등빈민, 부르주아, 프롤레타리아 등과 같이 사회관계 속에서 파생되고 확대되어간 어휘, 4) 그리스인, 파리지앵, 양키, 화교 등과 같이 주로 국가 관계에서 나타난 어휘가 포함된다.

호칭은 어떤 의미에서건 관계 속에서 존재할 수밖에 없기 때문에 여러 종류의 근대 신어 가운데 동시대의 사회구조와 인간관계, 사회적 변화에 따른 관계의 제 양상을 파악하는 데 큰 도움이 된다는 장점이 있다. 위의 네 가지 범주를 보더라도, 개인과 개인이 만나는 아주 작은 관계에서부터 이를 바탕으로 형성된 가족, 개인과 유명인 간 관계를 보여주는 대중문화, 그리고 개인의 범위를 넘어서 어떠한 집단으로 불리게 되는 사회관계, 나아가 개인이 소속된 한 사회의 입장에서 다른 지역·국가를 지칭하는 명칭에까지 다양하게 존재했음을 알 수 있다. 이 점에서 호칭에 대한 검토는 한국의 근대화 과정과 함께 연동해 이해해야 할 주요한 검토 대상이라고 할 수 있다.

한편 인물·지리와 관련된 근대 신어의 절대 다수는 고유명사인 지명과 인명, 그중 특히 수많은 세계의 지명이 차지하고 있다. 이 고유명사들은 대개 한자어로 음역(音譯) 또는 훈역(訓譯)되거나 일본어 표기의 영향 아래 서양의 발음이 한글로 표기되는 경우가 많았다. 또 이 시기에는 한자문화권 내에서 서양의 외래어 고유명사 표기법이 마련되어 있지 않았기 때문에, 일본이나 중국의 수용 시차나 차용 형식에 따라서도 다양한 표기법이 존재했다. 개항 초기에는 서양문물을 소개한 중국의 『영환지략(瀛環誌略)』, 『해국도지(海國圖志)』, 『이언(易言)』, 『만국공법(萬國公法)』 등이 전래되면서 주로 중국에서 음역 또는 훈역한 한자어를 많이 썼다. 그러나 중국과 일본의 신문을 많이 인용 보도했던 『한성순보(漢城旬報)』와 『한성주보(漢城週報)』에서는 기사의 출처와 번역자에 따라 표기 형태가 달랐고 일본에서 음역 또는 훈역한 한자어를 쓰기도 했다.

그런데 중국식 또는 일본식 표기가 한국에서 그대로 유통되기도 했지만 그 표기 형태가 완전히 동일하지 않은 경우가 대부분이었다. 즉, 중국이나 일본을 거쳐, 또는 몇 차례의 상호 교차를 거쳐 들어온 세계의 지명이나 인명라고 해서 해당 어휘의 표기가 '중국식' 혹은 '일본식' 표기를 그대로 유지한 것은 아니었다는 의미이다. 왜냐하면 당대 한국의 지식인은 한자와 한문에 대한 지식이 중국(청국)이나 일본(왜)에 비해 높다고 자부하고 있었기 때문이다. 따라서 근대 초기 세계의 지명과 인명을 수용하는 과정에서 나타난 다양한 표기 형태들은, 당시 한국의 지식인이 전통적인 제국 중국과 근대적인 제국 일본 사이에서 독자성을 유지하기 위한 노력을 지속했음을 보여준다. ▪ 변은진

(1) 자연지리

자연지리 관련 근대 신어는 크게 네 가지 유형으로 나누어 볼 수 있다. 첫 번째 범주는 지형 관련 어휘군이다. 여기에는 여러 형태의 지형들뿐만 아니라 지질·토양·해양 등과 관련된 어휘들도 포함된다. 두 번째 범주는 기후 관련 어휘군이다. 여기에는 기후뿐만 아니라 그 기후로 인해 형성된 지대와 관련된 어휘, 대기(大氣) 중에 일어나는 물리적 현상을 말하는 기상(氣象) 관련 어휘 등도 포함된다. 세 번째 범주는 지구 관련 어휘군으로서, 자연지리와 관계가 있는 천문학적 용어 등을 포함한다. 네 번째 범주는 기타 어휘군이다. 여기에는 위의 범주에 들지 않는 자연지리 관련 용어, 그리고 직접적으로는 자연지리 범주에 포함되기 어렵지만 이를 바탕으로 지역·위치 등을 표현하기 위해 인위적으로 만든 개념 등이 포함된다.

이 가운데 가장 많은 비중을 차지하는 것은 첫 번째의 지형 관련 어휘군이다. 그중에서도 특히 여러 유형의 지형 자체를 표현하는 어휘가 가장 많았다. '지리상의 발견' 이후 서구에서 근대적인 지리학(geography)·지질학(geology) 등이 발전해가면서 지형 자체를 표현하는 용어들이 다수 생겨났

다. 따라서 이 어휘군에는 델타, 리아스式, 카르스트 등과 같이 대체로 서양의 외국어를 그대로 한글로 표기한 형태가 많다. 물론 高原(고원), 珊瑚島(산호도), 海峽(해협) 등과 같이 중국·일본과 교류하면서 한자어로 바꿔 표기한 형태도 다수 있다.

일반적으로 지형은 산악·평원지형, 하천지형, 빙하·설빙지역, 해저·해안지형, 화산지형, 풍화지형, 식생지형, 인공지형 등으로 구분된다. 근대 한국에 새롭게 수용된 지형 관련 어휘에도 이 형태들이 모두 존재한다. 산악·평원지형을 표현하는 신어로는 高原(고원), 丘陵地(구릉지), 마운텐(마운틴), 山脈(산맥), 칼스트, 카르스트(카르스트), 波狀地(파상지), 平野(평야), 픽, 피-크, 피크(피크), 힐(힐) 등의 어휘가 있다. 하천지형을 표현하는 신어로는 델타(델타), 레-기, 레-키(레이크), 캐스케이드(캐스케이드), 크리크, クリーク, 크릭(크리크),53) 河川(하천) 등의 어휘가 있다. 빙하·설빙지역을 표현하는 신어로는 雪線(설선), 스노-·라인(스노라인), 아이스뻑(아이스버그), 쀠욜드, 휘욜드(피오르드) 등의 어휘가 있다. 해저·해안지형을 표현하는 신어로는 多島海(다도해), 라군-(라군), 리아式, 리아스式(리아스식), 반도, 半島(반도), 뺑크, 쌩크(뱅크), 砂原(사원, 모래밭), 沙洲(사주), 珊瑚島(산호도), 海峽, 海項(해협) 등의 어휘가 있다. 화산지형을 표현하는 신어로는 라얘(라버, 라바), 말(마르), 噴火口(분화구), 火山(화산), 활화산, 活火山(활화산), 休火山(휴화산) 등이 있다. 풍화지형과 식생지형을 표현하는 신어로는 沙漠(사막), 森林帶(삼림대), 사빤나(사바나), 스텝푸, 스텦, 스뎁(스텝), 오아씨스, 오아시스(오아시스), ヂャングル(정글), 쓴드라, 츤도라, 툰드라, 苔蘚(툰드라) 등이 있다.

이 외에도 지형 관련 어휘군에는 大陸(대륙), 大洋(대양), 大洋洲, 대양쥬(대양주), 大洲(대주), 오대양, 오디양, 五大洋(오대양), 오-쉬언(오션)과 같이 대륙과 해양 자체를 표현하는 어휘도 포함된다. 또한 干潮(간조, 썰물), 랜드슬라이드(랜드슬라이드), 上潮(상조, 밀물), 噴火作用(분화작용)과 같이 자연지리의 현상이나 작용을 표현하는 신어도 등장했으며, Soil(소일, 토양), 라이아쓰(라이어스),54) 휴

---

53) 작은 만, 개울, 시내.

머스(휴머스)55)와 같이 토양이나 암석 자체를 가리키는 서양 외래어도 나타
났다. 이밖에 지형과 관련된 기본 용어로서 地脈學(지맥학), 地質(지질), 地質圖
(지질도), 地質時代(지질시대), 地質學, 地質學術(지질학), 地層(지층), 地表(지표) 등도
지형 관련 어휘군에 포함된다.

다음으로 많이 등장한 자연지리 분야의 신어는 기후 관련 어휘군이다.
인간의 일상생활에 큰 영향을 주는 요소인 기후가 전 지구상에 다양하게
상존하고 있음을 알게 되면서 이에 대한 관심이 높아졌음을 반영한다. 기
후 관련 신어에서는 일단 기후 자체를 표현하는 어휘가 많았는데, 乾候(건
조기후), 極寒(극한), 大陸性氣候, 大陸的氣候(대륙성 기후), 常熱(상열), 常寒(상한), 스
콜, スコール(스콜), 濕候(습후), 寒冷(한랭), 海洋性氣候, 海洋的氣候(해양성 기후) 등
을 들 수 있다. 아울러 이러한 기후를 가진 지역을 가리키는 어휘가 다수
등장했다. 예컨대 極冷圈(극냉권), 極寒地(극한지), 暖帶林(난대림), 南溫帶(남온대),
南寒帶(남한대), 링대(냉대), 凉帶林(냉대림, 양대림), 北溫帶(북온대), 北寒帶(북한대), 열
디, 熱帶(열대), 熱國(열대국가, 열국), 熱帶林(열대림), 열디디방, 熱帶地方, 熱帶地(열
대지방), 도로피칼, 트로피칼(트로피컬), 한디, 寒帶(한대), 寒帶林(한대림), 한대디방,
寒帶地方(한대지방) 등과 같이 매우 세분화하여 표현했음을 알 수 있다.

기후 관련 신어에서 빼놓을 수 없는 것은 바로 바람과 관련된 어휘가 다수
등장했다는 점이다. 교통수단이 발달하지 않아 바닷길을 자주 이용했던 전통
시대에도 풍향·풍속 등은 인간생활에 매우 중요한 요소였던 만큼 그 관련
어휘도 발달해있는 편이었다. 이러한 바탕 위에서 근대 이후 서양에서 기상
學(meteorology)·대기과학(atmospheric science)이 발달하면서 정리되어간 기상과
기후 관련 용어들이 수용되었던 것이다. 바람과 관련하여 새롭게 등장한 어
휘로는 節氣風, 몬스(계절풍, 몬순), 리-(리),56) 無風帶(무풍대), 스톰(스톰), 陸地風
(육지풍), 定時風(정시풍), 風海(풍해), 航路(항로), 海陸風(해륙풍), 黑風(흑풍) 등이
있다. 이밖에 기상 및 기후와 관련된 용어로 氣流(기류), 氣像(기상), 氣溫(기온),

54) 영국 남서부산에서 생산되는 청색 석회암.
55) 부엽토.
56) 바람이 불어가는 쪽.

氣候帶(기후대), 大氣(대기), 大氣圈(대기권), 스카이(스카이) 등이 새로 등장했다.

　세 번째 범주인 지구 관련 어휘군에는 자연지리와 관계가 있는 천문학적 개념으로 자주 등장한 신어가 포함된다. '우주 속의 지구'라는 관념이 일반화되어감에 따라, 地動說, 地理運轉說(지동설)이라는 개념과 지구와 우주의 움직임을 관측하고 이를 측정하는 일 등과 관련된 度(도), 極点(극점), 地軸(지축) 등의 신어가 사용되기 시작했다. 특히 지구상의 특정 권역을 지칭하는 용어들이 다수 등장했다. 夏至圈(하지권), 極地方(극지방), 동반구, 東半球(동반구), 冬至圈(동지권), 北極圈(북극권), 北半球(북반구), 西球, 셔반구, 西半球(서반구) 등이 그것이다. 아울러 우주를 뜻하는 서양어인 유니버샬, 유니버-살(유니버설), 유니버스, 유니버-스나 '하늘 끝'을 가리키는 일본어 天際(てんさい)에서 온 天際線(천제선) 등도 등장했다.

　특히 위도와 경도 등 좌표와 관련된 용어가 점차 세분화되어 수용·변천되어갔다. 高緯度(고위도), 南極(남극), 南極圈(남극권), 南極線(남극선), 南緯(남위), 南赤道(남적도), 南黃道(남황도), 南黃道限(남황도한), 南黑道(남흑도), 南黑道限(남흑도한), 東經(동경), 동경선(동경선), 冬至線(동지선, 남회기선), 롱기튜-드(란지튜드), 래티튜드(래티튜드), 北極, 북극(북극), 北極光(북극광), 北極線(북극선), 北極點(북극점), 北極軸(북극축), 오-로라, 오로라(오로라), 夏至線(하지선, 북회기선), 恒星緯度(항성위도), 黃經度(황경도), 回歸線(회귀선), 黑道(흑도) 등의 용어가 등장하거나 그 의미가 변화되어 사용되었다.

　마지막으로 기타 어휘군에는 자연지리와 관련된 몇 가지 용어와 지역·위치 등의 표현을 위해 인위적으로 만든 용어가 포함된다. 자연을 표현하는 나튤(나뚜르, 자연), 大自然, Mother Nature(대자연), Environment(인바이런먼트, 환경) 등과 테리토리(테리터리), 海拔(해발), 海上權(해상권) 등을 들 수 있다. 인간이 만든 특정한 구역 또는 지역을 의미하는 강토(강토), 大湖地方(대호지방), 명승지(명승지), 반도국, 半島國(반도국), 産金地(산금지), 西方大陸(서방대륙), 신디륙, 新大陸(신대륙), 領水(영수), 영히, 領海(영해), 溫泉場(온천장), 全地球(전 지구), 絶島地(절도지), 荒蕪地(황무지), 힌터란드(힌터랜드) 등은 자연지리와의 관계 설정 속에서 만들어

낸 개념들이다. 아시아 대륙의 동쪽을 표현하는 極東, 극동(극동), 近東(근동), 大東洋(대동양) 등도 특정한 시대성과 역사성을 띠고 등장하거나 변천된 것으로서, 지리적 방위 개념을 근거로 형성된 근대 신어라 할 수 있다.

이상에서 살펴본 어휘들 가운데는 서양의 외국어를 그대로 표기한 것들도 많이 있으나 또 상당 부분은 한자어로 바꾸어 표기하고 있다. 그런데 이 어휘들 중에는 완전히 새로운 한자를 조합한 어휘도 있지만 전통시대에 한자문화권 내에서 통용되던 어휘를 그대로 사용하는 경우도 종종 있다. 南極, 北極, 大洋, 大氣, 氣像, 地動 등이 그러하다. 이 어휘들을 근대 신어의[57] 범주에 포함시키는 이유는 그 어의(語義)가 달라지거나 확장되었기 때문이다.

과거 동양의 천문학적 지식에서 南極, 北極은 '남쪽 변방, 북쪽 변방'이라는 의미로 사용되거나, 北極星(북극성)과 같이 하늘에 있는 끝 지점을 의미할 때만 사용했다. 다시 말해서 지구상의 지리적 개념으로서 남극과 북극을 사용하지 않았던 것으로 보인다. 또 氣像이라는 용어도 전통시대에는 "吾之氣像如何, 吾得大位, 亦何難乎(나의 氣像이 어떠하냐? 내가 大位를 얻더라도 또한 무엇이 어렵겠느냐?)"와[58] 같이 '사람의 성품과 몸가짐'을 뜻하는 용어로 사용되었다. 그래서 처음 기상학 용어인 기상(氣象)이 들어왔을 때 氣像이라는 한자와 병용되었다가 나중에 氣象으로 정착된 것으로 보인다. 또 과거에 단지 '큰 기운'이나 '큰 바다'라는 의미를 지녔던 大氣나 大洋이라는 어휘 역시 그 어의가 확장된 것으로 볼 수 있다.

地動이라는 어휘는 하나의 단어가 어떻게 어의가 변천되고 확장되는지를 더 명확히 보여준다. 전통시대와 마찬가지로 근대 이후에도 그 용례를 보면 "홀연히 디동 ㄗ한 소리나며 유리창이 ㅆ여지고(홀연히 지동 같은 소리가 나며 유리창이 깨지고)"와[59] 같이 '지각의 움직임' 즉 지진과 동일한 의미로 사용

---

57) 여기서 사용한 '근대 신어'에는 17~18세기 실학이 등장한 이후 가끔씩 출현했던 서양의 근대 과학지식과 관련된 용어는 포함시켰음을 밝혀둔다.
58) 『定宗實錄』, 1년 8월 19일.
59) 『京鄕新聞』, 1907.7.29.

되었다. 하지만 또 다른 용례인 "此는 東洋의 地動을 說明홈니라(이는 동양의 지동을 설명함이라)"에서[60] 지동의 의미는 '지구가 돌아 움직이는 운동' 즉 지구의 공전과 자전을 의미하는 용어가 되었다. 지동설의 보편화 과정을 거친 근대 이후에 지동이라는 단어는 전통적인 의미와 근대 이후 추가된 의미, 이 둘을 모두 뜻하는 용어로 굳어졌다. 오늘날 국어사전에서 지동이라는 단어의 뜻풀이 역시 이 두 가지로 정의되어 있다.

또한 極東이라는 지리적 공간 개념은 원래 중국을 중심으로 그 동쪽 지역을 가리킬 때 사용되던 개념이었다. 예컨대 "牛布諸物, 無所不有, 我極東住民, 亦常相與交易(소베 등 여러 가지 물건들이 없는 것이 없었으므로 우리 극동의 주민들 역시 항상 서로 교역해왔습니다)"와[61] 같은 식이었다. 그런데 유럽을 중심으로 근대가 시작되면서 새로 쓰이게 된 極東은 그 의미가 완전히 달라졌다. 일제강점기 때 이에 대해 소개한 내용을 보면, "극동은 영어의 번역어인데 구주제국(諸國)에서 볼 때 아시아주(亞細亞州)의 극동 방향에 있는 여러 나라를 의미하는 것으로 원동(遠東)이라고도 한다", "원래 극동이란 문자는 영국의 자국을 중심으로 멀리 있는 동양"이라고 되어 있다.[62] 이렇게 되면 중국 역시 극동 또는 원동의 범위에 들어가게 된다. 즉 당시 서구유럽의 중심이었던 영국을 기준으로 지리적 설정을 하고 있는 개념으로 바뀐 것이다.

■ 변은진

〈표 11〉 자연지리 관련 신어

유형	관련 신어
지형	간조·썰물(干潮) / 고원(高原) / 구릉지(丘陵地) / 군도(군도, 群島, 羣島) / 내해(內海) / 다도해(多島海) / 단적층(斷積層) / 대륙(大陸) / 대양(大洋) / 대양주(大洋洲, 대양쥬) / 대주·대륙(大洲) / 대지진(大地震) / 데브리스(떼부리) / 델타(델타) / 라군(라군-) / 라버·라바(라빠) / 라이어스(라이아쓰) / 랜드(랜드) / 랜드마크(랜드마-크) / 랜드슬라이드(랜드슬라이드) / 레이크(레-기, 레-키) / 리아스식(리아式, 리아스式) / 마르(말)

60) 張志淵, 『萬國事物紀原歷史』, 皇城新聞社, 1909, 17면.
61) 『仁祖實錄』, 10년 9월 17일.
62) 朝鮮金融組合聯合會, 「時局語」, 『半島の光』47, 1941.9, 13면 ; 「抹殺되는 말」, 『半島の光』51, 1942.2, 6면.

유형	관련 신어
	/ 마운틴(마운텐) / 반도(반도, 半島) / 밸리(앨리) / 뱅크(뺑크, 쌩크) / 본류(本流) / 분수령(分水嶺) / 분화구(噴火口) / 분화작용(噴火作用) / 빙무지(氷霧地) / 사막(沙漠) / 사바나(사빤나) / 사원・모래밭・사장(砂原) / 사주(沙洲) / 산맥(山脈) / 산호도(珊瑚島) / 산호초(珊瑚礁) / 삼림대(森林帶) / 상조・밀물(上潮) / 설선・스노라인(雪線, 스노-・라인) / 소군도(小群島) / 소일・토양(Soil) / 속도(屬島) / 수류원구(水流源口) / 수리(水理) / 수원산맥(水源山脉) / 수평선(水平線) / 스텝(스텦푸, 스텦, 스텝) / 아이스버그(아이스뻑) / 언더그라운드(언더그라운드) / 오대양(오대양, 오더양, 五大洋) / 오션(오-쉬언) / 오아시스(오아씨스, 오아시스) / 웜스프링(웜・스푸링) / 정글(쟝글) / 지맥학(地脈學) / 지질(地質) / 지질도(地質圖) / 지질시대(地質時代) / 지질학(地質學, 地質學術) / 지층(地層) / 지평선(地平線) / 지표(地表) / 지협(土腰, 地峽) / 칠해・7해(七海) / 침윤지(浸潤地) / 카르스트(칼스트, 카르스트) / 캄브리안(캠부리인) / 캐스케이드(캐스케이드) / 크리크(크리크, クリーク, 크릭) / 툰드라(쓴드라, 츤도라, 툰드라, 苔蘚) / 파상지(波狀地) / 평야(平野) / 평탄지(平坦地) / 피오르・피오르드(웨욜드, 휘욜드) / 피크(픽, 피-크, 피크) / 하천(河川) / 해류(海流) / 해면(海面) / 해안선(海岸線) / 해저(슈져) / 해협(海峽, 海項) / 화구(火口) / 화산(火山) / 활화산(활화산, 活火山) / 휴머스(휴머스) / 휴화산(休火山) / 힐(힐)
기후	건조기후(乾候) / 계절풍・몬순(節氣風. 몬스) / 극냉권(極冷圈) / 극한(極寒) / 극한지(極寒地) / 기류(氣流) / 기상(氣像) / 기온(氣溫) / 기후대(氣候帶) / 기후상(氣候上) / 난대림(暖帶林) / 남온대(南溫帶) / 남한대(南寒帶) / 냉대(링대) / 냉대림・양대림(凉帶林) / 대기(大氣) / 대기권(大氣圈) / 대륙성(大陸性) / 대륙성 기후(大陸性氣候, 大陸的氣候) / 리(리-) / 무풍대(無風帶) / 북온대(北溫帶) / 북한대(北寒帶) / 상열(常熱) / 상한(常寒) / 스카이(스카이) / 스콜(스콜, スコール) / 스톰(스톰) / 습후(濕候) / 열대(열디, 熱帶) / 열대국가・열국(熱國) / 열대림(熱帶林) / 열대지(熱帶地) / 열대지방(열디디방, 熱帶地方) / 육지풍(陸地風) / 정시풍(定時風) / 트로피컬(도로피칼, 트로피칼) / 풍해(風海) / 한대(한디, 寒帶) / 한대림(寒帶林) / 한대지방(한대디방, 寒帶地方) / 한랭(寒冷) / 항로(航路) / 해륙풍(海陸風) / 해양성(海洋性) / 해양성 기후(海洋性氣候, 海洋的氣候) / 흑풍(黑風)
지구	고위도(高緯度) / 극점(極点) / 극지방(極地方) / 남극(南極) / 남극권(南極圈) / 남극선(南極線) / 남위(南緯) / 남적도(南赤道) / 남황도(南黃道) / 남황도한(南黃道限) / 남흑도(南黑道) / 남흑도한(南黑道限) / 도(度) / 동경(東經) / 동경선(동경선) / 동반구(동반구, 東半球) / 동지권(冬至圈) / 동지선・남회기선(冬至線) / 란지튜드(롱기튜-드) / 래티튜드(래티튜드) / 북극(北極, 북극) / 북극광(北極光) / 북극권(北極圈) / 북극선(北極線) / 북극점(北極點) / 북극축(北極軸) / 북반구(北半球) / 서반구(西球, 셔반구, 西半球) / 오로라・아우로라(오-로라, 오로라) / 유니버설(유니버살, 유니버-살) / 유니버스(유니버스, 유니버-스) / 지동(地動) / 지동설(地動說, 地理運轉說) / 지축(地軸) / 천제선(天際線) / 하지권(夏至圈) / 하지선・북회기선(夏至線) / 항성위도(恒星緯度) / 황경도(黃經度) / 회귀선(回歸線) / 흑도(黑道)
기타	강토(강토) / 극동(極東, 극동) / 근동(近東) / 나뚜르・자연(나툴) / 대동양(大東洋) / 대자연(大自然, Mother Nature) / 대호지방(大湖地方) / 명승지(명승지) / 반도국(반도국, 半島國) / 백사장(白沙場) / 산금지(産金地) / 삼림(森林) / 서방대륙(西方大陸) / 신대륙

유형	관련 신어
	(신디륙, 新大陸) / 영수(領水) / 영해(영히, 領海) / 온천장(溫泉場) / 인바이런먼트·환경(Environment) / 전 지구(全地球) / 절도지(絶島地) / 지도설(地圖說) / 테리터리(테리토리) / 항만(港灣) / 해발(海拔) / 해상권(海上權) / 황무지(荒蕪地) / 힌터랜드(힌터란드, 힌덴르란드)

(2) 세계의 지명

근대초기 세계 각국으로부터 들어온 문물과 지식은 그 동안 '알지 못했던' 수많은 지명들과 결합되어 들어왔다. 그것은 한자문화권, 유교문화권으로 오랫동안 지적 기반을 공유해온 한국사회에 서양의 알파벳 문자, 기독교 문화로 대표되는 문화권의 확장과 근대 학문의 확산을 촉진시켰다. 대부분 중국과 일본의 교차 과정을 거치면서 등장한 세계의 수많은 지명들은 한·중·일 지명을 제외하면 거의 다 근대 신어에 포함된다.

설령 전통시대에 사용된 적이 있는 지명이라도 근대 이후에는 대부분 해당 지명의 표기 형태가 바뀌었다. 예컨대 오늘날의 타이(泰國)는 근대 이전에는 주로 시암(Siam)의 음역어인 暹羅(섬라)라는 표기를 사용했으나, 근대 이후에는 그 원어 시암에 해당하는 샤무, 샤모, 샤므, 싸모, 사이암, 시암 등을 더 많이 사용했으며 한자 표기로도 暹羅 외에 暹阿摩(섬아마), 整賣(정매) 등 다양하게 등장했다.

근대 한국에 유통된 지명들의 수용 경로는 상당히 복잡하다. 대체로 중국이나 일본을 통해서 혹은 중국에서 다시 일본을 거치는 2중, 3중의 유통 경로를 취했다. 예컨대 근대의 인쇄매체에서 룩셈부르크(Luxembourg)라는 국명은 盧森堡(로삼보), 婁參福(로삼복), 魯生卜(로생복), 陸仙堡(륙선보), 婁其生堡(루기생보), 놈불응, 류삼쎄르, 룩센쎄르히, 룩센쑤르히, 룩센불룽, 류삼쎄르흐, 루기셈쑤룽크, 룩셈부룽그 등으로 다양하게 등장했다. 이 가운데 盧森堡, 陸仙堡 등은 중국에서 한자어로 음역한 것이 들어온 것이며, 루기셈쑤룽크, 류셈부룽그 등은 일본어 가나(カ+) 표기의 영향을 받은 것으로 보인다.

　　그러나 일찍부터 서양 각국을 둘러보고 와서 남긴 여행기 등이 있었음을 감안할 때 중국이나 일본을 거치지 않고 곧바로 들어온 경우도 배제할 수 없다. 게다가 이 지명들은 한자문화권으로 들어오기 전에 먼저 영어·프랑스어·독일어·러시아어·스페인어·포르투갈어·네덜란드어 등 서양 각국의 문자로 유통되었을 것이다. 이처럼 해당 지명이 동아시아 지역에 이르는 전파 과정까지 고려하면 그 유통 경로의 복잡성은 더욱 커질 수밖에 없다.

　　중국이나 일본을 거쳐 들어온 지명이라고 해서 '중국식' 혹은 '일본식' 표기 형태가 그대로 유지된 것은 아니었다. 왜냐하면 당대 한국의 지식인은 한자와 한문에 대한 지식이 중국이나 일본에 비해 높다고 자부하고 있었기 때문에, 외래어 표기에 대한 사회적 기준이 마련되지 않은 상황에서 각자 스스로 적합한 한자를 조합하는 경우가 많았다. 예를 들어 유길준의 『서유견문』(1895)에 등장하는 세계의 지명들 중 약 84%가 한자 표기였는데, 이 가운데 78.5%가 유길준이 한국식 한자음에 맞게 독자적으로 고안한 표기를 따랐다고 한다.[63] 또한 당시 중국에서는 영국의 글래스고를 哥拉斯哥(가랍사가), 맨체스터를 曼支斯德(만지사덕)으로, 그리고 이탈리아의 나폴리를 那不勒斯(나부륵사)로 표기했는데,[64] 이후에 제시된 <표 12>를 보면 이와 완전히 동일한 표기는 보이지 않는다는 점에서도 이를 알 수 있다.

　　이처럼 근대 신어로 한국에 수용된 세계의 지명들은 '복잡한 유통경로'를 거친 '한국적 수용'이라는 형태를 취했기 때문에, 한자문화권 내에서도 한국은 가장 다양한 지명 표기를 갖게 되었다. 세계적으로 유명한 지명의 경우 10개 이상의 표기 형태가 등장하는 경우도 허다했다. 때문에 현재로서는 원래의 지명이 무엇인지 쉽게 파악하기 어려운 경우도 무척 많다. 예컨대 그리스(Greece)를 가리키는 希臘(희랍), 哥利士(가리사), 搖而裏司(요이리사), 斯

---

63) 박성희, 「『西遊見聞』에 출현하는 한자 지명 표기 연구」, 『日本語學硏究』40, 2014, 54면. 그 외의 20% 정도도 일본식보다는 중국식 한자 표기를 따랐다고 한다. 일반적으로 『서유견문』은 후쿠자와 유기치(福澤諭吉)의 『서양사정』을 집중적으로 참고했다고 알려져 있다. 그럼에도 불구하고 중국식 표기가 많은 것은 그때까지는 일본 역시 중국에서 들어온 지명 표기를 많이 차용하고 있었기 때문이다.

64) 馮天瑜, 『新語探源-中西日文化互動與近代漢字術語生成』, 中華書局, 2004, 274면.

拉喬斯(사랍교사), 끼리이기, 끄레시아, 끼리샤, 끄뤼쓰, 스데쓰, 그리시아 등
여러 표기 가운데 오늘날에도 유통되어 쉽게 알 수 있는 어휘는 希臘이 유
일하다. 또 오늘날 영국의 도시명인 글래스고의 예를 보면, 屈羅秀古(굴라수
고), 그라스고, 그라스꼬, 글라스꼬, 꼴나스고, 글라쓰고, 끌라쓰꼬처럼 쉽게
파악이 되는 경우도 있지만, 苟德生(가덕생), 格辣司枯(격랄사고), 格蘭斯哥(격란사
가), 吉刺斯哥(길자사가)와 같이 파악하기 어려운 표기도 많다.

   일반적으로 지명은 자연지명, 행정지명, 교통지명, 역사지명, 종교지명
등으로 구분된다. 여기서는 근대 한국에 수용된 세계의 지명들을 크게 자
연지명, 행정지명, 역사종교지명이라는 세 가지 범주로 구분했다. 교통지
명은 대부분 행정지명과 중복되므로 생략했다.

   첫째, 자연지명에는 대륙·해양·산·강·호수·섬·반도·사막·폭포·
해협 등 자연적인 지리 및 경관과 관련된 지명이 포함된다. 산이나 강, 섬 등
의 이름은 행정지명과 중복되는 경우도 많다. 특히 섬의 경우 거의 다 제도
(諸島)·군도(群島)나 도시 등 행정지명과 겹친다고 봐도 무방하다.65) 뒤에
제시된 <표 12>에 근거하여 현재 수준에서 각 하위범주별로 이표기(異表
記)가 많이 확인된 몇 가지 사례를 살펴보면 다음과 같다.

   1) 대륙
    - 아프리카 : 阿非利加, 아흐리가, 아프리쌰, 阿北, 아프리카, 亞弗利加, 亞
             比利亞, 아프리가, 亞非利, 亞非利加, 아푸리카, 아풀리가, 阿
             非利, 阿弗利加, 압흐리카, 아폴리가, 亞比利加
    - 유럽 : 유로바, 유로바나, 歐洲, 유로부, 유롭, 요롭고, 유로퐈, 유롭퐈,
          유롭프, 歐羅巴洲, 구쥬, 융로바, 융롭

   2) 해양·해협
    - 발트해 : 寶埒提客海, 波羅的海, 巴知固海, 泡帖河, 彼羅得海, 黃海, 발트
           海, 발틕海, 拔特海, 쏠틱, 쌜틕, 쌜트海, 쌜디크海

---

65) 뒤의 표에서는 중복의 경우 적절성을 고려하여 한 쪽에만 표기했음. 이하 동일.

- 아드리아해 : 亞得理亞, 아드리아딕, 愛斗利厓特, 阿得犁亞提客海, 阿爾
黑伯拉歌海, 於多惱, 亞得亞海, 아드리아틱, 아드리디크海,
아드리아딕코海, 아드리아딕크海, 愛斗利崖特
- 지브롤터해협 : 지브랄터, 치푸랄달, 日巴拉太, 奇白老太, 지쓰랄타, 지
부랄타, 지브랄타, 知伯羅安爾峽, 芝毛律德

3) 산·산맥
- 알프스산맥 : 아루푸스, 앨스, 알프스, 앨프스, 亞爾伯, 愛而薄夫, 앨푸스,
알프스, 알프, 알푸수, 埃乙布, 亞律士, 일프, 亞爾伯山, 亞
尓伯山, 아르브스산, 埃乙布山, 알쓰山嶺, 比嶺
- 코카서스산 : 高加索, 高加斯, 攷卡俗士, 카우카쓰, 코카색, 鉅蓋時亞,
코오카사쓰山, 高加索種, 高夾蘇山

4) 강
- 다뉴브강·도나우강 : 따늅, 多拿, 단읍, 大損, 多惱河, 多惱部河, 따뉴썪
하, 쎄늅江, 쎄늅江, 따뉴브河, 쯰우나, 쓰나우江,
쓰-나河
- 미시시피강 : 密士失秘, 美時什被, 미스싯피, 米西悉比河, 密士失秘河, 眉
西比河, 미씨씨피 하, 미스십피江, 미스십히江, 미시십피河
- 허드슨강 : 힛숀, 하다손, 헛숀, 活道遜, 胡德孫河, 하도손江, 哈德孫河,
赫順河, 造道遜河, 賀春江

5) 섬
- 세인트헬레나섬 : 聖惠列那島, 三厄里那島, 쎈트헨네나, 셰일트혈느나,
聖惠列牙, 센도혜례나, 쎈도혜례나, 셩헬레나, 신트헬
레나, 센인트켈네나, 센트헬네나, 셰인트혈느나, 쎈트
헬례나
- 자바섬 : 짜바島, 爪亞, 瓜華, 瓜蛙, 자바, 爪邦, 藉排, 瓜哇島, 加洼

6) 반도·곶
- 아라비아 : 亞拉比, 阿剌伯, 아라비아, 天方, 亞刺比, 亞刺伯, 亞喇伯, 亞
刺比亞, 亞拉波, 아라쎄야, 亞拉比亞, 亞拉比耶, 阿剌伯斯, 亞

羅比亞, 아루비라, 阿羅比亞, 亞拉伯, 아라부, 아라브, 아랍
- 희망봉 : 희망봉, 岌朴哥羅尼, 希望峯, 希望峰, 瞿合, Cape of Good Hope, 喜望峰, 喜望角, 好望角, 喜望峯, 岌朴, 喜望岬, 希望岬
- 발칸 : 빨칸, 拔諫山, 援諫山, 白爾坑, 保耳肯, 巴度暗, 把幹半島, 빠르간半島

7) 호수 · 사막 · 폭포
- 슈피리어호 : 수페리올, 秀布利菸, 수페리올, 슈페리올, 蘇巴利澳, 秀布利菸湖
- 사하라 : 撒哈羅, 撒哈羅, 사하라, 夏剌, 撒哈拉, 蛇河羅
- 나이아가라 : 尼亞亞加拉, 나야가라, 나잉가, 나잉갈

둘째, 행정지명에는 국가를 단위로 보아 주(州) · 도(道) · 군(郡) · 현(縣) · 시(市) · 구(區) · 동(洞) · 촌(村) · 가(街) 등에 해당되는 지명이 모두 포함된다. 각 나라마다 행정구역 체계가 다른 점을 감안하여 국가의 공식적인 행정지명을 포함함을 원칙으로 했다. 그러다보니 너무 많은 어휘와 이표기 사례가 생겨서, <표 12>는 가급적 마을 · 동네에 해당하는 하위 범주보다는 주나 도시명 등을 중심으로 작성하였다.66)

현재 수준에서 이표기가 10건 이상 확인된 사례를 국가별로 살펴보면 아래와 같다. 미국이 압도적으로 많아서 총 6건의 주나 도시명이 확인되며, 다음으로는 영국이 3건 확인된다. 나머지는 러시아 · 독일 · 이탈리아가 각 2건, 벨기에 · 네덜란드 · 프랑스가 각 1건씩이다. <표 12>를 보면, 이밖에도 세계적으로 유명한 지명의 경우 대부분 6~9건의 표기사례를 갖고 있음을 확인할 수 있다.

1) 미국의 행정지명
- 필라델피아 : 費拉埕肅費亞, 費拉德費府, 斐剌鎊斐, 曠哩呲曠, 費府, 斐拉鐵斐, 費拉埕爾費亞, 費勒特費, 필나들피아, 필라들피아, 히

---

66) 국명(國名)도 행정지명에 포함되어야 하지만 본 저서 1권의 1장 '국가'에서 다루고 있으므로 여기서는 생략했다.

라델히아, 필나델피아, 필라델피아, 必那達彼亞, 필나델피
야, 히라델히야, 히라텔히아
- 샌프란시스코 : 쌌인프란씨스코, 桑港, 三佛蘭喜四柯, 舊金山, 三佛蘭西
斯格, 산·푸란시스코, 센폴, 신푸란시스코, 싼프랜시쓰
코, 싼프란시쓰코, 山布蘭世斯古, 싼 프란시쓰코, 신프란
시스코, 산프란세스코, 金山, 金山埠
- 보스턴 : 勃士敦, 포스돈, 보스톤, 普士頓, 波士頓, 섄스톤, 버스던, 보쓰
톤, 쏜스톤, 쎈쓰톤, 寶樹墩, 보스튼, 波斯頓, 섄쓰톤, 寶樹塾
- 캘리포니아 : 칼리포니아, 嘉里福尼, 加利福尼, 克累弗尼亞, 加罅寬尼, 칼
니포니아, 칼늬포늬아, 칼늬포오늬아, 칼레포니아, 柯耳巴
尼, 葛尼布尼亞, 가리헐니아, 가리후오루니냐州, 가리후올
니야州
- 뉴욕 : 유욕, 烏約埠, 新約克, 紐約埠, 누욕, 紐約耳克, 뉴욕, 늬유욕, 紐育
府, 紐約府, 紐育州, 紐約洲
- 매사추세츠 : 麻沙朱邑, 마사츄셋쓰, 마사제셋도, 마논산, 맛사추세스,
磨沙洲, 磨沙朱細州, 마사튜셋스, 맛사추세쓰道, 마씨제세
쓰州

2) 영국의 행정지명
- 글래스고 : 그라스고, 苟德生, 格辣司哥, 格辣司枯, 格拉斯各, 格蘭斯哥,
그라스꼬, 글라스꼬, 屈羅秀古, 吉刺斯哥, 끌나스고, 글라쓰
고, 끌라쓰꼬
- 맨체스터 : 曼尺斯達, 曼職特, 曼識特, 만테스터, 만체쓰터, 滿棲秀太, 만
테스터, 만체쓰트, 滿棟秀太, 曼條士陀, 만체스타, 만체스터
- 요크셔 : 요크샤, 욕샤, 요옥, 요옥샤이아, 요옥쇠, 요옥쇠야, 욕, 욕쇠야,
요욕쇠야, 욕시야

3) 러시아의 행정지명
- 상트페테르부르크 : 聖彼得羅堡, 聖比德士北, 彼得堡, 聖彼德羅, 聖彼德羅
堡, 彼得羅堡, 센피더스붉, 베드로그라드, 쎈트페터
스쑤르흐, 쌍트쎼데르스섄르흐, 페터스쑤르흐, 쎼쎼
르스섄르흐, 베드로호브, 쎼쎼르스섄르흐, 쌍트 쎼

데르스 쌔르흐, 쎈트페터 쌔르흐
- 모스크바 : 모스크바, 莫修料, 莫斯科, 모스코, 墨斯科, 麽士高, 마스코,
　　　　　모스카, 모쓰코, 모쓰크바, 모쓰코바, 모스크

4) 독일의 행정지명
- 베를린 : 伯靈府, 빅림, 柏林, 伯靈, 伯林, 벨린, 쩨를닌, 쩨를닌, 쩨를린,
　　　　벌뉜, 벌닌
- 바이에른 · 바바리아 : 巴威里, 巴威里亞, 勃維而利也, 巴威耳, 싸싸리아,
　　　　　　　　　　싸이에른, 싸이예른, 바바리아, 싸이엘, 바비알,
　　　　　　　　　　播威國

5) 이탈리아의 행정지명
- 베네치아 · 베니스 : 威尼西, 威內斯, 威內薩, 베네시아, 베네치아, 베네틔
　　　　　　　　아, 與利沙, 惟尼思威勤, 베늬쓰, 베니쓰, 非尼西亞,
　　　　　　　　文尼斯
- 시실리 · 시칠리아 : 시시리, 시실리, 西西利, 細細里, 西吉哩國, 西細里,
　　　　　　　　시칠늬아, 시칠리, 치야, 許實禮

6) 기타 유럽 국가의 행정지명
- 브뤼셀 : 比律悉府, 比律, 比律悉, 瓦魯舍之斯, 뿌럿실, 뿌루셀, 뿌룻셀,
　　　　쌋룻셀, 쓰루쎌, 富羅泄, 브라셀, 쌋룻셀노, 쓰라셀, 블익셀
- 암스테르담 : 安特提德, 安得隄, 亞摩斯德耳登, 嚴施達淡府, 암쓰데르담,
　　　　　　앰스터댐, 嚴秀攄淡, 암스터담, 암쓰테르담, 아스터담, 암
　　　　　　스텔담
- 마르세유 : 마루세이에-스, 馬耳塞, 말세이에즈, 마실리아, 마셰일스, 馬
　　　　　塞里, 馬細逸, 마르세이유, 맛실리아, 馬細逸府, 모셸유

셋째, 역사 · 종교지명에는 역사 속 왕국이나 도시 등의 지명, 신화나 종
교 관련 지명, 오늘날 지명의 고칭(古稱) 등이 포함된다. 이 가운데는 아테
네, 알렉산드리아, 올림포스산과 같이 현존하는 행정지명이나 자연지명과
중복되는 지명들도 포함되어 있다. 근대 초기의 여러 텍스트에서 이 지명

들을 소개하는 설명이나 다양한 용례들을 통해 확인해 볼 때, 이 지명들은
주로 역사 속 왕국이나 사건을 설명하거나 신화 등과 관련해 소개하는 것
이 대부분이므로 여기서는 역사・종교지명이라는 카테고리에 포함시켰다.
역사・종교지명 가운데 대표적인 몇 가지 사례를 이표기들과 함께 살펴보
면 다음과 같다.

1) 역사 속 왕국 혹은 도시
- 메소포타미아 : 迷所波太米亞, 메소포타미아, 美昭布大糜亞, 美昭布太糜亞
- 바빌로니아 : 巴比倫國, 빠비로니아, 바빌노니아, 밥바런이아, 巴比倫尼
  亞, 바비로니아王國
- 바빌론 : 바벨론, 巴庇倫, 빠빌론, 빠쎄론, 빠쎌논, 빠비론, 빠빌논, 巴比
  倫, 빠쎄논, 바비론, 밥비러, 바빌론
- 보헤미아 : 보헤미아, 뽀헤미아, 波希米亞, 波希米, 波耶米亞
- 스파르타 : 스파라, 스파타, 스파르타, 斯巴達, 秀巴陀
- 아시리아 : 亞西里亞國, 아씨라, 亞西利亞, 앗실이아, 亞西尼亞, 익씨리
  아, 亞時利亞, 앗시리아王國
- 아테네 : 亞甸士, 雅典府, 阿德納斯, 아덴, 아덴쓰, 아데나, 阿丹, 愛台那,
  雅典國
- 알렉산드리아 : 歷山, 愛勒三奪亞埠, 亞蘭生地亞, 亞歷山地厘啞, 歷山得
  府, 알렉샌드리아, 알렉산드리아, 歷山得黎府, 亞歷山大
- 카르타고 : 加爾達額, 카데지, 카르다고, 카이데이지, 카타기, 가세지, 가
  셰지, 加婁他古山, 카아데이지
- 페니키아 : 物搦齊國, 非尼西亞, 보니시아, 페니기아, 페니키아, 포에늬
  시아, 比尼西, 희니시아, 픠니시야
- 페르시아 : 比耳西亞, 볘르샤, 퍼시아, 파사, 폐르시아, 페르시아, 쪄루샤,
  波斯國, 非尼西亞國, 腓尼西亞, 比路芝, 法爾斯
- 폼페이 : 밤베이, 폼베이, 布嚴蔽阿伊, 布嚴蔽阿伊
- 프로이센・프러시아 : 普魯士王國, 普國, 布國, 푸루시아, 푸로시아, 부루
  시아, 포로시아, 프루시아, 보로시아, 프로이센,
  普漏西, 普魯西國

2) 종교·신화 관련 지명
 - 메카 : 멕카, 멧카, 메카, 멕카, 密加, 麥加, 멧가地
 - 베들레헴 : 벳네헴, 베드레헴, 벳을네헴, 벳네헴
 - 사라센 : 伽勒底, 사라켄, 사라켄, 사라센, 사라켄, 씨라센
 - 예루살렘 : 耶路撒冷, 예루살렘, 야로살림, 예루살넴, 예루살림, 늬유살
            렘, 야로사림, 절사렘
 - 올림포스산 : 올림퍼스, 올림프스, 五臨坡秀山, 五臨坡秀山, 厄例孚修山
 - 유대·유대국 : 유태국, 유디, 支維多, 쟈데아國, 猶太國, 馬太王國
 - 팔레스타인 : 팔레스틴, 巴禮斯坦, 팔네스탄, 빠레스다잉, 바레수댄, 파
              려스댄, 巴列士支納
 - 히브리 : 히부리, 希伯流, 헵류, 헵류國

3) 현재 지명의 고칭[67]
 - 시암·타이·태국 : 사이암, 暹羅, 暹阿摩, 叨, 整賣, 시암, 샤무, 샤모,
                  섬라국, 샤므, 싸모
 - 실론·스리랑카 : 錫蘭, 셰론, 셀론, 세일논, 西倫, 斯羅拉歌
 - 아비시니아·에티오피아 : 荷阿羅, 阿排時尼亞, 이비신니아, 이베시니야,
                        阿皮西呢亞國, 亞比西尼亞, 亞巴仙尼亞, 阿比
                        西尼, 아비사니야, 아비시니야, 西北尼西亞,
                        亞比時利亞, 아쎄사니야, 亞比西利亞, 亞卑先
                        尼亞, 아비시늬아, 에디오피아
 - 에트루리아[68] : 이투루리아, 이투르스간, 이투르리아, 에트러쓰칸, 에트
               루리아
 - 콘스탄티노플·이스탄불 : 康斯但提, 土京, 君士坦丁, 君子坦府, 康斯但提
                        挪泊, 콘스탄티노블, 콘쓰탄티노플, 콘쓰탄치
                        노플, 콘스탄치노플, 君士但丁堡, 공스당디노
                        쌀, 곤스단디노블

한편 여기서는 별도로 분류하지 않았지만 교통지명에 해당하는 것으로

---

67) 아래의 표기 사례 외에도 노르웨이 오슬로의 고칭인 格里士特阿拿(크리스티아니아), 현재
   의 라트비아와 에스토니아의 고칭인 리쏘니아(리보니아) 등이 있다.
68) 현재의 이탈리아 토스카나주에 해당함.

는 다음과 같은 표기 사례들이 있다.

- 운하 : 수에즈운하(蘇爾士, 슈에스, 스에스, 스웨쓰, 蘇彛士運河, 蘇彛士河,
蘇彛士河, 蘇彙士河, 蘇彛士運河, 蘇西運河, 蘇士運河, 스에스運河
蘇士地峽), 코린트운하(꼬린스運河), 포스앤드클라이드운하(科斯及
古禮德運河)
- 항구 : 리가항(리가港), 리즈포트항(禮溫弗都港), 리틀턴항(릿틀톤港)
- 기타 : 바이트호펜 철도(乳突阜鐵道),[69] 유니언 정거장(유니온 停車場)[70]

이밖에도 賴傳士公園(리전트공원), 被道素文公園(뷔트쇼몽공원)과 같은 공원 명
칭이 눈에 띈다. 또한 특정한 지역을 가리키는 시베리아(西比利亞, 셔비리으, 셔
비리아, 서백리아, 西伯利部, 西比里亞, 새쎄리야, 西伯利, 싸이베리아, 시베리아, 시베랴, 沙耳比利
亞, 시버리아, 西比亞, 셔비야, 수벼리야, 싀베리아)의 경우[71] 이표기가 무려 17건이나
확인된다. 알자스-로렌(알사스로레이누, 亞魯沙州, 阿爾失老零, 알사스 로레이누, 알사스 로
-렌, 엘사쓰 로드립겐)과 같이 두 개의 지명을 합해서 이미 굳어져서 사용되는
경우 그 자체로 6건의 이표기가 확인되었다.

근대 이후 지명을 표기하는 방식에서 나타난 특징 중 하나는 동·서·남·
북의 방위를 붙여서 특정 지역을 표기하는 예가 많아졌다는 것이다.[72] 대다수
의 지명에는 동브라질(東部羅朱), 동시베리아(東西比利亞) 등과 같이 표기하는 것이
가능했다. 아울러 동아(東亞), 동아인(東亞人) 등과 같은 새로운 표현도 자주 사용
되었다. 또한 俄普奧(러시아·프러시아·오스트리아)와 같이 세계의 국명이나 지명
을 머리글자만 따서 연칭으로 표기하는 방식도 매우 익숙해졌다. ■ 변은진

---

69) 바이트호펜은 오스트리아의 도시명.
70) 미국의 워싱턴으로 들어가는 정거장 이름.
71) 시베리아는 전통시대에도 인지하고 있던 지역으로서, '亞墨'이라고 불렸다.
72) 일제당국이 한반도를 '北鮮, 南鮮, 中鮮' 등의 지역으로 구분해 통치했던 것과도 일맥상
통한다. 특히 1930년대 이후 전시체제가 강화되어가면서 이러한 현상은 더욱 확대되어
'南部京城地區, 北部京城地區, 北部平義地區, 平壤全地區' 등 여러 명칭이 등장했다.

〈표 12〉 세계의 지명 관련 신어

유형	관련 신어
자연 지명	갈라파고스(噶羅巴) / 감비르섬(侃卑爾島) / 갠지스강(간디쓰, 干池秀, 堅枝斯, 緊九修多運, 杆旗斯河, 간지수河) / 게어드너호(雞漁那湖) / 고다바리강(高多保賴) / 고비(꼬비, 高比) / 고츠산맥(佳聚, 鉅菸朱, 鉅菸朱山) / 골든게이트(쏠드께이토) / 과들루프(加帝魯吳) / 그레이트솔트호(大鹽, 大鹽湖, 大鹹湖) / 기니해구(貴尼海口) / 나이아가라(尼亞亞加拉, 나야가라, 나잉가, 나잉갈) / 나일강(尼羅, 尼綠江, 除尼江, 나일강, 나일, 尼羅河, 那逸, 羅逸江) / 남극해·남빙양(남아그짓그, 南極大洋, 南極海, 안틔악틕크, 남빙양, 南氷洋) / 남대서양(南大西洋) / 남딘(南定) / 남아프리카 희망봉(南非喜望角) / 네이비섬(네-비-島) / 네카강·네카어강(네겔, 謬塞河) / 넬슨강(禮乙遜) / 누쿠알로파(徠揆亞德亞) / 누쿠히바(努加非瓦) / 뉴기니(新幾內亞, 紐奇尼愛, 新幾內亞島, 烏堅尼亞, 늬유씨니, 늬유씨늬아, 貴尼) / 뉴칼레도니아제도(新家例土尼亞, 奴葛伊, 新加例土尼亞諸島) / 니제르강(尼楮) / 니카라과호(禮哥羅哥, 禮哥尼果湖) / 다뉴브강·도나우강(짜늅, 多拿, 단읍, 大損, 多惱河, 多惱部河, 짜뉴쁘하, 쩨눕江, 쩨늅江, 짜뉴브河, 씌우나, 쏘나우江, 쏘-나河) / 다르다넬스해협(짜짜넬, 짜짜넬쓰海峽, 達爾達尼峽, 짜르다델海峽) / 다울라기리(多越禮智利) / 대서양(대서양, 大西洋, 아다란짓그, 딕셔양, 잇틀넌크, 太西洋, 태셔양, 잇틀는틱크) / 델라고아만(델나고아灣, 델나뵈아灣) / 도버항(쏘버港, 도버항구) / 돈강(敦, 敦江, 頓河) / 드네스트르강(禮斯太江) / 드네프르강(쯘니쎄르江, 禮巴, 地尼汜河, 드니세르강) / 드니에스테르강(地尼斯德河) / 드라켄즈버그산(錄溪別杜, 斗賴昆山) / 드비나강(杜衛那, 土味拿河) / 디강(씌의) / 라고스(라꼬스, 列加斯) / 라도가호(라드가湖, 那渡家湖, 那道家) / 라인강(螺仁, 連河, 우라인, 來因河, 라인하, 라인江, 羅仁江, 萊因, 尼河, 羅仁, 磨仁岸, 라인河) / 라카디브군도(락카듸이브群島) / 라플라타강(那八那他) / 래브라도반도(葉崖賴多半島) / 레나강(禮那, 禮羅江)/ 레드강(禮斗江) / 레라산(惹婁魯山) / 레만강(레만江) / 레만호(禮滿湖) / 레바논산(레바논山) / 레스보스(里西波斯) / 레위니옹(禮兪利溫) / 로렐라이(로-렐라이, 로-레라이, 로렐라이, 로레라이) / 로브호(揖布湖) / 로키산맥(럭키, 롯기, 落機山, 락키산, 러키山, 錄鷄山, 祿雞山, 낙긔산믝) / 론강(羅尼, 으로누, 老溫, 老溫江, 老溫河) / 루르강(路易溝) / 루손(呂宋, 루송) / 루시타니아만(루시타니아灣) / 루아르강(維爾, 羅尒河, 르와르江, 洛那河) / 루아페후산(嚬加里魯山) / 루이스강(累伊斯江) / 루체른호(魯沙尼湖) / 룰라이랄코(律累赭古) / 리사강(利伊斯江) / 리오그란데강(利邀瞿蘭, 利遨懼蘭江) / 리옹언덕(那伊溫崖) / 리우네그루강(利悟樂老江, 利悟藥老江) / 리워드제도(利伊瓦多, 리와아쏘島, 利伊瓦多) / 리페강(易北河, 리폐江) / 림포푸강(林布薄河) / 마그달레나강(幕達禮那江) / 마나가호(馬那窠湖) / 마데이라(마데이라, 馬德竦, 마데라, 麻底羅, 마데-라) / 마르케사스제도(馬基沙斯諸島, 馬其薩諸島) / 마라카이보호(馬那窠湖, 馬羅哥寶湖) / 마르마라해(瑪爾磨拉海) / 마리아나제도(馬利亞拉島, 馬里安諸島, 馬利亞那諸島, 馬利亞拉諸島) / 마셜군도·마셜제도(마루살群島, 馬爾沙諸島) / 마스강·뫼즈강(마쓰江) / 마요르카·마조르카(마요리카, 마욜카, 마조르카) / 마우피티(마옛도) / 마인강(마인, 迷尼河, 마인江) / 마젤란해협(麥折倫峽, 마졔란히협) / 마조레호(마셔가리, 馬祖賴湖) / 마카오(澳門島, 瑪港, 澳門) / 마터호른(愛攎本) / 마테이라강(馬大羅, 馬大羅江) / 말라카해(麻六甲海) / 말레이반도(말릐, 蔑賴, 馬來半島, 蔑賴半島) / 매사추세츠만(마사듀셋스灣) / 매켄지강(麥堅支江, 麥堅支) / 맥머도만(막마아드灣) / 매쿼리(매퀘리) / 맨하튼섬(滿巴舟) / 머리강(馬賴, 麥來河, 馬賴江) / 머지강(머세, 마

유형	관련 신어
	시江, 馬細河) / 메르프산(美而福山) / 메소포타미아(迷所波太米亞, 메소포타미아, 美昭布大魔亞) / 메콩강(湄公河) / 멕시코만(墨西哥灣, 멕시코灣, 墨西牙灣) / 모리셔스제도(므우리지아스, 毛來休斯, 摩爾地亞斯, 모우리틔어쓰, 毛里的厄士, 毛里西諸島, 母理手修) / 모린스(모린스, 毛林) / 모젤(모젤, 摩爾奈) / 모턴강(麻爾呑河) / 모호크강(帽鶴, 帽鶴江) / 몰타(麻爾太島, 毛爾塔島, 馬爾多, 말타島) / 몽블랑(蒙冷求) / 뫼즈(뮤쓰, 뮤-스) / 물하센산(무라하센산, 뮤라하센산) / 므나도·마나도(瑪奈道) / 미시간호(미시깐湖, 미시칸湖, 美時干湖) / 미시시피강(密士失秘, 美時什被, 미스싯피, 米西悉比河, 密士失秘河, 眉西比河, 미씨씨피하, 미스십피江, 미스십히江, 미시십피河) / 미주리강(美素里河, 미쏘리江, 美朱里) / 미크로네시아제도(米哥羅尼西諸島) / 바베이도스(排比道, 바벳도스) / 바이칼호(바이갈, 貝加爾湖, 排葛湖, 排葛) / 바하마섬(쌔하마, 巴哈麻, 巴阿馬, 쌔하마쓰, 婆麻哈島) / 반호(完, 完湖) / 발칸산·발칸반도(쌀칸, 拔諫山, 援諫山, 白爾坑, 保耳肯, 巴度暗, 把幹半島, 쌔르간半島) / 발트해(寶垰提客海, 波羅的海, 巴知固海, 泡帖河, 彼羅得海, 黃海, 발트海, 발틕海, 拔特海, 쏠ㄴㄹ틕, 쌀틕, 쌀트海, 쌀디크海) / 발하슈호(拔哥須湖, 拔哥秀湖, 拔家須湖) / 배로강(拜納河) / 백해(白海) / 버뮤다(쎄으므다스, 幣留無他斯, 白爾摩特, 쩌무다) / 베링해·베링해협(排仍, 濱海, 排仍海, 白翎海, 墨領海峽, 白翎海峽, 白令峽) / 베수비오산·베수비오화산(威蘇山, 比修比亞修山, 베쓰비우쓰火山, 比秀比亞火山, 比秀比亞火山) / 베저강(裏瑞江) / 벡강(伯求) / 벤네비스산(本尼非斯山) / 벵골만(房傑, 孟加拉海, 벵가루灣, 벵골灣) / 보르네오(쏘르네오, 婆羅洲) / 보스포러스(쏘스쏘라스, 쏘쓰포로쓰) / 보쥬산맥(寶樹支) / 보트니아만(寶特尼亞汉) / 볼가강(볼가, 拔家, 拔家江, 窩瓦河, 쏘ㄹ까하) / 북극해·북빙양(北冰洋, 氷海, 북아그짓그, 北極大洋, 北極海, 악틕크, 북빙양, 北氷洋, 북빙힝) / 북해(北海, 日耳曼海, North Sea, 日耳曼洋) / 브로우튼계곡(富羅敦, 富羅敦谷口) / 브리스틀만(쒸리돌灣) / 블랙산(莆藥求山) / 비스케이만(避斯克, 太海灣, 비스게灣) / 비스와강(위슬라河, 非秀出那江) / 비키니섬(飛幾島) / 빅토리아호(維多利亞, 白土利亞, 維多利, 伯土利亞湖) / 사르데냐섬(살쩐이오, 撒丁, 撒丁尼亞, 撒丁尼亞島, 사디니아, 薩爾甸亞島) / 사모아섬·사모아군도(사모아, 싸모아, 싸모아島, 사모아群島, 사모아군도, 三羅猂諸島) / 사이프러스(舍剖樓斯) / 사하라(撒哈羅, 撒加羅, 사하라, 夏刺, 撒哈拉, 蛇河羅) / 새기네이강(索厓禮江) / 샌드위치·하와이(三德桅支) / 샌호아킨강(珊哥阿緊江) / 서스캐처원강(沙秀哥治元江) / 세번강(世幣類隱, 賽伯利那河) / 세벤산맥(鉅彬) / 세인트로렌스강(센트으로렌쓰, 센트로렌쓰, 聖老連秀, 쎈트로렌쓰, 신드-로렌스河) / 세인트일라이어스(센트에리아쓰, 逸利峨秀, 聖逸利峨秀) / 세인트헬레나섬(聖惠列那島, 三厄里那島, 쎈트헬네나, 셰일트혈느나, 聖惠列牙, 센도혜레나, 쎈도혜레나, 성헬레나, 신트헬레나, 센인트켈네나, 센트헬네나, 셰인트혈느나, 쎈트헬레나) / 세크라멘토강(石太面土江) / 센강(세인누, 세이누, 센, 소누, 塞納河, 細茵河) / 셔먼호(勢麻湖) / 소시어티제도(公會諸島) / 손강(사오누, 沙溫河) / 솔트레이크(쏠트레익) / 송코이강(富良江, 富良, 桑哥河, 紅江, 紅河) / 수마트라(蘇門荅羅, 須麻他羅, 蘇門荅臘, 蘇門荅拉, 亞齊島, 스마트라) / 수프리르화산(秀厚賴火山) / 순다해협(松達海灣) / 술라이만산(率老滿山) / 슈프레강(秀布禮河) / 슈피리어호(수페리올, 秀布利蕬, 수페리올, 슈페리올, 蘇巴利澳, 秀布利蕬湖) / 스칸디나비아(스탄되나비아, 鬼干大禮比亞, 鬼干大禮比亞) / 스펜서만(壽便瑞) / 시에나네바다산(禮保茶山, 실라네바다, 時荼羅禮保茶山, 時荼羅禮排多山) / 시에라마드레산(時荼羅馬斗賴山) / 시에라모레나산(文那山) / 아나바르강(阿奈巴羅江) / 아덴온천(亞堅溫泉) / 아드리아해(亞得理亞, 아드리아딕, 愛斗利厓特, 阿得犂亞提客

유형	관련 신어
	海, 阿爾黑伯拉歌海, 於多惱, 亞得亞海, 아드리아틱, 아드리디크海, 아드리아딕코海, 아드리아딕크海, 愛斗利崖特) / 아라과이아강(阿羅貴) / 아라라트산(아라랏, 阿羅賴土) / 아라비아·아랍(亞拉比, 阿剌伯, 아라비아, 天方, 亞剌比, 亞剌伯, 亞喇伯, 亞剌比亞, 亞拉波, 아라쎄야, 亞拉比亞, 亞拉比耶, 阿剌伯斯, 亞羅比亞, 아루비라, 阿羅比亞, 亞拉伯, 아라부, 아라브, 아랍) / 아랄호·아랄해(愛謁, 亞拉湖, 愛爾蘭爾河, 愛謁海) / 아레키파산(阿利貴巴, 亞禮久里坡山) / 아마존강(아마손, 阿馬孫河, 亞馬孫河, 愛馬尊河, 아마손河) / 아메리카(阿美利加, 아미리가, 亞墨利駕, 亞美利加, 아메리가, 아메리카, 아미리까, 아메리카, 亞米利加, 亞美利駕洲) / 아무다리아강(愛嬀江, 愛撫江, 厄克阿斯河) / 아시아(아세아, 아시아, 亞細亞, 예시아, 亞洲, 아세아, 에시야) / 아일랜드(阿爾蘭島, 爾蘭島, 愛爾蘭島) / 아조레스제도(아장이, 亞藏爾, 亞索利, 아소리, 亞藏爾島, 阿助兒列島) / 아조프해(아쏘브, 阿座佛海, 阿索鳥海) / 아칸소강(阿干沙秀江) / 아틀라스산(亞突羅斯山) / 아펜니노산맥(아핀닌, 압핀닌, 아페닌, 謁歇仁秀, 亞爾伯山, 阿片仁山) / 아프리카(阿非利加, 아흐리가, 아프리까, 阿北, 아프리카, 亞弗利加, 亞比利亞, 아프리가, 亞非利, 亞非利加, 아푸리카, 아풀리가, 阿非利, 阿弗利加, 압흐리카, 아폴리가, 亞比利加) / 안데스산맥(안데쓰, 安道秀, 安智士那山, 安地山, 安特斯山) / 알프스산맥(아루푸스, 쏇스, 알프스, 앨프스, 亞爾伯, 愛而薄夫, 앨푸스, 알푸스, 알프, 알푸수, 埃乙布, 亞律士, 일프, 亞爾伯山, 亞尒伯山, 아르브스산, 埃乙布山, 알쎅山嶺, 比嶺) / 암브리스제도(안쎄리즈諸島) / 앗바라강(斗羅河江) / 애팔래치아산(亞利來加十, 厓必禮治安, 安利俺尼山) / 앨버트호(阿麥多, 謁排土, 乙巴斗湖) / 야블로노비산맥(野宇魯伊山) / 어센션섬(앳셴슌, 亞森, 앗셴손, 亞森森島) / 어웰강(이뤨, 이뤨) / 에게(에게아, 에게안) / 에베레스트(에버레쓰트, 에베레스트, 崖非賴土, 에버레스트) / 에브로강(乙保老河) / 에어호(愛亞, 에야, 崖亞湖) / 에트나산·에트나화산(伊太, 埃德納山, 威德奈山, 예도나화산) / 엘바섬(엘바, 例䙀波島) / 엘베강(愛爾鉢, 에르베, 엘베, 乙富江, 乙富河, 乙富湖) / 예니세이강(에니세이, 葉尼塞河, 元厓勢伊江, 元崖勢伊) / 오가사와라제도(小笠原道) / 오네가호(五大家湖) / 오데르강(阿得河, 鰲道江, 遨道江) / 오렌지강(오오렌지, 五蘭枝, 五蘭支, 오렌지, 오런지) / 오리노코(어리노고, 痾勒諾哥, 오리노코, 五利老高) / 오대주(五洲, 五大洲) / 오리사바산(五利支排, 痾里痤坡山) / 오비강(澳排江) / 오세아니아(澳洲, 奧削及, 阿西亞尼亞, 어세아니야, 예시아니야, 大洋洲, 오세아늬아, 오스트레일리아, 墺亞, 南洋大洲) / 오웬호(五原湖) / 오카강(尼瓦河) / 오타와강(遨他華江) / 오하이오섬(오아후島) / 오하이오강(倭海痾河, 오하이오江, 澳賀澆江, 오하요江) / 오호츠크해(痾古斯科海) / 옥서스강(厄克河河) / 온타리오호(온다리오湖, 溫大利遨湖) / 올레네크강(兀連斯古河) / 와이트섬(와이트島, 維的島) / 우랄강(聿謁江, 烏拉河) / 우랄산맥(烏拉山, 우랄山, 島拉大山) / 우수리강(屋會里河) / 우카얄리강(寓鉅謁奈, 愚鉅謁奈江) / 위새치산(臥沙聚山) / 워커호(臥鉅湖) / 위니펙호(元厓白湖, 元厓伯湖) / 유라시아(유로시아) / 유럽(유로바, 유로바나, 歐洲, 유로부, 유롭, 요롭고, 유로파, 유롭파, 유롭프, 歐羅巴洲, 구쥬, 유로바, 웅롭) / 유콘강(裕昆江) / 유프라테스강(유우프렛, 유프라티쓰, 유후라듸쓰, 유프라테쓰江, 유후라지水, 幽布禮朱江, 유우프레) / 육대주(六州, 뉵쥬, 륙대주, 六大洲) / 윈드워드군도(宇印土瓦多, 윈드워드群島, 우인쏘와아쏘島) / 이라와디강(荅羅臥多, 伊納哇底河, 伊拉哇底河) / 이리호(이리湖, 厓利湖) / 이베리아반도(峨峙, 亞加厘亞, 이베리아 半島) / 이스트강(이쓰트江, 이스더江) / 이오니아섬(那伊瘟, 아이오니아島) / 이탈리아반도(長靴半島) / 인더스강(인다수河, 仁多秀江) / 인도양(인도洋, 인찌안, 印度洋, 인듸안) / 인도차이나(印度支那) / 인디기

유형	관련 신어
	르카강(仁斗巨羅河) / 일리강(伊犁, 逸尼江) / 자그로스산맥(장러스山脈, 赭瞿老壽山) / 자바섬·자바해(싸바島, 爪亞, 瓜華, 瓜蛙, 자바, 爪邦, 藉排, 瓜哇島, 加洼海) / 자이산호(仙知修湖) / 자푸라강(智富羅河) / 잔지바르(桑給巴, 잔지바, 싼씨째르, 孱支排, 전지바) / 잠베지강(潛排支江) / 제네바호·레만호(쎄네바湖) / 제노바강·제노바해변(세노아 강, 全遨阿海邊) / 지브롤터해협(지브랄터, 치푸랄달, 日巴拉太, 奇白老太, 지쓰랄타, 지부랄타, 지브랄타, 知伯羅安爾峽, 芝毛律德) / 지중해(디중해, 地中海, 디중히, 디듕히, 지중히) / 차드호(닷트湖, 遮杜湖) / 찰스강(茜鹿, 察壽河) / 체서피크(야테쓰아픽) / 취리이호(朱益湖) / 침보라조산(丹加羅加山) / 카나리섬·카나리아섬(가나리島, 가나리아, 加奈里島, 카나리아, 카나리) / 카르파티아산맥(加嚞波細山, 哥蔽治安山) / 카리브해(카립, 葛排比安, 開里比思海) / 카메룬산(巨馬崙山) / 카슈미르(카시미르, 카슈밀, 堅枝期, 카슈미아) / 카스피해(土卑晏, 카쓰삔, 喀斯皮安海, 堪司比亞河, 喀司片痕海, 裏海, 裡海, 哥秀比安海) / 카자마카(格沙幕哥) / 카프리(카프리) / 칸첸중가(君親眞佳) / 칼라파타산(加羅智里山) / 칼라하리(葛那賀利) / 칼스바트(칼스빠트, 카루스빠드) / 캄차카반도·캄차카해협(監箚加隷, 堪察加, 감찻스크, 캄탓카, 堪察德加, 自麻拉加海峽) / 캅카스(高來蘇) / 캐롤라인제도(哥路那菌, 加羅利納, 加羅拉仁諸島, 加羅里那諸島) / 캐스케이드산맥(哥斯几利杜山) / 커츠해협(也尼給塨) / 컬럼비아강(葛南比亞) / 코르시카섬(고시가, 고르시, 古留西哥, 코오시카, 코르시카, 靠爾細迦島) / 코르코바도(高菸高排道) / 코마두구강(高馬茶江) / 코모(胡毌, 호모) / 코모로제도(古魯毛諸島) / 코모린곶(고모린岬) / 코스트산맥(海邊山) / 코시구이나화산(高濟貴邦火山) / 코카서스산(高加索, 高加斯, 攷卡俗土, 카우카쓰, 코카색, 鉅蓋時亞, 코오카사쓰山, 高加索種, 高夾蘇山) / 코토팍시산(古道博施, 古土坡蓦山) / 콘스탄츠호(昆秀大斯湖) / 콘스탄티노플해협·보스포루스해협(邀斯灘提伯峽峽) / 콜로라도강(哥羅拉度, 칼라레도, 高老羅道, 骨老羅道, 葛老羅道江) / 콩고강(公高, 공고-河) / 콘스탕틴산(公山) / 쿠릴열도(科爾立, 古里諾島, 千島諸島) / 쿠바섬(규바, 古巴島, 趏排島) / 쿤룬산(趏越蘭山) / 크라카타우섬(加剌吉達島) / 크레타섬(干地亞島) / 크림섬(吉里迷, 克理美亞, 크리미아, 크리미야, 구리미아, 크라임, 크림島) / 클라이드강(久羅伊土, 梯河, 格賴德河, 屈羅尼道河, 클라이드江, 歌雷德河) / 키프로스섬(키프러쓰島) / 칼라우에아산·칼라우에아화산(基羅孚山, 吉魯利亞火山) / 킬리만자로(幾里滿謝羅, 吉利馬累周羅) / 킹섬(王島) / 타림강(陀逸江, 陀林江, 佗逸江) / 타스마니아(達斯馬尼, 泰麥羅) / 타이미르호(粥婁魯伊湖) / 타인강(帶河, 太尼河) / 타믈라마칸(타로라마안) / 타파호스강(陀婆祖壽江) / 타히티섬(다히지, 齊地, 타희틔島) / 탕가니카호(丹家尼屋, 單加尼加湖, 丹家尼哥湖) / 태즈메이니아섬(達斯麻尼亞, 魯斯麻, 타스매늬아, 타스마니아, 타쓰매늬아島, 타쓰마니아島) / 태평양(태평양, 太平洋, 틱평양, 布亞世邊津區洋, 바시싯그, 바시힛그, 픠시픽크, 피시픽크, 大東洋) / 템스강(大米斯河, 達迷斯河, 데무스하, 達無修河, 데임쓰江, 探秀河, 데임쓰강, 멤스江, 뎀쓰江) / 토런스호(土蓮秀湖) / 토르네강(帶奈江) / 토카틴스강(土哥親江, 土親, 도간진河) / 톤케강(特階江) / 톨루카산(土婁加山) / 톨리마산(土里麻山) / 통가섬(東佳, 友島) / 통킹(東京, 통킹) / 투아모투섬·투아모투제도(低島, 다므즈諸島) / 퉁구스카강(洞久斯哥江) / 트라팔가(트라팔까, 트라팔까아, 트라팔가, 튜라팔카) / 트란실바니아산(土蘭泄比尼亞山) / 트리니다드(도리니짠드, 土里尼佗, 都理尼多都, 트리니쩟, 土利尼多道) / 트위드강(트위드江, 得德河) / 티그리스강(티그리쓰, 帶格里河, 징리水) / 티도레제도(씨듸諸島) / 티모르(지모르) / 티티카카호(太太哥哥, 台特哥哥, 台特阿哥湖) / 파나마지협·파나마해협(巴拿馬地峽, 巴羅馬海峽, 싸나마地

유형	관련 신어
	峽) / 파라과이강(빠라규河, 빠랑게) / 파미르(파미르) / 파푸아섬(파푸아, 波布亞島) / 페르시아만(波斯灣) / 페초라강(敝古, 蔽古河) / 펠로폰네소스(페로포네서쓰) / 포강(포오, 포, 浦, 蒲江) / 포스강(呼斯河) / 포클랜드제도(特墨拉拉, 砲婁土蘭土, 팔클랜드, 포클랜드, 포크란드, 호우그란도도) / 포토맥강(포트막, 布土幕, 波多馬哥河) / 포포카테페들산(布蒲哥他樊突, 保保吉大必, 保保加智非山) / 폰틱산맥(彬茶壽山) / 폴리네시아제도(弗墾越群島, 布利徠祇洲, 폴리네시아, 波利尼西諸島) / 푸루스강(富樓壽河) / 푸르트강(巴江) / 프리빌로프섬(쑤리쎄로프島) / 프린시페섬(勝漸比) / 플라트제도(不爾諸島) / 피라미드호(蔽利美杜湖) / 피레네산맥(피레네, 歟賴尼秀, 蔽賴尼秀, 쎄리니-스, 히례니스산, 皮曆歷尼山, 比利牛斯山) / 핀친차(被新沙) / 핀란드만(汾蘭汊) / 하롱베이(夏龍灣, 海龍灣) / 하르츠(賀朱) / 허드슨강(훗슨, 하다손, 헛손, 活道遜, 胡德孫河, 하도손江, 哈德孫河, 赫順河, 造道遜河, 賀春江) / 헤클라산(黑格納山) / 헤키아산(彼久羅山) / 헬골란트섬(헤리쓰란쓰島) / 헬레스폰트(헬레스폰드) / 헬만드강(歇滿道江) / 현해탄(현히탄, 玄海灘) / 홍해(紅海) / 화이트산(華爾土山) / 휴런호(휴론, 休論湖) / 흑해(흑해, 黑海) / 희망봉(희망봉, 发朴哥羅尼, 希望峯, 希望峰, 瞿合, Cape of Good Hope, 喜望峰, 喜望角, 好望角, 喜望峯, 发朴, 喜望岬, 希望岬) / 히말라야산(히말나야, 히말라야, 喜馬拉, 喜馬拉亞, 比馬拉亞山) / 히파시스강(히파시쓰河) / 힌두쿠시산(힌드퀴쉬, 渾杜瞿麥山)
행정 지명	가이아나(奇亞那, 奇阿那, 喜阿那, 貴崖那) / 갈리시아(갈리시아, 짜리시아, 갈리치아) / 게티즈버그(쎄티쓰쌔억, 쎄티쓰벅, 쎄티쓰쌕) / 골드코스트(金濱, 쏠드코쓰트) / 과테말라시티(歐亞德瑪羅府) / 괴팅겐(쎄핑겐) / 그라나다(加拉拿太) / 그리니치(쯔린위치, 綠林, 懼仁利聚, 瞿仁利聚) / 글래스고(그라스고, 苟德生, 格辣司哥, 格辣司枯, 格拉斯各, 格蘭斯哥, 그라스쏘, 글라스쏘, 屈羅秀古, 吉剌斯哥, 쓸나스고, 글라쓰고, 싈라쓰쏘) / 나탈(那達爾, 나탈) / 나폴리(那不兒, 那卜列司, 那弗勒, 拿破里, 나빠리, 나폴늬, 나폴리, 穢捌, 藍拔) / 낭트(南의思, 난루, 란쓰, 난루) / 네바다(尼哇達, 네바다, 네바다州) / 네브라스카(네부라스카링, 拿布拉土格) / 노르망디(諾曼, 놀만지아, 노만듸) / 노브고로드(拉弗哥, 노브쏘로드) / 노스캐롤라이나(北加羅里那, 카롤리나, 北哥尓利那州) / 노트르담(鹿特堤府, 노트르담, 老脫羅南) / 노팅엄(哇特喊, 노팅감, 노팅감) / 노팅엄셔(노팅감솨야) / 뉴멕시코(新墨西哥) / 뉴사우스웨일스(新南維斯, 新南維婁斯, 新南維里斯) / 뉴암스테르담(新和蘭, 늬우암쓰테담) / 뉴올리언스(留喧印時, 紐柯連士, 育生奧爾希斯, 늬유오오렌쓰, 늬유오을낸쓰, 늬유오를네안) / 뉴욕(유욕, 鳥約埠, 新約克, 紐約埠, 누욕, 紐約耳克, 뉴욕, 늬유욕, 紐育府, 紐約府, 紐約州, 紐約洲) / 뉴잉글랜드(니우잉글런드, 니우잉글린드, 新英蘭州) / 뉴저지(新西, 뉴쩌시, 뉴젤, 늬유젤, 楮細, 뉴젤州, 楮細州) / 뉴캐나다(新加拿多) / 뉴캐슬(牛加司, 늬유캇슬, 紐葛士) / 뉴펀들랜드(牛芬蘭, 늬유파운들랜드, 旒華雲突蘭, 뉴포란드란드, 旒華雲突蘭島) / 뉴햄프셔(늬우함쉬어, 旒咸沙, 新罕什, 旒咸沙州) / 니스(尼士, 늬의쓰, 니이쓰, 리슬, 나유스, 니스, 닛쓰) / 니콜라예프스크(訥殼來甲司克) / 다낭(東安, 多浪) / 다마스쿠스(다마스코, 다마스커쓰) / 달링턴(大里刀利) / 달마티아(쫄마디아) / 댈러스(짤라쓰) / 더블린(쩌블린, 筌比連城, 德保連, 짜블닌, 多佛仁, 짜블린, 得秘林) / 딘롭(단립푸, 딘롭푸) / 딘펌린(딤퍼믈린, 담버믈린) / 덤프리스(덤프리쓰) / 데번·데번셔(쯱본솨야, 떼본쉬어) / 데번포트(提範砲婁土) / 덴버(단버쓰, 딘버라) / 델라웨어(特拉華, 底拉瓦耳) / 도르트문트(對而門) / 도버(도버, 쏘버) / 도슨시티(多歐蓀) / 동투르키스탄(東土耳其斯坦, 동도르기

유형	관련 신어
	스단) / 됭케르크(쩐케르그, 쩐키르) / 드레스덴(쓰레스덴, 쯔레스텐, 쯔레쓰덴) / 디에고 수아레스(錐橋水阿禮) / 디트로이트(德陶路伊陶, 쩨트로이트, 西端) / 라고스(라쏘스, 列加斯) / 라만차(라안챠, 라－만치아, 라만치아) /라브라도(라쌕리돌, 라부라돌) / 라오까이(老開) / 라이프치히(라이푸딧흐, 라이프지히, 라이프지히에르, 라이푸지히) / 라인란트팔츠(刺印字露李生) / 라치오(亞尒巴) / 라티움(拉知羅無, 레시움) / 라플라타(拉富拉巴, 那捌那他) / 랑군(琅玕, 朗谷, 랑군, 蘭貢) / 랑선(諒山, 朗松) / 래브라도(臘不拉, 라브라도어, 葉厓賴多) / 랭커스터(랭카스터, 랑카스터) / 랭커셔(랑카솨야, 란가샤이, 蘭桂沙州) / 런던(논돈, 륜돈, 倫敦, 론돈, 런돈, 圖氎, 른돈) / 레스터셔(레이쎄쓰터, 레이쓰터솨야) / 레위니옹(禮兪利溫) / 레이덴·라이덴(레이덴, 來丁, 레돈) / 레판토 코린트(레리쪼란드) / 렘베르크(렘베르크) / 로데시아(르오데씨아, 르오데시아) / 로드아일랜드(羅德島, 로-드아이란드, 로드ㅇ이란쥬, 로-쏘아이란쏘州) / 로디지아(盧志阿那) / 로렌(魯婁列印, 老勒令, 로-렌) / 로마(로마, 라마, 羅馬, 로-마, 로오마, 로마니아) / 로만캄파니아(老滿甘朴那) / 로스베리(洛斯伯羅) / 로스앤젤레스(로신질리쓰, 로스엔질리스, 로스인질쓰, 로스안젤쓰, 로신질리쓰, 로스엘질리스, 로스인즐쓰) / 로잔(로-잔느, 로산, 로산누, 로산느, 로잔느) / 로테르담(拉達淡府, 로테담, 로데르담, 祿攄淡, 롯터담) / 롬바르디아·롬바르드(藍拔地, 朗罷地, 람밧디, 론빠르듸, 倫巴多, 籃拔地, 론쩨－도, 롬바르듸) / 롬포드·럼포드(롬포오드) / 루앙(루안, 루앙, 루엔, 루온) / 루이지애나(魯西安那, 魯西安納, 루이산나, 樓伊玆那州) / 뤼베크(律壯克, 呂備, 류벡) / 리마(哩麻, 里麻, 理麻, 唎嘛) / 리미니(密尼) / 리버사이드(리버싸이드) / 리버풀(理華堡, 利非布利, 利惠波, 리버풀, 리버푸울, 立菸八, 利色夫婁, 립어풀, 里味阪) / 리스본(里斯本府, 利士濱, 里斯波亞, 尼士濱, 리스본, 리쓰쏜, 利秀繁) / 리에주(리에쥬, 리에지, 勒支) / 리옹(理環, 리요, 리욘, 리온, 里昴, 那伊溫) / 리우데자네이루(伊澳多斯徕伊魯, 厘阿尼覼呢路) / 리즈(里子, 리쓰, 里珠) / 리히텐슈타인(理非然丁, 리히스타인, 리희턴스다잉) / 림부르크(林堡, 린쌕르그) / 마뉴(爾祿曼) / 마닐라(ㅇ닐라, 馬尼剌, 마니라, 마닐라, 마닐나) / 마드라스(馬大士, 苗士吉, 마드라쓰, 마도라수, 麻打拉薩) / 마드리드(馬德里府, 蔑地列, 馬特, 마드릿드, 馬頭賴, 밋그릇드, 마드릿, 밋드릿드, 馬斗賴) / 마르세유(마루세이에-스, 馬耳塞, 말세이에즈, 마실리아, 마셰일스, 馬塞里, 馬細逸, 마르세이유, 맛실리아, 馬細逸府, 모셀유) / 마르티니크(마르지니그, 麻婁智尼奇) / 마른(마르누, 마른) / 마사와(抹素華, 麻素亞國, 莫蘇過, 莫蘇亞, 맛소와) / 만달레이(만짜례, 摩達, 文地利, 們達徕屈, 亞麻拉保羅府, 文爹厘, 曼得來, 文地利京城, 文打里) / 만하임(望荷荏, 曼荷荏) / 말라카(麻刺甲, 摩洛哥, 마랏가, 麻六甲, 마락카, 마락코, 말라카) / 매사추세츠(麻沙朱邑, 마사츄셋쓰, 마사제셋도, 마논산, 맛사추세스, 磨沙洲, 磨沙朱細써, 마사튜셋스, 맛사추세쓰道, 마씨제셰쓰州) / 맨체스터(曼尺斯達, 曼職特, 曼識特, 만테스터, 만체쓰터, 滿棲秀太, 만테스터, 만체쓰트, 滿棣秀太, 曼條士陀, 만체스타, 만체스터) / 맨하튼(滿巴丹) / 메릴랜드(馬理蘭, 메리란드, 메릴랜드) / 메스(메스, 멧쓰, 멧스) / 메시나(美時那, 메시나) / 메이필드(메이피일, 메이필드) / 메인(緬, 멘) / 메클렌부르크(梅咯稜堡斯乖令, 梅咯稜堡斯德勒, 梅咯稜堡斯乖零, 메졸렌 쑉르흐, 메클렌 쑉르흐) / 멜버른(新金山, 美路濱, 抹苦嫩, 美利濱) / 멜크(메리기, 밀크) / 멤피스(멤퓌스, 멘피쓰, 旬希斯) / 모데나(摩德拿, 모데나) / 모린스(모린스, 毛林) / 모스크바(모스크바, 莫脩科, 莫斯科, 모스코, 墨斯科, 麼士高, 마스코, 모스카, 모쓰코, 모쓰크바, 모쓰코바, 모스크) / 모젤(摩爾奈, 모겔) / 몬테나(蒙達那) / 몬테네그로(蒙的尼, 門的內哥, 몬데녜그로, 만테늬그로, 몬데네그로, 몬테네

유형	관련 신어
	그로, 몬데네글오) / 몬트리올(論陶利兀, 몬트릴, 몬트로울, 忙的未多) / 뮌헨(뮨헨, 뮤닛히, 멘인겐, 岷仁見, 뮤닉히, 문헨, 뮨히, 뮤닉크) / 미네소타(密尼素太, 敬禮斯太洲, 敏禮昭太州) / 미노르카(미널카, 미놀카) / 미니디슬린(迷兒西兒達士非兒) / 미니애폴리스(滙禮亞普里須) / 미시간(密執安, 米施墾, 미시짠, 미싱안) / 미주리(密梭里, 미쓰리, 美朱里, 미셰리州) / 민스크(민쓰크) / 밀라노(亞美蘭, 彌蘭府, 米蘭, 美蘭, 미라노, 밀란) / 바그다드(巴格大浮, 바구닷도) / 바덴(波亞丁, 達丹州, 巴丁, 巴甸, 빠덴) / 바덴바덴(威斯巴典) / 바르샤바(瓦沙, 瓦爾騷, 和踈, 봘솨브, 와르샤, 와르사와, 와루소, 와리사) / 바르셀로나(바르셀로나, 巴泄老那巴, 뻬러스, 巴泄老那) / 바바리아(바바리아, 빠빠리) / 바스톨랜드(빠스도란도, 빠쓰톨낸드) / 바이마르(와이마르) / 바이에른 · 바바리아(巴威里, 巴威里亞, 勃維而利也, 巴威耳, 빠빠리아, 빠이에른, 빠이예른, 바바리아, 빠이엘, 바비알, 播威國) / 바젤(빠셀) / 바투미(巴統, 巴砰, 巴多武) / 박닌(北甯) / 방콕(濱角, 曼谷府, 방곡) / 밴쿠버(반큐버, 完古撇, 本克老格, 繁弗區) / 버건디(빠간듸) / 버몬트(洼門, 벨몬트, 빠몬드, 哇摩頓州) / 버밍엄(伯明罕, 伯明牢, 써밍감) / 버지니아(쫘-지니아, 勿吉尼, 物吉尼, 얘지니아, 버지니아, 버쥐니아, 버어듸늬아, 버어지늬아道) / 버크셔(빠크시아, 빡샤, 빡샤-) / 버펄로(泊非耶) / 베네치아 · 베니스(威尼西, 威內斯, 威內薩, 베네시아, 베네치아, 베네틔아, 輿利沙, 惟尼思威勤, 베늬쓰, 베니쓰, 非尼西亞, 文尼斯) / 베로나(拔崙亞) / 베르사유(例無修, 波留西留斯, 베르사이유, 排沙遊, 排沙游, 威西爾士) / 베른(伯爾尼府) / 베를린(伯靈府, 벡림, 柏林, 伯靈, 伯林, 벨린, 쎄를닌, 쎄를닌, 쎄를린, 벌눤, 벌닌) / 베스트팔렌(에스트팔늬) / 베오그라드(別溝拉土府) / 벵갈 · 벵골(孟加蠟, 榜葛剌, 벵갈, 兵哥路, 쨍갈) / 보르도(波耳德, 쏘르도) / 보스턴(勃士敦, 포스돈, 보스톤, 普士噸, 波士頓, 쏘스톤, 버스던, 보쓰톤, 쏜스톤, 쏜쓰톤, 寶樹墩, 보스튼, 波斯頓, 쏘쓰톤, 寶樹塾) / 본(부윤, 쏜) / 볼로냐(쏘로늬아, 保羅喀那, 쏘로네) / 볼티모어(忽臺沒, 쌀티모아, 發太毛, 巴耳底摩亞, 勿都毛須) / 봄베이 · 뭄바이(孟麥, 孟買爾, 孟買, 봄베이, 봄베, 밤베이) / 부다페스트(쑤다페슷, 쑤다페쓰드, 쑤다페쓰트, 쑤다페스트, 쑤다페슷, 쑤다페쓰드) / 부에노스아이레스(富禮魯察府, 쎄노스알스) / 불로뉴(쏘로네, 쏠로네) / 뷔르템베르크(瓦丁堡, 瓦敦堡, 우르덴쌔르히, 우르덴 쌔르히, 우르덴부르히國) / 브란덴부르크(쑤란덴쑤르흐) / 브랜든(布蘭頓) / 브레멘(弗禮曼, 順禮門, 弗來梅, 쌔레멘, 쌔렌멘, 쑤너면) / 브로드웨이(푸로드웨이, 뿌로-드 · 웨이, 뿌로드웨이, 부로두웨) / 브루클린(브로클닌, 富祿去仁, 브로클린, 富祿吉仁, 富祿吉仁洲, 쑤루크린, 쑤륵클닌) / 브뤼셀(比律悉府, 比律, 比律悉, 瓦魯舍之斯, 쑤럿실, 쑤루셀, 쑤룻셀, 쑷룻셀, 쌔루쎌, 富羅泄, 브라셀, 쑷룻셀노, 쌔라씰, 블익셀) / 브리스틀(部里修土婁, 브리스톨, 伯利斯多拉) / 블라디보스토크(海蔘港, 해삼위, 海參威, 海蔘港, 블나듸보스톡, 쌜라듸보스톡) / 블래든스버그(不勒顚斯堡) / 비제르트 · 비제르테(非三, 베빤) / 비텐베르크(위텐쎄르히) / 비티니아(부르티음, 비트나니아, 부루티음) / 빅스버그(비익쓰쌕억, 빅스쌕) / 빈(維也納, 維亞納, 비에나, 윈나, 윈, 웬나) / 빌헬름스하펜(월헤름쓰하펜, 웰헤름쓰 하벤, 월헤름쓰 하펜, 위르헨스하펜) / 사르데냐(撒土哇, 撒氏利亞, 싸르듸늬아, 사르딕니아, 사르대니야) / 사마르칸트(沙瑪墾墩, 사마르칸) / 사우스다운(사우스타운, 소-스터운) / 사우스캐롤라이나(南加羅里那, 南喀爾勤那) / 사이공(西貢) / 사할린(薩莫蝦夷, 樺太島, 唐大島, 삭홀린) / 산마리노(森馬林, 산마리노, 桑馬里, 싼마리노, 山馬利路) / 산살바로드(桑撒瘟突兒, 술살바드르, 三薩瓦多, 산술바, 산살베다, 聖散排多, 산술바더, 聖撒排多, 三撒槳土婁) / 산토도밍고(烏拉乖, 三土民各, 싄도밍고, 三土民, 산쏘밍오, 山道明奧, 山道明澳) /

유형	관련 신어
	산티아고(산틔아고) / 산호세(酸胡鳥世, 산호세) / 살라망카(사라만까, 薩拉蒙加) / 살라미스(사라미쓰, 사룸미수) / 살레르노(阿來爾那) / 사우바도르 · 살바도르(샐베도) / 상기니(상ᄶᅳ이니야, 上幾內亞) / 상트페테르부르크(聖彼得羅堡, 聖比德士北, 彼得堡, 聖彼得堡, 聖彼德羅堡, 彼得羅堡, 센피더스븕, 베드로그라드, 쎈트페터스뿌르흐, 쌍트뻬데르스쌔르흐, 페터스뿌르흐, 뻬쩨르스쌔르흐, 베드로호브, 뻬쩨르스쌔르흐, 쌍트 뻬데르스 쌔르흐, 쎈트페터 쌔르흐) / 상파뉴(산파뉴) / 상파울로(沙露立歐府) / 새크라멘토(삭가멘토, 싹카멘토, 싸그라멘토) / 색스니(撒遜尼, 삭소니, 삭소늬) / 샌디에이고(鄯豆儀) / 샌프란시스코(쓰인프란씨스코, 桑港, 三佛蘭喜四柯, 舊金山, 三佛蘭西斯格, 산 · 푸란시스코, 센폴, 신푸란시스코, 싼프랜시쓰코, 싼프란시쓰코, 山布蘭世斯古, 싼 프란시쓰코, 신프란시스코, 산프란세스코, 金山, 金山埠) / 샹젤리제(샬셀리졔, 샴셀리세) / 상파뉴(參孚籠, 俁畢羅, 삼페인) / 서식스(싸쌕스, 서섹스, 써섹스, 쑤쎅쓰, 삿섹쓰) / 세바스찬(世巴斯喇, 셰빠스진) / 세바스토폴(西拔司吐泊爾, 세바스토폴, 세바쓰토포올) / 세인트루이스(센트루이, 센트누이스) / 세인트조지(쎈트 쪼지, 쎈트 · 쪼지, 쎈트쪼지) / 셰필드(失非特, 쉐필드) / 수에즈 · 수에즈운하(蘇爾士, 슈에스, 스에스, 스웨쓰, 蘇彝士運河, 蘇彞士河, 蘇彝士河, 蘇彙士河, 蘇彞士運河, 蘇西運河, 蘇士運河, 스에스運河, 蘇士地峽) / 슈트라스부르크(스도라스뿔ᄶᅳ, 스트라스뿌록) / 슐레스비히(什勤斯威, 슐네스비, 수레스위치, 스레스위) / 슐레지엔(시레지아, 실레지아) / 스코틀랜드(스코틀란드, 蘇格蘭, 스크틀낸드, 스코틀랜드, 스카틀랜드, 스코틀낸드, 스캇틀런드) / 스태포드셔(스타포드道, 스타포드쇄야) / 스톡홀름(施獨歐胡嫩, 斯德哥摩府, 斯德哥爾摩, 스톡호룸, 스토크흐름) / 스트라스부르(斯德賴司部克, 스들아쓰벅) / 스프링필드(스프링필드, 스프링피일드) / 시드니(雪梨, 悉德尼, 雪梨省, 實尼, 씨드늬) / 시라쿠사(시라쿠스, 시라큐쓰, 斯剌鳩士, 斯拉喬斯) / 시실리 · 시칠리아(시시리, 시실리, 西西利, 細細里, 西吉哩國, 西細里, 시칠늬아, 시칠리, 치야, 許實禮) / 시애틀(西華俊, 시아틀, 싀틀) / 시에라리온(시라라레오온, 曁例仁恩, 獅山, 里恩, 蘇拉蘭, 씨에라레온) / 시카고(芝哥固, 芝加敖, 치카코, 쉬카고, 시카코, 시카고, 池家皐, 지카고, 치카고) / 아가디르(透高司, 阿嘉士) / 아나폴리스(安納波里) / 아노네(安那尼) / 아덴(亞甸, 亞丁, 아덴, 亞堅) / 아루사(鵶路些士羅, 鵶路些羅連) / 아르한겔스크(阿斯達干, 아찬셀, 아드캉겔) / 아바나(하바나, 哈宇阿那) / 아비뇽(阿維尼) / 아우구스부르크(아우쑤스뿌르흐) / 아이오와(以有, 衣疴華) / 아체(阿堅, 亞齊) / 아커수(阿克蘇, 哈薩克) / 아티카 · 아티케(앗지가, 亞善斯) / 아파치(아파이, 亞巴智) / 악티움(阿久池有武) / 안달루시아(安達盧西亞, 암다로시야) / 안도라(晏都剌, 安道耳, 안도라, 安道羅) / 알래스카(亞臘斯加, 알라스가, 알나쓰가, 알라쓰카, 謁那斯哥, 아라스까, 阿羅湏加) / 알마티(阿卑利鵶) / 알자스(軋士施, 阿婁沙, 阿爾三西, 鵶路沙, 알사쓰, 알사스) / 알자스-로렌(알사스로레이누, 亞魯沙州, 阿爾失老零, 알사스로레이누, 알사스、로-렌, 엘사쓰 로드립겐) / 알제(阿爾熱) / 암스테르담(安特提德, 安得隄, 亞摩斯德耳登, 巖施達淡府, 암쓰데르담, 앰스터댐, 巖秀擄淡, 암스터담, 암쓰테르담, 아스터담, 암스텔담) / 앙카라(亞加拉) / 애리조나(亞理鎖那, 亞里瑣那, 亞瑣理那, 아리쏘나) / 애틀란타(亞土蘭土) / 앤트워프(安智烈士, 安虞列府, 안트웝, 安道岬, 안트웹, 안도와프) / 앨라배마(阿拉邑痲, 謁那富馬, 謁那富馬) / 양곤(仰光) / 얼스터(郁爾司德, 亞爾斯德) / 에든버러(愛丁白格, 에딘버라, 에듼바라, 伊丹堡, 이덴벅, 에듼버라, 에딘버러, 伊丁堡) / 엘패소(엘파소) / 오데사(痾提思, 痂德沙, 惡特設, 痾育思, 오뎃사) / 오렌지자유국(橘河) / 오를레앙(哥爾良府, 오를네안, 오를레안, 오률레안, 吳樓阿連) / 오리건(阿里顔郡, 오리곤,

유형	관련 신어
	오레곤) / 오클랜드(옥글린드) / 오포르토(오퍼토, 鰲浦) / 오하이오(倭海痾, 痾倭, 오하요, 어하이어, 오하이오, 어하이아) / 오호츠크(陶弗施歐) / 옥스퍼드셔(옥스포드, 옥쓰포드道) / 올덴부르크(痾敦堡, 佛倫瑞, 威耳敦堡, 올덴뿌르흐) / 올버니(雅勒巴尼, 亞耳巴尼, 柯耳巴尼) / 왈라키아(越那治亞, 왈나기아) / 요크셔(요크샤, 욕샤, 요옥, 요옥샤이아, 요옥쇼, 요옥쇼야, 욕, 욕쇼야, 요욕쇼야, 욕시야) / 우수리스크(南烏蘇里, 于以智仁斯久, 우수리) / 울란바토르(克而及) / 움브리아(音武里亞, 엄부리아) / 워싱턴(洼申頓, 화셩돈, 화성돈, 華盛頓城, 와싱통, 華盛敦, 花盛頓府) / 워털루(華德路, 워터룰, 워터룰노, 워털루, 臥陀婁, 워터루, 워털루, 臥陀婁村, 倭土羅) / 월가(웰街, 우올街, 월街, 월・스트리트, 워-루街) / 웨스트민스터(웨쓰트민스터, 웨쓰트민트, 웨쓰트민쓰터, 偉斯德明新德, 西美尼秀多) / 웨일스(威爾斯, 威爾士, 웨일스, 웨일쓰, 웰쓰) / 위스콘신(威士干心, 위스콘신) / 위트레흐트(烏特立, 유트랙) / 유타(烏達) / 이르쿠츠크(雅克薩尼布楚, 일쑤스크, 이루쿠쓰크, 이루쿠쓰크) / 인디애나(音的阿那, 인듸아나, 인듸앤) / 일리노이(伊理柰, 이리노스, 이리노이쓰) / 작센(索素尼, 昔詢尼, 薩索尼, 薩克索尼, 薩遜, 삭센, 索遜) / 잘츠부르크(사루쓰보르흐, 斯爪斯堡) / 제네바(쩨네비, 쩨네바, 基尼法, 쥬네브, 熱那) / 제노바(제노아, 제네아, 全遨阿, 제노와, 쩨누아) / 제임스타운(占士, 쩨임스타운) / 조지아(若耳治墨, 若耳治, 쪼지아, 쪼아아, 肇智亞) / 찰스턴(챨스톤, 士爾斯頓, 加爾損) / 취리히(수릿히, 주리히, 튜릿히, 朱益) / 치치하얼(齊齊哈爾城) / 치타(機澾) / 카디스(카듸쓰, 카듸즈, 哥杜朱) / 카라카스(克拉克) / 카르툼(嘉原而屯, 嘉頓, 嘉羅都城) / 카불(加佛) / 카셀(光石國, 캇셀) / 카이로(介路, 佳路, 開羅, 開耳, 羅府, 카이라, 카이로) / 카잔(加森, 카싼) / 카콘다(合丁多, 홋덴돗도) / 카파도키아(카파도기아, 客巴土斯) / 카푸아(카푸아, 쿠푸아) / 칼레(加雷城, 카라이쓰) / 캔자스(干薩, 칸서쓰, 캔서쓰) / 캔터베리(칸다베리, 캔터베리, 캔터버리) / 캘리포니아(칼리포니아, 嘉里福尼, 加利福尼, 克累弗尼亞, 加罅寬尼, 칼니포니아, 칼늬포늬아, 칼늬포오늬아, 칼레포니아, 柯耳巴尼, 葛尼布尼亞, 가리헐니아, 가리후오루니나州, 가리후올니야州) / 캘커타(가르곳다, 禪剌城, 加婁加佗, 갈카타, 鉛而嗒忒, 칼컷타, 칼커타, 가루갓다地) / 컬럼비아(古倫比, 哥倫比, 科林卑亞, 可倫此亞, 昆侖比, 콜롬비아, 콜넘비아, 葛南比亞, 칼남비야) / 켄싱턴(켄싱톤) / 켄터키(칸더기, 建太綦, 컨턱기, 켄터키, 堅達基) / 켄트(根的, 켄트) / 코르도바(哥多瓦, 고루도와) / 코사크(코삭) / 코펜하겐(哥卑合給府, 哥卑的給, 코편헤근, 코펜하겐, 코펜하켄, 쏘펭헤겐) / 콘월(高奴瓦, 컨월, 콘월, 콘웰) / 콜롬보(考倫卜, 哥林埠, 哥林蒲, 古倫甫, 葛南菲野, 古倫甫) / 콩코드(콘코드, 콩콩드, 콘코르, 콩코오드) / 퀼른(콜론, 汨論, 콜논, 콜로네) / 퀘벡(퀴니쎄크, 퀴쎄크) / 크론시타트(크론스타트, 크론스탓) / 클리블랜드(클니블난드, 클니브난드) / 키예프(幾富, 基輔, 기에브, 키에브) / 킬(基該兒, 키일, 킬) / 킹스턴(科路士頓城, 킹쓰톤) / 타마타브(丹佛達, 多痲多富, 帶麥帶尾, 多痲多廬) / 타슈켄트(塔什堪) / 테헤란(第希蘭府) / 텍사스(得撒郡, 텍사쓰, 덱서쓰道, 텍서쓰道, 데기사스州) / 토리노(都林, 튜린) / 토스카나(타쓰카니, 타산카니, 多加納, 더스카니, 터스가니, 투쓰카나) / 툴롱(刁倫, 杜倫, 祖倫, 都郎, 투울논, 툴론) / 튀니스(투니스) / 트란스발(트란스발, 土亂修維婁, 土蘭斯波兒, 土蘭斯拔, 트란스바올, 트란스발, 杜國, 드란스발國) / 트리폴리(的里坡里, 的里波里, 的波里, 도리보리, 트림플늬, 杜立八利, 트림플늭) / 파리(波黎府, 파리, 巴里, 巴黎斯, 波黎斯, 巴黎士, 巴黎斯, 巴黎, 巴波黎府) / 파타고니아(巴他峨尼亞, 巴他俄尼, 파다고니아, 貝渾遨尼亞, 貝澤遨尼亞) / 팔레르모(巴勒摩, 바라모, 셜모) / 페이즐리(페이슬레, 페이슬레이) / 펜실베니아(邊西洼尼, 펜실베니아, 펀실베니

유형	관련 신어
	아, 변실바니아, 펜실바너아, 펜실바니아, 펜시루푸에니나州, 卡西華納州) / 포츠담(풋담, 布朱淡, 풋즈담) / 포츠머스(포쓰마쓰) / 포틀랜드(포틀랜드) / 프놈펜(金邊, 暗邑) / 프라히(浮羅, 柏拉克) / 프랑크푸르트(프랑크프디, 프랑포어트, 厚蘭布土, 法蘭克福城, 프랑크포르드, 후란구로도市) / 프레스턴(布里斯多, 厚烈修敦, 프레쓰톤) / 프로방스(布魯漢秀) / 프리슬란트(非里薩蘭, 푸리슬랜드) / 플라시(플라씨, 부랏셰) / 플랑드르(프란도르, 플란도르) / 플로레스費羅 / 플로렌스 · 피렌체(플로렌쓰, 플로렌스, 프로렌쓰, 佛稜, 불로렌쓰) / 플로리다(佛羅里建, 弗羅里島, 풀로리다, 플로리다, 플노리다) / 피낭(檳榔, 檳榔嶼, 檳城) / 피드몬트(핏몬트, 피도몬드, 피드몬드, 피트몬드) / 피사(피사) / 피츠버그(핏쎄그, 쎅쓰쎅, 핏스버러, 핏스폴크, 빗벌구) / 피커딜리(피카데리, 피카딜리) / 필라델피아(費拉垤肅費亞, 費拉德費府, 斐剌鑄斐, 噴哩呬賒, 費府, 斐拉鐵斐, 費垤爾費亞, 費勒特費, 필나들피아, 필라들피아, 히라델히아, 필나델피아, 필라델피아, 必那達彼亞 ,필나델피야, 히라델히야, 히라텔히아) / 하노버(하노블, 하노바國) / 하노이(海內, 河內, 桑台) / 하바롭스크(하바롭스크) / 하와이(三土維, 화와이, 阿歪希, 하와이, 포와, 布哇, 헤웨이, 布哇國) / 하이델베르크(하이델베르히, 해대르쎄르그, 하이데르베르히) / 하이퐁(海防) / 할리우드(헐리운, 헐리운드, 헐니운, 호리운드, 할리우드) / 함부르크(早堡, 咸北, 함쑤르흐, 함쓰르흐, 함버, 함벅, 咸福, 咸復) / 핼리팩스(할리팍스, 핼리팩쓰) / 헤르체고비나(叺斯古維能, 헤르제꼬비니, 헤르제 꼬비니, 허르제고빈) / 헤르쿨레늄(許赳禮尼嚴, 許起禮尼嚴, 허큘리늬윰) / 헤센(黑西, 헷센) / 헤이그(海牙府, 혜구, 헤이쓰, 赫久, 헤이그, 헤이쓰) / 호놀룰루(檀香山, 火魯魯, 호노룰누, 호놀룰루, 호놀눌누, 호놀놀누) / 흐로닝겐(哥羅凝俺)
역사 · 종교 지명	가나안(카난, 가난地) / 게르마니아(게르마니아, 겔마니아) / 고린도 · 코린토스(고린도) / 골고다(골고다) / 나사렛(나사레) / 니네베 · 니느웨(尼尼微, 니네베, 니넵헤) / 단바(淡巴國) / 동로마(東오로마, 東羅馬) / 로도스섬(리워드, 羅德斯島) / 로제사스톤(로제타石, 로셀타石, 로셀타石) / 루비콘강(루비콘강) / 리보니아(리쏘니아) / 메디나(메디나, 메듸나地) / 메디아(메디아, 메지아) / 메르브 · 메르프(秩婁孚, 美布福, 馬輔, 梅爾福) / 메소포타미아(迷所波太米亞, 메소포타미아, 美昭布大糜亞, 美昭布太糜亞) / 메카(멕카, 멧카, 메카, 멕카, 密加, 麥加, 멧가地) / 바빌로니아(巴比倫國, 싸비로니아, 바빌노니아, 밥바런이아, 巴比倫尼亞, 바비로니아王國) / 바빌론(바벨론, 巴疤倫, 싸빌론, 싸뷀논, 싸뷀논, 싸비론, 싸빌논, 巴比倫, 싸쎄논, 바비론, 밥비러, 바빌론) / 바티칸(쎼치칸, 쎼치캉, 쎼티칸) / 베들레헴(벳네헴, 베드레헴, 벳을네헴, 벳네헴) / 보헤미아(보헤미아, 쏘헤미아, 波希米亞, 波希米, 波耶米亞) / 비잔틴(쎄짠틴, 비잔타) / 사라센(伽勒底, 사라센, 사라켄, 사라셴, 사라켄, 씨라센) / 사르만뉴제국(살네만쑤國) / 소아시아(小亞細亞) / 수메산 · 수메루(蘇迷盧, 須彌山) / 스파르타(스파라, 스파타, 스파르타, 斯巴達, 秀巴陀) / 시암 · 타이 · 태국(사이암, 暹羅, 暹阿摩, 叨, 整賣, 시암, 샤무, 샤모, 셤라국, 샤므, 싸모) / 실론 · 스리랑카(錫蘭, 셔론, 셀론, 세일논, 西倫, 斯羅拉歌) / 아비시니아 · 에티오피아(荷阿羅, 阿排時尼亞, 이비신니아, 이베시니아, 阿皮西呢亞國, 亞比西尼亞, 亞巴仙尼亞, 阿比西尼, 아비사냐, 아비시니야, 西北尼西亞, 亞比時利亞, 아쎄사니야, 亞比西利亞, 亞卑先尼亞, 아비시늬아, 에디오피아) / 아시리아(亞西里亞國, 아씨라, 亞西利亞, 앗실이아, 亞西尼亞, 잇씨리아, 亞時利亞, 앗시리아王國) / 아테네(亞甸士, 雅典府, 阿德納斯, 아덴, 아덴쓰, 아데나, 阿丹, 愛台那, 雅典國) / 알렉산드리아(歷山, 愛勒三奪亞埠, 亞蘭生地亞, 亞歷山地厘啞, 歷山得府, 알

유형	관련 신어
	렉샌드리아, 알렉산드리아, 歷山得黎府, 亞歷山大) / 알제성(阿爾熱城) / 에트루리아(이투루리아, 이투르스간, 이투르리아, 에트러쓰칸, 에트루리아) / 예루살렘(耶路撒冷, 예루살렘, 야로살림, 예루살넴, 예루살림, 늬유살렘, 야로사림, 절사렘) / 올림포스산(올림퍼스, 올림프스, 五臨坡秀山, 五臨坡秀山, 厄例孚修山) / 올림피아(올림피아, 올림피어) / 유대·유대국(유태국, 유듸, 支維多, 쟈데아國, 猶太國, 馬太王國) / 카르타고(加爾達額, 카데지, 카르다고, 카이데이지, 카타기, 가세지, 가셰지, 加婁他古山, 카아데이지) / 칼데아地, 갈데아王國) / 코린트·코린스(코린트, 可里斯安, 코린쓰, 고린스島) / 코친차이나(交趾支那, 古親支那) / 콘스탄티노플·이스탄불(康斯但提, 土京, 君士坦丁, 君子坦府, 康斯但提挪泊, 콘스탄티노블, 콘쓰탄티노플, 콘쓰탄치노플, 콘스탄치노플, 君士佀丁堡, 콩스당디노쌜, 곤스단디노블) / 크리스티아니아·오슬로(格里士特阿拿) / 타나나리브(晏打難拿厘, 安太那那里府) / 타타르(達丹, 타타르) / 테베(的庇斯, 데베쓰, 데베) / 투르키스탄(土耳其斯坦, 들기스단, 土基斯坦) / 트로이(트로이, 土來) / 티무르(타메를난) / 파르나소스(파르나서쓰, 파르나쓰) / 팔레스타인(팔레스틴, 巴禮斯坦, 팔네스탄, 싸레스다잉, 바례수댄, 파려스댄, 巴列士支納) / 페니키아(物搦齊國, 非尼西亞, 보니시아, 페니기아, 페니키아, 포에늬시아, 比尼西, 희니시아, 피니시아) / 페르시아(比耳西亞, 베르샤, 퍼시아, 파사, 폐르시아, 페르시아, 뼈루샤, 波斯國, 非尼西亞國, 腓尼西亞, 比路芝, 法爾斯) / 폼페이(밤베이, 폼베이, 布嚴蔽阿伊, 布嚴蔽阿伊) / 프로이센·프러시아(普國, 布國, 푸루시아, 푸로시아, 부루시아, 포로시아, 프루시아, 보로시아, 프로이센, 普漏西, 普魯西國, 普魯士王國) / 호라즘(허라듬) / 히브리(히부리, 希伯流, 협류, 헵류國)

(3) 세계의 인명

인명은 사람의 이름을 가리킨다. 사람의 이름을 전통사회에서 근대사회로의 전환 과정에서 주체적 변용을 거쳐 형성되는 용어로 이해하기는 어렵다. 외부세계와의 접촉 가운데 그 인명이 그대로 수용되기 때문이다. 따라서 서구인의 인명이 근대 언론 매체에 등장하는 것으로 동시대 한국인의 생각을 읽어낸다는 것은 쉬운 일이 아니다. 다만 어떠한 인명이 자주 거론되는지에 대해서는 이 시기 근대 신어 연구와 관련해서 향후 검토 가능하리라고 생각된다. 출현 빈도가 높은 인명은 서구 근대 정치·사회·문화를 통해 새로운 사회질서를 건설하려고 했던 한국인에게 좋든 싫든 참고해야할 전거로서 이해되었다는 뜻이다.

서구인의 인명은 근대 언론 매체가 형성되는 초창기부터 대거 등장했다. 대표적으로『漢城旬報』시기부터 한자어로 표기된 서양 인물이 많이 소개되었다. 서구의 정치제도를 설명하는 가운데 각국의 통치자에 대한 해설이 나타나는가 하면, 1876년 이후 제국주의 열강이 조선에 영향을 끼치고 있는 상황을 반영하듯 개항장과 거류지 등에서 활동하고 있던 외국인의 명단이 제시되었다.

현재까지 조사된 바로는 인명은 대략 5천여 개이다. 이 가운데 같은 인물을 지칭하지만 표기가 다른 경우 등 중복을 고려하면, 그 수는 일부 줄어들 수밖에 없다. 그럼에도 불구하고 이 같은 많은 수의 인명은 개항 이후부터 일제강점기 내내 서구 근대에 대한 한국인들의 관심이 매우 높았음을 보여준다. 5천 여 개의 인명을 모두 상세히 소개하기는 불가능하기 때문에, 아래에서는 인명이 등장하는 패턴을 대략 네 가지 형태로 나눠 살펴보고자 한다.

첫째, 서구의 실존 인물이 소개된 경우이다. 이는 전체 항목 가운데 대다수를 차지할 만큼 많은 비중이며 특히 일제 강점 이전의 자주적 근대국가 건설의 과제와 연동되어 출현 빈도가 매우 높았던 것으로 판단된다. 서구의 실존 인물은 다음과 같이 대략 네 가지로 다시 분류할 수 있다.

1) 정치가·혁명가에 해당하는 경우이다. 이는 대개 서구 역사를 설명하는 가운데 소개되었는데, 고대 로마제국의 솔로몬(솔노몬, 솔노믄) 황제, 동로마제국 황제 콘스탄티누스 5세인 코프로니모스(可布羅尼斯)로부터 시작해 전 역사시대에 걸쳐 있다. 특히 나폴레옹과 비스마르크는 수많은 이표기들이 존재했던 것에서 알 수 있듯이 자주 등장했다. 나폴레옹은 나포륜, 나파륜, 나팔륜, 나벌예온 등, 비스마르크는 卑士墨, 卑思麥, 俾思麥侯, 비스막, 삐스막 등의 이표기를 확인할 수 있다. 이밖에도 인도의 민족운동가이자 정치가인 간디(깐디), 터키의 수상인 케말파샤(加馬巴加), 이탈리아 국민국가 건설과 통일의 상징인 주세페 가리발디(까리발쯰, 쌀늬발쯰), 크롬웰(그롬윌, 클럼윌), 한니발(히니볼, 한니바르), 잔다르크(쟌다크, 如安達, 짠딹크) 등이 눈에 띈다.

그밖에도 각국의 왕·정치가의 명단이 소개된 기사가 매우 많았는데,『漢

城旬報』1884년 7월 11일자에는 러더포드 헤이스(魯西爾薄爾土海禮斯), 밀러드 필모어(弥兒羅土斐謨), 밴뷰런(范標倫), 애덤스(古因思阿丹土), 앤드류 잭슨(安得烈查克遜), 앤드류 존슨(安得烈潤孫), 에이브러햄 링컨(亞伯拉罕林根, 닝콘), 윌리엄 해리슨(維廉哈里遜), 율리시스 그랜트(干爾西尼斯格蘭多), 재커리 타일러(惹迭利迭羅), 제임스 가필드(惹迷斯呀壁爾土, 略非爾), 제임스 매디슨(惹迷斯馬底遜), 제임스 먼로(惹迷斯瞞羅), 제임스 뷰캐넌(惹迷斯布堪南), 제임스 포크(惹迷斯薄克), 조지 워싱턴(若日耳華盛頓, 워싱돈, 죠지와성톤), 존 애덤스(約翰阿丹土, 존이담스, 젠아단스), 존 타일러(約翰迭羅), 체스트 아서(亞爾面亞瑣亞), 토마스 제퍼슨(托馬庭費遜), 프랭클린 피어스(弗蘭克林壁爾斯) 등 미국 대통령 명단을 열거하기도 했다.

그리고 일제강점기부터는 사회주의 사상이 확산되면서 마르크스(맑스, 맑쓰), 레닌(레-닌, 레-닝), 로자 룩셈부르크(로-사, 로-사룩셈부륵), 스탈린(스탈린, 스탈링, 스타린, 스타링), 리프크네히트(리쑤크네히트) 같은 혁명운동가로부터 시작해서 프랑스 사회당의 지도자 게드(게-드), 곰퍼스(곤파-스)와 그린(그리-ㄴ) 등 미국 노동운동가들 역시 확인할 수 있었다.

2) 다음으로 서구의 사상가·학자 등이다. 이와 같은 인물의 소개는 서구 철학의 형성과 전개를 염두에 둔 것이라고 할 수 있는데, 소크라테스(索格底, 솟구레티스, 속크랏스), 아리스토텔레스(額利斯多), 플라톤(布拉多), 호메로스·호머(賀梅爾) 그리고 중세 스콜라 철학의 창시자라고 할 수 있는 아벨라르(아베랄), 근대 철학에 있어서 중요한 역할을 차지한 종교개혁의 대표주자 루터(루데로)로부터 루소(루수, 루소, 르사), 몽테스키외(몽데스큐), 칸트(干德), 콩트(堪德, 곤데), 데카르트(德憂爾), 베이컨(培根) 등이 등장했다.

이밖에 과학기술의 발달과 관련해서는 갈릴레오(憂里留, 葛利禮午), 코페르니쿠스(哥白尼, 고비니고), 탈레스(塔理土), 아르키메데스(亞及密底, 亞奇黙德), 피타고라스(白他格拉斯, 畢氏), 디오판토스(丟番都), 뉴턴(奈端, 牛董, 우탄, 奈氏, 奈端), 와트(瓦德, 왈트, 외트), 다윈(싸르원, 達爾溫, 싸-원, 싸빈), 구텐베르그(구덴쎄), 벤자민 프랭클린(벤쟈민 푸린클린), 벨(쎌), 옴(옴) 등이 소개되었다.

마지막으로 종교의 시조라고 할 수 있는 인물이 자주 등장했다. 서구 근

대를 형성한 사상적 연원과도 연관되는 것이라고 볼 수 있는데, 예수(젯서
스, 에스그리스도, 예스), 무함마드・마호메트(馬迦美, 摩哈麥, 마호멧트) 그리고 석가모
니를 가리키는 고타마(喬答摩, 구담)와 실달다(悉達多) 같은 인명도 나타났다.

3) 문학・예술가의 인명이다. 세계적 대문호인 셰익스피어(싴스비아), 도스
토예프스키(도스토 에프스키), 위고(유-고-)를 비롯해 스코틀랜드 문학자 토마스
칼라일(卡來爾), 러시아의 마르크스주의 문학이론가 루나차르스키(루나찰스키
-), 또한 음악가 모차르트(모-찰트), 쇼팽(쇼팡), 프랑스의 조각가 로댕(로단), 미
술가 보카치오(복카치오) 등이 소개되었다. 문학・예술가 가운데 가장 많은
출현 빈도를 보인 것은 찰리 채플린으로, 그가 소개되는 것은 대략 1920년
대 이후이다. 그는 촤프린, 촤프링, 촾푸린, 쯔푸링, 챠푸링, 챶푸린, 쵀플
린, 챶푸린, 촾푸링, 채푸링, 채플린, 챠리・촾푸린, 촬리・차푸린, 찰리-・
촤푸린 등의 다양한 이표기로 지칭되었다. 표기법이 정리되지 않았던 때
문이기도 하지만, 대중문화와 찰리 채플린에 대한 사회적 관심이 높았기
때문이라고도 볼 수 있다.

4) 어떠한 항목에 묶기 어려운 기타에 해당하는 인명이다. 카네기(카네기),
나이팅게일(나이킹겔, 나이징게류), 카포네(카보네, 알카포-네, 알카포네, 카포네), 산타클
로스(산타구로스) 등이 눈에 띤다. 또한 미의 상징인 클레오파트라(구레오파트라,
쿠레오파트라, 클레오파트라, 크레오파트라)와 바람둥이를 가리키는 돈주앙・돈 후안
(똔판)도 이 시기 소개되었다. 기타 항목 가운데에서도 약간의 공통점을 가
진 인물군이 존재했는데 바로 탐험가 집단이다. 크리스토퍼 콜럼버스(고룸
부스, 科翁布, 科倫布, 골놈부쓰, 골놈보쓰, 가륜포, 콜럼버쓰, 구르스도화 거론부스)를 비롯해
마테오 리치(利瑪竇), 바스코 다 가마(迦瑪), 마젤란(馬基蘭, 마르기란도), 아문센(아
문젠, 암젠) 등의 인명이 등장하는 것은 제국주의 침략이라는 시대적 조건의
영향이라고 생각된다.

둘째, 한국과 관계를 맺었기 때문에 알려지게 된 인명이 있다. 서구 근
대에 대한 이해를 위해 서구의 정치・사회・문화를 파악하는 과정에서 역
사적 위인이나 유명인들의 인명이 알려지는 것이 대부분이었지만, 이 시

기 근대 언론 매체에 수록된 인명 가운데는 한국과 직접 관련을 맺고 있던 이들도 존재했다. 개항기에는 우리나라의 근대 정치와 직접적 관계를 맺은 외국인의 이름이 등장하기도 했다. 예를 들어, 독일인 부들러(卜德樂), 영국인 우드(懋德)와 파크스(巴夏禮), 미국 공사 푸트(福特, 福德), 독일인 묄렌도르프(襪爾德), 베베르(워버) 등이 여기에 해당한다. 대부분이 외국인 고문 또는 외교관이었다. 또한 개항 이후 일제강점기까지 학교 설립이나 선교 활동을 통해 한국의 정치와 문화 형성에 영향을 미친 언더우드(원두우), 스크랜튼(시란돈), 아펜젤러(아편설라) 등도 소개되었다.

그 밖에 『漢城旬報』 1883년 12월 1일자에는 우리나라 각지에서 근무했던 외국인 세무사의 명단이 제시되기도 했다. 노블(魯富), 덩컨(鄧幹), 라다지(李大趣), 라이트(雷液退), 라포르트(羅布退), 로버트(盧外椎), 로젠바움(魯善方), 로크트(羅五學), 루이스(雷威士), 맥베트(麥倍時), 뫼르셀(牟世乙), 베코프스키(裵巨富識), 보리오니(富理安來), 사배틴(蘇眉退), 쇠니케·쉐니케(史播利來), 슐츠(肅爵始), 스미스(蘇茂世), 스트리플링(邵入佛刺), 아르노스(耨), 오스본(吳來士), 하스(夏士), 핼리팩스(奚來百士) 등이다.

셋째, 특정인을 지칭하지 않은 일반 인명도 등장했다. 대표적으로 李鍾極의 『모던朝鮮外來語辭典』(한성도서주식회사, 1936)은 '존'이라는 이름을 "남성 고유인명, 남자의 대표명"이라고 설명했다. 즉 여기서 존은 어떠한 특정인을 가리키는 것이 아니라 서양에서 자주 쓰는 이름의 한 사례로서 제시되었다. 이러한 사례에 해당하는 것이 존(約翰, 쫀, 죵), 더글러스(다크라스, 다구라스), 로빈슨(로빈션), 윌리엄(위리암), 헨리(顯理) 등이다. 존이 서양 남성 인명의 대표격이라고 한다면 서양 여성의 고유인명 가운데 대표적인 것은 메리(메리, 매리, 마리)이다. 그리고 이와 유사한 것으로 이사벨라(이사베리, 以色罷喇), 디아나·다이애나(다이나, 디아나), 마돈나(마돈나) 등이 있다.

넷째, 소설·신화 속 등장인물이다. 개항 이후 한국에는 다양한 서구 문학이 수용되었고, 또한 고대 신화와 성서(聖書) 등 종교서의 영향력이 강해졌다. 이 가운데 대표적인 문학 작품의 주인공을 빗대 자신의 표현을 에둘러하는 경우도 존재했고, 그 가운데 문학 작품의 주인공은 한 시대의 사회적 특정 집단을 지칭하는 말로 이해될 수 있었다. 예를 들어, 입센이 지은 『인형의 집』의 주인공 '노라'는 가부장제 사회에서 혼돈하는 신여성의 지위를 가리키는 의미를 띠었다. 이밖에도 많은 문학 작품 속 주인공들이 등장했다. 돈규쏘트, 똥기호테, 톤키·호테, 쏭키호-테, 돈키호대, 똥·키호-테, 똔·키호-테 등 수많은 이표기를 남긴 돈키호테를 시작으로 로빈슨 크루소(라빈손크루소, 로빈손, 로빈손크루소-, 로빈손크루소), 셰익스피어의 『베니스의 상인』의 등장인물로 가혹한 고리대업자인 샤일록(쇠이록, 샤이럭, 샤일럭), 햄릿(하므렡트, 하무렡트, 함렡, 햄렡, 햄렡트), 발자크의 『인간희곡』의 라스티냐크(라스티냑크) 등을 들 수 있다.

　그밖에 신화 속 인물로는 제우스신의 아들 디오니소스(디오니쏘스), 다프네(다푸네), 마르스(마-스), 헤라클레스(허쿨스) 등이 확인되며, 성경 속 인물로는 이브·하와(이와), 노아(나아), 마리아(마리아), 므두셀라(마토살랍), 야렛(아렬), 요한(요한), 아브라함(아부라함, 아브라함), 요셉(요셉, 오셀), 도마(다마), 바울(바울노), 베드로(베드로), 사무엘(사모엘, 삼우엘), 야고보(야고보), 이사야(이시야) 등이 등장한다.

　위에서 제시한 인명에 대한 분류는 대체적인 흐름만을 분석한 것이지만 서구식 인명이 등장하는 패턴은 어느 정도 제시되었다고 생각한다. 서구의 정치·사회·문화를 이해하기 위해서 폭넓게 역사 속 실존 인물을 근대 언론 매체 지면 위로 옮겨왔고, 서구 열강과 관계를 맺으며 한반도가 외국인의 활동장이 되면서 그들의 이름이 신문·잡지에 등장했다. 그리고 실존 인물은 아니지만 존과 메리 같은 일반인명도 소개되었고, 문학 작품 속의 노라와 샤일록 등이 현실사회에서 영향력을 행사할 수 있는 가능성도 만들어졌다. ▪ 조형열

〈표 13〉 세계의 인명 관련 신어

유형	관련 신어
서구 실존 인물	가리발다(까리발찌, 쌀늬발찌) / 간다(깐듸) / 갈릴레오(憂里留, 葛利禮午) / 게드(게-드) / 고타마(喬答摩, 구담) / 곰퍼스(곤파-스) / 구텐베르그(구덴쌔) / 그리스도(그리스도) / 그린(그리-ㄴ) / 나이팅게일(나이킹겔, 나이징게루) / 나폴레옹 1세(拿破侖第一) / 나폴레옹 3세(拿破侖第三) / 나폴레옹(나포륜, 나파륜, 나팔륜, 나벌에온) / 뉴턴(奈端, 牛董, 우탄, 奈氏, 奈端) / 다윈(짜르윈, 達爾溫, 짜-윈, 짜빈) / 데카르트(德戛爾) / 도스토예프스키(도스토 에프스키) / 돈주앙·돈 후안(쏜·판) / 디오판토스(丟番都) / 라파에트(라파엣투) / 러더포드 헤이스(魯西爾薄爾土海禮斯) / 레닌(레-닌, 레-닝) / 로랭(로단) / 로버트 피츠로이(羅拔飛來) / 로자 룩셈부르크(로-사, 로-사룩셈부룩) / 루나차르스키(루나찰스키-) / 루쇼(루수, 루소, 르사) / 루스벨트(루스벨트, 루스볼트) / 루이 오를레앙(羅意土勿烈伯) / 루터(루데로) / 리카도(리키-드, 리카-도) / 리프크네히트(리쑤크네히트) / 마르크스(맑스, 맑쓰) / 마젤란(馬基蘭, 마르기란도) / 마테오 리치(利瑪寶) / 말사스(말사스) / 모차르트(모-찰트) / 몽테스키외(몽데스큐) / 무함마드·마호메트(馬迦美, 摩哈麥, 마호멧트) / 밀러드 필모어(弥兒羅土斐謨) / 바스코 다 가마(迦瑪) / 밴뷰런(范標倫) / 베이컨(培根) / 벤자민 프랭클린(벤쟈민 푸린클린) / 벨(쩰) / 보카치오(복카치오) / 비스마르크(卑士墨, 卑思麥, 俾思麥侯, 비스막, 쎄스막) / 산타클로스(산타구로스) / 셰익스피어(쇽스비아) / 소크라테스(索格底, 숏구레티스, 속크랏싯) / 솔로몬(솔노몬, 솔노믄) / 쇼팽(쇼팡) / 스탈린(스탈린, 스탈링, 스타린, 스타링) / 실달다(悉達多) / 아르키메데스(亞及密底, 亞奇默德) / 아리스토텔레스(額利斯多) / 아문센(아문젠, 암젠) / 아벨라르(아베랄) / 애덤스(古因思阿丹士) / 앤드류 잭슨(安得烈査克遜) / 앤드류 존슨(安得烈潤孫) / 에이브러햄 링컨(亞伯拉罕林根, 닝콘) / 예수(젯서스, 예스·그리스도, 예스) / 옴(옴) / 와트(瓦德, 왈트, 외트) / 위고(유-고-) / 윌리엄 해리슨(維廉哈里遜) / 율리시스 그랜트(干爾西尼斯格蘭多) / 잔다르크(쨘·다크, 如安達, 짠·똷크) / 재커리 타일러(惹迭利迭羅) / 제임스 가필드(惹迷斯呀壁爾土, 喀非爾) / 제임스 매디슨(惹斯馬底遜) / 제임스 먼로(惹迷斯瞞羅) / 제임스 뷰캐넌(惹迷斯布堪南) / 제임스 포크(惹迷斯薄克) / 제임스 핀치(젬쓰핀취) / 조지 워싱턴(若日耳華盛頓, 워싱돈, 죠지와엉톤) / 존 애덤스(約翰阿丹士, 존이담스, 젠아단스) / 존 타일러(約翰迭羅) / 채플린·찰리 채플린(촤프린, 촤프링, 촵풀린, 쯔푸링, 챠푸링, 챺푸린, 쵀플린, 촵푸린, 촵푸링, 채푸링, 채플린, 챠리·촵푸린, 촬리·차푸린, 찰리-·촤푸린) / 체스트 아서(亞爾面亞瑣亞) / 카네기(카네기) / 카포네(카보네, 알·카포-네, 알·카포네, 카포네) / 칸트(干德) / 케말파샤(加馬巴加) / 코페르니쿠스(哥白尼, 고비니고) / 코프로니모스(可布羅尼斯) / 콩트(堪德, 곤데) / 크롬웰(그롬월, 클럼월) / 크리스토퍼 콜럼버스·콜럼버스(고릉부스, 科翁布, 科倫布, 골놈부쓰, 골놈보쓰, 가륜포, 콜럼버쓰, 구르스도화 거론부스) / 클레오파트라(구레오파트라, 쿠레오파트라, 클레오파트라, 크레오파트라) / 탈레스(塔理士) / 토마스 제퍼슨(托馬庭費遜) / 토마스 칼라일(卡來爾) / 파스칼(裴司格) / 표트르(피득, 피득대제) / 프랭클린 피어스(弗蘭克林壁爾斯) / 플라톤(布拉多) / 피타고라스(白他格拉斯, 畢氏) / 한니발(히니볼, 한니

유형	관련 신어
	바르) / 호메로스·호머(賀梅爾)
한국과 관계를 맺은 서양인	노블(魯富) / 덩컨(鄧幹) / 라다지(李大趣) / 라이트(雷液退) / 라포르트(羅布退) / 로버트(盧外椎) / 로젠바움(魯善方) / 로크트(羅五學) / 루이스(雷威士) / 맥베트(麥倍時) / 뫼르셀(牟世乙) / 묄렌도르프(穆爾德) / 베베르(워버) / 베코프스키(麥巨富識) / 보리오니(富理安來) / 부들러(卜德樂) / 사배틴(蘇眉退) / 쇠니케·쉐니케(史播利來) / 슐츠(肅鬱始) / 스미스(蘇茂世) / 스크랜튼(시란돈) / 스트리플링(邵入佛刺) / 아르노스(耨) / 아펜젤러(아펀설라) / 언더우드(원두우) / 오스본(吳來士) / 우드(懋德) / 파크스(巴夏禮) / 푸트(福特, 福德) / 하스(夏士) / 핼리팩스(奚來百士)
특정인이 아닌 일반 인명	더글러스(다크라스, 다구라스) / 디아나·다이애나(다이나, 디아나) / 로빈슨(로빈션) / 마돈나(마돈나) / 메리(메리, 매리, 마리) / 윌리엄(위리암) / 이사벨라(이사베리, 以色罷喇) / 존(約翰, 쫀, 죵) / 헨리(顯理)
소설·신화 속 등장인물	노라(노라) / 노아(나아) / 다프네(다푸네) / 도마(다마) / 돈키호테(돈규쏘트, 똥기호테, 톤키·호테, 쏭키호-테, 돈키호데, 똥·키호-테, 똔·키호-테) / 디오니소스(디오니쏘스) / 라스티냐크(라스티냑크) / 로빈슨 크루소(라빈손·크루소, 로빈손, 로빈손·크루소-, 로빈손·크루소) / 마르스(마-스) / 마리아(마리아) / 므두셀라(마토살랍) / 바울(바울노) / 베드로(베드로) / 사무엘(사모엘, 삼우엘) / 샤일록(쇠이록, 샤이럭, 샤일럭) / 아브라함(아부라함, 아브라함) / 야고보(야고보) / 야렛(아렬) / 요셉(요셉, 오셸) / 요한(요한) / 이브·하와(이와) / 이사야(이시야) / 장발장(쟌발쟌, 짠발쟌) / 햄릿(하므렡트, 하무렛트, 함렡, 햄렡, 햄렡트) / 헤라클레스(허큘스)

(4) 호칭

호칭(呼稱)은 사전적 의미로 이름을 지어 부르는 행위 또는 어떤 특정인을 부르는 이름 등을 가리킨다. 즉 호칭은 사람과 사람 사이의 관계에서 파생되는 것이다. 그런데 관계는 상대적이기 때문에 직업·직위와 같은 일반적 지칭이 어떠한 특수한 상황에서는 호칭으로 성립되기도 한다. 이러한 점 때문에 호칭의 범주는 상대성을 띨 수밖에 없다. 그러나 직업·직위는 상대적 호칭이기 이전에 일반적 지칭이며 또한 다른 장에서 다루어지므로 여기서는 특정인·특정계층을 가리키는 용어에 한정하고자 한다.

근대 이후 새롭게 등장하는 호칭은 각종 관계에 따라 대략 네 가지로 분류할 수 있다. 연인·가족 관계, 대중문화 관계, 사회 관계, 국가 관계 등이 그것이다. 이는 개인과 개인이 만나는 아주 작은 관계로부터, 그를 바탕으로 형성된 가족, 개인과 유명인이 관계 맺는 분야인 대중문화, 그리고 개인의 범위를 넘어서 어떠한 집단으로 불리게 되는 사회관계, 나아가 개인이 소속된 한 사회의 입장에서 다른 지역·국가를 지칭하는 명칭이 존재했음을 보여준다. 각각의 경우를 살펴보면 아래와 같다.

첫 번째로 연인·가족 관계를 보면, 그중 연인 관계에서는 스위트하트, 달링, 마이 디어, 마이 스타, 몬아미·모나미, 피앙세 같은 용어들이 호칭으로 쓰였다. 이 가운데 관심을 끄는 것은 스위트하트이다. 가장 많은 사례가 확인될 뿐만 아니라 여러 가지 다양한 표기들이 등장한다. 스윝·하트, 스윝·핱, 스위-트하ー트, 쓰위트하트, Sweet heart를 꼽을 수 있다. 영어를 우리말로 옮기는 방식이 단일하지 않았던 데서 나오는 차이지만 그만큼 높은 빈도를 보였음을 반증한다. 특히 자유연애가 일제강점기 이후 새로운 사회현상으로 대두하면서 스위트하트 외에도 다양한 애인·약혼자를 가리키는 용어가 자리 잡은 것으로 이해할 수 있다.

가족 관계의 경우에는 허즈번드, 마마, 파파와 같은 신어가 확인된다. 이는 남편, 어머니, 아버지를 영어로 표기하는 경우이고, 일본어로 할머니·할아버지를 가리키는 오바상·오지상 같은 사례도 등장한다. 가족 관계에 있어서는 부부·부모·조부모 등 친족 범위 내에서 영어·일어 등 외국어 단어들이 수용되는 것으로 볼 수 있다.

둘째, 대중문화 관계 용어이다. 일제강점기는 원하건 원치 않건 대중문화가 형성되고 그로 인한 대중의 사랑을 받는 문화인이 나타나는 시기였다. 이 때문에 많은 출현 빈도를 보이는 것은 아니지만 스타, 팬, 아이돌과 같은 대중문화의 아이콘을 지칭하는 용어들이 근대 신어로 자리 잡게 되었다. 그중 스타와 팬은 다양한 이(異)표기들을 갖는데, 스타는 스타, 스타ー, 斯他, スターーロ, 팬은 퐨, 뺀, 뺀, 판, ファン 등의 형태를 띠었다.

또한 미인을 가리키는 이색적인 용어가 등장하는 것도 눈여겨볼 만한 대목이다. 즉 美를 뜻하는 독일어가 이 시기 미인을 뜻하는 용어로 사용되

었다. 샨, 쉐-네, 시엔, 쉐-ㄴ, シャン, Schoen 등이 그것이고, 이와 유사하게
대단한 미인을 토데쌴이라고 표기한 것도 발견할 수 있다.

셋째, 호칭을 뜻하는 단어 가운데 압도적인 다수는 주로 사회 관계에서
나타났다. 이는 개항·일제강점기를 거치면서 점차 개인의 사회적 활동이
확대되는 것으로부터 연유했다고 볼 수 있다. 먼저 남성·여성을 불문하
고 여러 가지 형태의 경칭이 대거 사용되는 점에 주목해야 한다. 이러한
사례로 꼽을 수 있는 것이 세뇨(세뇨-르), 세뇨리타(세니요리타, 쎄뇨리타, 세니요리
타), 세뇨러(세뇨-라), 레이디(레이디, 레디-, 레듸쓰레듸, 레-듸), 써(써-, 싸, 쎄), 젠틀맨
(젠틀맨·Gentleman·쩌인틀맨쩬틀맨), 마드무아젤(마듬어젤, 마드뫄젤, 마덤어젤, 마덤워젤),
무슈(뭇슈), 마담(매담, 마담, 마덤, 매담, 痲多蕪), 맴(맴), 미스(미스, 미쓰), 미스터(미스
터, 미스타-), 미시즈·부인(미쎄스), 헤르(헤르, 헬), 양·아가씨(孃), 신사(紳士, 신수)
등이다. 외래어의 유래로 따져본다면, 영어·프랑스어·독일어·스페인어
등의 남녀에 대한 경칭이 모두 포함되어 있다. 또한 孃과 紳士 등과 같은
외래어의 직역이 아닌 호칭도 사용되었다.

다음으로 사회 관계를 보여주는 호칭 가운데 특히 여성을 지칭하는 용
어들이 많이 등장하는 것도 주목할 만하다. 처녀·아가씨·오토메(乙女), 버
진(バージン), 걸(껄), 말괄량이·플래퍼(뿔랲퍼, 뿔랲펄, 플랖퍼), 갈보(갈보), 양갈보(양
갈보), 양여자(양녀자), 단발랑·단발한 젊은 여자(斷髮娘), 나이스 걸(나이쓰껄),
에버레이디(에버, 레이디), 올드미스(オールドミス), 프레시걸(뿌레시 껄), 소사이어티
걸(쏘사에티·껄) 등이 여기에 해당한다. 전통시대에 비해 근대에 들어서면서
여성의 사회 참여가 확대되는 것과 연관이 있으며, 한편으로는 여성의 상
품화 현상과도 일정한 관계가 있을 것으로 유추된다.

한편 친구나 동지를 지칭하는 용어들도 등장했다. 1917년 러시아혁명의
여파로 사회주의 사상의 수용이 활발해진 것을 반영하듯 남녀 동지를 뜻
하는 러시아어가 다양한 이표기로 활발하게 사용된 것을 확인할 수 있다.
여동지·자매·여자친구(타와르카, 다와르가), 타바리시치·동료·동무·동지(타
와리시치, 다와리시치, 또와리씨, 또와리치, 도바리치, 도바리씨, 타와라싯치, 다와릿슈) 등이 그

것이다. 또한 파트너(바드나, 퍼트너, 파토나-, 파트너, 파-트너, 파-트나, 파-트너-), 프
렌드(쭈렌드, 普蓮土波), 프로인트(프로인트), 아미(아미) 등의 영어, 독일어 등의 표
기가 발견된다.

   청소년·아동에 대한 호칭의 등장 역시 근대 이후 나타나는 현상이라고
할 수 있다. 보이(쏀이, 쏀오이, ボ—イ), 보이맨(뽀이·맨), 차일드(촤일트), 아이·고
모도(고도모), 베이비(ベビ—), 영맨(영·맨), 미성년자(未成者, 未成年者, 未丁年者) 등
이 여기에 해당한다. 특히 이 가운데 보이와 같은 용어는 단지 미성년의
남성을 가리키는 의미뿐만 아니라 심부름꾼, 급사와 같은 직업적 의미가
결부되어 사용되었다.

   마지막으로 사회 관계에 있어서 주목할 점은 특정인이 아닌 사회계층
일반을 가리키는 용어들이 자리 잡게 되었다는 것이다. 대표적인 것이 신
식 문화를 수용한 사람들을 일컫는 하이칼라라는 어휘이다. 하이칼라는
하이칼라, 하이·컬라, 하이·칼나, 하이카라, ㅎ이칼나, ハイカラ, ハイカ
ラ— 등의 이표기를 띠면서 매우 폭넓게 이용되었다. 그밖에도 토마토 하
이칼라(토마토-,하이칼라), 근대인(近代人), 후단인(後端人) 등은 전통 문화와 신식
문화의 교차지점에서 특정의 문화적 취향과 생활 태도의 표방을 상징하는
용어라는 점에서 의미가 있다. 신식 문화의 섭취자들이 1920년대 이후 가
속화되는 고등 인력의 실업난 가운데 갈 곳 몰라 정처 없이 떠돌게 되면서
고등빈민(高等貧民), 고등유민(高等遊民) 양복세민(洋服細民) 등으로 불리는 사례
들도 등장했다.

   이와 함께 자본주의적 생산관계가 점차 확대되어가면서 자본가 계급과
노동자 계급의 사회적 존재를 표현하는 용어들도 발견된다. 대표적으로
중국인 노동자를 지칭하다가 이후 노동자층 일반을 가리키는 뜻으로 확대
된 쿨리는 쿨니-, 苦力, 쿠-리, 쿠리, 쿠리-, 쿨리, 쿨리-, 쿠-리, クーリー
등의 다양한 이표기로 사용되었다. 프로레타리안(프로레타리안)과 부르주아·
부르(쌕르) 등은 마르크스주의의 영향 가운데 일제강점기 지주 자본가 계급
과 노동자 농민 계급을 지칭하는 의미로 이용되었다. 또한 전통적으로 신

분 계급을 뜻하는 평민(平民, 小民, 尋常人), 그리스·아테네의 평민 계급인 플
레브스(플레브스)와 같은 용어들도 근대 이후 우리 사회에 차츰 나타났다. 이
밖에도 새롭게 부를 축적한 인물들이나 사업적 대표자를 칭하는 캡틴(캪틴,
카피탄, 캪테인, 캔틴, 캪텐, 캎텐, キャプテン), 보스(쏘스), 벼락부자·졸부(成金, 나리낑),
누보리셰(누-보.리쉐), 갑부(甲富) 등의 단어가 이 시기 호칭의 한 범주로 형성
되었다.

그밖에 사회관계에서 파생된 호칭은 여러 가지 형태로 존재했다. 예를
들어 정착하지 못한 막일꾼을 의미하는 호보·떠돌이일꾼·부랑자(호-보-)
라든가, 학생 양반을 의미하는 일본어를 우리말로 옮긴 각세이상 같은 사
례들을 들 수 있다. 이처럼 사회 관계에 대한 용어가 호칭의 대부분을 차
지하게 되는 점은 근대 이후 사회적 관계가 가정과 지역 공동체의 범위를
벗어나 점차 확대일로에 있었던 데에서 기인했다.

넷째, 국가 관계에 대한 호칭이다. 전근대시대 사람들이 인식하고 있던
세계와 근대 이후 알게 된 세계는 차이가 있을 수밖에 없다. 특히 서구 열강
의 제국주의 침략에 대한 대응과 자주적 근대화를 위해 각 나라의 발전과정
을 눈여겨 볼 수밖에 없었던 애국계몽기에 이러한 국제적 교류에 대한 인식
은 확대되었다. 이 점에서 개항 이후 일제강점기에 이르는 시기 동안 타국
또는 타 지역 사람에 대한 호칭이 확대되는 것은 자연스러운 결과였다.

이러한 사례로 확인할 수 있는 호칭들은 대개 다음과 같다. 그리스인(希
臘人, 꾸리스人), 파리지앵(파리장, 파리쟁, 파리쟝, 파리쟌, 파리쟁, 파리쟌), 파리지앵느(파
리센, 파리지엔느, 파리젠, 파리쟨, 파리쟌느), 2등 지나인·2등 중국인(支那人 二等), 중
국인·지나인(시나진), 중국인·차이나맨(촤이나맨), 보헤미안(뽀헤미안, 보헤미안,
보헤미앙, 쏘헤미안), 보헤미아인(波希米人), 네덜란드인(荷人, 荷蘭人), 필리핀인(非人),
미국인·합중국인(合衆國人), 양키(양키), 엉클샘(엉클·쎔), 플로렌스 사람(夫羅連
人), 노르망디인(諾曼人), 나사렛인(나자레人), 제노바인(熱那亞人), 프랑스시민(法國
市民), 세상사람(世人), 개명국인(開明國人), 아메리칸 인디언(아메리카·인디안), 에
미그런트(에미그란트), 노마드(노마드), 에트랑제(エトランゼ, 에트랍제), 거류인(居留人),

한교·조선재외거주교포(韓僑), 고려인·코리언·한국인(高麗人), 화교(華僑), 내
지인·일본인(닉디인) 등이다.

이 가운데 주목해서 볼 만한 것은 중국인에 대한 차별적 인식이 투영된
지나인과 같은 용어가 일반적으로 사용되었다는 점이며, 일본인은 식민지
적 관계 아래 내지인으로 불리고 있었다. 또한 미국인에 대해서는 합중국
인, 양키, 엉클샘과 같은 다양한 표현들이 등장했다. 국가 관계가 일제 강
점이라는 왜곡된 현실 속에서 맺어지면서 그 표현 방식에 있어서도 어쩔
수 없이 당대의 현실적 정치적 역학 관계가 반영되었음을 엿볼 수 있다.

모든 근대 신어가 동시대의 사회구조와 인간 관계를 반영한다고 볼 수
있지만, 관계 아래에서 존재할 수밖에 없는 호칭은 특별히 사회적 변화에
따른 관계의 제 양상을 내포한다고 볼 수 있다. 이 점에서 호칭은 한국의
근대화 과정과 연동해서 이해해야 할 대상이며 이러한 용어의 성립과 변
천의 과정을 더욱 정밀하게 검토하는 연구가 필요하다. ■ 조형열

〈표 14〉 호칭 관련 신어

유형	관련 신어
연인·가족관계	단나(檀那, 旦那) / 달링(딸닝, 딸링) / 대디(때듸, 때디) / 마마(마마) / 마이 디어(마이·띄어) / 마이 스타(마이·스타) / 몬아미·모나미(몬·아미, 몽아미) / 스위트하트(스윝·하트, 스윝·핱, 스위-트하-트, 쓰위트하트, Sweet heart) / 아저씨(오지상) / 약혼자(이이나즈께, 約婚者) / 오바상·할머니(오바상) / 파파(파파, パパ) / 피앙세·약혼자·약혼남(역안세, 빠이안세) / 할아버지(오지상) / 허즈번드(허쓰, 허쓰반, 허쓰반드) / 형제(언아)
대중문화관계	님프(님쯔) / 미스유니버스(미쓰·유니벌스) / 미스코리아(미쓰·코리아) / 미스터코리아(미스터·코리아) / 미스트리스(미스트레스) / 미인·쉔(샨, 쉐-네, 시엔, 쉐-ㄴ, シャン, Schoen) / 베이비스타(뻬비·스타) / 스타(스타, 스타-, 斯他, スター) / 아이돌(아이돌, 아이똘) / 토테쉔·대단한 미인(토데쏀) / 팬(왠, 옌, 짼, 판, ファン)
사회관계	갈보(갈보) / 갑부(甲富) / 걸(껄) / 고등빈민(高等貧民) / 고등유민(高等遊民) / 괴뢰·꼭두각시(傀儡) / 근대인(近代人) / 나그네(覊客) / 나비스(노뷔쓰, 노삐쓰) / 나이스 걸(나이쓰·껄) / 노동귀족(勞動貴族) / 누보리세(누-보·리쉬) / 다머(다-메) / 단발랑·단발한 젊은 여자(斷髮娘) / 레이디(레이듸, 레다-, 레듸쓰·레듸, 레-듸) / 마담(매담, 마담, 마덤, 매담, 麻多蕪) / 마드무아젤(마듬어젤, 마드뫄젤, 마덤어젤, 마덤워젤) / 마마보이(Mother boy) / 말괄량이·플래퍼(뿔랲퍼, 뿔랲필, 플랍퍼) / 맴(맴) / 무슈(뭇슈) / 미성

유형	관련 신어
	넌자(未成者, 未成年者, 未丁年者) / 미스(미스, 미쓰) / 미스터(미스터, 미스타-) / 미시즈·부인(미쎄스) / 버진(バージン) / 베이비(ベビー) / 벼락부자·졸부(成金, 나리낑) / 보스(쏘스) / 보이(쏘이, 쏘오이, ボーイ) / 보이맨(뽀이·맨) / 부르주아·부르(뿌르) / 블랙코트(쁠랙,코-트) / 선오브어건(사노바간, 썬오버건, 썬어버건, 썬오버건) / 선자·착한 사람(엄이) / 세뇨(세뇨-르) / 세뇨라(세뇨-라) / 세뇨리타(세니요리타, 쎄뇨리타, 세니요리타) / 소사이어티 걸(쏘사에티·껄) / 쉬이크(쉬익) / 스트레인저(스트레인저) / 시니어(세니어) / 신사(紳士, 신스) / 써(써-, 싸, 써) / 아나타·당신(아나다, アナタ) / 아미(아미) / 아웃사이더(아웉싸이더) / 아이·고모도(고도모) / 양·아가씨(孃) / 양갈보(양갈보) / 양복세민(洋服細民) / 양복쟁이(洋服장이, 양복장이, 양복쟁이) / 양여자(양녀자) / 양장미인(양장미인) / 언놈과 언년(언놈년) / 에버레이디(에버,레이디) / 여동지·자매·여자친구(타와르카, 다와르가) / 영맨(영·맨) / 올드미스(オールドミス) / 젠틀맨(젠틀맨·Gentleman·쩌인틀멘·쩬틀맨) / 차일드(촤일트) / 처녀·아가씨·오토메(乙女) / 초급자(素人) / 캡틴(캪틴, 카피탄, 캪테인, 캔틴, 캪텐, 캪텐, キャプテン) / 쿨리(쿨니-, 苦力, 쿠-리, 쿠리, 쿠리-, 쿨리, 쿨리-, 쿠-리, クーリー) / 타바리시치·동료·동무·동지(타와리시치, 다와리시치, 또와리씨, 또와리치, 도바리치, 도바리씨, 타와라싯치, 다와릿슈) / 타이런트(타이란트) / 타타(타-타) / 토마토 하이칼라(토마토-, 하이칼라) / 토오짱보이·파파보이(父ちゃんボーイ) / 파트너(바드나, 퍼트너, 파토나, 파트너, 파-트너, 파-트나, 파-트너-) / 평민(平民, 小民, 尋常人, 플레브스(플레브스) / 풋내기·아오니사이(靑二歲) / 프라우(뿌라우) / 프레시걸(뿌레시 껄) / 프렌드(뿌렌드, 普蓮土波) / 프로·프롤레타리아(프로, プロレタリア) / 프로인트(프로인트) / 프로퍼타리아트(프로파-타리아-트) / 프롤레타리안(프로레타리안) / 하이칼라(하이칼라, 하이·칠라, 하이·칼나, 하이카라, 흐이칼나, ハイカラ, ハイカラー) / 학생 양반(각세이상) / 헤르(헤르, 헬) / 호보·떠돌이일꾼·부랑자(호-보-) / 후단인(後端人)
국가 관계	2등 지나인·2등 중국인(支那人 二等) / 개명국인(開明國人) / 거류인(居留人) / 고려인·코리언·한국인(高麗人) / 그리스인(希臘人, 쑤리스人) / 나사렛인(나자레人) / 내지인·일본인(너디인) / 네덜란드인(荷人, 荷蘭人) / 노르망디인(諾曼人) / 노마드(노마드) / 미국인·합중국인(合衆國人) / 보헤미아인(波希米人) / 보헤미안(뽀헤미안, 보헤미안, 보헤미앙, 쏘헤미안) / 세상 사람(世人) / 아메리칸 인디언(아메리카·인디안) / 양키(양키) / 엉클샘(엉클·쌤) / 에미그런트(에미그란트) / 에트랑제(エトランゼ, 에트람제) / 제노바인(熱那亞人) / 중국인·지나인(시나진) / 중국인·차이나맨(촤이나맨) / 파리지앵(파리장, 파리쟨, 파러장, 파리쟌, 파리쟨, 파리쟌) / 파리지앵느(파리센, 파리지엔느, 파리젠, 파리쟨, 파리쟌느) / 프랑스시민(法國市民) / 플로렌스 사람(夫羅連人) / 필리핀인(非人) / 한교·조선재외거주교포(韓僑) / 화교(華僑)

제4장 예술 · 감각

감정을 전달하거나 표현하는 인간의 행위는 시대와 사회를 가리지 않고 있어 왔다. 인간의 신체와 관련된 어휘도 그러했다. 그러나 그러한 행위나 생각이 '예술'이라는 어휘에 담긴 것은, 또 신체와 정신을 둘러싼 각종의 현상들이 '감각'이나 '이성'이라는 어휘로 쓰이기 시작한 것은, 근대에 들어서면서부터이다.

지금 쓰고 있는 '예술'이라는 어휘는 유럽에서 사용되던 'art'를 번역하면서 관습적으로 쓰이던 언어 중 '예술'을 선택하여 사용한 것이다. 따라서 '예술'의 개념과 범주에는 전근대의 관습적 어의와 근대의 새로운 어의가 섞여 있다.

국립국어원 표준국어대사전에는 '예술'의 어의를 셋으로 나누어 설명한다. 1) 기예와 학술을 아울러 이르는 말, 2) 특별한 재료, 기교, 양식 따위로 감상의 대상이 되는 아름다움을 표현하려는 인간의 활동 및 그 작품 3) 아름답고 높은 경지에 이르는 숙련된 기술을 비유적으로 이르는 말로 각각 정의 내렸다. 첫 번째 정의는 전근대의 관습적 의미가 여전히 남아 있는 경우이고, 두 번째 정의는 'art'의 번역된 어의라 할 수 있다. 이에 비해 세 번째 정의는 번역된 예술=art의 개념 정착 이후 생겨난 것이다. 백과사전들의 정의를 일별해 보면, 대체로 '미적 작품을 형성시키는 인간의 창조 활동'으로 풀이되어 표준국어대사전의 두 번째 정의와 상응하는데, 이것이 가장 높은 빈도로 사용되는 실제적 어의임을 알 수 있다.

'예술'은 전근대시기에도 종종 사용되었던 어휘이다. 『조선왕조실록』의 용례를 살펴보면, '예술'은 '예(藝)'와 '술(術)' 두 한자어의 뜻을 이어 붙인 관용적 어휘로서, 대체로 천문, 지리, 복서(卜筮), 의약, 통역, 율학, 산학 등을 포함했다. 또 기예, 잡예, 잡술, 잡학 등의 어휘와 상통하는 의미를 지니고 있었다. '미(美)'나 '쾌(快)', 혹은 '정(情)'의 가치를 중시하는 지금의 예술 개념은, 1910년대 후반부터 쓰기 시작했고 1920년대 이후에 적극적으로 활용되었다. 최남선이 「청춘」(1917)에서 '예술가'를 언급하고 이광수가 「문학이란 하오」(1916)와 「무정」(1917)에서 '예술'의 개념을 적극적으로 수용한 것은 예술 개념이 성립하던 초창기의 위상과 의미를 보여주는 주요 사례이다. 이후 문학과 연극, 미술, 음악 등이 예술의 하위 범주로 인식되기 시작했다.

예컨대 김약수가 『공제』(1920)에 게재한 「통속유행어」에는 예술을 '문학, 미술, 회화, 조각, 무도 등, 모두 인생의 창작력에 의한 활동을 말함'이라고 규정했다. 미술과 회화와 조각이 다른 양식으로 소개되었고 연극과 음악, 영화 등은 예시되지 않았다. 이에 비해 민조사판 『신어사전』은 예술을 '문학 연극 음악 미술 건축 영화 등을 말함이니 일정한 형식으로써 소여된 소재를 형상화하야 감정을 전달하는 수단'으로 정의해 대조를 이룬다. 그러니 양식적 의미에서 예술의 범주는 1920년대까지도 분명하지 않았고 또 영화를 예술의 범주로 인식하게 된 것도 1930년대 이후의 일이라 할 수 있다.

이 장의 제목은 '예술·감각'으로서 관련 어휘를 포괄하고 있다. 그러나 예술분야에는 '예술'이라는 대범주 아래 하위의 범주들이 비교적 체계적으로 포함되어 있는 반면, 감각 범주는 그렇지 않다. 여기서 '감각'은 '오감'이나 '감정'에 속하는 어휘들은 물론, '이성'에 속하는 어휘들도 모두 포함시켰고, '질병'이나 '의료' 등 신체와 관련된 어휘들도 들어 있다. 즉 '감각'을, 인간의 몸, 두뇌, 또한 그와 관련된 모든 현상을 지칭하는 매우 포괄적인 범주로 설정했다. 따라서 여기서 '감각'이란, 신체, 감각, 인지, 질병, 의료에 이르는 인간의 물질적 특성에 기인한 기본적이고 광범위한 영역을 대표한다. 그렇게 분류한 이유는 다른 범주에 비해 이 분야의 어휘가 많지 않고 일상생활에서도 사용빈도가 높지 않아 따로 분류해 다루기가 곤란해서이기도 하지만, 감각을 신체, 인지, 질병 등의 하위 범주와 함께 고려하여 이해할 필요도 있기 때문이다.

감각의 개념과 범주도 전근대에 사용된 용례를 발견키 어렵다. 『조선왕조실록』에는 '감(感)'과 '각(覺)'이 연이어 쓰인 경우가 없고, '각감(覺感)'의 용례는 있으나 이것을 '오감'을 뜻하는 의미로 보기 어렵다. 개별 감각에 상응하는 어휘가 있었지만 '감(感)'과 '각(覺)'을 이어붙인 어휘는 사용하지 않았던 것이다. 이 점은 '이성'의 경우도 마찬가지이다. 이에 비해 '감정', '인지', '판단', '형상', '행위', '신체', '의료' 등은 빈도가 높지 않지만 관습적으로 사용된 사례가 있다. 즉 하나의 단어로 인정되는 수준은 아니지만 관습적으로 두 한자어를 붙여 쓰는 경우가 있었음을 말한다. 그러나 그중 '질병(疾病)'은 사용빈도가 높은 어휘로서 관습적으로 이미 하나의 단어로 굳어진 경우라 할 수 있다.

이러한 '감각'의 어휘별 특성으로 볼 때, 일상생활에 밀착된 어휘일수록 한자어의 조합을 통해 관습적인 단어 수준에 이른 경우가 많고, 반대로 개념의 추상도가 높을수록 한자어의 조합은 쉽지 않았으며, 근대 이후 번역된 개념의 생성과 함께 사용되기 시작했을 가능성이 높다고 유추할 수 있다. 특히 '예술'과 '감각' 같은 어휘는 일본과 중국에서도 용례가 확인되는 것으로 보아 동아시아에서 공통된 개념과 범주의 형성과정을 밟은 것으로 볼 수 있다.

'예술·감각' 범주의 어휘 수는 앞서 검토한 '정치·경제', '사회·생활', '과학·지식'을 포함한 전체 어휘 중 약 16%를 차지한다. 예술·감각의 하위 범주인 '예술·취미', '인지·감각', '신체·질병'의 분포 비율은 각각 약 45%, 약 42%, 약 11%이다. 다시 '예술·취미'의 하위 범주의 분포 비율을 보면, 문학 14%, 연극·영화 14%, 음악·미술 27%, 스포츠 32%, 예술이론 6%, 여가 7%이다. '인지·감각' 범주는 이성 34%, 감정 14%, 행위 37%, 성질·형상 12%, 오감 3%로, '신체·질병' 범주는 몸 24%, 질병 24%, 의료 23%, 위생 9%, 의약품 20%로 구성되어 있다.

위의 통계는 전수 조사 방법을 통한 것이 아니므로 실제적 분포 비율의 평가 지표로 삼기는 어렵지만, 개략적 흐름과 경향을 파악하는 데는 도움이 된다. 분포 비율로 볼 때, 스포츠(무용 포함) 관련 어휘가 비교적 많고, 각 예술 계통 어휘가 균등하게 분포하며, 예술이론과 여가 계통 어휘의 비율이 상대적으로 낮다. 이 분류와 통계는 각 어휘 활용의 경향과 흐름을 대략적으로 이해하기 위해 임시적으로 마련하여 분석한 것이므로 이를 당시 어휘의 실제적인 사회적 비중과 등치시킬 수는 없다. 다만 스포츠 관련 신어가 높은 것은 이 분야 자체가 전근대에 거의 개발되지 않았다는 특수한 상황과 함께 근대에 들어와 지대한 관심을 받았다는 것을 보여준다는 점에서 주목할 만하다. 예술이론 관련 어휘는 다른 예술분야와 중복될 경우 통계에서 배제했기 때문에 낮은 비율을 보이는 것이며, 여가 관련 어휘가 적은 것도 마찬가지로 상당 부분이 스포츠와 중복되어 배제했기 때문이지만 동시에 이 시기가 다양한 여가의 양식이 개발되기 이전이라는 점이 참작되어야 할 것이다.

'예술·감각'과 관련된 신어에 대한 연구는 대개 네 부류로 나눌 수 있다. 첫째, 국립국어원의 신어 수집과 연구이다. 한국어에 대한 제반의 규범을 제시하는 국립기관의 특성상 수집과 선별 및 공개에 초점이 맞춰져 있다. 둘째는 어학 분야에서 신어를 연구한 성과로서, 계통적 분류보다 총량적 연구가 많고, 의미론과 화용론적 측면에서 어학사적 성격을 고찰하는 경우가 다수이다. 셋째, 문학 분야에서 '예술' 개념의 형성과정을 살펴 근대문학의 존재양상을 밝히려는 연구이다. 넷째, 역사 분야를 중심으로 개념사적 방법론을 활용한 연구가 있다. 예술·감각 계통 신어의 성격을 이해하는 데에는 특히 문학 분야의 연구와 개념사적 연구가 주목된다.

예술 분야의 대표적인 연구성과로는 황종연의 「문학이라는 역어」(『한국문학과 계몽담론』, 새미, 1999), 김동식의 『한국의 근대적 문학 개념 형성과정 연구』(서울대 박사논문, 1999), 권보드래의 『한국 근대소설의 기원』(소명출판, 2000), 황호덕의 「한국 근대에 있어서의 문학 개념의 기원(들)」(『한국사상과 문화』, 2000), 이경돈의 「근대문학의 이념과 문학의 관습」(『민족문학사연구』26, 2004), 김지영의 「문학 개념체계의 계보학」(『민족문화연구』51, 2009), 박애경의 「가요 개념의 근대화, 식민화, 혼종화」(『구비문학연구』34, 2012) 등이 있다. 위 연구들은 대체로 문학 개념을 중심으로 삼아 예술 개념의 포괄적 범주를 전반적으로 다루지 않고 문학을 예술의 일부로서 논의를 전개했다. 이 중 권보드래와 김지영의 논문은 예술과 관련된 상세한 논의를 펼치고 있어 예술 일반과의 관계를 조망하게 해 준다. 다른 분야에서는 기타자와 노리아키의 「'미술' 개념의 형성과 리얼리즘의 전위」(『미술사논단』, 1995), 조희문의 「한국영화의 개념적 정의와 기점에 관한 연구 스즈키 사다미의 『일본의 문학 개념』(보고사, 2001), 김이순 「한국 근현대미술에서 '조각' 개념과 그 전개」(『한국근현대미술사학』22, 2011), 김용철의 「근대 중국의 '미술' 개념과 1929년 전국미술전람회」(『개념과 소통』9, 2012), 박주한의 「스포츠의 개념 연구」(『움직임의 철학 : 한국체육철학회지』20권 4호, 2012) 등을 참조할 수 있다.

'감각' 개념을 다룬 연구는 많지 않은데, 강용훈의 「1900-1920년대 감각 관련 개념의 사용 양상 연구」(『한국문학이론과 비평』43, 2012)가 있으며, '위생'과 관련해서는 신규환의 「위생의 개념사」(『동방학지』138, 2007), 이종찬의 「메이지 일본에서 근대적 위생의 형성과정1868-1905」(『의사학』12, 2003) 등을 참조할 수 있다. ▪ 이경돈

1. 예술·취미

예술과 취미 분야의 어휘는 대체로 '쾌(快)'나 '미(美)', 혹은 '정(情)'과 연관된다. 감각과 감정의 즐거움을 추구하는 인간 본성이 이 분야의 어휘에서 두드러진다. 그러한 이유로 그 종류는 분류법에 따라 얼마든지 세분할 수 있다. 예컨대 스포츠만 하더라도 올림픽의 각종 종목대로 세부적 분류를 할 수 있다. 그만큼 예술과 취미 분야는 다채롭다. 종류가 매우 다양한 이 분야의 어휘도 근대 신어의 일반적 특성과 맥락을 같이 한다. 조어법에 따라, 표기법에 따라 다양한 형태로 생성되었다. 또 생성 경로에 따라 유사한 어휘들이 경쟁하고 변천하고 결국 사멸하기도 했다.

예술·취미 분야의 어휘는 대략 6종류로 살펴볼 수 있다. 문학, 연극·영화, 음악·미술, 스포츠, 예술이론, 여가가 그것이다. 구분하기에 따라

얼마든지 더 자세히 분류할 수 있겠지만, 근대 신어의 분포와 비중 등을 고려할 때 이러한 분류가 이해의 균형을 더 잘 살릴 수 있다고 본다.

이 중 문학은 '예술·취미' 분야의 14% 정도를 차지한다. 하지만 다른 항목에 비해 비교적 일찍부터 자세하게 소개되었고 연극, 영화나 예술이론 등에 겹쳐진 어휘가 많아 실제적인 비중은 훨씬 더 높다. 어휘의 분포를 보면, 첫째, 레퍼토리, 로망, 시네포엠, 알레고리, 유머, 플롯, 해피엔딩 등 장르나 구성 또는 문체 등의 어휘를 포함하는 문학론 관련 신어, 둘째, 경향문학, 대중문학, 심벌리즘, 애상주의 등 문학적 사건과 사조적 변화에 관한 문학사 관련 신어, 셋째, 돈키호테, 리어왕, 레미제라블, 카츄사 등 세계적 명작으로 손꼽히는 작품 관련 신어, 넷째, 단테, 모파상, 톨스토이, 푸시킨, 입센 등 유명 작가의 이름, 다섯째, 라이터, 문학소년, 애독자, 에디션 등 문학과 연관된 출판, 독서, 유통 등에 관련된 출판 신어, 그밖에 언어나 활자 관련 신어 등이 있다.

'연극·영화' 관련 어휘도 14% 정도를 차지한다. 그 대략을 분류해 보면, 첫째는 그랜져필름, 금속사진, 네거티브필름, 롤필름, 릴, 각본, 관람자, 구경표, 극본, 스크립트와 같이 연극·영화의 각 요소에서 실제로 사용되고 있는 도구를 설명하는 어휘, 둘째는 개그맨, 내레이터, 더미, 드래머티스트, 리딩맨, 맥베스, 무대감독, 배우, 스크린의 여왕과 같이 '연극·영화'에 등장하거나 각 장르에 속하는 작품을 만들어 낸 인물들을 설명하는 어휘, 셋째는 가극, 개그, 경향극, 극희, 근대극, 기분극, 녹아웃, 드라마와 같이 각 장르들의 분류를 설명하는 어휘, 넷째는 가극장, 국립극장, 관객석, 그린룸, 극장, 글라스스테이지, 대극장, 드레싱룸과 같이 '연극·영화'의 각 장르들이 현실에서 구현되기 위해 필요한 공간을 설명하는 어휘, 다섯째는 공연, 각색, 그랜드스탠드플레이, 글래스워크, 내레이션, 다크체인지와 같이 '연극·영화'의 각 장르들의 구성과정 및 결과에서 나타나는 행위를 설명하는 어휘가 있다.

'음악·미술'은 27% 정도의 비중을 차지하는데 음악이 16%, 미술이

11% 정도이다. 어휘를 분류해 보면, 첫째 12의 대협주곡, 가곡, 가믈란 음악, 가보트, 간판화, 개선가, 관현악과 같이 음악·미술 작품들의 종류 등 정보를 설명해주는 어휘, 둘째는 가수, 게렝, 게르마니쿠스, 공예가, 군악대, 금속판화가와 같이 음악·미술의 작품을 만들어 낸 인물·집단이나 작품 속 등장인물, 셋째는 4음전절, D음, 가락, 가사, 개관, 공간미, 공간적 예술, 데생과 같이 각 음악·미술에 속하는 작품들과 관련된 이론이나 활용 기법, 넷째는 갬부지, 건반, 골동품, 공예품, 군악기와 같이 음악·미술 작품 구현을 위해 필요한 도구들, 다섯째는 간판, 갤러리, 골동점, 독주회, 라파엘전파와 같이 음악·미술의 각 작품들이 현실에서 표현되기 위해 필요한 공간을 설명하는 어휘가 있다.

'스포츠'의 경우는 특이하다. '예술·취미' 분야의 어휘 중 가장 많은 32%의 어휘가 여기에 집중되어 있다. 이는 스포츠가 문학이나 음악·미술 등에 비해 현저히 생소한 영역이었음을 방증하는 동시에 관련 어휘의 대부분이 신어였음을 유추할 수 있다. 스포츠 어휘군은 여섯 가지 유형으로 나누어 볼 수 있다. 첫째, 축구, 농구, 야구, 경구, 골프, 권투, 댄스, 데카슬론, 라크로스, 럭비 등 종목 명칭 관련 어휘, 둘째, 공공체육장, 공공승마장, 그라운드, 그래스코트, 그린, 내야, 다이아몬드 등 스포츠 공간 관련 어휘, 셋째, 그로기, 녹다운, 다이빙, 대쉬, 더블폴트, 데드볼 등 스포츠에서 일어나는 동작이나 상황과 관련된 어휘, 넷째, 글러브, 네트, 니블릭, 덤벨, 볼 등 각 종목에서 사용되는 도구에 대한 어휘, 다섯째, 네트터치, 네트볼, 노게임, 노런, 노카운트, 더블헤더 등 스포츠 규정에 관한 어휘, 여섯째, 다이버, 댄서, 복서, 삼루수 등 종목에 참여하거나 활동하는 인물을 지칭하는 어휘가 그것이다.

'예술이론' 분야는 다른 항목에 비해 어휘가 많지 않다. '예술·취미' 내에서 6% 정도를 차지한다. 이는 실물적 요구에 비해 이론적 필요가 그리 크지 않았음을 시사한다. 분류를 보면, 첫째는 문예사조와 관련된 어휘로, '고전주의', '낭만주의', '다다이즘', '데카당티즘', '상징주의', '이상주의',

'신비주의', '초현실주의', '큐비즘' 등이 있다. 둘째는 예술 양식과 관련된 어휘로 '그레코로만', '고딕', '그로테스크', '아르누보', '아방가르드', '신파', '슈트름 운트 드랑' 등이 대표적인 예에 해당한다. 셋째는 예술 기법과 관련된 어휘로, '화도법', '수사학', '전형', '캐리커처', '카타스트로프', '풍자', '패러디' 등이 여기에 속한다. 넷째는 예술가 유형과 관련된 어휘이다. '낭만주의자', '모더니스트', '심벌리스트', '다다이스트', '미래파', '입체파', '인생파', '풍자가', '자연주의자', '스타일리스트' 등이 이 부류에 속한다. 다섯째는 예술적 정서와 관련된 어휘인데, '서정', '순화', '구상적', '낭만적', '리얼리스틱', '모더니스틱', '풍자적인', '스켑티컬', '페이소스', '센서블', '센티멘트' 등을 예로 들 수 있다. 여섯째는 미적 가치와 관련된 어휘이다. '심미', '심미안', '예술미', '구상미', '형식미', '저급한 취미', '걸작', '고전적', '상아탑', '쉬르', '아티피셜', '리얼리티' 등이 여기에 속한다. 마지막으로는 예술분야를 구분하는 조어들을 들 수 있다. '과학예술', '민중예술', '순수예술', '신흥예술', '종합예술', '향토문예', '시간적 예술', '향토예술' 등이 그것이다.

가장 많은 수를 차지하는 것은 문예사조와 관련된 어휘들로서 매우 다양한 어휘들이 소개되어 있어, 서구 문예사조에 대한 관심이 근대 초기부터 매우 컸음을 알 수 있다. '드라마티즘', '디머니어니즘', '매면예술'과 같이 오늘날에는 자주 쓰이지 않는 문예사조들도 언급되고 있다. 문예사조를 나타내는 어휘들은 한자어와 외래어를 비교적 균등하게 복합적으로 사용한 것이 특징이다.

마지막으로, 근대적 노동과 함께 등장한 영역인 '여가'를 보면, '예술·취미' 분야의 7% 내외를 차지해 그리 높은 비중을 갖지 않는다는 것을 알 수 있다. 집약적 노동이 요구되던 시대에 여가의 발달이 미비했음을 알 수 있다. 여가 관련 어휘들을 다시 세분하면, 여가 일반, 게임·오락, 여행·소풍·휴양, 레저스포츠, 공연·관람·매체, 유흥·사교·축제, 기타 등 7분야로 나눌 수 있다. 그중 여가 일반에 관한 어휘는 '공일', '리프레시먼트', '모던취미', '서머홀리데이', '아마추어', '테이스트', '하비' 등 여가를 규정하는 제반 의미와 관련된 것들이다. 이는 여가를 이루는 어떤 세부 분야에도 두루 통용되는 어휘들로, 여가가 이뤄지는 시공간, 여가의 본질을 지시하는 개념들이 주를 이룬다. 둘째, 게임·오락 분야의 어휘는 여가 관련 어휘 중 가장 높은 빈도를 나타낸다. 그중 '게임', '도미노', '룰렛', '마작', '옥션브리지', '조커', '체스', '카지노', '크로스워드퍼즐', '투텐잭', '화투' 등 각종 게임의 명칭이 가장 많고 일부 게임은 세부 규칙과 기술까지도 등장한다. 셋째, 여행·소풍·휴양 분야 역시 게임·오락과 마찬가지로 많은 어휘가 등장한다. '리조트', '비치파라솔', '수비니어', '여권', '웜스프링', '트래블러', '피크닉', '하이킹' 등이 이에 속한다. 게임·오락이 언제 어디서나 손쉽게 접근할 수 있는 여가라면, 여행·소풍·휴양은 상당한 준비와 비용이 소요된다는 점에서 도시 노동의 각박함을 벗어나 자연을 만끽하고자 하는 욕구가 매우 팽배했음을 짐작할 수 있다. 넷째, 유흥·사교·축제는 게임과 여행 다음으로 주목되는 여가 활동이라고 할 수 있다. '가든파티', '나이트클럽', '내외술집', '소셜댄스', '조크', '카니발', '카바레' 등이 주요 어휘로서, 이 분야는 음주와 가무 그리고 성을 주요 키워드로 갖고 있어 금기와 지탄의 대상이 되기도 했다. 다섯째, 레저스포츠 관련 어휘로서 게임과 여행이 결합하며 더욱 정교한 형태로 양식화된 것을 지칭한다. '록클라이밍', '요트', '워터슈트', '캠프파이어', '헌팅' 등이 이에 속한다. 이 어휘들은 특수한 장비가 필요한 고급 여가활동이면서, 동시에 다분히 미국적이고 자본주의적인 의미에 연관되어 있다. 끝으로 공연 관람과 매체 관련 어휘들이 있다. '가장행렬', '라디오나이트', '마술', '뮤지엄', '서커스', '수족관', '텔레비전', '플레이가이드' 등이 그것이다. ■ 이경돈

(1) 문학

문학 관련 신어는 '예술·취미' 분야 중 큰 비중을 차지하는데 이는 그

만큼 새로운 시대를 대표하는 신문화로서의 문학에 대한 당시 사람들의 관심이 지대했음을 보여준다. 여기에 문학과 밀접한 연관을 갖고 있는 연극이나 예술이론 등의 관련 어휘까지 포함하면 문학 분야의 근대 신어의 비중은 더욱 커진다.

문학과 관련된 신어 중 무엇보다 '문학'이란 어휘 자체가 신어인데, 긴 시간을 거슬러 올라가는 우리의 문학사를 생각해 볼 때 이는 선뜻 이해하기 어려운 부분이다. 더구나 전근대의 기록에서도 종종 '文學(문학)'이라는 어휘를 볼 수 있다. 그러나 전근대 시기의 '문학'은 '글공부' 혹은 '글과 공부'를 뜻했고, 언어예술을 뜻하는 지금의 '문학'과는 개념적 차이가 크다. 그런 점에서 예술로서의 '문학' 개념에 따른 문학사 역시 근대적 개념의 형성 이후에 재구성된 것이라 할 수 있다. 따라서 문학은 물론 문학과 관련된 수많은 어휘들의 태반은 근대의 신어로 간주된다.

예컨대 '내러티브', '로맨스', '무드', '스토리', '유머', '테마' 같이 외래어는 물론이고, '대단원', '문단', '비극', '서사시', '처녀작', '탐정소설', '평면묘사' 같은 한자어 단어들도 신어이다. 그중에는 '소설'처럼 이해하기가 난해한 어휘도 있다. 이미 『장자』나 『한서』 이후로 '소설'이 '하찮은 이야기'라는 의미로 쓰이다가, 근대에 이르러 장편의 허구적 산문으로서 'novel'에 상응하는 예술작품이라는 의미가 추가되었다. 이중적인 어의가 동시에 통용되었던 것이다. 하지만 한국어로 정착하는 과정에서 장편이라는 의미는 희미해지고 '허구적 이야기로 꾸민 산문체의 문학 양식'을 뜻하게 되었다. 박래한 어휘가 다른 사회적 환경에서 사용되게 되면 의미나 소리 등의 변화가 불가피하다는 점에서, '소설'의 경우에서 볼 수 있는 특징은 다른 어휘들에도 다소간 드러날 수밖에 없다.

문학 분야에 속하는 단어들은 대략 여섯으로 다시 나뉜다. 첫째 레퍼토리, 로망, 시네포엠, 알레고리, 유머, 플롯, 해피엔딩 등 장르나 구성 또는 문체 등의 어휘를 포함하는 문학론 관련 신어, 둘째 경향문학, 대중문학, 심벌리즘, 애상주의 등 문학적 사건과 사조적 변화에 관한 문학사 관련 신어,

셋째 돈키호테, 리어왕, 레미제라블, 카츄사 등 세계적 명작으로 손꼽히는 작품 관련 신어, 넷째 단테, 모파상, 톨스토이, 푸시킨, 입센 등 유명 작가의 이름, 다섯째 라이터, 문학소년, 애독자, 에디션 등 문학과 연관된 출판, 독서, 유통 등에 관련된 신어, 그밖에 언어나 활자 관련 신어 등이 있다. 비중을 살펴보면, 문학론 관련 신어가 가장 많고, 그 다음으로 문학사 관련 신어와 작품, 작가 관련 신어가 뒤를 잇는다. 새로운 문화를 수용함에 있어 개론적 이해 및 역사적 이해가 중요했음을 짐작할 수 있다.

세부적으로 살펴보면, 문학론 관련 신어의 경우 유럽 박래품으로서의 '문학'을 이해하기 위해 문학 일반에 두루 통용될 수 있는 원리적 개념이 필요했음을 알 수 있다. 따라서 작가나 작품은 물론 특정한 장르나 시대에도 제한되지 않고 통시적, 공시적 쓰임을 갖는 개념들이 문학론 관련 어휘의 주를 이룬다. 말하자면 문학이란 무엇인가라는 개론적 질문에 답할 수 있는 어휘들이 주로 문학론 관련 신어들이다. 다른 세부 분야에 비해 문학론 관련 신어의 비중이 가장 높은 이유는, 1930년대까지도 근대문학의 정착이 진행되고 있었고 문학 교육을 위한 개론적 설명이 요구되었기 때문이라고 할 수 있다.

문학사에 관련된 신어는 주로 특정시대의 문학을 설명하기 위한 어휘들이며 문학 항목 중에서의 비중은 그리 높지 않다. 한국에서 근대문학의 역사가 상당히 축적되면서 본격적으로 쓰임을 얻은 어휘가 주를 이루기 때문으로 추정된다. 따라서 개념의 도입과 작품의 산출이 병행되었던 근대문학의 특성으로 인해, 문학사 관련 어휘들은 한편으로 시대성을 강하게 함유하지만 다른 한편으로는 문학론적 성격도 일부 포함하고 있어 그 경계를 명확하게 구분 짓기 어렵다. 다만 통사적 의미와 시대적 의미를 통해 대략을 가늠할 뿐이다. 특히 '~주의'로 조어된 신어가 눈에 띄는데, 이러한 어휘들은 한편으로 영어의 '~ism'을 번역한 것이기도 하고, 다른 한편으로는 체계적 이론과 아이디얼 타입을 통해 작품의 경향을 설명하려는 경향이 매우 강했음을 드러내는 표식이기도 하다. 이 경우는 문학사나 문학비평을 통해 확립된 경우가 많다.

　문학 항목에서 두 번째로 높은 비중을 차지하는 것은 작품 관련 신어이다. 그중 작품명이 대부분이나 등장인물도 상당부분을 차지한다. 이 어휘들은 유럽문학사를 장식하는 용어들이 한국에서도 근대문학의 모델로 소개되면서 등장했다고 할 수 있으며, 문학 작품의 독서 여부가 교양의 지표로서 기능하면서 확산되었다고 볼 수 있다. 문학 작품의 소개와 함께 작품명이 대거 등장함에 따라 작가들의 이름 역시 신어 중 적지 않은 비중을 차지한다. 그러나 작품에 비해서 작가명은 상대적으로 비중이 작은데 이는 한 작가 당 여러 작품이 소개되었던 정황과 국가별 대표 작가라는 사료의 소개 방법에 따른 것으로 이해할 수 있다.

　또 다른 세부 항목으로 출판 관련 어휘를 보면, 해방 전까지의 출판에 있어 문학작품의 비중에 필적할 수 있었던 것은 족보가 유일했고 해방 이후로는 문학이 독주했다. 문학과 출판이 매우 긴밀하게 작동했던 시대에 그 두 분야 어휘의 엄밀한 구분은 쉽지 않다. 문학과 관련된 출판 어휘가 적지 않은 것은 이러한 시대적 특성을 보여주는 사례라 할 수 있다. 그 외, 언어명, 타이포그래피 등과 관련된 어휘들이 있으나, 그 비중은 매우 작다.

　문학 관련 신어에는 외래어가 매우 많다. 새로 생긴 말에 외래어가 많다는 것은 문학 분야에서 서구 문화가 가지는 지배력이 그만큼 컸음을 뜻한다. 또 빠른 수용과 유통을 위해 번역과 언중(言衆)의 승인 과정을 소략한 채 신어가 생성되었다는 점도 유추할 수 있다. 다른 한편으로 외래어의 높은 비중은, 문학 분야의 근대 신어가 주로 일본을 통해 수용되었음을 드러내 주는 특징이기도 하다. 중국의 경우 음차와 번역의 비중 차이가 적은 반면, 일본은 음차의 비중이 상대적으로 높기 때문이다.

　한·중·일의 근대 신어를 비교하면 흥미로운 현상을 발견할 수 있다. 먼저 '문단', '문학', '비극', '산문', '서정시', '소설', '수사학', '순문학', '이상주의', '처녀작', '탐정소설'처럼 한국과 중국, 일본에서 모두 쓰였던 신어가 있다. 이런 어휘들은 출현 기원을 밝히기가 어렵다. 가장 앞선 사례를 찾는다 해도 유통의 시점이나 범위의 문제가 남게 되고 또 전근대 시기의 사용 사례 등의 문제로 인해 기원 확정이 곤란하기 때문이다. 이러한 어휘는 유럽에서 유입되어 동아시아에서 한자어 번역을 통해 공동으로 사용된 사례라는 점에 주목할 필요가 있다.

이와는 달리 한국과 일본에서 주로 사용되었던 것으로 추정되는 '로맨스', '리더', '모델', '뮤즈', '묘사', '문예', '민요', '반어', '비평', '자유시' 등이 있는데, 이 어휘들은 현재 중국에서도 음차 방법으로 사용하고 있는 경우가 많으나, 펑티엔유의 『신어탐원(新語探源)』, 션궈웨이의 『근대중일어휘교류사』등에는 소개되어 있지 않다. 그 원인은 여러 가지로 유추할 수 있겠지만, 중국에서 이러한 어휘들을 번역해 사용했거나 또는 전근대에도 사용하던 어휘로 대체하는 등의 경우가 많을 것으로 보인다.

따라서 대체로 '문학' 관련 신어들은 한·중·일 삼국이 공히 사용한 어휘와 한국·일본이 함께 사용한 어휘로 나눌 수 있으며, 이는 한국과 일본이 공유한 어휘의 범주가 더 넓었음을 의미한다고 할 수 있다.

신어가 수록된 매체별 특성도 주목할 만하다. 최남선의 「소년」과 「청춘」은 주로 유명 작가와 작품을 많이 소개하고 있고 이후 각종의 잡지 매체에서도 작가와 작품 관련 신어가 적지 않게 등장했다. 이에 비해 문학론이나 문학사의 개념들은 『신어사전』이나 『모던조선외래어사전』에 수록된 사례가 많고 잡지에서도 종종 소개가 되었다. 매체별로 신어의 비중이 다른 이유는 근대 초기에 작품과 작가를 앞세웠고 생소한 개론적, 역사적 이해의 도모가 그 뒤를 이었기 때문이다. 또한 『모던조선외래어사전』이 폭넓은 외래어의 수용을 목적으로 서구에서조차 전문적으로 사용되는 용어들을 포괄하고 있기 때문이기도 하다.

문학 관련 신어 중 외래어가 많다는 점은 표기의 문제도 환기시킨다. 예컨대 제목을 뜻하는 '테마'는 '데마', '테-마', '테-마', 'テーマ' 등으로 표기되었고, 작가 '괴테'는 '쮀테', '쪠데', '꾀테', '쪼에데', '쪠데', '雅德' 등으로, 극작가 소설 '레미제라블'은 '미쎄레이쓸', '미세라블', '미쎄이레블'

로 표기되었다. 외래어 표기법의 통일적 규범이 부재했던 터라 소리를 모
방한 다양한 표기가 공존했다. 언어별 소리의 차이도 있으나, 독음 및 발
음, 표기의 문제, 오식 등까지 복잡한 문제들이 얽혀 있다. 이표기(異表記)는
특히 고유명사 즉 유명 작가나 작품의 이름에서 주로 나타난다. 이 밖에도
표기의 다양성 면에서 주목되는 어휘로는 다음과 같은 것이 있다.

- 돈키호테 : 똔규쏘트, 똥기호데, 톤키·호테, 쏭키호-테, 돈.키호테, 돈
키호대, 똥·키호-테, 똔·키호-테, 쏜키호데, 쏜키호테, 쏜·
키호테
- 로빈슨 크루소 : 으라빈손·크루소, 로빈손·크루소-, 로빈손크루소, 로
빈손크루서, 로빈손 크루소, 라빈손·크루소
- 샤일록 : 쇠이록, 샤이럭, 샤일럭, 샤일록
- 셰익스피어 : 싁스비아, 쇠익스피야, 쇠익쓰피여, 쉐익쓰피어로, 쉐익쓰
피어, 쇠익스피야, 쉑스피어
- 시추에이션 : 씨튜에숸, 씨튜에이숸, 시츄에이슌
- 실러 : 쉘레, 실레르, 실네르, 실네어르,
- 심볼 : 심볼, 상불, 씸폴, 씸볼, 씸뽈, 씬볼
- 아이러니 : 아이러니, 아일논이, 아이로니, 아이로니-, 아이어니, 아이어
로니
- 에피소드 : 에비소트, 옢쏘트, 애피소트, 에피쏘-드, 에피소-드, 에피쏘
드, 에피소드, 工ピソ一ド
- 카프 : 카푸, 카프, 캎프, 갚프, 캎푸, 캅푸, 가푸
- 텍스트 : 데끼스토, 케기스트, 엑쓰트, 텍스트, 텍스트, テキスト
- 파우스트 : 빠우스트, 파우스트, 파우쓰트, 파우숫, 華維十
- 플롯 : 풀놑트, 풀럽, 풀롶, 프롯트, 풀롶트, 푸롶트, 풀롶, 프롶
- 플루타르크 : 풀뉴타약, 풀루다크, 풀루타, 풀뉴타약, 풀루다크, 풀루타,
풀누타치, 플누타치, 葡耳他克, 弼婁台, 布耳他克
- 햄릿 : 하프렡트, 하무렛트, 함렡, 햄렙, 햄렡트, 하믈넷, 하믈레트, 하믈
레트오, 해믈레트, 햄렛, 하믈렛, 咸列特
- 헤로인 : 희로인, 히로인, 히로잉, 헤로인, 헤로우인

또 외래어의 이표기와는 다른 측면에서, 번역어와 외래어가 함께 신어로 등장하는 경우도 많다. 예를 들면, '상징'은 '심볼'과 함께 신어로 등장했고, '소설'과 '노블'은 함께 사용되었다. 단테의 '신곡'도 '다뷔나 코베디아'와 동시에 쓰였고 '서정시'와 '리릭'도 시대를 공유했다. '탐정소설'은 '탐검소설'과 함께 쓰이면서 '디텍티브 노블'로도 불렸고, '우의', '우화', '알레고리', '파블'이 유사한 의미로 사용되었다. 박래한 문물에 대한 신어는 대체로 단일하지 않았으며 복수적 형태를 취하고 있었음을 확인할 수 있다.

신어 중에는 다양한 의미를 포함하고 있어 상황에 따라 쓰임이 달랐던 경우도 있다. 예컨대 '머시너리'는 기계류를 뜻하기도 했지만 정치적 기관을 의미하기도 했고 예술 분야에서는 플롯을 뜻하는 어휘이기도 했다. 또 '무드'의 경우에는 논리나 형식을 뜻하기도 하고 정반대로 기분이나 정취를 의미하기도 했으며, 음악적으로는 음계를, 문학적으로는 문법을 지칭했다.

이 외에도 문학과 관련된 특이한 신어들이 있어 주목된다. 베르테르의 열정적 연애를 흠모하는 '베르테리즘', 특정작가의 사상을 추종하는 '졸라이즘'이나 '톨스토이즘' 같은 어휘는 독특한 문화적 지형을 설명해 주기도 한다. ■ 이경돈

〈표 1〉 문학 관련 신어

유형	관련 신어
문학론 관련 신어	감상문 / 감상비평 / 경개 / 경문학 / 경문학 / 교육소설 / 기사문 / 기행문 / 나블렛(노벨렡) / 네러티브 포엠(내레티브·포엠) / 노블(노벨) / 다이얼로그(다이아로그) / 단편소설 / 대단원 / 데이누망(데누망) / 드래머터치(드라마투루기, 드라마투루기아) / 디텍티브 노블(띄덱티브 노벨) / 라디오 포임(라듸오 포엠, 라듸오 포엠) / 라임 / 러브스토리 / 러브신(러쁜씬) / 레서리테일 / 레퍼토리(레펠트월-, 레퍼토리, 레퍼터리, 레퍼트리, 레파토리, 레파트리) / 로망(로맨) / 로맨스(로맨쓰, 로맨스, 로만스, 로만쓰) / 리리스트 / 리리시즘(리리스므) / 리리컬드라마(리릭크드라마, 리릭드라마) / 리릭(리릭, 리릭크) / 리터러처(리테라튜어, 리테라추어) / 머시너리(마시너리) / 메인테마 / 메타포 / 멜로디어스 / 모델 / 모험담 / 묘사 / 묘사법 / 무드 / 문예 / 문예비평 / 문학 / 문학론 / 뮤즈 / 벌레스크(뻘-레스크) / 베르리브르(옐리부르) / 비극 / 사생문 / 사실소설 / 사캐즘(쌀카즘, 싸-카즘) / 산문 / 산문시 / 서사시 / 서정시 / 서제스천

유형	관련 신어
	(써제스쳔) / 세계문학 / 소네트(쏘넬) / 소설 / 쇼트스토리(숄스토리) / 수사학 / 순수시 / 스릴러(뜨릴러) / 스완송 / 스토리(스토오리, 스토우리, 스토-리) / 시네포엠 / 시니컬 / 시밀레(시밀라) / 시추에이션(씨튜에쉔, 씨튜에이쉰, 시츄에이슌) / 신시 / 실력담 / 심리묘사 / 심볼(심볼, 상불, 씸폴, 씸볼, 씸뽈, 씬볼) / 아이러니(아이러니, 아일논이, 아이로니, 아이로니-, 아이어니, 아이어로니) / 알레고리 / 앨리그잰드린 / 애닉도트(아넥도트) / 어드벤쳐(아드벤튜어) / 에로그로넌센스 / 에세이(엣세이, 에쎄이) / 에세이스트 / 에피고넨 / 에피소드(에비소트, 옙쏘트, 애피소트, 애피쏘-드, 에피소-드, 에피쏘드, 에피소드, エピソード) / 에픽(에피크, 에픽) / 엠퍼사이즈(엠파싸이스, 엠파씨스) / 엥프롱프튜(임프롬푸튜) / 연문학 / 오드 / 외면묘사 / 우의소설 / 우화 / 유머(유모어, 유-모아, 유머-) / 유머러스(유모러스, 유모라스) / 유미주의 / 이히드라마 / 익스프레션(엑스프레슌, 엑스푸레숀, 엑쓰뿌레스, 엑스푸레스) / 인스트럴 / 인스피레이션 / 자유시 / 장르 / 전기소설 / 전작장편소설 / 정치극 / 제목 / 진산문학 / 카타스트로프(카테스트로예, 캐타스추롶, 카타스트로피) / 콩트(콘트 / 콤트) / 탐검소설 / 탐정소설 / 테마(데마, 데-마, 테-머, 톄-마, テーマ) / 템포(テンポ) / 토픽(토픽크, 토픽) / 파르나소스 / 파블(예-불) / 파토스(파토-스, 페-쏘스, 페이소스, 페이토스) 패러디(파라듸) / 페러프레이즈(파라뿌레쓰, 파라뿌레이쓰) / 페어리테일 / 포어지(포에시, 포에지) / 포잇(포엘, 포에트) / 포임(포엠, 포우임) / 폭로문학 / 표류담 프러제이크(프로제잌크, 프로제일) / 플롯(풀뇰트, 풀럽, 풀롤, 프롯트, 풀롤트, 푸롤트, 풀룻, 프롤) / 피오메카닉스(피오메카닉쓰) / 피카레스크 소설 / 픽션(픽슌) / 행해기 / 해피엔딩 / 향토문예 / 헤로인(회로인, 히로인, 히로잉, 헤로인, 헤로우인) / 회상담 / 회의문학 / 회곡 / 회곡시 / 회학문학 / 히니크(히닉크)
문학사 관련 신어	가정소설 / 경향문학 / 고대문학 / 농민문학 / 대중문학 / 리리시즘 / 매프(맢프) / 문단 / 문단투쟁 / 문학혁명 / 베르테리즘(에루테루이슴, 웰테리즘) / 본격소설 / 사조 / 산문시대 / 상상주의 / 생산문학 / 세태소설 / 소년독일파 / 소년소설 / 시니시즘(씨니씨즘, 씨니즘, 시니트시슴) / 신경향파문학 / 신소설 / 심벌리즘(심포리즘, 상벌리즘, 샘볼리즘, 씸볼리즘) / 악마주의 / 악마파 / 애상주의 / 에그조티시즘(엑쏘티즘, 엑쏘시즘) / 역사소설 / 워나니므슴(우나니미즘, 유나니즘, 유나나미즘) / 이미지스트 / 이미지즘 / 익스프레셔니즘(엑스퓨레쇼니즘, 엑스푸레슈니즘) / 임프레셔니스트(임푸레슈니스트, 임푸레쉬니스트) / 제2문학부흥 / 졸라이즘 / 청답파 / 카프(카푸, 카프, 캎프, 갚프, 캎푸, 캅푸, 가푸) / 탐미주의 / 탐미파 / 톨스토이언 / 톨스토이즘 / 파내시언(파르나시앙, 파르나시안) / 파푸투차키 / 평민문학 / 프롤레타리아 리얼리즘(프로 레알리즘, 푸로레타리아 리알리즘, 푸로레타리아 레알리즘) / 필냐크(피리니야-크)
작품 관련 신어	걸리버(썰늬버, 썰니버, 雅爾華) / 기탄잘리(기단쟈리) / 네흘류도프(네크류쏘프, 네플뉴도, 네흘류쏘프) / 노라 / 다르타냥(짜릿다란, 싸달링) / 데카메론(데카메론, 데카멜론) / 돈조반니(쏜찌오바니) / 돈주앙(쏜쨘, 쏜유안) / 돈키호테(똔규쏘트, 똥기호테, 톤키·호테, 똥키호-테, 돈.키호테, 돈키호대, 똥·키호-테, 똔·키호-테, 쏜키호테, 쏜키호테, 쏜·키호테) / 레미제라블(미쎄레이쌀, 미세라블, 미세레이블, 미세레이쌀) / 로빈슨 크루쏘(으라빈손·크루소, 로빈손·크루소-, 로빈손크루소, 로빈손크루서, 로빈손 크루소, 라빈손·크루소, 魯濱遜) / 리어왕 / 린하르트 운트 레르트루트 / 맥베

유형	관련 신어
	스(마쑤베드) / 메피스토펠레스(메쪠스토, 메쪠스트, 메쪠스토펠레스) / 베니티페어(쪠니티쪠어) / 부활 / 블랙체임버 / 샤일록(솨이록, 샤이럭, 샤일럭, 샤일록) / 스트롬운트 드랑(슈트룸 운트 드랑, 스트룸 운드 드랑) / 신곡(다뷔나 코베디아) / 실낙원 / 아라비안나이트(아라비안나일트) / 악의 꽃 / 안나 카레니나(안나 카레니나, 안나 카렌나, 안나 카레나) / 엉클 톰스 캐빈(알클톰쓰 캐빈) / 에밀 / 오디세이(오데씨, 오뎃세, 오듸세, 柯地施) / 오셀로(倭的盧) / 유토피아 / 유피스(유웨쓰) / 율리시즈(유리시-즈) / 인공낙원 / 인형의 집 / 일리아드(일리아드, 일리야드) / 임격정 / 장발장(쟌발잔, 쨘발쟌) / 전쟁과 평화 / 제5부대 / 지고마 / 차일드 해럴드(최일드 하롤드, 챠일드 하롤드) / 카라마조프의 형제들 / 카츄샤(가쥬샤, 카튜샤) / 캔터베리기 / 코닝스비(커닝쎄) / 쿠오바디스(쿠오바데스, 쿠오바디스, 코바듸스) / 크로이체르 소나타(크로이켈 소나타) / 클로니클스(크로니클쓰) / 탱크렛(당크레드) / 파우스트(쫘우스트, 파우스트, 파우쓰트, 파우슷, 華維十) / 플루타르크(풀뉴타악, 풀루다크, 풀루타, 풀뉴타악, 풀루다크, 풀루타, 풀누타치, 플누타치, 葡耳他克, 弼婁台, 布耳他克) / 햄릿(하므렡트, 하무렛트, 함렡, 햄렙, 햄렡트, 하물넷, 하믈레트, 하믈레트오, 해몰레트, 햄렛, 하믈렛, 咸列特)
작가명	고골리(쬬오고리) / 고리키(쬬리키) / 곤차로프(쏜차로픽) / 골드 스미스(쬬올드 스미드, 쬴드시미드, 쬴드스미드) / 괴테(쮀테, 쪠테, 쮀테, 쬬에데, 쬬에데, 雅德) / 단테(짠테) / 도스토예프스키(도스토에프스키, 다스타에푸스키이) / 라리어트 / 롱펠로(렁펠노우, 렁펠로, 렁펠로우) / 마크 트웨인(마트웬) / 매컬리(마콜레) / 모파상(모오팟산, 모팟산) / 밀턴(밀톤) / 바이런 / 베르길리우스(버질, 베르기우쓰) / 보카치오 / 비에른손 / 세르반테스 / 셰익스피어(쉭스비아, 쇠익스피야, 쇠익쓰피여, 쉐익쓰피어로, 쉐익쓰피어, 쇠익스피야, 쉑스피어) / 스탕달 / 스토 부인 / 실러(쉘레, 실레르, 실네르, 실네어르) / 아나크레온 / 아리스토파네스(亞里斯德花尼斯) / 입센 / 카버라 / 포(포오) / 푸시킨(푸우스킨) / 핀더(扁道) / 하우프트만
출판 관련 신어	계관시인 / 극본 / 대작가 / 독서가 / 동인잡지 / 드래프트 / 라이브러리 에디션 / 라이터 / 리더(리덜, 으리더, 리-더) / 리딩 / 리브레종(리쫘레-숑) / 리브레토(리부렡토) / 메뉴스크립트(마누스크립트, 매뉴스크맆, 매뉴스크맆트) / 문학가 / 문학계 / 문학소녀 / 문학소년 / 문학청년 / 바이오그래피 / 브레비어(뿌레비아) / 블랙레터(뿔랙레터) / 블랭크(뿔랭크) / 비블리오마니아 / 비평가 / 산문가 / 상아탑 / 서정시인 / 소설가 / 소설책 / 스크립트(스크릅트, 스크맆프트) / 시놉시스(시뇹시스, 시뇹프시스) / 시리얼 / 시인 / 시집 / 아서 / 애독자 / 앤솔로지(안솔러지, 안솔로지) / 어댑테이션(아댚테이슌) / 에디션 / 엠에스 / 오미트(오밑, 오밑트, 오밑트) / 오토바이오그래피 / 우화가 / 인테러게이션마크 / 저널리즘(쩌널리즘, 쩌널리씀) / 점프헤드(쩜푸펜, 쩜푸헫드) / 집필인 / 처녀작 / 청년문학가 / 카피라이트(코피라이트) / 칼럼 / 커멘터리(컴멘타리) / 컨텍스트(컨텍스트, 콘텍스트) / 콘텐츠 / 콩쿠리(컹쿨, 공쿠-르, 공쿨, 콩쿠-르) / 텍스트(데끼스토, 테기스트, 텍쓰트, 텍스트, 텍스트, テキスト) / 텍스트북 / 투고 / 파퓰러에디션(파퓰라에디슌) / 패러그래프(파라그래프, 파라그램프) / 페니 어 라인 / 펜우먼 / 포스트스크립트(포스트스크맆, 포스트스크맆트) / 풋라이트(쭡트라잍, 쭡트라잍트) / 프롤로그(푸롤로그, 푸로로그, 푸로로-그, 푸롤로-그) / 현상소설 / 희곡가

유형	관련 신어
기타	반어 / 산스크리트(쌍스크릿, 쌍스크맅트, 쎈스크맅, 쎈스크맅트) / 알파벳(알빠벹트, 알파벹트, 알파벧, 앨파비트, 알화벳도, 알파베트) / 에스페란토(에스페란트) / 이탤릭(인탤릭, 인탤릭크) / 토탈러지(토-톨로지)

(2) 연극·영화

연극·영화 어휘군은 다음과 같이 총 다섯 가지의 영역으로 구분해 볼수 있다. 첫째는 그랜져필름(그랜주어·필름), 금속사진(金屬寫眞), 네거티브필름(네가·필름), 롤필름(롤필림), 릴, 각본, 관람자(觀覽者), 구경표, 극본(戱本), 스크립트(스크맆프트)와 같이 연극·영화의 각 요소에서 실제로 사용되고 있는 도구 관련 어휘, 둘째는 개그맨(꺄그·맨), 내레이터(내레-터-), 더미(떰미-), 드래머티스트(드라마티스트), 리딩맨(리-딩·맨), 맥베스(마쑤베드), 무대감독(舞臺監督), 배우(俳優), 스크린의 여왕(스쿠-린의女王)과 같이 연극·영화에 등장하거나 작품을 만들어 낸 인물, 셋째는 가극, 개그(꺄그), 경향극(傾向劇), 극희(劇戱), 근대극(近代劇), 기분극(氣分劇), 녹아웃(낙·아웉트), 드라마(듀라마)와 같이 각 장르들의 분류를 설명하는 어휘, 넷째는 가극장(歌劇場), 국립극장(國立劇場), 관객석(觀客席), 그린룸(끄린-·룸), 극장(극쟝), 글라스스테이지(끄라스·스테지), 대극장(大劇場), 드레싱룸(뜨레씽·룸)과 같이 연극·영화의 각 장르들이 현실에서 구현되는데 필요한 공간, 다섯째는 공연(公演), 각색(脚色), 그랜드스탠드플레이(끄랜드·스탠드·플레이), 글래스워크(끄라스·웍), 내레이션(내레-슌), 다크체인지(딱·체인지)와 같이 연극·영화의 각 장르들의 구성과정이나 결과에서 나타나는 행위들을 설명하는 어휘가 그것이다.

연극·영화의 각 요소에서 사용되고 있는 도구를 설명하는 어휘를 보면 '그랜져필름(그랜주어·필름)'과 같이 외래어를 발음대로 기술하여 사용하는 단어들이 많다는 것을 알 수 있다. 이것은 이 언어들이 서양에서 발원하여 들어온 현상에서 기인한 것으로 볼 수 있다. 그러나 '금속사진(金屬寫眞)'[1]과 같이 서양으로부터 들어오는 단어를 한자어를 사용하여 번역한 사례도 나타난다. 이것은 외래어들이 들어오는 단계를 보여준다고 할 수 있다.

연극·영화에 등장하거나 각 장르에 속하는 작품을 만든 인물을 지칭하는 어휘를 살펴보면, 개그맨(까그·맨), 무대감독(舞臺監督), 맥베스(마쿠베드)와 같이 주로 관련 직업명과 등장인물을 나타내는 고유명사로 구성된 것을 볼 수 있다. 이 외에, 리딩맨(리-딍·맨)과 같이 실제 각 장르를 준비하는 과정에서 주도적인 역할을 하는 사람을 지칭하는 단어가 있으며, 스크린의 여왕(스쿠-린의女王)과 같이, '스크린'과 '여왕'이라는 단어가 결합하면서 상업적 가치를 드러내는 단어도 발견할 수 있다. 특히 후자의 유형을 보여주는 단어들에서 우리가 주목할 수 있는 것은 연극·영화라는 예술영역을 설명하는 단어들 가운데서도 상품성이라고 하는 경제적인 영역이 결합되는 현상이 나타나고 있다는 것이다.

각 장르들의 종류를 설명하는 어휘들에는 가극, 개그(까그), 경향극(傾向劇), 극희(劇戲), 근대극(近代劇), 기분극(氣分劇), 녹아웃(낙·아웃트), 드라마(듀라마) 등이 있다. 그런데 이 단어들을 보면 개그, 가극처럼 단독으로 사용되는 단어들도 있지만, '근대+극', '기분+극'과 같이 두 단어가 결합되어 특정 장르를 표현한 것을 볼 수 있다. 이 가운데 근대극의 정의를 보자.

> 종래의 연극방법을 완전히 혁신해버린 신극을 총칭하는 것인데, 입센에게서 시작된 것이다. 근대극은 가장 자연스러운 무대와 사건을 가지고 될 수 있는 대로 실제에 가까운 연극을 하면서 동시에 모든 인생문제, 사회문제를 취급하는 점에 특색이 있다.[2]

위 정의를 보면 근대극은 단순히 개인의 문제를 넘어서 사회문제를 다룬다는 내용이 들어 있는 것을 알 수 있다. 연극·영화가 단순히 유희를 넘어서 사회문제를 풍자하는 하나의 장으로 기능하고 있으며, 그것이 추

---

1) 崔南善, 『自助論』, 新文館, 1918, 19면.
2) 靑年朝鮮社, 『新語辭典』, 靑年朝鮮社, 1934, 10면.

상적인 것이 아니라 실제 사실을 보다 더 구체적으로 묘사해주는 기능도 가지게 되었다고 볼 수 있다. 그리고 당대인들의 인식 속에서 이러한 현상이 '근대'에 속하는 것으로 여겨지고 있음을 알 수 있다.

연극·영화의 각 장르들이 현실에서 구현되는 데 필요한 공간을 설명하는 어휘를 보면 가극장(歌劇場), 국립극장(國立劇場), 관객석(觀客席), 극장(극쟝), 드레싱룸(뜨레씽·룸)과 같이 두 가지의 단어가 결합되고 있는 것을 볼 수 있다. 그리고 이 단어들은 각 장소들이 가지는 특징을 명료하게 보여주고 있음을 알 수 있다. 이 중 한 가지 재밌는 용어를 볼 수 있는데, 바로 '국립극장(國立劇場)'이다. 이 단어는 1917년 10월에 발행된 『청춘』이라는 잡지에서 찾아볼 수 있다. 그런데 해당 잡지가 발행된 1917년이라는 시점은 대한제국이 1910년 8월 29일에 공포된 '병합조약'에 의해서 소멸된 지 7년이 지난 시점이다. 그리고 한반도에서 활동한 최후의 의병장이었던 채응언이 체포된 1915년에서 2년이 지난 시점이기도 하다. 즉 식민지 지배에 대한 국내에서의 무력저항이 종결되어가고 있었으며, 식민지체제로의 편입이 제도적으로 정비가 되어가고 있었던 시점이었다. 그런데 이 시기에 장소를 지칭하는 단어 가운데 '국립'이라는 표현이 등장한 것이다. 이는 당시 조선인들이 식민지 현실에서 내지인이 아닌 외지인으로 구분되어 차별을 겪었고 이에 불만을 가졌지만, 일본이라는 하나의 국가 속으로 '편입'되어 가거나 최소한 일본이라는 국가의 틀에서 살아가야 한다는 현실을 인정해 가고 있는 당시의 사회분위기를 보여주는 것이라고 할 수 있다.

연극·영화의 각 장르들의 구성과정과 그것이 실제로 구현되었을 때 나타나는 행위들을 설명하는 어휘는 다음과 같이 나누어 볼 수 있다. 첫번째로는 공연(公演), 내레이션(내레-슌), 데뷔(떼뷰), 그랜드스탠드플레이(끄랜드·스탠드·풀레이) 등과 같이 각 장르들이 실제로 구현되었을 때의 행위 혹은 그 인물들에 관계되는 행위를 설명하는 어휘와 각색(脚色), 글래스워크(끄라스·웍), 다크체인지(딱·체인지) 등과 같이 각 장르들을 제시하기 위한 행위 혹은 기법을 설명하는 어휘가 있다.

근대 신어의 표기는 오늘날의 맞춤법 통일안과 같은 것이 없었으므로 매우 다양한 형태로 나타났다. 필자에 따라 표기를 달리하거나, 심지어 한 기사에서 서로 다른 표기를 사용하기도 했다. 연극·영화 관련 어휘 중 다양한 표기 사례를 몇 가지 열거해보면 다음과 같다.

- 극장 : 戲園, 劇場, 演戲屋, 演戲場, 演劇場
- 데뷔 : 떼뷰, 떼뷰-
- 드라마 : 듀라마, 또라마, 주라마, 뜨라마, ドラマ, 드람마
- 라디오 드라마 : 라듸오·도라마, 라듸오·듀라마, 라듸오·드라마, 라듸오·드람마
- 라디오 버라이어티 : 라디오·바리에티, 라디오·바리이에티, 라듸오·빠라에틱, 라듸오·바라에티
- 레퍼토리 : 레펠트월-, 레퍼토리, 레퍼터리, 레퍼트리, 레파토리, 레파트리
- 로케이션 : 로케시언, 로케이슌, 로케쉰, ロケーション, 로케-숀, 로케-슌, 로우케이슌
- 리리컬 드라마 : 리리칼·드라마, 리릭크·드라마, 리릭·드라마
- 마티네 : 마지네-, 마치네, 마티네
- 맥베스 : Macbeth, 마쑤베드
- 멜로드라마 : 매로드라마, 멜로드라마, 멜로뜨라마, 메로뜨라마

연극·영화 어휘군의 표기상 특징은 다음과 같다.

첫째, 외국어를 우리말로 소리 나는 대로 읽어 유사한 발음을 나타내는 어휘들을 많이 볼 수 있다.

둘째, 외국어의 뜻을 번역하여 한자로 표기한 것이 있다. 실례로 영어의 'green room'의 의미를 한자어로 번역해서 "劇場, 樂屋, 俳優休憩室"[3]로 표기한 것을 들 수 있다.

셋째, '로케-슌'와 '로케쉰'처럼 동일한 어휘도 장음부호를 사용한 것과 그렇지 않은 것이 있고, 또 '리리칼·드라마'와 '리릭크·드라마'처럼 같은

---

3) 李鍾極, 『(鮮和兩引)모던朝鮮外來語辭典』, 1936, 26면.

단어를 다르게 기술한 것도 있다. 이는 오늘날과 달리 이 당시에는 외래어가 유입된 이후 확립되고 있는 과정이었으므로, 현재 우리가 사용하고 있는 외래어표기법이나 '관례'와 같은 것이 정착되지 않고 있었던 것에서 기인한다. 다시 말하면 이렇게 같은 단어임에도 불구하고 다르게 표기되고 있는 현상은, 현재의 외래어표기법이나 '관례'가 형성되어가고 있는 과정의 한 단면을 보여주고 있는 것이라고 할 수 있다.

연극 · 영화 어휘군의 용어가 실제로 사용되고 표현되는 것을 살펴보면 다음과 같은 사실을 알 수 있다. 연극 · 영화 관련 용어들은 주로 외래어로서 각 단어들의 본래 의미대로 유입되었지만 단어가 가지고 있는 뜻 이외에도 문화적 혹은 관례에 의해서 성립된 의미로 사용되었다는 것이다. 이를 보여주는 몇 가지 실제 사례를 살펴보면 다음과 같다.

데뷔(떼뷰)라는 단어에 대해서 사전은 "1. 처음으로 사회에 나옴, 2. (자기의)예술(음악, 극, 문학 등)을 처음으로 발표함, 첫 무대, 초진, 첫 연출"4)이라고 하고 있다. 그런데 데뷔라는 말이 처음부터 이러한 뜻으로 쓰인 것은 아닌 것으로 보인다. 왜냐하면 다른 자료에서는 데뷔라는 단어의 유래에 대해서 설명하는 내용이 등장하기 때문이다. 그 내용은 다음과 같다.

> 원래 음악상 용어로 첫 연주회를 의미한 것이다. 그런데 근래에 와서는
> 음악뿐 아니라 무슨 일에나 초연을 모두 데뷰라고 부르게 되었다.5)

위 설명에서도 나타나듯이 데뷔는 음악분야에서 첫 연주회를 의미하는 단어였지만, 그 용어의 사용영역이 확장되어 연극 · 영화까지로 확산된 것이다. 이러한 경향은 다른 단어에서도 찾아볼 수 있다. 또 하나의 예로, 영화 용어 중의 하나인 녹아웃(낙 · 아웉트)의 정의에 대해 사전은 다음과 같이 기술하고 있다.

---

4) 李鍾極, 『(鮮和兩引)모던朝鮮外來語辭典』, 61면.
5) 「모던語點考」, 『新東亞』2권 9호, 1932. 9, 133면.

　　1. 권투. 타도승(k.o.), 적을 쳐서 거꾸러뜨려 이기는 것, 2. 야구. 적 투수
　의 공을 놓지지 않고 잘 쳐서 얼른 교체케 하는 것, 3. 상업. 경매입찰을 싸
　게 하기 위하여 동맹하는 것, 4. 인기 얻은 영화6)

　이 내용을 보면, 녹아웃은 "인기 얻은 영화"를 의미하고 있지만, 사전에 나와
있는 정의와 같이, 스포츠, 경제 분야에도 걸쳐서 사용되고 있음을 알 수 있다.
　이렇게 용어들이 다양한 뜻을 가진 것을 넘어서 다양한 영역에서 함께
사용되고 있는 것은 오늘날에도 마찬가지이겠으나, 위 정의가 보여주는
사례는 사람들이 어떠한 현상이나 사물을 인식하는 데에 있어서 이미지가
기본적으로 큰 작용을 하고 있다는 것을 보여준다. 한 언어의 다른 이미지
가 사전적 정의가 될 정도의 인식을 가지게 되는 과정은 면밀한 검토과정
이 필요할 것이다.
　이러한 경향들과 함께 어휘의 용례를 더 살펴보면 더욱 다양한 맥락에
서 사용되었던 실제 쓰임을 알 수 있다. 이는 한 어휘의 문자적 의미와 쓰
임을 보여줌과 동시에, 연극·영화 관련 어휘가 특정한 의미 혹은 계급이
나 계층의 차이라는 현실 속에서 이를 표현해주는 일종의 문화적, 계급적
상징이었음을 보여준다. 더욱이 사람들의 심리를 가장 직접적으로 표출하
는 연극·영화에서 이러한 경향이 두드러지는 것은 당연한 현상이라고 할
수 있을 것이다.
　연극·영화 어휘군에 대한 동아시아 삼국의 어휘를 비교해 보면 표기나
쓰임의 차이/공통점을 포착할 수 있다. 어휘의 형태면에서 볼 때 한·중·일
의 신어 표기는 한자어일 경우 동일한 것이 많지만, 주로 서구에서 들어온
외래어는 표기 방식이 상이했다. 서양에서 들어온 어휘를 일본어 방식으로
들여와서 사용한 것도 눈에 띈다. 드라마는 '듀라마', '또라마', '주라마', '뜨
라마' 등으로도 썼지만, 일본의 'ドライブ'7)를 그대로 기술하기도 했다.

■ 정경민

6) 李鍾極, 『(鮮和兩引)모던朝鮮外來語辭典』, 31면.
7) 『朝鮮及滿洲』, 1936.11.1.

〈표 2〉 연극·영화 관련 신어

유형	관련 신어
도구	각본(脚本) / 구경표 / 극본(戲本) / 그랜져필름(그랜주어·필름) / 금속사진(金屬寫眞) / 네거티브필름(네가·필름, 네가티브·필름) / 네임파트(네임·파-트) / 네페라 / 뉴스필름(뉴-스·필름) / 롤필름(롤·필림) / 노군(노-·꾼) / 라스트신(라스트·씨인, 라스트·씬) / 라이트밸브(라이트·앨쁘) / 릴 / 스크립트(스크맆프트) / 드래머터지(드라마투루기, 드라마투루기야) / 라이트닝 / 라임라이트(라임라일) / 러브신(러쁘·씬) / 레제드라마(레-제·뜨라마) / 레코드드라마(레코-드·드라마) / 레퍼토리(레펠트월-, 레퍼터리, 레퍼트리, 레파토리, 레파트리) / 롤필름(롤·필림) / 메인타이틀(메인·타이틀) / 모션픽처(모슌·픽추어) / 모터그래프(모터그라쁘, 모-토그램) / 몹(모브, 모푸) / 무대장치(舞臺裝置) / 미나토키(미나토-키, 皆토-키) / 백라이트(빽·라이트) / 사운드푸르프(싸운드·푸르트) / 사일런트픽처(싸이렌트·픽추어) / 소프트포커스(쏘프트·포커쓰) / 스크립트(스크맆트, 스크맆프트) / 스태프(스탚푸, 스탶) / 스테이지라이트(스테-지·라일, 스테-지·라일트) / 스틸(스티-ㄹ) / 스포트라이트(스폴트라이트) / 시나리오(씨나리오, 씨나리오, シナリオ) / 카메라(캐메라, 캬메라, カメラ, 撮影機) / 토키(토-키, ト-キ-)
인물	개그맨(꺄그·맨) / 관람자(觀覽者) / 내레이터(내레-터-) / 단원 / 더미(떰미-, 땀미-) / 드래머티스트(드라마티스트) / 리딩맨(리-딍·맨) / 맥베스(마쑤베드, Macbeth) / 맥베트(麥倍時) / 모니터(모니털) / 무대감독(舞臺監督) / 무비오퍼레이터(무-예·오퍼레이터) / 믹서(밐써-) / 바이플레이어(빠이풀레어, 빠이풀레이어) / 배우(俳優) / 사이드플레이어(싸이드·푸레이어, 싸이드·풀레여) / 스크린러버(스크린·러버) / 스크린 스타(스크린·스타) / 스크린의 여왕(스쿠-린의女王) / 스타(스타-, スター, 斯他) / 스타플레이어(스타·풀레이어) / 스턴트맨(스턴트·맨) / 스테이지매니저(스테-지·매네져) / 스텐더드필름(스텐다-드·필름) / 시나리오 라이터(씨나리오·라이터) / 아이스킬로스(에쓰킬노쓰, 에쓰킬루쓰, 衣斯其拉斯) / 아트디렉터(아-트·띠렉터) / 액터(액터-) / 액트리스(액추레쓰, 액트레스) / 채플린(촤프린, 촤프링, 촾플린, 짜푸링, 챠푸링, 챂푸린, 쵀플린, 챂푸린, 챂푸링, 채푸링, 체뺄닌) / 카메라맨(캬메라·맨, 캐머러멘)
장르분류	16밀리(十六미리) / 가극(歌劇) / 개그(꺄그, 깩) / 경향극(傾向劇) / 극희(劇戲) / 근대극(近代劇) / 기분극(氣分劇) / 난센스 코미디(넌센스·코메디, 넌센스·컴메디, 넌센스·컴메티) / 녹아웃(낙·아웉트, 낙·아울) / 다이얼로그(다이아로그, 다이아로-그) / 대활극 / 드라마(듀라마, 또라마, 주라마, 뜨라마, 드람마, ドラマ) / 드라마토키(드라마·토-키) / 라디오드라마(라듸오·도라마, 라듸오·듀라마, 라듸오·드라마, 라듸오·드람마) / 라디오 버라이어티(라디오·바리에티, 라듸오·바리이에티, 라듸오·빠라에틔, 라듸오·바라에티) / 라디오 오페라(라듸오·오페라) / 라디오코메디(라듸오·코메디) / 라이트오페라(라이트·오페라) / 레뷰(레뷰-) / 루스트슈필 / 리리컬 드라마(리리칼·드라마, 리릭크·드라마, 리릭·드라마) / 마리오네트(매리오넽트, 매리어넽트) / 마스크플레이(마스크·풀레이) / 멀티플릴(멀티풀·릴) / 멜로드라마(매로드라마, 멜로뜨라마, 메로뜨라마) / 무비쇼(무-예·쇼우) / 문제극(問題劇) / 뮤직드라마(뮤지크·뜨라마) / 사극(史劇) / 사상극(思想劇) / 사실극(事實劇) / 사회극(社會劇) / 쇼(쇼우, 쇼-) / 슬랩스틱코미디(슬랲스틱·코메디)
공간	가극장(歌劇場) / 국립극장(國立劇場) / 관객석(觀客席) / 그린룸(끄린-·룸) / 극장(극쟝,

유형	관련 신어
	戲園, 劇場, 劇場, 演戲屋, 演戲場 / 글라스스테이지(끄라스·스테지) / 다크스테이지(딱·스테이지) / 대극장(大劇場) / 드레싱룸(뜨레씽·룸) / 런던대극장(倫敦大劇場) / 마티네(마지네-, 마치네, 마티네, マチーネ) / 무대(舞臺, 무디) / 무비(무-예, 무예) / 무비홀, 영화관(무-예·홀) / 박스시트(빽쓰·씨트) / 박스오피스(빽쓰·오삐쓰, 빽쓰·오삐스) / 세트(셀트, 셋트) / 스크린(스쿠린, 스크링, スクリーン) / 스테이지(스테-지, 스테-지-, 스테지, 스테-지) / 스튜디오(스다지오, 스타디오, 스타치오, 스터디오, 스타디오, 스추-티오, スタヂオ) / 시네마돔(씨네마돔) / 앰피시어터(앰피테아터, 앰피테아틀) / 연희장(연희장, 演戲場) / 프로덕션(푸로닥, 푸로닥손, 푸로덕슌, 푸로떡션) / 할리우드(헐리운, 헐리운드, 헐니운, 호리운드)
행위	각색(脚色) / 공연(公演) / 그랜드스탠드플레이(끄랜드·스탠드·풀레이) / 글래스워크(끄라스·웤) / 내레이션(내레-슌) / 내레이트(나레이트) / 노컷(노-·컽) / 다크체인지(딱·체인지) / 더블익스포저(떠불·엑쓰포슈어) / 더블롤(떠불·롤) / 더블프린팅(떠불·푸린팅) / 데뷔(떼뷰, 떼뷰-) / 드래머티제이션(드라마타이제-슌) / 드레스 리허설(뜨레스·리허-살) / 디졸브(띄솔액, 듸졸브) / 디졸브아웃(띄솔브·아웉) / 디졸브인(띄솔브·인) / 라이트체인지(라이트·첸지) / 레버러토리 워크(라보라토리·웤) / 로케이션(로케, 로케시언, 로케이슌, 로케숀, 로케-숀, 로케-슌, 로우케이슌, ロケーション) / 롱숏(롱-숕) / 리딩롤(리-딍·롤) / 리버스액션(리벌스·액슌) / 리허설(리허-살) / 몽타주(몬타쥬, 몬타-쥬, 몬타-듀) / 미믹(미믹, 미믹크) / 세넷(셴넬, 셴넬트) / 세리프(세리푸, 세리쁘, 세리띂푸, 세리띂쁘) / 세팅(셀팅) / 슈프레히코어(슢레히·코르, 쉬프레히·콜, 슢히·콜, 슢푸히·콜, 슢프레히·콜) / 스탠바이(스단·바이) / 스테이지키스(스테-지·키쓰) / 슬로모션(슬로-·모슌, 슬로-·모-슌, 슬로-·모-숀)

(3) 음악·미술

음악·미술 어휘군은 다음과 같이 총 다섯 가지의 영역으로 구분해 볼 수 있다. 첫째는 12의 대협주곡(十二그랜드콘서트쓰), 가곡(歌曲), 가믈란 음악(ガメラン音楽), 가보트, 간판화(看板畫), 개선가(기선가), 관현악(奏樂班)와 같이, 작품들의 종류 등, 음악·미술 작품에 관한 정보를 설명해주는 어휘, 둘째는 가수(歌人), 게렝(꾸린), 게르마니쿠스(께르마니쿠쓰), 공예가(手藝家), 군악대(군악되), 금속판화가(彫金工)와 같이 작품을 만들어 낸 인물들이나 작품 속에 등장하는 인물, 셋째는 4음전절(四音栓節), D음(D音), 가락(調子), 가사(歌詞), 개관(槪觀), 공간미(空間美), 공간적예술(空間的藝術), 데생(데쌍)과 같이 음악·미술 작품들과 관련된 이론이나 기법, 넷째는 갬부지(깜보-쥐), 건반(鍵盤), 골동품(骨董品),

공예품(工藝品), 군악기(군악긔계), 기타(기따) 같이 각 작품들의 구성과 구현에 필요한 도구들, 다섯째는 간판(看板), 갤러리(갤레리), 골동점(骨董店), 독주회(獨奏會), 라파엘전파(라얘엘前派)과 같이 음악·미술의 작품들이 현실에서 표출되는데 필요한 공간을 설명하는 어휘 등이다.

음악·미술 작품들의 종류 등과 같이 작품들에 관한 정보들을 설명해주는 어휘를 보면 가곡(歌曲), 가믈란 음악(ガメラン音楽), 간판화(看板畵), 개선가(기선가), 관현악(奏樂班)과 같이 해당 작품들이 어느 장르에 속하는 지를 알게 해주는 어휘와 12의 대협주곡(十二그랜드콘서토쓰), 라 마르세유(라,마르세이에이쓰), 로체스터와 같이 각 작품들의 제목을 알려주는 어휘로 나누어 볼 수 있다.

음악·미술 작품을 만들어 낸 인물들이나 작품 속에 등장하는 인물 관련 어휘를 살펴보면 다음과 같이 나누어 볼 수 있다. 먼저, 가수(歌人), 공예가(手藝家), 군악장(軍樂長), 금속판화가(彫金工), 메조소프라노(메쏘소푸라노), 바이올리니스트(빼이오리니스트)와 같이 음악·미술 분야의 직업이나 관련 주체들의 역할을 알 수 있게 해주는 어휘들이 있다. 다음으로는, 롬니(롬네이), 루벤스(루벤쓰), 모차르트(모-찰트)와 같이 작품을 만든 창작자의 인명이 있다.

이러한 어휘들 가운데 흥미로운 것은 금속판화가를 의미하는 '조금공(彫金工)'이다. 직업과 관련하여 '공(工)'이라는 글자가 들어간 전통 어휘로 '공장(工匠)'과 '공인(工人)'을 들 수 있다. '공장(工匠)'은 "전근대 사회에서 물건을 만들던 기술자"[8], '공인(工人)'은 "조선시대 장악원(掌樂院)에서 아악(雅樂)을 맡은 악생(樂生)과 속악(俗樂)을 맡은 악공(樂工)의 명칭"[9]을 뜻한다. 이를 보면 조선의 전통적인 인식 속에서 '공(工)'이라는 글자는 기술분야와 예술분야를 망라한 것임을 알 수 있다. 이러한 어휘들에서 조선시대의 기술과 예술에 대한 인식의 혼용이 보인다고 단언할 수는 없지만, 당시 음악과 미술에 대한 인식을 살펴볼 수 있는 척도는 될 수 있을 것이다. 그리고 이러한 인식이 서양으로부터 들어온 어휘와 결합하면서 금속판화가를 뜻하는

---

8) 변태섭, 강우철, 『교학 한국사대사전1』, 2013, 696면.
9) 변태섭, 강우철, 『교학 한국사대사전1』, 693면.

'조금공(彫金工)'이라는 어휘가 나올 수 있었던 것이다. 요컨대 외래어가 들어오면서 이를 기존의 언어로 표현하는 것이 어렵기 때문에 발음되는 소리에 의거하여 한글로 표기하는 단어들도 많이 있었지만, 이렇게 전통적인 인식이 활용되면서 만들어지는 신어들도 있었다는 것을 알 수 있다.

음악 · 미술 관련 이론이나 기법들을 설명하는 어휘를 보면, 개관(概觀), 공간미(空間美), 공간적예술(空間的藝術), 데생(데쌍)과 같이 판단이 개입된 어휘들과 4음전절(四音栓節), D음(D音), 가락(調子), 가사(歌詞) 등과 같이 작품의 구성요소를 이론화하여 설명하는 어휘들이 있다.

음악 · 미술 작품의 구성이나 구현에 필요한 도구들을 설명하는 어휘는 다음과 같이 나누어 볼 수 있다. 첫번째로는 골동품(骨董品), 공예품(工藝品)과 같이 각 개체들을 유형화한 어휘, 두번째로는 건반(鍵盤), 기타(기따)와 같이 각 개별사물을 지칭하는 어휘들이 있다. 마지막으로 군악기(군악긔계)와 같이 사용하는 주체나 성격이 드러나는 어휘가 있다.

음악 · 미술의 각 작품들이 현실에서 구현되는데 필요한 공간을 설명하는 어휘는 다음과 같이 나누어 볼 수 있다. 먼저, 간판(看板), 갤러리(갤레리), 골동점(骨董店)과 같이 각 작품들이 구현되거나 설치가 되는 물리적인 공간을 의미하는 어휘들이 있다. 다음으로는 독주회(獨奏會), 라파엘전파(라파엘前派)와 같이 물리적 공간 자체 보다는 그러한 공간을 활용하여 특정 작품을 표현하는, 즉 연주와 전시 등을 가리키는 어휘들이 있다. 이는 음악 · 미술이 어느 지정된 공간이 아니더라도 자유롭게 구현될 수 있는 성격을 가진 것에 기인한다고 할 수 있다.

근대 신어의 표기는 오늘날의 맞춤법 통일안과 같은 것이 없었으므로 매우 다양한 형태로 나타났다. 필자에 따라 표기를 달리하거나, 심지어 한 기사에서 서로 다른 표기를 사용하기도 했다. 음악 · 미술 관련 어휘 중 다양한 표기 사례를 몇 가지 열거해보면 다음과 같다.

- 기타 : 끼-타-, 끼타, 키-다, 키터, 키타-, 기따
- 녹턴 : 노크추르느, 녹턴, 낙튠, 노크탄
- 니스 : 니스, 洋漆
- 리드미컬 : 리쯤이컬, 리쓰미칼, 리즈믹칼, 리쯔미칼
- 리듬 : 류팀스, 리쓤, 리틈, 리즘, リズム, 리씀
- 리사이틀 : 리사이탈, 레시탈, 으리싸이털, 으리싸이틀, 뤼싸이틀, 리싸
  이탈, 레씨탈, 뤼사이털, 뤼사이틀
- 리플렉션 : 리푸레인, 리푸렌, 리풀렉숀
- 마치 : 마춰, マーチ, 마-춰, 마-치,
- 만돌린 : 만톨린, 만톨링, 멘돌린, 만돌린, 만도린, 만도링, 맨도링, 맨드린
- 미뉴에트 : 메뉴엘, 메뉴엘, 메뉴엘트, 메누엘트, 미누엘, 미누엘트,
  메니유에트, 미뉴엘트
- 바이올리니스트 : 뺘이올린이스트, 뺘이올링스트, 뺘요린이스트, 뺘요린
  니스트, 뺘요리니스트, 뺘이오리니스트, 뺘이올리니스트
- 바이올린 : 뺘요린, 뺘욜링, 뽜이올린, 쎼오론, 쎼오롱, 바이요링, 바이요
  린, 뺘이올린, 빠이오린, 빠이오링, 絃弓, 胡弓

  음악 · 미술 어휘군의 표기상 특징은 다음과 같다.
  첫째, 외국어를 우리말로 소리나는 대로 써서 유사한 발음을 나타내는
사례들을 많이 볼 수 있다.
  둘째, 외국어를 번역하여 한자로 표기한 것이 있다. 실례로 '니스'라는
외래어를 번역하여 한문으로 '洋漆'라고 표기한 것을 들 수 있다.[10]
  셋째, '끼-타-'와 '기따'처럼 동일한 어휘도 장음부호를 사용한 것과 그렇
지 않은 것이 있고, 또 '리쯤이컬'와 '리쯔미칼'처럼 같은 단어를 다르게 기
술한 것도 있다. 그리고 이 때 사용되는 한글 중에는 오늘날에는 사용하지
않는 것들이 있다. 이는 당시에 현재 우리가 사용하고 있는 외래어표기법이
나 '관례'와 같은 것이 정착되지 않고 있었던 것에서 기인한다. 또한 한글표
기에 있어서도 한글맞춤법 통일안과 같은 정형화된 규칙이 없었던 현상도

---

10) 「海關稅則」, 『漢城旬報』, 1883. 11. 21, 3면.

반영하고 있다. 다시 말하면 이렇게 같은 단어임에도 불구하고 신어들이 다르게 표기되고 있는 현상은, 현재의 외래어표기법이나 '관례'가 형성되고 있는 과정의 한 단면을 보여주고 있는 것이라고 할 수 있다. 뿐만 아니라 현대 한국어가 형성되기까지의 과정도 아울러서 보여준다고 할 수 있다.

신어의 이러한 경향과 함께 그 용례를 살펴보면 더욱 다양한 맥락에서 사용되었던 실제 쓰임을 알 수 있다. 이는 한 어휘의 문자적 의미와 쓰임을 보여줌과 동시에, 음악·미술 관련 어휘가 특정한 의미 혹은 사상이나 환경을 표현해주는 일종의 문화적 상징이었음을 보여준다. 더욱이 사람들의 심리와 감정을 가장 감각적으로 표출하는 음악·미술에서 이러한 경향이 두드러지는 것은 당연한 현상이라고 할 수 있을 것이다.

음악·미술 분야에 대한 동아시아 삼국의 어휘를 비교해 보면 표기나 쓰임의 차이/공통점을 포착할 수 있다. 어휘의 형태면에서 볼 때 한·중·일의 신어 표기는 한자어일 경우 동일한 것이 많지만, 서구에서 들어온 신어는 대개 표기 방식이 상이했다. 서양에서 들어온 어휘를 일본어로 표기해 사용한 것도 눈에 띈다. 리듬은 '류틈스', '리씀', '리틈', '리즘', '리뜸' 등으로도 썼지만, 일본의 "リズム"를 그대로 기술하기도 했다.[11] ■ 정경민

〈표 3〉 음악·미술 관련 신어

유형	관련 신어
작품	12의 대협주곡(十二그랜드콘서트쏘쓰) / 가곡(歌曲) / 가믈란 음악(ガメラン音樂) / 가보트 / 간판화(看板畵) / 개선가(기션가) / 관현악(奏樂班) / 교가(校歌) / 국가(國歌) / 군가(軍歌) / 그래프코믹(끄라프·코믹, 끄라프·코믹크) / 금속판화(金屬板彫刻) / 나블렛(노벨렡) / 나체화(라톄화, 裸體畵) / 녹턴(노크탄, 낙튠, 녹턴, 노크추르느) / 댄스뮤직(땐스·뮤직, 땐스·뮤직크) / 데스마스크(데스·마스크, 테쓰·마스크, 떼드·마스크) / 랩소디(랲쏘듸, 라프쏘듸) / 모자이크(모자잌, 모제잌, モザイック, 모사잌, 모사잌크, 모사익) / 바르카롤(빨카롤) / 행진곡(行進曲) / 헐레이션(할레이슌, 할레슌) / 헤일 콜럼비아(헤일콜넘비아) / 활인도(活人圖) / 회화(繪畵)
인물	가수(歌人) / 게렝(꾸린) / 게르마니쿠스(쩨르마니쿠쓰) / 공예가(手藝家) / 군악대(군악디, 軍樂隊) / 군악장(軍樂長) / 금속판화가(彫金工) / 기악가(器樂家) / 루벤스(루벤쓰) /

11) 「外來語と參考譯」, 『總動員』 2권 10호, 1940. 10, 66면.

	모차르트(모-찰트, 모짜드, 모차트) / 필하모닉(엘하-모닉) / 하모니카밴드(하-모니카 ·밴드) / 하이든 / 하프시코디스트(핲시코듸스트) / 하피스트(하-피스트) / 합창단원(合奏班歌手, 合奏歌者) / 헨델(헨델) / 화백(畫伯)
이론	4음전절(四音栓節) / D음(D音) / 가락(調子) / 가사(歌詞) / 개관(槪觀) / 공간미(空間美) / 공간적예술(空間的藝術) / 그러데이션(그라데-슌) / 데생(데쌍, 데산, 뗏산, 댓쌍, 뎃싱) / 리플렉션(리푸레인, 리푸렌, 리풀렉슌) / 모듈레이터(모듈레터, 모듈레이터) / 하모니 (할모니, 하-모니) / 바리톤(바리토운, 빼리톤, 바리통) / 하모닉스(하-모닉쓰) / 하프톤 (하프·톤) / 합창(합챵, 코러쓰, 合唱) / 협화음(協和音, Chord) / 화법(畫法) / 화성학(樂音學) / 황금분할, 황금률(黃金率, 黃金分割)
도구	갬부지(깜보-쥐) / 건반(鍵盤) / 고무나팔(고무라팔) / 골동품(骨董品) / 공예품(工藝品) / 구아슈(꾸와쉬) / 군악기(군악긔계) / 그랜드피아노(끄랜드·피아노,) / 그레이 / 그림 물감(繪具) / 기타(기따, 키타-, 키터, 키-다, 끼-타-, 끼타) / 나팔(나발) / 니스(니스, 洋漆) / 더블베이스(따불·바쓰, 떠불·빠스) / 도료(塗料) / 핑거오르간(핑거·오갠) / 핑 크매더(핑크·매더) / 하모니카(하모니카, 하모니커, 하-모니커, 하-모니카, 하모닛싸, 하-모닉가, 하모닉가) / 하와이안기타(하와이언·키터, 하와이언·키타, 하와이언·끼터, 하와이언·끼타, 하와이앙·키터, 하와이앙·키타) / 하프(하(-)푸) / 하프시코드(합시코드, 핲시코드, 하푸시코드) / 핸드오르간(핸드·올간) / 헌팅호른(한칭·호른, 한칭그-호른) / 호각(胡角) / 호른(혼, 홑)
공간	간판(看板) / 갤러리(캬라리, 걀라리, 갤레리, 깨뎌리, 깰러리) / 골동점(骨董店) / 그랜드 오페라(그란드오페라, 끄랜드·오페라,) / 독주회(獨奏會) / 라파엘전파(라빼-엘前派) / 리사이틀(리사이탈, 레시탈, 으리싸이털, 으리싸이틀, 뤼싸이틀) / 무대(舞臺) / 호외파 (戶外派) / 화단(畫壇) / 화도방(畫圖房) / 회화공진회(繪畫共進會) / 회화전람회(繪畫展覽會) / 후기인상파(後期印象派)

(4) 스포츠

스포츠 관련 어휘군은 다음과 같이 여섯 가지 유형으로 나누어 볼 수 있다. 첫째, 축구, 농구, 야구, 경구, 골프, 권투, 댄스, 데카슬론, 라크로스, 럭비 등 종목 명칭, 둘째, 공공체육장, 공공승마장, 그라운드, 그래스코트, 그린, 내야, 다이아몬드 등 스포츠 공간 관련 어휘, 셋째, 그로기, 녹다운, 다이빙, 대쉬, 더블폴트, 데드볼 등 스포츠에서 일어나는 동작이나 상황과 관련된 어휘, 넷째, 글러브, 네트, 니블릭, 덤벨, 볼 등 각 종목에서 사용되는 도구에 대한 어휘, 다섯째, 네트터치, 네트볼, 노게임, 노런, 노카운트, 더블헤더 등 스포츠 규정에 관한 어휘, 여섯째, 다이버, 댄서, 복서, 삼루수 등 종목에 참여하거나 활동하는 인물을 지칭하는 어휘가 그것이다.

스포츠 종목의 명칭은 서양으로부터 들여와서 사용되고 있는 것이 가장 많다. 하지만 '축구'처럼 서양 스포츠가 한자어로 번역이 된 후 조선에 들어와서도 계속 사용된 경우가 있다. 이는 한국에 서양의 스포츠 종목들의 용어가 중국과 일본을 통해서 들어온 것에서 기인한 것으로 보인다. 또한 서양문화권의 용어를 바로 조선인의 사고방식을 반영한 단어로 만들기 어려우므로 서양어 자체의 발음을 조선식으로 표기하거나 혹은 한자어로 번역된 것을 받아들였다.

스포츠의 공간 관련 어휘를 세분화 하면, 경기장, 공공체육장, 공동긔마장, 그라운드, 댄스홀과 같이 그 스포츠 종목이 이루어지는 일반적인 장소, 경성운동장과 같이 어느 특정한 곳을 지칭하는 고유명사, 골라인, 네트, 하프웨이라인과 같이 해당 종목의 운영규정에 따라서 보다 더 세부적으로 설정되는 공간 용어가 있다. 여기에서 주목되는 점은 공공체육장과 공동긔마장처럼 스포츠와 관련하여 공간의 공공성이 강조되는 단어들이 출현했다는 점이다.

스포츠에서 일어나는 동작이나 상황에 관한 어휘를 세분화하면, 그로기, 뜨롭·커-(드롭커브), 뜨롭·킥(드롭킥), 드리불(드리블), 피치와 같이 각 스포츠 종목에서 이루어지는 행위를 지칭하는 어휘와, 데드볼, 나이쓰·뽈(나이스볼), 따불·풀레이(더블플레이)와 같이 각 스포츠 행위에 대한 평가 내지 그로 인한 영향을 설명해주는 어휘가 있다.

각 종목에서 사용되는 도구에 대한 어휘는 글러브, 네트, 니블릭, 덤벨, 볼 등과 같이 대부분 일반명사로 이루어져 있는 것을 알 수 있다.

스포츠 규정에 관한 어휘를 보면 네트터치, 네트볼, 노게임, 노런, 노카운트, 더블헤더와 같이 대개 두 가지의 단어가 결합된 것을 볼 수 있다. 네트와 볼, 네트와 터치와 같이 스포츠가 진행되는 공간과 행위 혹은 사물을 지칭하는 용어가 결합된 경우가 있으며, 노게임과 같이 부정어와 스포츠의 진행을 지칭하는 용어가 결합된 것을 볼 수 있다.

스포츠에 참여하는 인물을 지칭하는 어휘는, 다이버, 댄서, 복서, 삼루수와 같이 스포츠 선수 등을 일반적으로 지칭하는 어휘와, 띄드·쇼트(데드쇼트)와 같이 특별히 우수한 스포츠인을 별도로 표기하는 어휘로 나누어 볼 수가 있다.

근대 신어의 표기는 앞서 설명한 다른 분야와 마찬가지로 매우 다양한 형태로 나타났다. 필자에 따라 표기를 달리하거나, 한 기사에서 서로 다른 표기를 사용하기도 했다. 스포츠 관련 어휘 중 다양한 표기 사례를 열거하면 다음과 같다.

- 더블폴트 : 따불·폴트, 따불·폴, 떠불·폴-트, 떠불·폴트
- 드리블 : 듀리불, 드리브, 쮸리불, 드리불, 드리부
- 라스트 이닝 : 라스도·인닝구, 라스트·인닝, 라스트·인닝
- 라켓 : 래케트, 라케트, 라켓트, 라켙, 래켙, 나켙트, 라켙도
- 러닝 : 런닝그, ランニング, 런닝
- 러시 : 라쉬, 랏슈, 러쉬, 럿슈,
- 럭비 : 라그비, 라구비, 라式, 라式蹴球, 러式蹴球, 럭비·풑뽈, 라구비·
　　풑뽈
- 중견수 : 中堅手, 센트랠 필터, Central Fielder
- 피치 : 핕츠, 핕치, 피-취, 피취, 핕취
- 포수 : 캣처, 捕手, Catcher
- 혹 : 혹구, 훅, 푸크, 혹크, 후크, 훅크

스포츠 어휘군의 표기상 특징은 다음과 같다.

첫째, 외국어를 우리말로 소리나는 대로 써서 표기한 사례들을 많이 볼 수 있다.

둘째, 외국어를 번역하여 한자로 표기한 것이 있다. 실례로 영어의 'Central Fielder'를 '中堅手'로 표기한 것을 들 수 있다.[12]

셋째, '피-취'와 '피취'처럼 동일한 어휘도 장음부호를 사용한 것과 그

---

12) 『청춘』1, 1914, 124면.

렇지 않은 것이 있고, 또 '랏슈'와 '럿슈'처럼 같은 단어를 다르게 표기한 것도 있다. 이는 앞서 설명한 타 분야의 신어와 마찬가지로 당시 외래어표기법이나 '관례' 등이 정착되지 않았던 것에서 기인한다.

스포츠 관련 어휘가 쓰인 사례를 살펴보면 다음과 같은 특징을 알 수 있다. 스포츠 어휘군 중에는 스포츠 종목, 스포츠에 참여하는 구성원, 스포츠 규정을 지칭하는 어휘가 매우 큰 비중을 차지하고 있으며 그 설명도 매우 상세하다는 것이다. 이는 각 스포츠 종목들이 조선에 들어온 지 꽤 되었음에도 불구하고 조선사회에 널리 퍼진 것은 아니었음을 보여주는 것이라 할 수 있다. 몇 가지 사례를 살펴보면 다음과 같다. '겔·투-(get two)'라는 단어에 대해서 사전은 "野球. 走者가 一壘에 있을 때 次打者의 打球를 받아 二壘에 보내서 아웃시키는 것"이라고 하였으며[13], 잡지에서는 '골프'라는 단어에 대해서 "운동의 일종. 넓은 광장에 각각 백 척 이상씩의 거리를 띄어 놓고 14소 내지 34소에 구멍을 뚫어놓고 이 편에서 치는 공이 수가 가장 많이 그리고 순서 있게 그 구멍 속에 들어가는 편이 이기게 되는 경기"[14]라고 서술하고 있다. 신문기사에서는 '그로기'에 대해 "이리하여 카르츠선수는 그로기(지쳐서 자빠지려는 짓)가 되었으나 조금 있다가 다시 회복하여"[15]라고 기술하고 있다. 이 세 가지의 사례만 보더라도 해당 용어가 쓰이는 종목과 상황을 매우 구체적으로 기술하고 있음을 알 수 있다.

물론 1930년대에 쓰이는 사례들의 경우는 해당 종목들이 조선에 들어온 지 적지 않은 시간이 흘러 일반 대중들에게 이미 익숙해진 면도 있었기에 해당 종목에 대한 정보를 널리 퍼트리기 위한 것이라고 볼 수는 없다. 그러나 '그로기'라는 단어를 기술함에 있어 괄호 안에 그 내용을 상세하게 설명하는 것을 보면, 종목 자체는 사람들에게 널리 알려져 있었지만, 전문용어는 설명이 필요했다는 것을 알 수 있다. 오늘날 매체에 자주 등장하는

---

13) 李鍾極, 『(鮮和兩引)모던朝鮮外來語辭典』, 12면.
14) 「新語大辭典(3)」, 『別乾坤』28, 1930. 5. 1., 97면.
15) 『東亞日報』, 1932. 8. 12. 7면.

스포츠 용어에 대한 설명은 주로 규정과 관련된 것이다. 반면 이 시기의 설명은 여전히 행위를 구체적으로 묘사하는 것에 무게중심이 있다고 할 수 있다.

이러한 경향과 함께 용례를 살펴보면 스포츠 관련 신어가 매우 다양한 맥락에서 사용되었음을 알 수 있다. 이는 한 어휘의 문자적 의미와 쓰임을 보여줌과 동시에, 스포츠 관련 어휘가 특정한 의미 혹은 계급이나 계층의 차이라는 현실 속에서 일종의 문화적, 계급적 상징을 표현했음을 보여준다.

스포츠에 대한 동아시아 삼국의 어휘를 비교해 보면 표기나 쓰임의 차이/공통점을 포착할 수 있다. 어휘의 형태면에서 볼 때 한·중·일의 신어 표기는 한자어일 경우 동일한 것이 많지만 서구에서 이입된 외래어인 경우 표기 방식이 상이했다. 한국에서 '딴사-', '딴서-', '땐서-', '짠쓰', '짠스' 등으로 다양하게 쓰였던 댄서는 일본에서 'ダンサー'로 표기되었다.[16] 일본식 발음을 그대로 한글로 쓴 것도 눈에 띈다. 드라이브는 '뜌라이쀠', '트라이푸', '뜌라이쁘' 등으로 썼지만, 일본의 'ドライブ를 우리말로 '또라이부'로 쓰기도 했다.[17] ■ 정경민

〈표 4〉 스포츠 관련 신어

유형	관련 신어
종목	검투경기(금긱희) / 격구 / 경구(硬球) / 경마(경마) / 경보(輕步) / 골프(콜푸, 꼴푸, 꼴프) / 권투(拳鬪) / 김나스틱(김나스틱, 김나스틱쓰, 占那斯德) / 농구(籃球) / 단거리경주(短距離競走) / 닷지볼(똗찌·뽈, 톨틱·뽈) / 대쉬(때쉬, 다슈) / 댄스(짠쓰, 딴쓰) / 데카슬론(데카쯔론, 데이카스톤) / 라크로스 / 럭비(라式, 라式蹴球, 럭비·풑뽈, 라구비·풑뽈) / 축구(蹴球, 풋쏠)
공간	경기장(競技場) / 경기회(競技會) / 경마장(경마당) / 경마회(경마회) / 경성운동장(京城運動場) / 골에어리어(꼬울·에레아) / 골라인(꼬울·라인, 꼴·라인) / 골포스트(꼬울·포스트) / 골프장(꼴푸·링) / 골프클럽(꼴푸·클럽) / 공공체육장(公共體育場) / 공동승마장(공동긔마장) / 그라운드(듸·그라운드, 그랜더, 크라운드) / 그래스코트(끄라스·코-트) / 그린 / 기마장(긔마장) / 내야(內野, 인필드, InField) / 네트(넷트, 넬트, ネット) / 다이아몬드(따이아먼드, 따이아몬드) / 댄스홀(땐스홀, 땐쓰·홀, 땐싱·홀) / 데드볼라인

16) 『新京日日新聞』, 1937. 12. 13.
17) 『群山日報』, 1933. 9. 27. 136면.

	(띄드·뽈·라인) / 운동장(運動場, 운동장)
행위	게임(께임, 껜, 껨, 쎄임, 께-ㅁ, 깨임, ゲ-ム) / 게임세트(께임·셀, 깨임셋, 껨·셀) / 게임카운트(껜·칸트, 께임·카운트) / 게임버그(캄보-지) / 겟세트(껫셋, 껠·셀) / 겟투(껠·투-) / 격월파(隔越靶) / 경기(競技) / 골(꼴, 꼬울, ゴ-ル) / 골슛(꼬울·슈트) / 골인(꼬울·인, 꼴·인,) / 골킥(꼴·킥, 꼬울·킥) / 구보 / 그로기(구로기, 구로키, 그로키) / 나이스볼(나이쓰·뽈) / 네트플레이(네트·폴레-, 넽트·풀레이) / 노히트(노-·히트) / 녹다운(나크·따운, 녹크·따운, 녹·따운, 넉·따운, 낙·따운) / 녹아웃펀치(낙·아울·펀치) / 니트다이빙(니트·따이삥) / 다운(따운) / 다이브(跳下, 따이쁘) / 다이빙(ダイビング, 따이빙, 타이핑) / 닷지(똗지) / 대쉬 / 더블펀치(떠불·펀취) / 더블폴트(따불·폴트, 따불·폴, 떠불·폴-트, 떠불·폴트, 떠불·파울) / 더블플레이(따불·풀레이, 떠불·풀레이) / 데드볼(띄드·뽈, 떼드·뽈, 쩻뽈)
도구	고글즈(꼬글쓰) / 골프바지(꼴푸·즈봉) / 공(쏘-르, 쏠) / 글러브(글로-액, 클럽, 글럽, 그랍) / 네트 / 니블릭(니브릭) / 덤벨(담·벨, 떰·벨, 담벨) / 요트(욛) / 클럽, 골프채(크라뷰) / 타이머 / 타임건(타임·껀)
규정	경기규정(競技規定) / 경기규칙(競技法) / 네트터치(넽트·타취, 넽트·터취) / 네트볼(네트·뽈, 넬·뽈넽트·뽈) / 노게임(노-·께임, 노·껨) / 노런(노-·런) / 노카운트(노-·카운트, 노-·칸) / 녹아웃(너크·아울, 노크·아울, 녹아울, 낙·아울트, 낙·아울) / 더블헤더(따불·헤더-, 떠불·헤더-, 떠불·히더-)
인물	가드(까드) / 게임 카운터(께임·카운터) / 골키퍼(꼴·키-퍼-, 꼬울·키-퍼-, 꼴기퍼) / 골퍼(꼴퍼-) / 글래디에이터(끌나디에도라) / 내셔널리그(내슈낼·리-그) / 노커(나커-) / 뉴욕양키스(뉴-욕·양키-스) / 다이버(따이버) / 댄서(땐서-, 딴서-, 딴사, ダンサ-) / 댄싱걸(땐싱·껄, 땐쓰·껄) / 데드쇼트(띄드·쇼트) / 벤치코치(뻰치·코취, 뻰치·코-치) / 복서(뽁사, 뽁서, 뻭사) / 삼루수(三壘手, 더드쩨쓰맨, Third Bassman) / 스포츠걸(스포-츠·껄) / 스포츠맨(스포-쓰맨, 스포-츠맨, 스포스맨)

5) 예술이론

　예술이론 어휘군은 일곱 가지 유형으로 나누어 볼 수 있다. 첫째는 문예사조와 관련된 어휘로, ‘고전주의’, ‘낭만주의’, ‘다다이즘’, ‘데카당티즘’, ‘상징주의’, ‘이상주의’, ‘신비주의’, ‘초현실주의’, ‘큐비즘’ 등이 있다. 둘째는 예술 양식과 관련된 어휘로 ‘그레코로만’, ‘고딕’, ‘그로테스크’, ‘아르누보’, ‘아방가르드’, ‘신파’, ‘슈트름 운트 드랑’ 등이 대표적인 예에 해당한다. 셋째는 예술 기법과 관련된 어휘로, ‘화도법’, ‘수사학’, ‘캐리커처’, ‘카타스트로프’, ‘풍자’, ‘패러디’ 등이 여기에 속한다. 넷째는 예술가 유형과 관련된 어휘이다. '낭만주의자', '모더니스트', '심벌리스트', '다다이스트', '미래파', '입체파', '인생파', '풍자가', '자연주의자', '스타일리스트' 등이 이 부류에 속한다. 다섯째는 예술적 정서와 관련된 어휘인데, '서정', '순화', '구상적', '낭만적', '리얼리스틱', '모더니스틱', '풍자적인', '스켑티컬', '페이소스', '센서블', '센티멘트' 등을 예로 들 수 있다. 여섯째는 미적 가치와 관련된 어휘이다. '심미', '심미안', '예술미', '구상미', '형식미', '전형', '저급한 취미', '걸작', '고전적', '상아탑', '쉬르', '아티피셜', '리얼리티' 등이 여기에 속한다. 마지막으로는 예술분야를 구분하는 조어들을 들수 있다. '과학예술', '민중예술', '순수예술', '신흥예술', '종합예술', '향토문예', '시간적 예술', '향토예술' 등이 그것이다.

가장 많은 수를 차지하는 것은 문예사조와 관련된 어휘들이다. '사실주의', '자연주의', '신낭만주의', '초현실주의', '모더니즘' 등 매우 다양한 어휘들이 소개되어 있어, 서구 문예사조에 대한 소개가 근대 초기부터 매우 활발하였음을 알 수 있다. '디머니어니즘', '매먼예술'과 같이 오늘날에는 자주 쓰이지 않는 문예 유파나 경향도 언급되고 있다.

문예사조를 나타내는 어휘들은 한자어와 외래어를 비교적 균등하게 복합적으로 사용한 것이 특징이다. 이 어휘들의 표기법은 크게 세 가지로 나누어 볼 수 있다.

> 1) 한자어와 외래어를 모두 사용한 경우 : 낭만주의/로맨티시즘, 사실주의/리얼리즘, 신비주의/미스티시즘, 신낭만주의/네오로맨티시즘, 상징주의/심벌리즘, 자연주의/내추럴리즘, 초현실주의/쉬르리얼리즘, 큐비즘/입체주의
> 2) 한자어만 사용한 경우 : 고전주의, 미지상주의, 이상주의, 신이상주의, 상상주의, 표현주의, 탐미주의
> 3) 외래어만 사용한 경우 : 모더니즘, 다다이즘, 데카당티즘, 딜레탕티즘, 빅토리아니즘, 입세니즘, 센슈얼리즘, 센티멘털리즘, 쉬르모더니즘, 스켑티시즘, 에스테티시즘, 프리미티비즘

이 가운데 가장 많은 수를 차지하는 것은 외래어만 사용한 어휘들이다. 외국어를 그대로 직수입한 어휘가 많다는 사실은, 서양의 문예사조가 고유의 것에 견주어 사고되거나 주체적 사유 틀 속에 상대화되기보다는 일방적, 직접적으로 수입되고 있었음을 알려 준다. 한자어와 외래어를 모두 사용한 경우는 '낭만주의', '사실주의' 등 서구 문예사의 주류를 형성하는 사조들로, 이들이 한자어와 외래어 모두를 사용해 번역된 이유는 높은 지명도 탓에 한자 번역어가 일찍부터 존재했기 때문이었던 것으로 보인다. '고전', '이상', '표현' 등 핵심 어휘의 의미가 상대적으로 명확했던 문예사조의 경우는 '고전주의', '이상주의', '표현주의'와 같은 한자어 표기가 선호되었던 것으로 보인다.

예술 사조와 양식이 유럽의 다양한 국가에서 기원하여 발달했던 것과 같이, 어휘의 국가적 유래도 다양했다. '아방가르드', '아르누보', '다다이즘', '로코코', '데카당', '레뷰' 등이 프랑스에서 기원한 문예사조 및 예술 양식이라면, '슈트름 운트 드랑', '루스트슈필' 등은 독일에서 기원한 예술 양식이며, '페이소스', '패러디', '아르스' 등은 그리스어에 기원을 둔 어휘들이다. 이들을 제외한 대부분의 어휘들은 '리얼리즘', '로맨티시즘'과 같이 영어권에서 비롯되었다.

문예사조를 표기한 어휘들이 외국어를 그대로 옮겨 적는 방식을 택하는 경우가 많았던 것과 대조적으로, 예술가 유형을 표현하는 어휘들의 경우는 한자어가 많이 사용되었다. 예술가 유형을 표현하는 어휘들은 세 가지 유형으로 구분할 수 있다. 첫째, '입체파', '고답파', '미래파', '인생파', '질풍노도파', '예술파', '탐미파', '데카당파'와 같이 '-파'라는 어휘를 붙여 새로운 어휘를 만든 사례들, 둘째, '리얼리스트', '모더니스트', '심벌리스트', '다다이스트', '스타일리스트', '슈르레알리스트'와 같이 '-스트'라는 어휘를 붙여 만들어진 외국어를 그대로 옮겨온 사례들, 셋째, '낭만주의자', '신낭만주의자'와 같이 사람을 나타내는 어휘 '-자'를 붙인 사례들이 그것이다. 문예사조와 달리 예술가 유형을 표현하는 어휘들이 한자어를 많이 썼던 것은 '-파', '-자', '-가'와 같이 사람을 표현하는 합성어가 발달했던 문화적 관습에 의한 것으로 보인다.

예술 분야를 나타내는 어휘들은 두 글자 한자를 조합한 한자 합성어들이 대부분을 이룬다. '과학예술', '민중예술', '순수예술', '신흥예술', '종합예술', '향토예술' 등은 동아시아 삼국의 일반적인 어휘 합성의 방법을 통해 만들어진 조어들이다. '객관적 비평', '미의 종교', '시간적 예술'과 같은 어휘들도 한 단어가 아니지만 하나의 의미장을 형성하는 합성 조어들이라 할 수 있다.

유사한 관점에서 미적 가치를 표현하는 어휘들의 경우도 외래어보다는 한자어가 주로 사용되었다. '형식미', '구상미', '심미', '미학', '걸작', '상아탑', '황금분할', '저급한 취미' 등이 그것이다. 문예사조나 예술 양식을 가리키는 어휘가 외국어를 그대로 옮겨 썼던 것과 달리, 미적 가치를 표현하는 어휘들은 전통적 감각을 살려 한자어를 쓰려고 했다는 점은 매우 흥미로운 부분이다.

그 밖에 '아-트·폴·아-트(예술을 위한 예술)', '아-트·폴·라이쯔'(인생을 위한 예술)가 하나의 단어로서 사전에 등재된 것은[18] 이 두 대립어구가 당대 사회에서 예술 분야의 주요한 논점을 이루는 문제적 지점이었음을 알려준다.

1920년대까지 예술이론 관련어들은 『소년』, 『청춘』과 같이 최남선이 발행했던 문화 중심 잡지나 이광수의 『무정』, 최남선의 『자조론』에 주로 실렸다. 전문 문사들의 저작으로 출처가 집중되는 셈이다. 또 1920년대 이후에는 『현대신어석의』(1922), 『신어사전』(청년조선사, 1934), 『(鮮和兩引)모던朝鮮外來語辭典』(1936), 『신어사전』(민조사, 1946)과 같은 신어사전이나 1924년 7월 『개벽』에 실렸던 박영희 편집의 「중요술어사전」란, 사회주의 평론지 『全線』의 「全線用語」란(1933년 5월), 학생전문잡지 『학등』의 「신어사전」란(1935년 3월) 등 지식인 잡지나 전문용어란이 집중적인 출처를 이룬다. 그 외에 대중 미

---

18) 『(鮮和兩引)모던朝鮮外來語辭典』, 한성도서주식회사, 1936.

디어의 신어해설란은 파편적인 예들을 싣고 있으며, 이광수의『무정』(1917), 나도향의 「젊은이의 시절」(1922), 염상섭의『삼대』(1931) 등 소수의 문학 작품이 예술이론 어휘들이 발견되는 용례 출전들이다. 이와 같은 사실은 예술이론이 소수 전문가들 혹은 인텔리들 사이에서만 회자되던 제한적 어휘였음을 짐작하게 해 준다.

한자 조어로 소개되었던 예술이론 신어가 1930년대에 이르러 외래어로 재수록되어 일반화되는 역행적 사건이 발생하는 것은 이 같은 어휘들의 제한적 공유관계와 관련이 깊어 보인다. 한자어가 외래어로 재일반화되는 사례는 '사실주의'가 대표적이다. '사실주의'는 1918년부터 등장했고,[19] 1920년대 초반 사전과 잡지에서 신어로 소개되어[20] 문단에서는 이미 상당히 활발하게 쓰이는 어휘였다. 그러나 1930년대에는 '사실주의'가 '리알리슴' 혹은 '리아리즘'이라는 외래어 표제어로 뒤바뀌어 사전에 등재되고[21] 해방 후의 사전에도 한자어 대신 외래어로 재수록되는 현상이 발발한다.[22] 동일한 어휘가 '사실주의'라는 한자어에서 '리얼리즘'이라는 외래어로 뒤바뀌는 역행 현상이 일어날 수 있었던 것은, '사실주의'가 대중적으로 일반화되지 못했던 탓에, 뒤늦게 알려진 '리얼리즘'이 새 단어로 인식되었기 때문이 아닐까 싶다. 예술이론 어휘는 그만큼 소수 인텔리 집단 사이에서만 공유되는 제한된 어휘였던 것이다. 상대적으로 인지도가 더 높았던 '낭만주의'의 경우, 『(鮮和兩引)모던朝鮮外來語辭典』(1936)을 제외하면, 『현대신어석의』(1922), 「중요술어사전」(『개벽』, 1924), 『新語辭典』(1946)에서 모두 '낭만주의'로 기록되고 있다는 사실이 이러한 추측을 뒷받침해 준다.

친밀성이 더 깊었던 한자 어휘가 외래어로 뒤바뀌고 한자어, 외래어가 병용되는 현상이 나타나는 것은 문화적 변동과도 관련이 깊은 듯하다. 1920년대 초반까지 예술이론 어휘군에는 '패러디', '고딕' 등의 몇몇 사례

---

19) 최남선, 『자조론』, 신문관, 1918.
20) 崔錄東, 『현대신어석의』, 문창사, 1922; 박영희, 「중요술어사전」, 『개벽』, 1924.
21) 『(鮮和兩引)모던朝鮮外來語辭典』, 한성도서주식회사, 1936.
22) 『新語辭典』, 민조사, 1946.

를 제외하고는 주로 '화법', '미적 사상', '걸작', '서정', '미학'과 같은 한자
어가 많았다. 1922년 문창사에서 발행한 『현대신어석의』나 1924년 박영희
가 『개벽』에 소개한 「중요술어사전」에서도 예술이론 어휘군은 대부분이
'낭만주의', '세기병', '탐미파', '표현주의'와 같은 한자 번역어들이다. 그
러나 1925년 이후의 자료들부터는 '스타일', '씸쯸', '아-틔피쉴', '레뷰-'와
같은 외래어들이 본격적으로 등장하기 시작한다. 또, '사실주의'가 '리알리
즘'으로, '낭만주의'가 '로맨틕시슴'으로, '고전'이 '크라식'으로 재표기되
는 외래어 회귀 현상이 일어나며, 한자어보다 외래어가 예술이론 어휘군
을 압도하는 경향이 발생한다. 이러한 사실은 문화와 예술의 관점에서 서
구의 영향력이 더욱 확대되었으며, 서구적 문화 예술을 탐구하고 소통할
수 있는 인텔리 계층이 증가하고, 외래문화를 직수입하여 향유하고 소통
하는 서구 취향의 대중문화가 식민지 중반에 매우 발달하고 있었음을 알
려 준다.

예술이론 어휘군에서 나타나는 감각의 변화는 '예술'이라는 어휘의 등
장과 해설방식의 변화에도 고스란히 반영되어 있다. 1918년 이광수의 『무
정』에서 그 초기 용례가 발견되는 '예술'은, 이후 나도향, 염상섭의 소설
등 다수의 글에 등장함으로써 1920년대 초반부터 보편화되기 시작한다.
사전에 실린 '예술'에 대한 해설은 시기별로 다음과 같은 변화를 보인다.

- 1920년 : "文學, 美術, 繪畵, 彫刻, 舞蹈 等, 總히 人生의 創作力에 依한
  活動을 云함"[23]
- 1922년 : "廣義로 鮮ᄒ면 技術 或은 技巧의 意이니 自然物에 對ᄒ야 人
  의 技巧에 依ᄒ야 作出ᄒ 審美上의 價値를 有ᄒ 一切의 製作品
  의 總稱이오 又 狹義로 ᄒ면 美를 表現ᄒ는 事를 唯一의 目的으
  로 ᄒ는 技術 及 作品을 指홈이니 卽 繪畵, 彫刻, 建築, 音樂, 詩
  歌, 小說 戲曲 等이 是이나 一般으로 늘 狹義를 多用ᄒᄂ니라."[24]

---

23) 若水, 「통속유행어」, 『공제』, 1920, 108면.
24) 『현대신어석의』, 문창사, 1922, 43면.

- 1934년 : "文學, 演劇, 音樂, 美術, 建築, 映畵 等을 말함이니 一定한 形式으로써 所與된 素材를 形象化하야 感情을 傳達하는 手段이다."[25]

1920년대에 '예술'을 설명하는 해설들이 인간의 창작력과 기술, 기교의 측면을 강조한 것과 달리 1930년대의 해설은 '감정 전달'을 강조한다. '예술'이라는 영역의 핵심이 '기술'에서 '감정'으로 옮겨오고 있음을 단적으로 드러내 주는 부분이다. 1920년대 후반부터 확연히 증가한 예술이론 어휘군이 감정 어휘군과 상당 부분 중첩성을 보이며 대중문화와 밀접한 관련성을 드러내는 것은, '예술' 자체의 의미장 안에서 일어나는 이 같은 변화와도 관련이 깊다고 할 수 있을 것이다.

그 밖에 마르크스주의와 관련 있는 용어로서 '라프(R.A.P.F)', '부르즈아 리얼리즘', '프롤렛컬트', '초계급성', '프롤레타리아예술' 등의 어휘가 등장하는 것도 식민지 중반 예술 어휘군의 특징이라고 하겠다. ■ 김지영

〈표 5〉 예술이론 관련 신어

유형	관련 신어
문예 사조	고전주의(古典主義) / 그로테스크주의(그로티즘) / 네오로맨티시즘(네오·로맨티시즘, 네오·로맨티시슴) / 네오헬레니즘(네오·헤레니즘) / 네오리얼리즘(네오·리알리즘) / 낭만주의(浪漫主義), 로겐트쏠, 로맨치시슴, 로맨티슴, 로-맨티슴, 로-만티슴, 로만티슴, 로맨티즘, 로-맨티시슴, 로-맨티시즘, 로-만티시슴, 로-만티시즘, 로-맨派) / 다다이즘(다다이슴, 따따, 따따이즘, 짜다이쯤) / 다다운동(다다運動) / 데카당티즘(데카당니즘, 데카단니즘) / 디머니어니즘(떼모니움) / 딜레탕티즘(딸렡탄티즘, 질레탠티즘) / 리얼리즘·사실주의(리아리즘, 리알리슴, 리알리즘, 레아리슴, 리알이즘, 리얼리즘, 레아리즘, 레알리즘, 사실주의) / 모더니즘(모다니즘, 모더니즘, 모데르니즘, 모데르니슴, 모데루니즘, 모데루니슴, 모던이즘, 모던이슴) / 모멘탈리즘·찰나주의(모맨탈리즘, 모멘탈리즘) / 빅토리아니즘(빅터리애니즘) / 센티멘털리즘(센치멘탈리즘) / 상징주의(象徵主義, 샘볼리스므, 심포리즘, 싱볼리즘, 샘볼리즘) / 신낭만주의(新浪漫主義) / 신이상주의(新理想主義) / 센티멘틸리즘(쎈티멘탈리슴, 쎈티멘탈리즘) / 쉬르모더니즘(슈르·모더니즘) / 스켑티시즘(스케푸티시즘) / 입세니즘(입센이슴) / 입체주의(立體主義) / 자연주의(自然主義), 내추랄이즘 / 초현실주의(슈르·레알리즘, 슐·레아리즘, 슐·레아리즘, 스르·레알리스므, 슐·리알리즘) / 포스트임프레셔니즘(포스

25) 『신어사전』, 청년조선사, 1934, 66~67면.

유형	관련 신어
	트·임푸레슈니즘) / 표현주의(表現主義)
예술 양식	그레코로만(그레코·로만) / 고딕(고지크, 고직구, 꼬시크, 꼬식꼬, 꼬틱, 꼬-트式, 꼬씩식, 짜틱, 꼬딕) / 그로테스크(구로, 그로, 그로틱, 그로데스크, 끄로, 크로데스크, 크로테스크) / 레뷰·연극양식(레부, 레부유, 레뷔, 레뷔유, 레뉴-, 레嗅) / 로코코(로고고) / 루스트슈필(루스트슈필) / 맘몬아트(맘몬·아트) / 모티브(모우티쁘, 모티쁘, 모티프, 모티부, 모팊, 모틔-브, 모치嗅) / / 아르누보(아-르·누-보-) / 아방튀르(아반출, 마반튜-르, 아벤추-르) / 아방가르드(아반·갈드, 아반·가르트, 아방·칼트, 아봔·껄드) / 에스프리누보(에스프리·누-보) / 슈트름 운트 드랑(슈트럼·운트·드랑) / 신파(新派)
예술 기법	수사학(수사학) / 서스펜스(서스펜스) / 심벌(심폴, 심볼, 상볼, 씬볼, 씸볼, 씸뽈) / 전형(典型) / 칠음계(七音階) / 카타스트로프(카테스트로嗅, 카테스트로嗅, 캐타스추롶, 카테스트로피) / 캐리커처(칼카추어, 카리카츄어, 카리카츄어, 캐라카춰-) / 클래식(크라식, 크라싴, 크라씩, 크라式, 클라싴, 클라식, 클라싴크, 클라시캄) / 풍자(쎄타이어, 쎄타여) / 핀트(핀트, ピント) / 패러디(파라듸, 패로듸) / 화법(畫法) / 화도법(畫圖法)
예술적 정서	낭만적(浪漫的) / 데카당(데카단, 데카단쓰, 데카단쓰, 데카당스, 데카당트, 데카단트, 떠카탄, 떼카단, 데카덩, 데카단, 데카당, 데가덩, 데가당, 데가단, 데가당, 데가단) / 리얼리스틱(리아리스틱, 리알리스틱, 리알이스틱, 레알리스틱, 리아맄, 리알리틱) / 모더니스틱(모더니스틱) / 목가적(牧歌的) / 스타일리시(스타일리쉬) / 세기병(世紀病) / 유희본능(遊戱本能) / 상징주의적인(씸볼리스틱) / 상징적인(심볼릭) / 생의 충동(生의 衝動) / 서정(抒情) / 센서블(쎈시불) / 센티멘트(센티멘트) / 순화(醇化) / 스켑티컬(스케푸티칼, 스켑티칼) / 페이소스(페-소스)
예술가 유형	그로테스크주의자(그로이스트) / 고답파(高踏派) / 낭만주의자(浪漫主義者리) / 다다이스트(다다이스트) / 다다이스트(다다이스트) / 데카당파(데카당派) / 리얼리스트(레알리스트, 레아리스트, 리알이스트, 리알리스트, 리얼리스트) / 모더니스트(모더니스트, 모던이스트) / 미래파(未來派, 미래주의파) / 상징주의자(심볼리스트) / 슈르레알리스트(슈르·레알리스트) / 스타일리스트(스타일리스트) / 신낭만주의자(新浪漫主義者) / 심벌리스트(샘볼리스트, 짐발리스트) / 예술파(藝術派) / 입체파(立體派) / 인생파(人生派) / 자연주의자(自然主義者) / 질풍노도파의 시인(狂飆興淳起의詩人) / 탐미파(眈美派) / 풍자가(쎄티리스트) / 후기인상파(後期印象派)
미적 가치	걸작(傑作) / 구상미(具象美) / 리얼리티(뤼알리티, 리알리트, 리알리티, 리알이스티, 리얼리티) / 미학(美學) / 상아탑(象牙塔) / 쉬르(슐, 슈-르) / 심미(審美) / 심미안(審美眼) / 스테리오타입(스테노타잎, 스테레오타잎, 스테로, 스테로타잎) / 아티피셜(아-티피셜, 아-티피샬, 아틔피쉘) / 에세틱스(에쎄틱쓰, 에쓰쎄틱쓰) / 예술미(藝術美) / 예술을 위한 예술(아트·폴·아트) / 오리지널(오리지날) / 오리지널리티(오리지낼리티) / 인생을 위한 예술(人生째문에의藝術, 아트·폴·라이쁘) / 저급한 취미(低級的 趣味) / 창세적(창세덕) / 황금률(黃金率) / 황금분할(黃金分割) / 형식미(形式美)
예술 분야	과학예술(科學藝術) / 객관적 비평(客觀的批評) / 미의 종교(美의宗敎) / 민중예술(民衆藝術) / 순수예술(純粹藝術) / 신흥예술(新興藝術) / 시간적예술(時間的藝術) / 예술(藝術)

유형	관련 신어
	/ 종합예술(綜合藝術) / 향토문예(鄕土文藝) , 향토예술(鄕土藝術, 하이마―트·쿤스트) / 픽션(픽슌)

(6) 여가

'여가'는 매우 포괄적인 분야이다. 노동의 상대어로서 휴식을 뜻하기도 하지만 넓게 해석하면 각종의 예술과 스포츠까지를 포함할 수 있고, 더 나아가 즐거움을 추구하는 인간의 모든 활동이 이 영역에 해당할 수 있다. 그러나 여기서는 휴식과 좁은 의미의 취미 수준에서 여가를 다루기로 한다.

여가 관련 어휘는 예술·취미 분야 중 7% 내외를 차지해 그리 높은 비중을 갖지는 않는다. 그 이유는 장시간의 집약된 노동과 이에 기반을 둔 자본의 축적이 근대의 기축을 이루는 인간행위였기 때문으로 보인다. 강한 노동이 요구되는 사회에서 여가는 상대적으로 위축될 수밖에 없었고 이에 따라 신어의 생성도 상대적으로 미미했던 것이라 할 수 있다. 그럼에도 도시의 발달과 노동의 고도화는 휴식과 여가 없이 유지될 수도 없었기 때문에 여가의 영역은 점차 확산되었고 이에 따라 새로운 어휘도 속속 등장했다.

사회적 삶에서 여가의 영역이 독립하게 된 이러한 시대적 정황에 따라, 한편으로 전근대적인 유희와 관련된 어휘의 포섭으로, 다른 한편으로는 유럽과 북미에서 개발된 새로운 놀이 어휘의 수용으로 신어가 성립되었다. 『조선왕조실록』에서 '관광'은 광명한 세상을 본다는 뜻으로 주로 벼슬에 올라 왕도(王都)를 보게 것을 뜻했고 더러 새롭고 신기한 것을 구경하는 것도 '관광'이라 불렀다. 따라서 '관광'을 근대 신어로 간주하기는 어렵다. 그러나 '관광객'이나 '관광단' 같은 어휘는 전근대의 의미에 새로운 행위 양식이 더해져 새로운 의미와 형태로 생성되었기에 신어로 간주된다. 전근대적 어휘와 근대적 단어가 조우하는 지점이다. 또 '공일' 같은 어휘는 전근대에 그저 특정한 업무가 없는 날을 뜻했지만, 근대에 들어와 7일을 한 주로 하고 그중 일요일을 휴일로 하는 노동일-휴일 체제에서 미리 정해진 휴일 즉 일요일을 뜻하게 되었다. '관광'이나 '공일', '유람', '취미' 같은 경우, 전근대적 어휘와 긴밀한 연관을 가지면서 근대에 새로운 의미로 확장된 경우라 하겠다.

이에 비해 '나이트클럽', '섬머바캉스', '서커스', '카지노', '캠핑파티' 같은 어휘는 유럽의 습속이나 문물이 전해져 완전히 새로운 어휘로 탄생한 경우이다. 어휘 형태는 물론 어의와 지시대상 모두 전근대 한국에는 없었던 것이다 외래어의 대부분이 이러한 경우에 속한다. 물론 '가장행렬', '유보장(산책로)', '수족관', '여권'처럼 한자로 조어된 어휘 중에도 새로운 문물과 습속을 뜻하는 것도 있지만 많지는 않다. 흥미로운 것은 '알굴리기(당구)'의 경우처럼 순우리말로 조어되었지만 완전한 신어인 것도 있다는 것이다. 또 영어 소리에 충실한 한글표기와 한국화된 영어의 한글표기, 일본식 영어의 한글표기가 동시에 사용되었다는 점도 주목된다. 즉, '픽닉'이나 '피크닉'과 함께 '비꾸니꾸', '비크니크'가 같이 쓰여 영어 원발음에 충실한 표기, 한국식 발음 표기, 그리고 일본식 발음 표기가 공존했음을 알 수 있다.

'여가'에 포함되는 어휘들을 다시 세분하면, 여가 일반, 게임·오락, 여행·소풍·휴양, 레저스포츠, 공연·관람·매체, 유흥·사교·축제, 기타 등 7분야로 나눌 수 있다. 먼저 여가 일반에 관한 어휘는 '공일', '리프레시먼트', '모던취미', '서머홀리데이', '아마추어', '테이스트', '하비' 등 여가를 규정하는 제반 의미와 관련된 것들이다. 여가를 이루는 세부 분야에 두루 통용될 수 있는 어휘들로, 여가가 이뤄지는 시공간, 여가의 본질을 지시하는 개념들이 주를 이룬다. 여가 일반의 어휘들이 신어로서 등장하는 것은, 집약된 노동과 그에 상응하는 여가라는 분할된 삶의 양식이 형성되는 시점의 특징이라 할 수 있다.

둘째, 게임·오락 분야로서, 여가 관련 어휘 중 가장 많은 빈도를 나타내는 어휘이다. '게임', '도미노', '룰렛', '마작', '옥션브리지', '조커', '체스', '카지노', '크로스워드퍼즐', '투텐잭', '화투' 등 각종 게임의 명칭이 가장 많고 일부 게임의 세부 규칙과 기술까지도 등장한다. 특히 이 세부 분야의 어휘는 한편으로 놀이이면서 다른 한편으로는 도박과도 관련이 많아 근대 특유의 사행적 성격을 드러내기도 한다.

셋째, 여행·소풍·휴양 분야로서 게임·오락과 함께 가장 많은 어휘가 등장한다. '리조트', '비치파라솔', '수비니어', '여권', '웜스프링', '트래블러', '피크닉', '하이킹' 등이 이에 속한다. 게임·오락이 언제 어디서나 손쉽게 접근할 수 있는 여가라면, 여행·소풍·휴양은 상당한 준비와 비용이 소요된다는 점에서 도시 노동의 각박함을 벗어나 자연을 만끽하고자 하는 욕구가 매우 팽배했음을 짐작할 수 있다. 그런 점에서 근대를 대표하는 여가 행위로서, 전자가 도시성을 강하게 내포하는 반면, 후자는 탈도시성을 상징하는 것이라 할 만하다. 도시의 매혹이 강하면 강할수록 탈주의 욕구도 그에 비례했던 것이다.

넷째, 유흥·사교·축제 관련 신어들로서, 게임과 여행 다음으로 주목되는 여가 활동이다. '가든파티', '나이트클럽', '내외술집', '소셜댄스', '조크', '카니발', '카바레' 등이 주요 어휘라 할 수 있다. 이 범주에 속하는 어휘들은 음주와 가무 그리고 성을 주요 키워드로 하여 금기와 지탄의 대상이 되기도 했다. 흔히 작은 차이로 건전한 교양과 풍기문란이 뒤섞이는 영역이며, 사회적 윤리와 본능적 즐거움이 갈등하고 환희와 범죄가 부딪히는 첨예한 지점이다. 그런 점에서 근대 노동-여가 분할 체제의 경계에 놓인 즐거움의 어휘들이 밀집해 있다.

다섯째, 레저스포츠 관련 어휘로서 이는 게임과 여행이 결합하며 더욱 정교한 형태로 양식화된 오락을 뜻한다. 이러한 여가 행위는 주로 극소수의 사람들만이 경험할 수 있었으나, 해방 이후 본격적인 산업화가 진행되면서 점차 주된 여가 활동 중 하나로 정착되는 경향을 보였다. 문화적 하위 영역(식민지 조선)에서 어휘나 개념이 경험과 사물에 앞서 소개되었던 주요 사례들이 여기에 모여 있다. '록클라이밍', '요트', '워터슈트', '캠프파이어', '헌팅' 등이 이에 속한다. 이 오락들은 특수한 장비가 필요한 고급 여가활동이면서 동시에 다분히 미국적이고 자본주의적인 의미에 연관되어 있다.

마지막으로 공연 관람과 매체에 관련된 여가의 어휘들도 빼놓을 수 없다. '가장행렬', '라디오나이트', '마술', '뮤지엄', '서커스', '수족관', '텔레비전', '플레이가이드' 같은 어휘들이 있다. 신기하고 매혹적인 볼거리는 여가의 매우 중요한 영역을 차지한다.[26]

여가 관련 신어는 외래어가 상당 부분을 차지한다. 특히 게임·오락이나 레저스포츠, 유흥·사교와 관련된 신어들은 대부분이 외래어이다. 상대적으로 여행·휴양과 관련된 신어는 한자어가 적지 않은 비중을 차지한다. 그것은 이 분야의 여가활동에 관한 용어가 근대적 여가의 개념이 성립되기 전부터 있어왔고, 또 유럽과의 접촉 경험도 여행이라는 행위와 관련되어 비교적 이른 시기에 정착했기 때문으로 여겨진다.

여가 관련 어휘도 한·중·일 각국에서 조금씩 차이를 보이는데, '게임', '아마추어', '유머', '피크닉' 등 외래어는 한국과 일본이 공유하는 어휘가 많고, '끽다점', '만화', '수족관', '식물원', '여행' 등의 한자어 어휘는 한·중·일이 공히 사용하는 어휘이다. '원족', '환등' 등의 어휘는 小林花眠의 『新しき用語の泉』나 森岡健二의 『開花期翻譯書の語彙』, 棚橋一郎·鈴木誠一의 『日用 舶來語便覽』 등을 봐도 일본의 신어로 등재되어 있지 않은데 현재는 일본에서도 사용하고 있다. 이는 일본에 이 어휘가 없었다기보다 외래어와 한자어가 경쟁하는 과정에서 외래어가 더 주요한 위치를 차지했기 때문으로 짐작된다. '여인숙'처럼 한국에서 주로 사용된 어휘도 있어 주목된다.

어휘에 대한 이해가 엇갈리는 경우도 있어 흥미롭다. 예컨대 『매일신보』에 소개된 '딜레탕트'는 '가슴 속에는 열정도 감격성도 가지고 있으면서 시

대의 힘에 눌리고 혹은 자기 내부의 성격의 모순에 의하여 다분히 회의적
으로 되고 비실천적으로 되는 한 무리의 지식인'을 일컫는데, 『모던조선외
래어사전』에서는 '도락예술가, 소인예술가, 호사가'로 정의되었다. 매체의
성격에 따른 차이가 현저하다. 이에 비해 '서커스'는 1895년 『서유견문』에
서 '야희(野戲)'로 번역되어 '우리나라의 산대극(산대놀음)과 같은 것'이었다
가, 1936년 『모던조선외래어사전』에는 '1. 도형 연기장, 흥행장(곡마 또는 투기
등의)'으로 바뀌었다. 시대에 변화에 따른 표기와 어의의 변화를 보여주는
사례라 할 수 있다.

　여가 분야의 신어에는 외래어가 많은데 표기는 매우 다양하다. 예컨대
'게임'은 '깨임', '껜', '껨', '쩨임', '께-ㅁ', 'ゲーム' 등으로 표기되었고, '서
커스'는 '싸카스', '썰카스', '써커스', '썰커스', '野戲' 등의 표기가 있다. 외
래어 표기법의 통일적 규범이 부재했던 터라 소리를 모방한 다양한 표기
가 공존했다. 언어별 소리의 차이도 있으나, 독음 및 발음, 표기의 문제, 오
식 등까지 복잡한 문제들이 얽혀 있다. 이표기는 특히 고유명사 즉 유명
작가나 작품의 이름에서 주로 나타난다. 이 밖에도 표기의 다양성 면에서
주목되는 어휘로는 다음과 같은 것이 있다.

　　－아마추어 : 아마츄어, 아마튜어, 아마취어, 아마취아, 아마취에, 아마츄
　　　　　　　　아, 애메춰, 아마추, 애마춰, アマチュア
　　－피크닉 : 픽닉, 픽닉구, 비꾸니꾸, 비크니크, 픽닉, 피크닉
　　－나이트클럽 : 나이트구라부, 나잍글러브, 나읕클럽, 나잇클럽, 나이트클넙)
　　－살롱 : 살논, 쌀롱, 싸롱, 사론, 사루-ㄴ, 살론
　　－텔레비전 : 테레, 테레윗숀, 테뗴예-슌 텔레비지언, 테레예, 텔레비숀,
　　　　　　　　텔레비죤, 텔레비죤, 텔레비쥰, 텔레예쥰

　다른 측면에서 유사한 어의를 가진 번역어와 외래어가 함께 신어로 등
장하는 경우도 적지 않다. 예를 들면, '피크닉'은 '하이킹'과 유사한 의미
로 쓰이는 동시에, '원족', '원유회'로 번역되어 사용되었다. 또 '취미'는 한

편으로 '하비', '테이스트'의 의미를 동시에 가지면서 '오락'과 유사한 의미로 쓰여 어의의 동요와 변화라는 점에서 주목되는 어휘이다.

이밖에도 여가에는 흥미로운 어휘들이 다양하게 포함되어 있다. 중요한 여가활동 중 하나인 수집 취미의 등장을 보여주는 '만국우표', 무기의 일종이었으나 여가 활동에 편입된 '부메랑', 당시까지 고가의 장비로 숙련된 기술을 요하는 것으로 여겨지던 '핸드카메라' 등은 확장해가는 여가의 영역을 드러내고 있다. 그리고 '테디베어', '토이즈', '팔랑개비', '퍼핏(퍼펠트)' 등 장난감이나 애완, '도쿄랜드', '센트럴파크' 등 세계의 주요 공원 시설도 소개되어 있어 비록 비중은 작지만 여가 관련 어휘의 빈틈을 메우고 있다. ▪ 이경돈

〈표 6〉 여가 관련 신어

유형	관련 신어
여가 일반	공일 / 공일날 / 동기방학 / 딜레탕트(듸렛탄트, 디렡탄트, 띨렡탄트) / 딜레탕티즘(띨렡탄티즘, 질레탠티즘, 딜렡탄티즘, 듸렡탄티즘) / 리저브드시트(리저-앤씨-트) / 리프레시먼트(리퓨레쉬멘트) / 모던취미 / 무취미 / 베케이션(바케이슌) / 서머홀리데이(삼마홀리데-) / 아마추어(아마츄어, 아마튜어, 아마취어, 아마쳐어, 아마춰에, 아마츄아, 애메춰, 아마추, 애마춰, アマチュア) / 앨범(アルバム) / 어뮤즈먼트(아뮤-스멘트) / 인조이 / 인터레스트 / 존다흐(돈다구) / 취미(취미) / 큐리어시티(큐리오시티) / 큐리오 / 큐어리오소 / 테이스트(테스트) / 퍼블릭 가든(뻐브리크 까덴, 퍼불릭까든) / 하기방학 / 브로큰타임(뿌로큰타임) / 파크(팕, 팍) / 팬시(뺀시) / 하비(호비) / 휴간 / 휴식 / 휴양 / 휴업
게임/ 오락	갬블링(깸불링) / 게임(게임, 겐, 껨, 쩨임, 께-ㅁ, ゲーム) / 게임 세트(게임 셑, 깨임셋, 껨 셑). 게임 카운터(게임 카운터) / 게임 카운트(께임 카운트) / 게임버그(캄조-지) / 네이브(네-액) / 노트럼프 / 다마츠키(알굴리기, 다마쓰기) / 다이스(따이스) / 다크호스(싸크호-스, 딱호스, 닭호스) / 도미노(또미노, 또미노우) / 디아볼로(지아보로, 데아보로, 띠아보로) / 러버 / 룰렛(루렡트, 루렡) / 마작(마쟝, 마-쟝) / 마작맨(마-쟝맨) / 마장구락부 / 마작짝(마쟝짝) / 마작판(마쟝판) / 서티원(떠-틔원) / 세트게임(쎌트께임) / 스텐잭(투텐잭) / 스틸게임(스틸께임, 스틸껨) / 양화투 / 오락기관 / 오락기구 / 오락장 / 옥션브리지(옥슌뿌리쥐) / 요요 / 유커 / 인도어게임(인또어께임) / 조커(쪼-커-) / 주사위 / 체스(췌쓰) / 체스보드(췌쓰뽀-트) / 체커 / 추모(츠모) / 카드(카트, 카-트) / 카지노 / 카지노폴리(카지노호-리, 카지노포리) / 콘테스트(컨데스트) / 크로스워드퍼즐(구로스와드바즐, 크로스와드) / 토스업(터스엎) / 투텐잭(투텐쩩, 투텐쩩크) / 트럼프(도람푸, 토람푸, 트람푸, 트람프) / 파이브헌드레드(빠이브헌드레드) / 포

유형	관련 신어
	커 / 핼머 / 홍중 / 화투 / 화투장 / 화투판 / 휘스트
여행/ 휴양	관광 / 관광객 / 관광단 / 관광인 / 놀이터 / 리조트(리소-트) / 리조트호텔(리소-트호텔) / 메리고라운드(메리꼬-라운드) / 명승지 / 밀월여행 / 반더러(뺀테렐) / 베이비가든(뻬비까든) / 불바르(뿔앨) / 비치가운(삐치가운) / 비치파라솔(삐-치파라솔) / 사이트(싸이트) / 사이트시잉카(싸잍씨-잉카) / 살롤(사로르, 사롤) / 선배스(썬뻬스) / 시소(씨-소) / 샌드엄브렐라 / 수비니어(스베니어, 수베닐, 수베닐, 스-베니르) / 야회 / 양행 / 양행비 / 엑스커션(엑스커-슌) / 여권 / 여숙관 / 여인숙 / 여행(여힝) / 여행권(려행권, 려힝권) / 여행자 / 여행증 / 외유 / 유람객 / 유보장 / 유원지 / 워크 / 원유회 / 원족 / 웜스프링 / 제에가르텐(제-갈텐) / 주 / 투어리스트(투리스트) / 투어리스트뷰로(타워리스트뷰로, 토워리스트뷰로, 즈-리스트뷰-로-, 투-리스트쀼로, 튜리스트쀼로, 추리스트뷰로, 투-리스트뿌로) / 투어링(투-링) / 투어링카(투링카) / 트래블러(트라벨러) / 트립(트맆, 트립푸, 트립프) / 패스포트(파스포트) / 피서장 / 피크닉(픽닉, 픽닠구, 비꾸니꾸, 비크니크, 픽닉, 피크닉) / 하사 / 하이크 / 하이킹(ハイキング) / 화견
유흥/ 사교	가든파티(까든파-티) / 갠더파티(갠더파티) / 끽다점 / 나이트클럽(나이트구라부, 나일글러브, 나잍클럽, 나잇클럽, 나이트클넙) / 내외술집 / 네온사인(레온싸인) / 다방(다점) / 댄스파티(땐스파-티) / 러브 게임(러앴 께임) / 메리메이킹 / 메이트(메잍) / 살롱(살논, 쌀롱, 싸롱, 사론, 사루-ㄴ, 살론) / 살롱토픽(쌀롱토픽) / 색주가 / 선술집 / 설야유 / 소셜댄스(쏘-슐딴스, 쏘시알딴스, 소-씨알땐스) / 스와레 / 식음전 / 유머(유모어) / 왈츠(월쓰, 왈쓰) / 재그(쩩) / 잼버리(짠뽀리, 짬뽀리) / 조크(쪼-크) / 주빌리 / 춤하우스(찮하우스) / 카니발 / 카바레 / 카페팬 / 티파티(티파튀) / 파티(파틔) / 향연회
레져스 포츠	구희 / 록클라이밍(록클라임잉, 롴크클라임잉) / 마운티니어(마운테니어) / 마운틴하우스(마운텐하우스) / 베이스볼(쎄-스뽈, 쎄쓰쏠) / 삼림생활 / 요크(요호) / 요트(욜트) / 요팅(욜팅) / 유영장 / 유영회 / 워터슈트 / 자츠(사쓰) / 침니클라이밍 / 캠프(캠푸, 챰푸, 캄핑) / 캠프라이프 / 캠프사이드(캠프싸이드) / 캠프파이어(캠프빠이어) / 캠핑(캄핑) / 핸드홀드 / 헌팅 / 헌팅캡 / 홈풀 / 휘테(휴테)
관람/ 매체	가장행렬 / 검객회(금긱회) / 라디오나이트(라듸오나이트) / 마티네(마지네- / 마치네 / マチ—ネ) / 마술 / 만화 / 매스커레이드(마스크라-드, 마스커레이드) / 매스크트볼(마스크트뽈, 마스크뽈) / 매디신볼(매듸신뽈) / 뮤지엄 / 문표 / 보드빌(얀드빌) / 본초원 / 뷰티스폿(뷰테스포트, 쀼티스포트) / 서커스(싸카스, 썰카스, 써커스, 썰커스, 野戱) / 쇼(쇼우, 쇼-) / 수족관 / 식물원 / 인털루드 / 텔레비전(테레, 테레위숀, 테쩨예-슌, 텔레비지언, 테레예, 텔레비숀, 텔레비죤, 텔레비죤, 텔레비쥰, 텔레예쥰) / 플레이가이드 / 환등 / 희옥

2. 인지 · 감각

근대 초 전지구적 현상이었던 문화접변은 서로 이질적인 언어가 만나는 언어접변이기도 했다. 이 과정에서 생산된 근대 신어는 전통적인 인식 체계와 세계관에 균열을 냈으며 새로운 감각을 만들어 냈다. '센티멘탈'은 센티한 감정을, '로맨틱'은 로맨스에 대한 열망을 부추겼다. 새로운 언어는 객관적 세계와 사물을 지칭하는 데 그치지 않고 새로운 사고체계와 감정을 탄생시켰다. 근대 신어는 근대적 이성과 오감의 시대를 열었다.

인지와 감각을 표현하는 신어는 크게 오감, 감정, 이성 등 주체의 인식과 느낌을 표현하는 어휘군과 행위, 형상, 성질 등 존재의 움직임과 성질을 나타내는 어휘군으로 나누어 볼 수 있다. 각 어휘군의 특징을 개략적으로 소개하면 다음과 같다.

오감은 인간의 기본적인 감각 기능에 따라 발생하는 '자연적'인 것이지만, 문화적으로 구성되는 것이기도 하다. 오감을 표현하는 어휘는 다섯가지로 나누어 볼 수 있다. 첫째, 시각, 청각, 촉각, 미각, 후각 등 신체의 감각과 관련된 어휘이다. 레드, 라디오 보이스, 콜드, 스위트 등이 이에 속한다. 여기에는 콜드와 스위트처럼 직접적인 감각을 표현하는 어휘가 많으며, 라디오 보이스처럼 새로운 사회변화와 함께 등장한 어휘도 있다. 둘째, 메가폰, 팬크로매틱, 필름조명 등과 같은 감각 기구와 관련된 어휘이다. 이들은 감각을 매개하는 것으로 대체로 근대과학의 발명품들이다. 셋째, 감각과 오감 그 자체를 가리키는 명사어다. 대표적 어휘는 감각, 감상, 감촉, 감수성 등이다. 넷째, 예술적 감각(美感)과 관련된 어휘로 감각적 묘사, 미의식, 미적 쾌감 등이 여기에 해당된다. 주로 예술적 가치판단과 관계 있는 어휘들이다. 다섯째, 감각적 판단을 표현하는 형용어다. 뷰티풀, 어글리, 이그조틱 등이 대표적이다.

감정은 외부 현상에 대한 주체의 느낌이나 마음을 의미하기 때문에 여기에 속한 어휘들은 당시 사회와 주체의 상호관계를 잘 보여준다. 인간의 감정과 관련된 어휘를 비슷한 유형끼리 묶어 보면 다음과 같다. 첫째, 사람의 성격을 형용하는 어휘로 시크, 와일드, 리버럴, 미뇽 등이 있다. 둘째, 감정적 특성에 따라 인간형을 구분하는 어휘이다. 센티멘탈리스트, 시크걸, 로맨티시스트, 마니아 등이 대표적이다. 셋째, 집단적·사회적 감정을 표현하는 어휘이다. 군중심리, 동지애, 애국심, 조합이기심, 공공심 등이 이에 속한다. 넷째, 대중문화예술 관련 어휘이다. 여기에는 로망, 센티멘털리즘, 클라이맥스, 센세이션 등이 있다. 다섯째, 연애와 관련된 어휘이다. 애인, 아무르, 러버, 로맨스, 플라토닉 러브, 부로큰하트 등이 대표적이다. 여섯째, 외국에서 쓰이는 인사말과 감탄사이다. 땡큐, 디어, 당케, 플리즈, 댓스 오케이, 땡큐 베리 머치 등 여러 나라의 말이 있다. 일곱째, 감정과 관련된 의학용어이다. 강박관념, 변태심리, 히스테리, 변태성욕, 우울증, 포비아, 도회병, 신경질 등 현재에도 많이 쓰이는 말이 이에 속한다. 여덟째, 감정과 관련된 학술용어이다. 감정이입설, 사디즘, 의미적 감정, 정신계, 제6감, 리비도 등이 있다.

이성은 개념적으로 사유하는 능력을 말한다. 이 어휘군은 근대적 관념과 지식체계를 이해하는데 도움을 준다. 이성과 관련된 근대 신어는 다섯 부류로 나누어 볼 수 있다. 첫째, 대상의 가치나 특성을 평가하는 가치 판단 어휘로 네거티브, 라이트, 앱노멀, 포지티브 등이 있다. 둘째, 철학적 개념 어휘로 근대주의, 기계론, 논리법, 독단론, 로고스, 리얼리즘 등이 있다. 셋째, 사회적 규범이나 관념을 표현하는 어휘로 국가성격, 도덕규칙, 문명정도, 반개국, 법률진화 등이 있다. 넷째, 판단 상황이나 인식 행위 자체를 설명하는 어휘로 과학적 비판, 멘탈테스트, 평가절하, 평화담판 등이 있다. 다섯째, 의식의 내용이나 심적 형상을 통칭하는 기타 관념 어휘로 리즌, 멘탈, 스피릿, 아이디어, 엠비션, 판타지 등이 있다.

행위는 주체의 행동을 일컫는 것이다. 이 어휘군은 개인적인 의지에서 촉발된 행동과 사회적인 행동을 가리키는 어휘를 포괄한다. 행위와 관련된 근대 신어는 다음과 같다. 첫째, 사람이나 사물의 움직임을 표현하는 어휘로 무브먼트, 러시, 제스츄어 등이 있다. 둘째, 추상적 행위를 나타내는 어휘로 뮤추얼, 캄플라주, 코퍼레이션, 코뮤니케이션 등이 있다. 셋째, 스포츠와 관련된 어휘로 릴레이, 스윙, 서브, 터치라인 등이 있다. 넷째, 문화적인 행위를 표현하는 어휘로 약혼, 연예, 프로포즈, 타부 등이 있다. 다섯째, 일상생활에서 이루어지는 행위 관련 어휘로 체험, 케어, 발행, 접수, 배달 등이 있다. 여섯째, 경제 관련 어휘로 경영, 콘트랙트, 출장, 퇴사 등이 있다. 일곱째, 과학이나 교육과 관련된 어휘로 테크닉, 발명, 강습, 리서치 등이 있다. 여덟째, 법이나 정치적인 행위를 표현하는 어휘로 점령, 방위보호, 아그레망, 가결, 동의, 인민투표 등이 있다.

형상·성질은 사물의 모양이나 상태, 성질을 나타내는 것이다. 이 어휘들은 대상의 객관적인 상태를 가리키는 것이 대부분이다. 하지만 이 역시 주체의 인식과정을 통해서 파악된 대상의 형상과 성질이라는 점에서 대상-인식의 상호관계를 보여주는 것이기도 하다. 형상·성질과 관련된 근대 신어를 세분화하면 다음과 같다. 첫째, 대상의 외형적 형상이나 모양을 표현하는 어휘로 그랜드, 나선형, 쇼트, 커브, 타원체 등이 있다. 둘째, 색깔을 표현하는 어휘로 국방색, 그레이, 그린, 그린블루, 네이비블루, 아이보리블랙, 피부색 등이 있다. 셋째, 대상의 성질이나 특성을 나타내는 어휘로 가정적, 건망성, 결벽성, 국민성, 니힐리스틱, 대륙적 등이 있다. 넷째, 상태와 관련된 어휘로 핑크, 픽스트, 하모니, 하이클래스 등이 있다.

이 어휘들의 기원을 보면 서양에서 들어온 외래어가 많다. 영어가 가장 많고 불어와 독일어도 간간히 눈에 띈다. 서양 외래어를 제외하면 일본어가 가장 많은 비중을 차지한다. 조어상 특징은 한자가 조합된 어휘, 그중에서도 특히 두 글자의 한자어가 기본을 이룬다는 점이다. 또 기존 한자어에 '-심' 또는 '-감'을 붙여 심리를 표현하고, '-색'을 연결해 색깔을 나타내며, '-형' 또는 '-선'을 붙여 모양을 의미하는 등 명사에 한자를 결합한 복합어가 많다는 것도 중요한 특징이다. '모찌·코-쓰'처럼 일본어 'モチロン(물론)'와 영어 'of course(물론)'를 조합한 신어도 눈에 띈다. ■ 김은경

(1) 오감

오감과 관련된 어휘는 크게 다섯 가지로 나누어 볼 수 있다. 첫째는 시각, 청각, 촉각, 미각, 후각 등의 지각적 감각과 관련된 어휘들이다. 지각적 감각과 관련된 어휘들 가운데는 시각 관련 어휘가 가장 많이 나타나는데, 그 이유는 색상을 나타내는 외래어가 대단히 많이 소개되고 있기 때문이다. '레드', '화이트', '옐로우', '다크그린', '레몬옐로우', '스카이블루', '스노우화이트', '레드 버밀리온', '로즈매더(심홍색)', '스칼릿', '브라운', '옐로오커(황토색)', '카키', '크림슨' 등이 그것이다. 시각 다음으로 많은 것은 청각 관련 어휘이다. '노이즈', '라디오 보이스', '올사운드', '보이스', '에코', '옐' 등을 예로 들 수 있다. 그 밖에 미각, 촉각, 후각 관련 어휘들은 시각과 청각 관련 어휘들에 비교하면 대단히 적은 편이다. 미각 관련 어휘로는 '스위트', '비터', '에피타이트'가 있고, 촉각 관련 어휘로는 '핫', '그립', '슈메르츠', '헝그리', '콜드', '타이트피팅', '감촉', '옥죔' 등이 있다. 후각 관련 어휘는 '비눗내' 정도가 눈에 띈다.

둘째는 감각 기구와 관련된 어휘들이다. '메가폰', '루퍼(음관)', '무성포', '팬크로매틱' 등이 여기에 해당한다. 이러한 어휘들은 근대 문명에 의해 새롭게 발명된 기기들과 관련이 있으며, 특히 영화, 라디오 등 근대 대중문화 관련 어휘들이 대부분을 이룬다.

셋째는 감각 및 오감 그 자체에 이름을 부여하거나 유형을 나누어 명명하는 명사어들이다. '감각', '감성', '감상', '감촉', '기분' 등이 오감 그 자체를 명명하기 위해 고안된 명사어라면, '감각력', '감각론', '감각성', '감각주의', '감수성', '무감각', '第一印象' 등은 일차적으로 고안된 두 글자 명사어에 다른 한자어가 접속하면서 파생된 어휘들이다. 그 밖에 '시각', '청각', '촉각' 등 지각적 감각 그 자체를 지칭하는 명사나 '시야', '볼륨', '센스', '민감', '비전' 등도 감각의 범주나 범위를 추상적으로 지칭하는 명명어에 속한다고 할 수 있다. '볼륨', '센스'와 같이 감각 관련 명사어 가운데에는 영어를 직접 그대로 옮겨온 외래어들도 많다. '레저넌스', '스릴', '유머', '인스피레이션', '임프레션', '일루션', '히프너티즘', '핫포인트', '인텐시티' 등 오늘날에도 대중 사회에서 많이 쓰이는 오감 관련 외래어들이 일찍부터 번역되고 있었음을 확인할 수 있다.

넷째는 예술과 관련된 어휘를 들 수 있다. '감각적 묘사', '미의식', '미적 쾌감', '자연미' 등은 예술 분야에서 전문적으로 쓰이는 어휘들이다. 그밖에 '쉔(아름다운)', '임프레션', '유머', '유머레스크', '인스피레이션', '일루션', '이그조티시즘' 등의 외래어들도 예술과 관련된 어휘에 해당한다. 이러한 어휘들은 오감 어휘군이 예술이론 어휘군과 상당 부분 중첩되고 있었음을 드러내 준다.

다섯째는 가치 판단과 관련된 형용어들을 들 수 있다. '뷰티풀', '어글리', '저급', '클린', '비비드', '프레시', '이그조틱' 등이 여기에 해당한다. 특히 가치판단을 포함하는 형용어 가운데에는 '오메오메(염치없이)', '오모와즈(엉겁결에)', '키니쿠와나이(거슬리다)'와 같이 오늘날 한국에서는 사용하지 않는 일본어들이 다수 섞여 있어 주목을 끈다.

오감 관련 어휘들이 가장 많이 실려 있는 출전은 1936년 한성도서주식회사에서 이종극이 발행한 『(鮮和兩引)모던朝鮮外來語辭典』이다. 이 도서에는 '인스피레이션', '일루션', '이미지', '프레시', '비비드', '스위트', '인텐시티' 등 외래어가 가장 집중적으로 소개되어 있다. 1936년이라는 발간년도를 미루어 볼 때, 이 시기 서구에서 영향 받은 도시 대중문화가 매우 발전하였으며, 그와 같은 대중문화와 맥을 같이 하여, 서구적인 감각을 표현하고 소통할 수 있는 어휘들에 대한 이해의 요구가 상당하였음을 짐작할 수 있다. 서구 어휘를 한자나 우리말로 번역하지 않고 직접 그대로 옮겨 쓰고 해설하려 했던 것은 당시 도시 젊은이들 사이에서 팽배했던 '모던' 문화의 유행 현상과 관련이 깊은 듯하다.

『(鮮和兩引)모던朝鮮外來語辭典』와 대조적으로 또 하나의 주요한 출전인 崔綠東 편의 『現代新語釋義』(문창사, 1922)는 '인상', '감상', '인식', '저급', '감상적' 등 한자어를 조합한 어휘들을 많이 소개했과. 『現代新語釋義』에 소개된 어휘들은 1920년대 초반까지 다양한 신문과 잡지들에 실린 신어들과 형태상 비슷한 성격을 보인다. 『초등소학』, 『최신초등소학』, 『유년필독』, 『국민소학 독본』 등 개화기 교과서들이나 『소년』, 『청춘』, 『신한민보』, 『공립신보』, 『예수교회보』 등 1920년대 이전의 신문, 잡지들이 '카키', '핫포인트' 등 극소수의 예외를 제외하고는 대부분 한자어 조합을 활용하여 오감 관련어를 설명하거나 활용했다. 이러한 경향은 『신여성』, 『동명』, 『신동아』, 『조선지광』, 『조선농민』, 『조선일보』 등 1920년대 미디어에서도 지속되었다. 그러나 1930년대 잡지들에서는 '디 앤드 디(음주소란)'(『신만몽』, 1932), '프로필(『신민』, 1930)', '버즈 아이뷰(『신동아』, 1932)' 등 한자어보다 외국어를 발음 그대로 표기하는 오감 관련 어휘들이 눈에 띄게 증가한다. 이러한 사실은 감각과 지각을 표현하는 이국적인 어휘들을 발음 그대로 옮겨 오면서 적극적으로 소개했던 『(鮮和兩引)모던朝鮮外來語辭典』의 어휘 수집이 1930년대 대중 미디어들에 나타난 모던 유행 현상과 맥을 같이 한다는 사실을 확인해 준다.

오감 관련 신어의 표기는 다른 근대 신어의 표기와 마찬가지로 통일된 방식보다는 다양한 변형태가 나타났다. 다양한 표기의 사례를 열거하면 다음과 같다.

- 레드 : 라드, 렌드, 렌트, 렘, 뢔드, 뤰
- 베를린 블루 : 벨린·뿔류, 뻬렌스, 베르린·뿔류－
- 화이트 : 호와이트, 화일트, 화읻
- 이그조틱 : 에키소틱, 에기소틱, 엑쑈틱, 엑쑈틱
- 프레스 : 뿌레슈, 후렛슈, 뿌레쉬, 푸레쉬, 쯔레쉬, 프레쉬

오감 관련 어휘군의 표기상의 특징은 다음과 같다.

첫째, 주로 영어에서 유래한 외국어를 소리 나는 대로 표기한 것이 가장 많다. 동일 어휘를 다양한 형태로 표기한 것은 우리말로 최대한 유사한 발음을 표현해 보려고 한 노력의 결과로 보인다.

둘째, '엘로', '옐로-'처럼 동일한 어휘도 장음부호를 사용한 것과 그렇지 않은 것이 있고, 또 '후렛슈'와 '뿌레슈'처럼, 옛한글을 사용해 된소리를 표시한 것이 있고 그렇지 않은 것도 있다.

셋째, '벨린·뿔류', '스노-·화잍', '스카이·뿔류'와 같이 두 단어가 복합된 합성어의 경우에는 가운데에 방점을 찍어서 구분해 준 것이 대부분이다.

넷째, 1940년 발간되었던 어용잡지 『總動員』 등에서는 'カーキ色(카키색)', 'シャン(쉰, 미인)', 'オーライ(올라잇)'와 같이 기존의 외래어를 일본의 카타카나로 고쳐 재표기하는 형태가 나타난다.

그 밖에, 1948년 문교부에서 발간한 『우리말 도로찾기』에서 'オメオメ(오메오메, 염치없이)', 'オモワズ(오모와즈, 엉겁결에)', 'キニクワナイ(키니쿠와나이, 거슬리다)' 등 다수의 오감 관련 어휘들이 등재된 것으로 보아, 지각 및 감정이나 기분을 나타내는 일본 어휘들이 식민지 후반 한국 사회에서 상당히 널리 쓰였던 것을 알 수 있다.

오감과 관련된 어휘 용례는 소설과 같은 문학 작품에서 그 사례가 많이 나타난다. '무정물'(이인직, 『은세계』, 1908), '감각성'(이해조, 『홍도화』, 1908), '무성포'(안국선, 『금수회의록』, 1908), '감각', '반향'(김교제, 『비행선』, 1912), '무감각'(이광수, 『무정』, 1917), '정적한'(염상섭, 『윤전기』, 1925), '감상적'(염상섭, 『삼대』, 1931), '시야', '청각', '촉각', '비늣내'(이상, 『날개』, 1936), '근시', '망막', '맹점'(박태원, 『소설가 구보씨의 일일』, 1938) 등의 예들이 그것이다. 소설이 다수 용례들의 출전으로 자리 잡고 있다는 점은, 문학 작품이 오감과 관련된 어휘를 도입하고 개발하는 데 특히 민감하였음을 알려 준다고 하겠다. ■ 김지영

〈표 7〉 오감 관련 신어

유형	관련 신어
시각	검양빛(검양빗) / 그레이·회색(끄리) / 다크(다크, 딱) / 다크그린(따-크·그린) / 레드(라드, 렌드, 렌트, 렏, 뢔드, 뢭) / 레드버밀리온(레드·바미리온) / 레몬옐로우(레몬·옐로-) / 로즈매더·심홍색(로-즈·마다) / 베를린블루(벨린·뿔류, 뻬렌스, 베르린·뿔류-) / 비비드(쀙에드) / 브라운(쫘라온) / 스노화이트(스노-·화잍), 스카이블루

	(스카이·뿔류), 스칼릿(스카-렙) / 슬로(슬로-) / 옐로(엘로, 옐로-) / 옐로우오커(엘로-·오-카) / 입체적(立體的) / 옐로오커·황토색(예로로-·오-카) / 외견상(外見上) / 외관상(外觀上) / 유리·청옥색(유리) / 적동색(赤銅色) / 지그재그(지그자그) / 카키색(가키, 카-키-色, カーキ色) / 크림슨(크림슨) / 화이트(호와이트, 화읻트, 화읻)
청각	고음(고음) / 노이즈(노이쓰, 노이즈) / 디 앤드 디·음주 소란(씌, 앤드, 씌) / 라디오 보이스(라듸오·뽀이스) / 리슨(리쓴) / 모터사이렌(모다·싸이렌, 모-터·싸이렌) / 무성음(무성음) / 보이스(뽀이스) / 야카마시이, 시끄럽다(ヤカマシイ) / 에코(에코) / 옐·규성(옐, 에일) / 우피(우(-)피) / 올사운드(올·싸운드) / 정적하다(정적하다)
미각	비터·쓴(삐터-) / 스위트(스윝, 스이트) / 에피타이트(에퍼타이트) / 프레시(뿌레슈, 후렛슈, 뿌레쉬, 푸레쉬, 으레쉬, 프레쉬)
촉각	감촉(감촉) / 그립(끄립) / 슈메르츠·고통(슈멜츠) 옥쥠(옥쥠) / 콜드(콜드) / 타이트피팅(타이트·핕팅) / 핫(핱, 홑트, 홑) / 헝그리(헝그리-)
후각	비눗내(비누스내)
감각기구	메가폰(메가뽄, 메가뽀-ㄴ, 메가포-ㄴ, メガフォン) / 무성포(무성포) / 음관(루펠) / 팬크로매틱·필름조명(팽크로마틱)
오감명명어	감각(감각, 感覺) / 감각력(感覺力) / 감미(感味) / 감각성(감각성) / 감성(감성) / 감수성(감수성, 感受性) / 감촉(감촉) / 고등감각(高等感覺) / 고막(鼓膜) / 근시(近視) / 기분(氣持) / 레저넌스(레조넌스, 레소난스) / 망막(網膜) / 맹점(盲點) / 무감각(무감각, 無感覺) / 무신경(無神經) / 민감(敏感) / 볼륨(볼륨) / 비전(뷔존, 뼤지온) / 시각(視覺) / 시야(싸이트) / 칼라(가라) / 시야(시야) / 센스(센쓰) / 스릴(스릴, 뜨릴) / 시력(視力) / 오르가즘(올가즘) / 이미지(이메(-)지) / 인상(印象) / 인식(認識) / 인조이먼트(엔죠이멘트) / 인스피레이션(인슈피레슌, 인스삐레숀, インスピレーション) / 인텐시티(인텐시티) / 인튜이션(인튜이숸) / 일루션(일유-숀) / 임펄스(임펄쓰) / 임프레션(임프레이숀) / 첫인상(第一印象) / 청각(청각) / 촉각(촉각, 觸角) / 클린(클린) / 히프너티즘·최면(히푸노티즘)
가치판단	뷰티풀(비우티풀) / 어글리(어글리) / 어글리 씬(어글리·씬) / 저급(低級)
예술·미	감각적 묘사(감각뎍묘사) / 미의식(美意識) / 미적 쾌감(美的快感) / 버즈아이뷰(뻐-르즈아이뷰) / 쉔·아름다운(샨, 쉐-네, 시엔, 쉐-ㄴ, シャン, Schoen) / 유머(휴모어, 휘-마), / 유머레스크(휴모레스크) / 이그조티시즘(엑소티즘) / 이그조틱(에키소틱, 에기소틱, 엑쑈틱, 엑쑈틱) / 이그조틱무드(엑쑈틱·무-드) / 자연미(自然美) / 판타스틱(퐨태스틱)

(2) 감정

감정을 나타내는 용어는 인지·감각 관련 어휘군의 약 14% 정도를 차지한다. 감정 어휘군에서 가장 많은 비중을 차지하는 것은 '감동', '충동',

'환멸', '美感' 등 심리적 상태를 나타내는 명사어들이다. 사전에 따르면 '감정'은 '의식의 주관적 특성을 나타내는 것'과 '사물에 느끼어 일어나는 심정'으로 구분되기도 하지만, 실제 어휘 안에서 양자를 구분하는 것은 쉽지 않다. 전자의 사례로 '본능', '허영심', '패션(열정)', '기분', '박애', '자존심', '이모션' 등등을 들 수 있고, 후자의 사례로 '쇼크', '피어', '절망', '핸디캡', '파토스', '노스탤지어', '심퍼시' 등등을 들 수 있다. 하지만 '기분'이나 '열정'과 같은 주관적 의식상태 또한 대상에 의한 반작용으로 발생할 수 있으며, '핸디캡'이나 '노스탤지어'와 같이 외부적 요건에 의해 발생하는 것처럼 보이는 감정 또한 주체의 주관적 의식에 더 많이 의거할 수 있기 때문에 양자의 경계가 분명하다고 하기 어렵다. '귀찮음', '위로', '커리지', '악감정', '관능' 등에 이르면 감정의 원인이나 소속이 어디에 있는지를 따지기는 더욱 어려워진다. 따라서 여기서는 심정적 상태를 나타내는 명사어의 경우, 유형별로 분류하기보다는 두드러진 특징을 소개하는 방식을 택하기로 한다.

심정 표현 근대 신어 명사들의 첫 번째 특징은 다수의 근대 신어가 취하는 일반적 형태인 두 글자 한자어가 기본을 이룬다는 점이다. '동경', '환각', '감정', '인상', '감상', '반감', '미감', '갈등', '감동', '위로', '쾌락', '비관', '자비', '열광', '행복', '회상' 등등이 그것이다. 두 글자의 한자로 조합된 명사들은 감정을 표현하는 가장 기본적인 어휘군을 형성하면서 오늘날까지 우리가 사용하는 감정 표현어들의 기원을 이룬다.

둘째는 수적(數的)으로는 서양식 외래어가 가장 많은 수를 차지한다는 점을 들 수 있다. 감정 표현 어휘의 기본을 이루는 것은 두 글자 한자어지만, 1920-30년대 신어를 등재한 사전들은 서양의 어휘를 그대로 음차한 감정 표현 어휘들을 풍부하게 소개했다. '쇼크', '피어', '디자이어', '릴리프', '어트랙션', '패션', '파토스', '큐리어시티', '패닉', '아스피레이션', '엠비션', '어니스트', '이모션', '인터레스트', '컨퓨전', '컴포트', '리스펙트', '디그니티', '러멘트', '디스페어' 등 희노애락의 직접적 감정과 심리적 상태를 나타내는 다양한 외래어들이 근대 신어로 도입되었다. 외래어의 대부분은 영어에 기원을 둔 단어들이지만, '멜랑콜리', '앙뉘(권태)', '노스탤지어'와 같은 불어나 '게뮈트(심정)'와 같은 독일어에 기원을 둔 단어들도 눈에 띈다.

셋째는 순수하게 일본어에서 유래한 어휘들 또한 적지 않은 수로 포함된다는 점이다. '기분', '귀찮음(面倒ナリ)', '느긋(呑氣(ダ))', '재미'(張合), '빈정거리는 말(皮肉的言辭)', '빈정거림(皮肉, 皮肉(を言ウ))', '동정심(思イヤリ)', '무안(赤面(ス))', '기분전환(氣バラシ)', '비위 맞추기(機嫌取リ)' 등등이 그것이다. 1948년 문교부에서 발간한 『우리말 도로 찾기』에는 '거북하다(片苦しい)', '분하다(癪ニサワル)', '눈부시다(メザマシイ)', '귀찮다(ウルサイ)', '시달리다(イジメラル)', '괴롭히다(イジメル)', '당황하다(アワテル)', '거슬리다(キニクワナイ)', '상냥하다(ヤサシイ)', '시끄럽다(ヤカマシイ)', '건방지다(ケシカラン)'와 같은 동사·형용사들이나 '도대체(抑抑)', '얄궂게도(皮肉ニモ)', '염치없이(オメオメ)', '엉겁결에(オモワズ)', '막무가내(無鐵砲ナリ)', '목숨 걸고(命掛ケヂ)' 등과 같은 부사어들도 많이 실었다. 감정 형용 어휘들 내에 순수 일본어에 유래한 어휘들이 많은 것은 일본인들과의 대면 관계 속에서 감정이 부딪히고 움직이는 관계와 경험들이 빈번했음을 짐작하게 해 준다.

넷째는 '-심' 혹은 '-감' 형태의 합성어가 특수한 심리를 표현하는 어휘로 발달하였다는 사실이다. '-심' 계열의 어휘와 '-감' 계열의 어휘를 구분하면 다음과 같다.

- '-심' : 유희심(유희심), 반항심(반항심), 동정심(思イヤリ), 무관심(無關心), 사행심(射倖心), 경쟁심(競爭心), 공동심(공동심), 허영심(허영심), 자애심(자애심), 모험심(모험심), 해상모험심(해상모험심), 호기심(好奇心), 자부심(自負心), 자존심(自尊心), 의구심(疑懼心), 의뢰심(依賴心), 이기심(利己心), 자애심(慈愛心), 투기심(投機心), 개과심(改過心), 기업심(企業心)
- '-감' : 반감(反感), 유감(流感), 전체감(全體感), 미감(美感), 득의감(得意感), 부전감(不全感), 우월감(優越感).

홍미롭게도 '-심' 계열의 신어는 개항부터 1910년대까지 많이 쓰였고, '-감' 계열의 신어는 1920년대 이후 많이 등장한다. 또, '-심' 계열의 신어가 애국심, 공공심, 공동심과 같이 공동체를 지향하는 집단적 심리를 표현하는 데 많이 쓰였던 것과 달리, '-감' 계열의 신어는 사적이고 개인적인 감정을 표현하는 데 많이 쓰였다. 따라서 '-심' 계열과 '-감' 계열의 시기적 교차는 자주독립과 민족국가 수립이라는 근대전환기 시대적 담론의 지배력이 강제병합 이후 크게 쇠퇴하면서 개인적 감성과 감각에 대한 관심이 커지는 사회문화적 변화와 긴밀히 연계된다고 할 수 있다. 이러한 사실은 식민지 중반 이후 외래어가 급증하며 특히 개인적 감각과 감성을 섬세하게 표현하는 외래어가 폭증한다는 사실과도 일정한 관련을 맺는다. 민족이라는 국가적 단위와 공적 감성의 결합이 열렬한 지지를 받았던 것이 근대전환기라면, 식민지 중반부터는 모더니티라는 세계적 감각과 개인적인 감성의 결합이 가속화되었던 것이다. 요컨대 감정 관련 신어들은 식민지 중반으로 갈수록 공적 영역에서 사적 영역으로 이동하며, 이 이동은 당대인들의 새로운 감정을 응집하는 구심점의 하나가 민족이라는 국가적 단위로부터 모더니티라는 세계적 감각으로 옮겨가는 현상과 긴밀히 연동되어 있었다고 할 수 있다.

다섯째는 다양한 명사들 가운데 지금은 사용하지 않는 사어(死語)들이 매우 많다는 점이다. 외래어 가운데, '앙뉘(권태)', '게뮈트(심정)', '메이파쯔(채념)', '잇(색기)' 등은 오늘날에는 거의 사용되지 않는 낯선 어휘들이다. 또 한자어 가운데에도, '개과심(改過心)', '기업심(企業心)', '득의감(得意感)', '부전감(不全感)', '해상모험심(해상모험심)', '유희심(유희심)', '의뢰심(依賴心)' 등은 용례가 많지 않은 한자 조어로서 오늘날에는 쓰지 않는 어휘들이다.

이상과 같이 가장 많은 수를 차지하고 있는 심정 표현 명사어들을 제외하면, 감정 어휘군에 속하는 어휘들은 다시 여덟 가지 유형으로 나누어 설명할 수 있다. 사람의 성격을 형용하는 어휘, 특정 인간형을 구분하는 어휘, 집단적(사회적) 감정을 표현하는 어휘, 대중문화예술 관련어, '연애' 관련

어, 의학용어, 학술용어, 인사말 및 감탄사가 그것이다.

첫째, 사람의 성격을 형용하는 어휘에 해당하는 단어에는, '수아브(상냥한)', '시크', '델리킷', '해피', '센슈얼', '코케티시(요염한)', '와일드', '리버럴', '미뇽(귀여운)', '솔리타리(고독한)', '앰비셔스', '어팩셔너트', '오픈하티드', '차밍', '치어풀', '젤러스(질투심이 많은)' 등이 있다. 이상의 단어들에서 보이듯, 성격 형용어들은 대체로 서양어에 기원을 두고 있다. 그러나 '빈정거리는(皮肉的)', '염치없이(オメオメ)', '상냥하다(ヤサシイ)', '건방지다(ケシカラン)', '무데뽀(無鐵砲ナリ)', '표랑적(漂浪的)'과 같이 일본어에 기원을 두고 있는 단어들도 다수 포함되며, '순정적', '신경질적', '유희적'과 같이 외래어에 의거하지 않은 한자조어들 역시 존재했다.

둘째, 특정 인간형을 구분하는 어휘로는 '센티멘탈리스트', '시크걸', '로맨티시스트', '마니아', '센티멘털걸', '배금종', '드리머' 등을 들 수 있다. 배금주의자를 의미하는 '배금종'을 제외한 나머지 모두가 외래어로 구성되어 있다.

셋째, 집단적, 사회적 감정을 표현하는 어휘로는 '군중심리', '동지애', '투쟁욕', '투쟁의욕', '애국심', '애국성(愛國性)', '만리타국', '조합이기심', '남국정조', '이국정조(異國情調)', '로컬컬러', '투쟁열(파이팅·스피릿)', '지방열(地方熱)', '애향심(愛鄉心)', '공공심(公共心)' 등이 있다. '동지애', '투쟁욕', '투쟁열' 등 다수의 어휘가 마르크스주의와 관련되어 있으며, '만리타국', '이국정조', '로컬컬러'와 같이 위치 및 거리감을 중심으로 만들어진 감정 조어가 존재하는 것도 특징적이다.

넷째, 대중문화예술 관련 어휘들로는 예술 양식, 기법, 감각, 구조 등을 뜻하는 다양한 단어들이 소개되었다. '기분극', '로망', '엘레지', '그로테스크', '에로', '센티멘털리즘', '매너리즘', '에루테루이슴(베르티리즘)' 등이 양식을 나타내는 어휘들이라면, '쓰릴', '위트', '유모어', '서스펜스', '드라마틱', '그로틱', '트래직', '목가적' 등은 기법을 나타내는 어휘들이며, '해피엔딩', '클라이맥스', '카타스트로피(파국)' 등은 작품의 구조와 관련되는 어휘들이다. 대중문화예술 관련 어휘들은 특히 '핫스터프', '섹스어필', '센세이션', '센세이셔널' 등과 같이 일회적이고 감각적이며 유희적인 감정을 고조시키고 대중의 호기심을 유도하는 단어들이 많이 눈에 띈다. '그로테스크', '센세이션'과 같은 많은 외래어들이 통일되지 않은 다양한 표기로 기술되었던 것도 특징적이다. '그로테스크'의 경우, '구로', '쓰로', '그로데스크', '크로데스크', '크로테스크', '그로이스트' 등으로 다채롭게 표기되었고, '센세이션' 또한, '쎈세숀', '쎈세이시언', '쎈세쉰', '쎈세슌', '쎈세이슌', '쎈세이숀', '쎈세이쉘' 등으로 다양하게 표기되었다. 이들 단어의 표기법은 하나의 문헌 안에서도 통일되지 못한 채 여러 형태로 나타나는데, 이러한 현상은 이 단어들의 유행 현상과는 별도로 단어의 표기와 발음에 상당한 어려움이 있었음을 짐작하게 해 준다.

다섯째, '연애' 관련어로는 '연애', '애인(스윝·하트)', '아무르', '러버', '러브', '로맨스', '리베', '플라토닉 러브', '첫사랑', '쪽사랑', '로맥틱', '로스트러브', '부로큰하트', '키쓰', '연인', '이터낼러브(영원한 사랑)' 등을 들 수 있다. '사랑'을 표현하는 외래어, '러브', '아무르', '리베'가 사전에 등록되었고, 사랑하는 사람을 나타내는 어휘로, '애인'이나 '연인'이 아니라 '본아미', '스위트 하트', '러버', '리베' 등이 사전에 등록되었다는 사실은, 당시 연애 문화 그 자체가 서구적인 성향을 띠고 있었음을 알려 준다. 사랑의 유형도 외래어에 기반을 두고 쓰였는데, '플라토닉 러브', '이터널 러브', '비즈니스 러브', '로스트 러브', '호플러스 러브' 등 다양한 사랑의 양태가 외래어로 소개되어 있다. 그 밖에, '아이러브유', '유러브미', '브로큰 하트'와 같은 문장과 어구가 사전에 등재되어 있다는 사실도 당대의 연애 풍토를 알려 주는 부분이다.

여섯째, 외국에서 쓰이는 인사말과 감탄사 또한 감정 어휘군의 일부를 이룬다. '땡큐', '디어(친애하는)', '소리(미안)', '당케', '플리즈', '올라잇', '웰컴', '댓스 오케이', '댓스 굿', '땡큐 베리 머치', '베리 나이스', '웰', '우피(야호)', '우라(만세)'와 같은 단어나 어구들이 그것이다. 이러한 사례들은 외래어라 하더라도 일상생활에 가장 밀접한 관련이 있으며 가장 빈번하게 쓰이는 언어들이자 손쉽게 감정을 표현하는 일용어들로 사전에 등재되었던 듯하다. 대부분 영어에 기원하는 어휘들이지만, 독일어 '당케', 프랑스어 '우라', 러시아어 '하라쇼(좋다)'가 포함되어 있다는 점이 특기할 만하다.

일곱째, 감정과 관련된 의학용어들은 대부분이 정신분석과 관련된 어휘로서 일종의 정신이상 증상들을 드러내는 말들이다. '강박관념', '변태심리', '히스테리', '변태성욕', '고소공포증(高空心理)', '우울증(히포콘드리아, 히포콘데리아)', '포비아' 등 정신적, 심리적인 이상상태를 나타내는 단어들이 다수 소개되었다. 그 밖에 '음주불감증(飮酒不感症)', '지리멸렬증(支離滅裂症)', '도회병(都會病)', '신경질(神經質)', '시험공포(試驗恐怖)', '프라이(무료의 환자)' 등과 같이 당대 문화 풍속과 관련된 어휘들이 있는데, 그중에서 '신경질(神經質)과 같은 어휘는 오늘날 일상생활 속에 일반화되어 널리 쓰이게 된 어휘이기도 하다. '히스테리'의 경우, '히스테리아', '히스테릭', '히스테리칼', '히스테리즘'과 같이 파생어들이 다양하게 소개되어, 이 어휘에 대한 관심이 상당히 높았음을 드러내 준다.

여덟째, 감정과 관련된 학술용어로는 '감정이입', '감정이입설', '환멸기(幻滅期)', '미사거미(결혼혐오)', '벨트슈메르츠(염세)', '사디즘', '앨트루이즘(이타주의)', '감정교육(感情敎育)', '의미적 감정(義美的感情)', '인상비평(印象批評)', '인상주의(印象主義)', '타애주의(他愛主義)', '정신계' '정신작용', '도덕적 용기', '물질적 용기', '정신적 쾌락', '정신경험적(精神經驗的)', '정신생활', '정신적 분자(精神的分子)', '정적 인물(情的 人物)', '정신발동(精神發動)', '정신특색(精神特色)', '정신론(精神論)', '제6감(第六感)', '리비도(리비도)', '절망적 사상(絶望的思想)', '무의무식(無意無識)' 등을 들 수 있다. '감정이입', '감정이입설', '리비도' 등이 정신분석과 관련된 학술용어라면, '사디즘', '센슈얼리즘', '인상비평', '인상주의' 등은 예술 관련 학술용어이며, '정신적 쾌락', '도덕적 용기', '정신생활', '벨트슈메르츠(염세)' 등은 윤리학 관련 용어들이다. 그 밖에 정신분석 용어인 '리비도'가 '활력, 생명력, 욕망'으로 풀이되었다는 점도 특

기할 만하다.[27)]

　식민지 중반부터 신문·잡지의 특집란을 통해 소개된 감정 어휘군 가운데 가장 자주 언급되었던 용어들은 강렬하고 자극적인 감성들을 표현하는 어휘들이었다. 1925년~1930년 사이 신어사전에 가장 자주 등장한 감정 표현 어휘는 '로맨스', '델리킷' 등이었고, 1930년대에는 '센세이션', '쇼크', '시크', '그로테스크', '크라이막스', '멜랑콜리', '센티멘탈', '히스테리아' 등이 빈번하게 소개되었다. 이 같은 어휘 수록 양상은 식민지 중반부터 감정 어휘군의 주류를 이루었던 것이 대중문화 관련 어휘들이었으며, 놀람, 절정, 신경질, 괴기와 같이 강렬하고 자극적인 감성들이 크게 관심을 모으고 있었음을 알려준다. 이러한 경향과 비교해 볼 때, 학술용어에 한자어가 많았던 것은, 지식의 차원에서는 문자 언어가, 생활 경험의 차원에서 음성 언어가 발달했던 전근대적 언중(言衆) 분리 현상이 근대에도 일정 부분 지속되고 있었음을 짐작하게 해 준다. ▪ 김지영

〈표 8〉 감정 관련 신어

유형	관련 신어
연애	로맨스(로만스, 로맨쓰) / 러버·애인(라뻐, 러뻐, 럐버-) / 러브(라부, 러부, 러브, 러쁘) / 로맨틱(로만틱, 로맨칙, 로맨칙쿠, 로맨팈, 로맨팈크, 로맨틕) / 로스트러브(로스트·러브) / 리베(리-베, 리이베) / 브로큰하트(뿌로큰·하트) / 비즈니스러브(삐지네스·러쁘) / 아무르(아몰, 아무-르, 아물) / 아이러브유(아이·러부·유) / 애인(스윌·하트, 스윌·핱, 스위-트하-트) / 연애(戀愛) / 본아미·연인(뽄 아미) / 유러브미(유·러브·미) / 이터널러브(이터낼러브) / 쪽사랑(쪽사랑) / 첫사랑(첫사랑) / 키스(키스, 키쓰) / 플라토닉러브(푸라토닉러브, 풀래트닉·러쁘, 폴래토닉·러쁘) / 호플러스러브(호-폴레스·러쁘)
대중문화 예술	그로테스크(구로, 그로데스크, 크로데스크, 크로테스크, 그로이스트, 끄로) / 그로틱(그로틱) / 분극(氣分劇) / 드라마틱(쓰라마틱) / 로망(로맨, 로망) / 매너리즘(맨네리즘, 멘네리슴) / 목가적(牧歌的) / 베르테리즘(웰테리즘, 에루테루이슴) / 유모어(유머-, 유머, 유모어, 유-모어, 유-모아, 그ーモア) / 유머러스(유모러스, 유모라스) / 서스펜스(서스펜스, 서스펜스) / 섹스어필(쎅스·아필) / 센세이션(쎈세숀, 쎈세이시언, 쎈세쉰, 쎈세슌, 쎈세이슌, 쎈세이숀, 쎈세이쉰) / 센티멘탈리즘(센티멘탈리즘, 쎈티멘탈리슴, 센치멘탈리즘) / 쓰릴(트릴) / 에로(에로) / 엘레지(엘레지) / 위트(위

유형	관련 신어
	트, 윌, 윌트) / 영감(영감, 인스피레슌, 인슈피레숀, 인스피레이슌, 인스뻬레숀, 인스피레쉰) / 클라이막스(크라이막스, 크라이막쓰, 카라이막스, 클라이막스, 클라이막스, 클라이막쓰) / 트래직(트래직, 트래직칼) / 파국(카타스트로피, 카테스트로폐, 카에스트로폐, 캐타스루롱) / 핫스터프(홀·스텊, 홑트·스텊, 홑트·스탚) / 해피엔딩(해피·엔드, 햅피·엔드, 해피엔딩)
인사말 및 감탄사	땡큐(상큐, 댕큐, 팅크유, サンキュ一) / 디어, 친애하는(띄아, 띄야, 띄어) / 소리, 미안(싸리, 써리) / 당케(당케) / 플리즈(푸리스) / 올라잇(オーライ) / 웰컴(ウエルカム) / 댄스 굿(댈스·꿋) / 댓스 오케이(댈스·오·케) / 베리 나이스(뼤리·나이쓰) / 땡큐 베리 머치(댕큐·베리·머치) 체리오, 잘 가라(체리오) / 우라, 만세(우라) / 코리아 우라(코리아·우라!) / 히라쇼, 좋다!(하라쇼) / 우피, 갈채(후-피) / 웰(웰)
성격 형용	건방지다(ケシカラン) / 글루미(끌루-미-) / 너버스(너-버스) / 리버럴(리베랄) / 무데뽀·막무가내(無鐵砲ナリ) / 미뇽·귀여운(미니언, 미니온) / 빈정거리는(皮肉的) / 상냥하다(ヤサシイ) / 순정적(순정적, 純情的) / 수아브·상냥한(스아브, 스위-브) / 센슈얼, 관능적(쎈슈알) / 센티멘털(센지멘탈, 센치멘탈, 센티, 쎈티, 센티메틀, 센티멘탈, 센티멘틸, 센티멘탤) / 솔리타리(솔리타리) / 시크(쉬-크, 쉬익, 식크, 시익, 시익, 싁) / 신경질적(신경질적) / 스마일링(스마일링) / 시니컬(씨니칼) / 시리어스(시리어스, 시-리어스) / 어트랙티브(아트랙티액) / 어펙셔너트(아펙쇼네트) / 오픈하티드(오-픈·하-테드) / 열정적(패쇼네트, 패쇼네이트, 패숀넷트) / 염치없이(オメオメ) / 위티(위티, 윝티) / 유희적(유희적) / 와일드(와일드) / 자만적(자만덕) / 절망적인(떼스퍼레트) / 젤러스(제러스) / 차밍(참잉, 차-밍, 참잉, 찲잉, 참잉) / 치어풀(취어풀) / 코케티시·요염한(코퀘티쉬) / 컴퍼트(콤퍼트) / 표랑적(漂浪的) / 플레전트(풀레선트) / 해피(해피-, 햪피-) / 희망찬(호-프풀)
인간유형	드리머(드리-머) / 마니아(마니아, 마니어, 매-니아) / 로맨티시스트(로맨티시스트, 로만티스트, 로맨티스트, 로맨치스트, 로-맨派) / 배금종(拜金宗) / 센티멘탈리스트(센티멘탈이스트, 센티멘탈리스트, 센치멘탈이스트) / 시크걸(싁·껄) / 센티멘털걸(센치·껄)
심정 상태 표현 명사	각오(心構) / 갈등(갈등) / 감동(感動) / 감상(感想) / 감정(感情) / 경쟁심(경징심, 競爭心) / 귀찮음(面倒ナリ) / 기분(氣分) / 노스탤지어(노스탈쟈, 노스탈챠) / 느긋(呑氣ダ)) / 동경(憧憬) / 다우트(따우트) / 디스일루션·환멸(띄스일류-숀) / 딜루전(떼루-숀) / 드림(드림) / 득의감(得意感) / 디자이어(떼사이여, 떼사여, 떼자이어, 떼자어) / 러멘트·비탄(라멘트) / 릴리프(레리-프, 리레-프, 릴라-프) / 리스펙트(레스팩트) / 레컬렉션·회상(리콜렉슌, 리콜멘레이슌) / 환각(幻覺) / 멜랑콜리(메랑콜리, 멜랑코리, 메란코리-, 메란꼬리, 메런커리, 멜랑콜리) / 모험심(모험심) / 무관심(無關心) / 무안(赤面ス) / 박애(박이) / 반항심(반항심) / 배니티(빼니티) / 반감(反感) / 번민고통(번민고통) / 비관(悲觀) / 사행심(射倖心) / 브로큰하트·상심(쑤록큰·하-트) / 쇼크(쇼크, 쑈크, 속크, 쑉) / 게뮈트·심정(게뮤-트) / 심퍼시(심파씨) / 피어·두려움(쀠어) / 아스피레이션·열망(아스피레이쉰) / 앙뉘·권태(앙누이, 안누이) / 앰비션(앰비슌) / 어니스트(어네스트) / 어태치먼트·애착(아태취멘트) / 어트랙션(아트랙시온, 아트랙숀) / 어펙션(아펙숀, 아펙슌) / 위악(僞惡) / 이모션(에모-슌, 에모-숀) / 인내력(인내력) / 우정(우정) / 유희심(유희심) / 자부심(自負心) / 자비(자비) / 자선

유형	관련 신어
	심(자선심) / 자신력(自信力) / 자존심(自尊心) / 자유(自由, 주유) / 절망·더스페어(떼스페어) / 커리지·용기(커레지) / 큐리어시티(큐리오시티) / 콤퓨전(컨퓨-준) / 쾌감(쾌감) / 쾌락(쾌락) / 패션·열정(패슌, 패숀) / 투기심(投機心) / 파토스(파토-스, 페-소스, 패-쏘스, 페이소스, 페이토스) / 프라우드(푸라우드) / 피어(삐어) / 하미지·존경(허메지, 호메지, 호메이지) / 홈시크·향수병(홈씩, 홈싴, 홈-씍) / 행복(힝복, 幸福) / 허영심(허영심) / 호프(호-푸)
사회적 (집단적) 감정	군중심리(군중심리, 群衆心理) / 공공심(公共心) / 남국정조(남국정조) / 동정자(동정자) / 동지애(동지애, 同志愛) / 로컬컬러(로-칼칼라, 로-칼·칼나, 로칼·칼라, 모-카Ｌ카ㄹ-) / 만리타국(만리타국) / 애국심(익국심) / 애국성(愛國性) / 애향심(愛鄕心) / 조합이기심(조합이기심) / 지방열(地方熱) / 이국정조(異國情調) / 투쟁욕(투쟁욕) / 투쟁의욕(투쟁의욕) / 투쟁열(파이팅·스피맅, 파이일팅·스피맅, 파이팅·스피맅트, 파이일팅·스피맅트)
의학용어	강박관념(강박관념) / 고소공포증(高空心理) / 도회병(都會病) / 무의식(無意識) / 무의식중(無意識中, 무의식 중) / 변태심리(변태심리) / 변태성욕(변태성욕) / 시험공포(試驗恐怖) / 신경질(神經質) / 음주불감증(飮酒不感症) / 우울증(히포콘드리아, 히포콘데리아) / 정신과학자(精神科學者) / 지리멸렬증(支離滅裂症) / 포비아(뽀비아) / 프라이, 무료의 환자(얘라이) / 히스테라(히스데리, 히스, ヒステリ―) / 히스테리아(히스테리아) / 히스테릭(히스테릭, 히스테맄크) / 히스테리칼(히스테리칼, 헤스테리킬) / 히스테리즘(히스테리-즘)
학술용어	감정교육(感情敎育) / 감정이입설(감정이입설) / 감정이입(感情移入) / 도덕적 용기(도덕적 용기) / 리비도(리비도) / 무의무식(無意無識) / 물질적 용기(물질적 용기) / 미사거미·결혼혐오(미소가미) / 미진트로피아·인간혐오(미싼트로피) / 벨트슈메르츠·염세(웰트슈메르쓰) / 사디즘(쎄디즘) / 센슈얼리즘, 주색지상주의(센슈알리즘) / 앨트루이즘·이타주의(알트루이즘) / 의미적 감정(義美的感情) / 인상비평(印象批評) / 인상주의(印象主義) / 정신계(정신계) / 정신경험적(精神經驗的) / 정신생활(精神生活) / 정신작용(精神作用) / 정신적 쾌락(精神的 快樂) / 정신적 분자(정신덕분ㅈ, 精神的分子) / 정적 인물(情的 人物) / 정신발동(精神發動) / 정신특색(精神特色) / 정신론(精神論) / 제6감(第六感) / 절망적 사상(絶望的思想) / 타애주의(他愛主義) / 환멸기(幻滅期)

(3) 이성

이성은 개념적으로 사유하는 인간의 능력을 가리키는 것으로 감각적 능력에 대비되는 말이다. 매우 폭넓게 사용되며 때로는 철학적 의미에 국한되기도 한다. 근대 신어 가운데 이성 관련 어휘를 엄밀하게 가려내는 것은 쉽지 않지만, 가치 판단, 철학 개념, 사회 규범, 인식 행위, 기타 관념으로 범주화해 볼 수 있다.

첫째는 좋고 나쁨, 옳고 그름, 긍정 부정, 높고 낮음 등 대상의 가치나 특성을 평가하는 가치 판단 어휘이다. 네거티브, 델리킷, 라이트, 앱노멀, 포지티브 등이 이에 해당된다. 이들은 이종극의 『(鮮和兩引)모던朝鮮外來語辭典』에 가장 많이 수록되어 있다. 영어 발음을 한국어로 표기한 것이 많으며, 일본어와 영어의 조합으로 구성된 신어도 눈에 띈다. '모찌·제로'는 '물론'이라는 의미의 일본어 '모찌(モチロソ)'와 '무(無)', 또는 숫자 '0'을 뜻하는 영어 '제로(zero)'가 조합되어 한 단어를 이룬 신어이다. '모찌·코-쓰'도 마찬가지로 '물론'을 뜻하는 일본어의 '모찌(モチロソ)'와 영어의 '코스'(of course의 줄임말)가 조합된 신어이다.

둘째는 철학적 개념 어휘이다. 근대주의, 기계론, 논리법, 독단론, 로고스, 리얼리즘, 철학 등이 그것이다. 리얼리즘, 스피릿과 같은 영어도 적지 않지만, 근대정신, 근대주의, 존재, 관념 등과 같은 한자어가 더 큰 비중을 차지한다. 이는 일본 철학서를 번역하는 과정에서 철학 관련 신어가 다량으로 등장했기 때문이다.

셋째는 사회 규범이나 사회적 관념을 표현하는 어휘이다. 국가성격, 도덕규칙, 듀티, 독립, 모랄, 문명정도, 반개국, 법률진화, 자유의사 등이 그 예이다. 듀티, 모랄과 같이 영어를 우리 발음으로 옮겨 쓰기도 했지만, 문명정도, 반개국, 법률진화처럼 번역어를 많이 사용했다. 이 어휘들은 근대 초 국가와 민족을 현시하는 과정에서 다량으로 생산되었다. 문명정도, 반개국처럼 사회진화론을 반영하는 어휘도 적지 않다.

넷째는 판단 상황이나 인식 행위 자체를 설명하는 어휘이다. 과학적 비판, 리트로스펙트, 마인드리딩, 모럴서포트, 멘탈테스트, 색안경, 지능 검사, 크리틱, 평가절하, 평화담판 등이 그것이다. 이 가운데에서 '色眼鏡(색안경)'은 전근대 어휘에서 파생한 것이다. '色眼鏡'은 '안경'에 색깔을 뜻하는 '색'이 덧붙여져 '선입견에 얽매여 좋지 않게 본다'는 새로운 의미로 쓰였다.

다섯째는 의식의 내용이나 심적 형상을 통칭하는 기타 관념 어휘이다. 리얼리티, 리즌, 모티브, 메모리, 멘탈, 범주, 스피릿, 아이디어, 엠비션, 판타지 등이 그 예이다. 커먼센스, 타임스피릿은 근대 대중의 공통감각을 전제로 한 어휘라는 점에서 주목된다.

이성을 표현하는 어휘의 어휘설명과 용례를 살펴보면 몇 가지 특이점이 있다. 먼저, 근대 이전에도 쓰였지만, 근대에 단어 해설과 쓰임이 달라지거나 확장된 것이 눈에 띈다. '端初(단초)'가 대표적이다. 『朝鮮王朝實錄』의 "若不問端緒而遽爲鞠問"[28]에서 '端初'는 '실마리'라는 의미이다. 이에 비해『朝鮮之光』(1932.1)에 실린 기사에서는 다면적인 연구대상을 분석하기 위한 시초가 되는 '범주'로 설명하고 있다. 이는 '단초'가 과학적인 분석의 첫 단계로서 새로운 의미를 획득했음을 보여준다. 그 내용은 아래와 같다.

> 一般的으로는 始初, 실옺이라는 意味. 이것이 方法論에서는 重要한 問題이다. 硏究思索 過程의 科學的 方法은 가장 簡易한 部面으로부터 捨象的인 範疇로부터 出發하야 順次로 種種한 部面의 硏明에로 複雜한 具象的 範疇에로 나가서 最後로 多面性의 統一物로서 硏究對象을 把握한다. 그래서 그 出發點인 部面 卽 가장 捨象的인 範疇가 端初이다.

다음으로, 일상 어휘가 특정 분야에서 다른 의미로 바뀌어 사용되는 경우가 있다. '목표(目標)'는 '목적을 이루기 위해 도달해야 할 곳'이라는 의미지만, 『每日申報』(1945.2.9)의 방공용어(防空用語) 해설에서는 "전파 병기로 차저낸 적기를 말하는 것으로 한 대일 경우도 잇고 여러 대일 경우도 잇다"고 설명하고 있다. 군사 용어와 같은 특수어 중에는 이러한 어휘들이 많다.

또 어휘설명에는 젠더 차별적인 것도 있다. 뷰티풀(쀼-티풀)을 "어여뿐(美), 美貌의, 고은(姸, 美婦的)"이라고 설명한 것이 그 예다. 뷰티풀을 '미부적(美婦的)'이라고 한 것은 아름다움을 여성에만 한정하는 차별적인 뜻풀이다.

이 외에 '안전제일주의'에 대해 "絕對安全을 目標로 나가는 主義"라고 사

---

28)『成宗實錄』20년 11월 14일.

전적 어휘풀이를 하면서도 "普通無能, 消極的을 말함"이라고 하여 사회적
으로 통용되는 의미를 부가한 것도 눈에 띈다.

동아시아 삼국 신어를 비교해 보면, 서양어의 경우 한국과 일본은 발음
이 유사하지만 중국은 다르다는 점이 주목된다. 영어의 발음을 그대로 표
기한 외래어의 경우 한국과 일본 신어의 발음은 매우 흡사하다. 한국에서
'아이데아', '아이듸아' 등으로 쓰였던 '아이디어'는 일본에서 'アイディア'
로 쓰였다.[29] 또 한국에서 '아이러니', '아이로니', '아일논이' 등으로 표기
했던 '아이러니'는 일본에서 'アイローニ'로 쓰였다.[30] '넌센스', '넌쎈스',
'논센스' 등으로 쓰인 '난센스'는 일본에서 'ノンセンス'로 표기했다.[31] 이
는 한국과 일본이 외래어의 소리를 표기한 데 비해, 중국은 어휘의 의미를
번역해 사용한 경우가 많았기 때문이다. 보기를 들자면, 콘크리트는 한국
에서 '콩쿠리', '콩쿠리트' 등으로 표기했고, 일본에서는 'コンクリート'라
고 썼지만,[32] 중국에서는 '混凝土'라고 썼다.[33]

이 외에도 한국과 일본은 외래어를 한자어로 번역한 경우 같은 표기를
많이 썼다. 그중에는 '近代主義', '近代精神', '人生哲學', '具體的' 등과 같은
철학적 개념어가 많다. '觀念', '存在', '主義', '哲學', '目的' 등은 한·중·
일 삼국에서 동일하게 사용되었다. ■ 김은경

〈표 9〉 이성 관련 신어

유형	관련 신어
가치 판단	난센스(넌센스, 논센스) / 네거티브(네가티-브, 네거, 네거티브, 네가) / 뉴스타일(뉴-스타일) / 델리킷(떼레게트, 떼레게이트, 떼리케이트, 떼리케트, 떼리케이트, 뗄리케일, 뗄리케-트, 뗄리케트, 쩨리케이트) / 딜레마(디렘마, 디럼머, 디레마, 디렘마, 디렌마,

29) 小林花眠, 『新しき用語の泉』, 帝國實業學會, 1922, 37면.
30) 小林花眠, 『新しき用語の泉』, 37면.
31) 小林花眠, 『新しき用語の泉』, 1057면.
32) 棚橋一郎·鈴木誠一, 『日用 舶來語便覽』, 光玉館, 1912, 64면.
33) 馮天瑜, 『新語探源 : 中西日文化互動與近代漢字術語生成』, 中華書局, 2004, 492면, 498면 ;
王立達, 「現代漢語中從日語借來的詞彙」, 『中國語文』 68, 1958, 90면 ; 션궈웨이, 『근대중일
어휘교류사』, 고려대학교출판부, 2008, 420면, 454면.

유형	관련 신어
	띠레마, 띠렘마, 띨렘마, 띄레마, 띄렘마, 띄렌마, 지렌(렘)마 / 라이트(으라일, 롸읻, 롸이트, 라이트) / 모치제로(모찌·제로) / 모치코스(모찌·코-쓰) / 브릴리언트(뿌리리앤트) / 색안경(色眼鏡) / 세이프(세이프) / 슈퍼(수-퍼, 스-파) / 스마트(스마-트, 스마트, 스맡트, 스맡트) / 스페셜(스페, 스페샬, 스페셜) / 아이러니(아이러니) / 압티미스틱(오푸치미스칙쿠) / 앱노멀(애브노-멀, 아부노-말, 아부노말, 업노말) / 이퀄(이쿠월, 니콜) / 클래식(크라式, 클라싴) / 패러독스(파라톡쓰) / 포지티브(포지, 포시티브)
철학 개념	개념(개렴) / 관념(觀念) / 근대정신(近代精神) / 근대주의(近代主義) / 기계론(機械論) / 논리법(론리법) / 독단론(獨斷論) / 로고스(로고스) / 리얼리즘(레아리슴, 리알리슴, 리알리즘, 리알이즘, 리얼리즘, 레아리즘, 레알리즘) / 범주(範疇) / 메모리(메모리) / 멘탈(멘탈) / 스피릿(스피릿트, 스피맅) / 아이디어(아이데아, 아이듸아, 이데아) / 에토스(에토-스) / 오성(悟性) / 인생철학(人生哲學) / 존재(존재, 存在) / 주의(主義) / 철학(哲學) / 카테고리(카데고리) / 콘크리트(콩쿠리) / 콘추레스트(콘트라스트) /
사회 규범	국가성격(國家性格) / 도덕규칙(道德規則) / 듀티(뮤-티) / 독립(데펜덴트) / 모랄(모럴) / 문명정도(文明程度) / 반개국(半開國) / 법률진화(法律進化) / 자유의사(自由意思) / 적법(適法)
인식 행위	과학적 비판(과학뎍비판) / 레퓨테이션(레퓨테슌) / 리트로스펙트(리트로스펰트) / 마인드리딩(마인드·리딍) / 모럴서포트(모랄·싸뽀-트, 모랄·써포트) / 멘탈테스트(맨탈·테스트) / 멘탈컬쳐(멘탈·컬추어) / 반대판결(反對判決) / 법률해석(法律解釋) / 크리틱(크리치크) / 아이텐티파이(아이덴티파이) / 평가절하(平價切下) /평화담판(平和談判)
기타 관념	리얼(레알, 리아, 리알) / 리얼리티(리알르트, 리알리티, 뤼알리트, 리알이스티, 리알이티) / 리즌(리-즌) / 모티브(모튍, 모우티쁘, 모티쁘, 모티프, 모티쁘, 모티부) / 목적(目的) / 무제한(無制限) / 분수선(分水線) / 엠비션(엠비슌) / 정의(定義) / 커먼센스(컴몬·센스) / 키포인트(키-·포인트) / 타임스피릿(타임·스피맅트) / 판타지(빤타시-, 빵타씨) / 효과(效果)

(4) 행위

행위 범주에 포함되는 어휘 수는 매우 많다. 행위의 카테고리가 폭넓기 때문이다. 행위 관련 어휘의 출전은 대체로 최록동의 『現代新語釋義』(文昌社, 1922), 이종극의 『(鮮和兩引)모던朝鮮外來語辭典』(漢城圖書株式會社, 1936), 편자 미상의 『新語辭典』(民潮社, 1946), 문교부가 1948년에 펴낸 『우리말 도로 찾기』와 같은 사전류이다. 사전의 편찬시기를 보면 1922년, 1936년, 1946년, 1948년 으로, 후자의 두 권은 해방이후에 발간되었다. 이 외에 이해조, 염상섭, 최찬식, 이상 등의 문학작품이나 잡지, 신문(독립신문) 등에도 행위 관련 신어를 찾아볼 수 있다. 그 시기는 대체로 1890년대 후반부터 1920년대까지로서, 행위 관련 어휘의 다양한 표기와 여러 의미를 살펴볼 수 있으며 후반부로 갈수록 점점 현대어에 가까워지고 있음도 알 수 있다.

　행위를 나타내는 어휘는 크게 외국어를 한글로 표기한 어휘와 한자어로 구성된다. 외국어의 한글표기 예시를 들면 아래와 같다.

- 러브 어페어 : 라브· 아페어
- 루즈 : 루-즈, 루-스, 루스, 루즈, 루-쓰, 루쓰
- 룩 아웃 : 록·아웉, 룩　아웃
- 리드 : 리-트
- 카푸플라즈 : 카므풀라즈, 캄푸라-쥬, 캄푸라-지, 캄푸라지, 캄푸라쥬,
　　　　　　컴풀라-지, 컴풀라-주, 감프라쥬, 캄후라-쥬, 카모풀라지,
　　　　　　카모풀라쥬

　행위 관련 어휘의 한자어 표기 예시를 들면, '假面行爲', '假裝', '槪觀', '拒否', '居中調整', '高踏的', '共同生活', '過激化', '官海遊泳術', '鳩首凝議', '具現', '技巧', '辣手', '內面描寫', '能動', '能率', '能率增進', '突發', '突破', '動員', '動議', '同化', '魔術', '默契', '默想', '美的生活', '反射運動', '發展', '復員', '本能的生活', '社會的生活', '純一生活', '逆轉,念寫', '瓦全主義', '運動', '律動', '裏書', '現實暴露', '現實化', '現化', '協調', '活辯式', '黃金政畧', '轉嫁', '提唱', '處女演說', '體得', '體驗'을 들 수 있다.

　일본어 표기의 경우, 'ノック', 'ダイビング', 'ドライブ', 'レポート', 'マッサージ', 'マーチ', 'メモ', 'モーション', 'サイン', 'サービス', 'スタート', 'スタンド', 'ストップ', 'ヒント', 'ゼスチュア', 'カモフラージュ', 'カーキル', 'カンニング', 'カット', 'コントロール', 'コンビネーション', '居殘り', '滑稽ヲ演ズル', '引揚ル', '下手(タ)', '下宿(ス)(下宿屋)', '割當', '打合', 'ボンヤリ', 'アッサリ', 'ワザワザ' 등이 있다.

외국어를 한글로 표기하여 사용하는 어휘의 특징은 첫째, 표기의 다양성이다. 이는 모국어의 음운체계와 외국어의 음운체계의 차이로 인하여 외국어가 외래어로 자리 잡기까지 표기가 다양하게 나타나는 것으로 일반적인 현상이라 하겠다. 그런데 한국어 신어의 경우, 서양 외래어를 우리보다 먼저 접촉한 일본과 중국의 외래어 표기의 영향을 크게 받았다. 이것이 또한 표기가 다양하게 된 원인이라고 할 수 있다.

둘째, 외국어를 표기한 신어의 경우, 의미의 축소현상이 빈번하게 나타난다는 것이다. 예를 들어 'handsome'의 경우 본래의 의미 중 일부분만이 차용되어 사용되는데, 이처럼 영어의 어휘는 그 의미가 축소되어 사용되는 경우가 대부분이다.

셋째, 품사의 변화를 가져온다. 영어의 형용사에 어미 '하다'를 붙여 동사로 만드는 경우가 많다. 형용사 'loose'에 '하다'를 붙여 '루즈하다', '루즈한', '루스한' 등의 표현으로 사용하고 있다. 또한 'appeal'은 그 자체가 동사이나 여기에 '하다'를 붙여 '어필하다'로 사용하기도 한다. "어필하는 사람은 果然 몇 사람이 못되는듯하다."[34]와 같이 사용되고 있다.

한자어로 들어온 신어는 한자와 한글의 표기로 나타난다. 이렇게 한자어로 번역된 신어는 대부분 일본을 통해 들어온 경우이다. 외국의 지명 중 한자어를 보면 佛蘭西(프랑스), 獨逸(독일), 露西亞(러시아) 등이 있다. 또한 한자어와 외래어를 붙여 표기하기도 한다. '剝啄 노크'가 그 예이다. 또 신어 표기 중에는 일본어를 우리말로 읽는 경우를 많이 볼 수 있다. '엽서', '수속', '견적'은 각각 일본어의 'はがき', 'てつづき', 'みつもり'로, 일본어로는 뜻으로 읽는 훈독의 어휘인데, 이를 한국어에서 음으로 읽은 경우이다. 또한 일본어의 가타카나 표기의 어휘와 일본어 발음 그대로 읽는 표기 등도 함께 나타나고 있다. 한국어 신어의 표기의 대내외 정세를 실감하게 하는 부분이다.

행위를 표현하는 어휘를 의미에 따라 나누어 보면 다음과 같다.

---

34) 『東亞日報』, 1939. 5. 11. 1면.

첫째, 몸, 사물의 움직임을 나타내는 어휘이다. '세-크'·'핸드', '란데'·
뷰', '란듸-부', '랜드뷰', '런데부', '런데브', '수잉', '수잉그', '스단'·'바
이', '스탑', '스텊', '쉬'익 '셰이크', '윙크', '끄리프(grip)', '녹', '넉크', '녹',
'록크', '놐크', '노크', '剝啄', '모숀', '모션', '모슝', '모션', '무-왜망', '무
브먼트', '싸인', '라쉬', '러시', '랏슈', '러시', '제수츄어-', '제스챠-', '체스
취아', '크로스'·'앞', '릎'·'더'·'릎(loop the loop)', '곡예비행', '회신', '호
흡' 등이 대표적이다. 이를 보면 개별어휘, 구레벨의 어휘가 함께 사용되
었다. '세-크·핸드', '스단·바이', '크로스·앞'과 같이 한 문장을 이루는
어법이 사용되게 된 것이다. '剝啄'를 '노크'로 읽은 것도 언어적 센스가
보이는 부분이다.

둘째, 추상적 행위를 나타내는 어휘이다. '라브·아페어', '루-즈', '루-
스', '루스', '루즈', '루-쓰', '루쓰', '록·아웉', '룩아웃', '리-트(리드)', '뮤
튜알·에이드', '뮤추알·에이드', '카므풀라즈', '캄푸라-쥬', '캄푸라-지',
'캄푸라지', '캄푸라쥬', '컴풀라-지', '컴풀라-주', '감프라쥬', '캄후라-쥬',
'카모풀라지', '카모풀라쥬', '컨츠롤', '컨튜롤', '콘트로-루', '콘트롤', '코-
포레이슌', '코-퍼레이슌', '콤뮤니케이숀', '콤뮤니케이슌', '콤뮤니케이트',
'트릭크', '트릭', '인찌끼', '폐회', '도약', '반전', '전진', '기만행동', '흉아
적(험담)', '盲從', '위장', '휘갑', '조사', '단골', '테스트', '假面的', '假面行爲',
'假裝', '槪觀', '拒否', '居中調整', '高踏的', '共同生活', '過激化', '官海遊泳
術', '鳩首凝議', '具現', '技巧', '辣手', '內面描寫', '能動', '能率', '能率增進',
'突發', '突破', '動員', '動議', '同化', '정돈', '進取的', '積極的' 등이 있다. 이
렇듯 추상적 행위의 어휘는 다양하다. 영어, 불어의 형용사나 명사 등이
품사의 변화를 보이며 사용되었다. 일본어의 한글표기와 번역된 한자어
등이 함께 나타나고 있다.

셋째, 스포츠 관련 어휘이다. '경쥬', '구로기', '구로키', '디펜스', '리레
이', '리-레', '릴레', '릴레이', '으릴레이', '멧사지(마사지)', '빠운드', '스탠
드', '옐(성원)', '숱', '스튜렡', '스트렡', '스트레-트', '스트레트', '써-부',

'써ー뷔스', '터치', '꼬올·라인', '터치·라인', '드라이', '트라이', '튜라이', '早高FW', '꼬울', '스윙', '타이', '리턴', '슈팅', '풀·스윙', '오펜스', '오픈·플레이', '와인드·엎', '와일드·피취', '완턴', '웜잉·엎', '원스·모어', '원·핸드·슈트', '웨이트·리푸팅', '웨이팅·씨스템', '스크럼', '슬라이딩', '크로스·파스', '와일드·파쓰', '아웃', '풋보풋보', '후라ー', '후레ー', '후크', '훅크', '후크', '훅크', '후크·보데', '후크·스윙' 등이 있다. 스포츠 어휘 중에서는 특히 야구 용어의 사용이 많이 나타나고 있다.

넷째, 문화(컬처) 관련 어휘이다. '양장', '에로도로기ー', '에로도로기', '에로·썰비스', '엔게ー지', '인게이지', '엥게ー지', '얜드빌', '악팅', '액팅', '감각덕묘사', '文化視察', '迫害', '購讀', '휘ー마', '模造品', '描寫法', '拍手喝采', '復活', '뽀럼뽀람', '띄스커스(discus)', '찬미', '꺄그(개그)', '諷刺', '약혼', '혼약', '婚約', '許婚', '許嫁', '戀愛', '藝能', '입선', '寫眞術', '동물애호', '푸로포ー스', '푸로포ー즈', '타부', '타부ー', '탕고踊', '탕고·땐스', '크리에이슌', '크리에슌', '크리에이트', '크리스마스·카ー드', '크리스마스·캐롤', '삐트로ー달(betrothal)', '비트로들', '삐트로ー살', '부활' 등이 있다. 문화 분야에서는 시대를 반영하는 어휘가 등장한다. 결혼, 혼약, 허혼과 같은 단어가 사용되는가 하면, 연예, 푸로포ー즈, 엥게ー지와 같은 어휘가 등장한다. 탕고踊, 탕고·땐스, 크리스마스와 같은 문화적 요소를 나타내는 어휘가 사용되며, 기독교의 활성화와 더불어 부활 등 기독교에서 사용되는 어휘도 등장한다. 또한 포럼이나 디스커스와 같은 어휘가 뽀럼뽀람, 띄스커스의 표기로 나타난다.

다섯째, 생활 관련 어휘이다. '푸렌', '검사', '방송', '調理', '食事', '冷水浴', '冷水摩擦', '埋葬隊', '保管', '收拾', '招待', '화투', '방청,', '폐지', '악습관,' '配達', '撒布', '業務', '作業', '체험', '아랜지', '航空', '敷設', '寫眞', '뜨라이앺', '뜨라이쀼', '쭈라이부', '트라이푸', '오푸', '케어(care)', '結石', '救世', '寄附', '메모', '매세지', '메쎄이지', '발행', '접수', '배달', '차입', '신문 대금', '구독', '메모란듬', '贈呈', '志願', '執務', '吸煙', '쿡킹', '콕크',

'코크', '타이푸라이팅', '타이프라이팅' 등이 있다. 생활과 관련된 어휘에는 한자어와 외국어의 한글표기, 일본식 발음의 한글표기가 함께 나타난다. 신문의 등장과 함께 구독, 대금 등의 어휘가 사용되었고, 서양요리가 들어와 쿠킹, 콕크와 같은 어휘가 쓰였으며, 타이프라이터의 등장을 알리는 어휘가 보인다.

여섯째, 경제 관련 어휘이다. '경영', '경징', '교환', '交換', '디리', '리프로덕트', '리프러덕트', '크레딜·트레이드', '콘트랙트', '발표', '배당', '製造', '쑤입', '수업', '빅급', '配當', '決算報告', '보험', '보'증 '보험', '변상', '支辨', '지발', '支佛支撥請求', '沒收', '賠償', '분비', '싸—앧', '싸—부', '싸—비스', '서비스', '조직', '仲買', '지출', '출장', '퇴사', '海上運送契約' 등이 있다. 경제 관련 어휘는 번역어가 대부분을 이루고 있다. '경영', '경쟁', '교환', '보험', '보증', '변상', '지불', '배상', '분배', '계약' 등의 용어가 한자어로 사용된다. '서비스업', '제조업' 등의 용어와 '출장', '퇴사' 등 직장 관련 어휘도 함께 사용되고 있음을 알 수 있다.

일곱째, 기술, 과학, 교육에 관련된 어휘이다. '텍늬크', '테크닉', '텍닉', '테크니크', '테크닉크', '檢細顯微', '작용', '발명', '강습', '개척', '앱산스', '안다라인', '리솔', '리서치', '리소루', '뤼폴트', '리콤멘세—쉰', '레커멘데이션', '卒業', '졸업시험', '조사', '연구', '결석', '담임', '통학', '편입', '발명', '口演術', '스피—취', '스피—츠', '스피취', '스피츠', '오—토', '오—토마론', '오—토매틱' 등이 있다. 현대의 기술과 관련된 어휘가 등장하고, 교육 분야에서는 졸업이나 졸업시험과 같은 용어가 사용되고 있다. 이 분야에서도 외국어 표기의 다양성을 확인할 수 있다.

여덟째, 법, 정치에 관련된 어휘이다. '죠인', '調印', '占領', '割讓行爲', '海賊行爲', '양행', '平和談判', '犯罪人拿交', '拿捕', '居中調整', '防衛保護', '仲裁', '메모랜듬', '아비트레이슌', '안탕테', '안탕트', '아그리—멘트(아그레망)', '가결', '동의', '정회', '연설', '人民投票', '정당방위', '도로방힉', '청원', '直路侵入', '린치', '푸로파간다', '주의', '資本主義의 '푸로파간다', '共

産主義의 푸로파간다’, ‘自己宣言’, ‘自己命令’, ‘默示’, ‘證據方法’, ‘自己權利’, ‘단톄력’, ‘단합력’, ‘대리인’, ‘법규명령’, ‘법률보호’, ‘법률위임’, ‘法律制定’, ‘否決’, ‘正當防衛’, ‘代理委任’, ‘提請’, ‘制裁’, ‘職務執行’, ‘賠償’, ‘移讓’, ‘答辯狀’, ‘代理人’, ‘辯護’, ‘辯護權’, ‘辯護陳述’, ‘證人訊問’, ‘공갈’, ‘배상’, ‘복역’, ‘有效行爲’, ‘不法行爲’, ‘司法行爲’, ‘仲裁’, ‘自助’, ‘解仕’, ‘自助主義’, ‘自主’, ‘犯罪人拿交’, ‘法律保護’, ‘法律執行’, ‘保證’, ‘附條件承認’, ‘不法干涉’, ‘不法暴行’, ‘不法行爲’, ‘애디테-숀(에지테이션)’, ‘애지’, ‘아지’, ‘데모’, ‘데몬스터라치온(데몬스트레이션)’, ‘떼몬’, ‘떼몬운동’, ‘떼모’, ‘떼모운동’, ‘피켙팅’, ‘改革’, ‘職工同盟’, ‘怠業’ 등이 있다. 법과 관련된 어휘군에는 국내, 국외와 연관되는 어휘가 등장한다. 즉 조인이나 점령, 할양행위 등의 외교적 용어가 나타난다. 또한 한자 어휘와 함께 아그리-멘트와 같이 외국어표기도 나타나고 있다. 법률 용어와 더불어 국회에서 사용되는 가결, 동의, 정회, 인민투표 등의 정치 용어가 등장하며, 자본주의, 공산주 등 정치·경제적 이념을 나타내는 어휘가 번역된 개념어로서 나타나고 있다. ‘태업’이나 ‘직공동맹’, 또한 ‘데모’, ‘피켓팅’, ‘애지테이션’ 등의 어휘도 등장하고 있다. ■ 탁성숙

〈표 10〉 행위 관련 신어

유형	관련 신어
몸/사물의 움직임	세-크·핸드 / 랑데뷰(란데·뷰, 란듸-부, 랜드뷰, 런데부, 런데브) / 수잉(수잉, 수잉그) / 스단·바이 / 스톱(스탑, 스탑) / 쉬익 셰이크 / 윙크 / grip(끄리프) / 노크(녹, 넉크, 놕크, 노크, 剝啄) / 모션(모숀, 모션, 모숑) / 무-왝망 / movement(무브먼트) / 싸인 / 러시(라쉬, 러시, 랏슈) / 제스추어(제수츄어-, 제스챠-, 체스취아) / 크로스·얖 / loop the loop(룹·더·룹) / 곡예비행 / 회신 / 호흡
추상적 행위	라브·아페어 / 루즈(루-즈, 루-스, 루스, 루즈, 루-쓰, 루쓰) / 룩아웃(록·아울, 룩아웃) / 리드(리-트) / 뮤추얼 에이드(뮤튜알·에이드, 뮤추알·에이드) / 카무플라즈(캄푸라-즈, 캄푸라-쥬, 캄푸라-지, 캄푸라지, 캄푸라쥬, 컴푸라-지, 컴푸라-주, 감프라쥬, 캄후라-쥬, 카모풀라지, 카모풀라쥬) / 콘트롤(컨트롤, 컨튜롤, 콘트로-루, 콘트롤) / 코퍼레이션(코-포레이슌, 코-퍼레이슌) / 커뮤니케이션(콤뮤니케이슌, 콤뮤니케이슌) / 콤뮤니케이트 / 트릭(트릭크) / 인찌끼 / 광고하야 / 폐회 / 도약 / 반전 / 전진 / 기만행동 / 흉아적(흠담) / 盲從 / 위장 / 휘갑 / 조사 / 단골

유형	관련 신어
	/ 테스트 / 假面的 / 假面行爲 / 假裝 / 槪觀 / 拒否 / 居中調整 / 高踏的 / 共同生活 / 過激化 / 官海遊泳術 / 鳩首凝議 / 具現 / 技巧 / 辣手 / 內面描寫 / 能動 / 能率 / 能率增進 / 突發 / 突破 / 動員 / 動議 / 同化 / 정돈 / 進取的 / 積極的
스포츠	경쥬 / 구로기 / 구로키 / 디펜스 / 릴레이(리레이, 리-레, 릴레, 릴레이, 으릴레이) / 마사지(몟사지) / 빠운드 / 스탠드 / 성원(엘) / 슡 / 스튜렙, 스트렙, 스트레-트, 스트레트 / 써-부 / 써-뷔스 / 터치 / 꼬올·라인 / 터치·라인 / 드라이 / 트라이, 튜라이 / 早高FW / 꼬울 / 스윙 / 타이 / 리턴 / 슈팅 / 뿔·스윙 / 오펜스 / 오픈·플레이 / 와인드·엎 / 와일드·피취 / 완턴 / 윙잉·엎 / 원스·모어 / 원·핸드·슈트 / 웨이트·리푸팅 / 웨이팅·씨스템 / 스크럼 / 슬라이딩 / 크로스·파스 / 와일드·파쓰 / 아웃 / 풋보풋보 / 후라 / 후레- / 후크(훅크, 후크) / 후크·보데 / 후크·스윙
문화	양장 / 에로도로기-, 에로도로기 / 에로·썰비스 / 인게이지(엔게-지, 인게이지, 엥게-지) / 얜드빌 / 악팅, 액팅 / 감각덕묘사 / 文化視察 / 迫害 / 購讀 / 휘-마 / 模造品 / 描寫法 / 拍手喝采 / 復活 / 뽀림뽀람 / discus(띄스커스) / 찬미 / 개그(꺄그) / 諷刺 / 약혼 / 혼약, 婚約 / 戀愛 / 藝能 / 입선 / 寫眞術 / 동물애호 / 프로포즈(푸로포-스, 푸로포-즈) / 타부(타부, 타부-) / 탕고踊 / 탕고·땐스 / 크리에이션(크리에이슌, 크리에슌) / 크리에이트 / 크리스마스·카-드 / 크리스마스·캐롤 / 삐트로-달, 비트로들, 삐트로-살, betrothal / 許婚 / 許嫁
생활	푸렌 / 검사 / 방송 / 調理 / 食事 / 冷水浴 / 冷水摩擦 / 埋葬隊 / 保管 / 收拾 / 招待 / 화투 / 방청 / 폐지 / 악습관 / 配達 / 撒布 / 業務 / 作業 / 체험 / 아랜지 / 航空 / 敷設 / 寫眞 / 뜨라이엑, 뜨라이얶, 쭈라이부, 트라이푸 / 오푸 / 케어 / 結石 / 救世 / 寄附 / 메모 / 매세지, 메쎄이지 / 발행 / 접수 / 배달 / 차입 / 신문 대금 / 구독 / 메모란듬 / 贈呈 / 志願 / 執務 / 吸煙 / 쿡킹 / 콕크, 코크 / 타이푸라이팅, 타이프라이팅 / 건축 / 긔공식 / 리콘스트락숀 / 地均(ス<)
경제	경영 / 경징 / 교환, 交換 / 딕리 / 리프로덕트, 리프러덕트, reproduct / 크레딜·트레이드 / 콘트랙트 / 발표 / 배당 / 製造 / 쑤입 / 수업 / 비급 / 配當 / 決算報告 / 보험 / 보증 보험 / 변상 / 支辨 / 지발 / 支佛支撥請求 / 沒收 / 賠償 / 분비 / 싸-엑, 싸-부 / 싸ㅡ비스, 서비스 / 조직 / 仲買 / 지출 / 출장 / 퇴사 / 海上運送契約 / 제조 / 中買
기술/과학/교육	테크닉(텍닉크, technic, 텍닉, 테크니크, 테크닉크) / 檢細顯微 / 작용 / 발명 / 강습 / 개척 / 앰산스 / 안다라인 / 리숄 / 리서치 / 리소루 / 뤼폴트 / 리콤멘세-쉰 / 레커멘데이션 / 卒業 / 졸업시험 / 조사 / 연구 / 결석 / 통학 / 편입 / 발명 / invention / 口演術(스피-취, 스피-츠, 스피취, 스피츠) / 오-토 / 오-토마론 / 오-토매틱
법/정치	죠인 / 調印 / 占領 / 割讓行爲 / 海賊行爲 / 양행 / 平和談判 / 犯罪人拿交 / 拿捕 / 居中調整 / 防衛保護 / 仲裁 / 메모랜듬 / 아비트레이슌 / 안탕테 / 안탕트 / 아그리-멘트 / 가결 / 동의 / 정회 / 연설 / 人民投票 / 정당방위 / 도로방비 / 청원 / 直路侵入 / 린치 / 푸로파간다 / 주의 / 資本主義의 푸로파간다 / 共産主義의 푸로파간다 / 自己宣言 / 自己命令 / 黙示 / 證據方法 / 自己權利 / 단톄력 / 단합력 / 대리인 /

유형	관련 신어
	법규명령 / 법률보호 / 법률위임 / 法律制定 / 否決 / 正當防衛 / 代理委任 / 提請 / 制裁 / 職務執行 / 賠償 / 移讓 / 答辯狀 / 代理人 / 辯護 / 辯護權 / 辯護陳述 / 證人訊問 / 공갈 / 배상 / 복역 / 有效行爲 / 不法行爲 / 司法行爲 仲裁 / 自助 / 解仕 / 自主 / 犯罪人拿交 / 法律保護 / 法律執行 / 保證 / 附條件承認 / 不法干涉 / 不法暴行 / 不法行爲 / 에지테이션(애디테-숀) / 데몬스트레이션(데몬스터라치온, 떼몬, 떼몬운동, 떼모, 떼모운동) / 피켙팅 / 改革 / 職工同盟 / 怠業

(5) 형상·성질

형상이나 성질을 표현하는 근대 신어는 크게 모양, 색깔, 성질, 상태 등 네 가지로 분류해 볼 수 있다. 첫째, 대상의 외형적 형상이나 모양을 표현하는 어휘는 '그랜드', '그릴', '나선형', '다티드라인', '라운드', '마블에지드', '쇼트', '스타일', '스퀘어', '실루엣', '아크', '원구형', '커브', '타원체', '타이타닉', '톱', '포물선', '포즈', '패턴', '프레임', '피겨' 등이 있다. 대체로 사물의 크기와 형태를 표현하는 어휘들이며 수학 용어도 다수 있다. 영어 등 외국어의 소리를 그대로 우리말로 옮겨 표기한 것도 있지만, '나선형', '원구형', '포물선' 등과 같이 한자어에 '형(形)'이나 '선(線)'을 붙여 형상을 표현한 어휘도 있다.

둘째, 색깔을 나타내는 어휘는 '국방색', '그레이', '그린', '그린블루', '네이비블루', '딥옐로우', '아이보리', '아이보리블랙', '피부색', '핑크핑크', '핑크매더' 등이 있다. '빨강', '파랑', '노랑' 등 기본색 외에도 '딥옐로우', '네이비블루', '아이보리블랙' 등과 같이 혼합색을 표현하는 신어도 많다. 발음이나 조어상 특징을 보면, 외국어 발음을 그대로 우리말로 표기한 것이 많지만 기존 한자어에 '색(色)'을 붙이기도 했다. 전체 신어에서 색깔 관련 신어가 차지하는 비중은 크지 않지만, 새로운 색감을 표현하는 어휘는 새로운 감각을 형성하는 데 큰 역할을 했을 것이다.

셋째, 대상의 성질이나 특성을 나타내는 어휘는 '가정적', '개성', '개인적', '건망성', '결벽성', '고유성', '고전적', '관료적', '관습성', '구심력',

'국민성', '나이브', '낙천적', '낭만적', '니힐리스틱', '대륙적', '샤프', '성질', '셀피시', '소극적' 등이 있다. 개인의 성질이나 성격을 나타내는 것뿐만 아니라 국가와 사회의 성향을 표현하는 어휘도 있다. 조어상 특징에서 두드러진 점은 외국어를 소리나는 대로 표기한 것 못지않게 우리말 명사에 '-성(性)', '-적(的)', '-력(力)'을 붙여 성질이나 경향을 표현한 어휘가 많다는 점이다.

넷째, 상태에 관련된 어휘는 '루인', '펑크', '픽스트', '하모니', '하이클래스', '하이템포', '현상' 등이 있다. 여기에 속한 어휘는 영어가 가장 많지만 일본식 한자어도 많이 눈에 띈다.

어휘설명 가운데 특기할 만한 사항은 다음과 같다. 첫째, 의미를 축소하여 설명한 경우가 있다. '팡크(펑크)'를 "自働車, 自轉車 等의 타이야에 孔이 生하야 空氣가 漏出됨을 云함"[35]이라고 한 것이 그 예다. 현재 국립국어원의 『표준국어대사전』에 따르면, '펑크'는 "고무 튜브 따위에 구멍이 나서 터지는 일. 또는 그 구멍", "의복이나 양말 따위가 해져서 구멍이 뚫리는 일. 또는 그 구멍", "일이 중도에 틀어지거나 잘못되는 일", "낙제에 해당하는 학점을 받음을 이르는 말"이라는 의미로 쓰인다. 일제강점기에도 '펑크'는 자동차 바퀴의 바람이 빠지는 것뿐만 아니라 옷에 구멍이 나거나 일이 잘못되는 일 등의 의미로 폭넓게 사용되었지만, 위의 문장에서는 축소된 의미로 설명하고 있다.

둘째, 용어 해설자에 따라 해석이 다양한 어휘가 있다. 그 대표적인 예는 '모던'이다.

1) "近世, 現代, 當世"(『新人間』 38, 1929.8. 32면)
2) "一般的으로는 現代的이라고 하는 뜻인데 輕兆浮薄의 뜻으로 씨이는 말이다."(『實生活』 3-1, 1932.1. 52면)
3) "영어사전에는 『근대(近代)의』, 혹은 『근대풍』이라고 해석하여 노앗다

---

35) 『天道敎會月報』 207, 1928. 3. 25면.

… 극히 최근에 와서 소위 시대의 첨단(尖端)을 것고 잇는 사람들의 입에서 입으로 류행하기 시작한 이후로 본래의 의미보다는 짠 의미를 가지게 된 것이다… 근대의 예각적 첨단(銳角的尖端) 의미를 다분히 가지고 잇다."(『조선일보』 1931.1.2. 10면)
4) "1. 近代的, 現代的. 2. 모양내는 하이칼나. 모더-ㄴ샌이, 하이칼나靑年. 모더-ㄴ껄-, 하이칼나處女. 모던-이즘, 現在主義, 하이칼나主義"(『新語辭典』, 1934, 36면)

위의 인용문에서는 대체로 '모던'을 '근대', '현대', '첨단' 등의 의미로 쓰고 있지만, 일부 자료에서는 모던의 사회적 의미를 강조하고 있다. 2)에서는 "경조부박(輕兆浮薄)"하다는 사회적 의미에 주목했고, 4)에서는 "모양내는 하이칼라"라는 의미를 추가했다. 이처럼 모던은 다양한 맥락에서 사용된 최대의 유행어였던 만큼, 사전적인 의미 외에 사회적으로 통용되는 여러 의미를 포함하고 있다.

셋째, 젠더 차별적인 어휘 해설이 있다. '스포티(sporty)'란 의미의 '스폴트'가 그 예로, "「사내답다」「正當하다」「禮儀를 안다」等 意味로 씨운다."[36]고 설명하고 있다. '스포티'는 '정정당당한, 활동적인'이라는 의미의 용어로 젠더 중립적인 단어이다. 하지만 위 설명문에서는 '사내답다'라는 의미를 추가했다. 이것은 '스포-츠맨라잌(스포츠맨라이크)'의 어휘설명인 "스포츠맨다운, 참된 運動家의 精神을 가진, 正正堂堂한"[37]보다 더 남성성을 강조한 해석이다.

형상·성질과 관련된 근대 신어를 전근대 어휘와 비교해 보면 두 가지 특이점을 발견할 수 있다. 하나는 같은 표기의 어휘가 나중에 의미가 변한 경우이고, 다른 하나는 유사한 의미의 어휘가 나중에 표기가 변한 경우이다. 전자의 예로 '獨立(독립)'을 들 수 있다. 『朝鮮王朝實錄』의 기사에 "太上王聯句云, 明月滿簾吾獨立(태상왕이 '밝은 달은 발에 가득한데 나 홀로 서 있네.'라고 연구(聯句)

---

36) 『新東亞』 1932. 1. 72면.
37) 『(鮮和兩引)모던朝鮮外來語辭典』, 1936, 295면.

를 지었다)"38)이라는 문장이 있다. 여기에서 '독립'은 문자 그대로 '홀로 서 있다'는 의미이다. 그러나 근대 이후에는 '다른 것에 예속하거나 의존하지 않는 상태로 됨'이라는 뜻으로 그 의미가 확장되었다. 또 후자의 예로는 '好奇心(호기심)'이 있다. 전근대의 '好奇(호기)'는 후대에 '好奇心(호기심)'으로 그 표기 방식이 바뀌어 사용되었다. '好奇心'이 일본의 근대 신어로 등재된 것으로 보아,39) 이는 일본의 영향을 받은 것으로 보인다.

한·중·일 삼국의 근대 신어를 비교해 보면, 표기와 의미가 동일한 어휘가 적지 않음을 발견할 수 있다. '健全', '國民性', '構造', '權威', '代表', '獨立', '獨創', '能力', '消極的', '通有性', '犧牲' 등은 세 나라에서 모두 같은 의미로 사용되었다. ■ 김은경

〈표 11〉 형상·성질 관련 신어

유형	관련 신어
모양	곡선(曲線) / 그랜드(구랜드, 끄랜드, 끄랜) / 그릴(끄릴) / 나선형(螺旋形) / 다티드라인 (똘테드·라인) / 라운드(라운드, 란, 으라운드) / 마블에지드(마-불·엔지, 마-불·엘지드) / 모드(모-드) / 쇼트(쇼트-, 숄트) / 스타일(스타일) / 스퀘어(스퀘어) / 실루엣(슈르엩트, 씰루엘, 씰루엩트) / 아크(앜) / 원구형(圓球形) / 커브(가-부, 카-부, 카브, 카푸, 카얙, 커부, 커-부, 커-액, カーヴ) / 타원체(楕圓體) / 타이타닉(타이태닉) / 타입(타이프, 타잎) / 템프러먼트(템페라멍트, 템페라멘트) / 톱(탑, 톺, 톱프, 톱, 톱푸) / 포물선 (抛物線) / 포즈(포-스, 포오즈, 포즈, 포-즈, ポーズ) / 패턴(파텐) / 프레임(뿌렘) / 피겨 (몌귀, 피겨-, 피규어, 휘규어, 몌규어) / 화형(花形)
색깔	국방색(國防色) / 그레이(그레이) / 그린(끄린-) / 그린블루(끄린·뿔류-) / 네이비블루 (네-예-·뿔류-) / 딥옐로우(딮·예로-) / 아이보리(아이보리) / 아이보리블랙(아이보리·뿔랙) / 아이보리페이퍼(아이보리紙, 아이보리·페이퍼) / 피부색(살빗) / 핑크(핑크) / 핑크매더(핑크·매더), 한색(寒色)
성질	가정적(가정적) / 강정(強情) / 개성(個性) / 개인적(개인덕) / 건망성(健忘性) / 건방짐(生意氣(ダ)) / 결벽성(결벽성) / 경인벽(驚人癖) /경쟁적(경쟁적) / 고유성(固有性) / 고전적 (古典的) / 관료적(官僚的) / 관습성(관습셩) / 구심력(求心力) / 국민성(國民性) / 나이브 (나이바, 나이부, 나이-브, 나이-액) / 낙천적(樂天的) / 낭만적(浪漫的) / 내셔널리스틱 (내쇼날리스틱) / 니힐리스틱(니히리스틱, 니힐니크) / 다혈질(多血質) / 대륙적(大陸的) / 댄디(땐듸) / 데모크라틱(데모크라틱, 떼모크라틱) / 딜리전트(딜젠트, 띨리젠트) / 래디

38) 『定宗實錄』 2년 8월 21일.
39) 小林花眠, 『新しき用語の泉』, 帝國實業學會, 1922, 415면.

유형	관련 신어
	컬(라지칼, 라치칼) / 러프(라쁘, 러쁘, 럲) / 마조히스트(마조키스트, 마소히스트) / 맨리(맨리) / 머캐니컬(메카니칼) / 모던(모단, 모당, 모·마, 모던, 모-던, 모던-, モダン) / 샤프(샤-푸, 샤-프, 쇼-프) / 성질(성질) / 셀피시(쎌피쉬) / 소극적(消極的) / 스무드(스무-쓰) / 스포츠맨라이크(스포-츠맨라잌) / 스포티(스폴트) / 아이들(아이들) / 탄성(彈性) / 통유성(通有性) / 특수성(特殊性, 특수성) / 퍼스낼리티(파-소나리티, 퍼스낼리티) / 필연성(必然性) / 해양성(海洋性)
상태	고조(高潮) / 기현상(奇現象) / 루인(루인) / 퇴화(退化) / 펑크(빵꾸, 빵쿠, 빵크, 팡쿠, 팡크, パンク) / 픽스트(엑스트, 엑쓰) / 하드(하-드) / 하모니(하모니, 하-모니, 할모니) / 하이라이트(하이·라일, 하이·라잍트) / 하이어(하이어) / 하이클래스(하이·클라스) / 하이템포(하이·템포) / 현상(現象) / 호조(好調)

3. 질병·의료

신체와 관련된 지식은 근대 분과학문의 중요한 일부를 이룬다. 개인의 삶에서도 생명의 유지와 질병의 치료는 중요한 관심사이지만 국가적으로도 인구는 생산력과 국방력 등 국력을 가늠하는 요소이다. 따라서 서양의 여러 문물 중에서도 신체와 관련된 지식과 과학은 관심의 초점이 될 수밖에 없었다. 이에 따라 신체의 각 부위나 의료에 관한 어휘, 새로운 약과 위생에 관련된 용어 역시 매우 빨리 유입, 생성되었다.

다른 신어와 같이 질병과 의료에 관한 어휘가 급속히 증가한 것은 19세기 말에서 20세기 중반이다. 서양 선교사와 의사들의 활동이 신어 생성의 발원지였고, 전문서적의 유입과 번역, 유학생의 증가 등이 신어 확산의 요인이 되었다. 질병이나 의료와 관련된 신어의 조어 방법도 다른 분야와 크게 다르지 않았다. 유럽의 어휘를 이미 쓰이고 있던 용어로 표기하거나, 새로 한자어로 번역하거나, 소리를 그대로 표기하는 등 다양한 방법으로 신어가 생성되었다. 다만 이 분야 신어의 특징이라면 일상어와 전문어의 괴리가 상대적으로 크다는 것이다. '근육', '신경', '혈관' 등 신체의 명칭에 속하는 어휘들과 '세면', '소독', '기생충' 등 위생 관련 어휘는 상당수가 전근대 어휘들의 조합이나 변형을 통해 생성되었고, 동시에 외국어 독음을 그대로 사용하는 사례와 공존했다. 그러나 질병과 약품, 의료에 관련된 어휘는 이와 반대로 외국어를 독음대로 표기하는 사례가 상대적으로 더 빈번했다. 전근대부터 문제가 되었던 질병들조차 새로운 이름으로 불리는 경우가 대부분이었다. 질병과 의료 분야에 근대 과학의 관점과 방법이 깊이 개입해 전근대의 어휘로는 설명하기 어려운 전문적 어휘가 비등하고 의약품 등의 고유명사가 많아진 까닭으로 보인다.

'질병·의료' 분야의 어휘는 몸, 질병, 위생, 의료 등 크게 넷으로 나눌 수 있다. 보기에 따라 더 다양한 분류도 가능하지만 어휘의 성격을 가늠하는데 있어 이러한 분류가 가장 적당한 것으로 판단된다. 각 분야의 비중은 몸 24%, 질병 24%, 의료 43%, 위생 9%로 의료부분의 신어가 높은 비율을 차지하고 있다.

몸에 관한 어휘의 분포를 살펴보면 다섯 가지 정도로 분류된다. 첫째, '각막', '경동맥', '림프', '백', '소화기', '적혈구', '체온', '페이스', '헤어' 등 신체의 내외부 각 기관에 관한 어휘, 둘째, '거세', '난자', '생식기관', '생식세포', '생식작용', '나팔관', '아드레날린', '오르가즘', '칼로리', '페서리', '호르몬' 등 생식 및 물질대사와 관련된 어휘, 셋째, '마사지', '문신', '증기욕', '클렌저', '히사시가미' 등 미용 관련 어휘, 넷째, '도금안경', '둔케르청장관', '목발', '보청기', '체온계' 등 신체보조기구, 마지막으로 '마사지', '점자책', '체육회', '핸드스프링' 등 건강 및 장애 관련 어휘 등이다. 이 중 신체기관에 대한 어휘가 가장 많은데, 주로 서양 의학의 영향에 따른 현상이라 할 수 있다. 각막, 나팔관, 보청기, 증기욕 등 한자어와 림프, 마사지, 아드레날린, 헤어 등 외국어 간의 비중 차이가 비교적 적어, 전근대적 어휘의 변형과 외국어 독음의 경쟁이 가장 치열하게 일어났던 분야임을 알 수 있다.

질병에 관한 신어는 질환의 종류와 치료 분야에 따라 다섯 가지로 나뉜다. '감기', '디프테리아', '스페인인플루엔자', '폐렴' 등, '호흡기질환', '위

확장', '헤르니아' 등, '소화기질환', '강박관념', '고소공포증', '과대망상
증', '노소포비아', '님포매니아', '마조히스트', '신경쇠약', '알코올리즘',
'정신분열자', '히스테리' 등 '신경·정신질환', '급성전염병', '류머티즘',
'말라리아', '장티푸스', '콜레라', '페스트' 등 '감염·전염병', '가너리어',
'매독', '섹스하이진', '임포텐츠', '트리퍼' 등 '성병', '근시', '야맹', '트라
코마' 등 안과 질환 등이 있다. 이들은 각각 정해진 치료 분야에 귀속되는
어휘들이지만, 그러한 분류가 어려운 질병명, 질병 행정 등의 개념들도 적
지 않다. 이런 어휘들은 '난치병', '면역', '병리학', '병원', '암종', '유정병',
'유행병', '건강보험', '풍토병', '혈액병' 등 기타 질환으로 분류된다.

위생 관련 어휘는 그 범위가 넓은 만큼 다채로운 분류를 필요로 한다.
'위생', '검역', '소독', '청결법' 등 일반 위생 어휘, '섹스하이진', '콘돔',
'페서리' 등 성생활 관련 어휘, '기생충', '세균', '촌충', '회충', '마크닌' 등
균·기생충 관련 어휘, '콜로디온', '포르말린', '리졸', '크레졸', '방부제'
등 약품관련 어휘, '크림', '클렌저', '로션' 등 화장품 관련 어휘, '세면기',
'잇솔', '면도질', '바버숍', '샤워', '바스', '목욕탕', '샴푸', '타올' 등 세면·
목욕 관련 어휘, '드라이클리닝', '빨래집' 등 세탁 관련 어휘, 그리고 기타
로 '핑거볼', '소독기', '플로스', '린트' 등의 어휘가 있다.

마지막으로 의료 분야의 신어는 의료행위와 관련된 전문어의 비중이 높
고 이로 인해 외국어 수가 많은 편이다. '공립의원', '광인원', '부속병원',
'야전병원', '의약국', '의학협회', '양약국', '제약국' 등 의료기관 관련 어
휘와 '간호', '입원', '퇴원', '입원료', '수술', '부검', '주사', '최면술', '처방
전', '투약' 등 의료행위 관련 어휘는 대부분 한자어를 활용한 신조어가 다
수를 이룬다. 이에 비해 '비엠', '닥터', '양의', '한방의', '주치의', '덴티스
트', '내과', '너스', '수술실' 등 의료 행위자 및 소속 관련 어휘와 '이리게
이터', '크라'취 '클러치', '스테서스코프', '메스', '거즈', '청진기', '붕대',
'구명대' 등 기구 및 물품 관련 어휘, 그리고 '드럭', '타블렛', '캡슐', '파우
더', '연고', '해열제', '소독약', '해독제' 등 약품 관련 어휘는 한자어 계통

과 외국어 계통이 혼재해 있다. 또 '뢴트겐', '백신', '혈청요법', '라듐테라피', '멘탈 테스트', '깁스' 등 조사 및 처치 관련 어휘와 '아달린', '아스피린', '산토닌', '디기탈리스', '칼모틴', '클로로포름', '탤컴파우더', '요오드', '글리세린' 등 약 이름이나 성분명, 그리고 '카페인', '칼슘', '비타민', '락타아제' 등 영양소 및 효소 관련 어휘 등은 외국어 독음을 그대로 표기한 신어가 다수를 점하고 있다. 이 외로 '히포크라테스', '플레처리즘', '나이팅게일' 등이 있어 기타의 어휘로 분류되었다. 의료 분야의 신어는 전문용어가 많은 관계로 일본어를 그대로 노출시킨 어휘도 적지 않다. ■ 이경돈

(1) 몸

몸에 관한 어휘는 크게 신체 각 기관에 관한 어휘, 생식 및 물질대사 관련 어휘, 미용에 관련 어휘, 신체보조기구, 신체건강 및 장애와 관련된 어휘 등 총 다섯 가지 유형으로 나눠 볼 수 있다.

이 중 신체 각 기관에 관한 용어는 약 40%로 가장 많은 분량을 차지하고 있다. 신체 기관 관련 어휘에서 먼저 주목되는 것은 신체 외부기관에 대한 용어와 함께 내부기관을 지칭하는 다양한 어휘가 등장했다는 것이다. 이는 조선, 대한제국에 서양의학, 특히 해부학 등이 전래되면서 신체의 외부 기관뿐만 아니라 다양한 내부 기관에 대한 지식과 명칭이 수용되었기 때문이다. 해부학을 비롯한 서양의학은 일찍부터 네덜란드와 교류했던 일본을 통해 17세기부터 본격적으로 수용되기 시작했다. 일본은 동아시아 전통의학과는 다른 서양의학의 여러 가지 개념 및 용어를 번역했다.

19세기에 들어서면서 일본은 물론 중국과 한국에도 서양 선교사들이 선교를 목적으로 의료사업을 전개하면서 서양의학이 전래, 수용되기 시작했다. 서양의학 및 과학이 전해지면서 그 개념 및 용어를 나타낼 수 있는 신

어를 필요로 했으며, 이미 일본이나 중국에서 한자어로 신조된 어휘들이 한국으로 수용되어 사용되었다. '근육', '기관', '신경', '염산즙', '우방실', '좌방실', '해부', '혈관', '혈청' 등이 그러한 예이다. 이들 신어 중에는 전근대 중국에서 만들어져 사용되었다가 한동안 잊혀졌으나 근대 일본에서 다시 사용되면서 중국과 한국에 다시 전래된 경우도 있다. '해부'가 바로 그러한 예로, 이 용어는 중국 당(唐)대 의학서 『영추경(靈樞經)』에서 처음 사용되었고, 1869년에 지강(志剛)이 『초사태서기(初使泰西記)』에서 '대해부'를 사용했다. 이 용어는 20세기 초 일본에서 '해부학'이라는 어휘가 등장하면서 다시 쓰이기 시작했고, 중국에 다시 소개되어 사용되었으며 한국으로도 수용되었다

또 외국어 자체를 번역하지 않고 발음 그대로 한글로 표기해 사용한 경우도 보이는데, 많은 경우 그에 해당하는 한국어가 존재했음에도 외래어 그대로 표기한 경우를 볼 수 있다. 예를 들어 '브레스트', '스킨', '웨이스트', '풋', '핑거', '헤어' 등은 그에 상응하는 한국어가 존재했음에도 불구하고 영어 발음 그대로 한글로 표기한 경우이다.

이처럼 신체 기관에 관한 어휘에서 특징적인 것은 각 기관의 외국어(대부분 영어) 단어를 발음 그대로 한글로 표기한 경우가 많다는 것이며, 한글 외래어 표기법이 통일되지 않아 하나의 명칭이 다양하게 표기되었다는 점이다. 예를 들어 '등'을 뜻하는 영어 단어 '백(back)'의 경우 영어발음 그대로 표기하였으나 그 표기법이 통일되지 않아 '바크', '빽크', '빽그', '빽구', '빽' 등으로 다양하게 쓰였다. 그 밖에 '어깨'를 뜻하는 영어 단어 '숄더(shoulder)'를 '쇼로다-', '숄-더'로, '얼굴'을 뜻하는 '페이스(face)'의 경우 '예-쓰', '예이스' 등으로, '몸'을 뜻하는 '보디'를 '보데', '뽀듸', '뽀디' 등으로, '심장'을 뜻하는 '하트'를 '하아트', '핱', '하-트', 'ハート' 등으로 표기한 경우를 찾아볼 수 있다.

생식 및 물질대사 분야 역시 신체기관과 마찬가지로 서구 의학의 전래, 수용과 함께 많은 신어가 등장하고 사용되었다. '난자', '내분비', '면역',

'생어리즘', '나팔관', '스페르마틴', '아드레날린', '에너제틱', '애덜레슨스', '오르가즘', '정액', '내분비', '칼로리', '폐활량', '페서리', '펩톤', '팻', '호르몬', '혈액순환' 등이 그것인데 이 신어들도 신체기관 어휘와 마찬가지로 일본이나 중국에서 신조된 한자어와 외래어(주로 영어) 어휘를 발음 그대로 한글로 표기한 경우가 많았다. 또 외래어 표기법이 통일되지 않아 '아드레날린'을 '아드리나린', '아도레나린', '아도레나링' 등으로, '호르몬'을 호루몬, 호루몽, 호로몬, 홀몬 등으로 다양하게 표기하는 경우가 역시 많았다.

몸 관련 어휘 중에는 미용과 관련된 신어도 등장했다. '더치커트', '마사지', '목욕탕', '문신', '뷰티컨테스트', '미용실', '컬', '콜드크림', '클렌져', '클리닝크림', '타월', '터키쉬배스', '하이지닉크림', '호리즌탈', '히사시가미' 등과 같이 머리미용, 화장품을 포함하여 각종 미용관련 어휘가 새롭게 등장하여 사용되었다. 이 분야 신어의 특징 역시 외래어 발음 그대로 한글로 표기되었다는 점을 들 수 있다. 또 '미용실', '더치커트', '호리즌탈', '히사시가미' 등과 같이 머리 손질에 관한 용어, '콜드크림', '클렌저', '클리닝크림' 등 화장품 용어를 통해 당시 사람들의 미에 관한 관심이나 유행을 엿볼 수 있다.

신체보조기구나 건강 및 장애와 관련한 신어로 '도금안경', '돋보기', '듄케르청장관', '모노클', '목발', '청미기', '체온계' 등과 '라이프', '마사지', '맹농교육', '맹아', '맹아학교', '맹인원', '맹학교', '점자책', '체육', '체육회', '추계운동회' 등이 등장했다.

몸 관련 어휘 가운데에는 현재에는 통용되지 않는 용어도 보인다. 예를 들어 '보청기'를 뜻하는 '청미기'는 현재 사용되지 않는 사어(死語)이며, '히사시가미'와 같은 용어 역시 식민지 시기 유행하던 헤어스타일을 지칭하는 신어였으나 현재에는 사용되지 않고 있다.

1895년부터 1940년대까지 몸 관련 어휘의 출전은 『관보』(대한제국), 『독립신문』, 『매일신문』, 『황성신문』, 『대한매일신보』, 『경향보감』, 『소년』, 『朝光』, 『新滿蒙』, 『新民』, 『新東亞』, 『그리스도신문』, 『동아일보』, 『朝鮮日報』,

『別乾坤』, 『四海公論』, 『每日申報/每日新報』, 『개벽』, 『청춘』, 『총동원』 등과 같은 신문 및 잡지이다. 또한 『國民小學讀本』(1895), 『初等小學』(1908), 『普通學校 學徒用 國語讀本』(1907), 『新纂初等小學』, 『經濟學』, 『國家學』, 『萬國事物紀原歷史』(1909), 『無情』, 『法學通論』(1905), 『西遊見聞』(1895), 『小說家仇甫氏의一日』(1938), 『十九世紀歐洲文明進化論』, 『自助論』(1918), 『政治原論』(1906), 『最新經濟學』(1908), 『現代新語釋義』, 『(鮮和兩引)모던朝鮮外來語辭典』(한성도서주식회사, 1936), 『新語辭典』(민조사, 1946) 등 사진류, 교과서, 소설에서도 몸과 관련된 신어가 등장했다. ■ 이규수

〈표 12〉 몸 관련 신어

유형	관련 신어
신체기관	가운데손가락(장가락) / 각막 / 견치, 송곳니 / 경부혈관, 경동맥 / 고막 / 골막 / 그로기(구로기, 구로키, 그로키) / 근육 / 기관 / 기식 / 네크라인(넥크·라인) / 뇌력 / 뇌수 / 뇌신경 / 다이어프램(따이야프람) / 대장 / 대퇴골 / 데스마스크 (데쓰·마스크, 데스·마스크, 떼드·마스크) / 동맥 / 동맥관(동믹관) / 두개골 / 두뇌 / 라셀 / 라이프사이즈 / 런지(룽게) / 레벤 / 림프(임파, 림파, 淋巴) / 립(리부) / 마네킹 / 마이트 / 망막 / 미라(미이라, 멈미, 미일라) / 머미화, 미라화(멈미化) / 모세관 / 방광 / 백(바크, 빽크, 빡그, 빡구, 빽) / 백킹(빽킹) / 보디 (보데, 뽀딕, 뽀디) / 보혈 / 볼브 / 브레스트(뿌레스트) / 블론드(불런드) / 비만 / 비처녀성 / 사리 / 사상자 / 상박골생체 / 양생 / 성대 / 성인 / 소화 / 소화기 / 소화기능 / 소화성 / 숄더(쇼로다-, 숄-더) / 순환기 / 스위트브레드(시부레) / 스크러프 / 스킨 / 스토먹(스토머크) / 스트레스 / 시신경 / 신경 / 신경계 / 신경계통 / 신경맥 / 신경세포 / 신경조직 / 신장 / 신체권 / 신체적 / 신체적교육 / 심파티코토니 / 심호흡 / 쌍둥이, 쌍생아 / 아드레날린 / 아멘도아 / 아킬레스(아키레쓰, 아킬레쓰) / 안구염골 / 염산즙 / 염색체 / 오르간(올간, 올강) / 우방실 / 우성 / 웨이스트(웨-스트) / 웨이스트라인 / 웰터웨이트(웰터級) / 인디비쥬얼(인데비듀알) / 자궁(子處) / 자연사 / 자자 / 적혈구 / 정맥(정믝) / 정맥관(정믝관) / 정신경험적 / 정신계 / 정신과학 / 정신론 / 제스처 / 족장골 / 좌방실 / 죽음 / 지방질 / 지방층 / 척추(줄씌) / 청년기 / 체온 / 체질 / 최면술 / 크루프 / 클렌치(크링키) / 타이틀피팅 / 텅(템, 탕) / 페이스(예-쓰, 예이스) / 풋(뿔, 쮤) / 프로필(푸로피-르, 푸로필) / 피부 / 피부색 / 피지클(예지칼) / 핑거(옝거) / 하트(하아트, 핱, 하-트, ハート) / 해골(코큐) / 해부(히부) / 해부법 / 해부학 / 핸드(핸) / 헤드(헫드) / 헤모글로빈(헤모그로빈) / 헤어(헤야, 헤아) / 혈관 / 혈액형(血型) / 혈청
	거세 / 난자 / 내분비 / 면역 / 생식 / 생식관리 / 생식기 / 생식기관 / 생식기능

유형	관련 신어
생식 및 물질대사	/ 생식력 / 생식법 / 생식본능 / 생식세포 / 생식작용 / 생식활동 / 생어리즘(쌩거리즘) / 섭양(攝養) / 수란관, 나팔관 / 수정 / 생산 / 생육법 / 생장기 / 생장력 / 스페르마틴(스페루마친, 스페르마친, 스페루마틴, 스페르마틴) / 아드레날린(아드리나린, 아도레나린, 아도레나링) / 에너제틱(에너지틱) / 애덜레슨스(애돌레센스) / 오르가즘(올가즘) / 정액 / 정자 / 출산 / 할례 / 내분비 / 대소변 / 칼로리 / 폐활량 / 페서리(벳사리, 페싸리) / 펩톤(페푸톤) / 팻(펱, 패트, 헬트) / 풀스(푸르쓰) / 호르몬(호루몬, 호루몽, 호로몬, 홀몬) / 혈관수축 / 혈관확장 / 혈액순환 / 호흡
미용	더치커트(떠취·컽터) / 마사지(マッサージ) / 목욕탕(목욕집) / 문신 / 뷰티컨테스트(쎄유틔·컨테스트) / 뷰티, 팔러, 미용실(쎄유틔-·파러-) / 증기욕 / 짧은머리 / 컬 / 콜드크림(콜트·크림) / 크림(크리임, 크리무) / 크링클 / 클렌져(클렌서-) / 클리닝크림 / 타월(타오루) / 타이탄 / 탠(단) / 터키쉬배스(터-키쉬·빼쓰) / 하이지닉크림(하이제닉·크림, 하이제닉크·크림) / 루텐자크(루-테·사크, 루테·사크) / 생어시스템(쌩거-·씨스템) / 핸섬(핸삼) / 호리잔틀(호리즌탈) / 히사시가미
신체보조기구	도금안경 / 돋보기(돗보기, 돋뵉기, 中凸玻璃鏡) / 듄케르청장관 / 모노클 / 목발 / 무색안경(무쇡안경) / 청미기, 보청기(聽微器) / 체온계(검온긔, 檢溫器) / 호흡기
신체건강 및 장애 관련	건강 / 라이프(라이푸, 라잎, 라이쯔) / 마사지(멧사지, 맛사지, 맷사지, 맷사-지) / 맹농교육 / 맹아 / 맹아학교 / 맹인원, 맹학교 / 맹인학교 / 불구자 / 음아자, 농아자 / 점자책 / 체육(톄육) / 체육회 / 체격 / 체력 / 체력상 / 체력적 / 추계운동회 / 핸드스프링

(2) 질병

19세기 말부터 20세기 중반까지 질병과 관련된 여러 신어가 등장했다. 19세기 말 조선으로 많은 서양선교사들이 건너오기 시작했고, 이들은 기독교선교의 일환으로 의료사업을 펼치기 시작했다. 선교사들은 의료기관을 설립하고 서양의학으로 조선인들을 치료했다. 이를 계기로 조선에 근대적 의학이 수용되어 서양선교사들의 의료 활동과 의료기관 외에도 조선정부에 의해 제중원(광혜원), 광제원과 같은 근대적 병원이 설립되는 한편 서양의학교육을 실시하기 위한 의학교 역시 세워졌다.

이처럼 서양의학이 수용되면서 전통의학과는 다른 새로운 의학용어, 질병 관련 용어들도 사용되기 시작했다. 질병 관련 신어들은 서양에서 사용된 의학용어들을 일본이나 중국에서 한자어로 번역, 신조한 경우도 있었지만 서양의 용어 그대로, 즉 외래어를 한글로 표기한 경우가 더 많은 비중을 차지했다.

질병과 관련된 신어가 본격적으로 등장하는 것은 1910년 이후 일제식민지시기부터였다. 식민지기에 들어서면서 본격적으로 서양근대의학에 기반한 의료시설이 설립되고 의료활동이 전개되면서 질병에 관한 새로운 용어들 역시 일반적, 보편적으로 사용되었기 때문으로 보인다.

질병 관련 신어는 크게 호흡기질환, 소화기질환, 신경·정신질환, 감염·전염병, 성병, 안과질환, 기타 질병 관련 용어 등으로 나누어 볼 수 있다.

이들 신어 가운데 많은 비중을 차지한 것은 신경·정신질환과 관련된 용어이다. 그중에는 앞서 언급한 것처럼 '강박관념', '과대광', '신경과민', '신경병', '신경쇠약' 등과 같이 한자어로 신조된 경우도 보이며 '노소포비아', '님포매니아', '딥서메이니어', '아토니', '알코올리즘', '카리에스', '테런티즘', '히스테리' 등 외래어를 발음 그대로 한글로 표기한 경우도 찾아볼 수 있다. 후자의 경우 중에는 '러브시크니스'나 '홈시크'와 같이 현재에는 완전히 영어로 표기하거나 또는 '상사병', '향수병' 등 한자어 표기가 일반적인 것이 된 것도 보인다.

다음으로는 감염·전염병과 관련된 신어들이 대거 등장했다. 예를 들어 '뎅기열', '레프러', '말라리아', '바일병', '발진티푸스', '장티푸스', '천연두', '콜레라' 등으로, 역시 외래어를 한글로 표기한 경우를 많이 볼 수 있고, 한자 차음어나 일본어로 표기한 예도 나타났다. 전염병과 관련된 신어는 1876년 개항 이후 1880년대부터 이미 등장하기 시작했다. 천연두, 콜레라와 같은 전염병은 근대 이전부터 존재했으며 그것이 발병할 경우 인적, 물적 손실이 막대했기 때문에 국가적 차원에서도 관심의 대상이었다. 그러나 전염병에 대한 방역보다는 사후 수습을 위한 노력에 더 기울어져 있었다. 개항 이후 서양근대의학이 전래되면서 전염병과 그에 대한 예방책으로서 공중위생에 대한 관심이 증가했다. 따라서 전염병, 감염, 위생과 관련된 기사들이 『한성순보』, 『한성주보』, 『독립신문』, 『대한매일신보』 등 신문들과 교과서에 실리기 시작하면서 여타 질병들보다 전염병 관련 신어들이 먼저 등장했던 것으로 보인다.

또 호흡기질환과 관련된 신어도 적지 않았다. '디프테리아', '스페인독감', '유행감기', '인플루엔자', '크루프' 등이 관련 어휘들이다. 이 외에 '가너리어', '고노코겐', '섹스하이진', '스피로헤타', '시필리스', '임포텐츠', '트리퍼' 등 성병 관련 신어, '근시', '야맹', '트라코마' 등 안과질환과 관련된 신어, 그리고 질병명이 아닌 질병 일반과 관련된 신어들도 등장했다.

질병 관련 어휘에서 특징적인 것은 앞서 살펴본 것처럼 한글 외래어 표기법이 통일되지 않아 하나의 명칭이 다양하게 표기되었다는 점이다. 예를 들어 인플루엔자의 경우 '인풀렌사', '잉후렌사', '잉후루엔사', '인풀엔자', '인풀엔사', '인풀류엔자', '인풀류엔사', '인풀루앤자', '인풀루엔자', '인풀루엔사' 등으로 다양하게 표기되었다. 또 '류머티즘'의 경우에도 '로이마', '로이마지스', '루이마치스', '僂痲値斯', '瘻痲質斯', '僂痲値斯', '瘻痲質斯', '루마지쓰', '루마질쓰', '류미티즘', '류이마틔스', '류마질스', '류마지스', '류마치스', '류마티스', '류마치슴', '류마티슴', '루마티스', '루마티즘', '루마니스', '루마니슴', '루마니즘', '루마치슴' 등, 여러 형태로 표기되었다. 이 경우는 하나의 용어를 다양한 한글 외래어 표기와 함께 한자 차음어로도 표기하기도 했다는 것을 보여준다. 디프테리아의 경우에도 '지후테리', '듸푸테리', '듸프테리', '디부대리아', '디프테리아', '딮테리아', '지후데리아', '짚테리아', '치프데리아', '티프테리', '지부데리', '지프테리', '지푸테리', '지푸데리', '지푸테리아', '지푸데리아', '디푸데리' 등 20여 개의 다양한 표기를 보여주고 있다. 이처럼 하나의 용어를 사용자마다 각기 다르게 표기하는 사례는 이 경우 외에도 많이 나타났다. 또 일본어를 사용해 질병 명칭을 표기한 경우도 나타난다. 예를 들어 히스테리를 'ヒステリ'로 뎅기열을 'デング熱'로 표기한 것을 볼 수 있다.

1895년부터 1940년대까지 질병 관련 어휘의 주요 출전은『관보』,『한성순보』,『한성주보』,『독립신문』,『대한매일신보』,『소년』,『朝光』,『新滿蒙』,『新東亞』,『신여성』,『신세기』,『신시대』,『신인간』,『학생』,『동아일보』,『朝鮮日報』,『別乾坤』,『개벽』,『청춘』,『총동원』,『學燈』,『천주교회월보』등과 같은 다양한 신문 및 잡지이다. 또한『國民小學讀本』(1895),『普通學校 學徒用 國語讀本』(1907),『經濟學』,『無情』,『法學通論』(1905),『西遊見聞』(1895),『小說家仇甫氏의一日』(1938),『自助論』(1918),『最新經濟學』(1908),『現代新語釋義』,『(鮮和兩引)모던朝鮮外來語辭典』(1936),『新語辭典』(1946) 등 사전류, 교과서, 소설에서도 질병과 관련된 신어가 등장했다. ■ 이규수

〈표 13〉 질병 관련 신어

유형	관련 신어
호흡기질환	감기 / 뉴모니아(뉴-모니아) / 디프테리아(지후테리, 듸푸테리, 듸프테리, 디부대리아, 디프테리아, 딮테리아, 지후데리아, 짚테리아, 치프데리아, 티프테리, 지부데리, 지프테리, 지푸테리, 지푸데리, 지푸테리아, 지푸데리아, 디푸데리) / 라셀 / 스페인독감 / 스페인인플루엔자, 스페인감긔(스페인感氣, 서반아감긔) / 스페니시카타르 / 심장병 / 아데노이드 / 야트렌(야도렌) / 유행감긔(유행감모) / 인플루엔자(인플렌사, 잉후렌사, 잉후루엔사, 인풀엔자, 인풀엔사, 인풀류엔자, 인풀류엔사, 인풀루엔자, 인풀루엔사, 인풀루엔사) / 체인스토크스호흡 / 크루프(루-푸병, 구루푸, 고롭푸, 고롭푸, 크루-푸) / 폐렴 / 튜버큘로시스(츠벨크로세)
소화기질환	위확장 / 헤르니아(헤루니아)
신경·정신질환	강박관념 / 건망성 / 고공심리 / 고소공포증 / 고민증 / 공수병 / 공중병 / 과대광 / 과대망상광 / 과대망상증 / 기주증 / 남자음란증 / 노소포비아(노소포-비아) / 노스탤지어(노스탈쟈, 노스탈차) / 뇌병 / 뇌충혈 / 뇌충병 / 님포매니아(님퍼메-니어) / 다변증 / 도회병(都會病) / 딥서메이니어(딮소메니아, 짚소마니아, 띞소마니아) / 러브시크니스(러쁘·씩) / 마니아 / 마조히스트(마소히스트, 마조키스트) / 마조히즘(마소히즘, 마조키즘) / 메갈로마니아(메가로마니아, 메가로메니아) / 모노마니아 / 모론 / 바세도우씨병(파세도우氏病), 바세도-氏病 / 변태성욕 / 변태심리 / 병적기행증 / 병적불덕증 / 병적양비증 / 병적허언기편증 / 불면증 / 사교병 / 사디스트 / 사디즘 / 몽유병(솜남뷸리스트, 솜남뷸리즘) / 신경과민 / 신경병 / 신경쇠약 / 신경쇠약증 / 심신상실 / 아토니 / 아편쟁이 / 아편중독 / 알코올리즘(알콜리즘) / 언어도착증 / 여자음란증 / 염세(미샌트로피, 미샌드로피) / 의상분일증 / 인솜니아 / 일루전(일

유형	관련 신어
	류-존, 일류-쥰 / 정신병 / 정신병자 / 정신분열자 / 주풍증 / 지각정신상실자 / 지리멸렬증 / 질투망상증 / 추외언어증 / 치매적 / 카리에스(카레이쓰) / 카타르 / 테런티즘(타란티즘, 테런틔즘, 타란病) / 히스테리(히스데리, 히스, ヒステリー, 비스데리) / 히스테리아 / 히스테리증 / 히스테리컬(히스테리칼, 히스테리캴) / 히스테릭(히스데릭, 히스테릭, 히스테릭크) / 히포콘드리사시스(히포콘드리아, 히포콘데리아) / 홈시크(홈, 씩, 홈씩크, 홈씩, 홈-씍) / 환각 / 황주증
감염·전염병	감염 / 결절종(갱글리온) / 급성전염병 / 뎅기열(뎅구, デング熱, 뎅그) / 디스템퍼(띄스템퍼) / 레프러(레푸라) / 레프러시(레푸로시) / 류머티즘(로이마, 로이마지스, 루이마치스, 僂麻値斯, 瘻麻質斯, 僂麻値斯, 瘻麻質斯, 루마지쓰, 루마질쓰, 류미티즘, 루이마틔스, 류마질스, 류마지스, 류마치스, 류마티스, 류마치슴, 류마티슴, 루마티스, 루마티즘, 루마니스, 루마니슴, 루마니즘, 루마치슴) / 마제른(마-제룬) / 말라리아(마라리아) / 바일병(와일스病, 와일스氏病) / 발진티푸스 / 발진질부사 / 백일해 / 사질콜레라 / 시크 / 아시도니스 / 우두 / 장티푸스(장질부스, 발진질부스, 腸티브쓰) / 전염병 / 전염병자 / 전염성 / 천연두(텐연두) / 천연두균(텬연두균) / 콜레라(코레라, 고레라, 콜네라) / 티푸스(티부스, 디브쓰, 디프스, 지프쓰, 지부쓰, 질부사, 치부스, 틔부스) / 파라티푸스(빠라지부스, 파라지부스, 파라티부스, 파라窒扶斯) / 페러타이포이드 / 페스트(뻬스토, 베스트, 페스또) / 폐결핵 / 폐렴
성병	가너리어(꼬노리아) / 고노코겐 / 매독(민독) / 섹스하이진 / 스피로헤타(스피로헤-타) / 시필리스(씨弻리스, 시피리스) / 임포텐츠(임뻐텐쓰) / 트리퍼(트맆펠)
안과질환	근시 / 야맹 / 트라코마(도-라호무, 토라호무, 토리홈, 트라홈)
기타 질병 관련	경련적 / 난치병 / 독균 / 디멘챠(떼멘차, 띄멘치아) / 디스토마(디스도마, 티스토마, 티스도마, 티스토마, 듸스토마) / 러카이니스 / 만성 / 면역 / 발로병 / 변질자 / 병리학(Pathology) / 병상병 / 병원 / 병원열차 / 병원장 / 병원학교 / 병적성사 / 병적상태 / 불치병 / 비소중독 / 새너토리엄(사니토리움, 사니타리움, 사나토리움, 사나타리엄, 사나토리엄, 사나타리움) / 스캐브(스캎푸, 스캎프) / 시시크니스(씨-싴크, 씨-싴) / 시크니스(시크, 싴크) / 암종 / 애프서(아프타) / 에어시크니스(에어·씩, 에어·씩크) / 열성 / 유전병 / 유전성 / 유행병(류힝병) / 중경상 / 중병 / 중상 / 직업병 / 직원건강보험 / 카타르(가다루, 가다아, 가답아, 카다루, 카달, 카타르, 카탈, 가달) / 풍토병 / 피로 / 해충구제법 / 헤르니아밴드 / 헤몰리신 / 현기증 / 혈액병 / 황열

(3) 위생

위생과 관련되어 쓰이는 현대 용어들에는 보건위생, 식품위생, 구강위생, 정신위생, 공중위생, 환경위생 등이 있다. 이 모든 용어는 인간의 건강을 지키기 위하여 발생된 어휘이다. 위생의 사전적 의미를 봐도 '질병 예방'이 핵심적인 요소이다.

위생과 관련된 근대 신어는, 일반 위생 관련 어휘(주로 위생이란 단어를 포함한 복합어), 균이나 기생충 등의 어휘, 약품명(특히 소독약품), 화장품, 세면·목욕과 관련된 어휘, 화장실과 관련된 어휘, 세탁 관련 어휘로 구성되어 있다. 구체적으로 분류하면 다음과 같다.

첫째, 일반 위생 관련 어휘이다. 家庭衛生, 工場衛生, 保健, 위싱, 위성. 위싱상, 衛生, 衛生課, 하이제닉, 檢疫, 腐敗, 소독법, 消毒法쇼, 독, 청결법, 防疫法 등이 있다. 이 분야의 어휘 수는 많지 않았다. 또한 가정위생과 공장위생 외에 식품위생이나 공중위생 등의 어휘는 나타나지 않았다. 위생을 포함하는 어휘는 근대문명과 함께 서서히 확산된 것으로 보인다. 위생 관련 신어는 한자어로 번역되거나 서양어의 발음 그대로 표기 또는 한글로 표기되는 등 다양한 형태로 등장했다. 한글의 경우도 '위생', '위싱', '위성'과 같이 여러 가지의 표기가 보이고 있다. 다양한 표기의 출현 원인은 표기의 원칙이 세워져 있지 않다는 점과 어휘출현시점의 차이 때문이라 생각된다.

둘째, 성생활 관련 어휘이다. 쎅스·하이진, 콘돔, 닽치·벳(꿰)사리(Dutch pessary), 떠취·페사리 등이 있다. 이 범주에는 산부인과 용어도 포함된다. 성생활 관련 용어는 일상생활에서 널리 사용되었다기 보다 외래어사전에서 주로 소개하는 형식으로 나타났다. 이러한 용어 중에는 현재도 사용되고 있는 것이 있다. 콘돔이나 페사리 등의 외국어가 그 예이다.

셋째, 화장실 관련 어휘이다. 대소변, 배설물, 汚物, 화장실, 따불유·씨, 떠불유·씨, 便所, 厠室 등이 있다. 대소변이나 배설물, 오물 등은 한자어를

사용하고 있다. 화장실은 오늘날에는 별로 사용되지 않는 변소, 측실 등의
용어와 함께 화장실, W·C의 한글표기인 따불유·씨, 떠불유·씨로 표기
되고 있다.

넷째, 균, 기생충 관련 어휘이다. 균, 세균, 곰팡이, 바칠스, 바칠루스
(Bazillus), 기생충, 미생충, 촌충, 회충, 마구닌-마크닌(macnin), 해충구제법 등
이 있다. 인간의 건강을 해치는 균, 세균, 곰팡이와 기생충의 종류가 등장
하는데 바칠스, 바칠루스 등 외국어가 한글로 표기되고 있다.

다섯째, 약품명 어휘이다. 포르마린, 리졸, 크레솔(cresol), 구레오링(creolin),
크레오소-트(kreosot), 크레신(kresin), 크롤카르키(chlokalk), 방부제 등이 있다.
약품명은 소독약과 방부제가 주를 이루고 있다. 이는 화장실이나 욕실 등
의 소독을 위한 약품으로, 위생을 지키기 위한 당시의 대처 방안을 알 수
있게 해준다. 이 분야의 신어 역시 많은 경우 외국어를 한글로 다양하게
표기한 것을 볼 수 있다. 외국어의 발음을 일본어식 혹은 한국어식으로 쓴
경우, 또한 될 수 있으면 원음에 가깝게 표현하려고 노력한 흔적이 보인
다. 즉 장단음의 표기, 경음, 격음 등의 표기가 다양하게 나타나고 있다. 장
음의 표기는 '오', '우'의 한글로 표기하는 경우와, '-'와 같이 선으로 표기
되는 경우도 있다. 관련 어휘 중에는 '포르말린'이 다양한 표기 형태를 보
이고 있다.

여섯째, 화장품 어휘이다. 크리임, 크리무, 크림, 클렌서-, 로-숀 등이 있
다. 크림의 경우 세가지 표기가 나타난다, 영어의 원음에 가깝게 표기하기
위해 '크리임'이라고 쓰거나 '크리무'와 같이 일본어 발음을 그대로 한글
로 옮긴 경우, 현대외국어표기에 맞는 '크림'의 예도 보인다. '로-숀'과 '클
렌서-'의 경우는 장음의 표기방식이 일본어의 가타카나 표기식인 '-'을 긋
는 방법을 취하고 있는 것으로 보아, 일본어의 표기방식을 그대로 따르고
있는 예로 볼 수 있겠다.

일곱째, 세면, 목욕 관련 어휘이다. 셰슈(세수), 澡盤(세면기), 洗面器, 세면긔,
세면소(洗面所), 齒磨粉, 덴털 크림, 닛솔, 齒刷子, 巾櫛(수건과 빗) 등이 있다. 이

중 치약의 표기는 일본어의 '齒磨き粉'을 그대로 차용하고 있다. 일본어에서 'はみがきこ'로 뜻으로 읽는 어휘를 한자로 읽고 있는 예이다. 또한 칫솔을 '닛솔'이라는 순 우리말로 표기하였으며, 한자어 '齒刷子'는 일본어 '齒ブラシ'를 한자 그대로 사용하는 예이다. 목욕 관련 용어는 샤워(shower)와 베스(bath)를 포함하여 다양한 방식으로 표기되고 있다. 쇠워, 샤와, 샤워, 샤워·빼스, 쇠워·빠스, 빼스, 빼뜨, 썬·빼스, 터-키쉬·빼쓰 등이 그 것이다. 이를 보면 모음과 자음의 차이가 보이는데, 이 중 모음의 차이는 일본어 표기방식과 밀접한 관계가 있다고 보여진다. 또한 경음의 표기를 정확히 하고자 '빼뜨' 등과 같이 쓴 예가 보이며 모음의 경우 'ㅘ', 'ㅑ'가 동시에 쓰였음을 알 수 있다. 그 밖에 목욕집, 목욕탕, 마루세투비누(Marseilles soap), 마루세투, 드라이 샴푸, 스팀·타올 등의 어휘가 있다. 이 중 목욕탕을 뜻하는 '목욕집'이 흥미를 끈다. 또한 이 어휘군을 통해 당시 비누, 샴푸가 사용되었음을 알 수 있다.

여덟째, 세탁 관련 어휘이다. 주라이·클리닝, 그리닝, 구리닝, 클린잉, 클리-닝, ドライクリーニング, 쌜내집, 란드리 라爾토리 등이 있다. 이 중 클리닝의 다양한 표기는 자음과 모음의 차이를 보이고 있으며, 일본어도 포함하고 있다. 한편 '쌜내집'이라는 순한국어 어휘가 '란드리 라爾토리'와 함께 공존하고 있어 눈길을 끈다.

이 밖에 기타 어휘로, 엥거·뽀울(평거볼), 소독기, 쬴로쓰(floss), 린트(거즈), 鼻巾 등이 있다.

위생 관련 어휘를 볼 때 우리가 알 수 있는 것은 외국어의 한글 표기뿐 아니라 한국어도 다양한 방식으로 쓰였다는 점이다. 19세기말 20세기 초반은 한글 사용이 무르익은 시기가 아니다. 우리말의 표기원칙이 뚜렷하게 세워지지 않은 시점에 외국 특히 일본으로부터의 어휘 유입은 개개인의 수용에 의한 다양한 표기의 출현을 초래했다고 할 수 있다. ■ 탁성숙

<표 14> 위생 관련 신어

유형	관련 신어
일반 위생	가정위생, 家庭衛生 / 工場衛生 / 保健 / 衛生, 위싱, 위셩 / 위싱상 / 衛生課 / 하이제닉 / 檢疫 腐敗 / 소독법 / 쇼독 / 청결법
성생활	쎅스·하이진 / 콘돔 / 닽치·벳(펫)사리(Dutch pessary) /떠취·페사리
화장실	대소변 / 배설물 / 汚物 / 화장실 / 따불유·씨, 떠불유·씨 / 便所 / 厠室
균/기생충	균 / 세균 / 곰팡이 / 바칠스(Bazillus), 바칠루스 / 기생충 / 미생충 / 촌충 / 회충 / 마구닌-마크닌(macnin)
약품	콜로디온(collodion) / 포루마린, 뽀루마링, 뽈말린, 뽈말린, 포르마린, 폴마린, 폴말린, 호르마링, 홀마린, 홀마링, 후오루마린, 후오루마링 / 福爾馬林 / 甲醛水溶液 / フォルマリン/ リゾ-ル / 煤酚皂溶液 / 來蘇爾 / 니솔 / 리조-루(lysol), 리졸 / 구레졸, 쿠레쓸, 크레솔(cresol), 크레졸 / 구레오링(creolin) / 구레오소-트, 쿠레오소-트, 크레오소-트(kreosot) / 크레신(kresin) / 크롤카르키(chlokalk) / 방부제 / 키시후루(옥시풀)
화장품	크리임, 크리무, 크림 / 클렌서- / 로-숀
세면/목욕	셰슈 / 澡盤, 洗面器, 세면긔 / 세면소(洗面所) / 齒磨粉, 덴털 크림 / 닛솔 / 齒刷子 / 巾櫛 / 면도질 / 싸버쌈/ 쇠워, 샤와, 샤워, 샤워·빠스 쇠워·빠스, 빠스, 빠으, 썬·빠스, 터-키쉬·빼쓰 / 목욕집, 목욕탕 / マンデ- / 마루세투비누(Marseilles soap) / 마루세투드라이 샴푸 / 스팀·타올
세탁	주라이·클리닝, 그리닝, 구리닝, 클린잉, 클리-닝 / ドライクリ-ニング / 빨내집 / 란드리 라예토리
기타	옝거·뽀울(핑거볼) / 소독기 / 뿔로쓰(floss) / 린트(거즈) / フンドシ(ヲスル) /鼻巾

(4) 의료

'의료'는 질병의 치료 또는 병의 악화를 막기 위해 취해지는 행위를 말한다. 내용적으로는 병을 진단하여 치료하는 것이 주된 것이나, 진단 치료를 실제로 행하는 것은 근대적 사회에서 법률적으로 그 자격을 독점적으로 가진 의사가 중심이 된다는 점에서 의사가 행하는 행위일반으로 이해될 수도 있다. 의료 관련 어휘는, 의료기관, 의료 관련자 및 소속, 의료 과정과 치료, 약의 종류, 약명 및 약의 성분명, 영양소 및 효소 관련 용어가 주를 이루고 있다.

첫째, 의료기관 관련 어휘에는 부속병원, 公立醫院, 濟衆院, 調藥院(약국),

濟病院, 의약국, 야전병원, 대학병원, 무산병원, 의전병원, 軍醫隊, 英國癲狂
院, 衛戍兵院, 의원, 의학협회, 獸醫學校, 양약국, 製藥局, 廢癃收養所, 廢兵院,
癎癩病院, 狂人院 등이 있다. 부속병원이나 대학병원, 야전병원, 공립병원
등 현재 우리가 사용하고 있는 어휘와 조약국, 제병원, 무산병원, 의전병
원, 衛戍兵院 등 더 이상 사용하지 않는 어휘가 보인다. 그리고 製藥局, 제
약ᄉᆞ 등의 어휘도 나타나고 있다. '廢癃收養所', '廢兵院'은 후생복리기관으
로, "廢癃收養所에서 죽으리라"(『소년』, 1909), "廢兵院(Invalides) 놉다라니 黃金
이 輝煌한 王冠形"(『청춘』, 1914) 등의 용례에서 그 쓰임을 볼 수 있다. 이상과
같이 의료기관 관련 어휘는 한자어의 사용이 현저하다.

둘째, 의료 관련자 및 그 소속 관련 어휘이다. 삐·엠,40) 독타, 똑터레스,
똑트레스, 딱터, 떡터, 떡트, 떡틀, 똑토르, 딱터, 國家太醫師, 쇼아의, 양의,
한방의, 韓方醫, 주치의, 主治醫, 군의, 덴티스트 떡털·메듸치-네, 란셀트,
외과의, 해부학, 齒牙醫, 專門醫, 란셀타, 부인과, 안과, 외과, 내과, 耳鼻咽喉
科, 간호부, 널스, 너-스, ᄀ호수, 간호부보, 간호부학교, 간호부장, 간호부
실, 치료실, 수술실, 외뢰환자, 제약ᄉᆞ 등이 있다. 이 어휘군에는 '닥터'를
비롯하여 의사를 가리키는 다양한 외국어 표기가 나타나는데 그 이유 중
하나는 의료 용어가 독일어와 영어에서 온 어휘들로 혼재되었기 때문이다.
그 밖에 치과의, 간호부, 그리고 전공별 과이름 등이 나타나고 있다. 이 어
휘군에는 외국어 표기가 있는 반면 소아의, 양의, 한방의, 주치의, 내과, 부
인과, 안과, 외과 등의 번역어가 함께 출현하고 있다. 國家太醫師라는 용어
도 보이는데 이는 중국의 황실의사를 가리킨다.

셋째, 의료 과정 및 치료 관련 어휘이다. 간호, 입원, 퇴원, 입원료, 립회
진단, 自費料, 診察料, 칼테, 카르테, 종두증셔, 진단셔, 던긔치료, 수술, 슈
술, 절개수술, 解剖, 응급수술, 부검, 주사, 주샤, 투약시슐슈, 迷魂針, 최면
술, 최면침, 던긔침, 한약방문, 처방전, 處方箋, 투약, 投藥, 혈청, 우두법, 의
슐상, 의학상 등이 있다. 이 어휘들은 서양의학과 관련된 용어가 대부분이

---

40) bachelor of medicine의 약자, 의학사.

다. 그러나 미혼침(迷魂針) 등 한방 및 민간요법 관련 어휘도 보인다. 그 용례에는 "미혼침(迷魂針)이니 무슨약을 침맞혜발나" 등이 있다.[41]

넷째, 기본 검사 및 처치 관련 어휘이다. 엑스광선, 엑쓰光線, 렌도겐, 뢴트겐, 렌도겡, 뢴트겐, 렌드겐線, 뢴트겐션, 쓰베르크린, 투벨크린, 투베르쿨린, 와크진 백신, 와크친 백신, 種牛痘食餌療法, 精神療法, 血淸療法, 血淸診斷, 抵抗療法, 轉氣療法, 臟器製劑療法, 데아데루미, 다이어서미, 열치료법, 듸아텔미, 디아텔미, 라듸움·에마나치온, 자외선치료법, 라듸움테라피, 라듸오·레-야, 자외선치료기, 라듸오그랲, 라듸오·액티옉, 지아데르미, 고주파요법, 멘탈 테스트, 기브스, 깊쓰 기프스 기프스베트 등이 있다. 의료의 기본 검사 및 처치 관련 어휘는 번역어와 외국어의 발음을 그대로 표기한 어휘가 함께 등장하고 있다. 그중 외국어 표기의 경우 다양한 형태가 나타나고 있다.

다섯째, 의료 기구와 물품에 대한 어휘이다. 이리게이터, 크라취, 클러치, 救命器, 救命帶, 듄케르聽長管, 보청기, 聽微器, 電氣補聽器, 스테서스코프, 청진기, 聽肺筒, 測喉鏡, 메스, 메쓰, 메써, 멧서-, 카제, 까-제, 까-제, 가-제, 까제, 소독복, 약품, 검온긔, 붕대, 撞木杖, 腋馬, 목발, 義足, 부목, 붕대, 삐꾸, 로-숀, 외용약수, 안경 등이 있다. 기구와 물품명도 번역어와 외국어의 발음을 그대로 표기한 어휘가 함께 등장하고 있다. 또한 외국어 표기의 경우 다양한 형태로 나타나고 있다.

여섯째, 약품에 관련된 어휘이다. 약, 약품, 도락구(drug), 듀럭, 쏘락쑤, 뜨럭, 정제, 타블렛, 갚셀, 연고, 파우더, 정제약, 타부렡, 타부렡트, 빠무(balm), 밤, 軟膏, 빠무油, 밤유, 양약, 洋藥, 조선약, 化學藥, 쇼독약, 해열제, 豫防素讀, 안신약, 해독제, 최면약, 阿伽陀 등이 있다. 이 분야의 어휘에는 많은 수의 약 이름 및 약 성분, 제품명 등이 포함된다. 안신약 등 한약 관련 어휘도 보인다. "그쎄는 맛침 사롬마다 안신약(安神藥)을 먹고"[42] 등의

41) 김교제, 「비행선」, 2012.
42) 김교제, 「비행선」, 2012.

용례에서 찾아 볼 수 있다. 약품 관련 어휘도 외국어의 발음을 그대로 표기한 경우와 번역어가 함께 등장한다. 옥도정기, 阿伽陀의 경우 외국어 발음을 한자의 음독으로 정착시킨 음가자 표기의 사례라 할 수 있다. 그러나 대부분의 약 이름과 성분은 서양의학에서 비롯된 것이므로 외국어의 발음을 그대로 표기한 어휘가 많은 수를 차지한다.

일곱째, 영양소와 효소 관련 어휘이다. 영양소, 효소 역시 약이름이나 성분이 그러했던 것처럼 우리에게 친숙한 어휘일수록 다양한 표기를 보이고 있다. 이는 많은 사람이 사용했으며, 그 만큼 개개인의 표기의 차이가 있었던 것이라고 할 수 있다. 그 예를 보면 갈시움, 카루슘, 카루시움, 카르시옴, 칼쉼, 칼슘, 칼치움, 利思丁, 옛터민, 뼈이타민, 뷔타민, 쀄타민, 비타민, 비다민, 피다민, 그리고-겐, 구리고-겐, 끌리코-겐, 카제인, 라구다-제, 락타아제, 라구도-제, 락토스, 락타-제, 락토-제, 쟈스타제, 디아스다-제, 디아스타-제, 지스타-제, 지아스타-제, 지아스타제, 치아스다-제 등이 있다.

이 밖에 기타에 포함되는 어휘는 위 범주에 포함되지 않는 고유명사나 건강과 관련되는 용어들이다. 希波古刺德斯, 히포크라테스, 히포크라데쓰, 푸레차리슴, 플레처리즘, 소식주의, 나이팅겔, 나이징게루, 越幾斯(엑기스) 등이 있다. ▪ 탁성숙

〈표 15〉 의료 관련 신어

유형	관련 신어
의료기관	부속병원 / 公立醫院 / 濟衆院 /調藥院 / 濟病院 / 의약국 / 야전병원 / 대학병원 / 무산병원 / 의전병원 / 軍醫隊 / 英國癲狂院 / 衛戍兵院 / 의원 / 의학협회 / 獸醫學校 / 양약국 / 製藥局
의료 관련자 및 소속	간호부, 널스, 너-스, 근호수 / 간호부보 / 간호부학교 / 간호부장 / 간호부실 / 치료실 / 수술실 / 외러환자 / 제약수 / 부상자 / 독타, 딱터, 딱터 / 떡터, 떡트, 떡틀, 똑토르 / 똑터레스, 똑트레스 / 란셀트, 란셀타 / 외과의 / 쇼아의 / 양의 / 한방의 / 韓方醫 / 주치의 / 主治醫 / 군의 / 덴티스트 / 떡털·메듸치-네 / 부인과 / 안과 / 외과 / 내과 / 삐·엠
의료 과정 및	간호 / 입원 / 퇴원 / 입원료 / 립회진단 / 自費料 / 칼테, 카르테 / 종두증셔 / 진단셔 / 던긔치료 / 수술, 슈슐 / 절개수술 / 解剖 / 응급수술 / 부검 / 주사, 주샤 / 투약시

유형	관련 신어
치료	슐슈 / 迷魂針 / 최면침 / 던긔침 / 한약방문 / 처방전 / 處方箋 /투약 / 投藥 / 혈청 / 처치 / 치료법 / 우두법
기본 검사 및 처치	기브스, 낍쓰, 기프스 / 기프스베트 / 라듸오·레-야 / 자외선치료기 / 라듸오그랲 / 라듸오·액티앺 / 라듸움·에마나치온 / 자외선치료법 / 라듐움테라피 / 렌도겐, 뢴트겐, 렌도겡, 뢴트겡 / 렌드겐線 / 뢴트겐선 / 쓰베르크린, 투벨크린, 투베르쿨린 / 멘탈 테스트, 멘탤테스트 / 엑스광선, 엑쓰光線 / 와크진, 와크친, 백신 / 種牛痘 / 臟器製劑療法 / 데아데루미, 다이어서미, 듸아텔미, 디아텔미, 지아데르미 / 열치료법 / 고주파요법
의료 기구 및 물품	이루리가-를 / 이리게이터 / 크라춰, 클러치 / 救命器 / 듄케르 / 聽長管 / 보청기 / 聽微器 / 撞木杖 / 膝馬, 목발 / 스테서스코프 / 청진기 / 메스, 메쓰, 메써 / 카제, 싸-제, 까-제, 가-제, 까제 / 소독복 / 검온긔 / 붕대 / 로-숀 / 외용약슈/ 안경
약	아달린 / 아페딘 / 아페틴 / 아페친 / 애스피린, 애스피링, 아스피린, 아스피링, 아세피린, 아스피린 / 안지피린, 안티피린 / 애로날 / 산드닌, 산토닌 / 디끼타리스, 디기탈리스, 지기다리스, 지끼타리스 / 모틴 칼모틴, 모틴 칼모틴 / 카쿠모진, 카쿠모친 / 진정제 / 칼모틴 / 쿠로로폴름, 클로로포름, 쿠로로폴름무 / 몽혼약, 懵魂藥 / 六0六號 / 금계랍 / 다루간 / 탤컴파우더 / 땀띠분 / 타루크 탤크, 탈크, 탤크 / 지몰, 치몰, 티몰 / 방부제 / 항균제 / 따이제드터 / 데신펙톨 / 살균제 / 데리아가 / 만병통치약 / 라기사티부 / 설사약 / 세멘/ 지롤 /아세민, 아-세민 / 요-도, 요오드, 沃度 / 아이오딘 / 沃度加里 / 요오드칼륨 / 沃度호름, 요오드포름 / 요-징 / 요오드팅크 / 크리세린 / 끄와여콜, 꾸아야콜 / 데신 / 텔벤 / 델마톨, 데루마톨 / 떼키스트린, 테키스토링, 덱스트린, 떽스트린 / 바라핀, 파라핀, 빠라휜, 파라후인, 파라웬, 파라핑, 빠라후인, 빠라후잉 / 베라돈나 / 라노린 / 라쥼·에마나치온 / 리모니-데, 리모나아데, 리모닌드, 리모니-드 / 레소루진, 레솔진, 레솔친, 레솔틴 / 모르핀, 모르히네, 몰웬, 모핀 / 莫兒比涅 / 底打 / 벨츠수약 / 부로민 / 브롬 / 사리지루 / 살리실, 사리실, 살리실, 쌀칠酸 / 사루발산, 살바르산, 사루빠루산 / 사르사 / 사르사파릴라 / 새멘 / 세멘시나 / 아편 / 鴉片煙 / 강호루 / 캠퍼 / 컴풀 / 컴풀注射 / 고가인, 코카인, 고카인, 코가인, 코케인 / 헤로인, 헤로잉 / 기나, 키나 / 規那 / 도락구, 듀럭, 쏘락쑤, 뜨럭 / 정제 / 깊셸 / 파우더 / 정제약 / 타부렡, 타부렡트, 타부렡트, 타블렛 / 빠무, 밤 / 연고, 軟膏 / 빠무油, 밤유 / 안신약 / 豫防素讀 / 한약 / 쓰보-도-, 즈보도 / 감초고 / 양약, 洋藥 / 조선약/ 소독약 / 해열제 / 해독제
영양소/ 효소	카르시움, 칼슘, 칼쉼, 칼치움, 갈시움, 카루슘, 카루시움 / 예터민, 예이타민, 쀠타민, 비타민, 비다민, 피다민 / 카핀, 카페인 / 카후엔 / 그리고-겐, 구리고-겐, 끌리코-겐 / 라구다-제. 락타아제, 라구도-제, 락토스, 락타-제, 락토-제 / 쟈스타제, 디아스타아제, 디아스다-제, 디아스타-제, 지스타-제, 지아스타-제, 지아스타제, 치아스다-제 / 카제인
기타	希波古刺德斯, 히포크라테스, 히포크라데쓰 / 푸레차리슴, 플레처리즘 / 소식주의 / 나이팅겔, 나이징게루 / 越幾斯

■ 〈한국 근대 신어의 유형과 특성〉 __ 저자 소개

송찬섭 _ 한국방송통신대 문화교양학과 교수, 한국사

곽금선 _ 고려대 한국사학과 석사수료, 한국근대사상사

김소영 _ 고려대 한국사연구소 연구교수, 한국근현대사상사

김윤희 _ 고려대 한국사연구소 연구교수, 한국근대사

김은경 _ 숙명여대 아시아여성연구소 연구교수, 한국현대사 · 한국여성사

김지영 _ 대구가톨릭대 국어교육과 교수, 한국근현대소설 · 한국근현대문화

김충석 _ 경남대 북한대학원대학교 박사, 사회주의사 · 북한정치사

김택호 _ 명지대 국제한국학연구소 연구교수, 한국근대문학

김하나 _ 명지대 일어일문과 석사수료, 일본문학

변은진 _ 고려대 한국사연구소 연구교수, 한국근현대사

양진아 _ 고려대 한국사학과 박사수료, 한국근대사

유석환 _ 서울대 국어국문학과 박사후연구원, 한국근대문학

이경돈 _ 성균관대 초빙교수, 한국현대문학

이규수 _ 고려대 한국사연구소 연구교수, 한일관계사

이나미 _ 한서대 동양고전연구소 연구위원, 한국근현대정치사상

이상혁 _ 한성대 교양교육원 교수, 한국어학

정경민 _ 연세대 사학과 박사과정, 한국근현대사

조미은 _ 성균관대 겸임교수, 한국근대사

조형열 _ 순천향대 강사, 한국근현대사

최규진 _ 성균관대 동아시아역사연구소 수석연구원, 한국근현대사 · 일상생활사

탁성숙 _ 가천대 동양어문학과 교수, 일본어학

홍준화 _ 고려대 동아시아문화교류연구소 연구교수, 한국근대사

황동하 _ 서울대 서양사학과 강사, 러시아사 · 한러관계사